Benthien · Barockes Schweigen

Claudia Benthien

# Barockes Schweigen

## Rhetorik und Performativität des Sprachlosen im 17. Jahrhundert

Wilhelm Fink Verlag

Gedruckt mit freundlicher Unterstützung des Förderungs-
und Beihilfefonds Wissenschaft der VG-Wort

Umschlagabbildung:
Anonym (Bologna), *Il silenzio,* Ölgemälde, erste Hälfte des 17. Jahrhunderts, aus:
Celide Masini (Hrsg.), *Gli splendori delle vergogna. La collezione dei dipinti dell'opera Pia dei Poveri Vergognosi.* Bologna 1995, S. 113.

Bibliografische Information der Deutschen Bibliothek

Die Deutsche Bibliothek verzeichnet diese Publikation
in der Deutschen Nationalbibliografie; detaillierte bibliografische Daten
sind im Internet über http://dnb.ddb.de abrufbar.


Wilhelm Fink GmbH & Co. Verlags-KG,
Jühenplatz 1, D-33098 Paderborn

Internet: www.fink.de

Einbandgestaltung: Evelyn Ziegler, München
Herstellung: Ferdinand Schöningh GmbH & Co KG, Paderborn

ISBN-10: 3-7705-4236-3
ISBN-13: 978-3-7705-4236-9

# Inhaltsverzeichnis

# I. Einleitung: Barockes Schweigen

„Le silence éternel de ces espaces infinis m'effraie."[1] Der französische Philosoph und Naturwissenschaftler Blaise Pascal artikuliert in dieser berühmten Formulierung aus seinen *Pensées* (1669[2]) eine Angst vor der ewigen Stille, dem Schweigen und der Leere des Weltalls. Er deutet die kosmische Unendlichkeit kommunikativ als existenzielle Antwortlosigkeit und anthropologische Verlorenheit. Räumliche Grenzenlosigkeit wird mit einer Metapher der Geräuschlosigkeit und des Fehlens von Sprache vergegenwärtigt. Eine solche Vorstellung ist spezifisch modern. Erstens, insofern sie den Bereich des Nichtmenschlichen anthropomorphisiert und im Modus der Kommunikation denkt, zweitens, da sie Schweigen und Stille als Absenz deutet und drittens, weil es sie in Bezug zum Subjekt und dessen Verortung in der Welt setzt.

Der Beginn der Neuzeit ist durch folgenreiche mentalitätshistorische Umbrüche gekennzeichnet. Innerhalb dieser langwelligen historischen Veränderungen lässt sich das Zeitalter des Barock als „dezentrierte" wie als „rezentrierte Welt" beschreiben.[3] In einer Epoche, die vom semiotischen Auseinanderfallen von Zeichen und Bezeichnetem geprägt ist, in der durch den Rückbezug auf die Antike eine Pluralisierung des Wissens, durch die Konfessionsspaltung eine Pluralisierung des Glaubens und durch die wissenschaftlichen, geographischen und astronomischen Entdeckungen eine Pluralisierung der Welten entsteht, erfährt die Rhetorik eine eklatante Aufwertung. Die Überzeugungskraft der Sprache wird als letzte Bastion verstanden und als Instrument genutzt, um die genannten Verunsicherungen zumindest dem Schein nach zu kompensieren. Aufwendige Mittel der Einflussnahme, der affektiven und rhetorischen Manipulation werden eingesetzt, um vom richtigen Weltbild oder Glauben zu überzeugen. Dabei ergeben sich als Folge zwangsläufig auch Zweifel und Sprachskepsis, die die Relativität von Wissen und die Manipulierbarkeit der Wahrheit betreffen. Das Schweigen als Grenzphänomen der Rhetorik erlangt in diesem Zusammenhang in zweierlei Hinsicht Bedeutung. Einerseits kommt ihm als Ausdrucksform jenseits der Sprache im Zeichen der Rhetorikkritik neue Wertschätzung zu. Andererseits aber wird mit dem Bewusstsein

---

1 Blaise Pascal. *Pensées*. Hrsg. von Philippe Sellier. Paris 2000, S. 172, Fr. 233.

2 Datum des posthumen Erstdrucks; Pascal arbeitete bis zu seinem Tod im Jahr 1662 an den *Pensées*, sie blieben Fragment.

3 Vgl. Joachim Küpper und Friedrich Wolfzettel (Hrsg.). *Diskurse des Barock. Dezentrierte oder rezentrierte Welt?* München 2000.

der Möglichkeit des Verhehlens von Wissen auch die Macht des Schweigens offenbar.

In keiner Epoche der europäischen Kulturgeschichte wurde mehr über Schweigen gesprochen, geschrieben und reflektiert als im Barock. Diese Bezugnahmen in Text und Bild, in Literatur und Rhetorik, Theologie, Moralistik und Verhaltenslehre verdeutlichen, inwiefern Schweigen erklärungsbedürftig ist. Seine Ambivalenz wird durch philosophische Kategorisierungen und moralische Bewertungen zu bannen gesucht. Ein so uneindeutiges Phänomen wie das Schweigen erweist sich im 17. Jahrhundert – ganz ähnlich wie noch heute – zugleich als reizvoll und bedrohlich. Aufgrund seiner semiotischen Offenheit ist es nicht an sich ethisch gut oder schlecht, erschreckend oder beglückend, sondern es wird durch Einbindung in Handlungskontexte oder durch moralische Attributionen erst dazu gemacht. So muss es in der Frühen Neuzeit beispielsweise als Tugend etabliert werden, indem mitkommuniziert wird, dass jemand erstens aktiv und zweitens aus moralisch legitimen Beweggründen schweigt. Oder eine im Gebet empfundene Absenz wird erst durch die Bezugnahme auf den Topos vom Schweigen Gottes als sinnhaft verstanden. Kontextualisierung und Deutung geben dem Schweigen einen spezifischen Gehalt, eine konkrete ‚Denotation'.

## *Obliques Denken, schiefe Formen: Zum Barockbegriff*

Der Titel dieses Buches, *Barockes Schweigen*, umschreibt eine fundamentale Opposition. Verbindet man alltagssprachlich und in der Kunsttheorie mit dem Adjektiv ‚barock' eine besondere Fülle und Opulenz der künstlerischen Mittel, zumal der rhetorischen, so werden mit ‚Schweigen', zumindest dem modernen Denken zufolge, Eigenschaften wie Absenz und Leere, Form- und Ausdruckslosigkeit assoziiert. ‚Barock' und ‚Schweigen' sind diametrale Gegensätze, so scheint es. Das Kompositum des Titels bildet somit die Kurzform einer Antithese, wie sie für die Kultur des 17. Jahrhunderts von zentraler ästhetischer, philosophischer und epistemologischer Bedeutung ist.

Die vorliegende Untersuchung geht von der Prämisse aus, dass Schweigen eine Ausdrucksform ist, die oftmals gerade als Reaktion auf die als künstlich und falsch – als ‚rhetorisch' im negativen Sinne – wahrgenommene Sprache zum Tragen kommt. Ein so verstandenes sprachkritisches Schweigen steht in Opposition zur Rhetorik und damit, wie angedeutet, auch zur Kategorie des Barocken. Schweigen berührt im 17. Jahrhundert auf fundamentalere Art als in nachfolgenden Epochen das Problem der Darstellbarkeit, auch wenn sich die Autorinnen und Autoren dessen oft gar nicht bewusst sind. Als „Entzug von Darstellung"[4] ist es im Zeitalter der Eloquenz ein Grenzphänomen, das sich insbesondere in Paradoxien offenbart. Sei-

4 Vgl. zu dieser Formulierung: Hans-Thies Lehmann. „Das Welttheater der Scham. Dreißig Annäherungen an den Entzug der Darstellung". *Merkur* 45.9/10 (1991): 824–38.

ne Formen und Funktionen als ‚voller Leere' oder ‚ausgeschmücktem Nichts', wie sie der Begriff des ‚barocken Schweigens' impliziert, sind das Thema dieser Untersuchung.

Als kunsttheoretische Kategorie wie auch als Bezeichnung einer Epoche ist der Barockbegriff in den Geisteswissenschaften bis heute umstritten[5], auch wenn sich die Anzeichen mehren, dass er gegenwärtig eine positive Revision erfährt.[6] Aus diesem Grund wird das Attribut ‚barock' im Titel dieses Buches auch gewissermaßen in Anführungszeichen verwendet. Das Attribut soll nicht nur auf die historische Epoche verweisen, sondern auch auf die mit ihr assoziierten Stilkategorien und Wertungen, die hier probehalber ins Positive gekehrt werden. Die Etymologie des Wortes ‚Barock' beruht auf zweierlei. Erstens geht sie auf das portugiesische Wort *barrôco* – ‚unregelmäßige, schief-runde Perle' oder ‚Steinchen' – zurück; entsprechend bürgerte es sich im 16. Jahrhundert zuerst im Juwelierhandwerk ein.[7] Der zweite Ursprung, *baroco*, ist ein scholastischer Memoriername einer besonderen Form des Syllogismus, die zu scheinlogischen Trugschlüssen einlädt. Italienische Humanisten übertrugen das Konzept auf die von ihnen kritisierte Schulphilosophie mit ihren verschachtelten, ‚barocken' Argumenten.[8] Gerhart Hoffmeister resümiert pointiert: „Somit ergibt sich aus den beiden Wurzeln als erste Bedeutung für ‚Barock' schiefes Denken und exzentrische Form".[9]

Es sind widersprüchliche Assoziationen, die für die weitere Karriere des Begriffs ‚Barock' als einer Kategorie des Obliquen ausschlaggebend waren. Der französische Klassizismus transformierte ihn in einen ästhetischen Terminus zur Beschreibung von bildender Kunst und legte ihm Konnotationen wie ‚absonderlich', ‚schwülstig', und ‚unnatürlich' bei. Im 18. Jahrhundert erhielt er weitere Nebenbedeutungen wie ‚bizarr', ‚übertrieben' oder ‚weit hergeholt', aber auch weniger abwertende

---

5 Vgl. René Wellek. „Der Barockbegriff in der Literaturwissenschaft". *Grundbegriffe der Literaturkritik*. Übers. von Edgar und Marlene Lohner. Stuttgart u. a. 1965. 57–94, S. 57; Wilfried Barner. „Stilbegriffe und ihre Grenzen. Am Beispiel ‚Barock'". *Deutsche Vierteljahrsschrift für Literaturwissenschaft und Geistesgeschichte* 45.2 (1971): 302–25; Klaus Garber. „Europäisches Barock und deutsche Literatur des 17. Jahrhunderts. Zur Epochen-Problematik in der internationalen Diskussion". *Europäische Barock-Rezeption* 1. Hrsg. von dems. u. a. Wiesbaden 1991. 3–44.

6 Vgl. Frank Fehrenbach. „Verspiegelung der Künste. Jagd machen auf die Wahrheit, das scheue Wild: Zur Revision des Barockbegriffs". *Frankfurter Allgemeine Zeitung* 67 (20.3.2002): N3.

7 Die französische Bezeichnung war *perle baroque*, die deutsche Entsprechung ‚Barock'- oder ‚Brockenperle'. Vgl. *Brockhaus. Die Enzyklopädie in 24 Bänden* 2. Leipzig und Mannheim 1996. 613–18, S. 613; Guiliani Briganti. „Barocco. Storia della parola e fortuna critica del concetto". *Enciclopedia universale dell'Arte* 2 (1958): 346–59; Bruno Migliorini. „Etimologia e stora del termine ‚barocco'". *Manierismo, Barocco, Rococò. Convegno internazionale, Roma 1960*. Rom 1962, 39–49.

8 Vgl. Gerhart Hoffmeister. *Deutsche und europäische Barockliteratur*. Stuttgart 1987, S. 2.

9 Ebd.

wie ‚dekorativ', ‚frei' oder ‚spielerisch'.[10] Von Beginn an war der Barockbegriff also nicht allein ein Konzept der Beschreibung von Kunst, sondern auch der Wertung, und zwar meistens der negativen. Wilfried Barner verweist diesbezüglich auf einige aufschlussreiche Stichworte, die Johann Wolfgang von Goethe, über die Kunst des Barock notiert hat:

> Verfall.
> Begriff von Eindruck ohne Sinn für Charackter.
> Sinn für Pracht und Größe. Gemeines Erstaunen zu erregen. Menge der Säulen.
> Gegenwart aller Manigfaltigkeit.
> Daraus wird Zierrath als Zierrath.
> Verlust des Gefühls des schicklichen.
> Mangel an Ficktion.
> Zuflucht zum Gegensatz
> zum Sonderbaren
> zum Unschicklichen.[11]

Ohne diese inhaltlich wie formal äußerst interessante – und darin durchaus ‚barocke' – Notiz hier angemessen kommentieren zu können, ist offensichtlich, dass sie eine Reihe von Kennzeichen jener Epoche enthält, die bis heute gelten: das Primat der Wirkungsästhetik und des Scheins, das sinnliche Überangebot und die Simultaneität einer Fülle von Zeichen, welche nur als solche wirken und zugleich immer auf sich selbst referieren („Zierrath als Zierrath"), die „Zuflucht" in die Antithetik, zum Kuriosen und „Unschicklichen". Eine derartige Bewertung der barocken Kunst als Form der schwülstigen Übertreibung, des Verfalls und der Epigonalität hielt sich bis weit ins 20. Jahrhundert – so wählt etwa Winfried Menninghaus mit Bezug auf Walter Benjamin die Formulierung einer „‚traurige[n]' Stauung"[12] – und ist bis heute nicht gänzlich verschwunden.[13] Im Anschluss an Jakob Burckhardts und Heinrich Wölflins Untersuchungen zur Kultur- und Kunstgeschichte der Renaissance kam zudem die Tendenz auf, im Barock so etwas wie die Spätform von Kunstentwicklungen überhaupt zu sehen, ein Gedanke, den auch Friedrich Nietzsche in seiner Skizze *Vom Barockstile* (1879) entwickelt hat – „Der Barockstil entsteht jedesmal beim Abblühen jeder grossen Kunst"[14], schreibt er apodiktisch. Auch wenn sich die Kulturwissenschaften seit einigen Jahren bemühen, die rigide

10 Vgl. Wellek 1965, S. 57.

11 Johann Wolfgang von Goethe. *Goethes Werke. Weimarer Ausgabe* 47. Nachdr. des Bandes von 1896. München 1987, S. 330; vgl. Wilfried Barner. *Barockrhetorik. Untersuchungen zu ihren geschichtlichen Grundlagen*. 2. Aufl. Tübingen 2002, S. 17.

12 Winfried Menninghaus. *Walter Benjamins Theorie der Sprachmagie*. Frankfurt a. M. 1995, S. 119.

13 Vgl. Peter Schwindt. *Schwulst-Stil. Historische Grundlagen von Produktion und Rezeption manieristischer Sprachformen in Deutschland, 1624–1738*. Bonn 1977, S. 170–276.

14 Friedrich Nietzsche. „Vom Barockstile". *Nietzsches Werke* 3. Stuttgart 1921. 76–78, S. 77. Barner hat diesen Zusammenhang systematisch entwickelt; vgl. Barner 2002, S. 3–21.

Trennung, die sich im deutschen Sprachraum geistesgeschichtlich insbesondere als Leitdifferenz Barock versus Aufklärung manifestiert, zu relativieren und weniger von einem radikalen Epochenbruch als vielmehr von einem sukzessiven Wandel innerhalb der Frühen Neuzeit auszugehen[15], sind derartige Wertungen nicht gänzlich aus der Welt.

### *Die Frühe Neuzeit als Schwellenepoche*

Im 17. Jahrhundert findet sich eine Fülle von unterschiedlichen Zeugnissen kultureller Produktion, die für die konkrete Fragestellung – die Rhetorik und Performativität des Schweigens – aufschlussreich sind. Diese Medien und Textsorten erweitern den Untersuchungsgegenstand gegenüber einer literaturwissenschaftlichen Vorgehensweise sowohl diskursgeschichtlich als auch kulturpoetisch. Schweigen kristallisiert sich so nicht nur als ästhetisches Phänomen heraus, dem eine gewisse Bedeutung in der zeitgenössischen Poetologie und Dramaturgie zukommt, sondern in einem übergreifenden Sinne als mentalitätshistorisches.[16] Als solches bildet die Frühe Neuzeit eine signifikante „Übergangszeit“[17] zwischen Mittelalter und Moderne, die auch für die nachfolgende Entstehung bürgerlicher Subjektivität und ästhetischer Modernität von Bedeutung ist. Alles in allem scheint es im 17. Jahrhundert einen großen ‚Bedarf‘ an Schweigen gegeben zu haben, der in merkwürdigem Kontrast etwa zur ausufernden Publizistik steht, denkt man beispielsweise an die monumentalen höfischen Romane wie Daniel Casper von Lohensteins *Arminius* (1689–90) oder Herzog Anton Ulrichs *Römische Oktavia* (1685–1707).

Neben der ikonographisch-emblematischen Tradition und ihren präzisen Figurationen des Schweigens geben auch politische Klugheitslehren oder höfische und bürgerliche Tugendlehren, theologische Traktate, Predigten und Passionsbetrachtungen des 17. Jahrhunderts Auskunft über kulturelle Bedeutungsdimensionen des Schweigens und der Stille. Erst gemeinsam bilden die unterschiedlichen Diskurse das Dispositiv des ‚barocken Schweigens‘. Das zeitgenössische Interesse am Schweigen, von Seiten der Literatur, der bildenden Kunst wie der Rhetorik, orientiert sich nicht nur an der Bibel, der Patristik und der mittelalterlichen Literatur, sondern auch an der römischen Kultur der Antike. Sie findet hier die leitenden *silentium-*

---

15 Vgl. Claudia Benthien und Steffen Martus. „Aufrichtigkeit – zum historischen Stellenwert einer Verhaltenskategorie.“ *Die Kunst der Aufrichtigkeit im 17. Jahrhundert.* Hrsg. von dens. Tübingen 2006. 1–16; Hans-Georg Kemper. *Deutsche Literatur der Frühen Neuzeit* 3: Barock-Mystik. Tübingen 1988, S. 7–10. Demgegenüber plädiert ein aktueller Forschungsband eher für die Beibehaltung des Barockbegriffs als Bezeichnung epochaler Abgrenzung. Vgl. Peter J. Burgard (Hrsg.). *Barock. Neue Sichtweisen auf eine Epoche.* Köln und Weimar 2001; besonders die Einleitung des Herausgebers, S. 11–14.

16 Eine erste Skizze dazu liefert: Peter Burke. „Randbemerkungen zu einer Sozialgeschichte des Schweigens“. *Reden und Schweigen. Zur Geschichte sprachlicher Identität.* Berlin 1993. 63–91.

17 Richard van Dülmen. *Historische Anthropologie. Entwicklung, Probleme, Aufgaben.* 2. Aufl. Köln u. a. 2001, S. 12.

Personifikationen; sie orientiert sich eng an der römischen Rhetorik und Rechtspraxis; sie bezieht sich auf zahlreiche antike Spruchweisheiten und Exempla und schließlich greift sie auf ein Repertoire an Schweige-Symbolen zurück, die der römischen Kultur entstammen.

Wie viele der bisher entstandenen literaturwissenschaftlichen Arbeiten zum Schweigen nimmt das vorliegende Buch insofern eine Gratwanderung vor, indem es einerseits versucht, ein anthropologisches und ästhetisches Phänomen ‚an sich' zu behandeln, andererseits aber die Spezifik seines Gegenstandes in einem konkreten historischen und kulturellen Feld erkundet. Die methodischen Probleme, die sich bei jeder wissenschaftlichen Beschäftigung mit dem Schweigen als dem „Schatten der Rede"[18] stellen, sind auf einer basalen Ebene für jede Epoche, Kultur und mediale Ausprägung ähnlich, geht es doch immer um die Möglichkeit einer Deutung und Fixierung des Jenseitigen der Sprache in eben diesem Medium. Dies ist nicht allein ein Problem, dem sich die wissenschaftliche Interpretation zu stellen hat; bereits die zeitgenössischen Quellen, insbesondere diejenigen in Schriftform, mussten für die Repräsentation des Sprachlosen Lösungen finden, was im 17. Jahrhundert oft mit einer entsprechenden Metareflexion einherging.

Im Unterschied zu anderen historisch-anthropologischen Phänomenen wirft die vorliegende Fragestellung eine doppelte Schwierigkeit auf, wird hier doch nicht nur das Problem der Repräsentation an sich verhandelt, sondern zudem die Frage einer Repräsentation von Nicht-Repräsentation oder anders gesagt: Es geht um die paradoxe Darstellung des Entzugs von Darstellung. Bilder, Texte und andere kulturelle Dokumente des 17. Jahrhunderts suchen unterschiedliche Wege, um dieser Problematik zu begegnen. Die Emblematik der Frühen Neuzeit bildet vielleicht nicht zufällig derart viele Figuren des Schweigens ab, insofern sie eine Kunstform ist, bei der sich das Wissen in einem intermedialen ‚Zwischen' manifestiert.

Der Historiker Peter Burke weist zu Recht auf die besonderen Schwierigkeiten einer Fragestellung hin, die sich mit dem Außersprachlichen einer vergangenen Epoche beschäftigt: „Die Freilegung der Geschichte des Redens aus schriftlichen Quellen, die nicht für die Zwecke der historischen Forschung geschaffen wurden, ist, wie wir gesehen haben, schon schwierig genug, doch zumindest existiert hierfür ein einigermaßen systematisch auswertbarer Quellenfundus. Ganz anders verhält es sich jedoch mit dem Schweigen, bei dem man weitgehend auf Vermutungen angewiesen ist."[19] Es kann daher in dieser Untersuchung nicht um das faktisch vollzogene ‚Schweigen' historischer Subjekte gehen, sondern allein um kulturelle Repräsentationen von und Reflexionen über Schweigen. Dabei muss mitbedacht werden, dass deren Existenz nur eine stellvertretende ist und sie eine andere Geschichte des Schweigens ‚verschweigen', die sich eben nicht in Quellenform niedergeschlagen und somit überliefert hat.

---

18 Christiaan L. Haart Nibbrig. *Rhetorik des Schweigens. Versuch über den Schatten literarischer Rede*. Frankfurt a. M. 1981.

19 Burke 1993, S. 69.

Bis in die Frühe Neuzeit gab es zwei kulturelle Bereiche, in denen das Schweigen seinen privilegierten Ort hatte: die Rhetorik und das Sakrale. In der weltlichen Rhetorik wurden schon in der Antike unterschiedliche Formen von Schweigen differenziert, reflektiert und kategorisiert. Redepausen, Auslassungen, Zäsuren, Verschweigen oder Verstummen wurden als eloquent verstanden, mit vielzähligen Begriffen belegt[20] und somit – zumindest versuchsweise – in das sprachliche System integriert. Schweigen wurde, obwohl man es *per definitionem* zwar als die Grenze oder das Andere der Rede verstand, als ein Modus von Kommunikation interpretiert. So lässt sich der bekannte Satz man könne „nicht *nicht* kommunizieren"[21] in diesem Sinne anführen – ein Gedanke, der bereits im 17. Jahrhundert topisch war („Kein rede ist auch ein red"[22]): Auch Schweigen als Verweigerung von Kommunikation bleibt ein Akt derselben. Ebenfalls zu nennen ist hier der ohne Fragezeichen fragende Titel des Essays *Comment ne pas parler. Dénégations* (dt. *Wie nicht sprechen. Verneinungen*[23]) von Jacques Derrida, ein Beitrag zur Paradoxie des Sprechens über Schweigen und zur Negativen Theologie.

Historisch gesehen schwindet mit der Infragestellung der Rhetorik nach und nach auch die Gewissheit, etwas ohne Worte ausdrücken zu können. Zugleich gerät die Sprache selbst in eine Krise, die sich im 18. Jahrhundert verstärkt und von da ab in immer neuen Ausprägungen wiederkehrt.[24] Das pathische Schweigen, das Stocken der Rede und das Verstummen werden etwa in der Dramatik des 18. Jahrhunderts zu leitenden Ausdrucksgebärden einer ästhetischen Konvention[25], die

20 Vgl. Uwe Ruberg. *Beredtes Schweigen in lehrhafter und erzählender deutscher Literatur des Mittelalters. Mit kommentierter Erstedition spätmittelalterlicher Lehrtexte über das Schweigen.* München 1978, S. 16.

21 Paul Watzlawick u. a. *Menschliche Kommunikation. Formen, Störungen, Paradoxien.* 4. Aufl. Bern 1969, S. 23.

22 Christoph Lehmann. *Florilegium Policitum: Politischer Blumen Garten/ Darinn Auszerlesene Sentenz/ Lehren/ Regulen vnd Sprüchwörter Auß Theologis, Jursiconsultis, Politicis, Historicis, Philosophis, Poeten, vnd eigener Erfahrung [...].* Lübeck 1639, S. 717 (HAB 107.10 Pol. (2)).

23 Jacques Derrida. *Wie nicht sprechen. Verneinungen.* Übers. von Hans-Dieter Gondek. Wien 1989.

24 Vgl. u. a. Bodo Müller. „Der Verlust der Sprache. Zur linguistischen Krise in der Literatur". *Germanisch-Romanische Monatsschrift* 47 (1966): 225–43; Jerzy Peterkiewicz. *The Other Side of Silence. Poets at the Limits of Language.* London 1970; Sanford Budich und Wolfgang Iser (Hrsg.). *Languages of the Unsayable. The Play of Negativity in Literature and Literary Theory.* New York 1989. Kritisch zur These der Modernität von Sprachkrisen argumentiert hingegen: Ingrid Kasten. „Die doppelte Autorschaft. Zum Verhältnis Sprache des Menschen und Sprache Gottes in mystischen Texten des Mittelalters". *„...wortlos der Sprache mächtig'. Schweigen und Sprechen in der Literatur und sprachlicher Kommunikation.* Hrsg. von Hartmut Eggert und Janusz Golec. Stuttgart 1999. 9–30, S. 9–11.

25 Vgl. u. a. Walter Müller-Seidel. „Das stumme Drama der Luise Millerin". *Jahrbuch der Goethe-Gesellschaft* NF 17 (1955): 91–103; Alexander Košenina. *Anthropologie und Schauspielkunst. Studien zur ‚eloquentia corporis' im 18. Jahrhundert.* Tübingen 1995; Claudia Benthien. „Lenz und die *eloquentia corporis* des Sturm und Drang. Der ‚Neue Menoza' als ‚Fallstudie'". *Die Wunde Lenz. J. M. R. Lenz. Leben, Werk und Rezeption.* Hrsg. von Inge Stephan und

einiges mit der Abwendung von der als künstlich und theatral beurteilten Barockkultur zu tun hat. Um die bislang ungeschriebene Vorgeschichte eines solchen affektbedingten Schweigens soll es im Folgenden gehen.

Als zweiter wichtiger kultureller Bereich des Schweigens in der Frühen Neuzeit wurde der sakrale angeführt. Religionsgeschichtlich ist das Schweigen besonders durch zwei Aspekte gekennzeichnet, die beide für das 17. Jahrhundert äußerst relevant sind: zum einen durch das vorbereitende Schweigen des Individuums oder der Gemeinschaft als rituelle Praktik der Liturgie, die den Umgang mit Gott ermöglichen soll, zum zweiten durch das mystische Schweigen des Gläubigen nach der Gotteserfahrung, das auf die Unaussprechlichkeit dieses Erlebnisses verweist.[26] Während ersteres als performative Praktik zu verstehen ist – als eine Handlung, die theophane Realität produziert (oder zumindest ermöglicht) – gehört letzteres ebenfalls in den Bereich der Rhetorik, genauer: der *rhetorica sacra*.

Für die Fragestellung der vorliegenden Arbeit ist das ganze Spektrum des ‚barocken Schweigens' von Belang. Es umfasst den weltlichen wie den religiösen Bereich und kann durch die Schlagworte ‚Rhetorik' und ‚Performativität' umrissen werden. Dabei bilden die beiden Termini Arbeitsbegriffe, die primär aus heuristischen Gründen getrennt werden – denn natürlich ist der Rhetorik eine performative Dimension inhärent, ebenso wie dies umgekehrt gilt. Eine solche Zusammenführung der sich auf den ersten Blick widersprechenden Leitvorstellungen von Schweigen – als Form nichtsprachlicher Präsenz und als beredtes Zeichen – haben bisherige Arbeiten nicht vollzogen. Literaturwissenschaftliche Untersuchungen zur Frühen Neuzeit haben sich ausschließlich der Rhetorik des Schweigens gewidmet. Zu berücksichtigen ist überdies seine als bedrohlich wahrgenommene Präsenz und Intensität, die sich in den Quellen zwar weniger offensichtlich manifestiert, die es als Thema damit aber umso virulenter machen.

Die Sprache hat die Vielfalt derartiger Atmosphären bewahrt, denkt man etwa an das ‚tiefe', ‚andächtige' oder ‚ehrfürchtige Schweigen', an die ‚feierliche', ‚wohltuende' oder ‚friedliche Stille', aber auch an das ‚bleierne', ‚eisige', ‚betretene', ‚beklemmende', ‚bedrückende' oder ‚peinliche Schweigen', an die ‚grausame Stille' oder gar die existenzielle ‚Totenstille'. Auffällig ist die Intensität und Unausweichlichkeit derartiger Stimmungen, die sich im Begriff der Herrschaft ausdrückt. Denn man spricht ja davon, dass eine bestimmte Form des Schweigens ‚herrscht'. Es manifestiert sich so die stumme Präsenz einer numinosen Kraft, die das Individuum ergreift und umhüllt. Über die Jahrhunderte haben sich die negativen Konnotationen des Schweigens verstärkt: Was früher tendenziell positiv bewertet, als Intensität und Fülle erlebt wurde, wird nunmehr eher als Leere und Bedrohlichkeit erfahren, als

---

Hans-Gerd Winter. Publikationen zur Zeitschrift für Germanistik NF 7. Bern u. a. 2003. 355–72.

26 Vgl. u. a. Gustav Mensching. *Das heilige Schweigen. Eine religionsgeschichtliche Untersuchung.* Gießen 1926; Elisabeth McCumsey. „Silence". *The Encyclopedia of Religion* 13. Hrsg. von Mircea Eliade u. a. New York 1987. 321–24.

Abb. 1: Johann Heinrich Füssli: *Das Schweigen*, Ölgemälde, ca. 1799–1800

Machtlosigkeit, Unterdrückung oder Isolation. Nach und nach wird die Gewissheit, etwas ohne Worte ausdrücken zu können, brüchig, ebenso wie die Sprache selbst in eine ‚Krise' gerät. Diese Krise ist von den Dichtern und Philosophen beschrieben worden, immer wieder aufs Neue ausgerufen und beklagt. Sie wurde, mit unterschiedlichen inhaltlichen Ausprägungen, zum zentralen Thema der Dichtung selbst, etwa bei Heinrich von Kleist, Friedrich Hölderlin, Hugo von Hofmannsthal, Paul Celan, Samuel Beckett, Nathalie Sarraulte oder Harold Pinter, um nur einige zu nennen. Im 20. Jahrhundert wird Schweigen – und zwar im deutlichen Unterschied zur Stille –, stark mit Negativität und Absenz besetzt, mit Tod, Einsamkeit, sprachlicher Isolation, Machtlosigkeit und negativen Gefühlen wie Hass oder Wut.

Die Frage nach der Genese solcher negativer Bedeutungsdimensionen hat das Schreiben dieses Buches motiviert – auch wenn es die Gründe für ihr Entstehen nicht befriedigend beantworten kann. Es ist bemerkenswert, was für ein mentalitätshistorischer Wandel zwischen der reichen Bildgeschichte des ‚Stillschweigens' in der Frühen Neuzeit, wie sie in dieser Arbeit entfaltet wird, und einem Ölgemälde wie *Das Schweigen* von Johann Heinrich Füssli (Abb. 1) zu verzeichnen ist. Weswegen ist ein solches Bild im 17. Jahrhundert schwer vorstellbar? Inwiefern und aus welchen Gründen hat sich das Schweigen schon im 18. Jahrhundert derart stark hinsichtlich seiner negativen, hier impliziten Dimensionen der Schwäche, Ohnmacht, Absenz und Schwere gewandelt? Welche Bedeutung kommt dem historischen Prozess der Psychologisierung und Verinnerlichung des Subjekts zu, der auf dem Gemälde zu sehen ist? In der Frühen Neuzeit beginnt sich ein signifikanter, die *longue dureé* betreffender Wandel abzuzeichnen, was die Wahrnehmungen und Deutungen des Schweigens betrifft. Seine Dimensionen sowohl im Bereich der Ästhetik als auch der Psychohistorie auszuloten, ist Ziel des Buchs. Obwohl es von seiner Vorgehensweise konfigurativ-systematisch angelegt ist und eine historisch synchrone Position einnimmt, ist sein Fragehorizont daher durchaus auch diachron zu verstehen.

## *‚Schweigen' versus ‚Stille'*

Die deutsche Sprache differenziert zwischen ‚Schweigen' und ‚Stille' – im Unterschied etwa zum Englischen, Französischen, Italienischen oder Lateinischen, wo die Worte *silence, silenzio, silentium* für beides stehen. Tendenziell lässt sich die Unterscheidung der beiden deutschen Begriffe folgendermaßen fassen: Im Kontrast zur Stille ist Schweigen an die Sprache gebunden, es gilt als ihr Kontrapost, Hintergrund oder Anderes. Überdies ist Schweigen durch eine Performanz markiert, welche es als solches erst erkennbar oder verstehbar macht. Die Stille hingegen findet ihr Gegenüber nicht in der Sprache, sondern eher in Phänomenen der Geräusche, des Lärms oder der Musik. Sie ist an Vorstellungen von Nichtintentionalität und Bedeutungslosigkeit gebunden.[27] Schweigen hingegen gilt als bewusster, performativer Ausdruck; es ist beredt und deiktisch, indem es auf die Unsagbarkeit von Erfahrungen, auf die Unaussprechlichkeit von Gefühlen oder auf die Machtlosigkeit von Subjekten in sozialen Situationen deutet, aber auch auf Klugheit, Weisheit oder Macht. Die linguistische Pragmatik spricht daher zurecht vom „Handlungscharakter"[28] einer Sprechpause und versteht Schweigen als eine „interaktionale, an Partner gerichtete Handlung".[29]

Eine deutliche semantische Unterscheidung zwischen ‚Schweigen' und ‚Stille' etabliert sich aber erst im Verlauf des 18. Jahrhunderts, was sich daran zeigt, dass noch die Barockautoren, anknüpfend an die romanischen Sprachen, oft das Kompositum ‚Stillschweigen' verwenden, welches zwar auf den ersten Blick tautologisch erscheint, aber durchaus heute noch Verwendung findet, etwa im Begriff des ‚stillschweigenden Einverständnisses' in der Rechtssprache. Im 17. Jahrhundert wird ‚Stillschweigen' nicht nur als Übersetzung für das lateinische *silentium* verwendet, sondern es findet sich auch häufig in deutschsprachigen Originalwerken. Diese

27 Vgl. Kattrin Deufert. „Askese der Bedeutungen. John Cages stille Musik". *Paragrana. Internationale Zeitschrift für Historische Anthropologie* 8.1: Askese (1999): 150–68.

28 Cornelia Müller und Ingwer Paul. „Gestikulieren in Sprechpausen. Eine konversationssyntaktische Fallstudie". *‚...wortlos der Sprache mächtig'. Schweigen und Sprechen in der Literatur und sprachlicher Kommunikation*. Hrsg. von Hartmut Eggert und Janusz Golec. Stuttgart 1999. 265–82, S. 268.

29 Wolfgang Heinemann. „Das Schweigen als linguistisches Phänomen". *‚...wortlos der Sprache mächtig'. Schweigen und Sprechen in der Literatur und sprachlicher Kommunikation*. Hrsg. von Hartmut Eggert und Janusz Golec. Stuttgart 1999. 301–14, S. 306.

Wortwahl deutet darauf hin, dass noch nicht streng zwischen ‚Schweigen' und ‚Stille' differenziert wurde.[30] Aus diesem Grund wird in dieser Arbeit oft die Bezeichnung ‚Stillschweigen' gewählt – trotz und wegen ihrer etwas altertümlichen Konnotation.

Auch die vielfach verwendeten lateinischen Begriffe *silentium* (Stillschweigen, Stille, Ruhe) und *taciturnitas* (Stillschweigen, Verschwiegenheit) werden in der Frühen Neuzeit nicht systematisch getrennt, was sich beispielhaft daran zeigt, dass ein großes Florilegium wie die *Polyanthea nova* (1612) viele Sprüche und Sentenzen unter beiden Rubriken verzeichnet.[31] In den vielzitierten biblischen Referenzen kommen diese Unterscheidungen ebenfalls nur selten zum Tragen. Daher wird das Buch, das zwar durchaus bemüht ist, zwischen Formen und Akten des Schweigens zu unterscheiden, in der Arbeit mit den zeitgenössischen Quellen keine systematischen, sondern nur tendenzielle Unterscheidungen zwischen Schweigen und Stille sowie zwischen Schweigen und Verschwiegenheit herausarbeiten können. Gleichwohl orientiert sie sich an der modernen Ausdifferenzierung, die aber nicht als normativ gesetzt wird, weil dies dem historischen Material widerspräche. So wird bewusst darauf verzichtet, die oft mehrdeutigen Zitate zu vereindeutigen und in ein begrifflich enges Raster zu überführen.

Folgende phänomenal unterschiedenen Formen des Schweigens stehen im Mittelpunkt der Untersuchung: das Verschweigen, das Verstummen, die Unsagbarkeit und die Unaussprechlichkeit. Diesen eher punktuellen und tendenziell aktiven Formen des Schweigens kontrastieren andere Formen, die eher Zustände oder Eigenschaften beschreiben und die unter Begriffen wie Verschwiegenheit, Stummheit, Stillsein und Stille zu beschreiben sind. Die Arbeit hat sich zum Ziel gesetzt, einerseits zu zeigen, wie diese Formen des Schweigens im 17. Jahrhundert funktionieren, wie sie jeweils eingesetzt und bewertet werden, andererseits darzustellen, inwiefern und warum sie mit polaren Wertungen wie Aktivität und Passivität, Macht und Ohnmacht, Fülle und Leere, Präsenz und Absenz belegt werden.

## *Rhetorik und Performativität des Sprachlosen*

Mit den Begriffen ‚Rhetorik' und ‚Performativität', die beide ihren Ursprung in sprachlichen Phänomenen haben, sollen hier die zwei Pole bezeichnet werden, zwischen denen sich Schweigen in der Frühen Neuzeit bewegt. Es steht ambivalent

30 Eben dies ändert sich im 18. Jahrhundert; vgl. exemplarisch die Artikel zu „Schweigen", „Stille" und „Stillschweigen" in *Zedlers Universallexikon*: Johann Heinrich Zedler. *Großes vollständiges Universal-Lexikon* 36. Nachdr. der Ausg. Halle und Leipzig 1743. Graz 1962. 244–46; ders. *Großes vollständiges Universal-Lexikon* 40. Nachdr. der Ausg. Halle und Leipzig 1744. Graz 1962. 89 f. und 97–99.

31 Bartholomaeus Amantius, Dominicus Nanus Mirabellus und Franciscus Tortius. *Polyanthea [nova, hoc est,] Opus suauissimus floribus [celebriorum sententiarum tam Graecarum quam Latinarum] [...]*. Frankfurt a. M. 1612 (HAB H:P 371.a Helmst.); Artikel „Silentium", S. 1064–66; Artikel „Taciturnitas", S. 1112–15.

zwischen den tradierten kulturellen Zeichensystemen – der Rhetorik, der Körpersprache etc. – und einem körperlich erfahrbaren, bisweilen bedrohlichen ‚Außerhalb' der semiotischen Systeme. Während ersteres im Gegensatz zu letzterem verhältnismäßig gut dokumentiert ist, ergibt sich für dieses zudem das methodische Problem, vor mehreren hundert Jahren erfahrenes Schweigen der heutigen Analyse zugänglich zu machen. In den Kulturwissenschaften ist gegenwärtig viel von einem *performative turn* die Rede, der die langjährige Fixierung auf das Text- und Bildparadigma – und die entsprechenden ‚Wenden' eines *linguistic turns* und eines *iconic turns* – ablösen soll: Es geht nicht mehr nur um die Untersuchung kultureller Monumente (Texte, Kunstwerke), auch die Flüchtigkeit kultureller *performances* soll in den Blick genommen werden – jene künstlerischen und alltäglichen Körper-Inszenierungen, die sich zwischen Menschen in Realpräsenz ereignen.[32] Die Studie möchte dazu einen Beitrag leisten, indem es das Schweigen nicht nur als diskursives Anderes der Rede begreift, als nonverbale Kommunikation und rhetorische Kontrafaktur, sondern überdies die konkrete Eigendynamik seines Zwischenstatus' in den Blick nimmt.

„Silence doesn't exist in a literal sense, however, as the *experience* of an audiece"[33] – diese These Susan Sontags aufgreifend, besitzen Schweigen und Stille ‚an sich' überhaupt keine Realität, sondern erlangen diese allein als Erfahrung, als etwas von Subjekten konkret Wahrgenommenes. Dabei ist kennzeichend, dass es sich um eine spezifische Form der ‚Präsenz von Absenz' handelt, also keineswegs um eine reine Negation. Kollektives Schweigen produziert eine Atmosphäre, für die das Zugleich einer Abwesenheit von (sprachlichen) Zeichen und der gleichzeitigen Anwesenheit von ‚Etwas' konstitutiv ist. In derartigen Situationen wird jene „eigentümliche Zwischenstellung" von Atmosphären „zwischen Subjekt und Objekt" erfahrbar, ihr Status als „ergreifende Gefühlsmächte" und „räumliche Träger von Stimmungen".[34] Als konkretes Beispiel für eine solche Atmosphäre lässt sich das Ritual der Schweigeminute anführen, das in christlichem und jüdischem Kontext Verwendung findet und seit dem Ersten Weltkrieg vielfach eingesetzt wird.[35] Es dient dem Ausdruck der Trauer und der Etablierung des kollektiven Gedächt-

32 Vgl. u. a. Erika Fischer-Lichte. *Ästhetik des Performativen*. Frankfurt a. M. 2004; Hans Rudolf Velten. „Performativität: Ältere deutsche Literatur". *Germanistik als Kulturwissenschaft. Eine Einführung in neue Theoriekonzepte*. Hrsg. von Claudia Benthien und dems. Reinbek 2002. 217–242; Dieter Mersch. *Ereignis und Aura. Untersuchungen zu einer performativen Ästhetik*. Frankfurt a. M. 2002.

33 Susan Sontag. „The Aesthetics of Silence". *Styles of Radical Will*. New York 1969. 5–18, S. 9.

34 Gernot Böhme. *Atmosphäre. Essays zur neuen Ästhetik*. Frankfurt a. M. 1995, S. 28.

35 Vgl. Adrian Gregory. *The Silence of Memory. Armistice Day 1919–1946*. Oxford 1994; Claudia Benthien. „Eisiges Schweigen, stummes Gedenken. Zur medialen Repräsentation und kulturellen Erfahrung ausgesetzter Rede in Werken von Ingmar Bergman, Christoph Marthaler und Jonty Semper". *Hörstürze. Akustik und Gewalt im 20. Jahrhundert*. Hrsg. von Nicola Gess u. a. Würzburg 2005. 147–63, S. 157–62.

nisses. Die Teilnehmenden verharren in Stille und besinnen sich eines vergangenen Geschehens bzw. verstorbener Personen oder sie drücken ihr Mitgefühl und ihre Solidarität mit den Opfern von Gewalt aus. Kollektives Schweigen wird so zum machtvollen Zeichen für eine Abwesenheit. In der als leer thematisierten Mitte kann der Tote evokativ erscheinen, kann eine abweichende kollektive Stimme stumm ertönen.

Im Drama ist das Schweigen und Verstummen von Figuren, oftmals an zentralen Umschlagpunkten der Handlung, ein wichtiges Gestaltungsmoment. In der Dramatik des 20. Jahrhunderts beispielsweise dient Schweigen nicht länger allein als Ausdruck konkreter Protagonisten, sondern es steht zunehmend zwischen den Redebeiträgen und ist keiner Figur zugeordnet. Es wird so selbst zu einer zusätzlichen ‚Figur' der Aufführung.[36] Während für die Literatur der Moderne Wortlosigkeit und Sprachskepsis bereits vielfach Gegenstand der Forschung waren[37], stehen hier Quellen aus der bisher nicht erschlossenen Vorgeschichte im Mittelpunkt. Die Bühne, die als ein Theater des Wortes zur Alphabetisierung der Leidenschaften in Europa wesentlich beigetragen hat, war immer auch ein Experimentierfeld an den Rändern des Sprechens und damit an den Grenzen der Repräsentation. In der Aufführung dramatischer Werke ist Schweigen, im Unterschied zur Prosa keine textuelle Leerstelle, die von einem „impliziten Leser"[38] zu ergänzen ist, sondern es handelt sich in gewisser Hinsicht um ein ‚gefülltes' Schweigen – durch die Anwesenheit der Körper, die stumme Präsenz der Bühnenfiguren. Für die Lyrik als einer semioralen Gattung gilt dies, zumindest in eingeschränktem Maße, ebenfalls. Zwar können auch in Prosatexten oder in anderen abbildenden Medien, zum Beispiel der Malerei, Atmosphären des Schweigens künstlerisch gestaltet werden und diese Gestaltung kann auf die Rezipienten affektiv abfärben. Das dargestellte Schweigen ist aber nicht selbst performativ; es ist kein Vollzug einer Handlung mit unmittelbarer, körperlich erfahrbarer Wirkung. Dominant ist hier statt der performativen Funktion eher die referenzielle, das repräsentative ‚Stehen-für-etwas'.[39] In der Kopräsenz von Akteuren und Zuschauenden in der *live*-Situation der Bühne hingegen öffnet das Innehalten und Schweigen der Darsteller einen wahrnehmbaren, atmosphärischen Raum. Das Schweigen wird performativ, insofern plötzlich auch

36 Vgl. Claudia Benthien. „Die stumme Präsenz. Zur ‚Figur' des Schweigens bei Ödön von Horváth". *De figura. Rhetorik – Bewegung – Gestalt.* Hrsg. von Gabriele Brandstetter und Sibylle Peters. München 2002. 195–222.

37 Vgl. Ernest W. B. Hess-Lüttich. „Dramaturgie des Schweigens. Zur Semiologie des Sprachversagens im Drama". *Folia Linguistica* 12 (1978): 31–64; John Lutterbie. „Subjects of Silence". *Theatre Journal* 40 (1988): 468–81.

38 Vgl. Wolfgang Iser. *Der implizite Leser. Kommunikationsformen des Romans von Bunyan bis Beckett.* München 1972.

39 Vgl. Erika Fischer-Lichte. „Auf dem Wege zu einer performativen Kultur". *Paragrana. Internationale Zeitschrift für Historische Anthropologie* 7.1: Kulturen des Performativen (1998): 13–32, S. 14.

das passive Zuschauen und Zuhören als Tätigkeiten und Handlungen thematisiert werden. Schweigen wird nicht gezeigt, sondern erfahren.[40]

In dieser Arbeit wird die mittlerweile ubiquitäre Verwendung der Begrifflichkeit des Performativen[41] auf zwei Dimensionen beschränkt. Erstens soll damit jenes soeben beschriebene präsentische ‚Erscheinen' des Sprachlosen benannt werden. Das Performative bezeichnet dabei den Vollzug und die Erfahrbarkeit, das Referenzielle die Darstellung und Zeichenhaftigkeit.[42] Diese Unterscheidung lässt sich auf den hier leitenden Gegensatz von Rhetorik und Performativität übertragen: Während Rhetorik des Schweigens bedeutet, schweigend ‚etwas zu machen', so besteht demgegenüber seine Performativität darin, dass es das Schweigen selbst ist, das mit einem ‚etwas macht'. Dabei ist in den Blick zu nehmen, dass es im Unterschied zur Rhetorik, die Ordnung und Systematisierbarkeit von Sinn verspricht, zu den Eigenschaften des Performativen gehört, derartige „dichotomische Begriffsbildungen zu destabilisieren, ja zum Kollabieren zu bringen".[43]

Die zweite Verwendungsweise bezieht sich eher auf den Begriff der Performanz und ist enger an die Sprechakttheorie angelehnt. Hiermit werden üblicherweise Handlungen bezeichnet, die durch Sprechen und im Akt des Sprechens unmittelbar vollzogen werden. Im Fall des vorliegenden Phänomens kommt die Schwierigkeit hinzu, dass eben gerade nicht gesprochen wird. Schweigen funktioniert unter Umständen ähnlich wie eine Sprechhandlung, indem es Realität herstellt. Evident wird dies, wenn man ein Verb wie ‚totschweigen' wörtlich nimmt, es als Form der sprachlichen Auslöschung versteht, die Wirkungen zeitigt. Anknüpfend an den Begriff des performativen Schweigens wird auch der des ‚antiperformativen' Schweigens verwendet. Darunter ist eine paradoxe ‚Sprechhandlung' zu verstehen, die das Gegenteil von dem tut, was sie formuliert. In literarischen Texten des Barock findet sich ein solches antiperformatives Schweigen immer wieder, indem eine Figur (oder auch ein lyrisches Ich, eine Erzählerstimme) von sich selbst sagt ‚ich schweige' oder ‚ich rede nicht'. Es handelt sich hier nicht um die dem Performativen gegenüberstehende referenzielle Sprachfunktion, vielmehr ist es aufgrund der grammatischen ersten Person Singular und des Indikativ Präsens sehr wohl ein performatives Sprechen, aber eben ein solches, das sein Gegenteil vollzieht, oder anders formuliert: Es handelt sich um einen Sprechakt, der vorgibt, ein ‚Schweigakt' zu sein.

---

40 Vgl. Claudia Benthien. „Die Performanz der schweigenden Masse. Zur Kollektivität der Zuschauenden in Theatersituationen". *Kollektivkörper. Kunst und Politik von Verbindung.* Hrsg. von Sylvia Sasse und Stefanie Wenner. Bielefeld 2002. 171–90.

41 Zur fachspezifischen Differenzierung siehe die drei Themenhefte der Zeitschrift *Paragrana* des Sonderforschungsbereichs „Kulturen des Performativen": Heft 7.1: Kulturen des Performativen (1998); Heft 10.1: Theorien des Performativen (2002); Heft 13.1 (2004): Praktiken des Performativen; sowie das Themenheft „Performance" der Zeitschrift *Texte zur Kunst*: Heft 37 (2000); und den Band: Uwe Wirth (Hrsg.). *Performanz. Zwischen Sprachphilosophie und Kulturwissenschaften.* Frankfurt a. M. 2002.

42 Vgl. Fischer-Lichte 1998, S. 14.

43 Fischer-Lichte 2004, S. 34.

Der heuristischen Klassifizierung von Schweigen als entweder ‚rhetorisch' oder ‚performativ' steht seine unauflösliche kulturelle Ambivalenz gegenüber, die dazu führt, dass es sich erst sekundär und mit einem verbleibenden Rest an Uneindeutigkeit überhaupt mit einer Bedeutung oder Funktion belegen lässt. „Silence [...] is probably the most ambiguous of all linguistic forms"[44], wie etwa der Linguist Adam Jaworski schreibt. Auch der Literaturwissenschaftler Stefan Krammer betont zu Recht die „Schwierigkeiten des Fixierens und Dingbar-Machens sowie der Bedeutungszuordnung von Schweigen" und hält fest, dass diese „Unbestimmbarkeit" zwar „geradezu heraus[fordere], nach einer eindeutigen Festlegung zu fragen", gleichwohl aber eher ein „Verharren in der Unentscheidbarkeit dem Forschungsgegenstand angemessen [scheine], weil wir uns in der Auseinandersetzung mit dem Schweigen stets in einem Vakuum an Bedeutungsvielfalt zwischen ‚Alles' und ‚Nichts' bewegen."[45] Zu fragen ist, ob die in einer Arbeit über die Dramatik Thomas Bernhards beschriebene ‚Unentscheidbarkeit' auch auf die so gänzlich anders gearteten Werke der Frühen Neuzeit zutrifft. Hier scheint es doch eher so zu sein, dass die jeweilige Bedeutung des Schweigens fixierter ist, auf je Spezifisches verweist. Seine Ambivalenz wird nicht, wie in der Moderne, als Element seiner Stärke und Faszination angesehen, sondern eher als eine Gefahr, die es zu bannen gilt.

Das barocke Schweigen steht, wie angedeutet, im 17. Jahrhundert unter der Herrschaft der Rhetorik. Es ist zwar konstitutiv ein Grenzphänomen des Rhetorischen, wird in dieser Zeit aber weitmöglichst in seinen Kategorien gedacht. Das Schweigen wird derart funktional domestiziert, ihm wird seine Bedrohlichkeit und Vagheit in vieler Hinsicht genommen. Im Unterschied zu späteren Epochen wird ihm eine je spezifische Bedeutung und Funktion beigelegt. So gilt es zum Beispiel in der Mystik nicht als Ausdruck von Unbestimmtheit, sondern es steht für etwas ganz Spezifisches, für die Größe und Undarstellbarkeit Gottes. Ein weiteres Merkmal der rhetorischen Fundierung des Schweigens im 17. Jahrhunderts ist es, dass auch Außerrhetorisches, zum Beispiel menschliche Gesten und Gebärden, als sprachlich gedacht werden. Darüber hinaus aber fungiert das Schweigen auch als wichtiges Instrument der Rhetorikkritik und erhält immer da eine Aufwertung, wo von den Autoren selbst die Künstlichkeit oder potenzielle Falschheit der Sprache beklagt wird.

## *Forschungsüberblick*

Der sich nun anschließende kurze Forschungsüberblick geht nur auf jene Publikationen ein, die sich konkret mit dem Thema ‚Schweigen' beschäftigen oder sonstige wichtige Bezugspunkte darstellen. Es wird darauf verzichet, sämtliche einschlä-

44 Adam Jaworski. *The Power of Silence*. Newbury 1993, S. 24.

45 Stefan Krammer. *„redet nicht vom Schweigen..."*. *Zu einer Semiotik des Schweigens im dramatischen Werk Thomas Bernhards*. Würzburg 2003, S. 13.

gige Arbeiten der neueren Barockforschung vorzustellen, da dies den Rahmen der Einleitung sprengen würde. Ein weiteres Problem ergibt sich daraus, dass diese Arbeit aufgrund der Breite ihrer Fragestellung quasi für jeden Teil, ja sogar für jedes Kapitel andere Forschungsliteratur zu berücksichtigen hat, so dass der Forschungsüberblick entsprechend weit und unübersichtlich ausfallen müsste. Um dies zu vermeiden, beschränkt sich die folgende Darstellung auf den engeren Zusammenhang von Schweigen und Früher Neuzeit. Sie ordnet die Forschungsarbeiten unter vier Rubriken: Schweigen als Thema der Frühneuzeitforschung, Rhetorik-Untersuchungen zum 17. Jahrhundert, Ästhetik und Rhetorik des Schweigens in anderen Epochen, Arbeiten aus anderen Disziplinen zum Thema.

In der bisherigen Forschung zur Frühen Neuzeit wurde das Thema Schweigen nur marginal berücksichtigt. Der einzige Autor, der ihm aus germanistischer Perspektive einige Ausmerksamkeit widmet, ist Wilhelm Kühlmann, der in seiner Studie über *Gelehrtenrepublik und Fürstenstaat* das Thema unter der Überschrift „Das bedachte Verstummen als Maxime politischen Sprachverhaltens“ behandelt.[46] Der gleiche Aspekt findet im Anschluss an Kühlmann kursorisch bei Adalbert Wichert, Ursula Geitner und Ralf Georg Bogner Erwähnung.[47] Mit *Picturing Silence* hat die Romanistin Karen Pinkus eine Monografie vorgelegt, in der das Motiv des Schweigens auf einigen humanistischen Emblemen Ausgangspunkt für eine Reflexion über *Emblem, Language, Counter-Reformation, Materiality* ist.[48] Dieser Arbeit verdankt das vorliegende Buch zahlreiche Anregungen bei der Bildinterpretation, ansonsten ist sie aber für die hier gewählte Fragestellung wenig brauchbar, zumal ihr Gegenstand nicht sehr deutlich formuliert ist. Auch Benjamin ist hier zu erwähnen (nicht nur, weil er Pinkus‘ zentrale Referenz ist), der sich bemüht, Franz Rosenzweigs Konzeption des tragischen Schweigens auf das Barockdrama zu übertragen.[49] Obgleich Benjamins Ausführungen im *Ursprung des deutschen Trauerspiels* nicht vollständig überzeugen, so hat sich diese Arbeit – nicht zuletzt sprachlich – inspirierend ausgewirkt. Ähnliches gilt für Benjamins Antagonisten Albrecht Schöne, dessen *Emblematik und Drama im Zeitalter des Barock* zwar das Thema Schweigen im engeren Sinne nicht behandelt, aber etwa hinsichtlich der Auseinandersetzung mit den ‚stillen Vorstellungen‘ in den Trauerspielen hilfreich ist.[50] Drei weitere kleinere Beiträge seien erwähnt, die das Schweigen in der Frühen Neuzeit

46 Wilhelm Kühlmann. *Gelehrtenrepublik und Fürstenstaat. Entwicklung und Kritik des deutschen Späthumanismus in der Literatur des Barockzeitalters.* Tübingen 1982, S. 243–55.

47 Adalbert Wichert. *Literatur, Rhetorik und Jurisprudenz im 17. Jahrhundert. Daniel Casper von Lohenstein und sein Werk.* Tübingen 1991, S. 251–55; Ursula Geitner. *Die Sprache der Verstellung. Studien zum rhetorischen und anthropologischen Wissen im 17. und 18. Jahrhundert.* Tübingen 1992, S. 22 und 30; Bogner 1997, S. 130.

48 Karen Pinkus. *Picturing Silence. Emblem, Language, Counter-Reformation, Materiality.* Ann Arbor 1996.

49 Walter Benjamin. *Ursprung des deutschen Trauerspiels.* Hrsg. von Rolf Tiedemann. 7. Aufl. Frankfurt a. M. 1996.

50 Albrecht Schöne. *Emblematik und Drama im Zeitalter des Barock.* 3. Aufl. München 1993.

konkreter untersuchen: zunächst ein philologisch-philosophischer Aufsatz Raymond Waddingtons, der ausgehend von einem englischen Renaissance-Gedicht mythologische und humanistische Topoi über das Schweigen zusammenträgt[51], sodann ein kunsthistorischer Beitrag von Karla Langedijk, der eine Vielzahl von *silentium*-Bildquellen in den Blick nimmt und unter ikonographischer und ikonologischer Perspektive untersucht[52], und schließlich der bereits zitierte Essay des Frühneuzeit-Historikers Burke, der historische Belege und Quellen unter der Perspektive einer (noch zu schreibenden) frühneuzeitlichen „Sozialgeschichte des Schweigens" zusammenträgt.[53]

Ein zweiter Bezugspunkt sind die großen germanistischen Arbeiten über Rhetorik und Verhaltenskunst in der Frühen Neuzeit, die zwar dem Schweigen wenig Aufmerksamkeit schenken, dennoch aber viele Orientierungen und Anregungen gaben, nicht zuletzt im Hinblick auf mögliche Quellen. Zu erwähnen ist an erster Stelle die *Barockrhetorik* von Wilfried Barner[54], eine Grundlagenarbeit, die eine Reihe von ähnlich wichtigen Arbeiten initiierte, so die Untersuchung von Manfred Beetz über *Frühmoderne Höflichkeit*[55], Geitners bereits erwähnte Monographie *Die Sprache der Verstellung*[56] und Georg Braungarts Studie zur *Hofberedsamkeit*.[57] Das Buch von Bogner über *Die Bezähmung der Zunge* hingegen erweist sich weniger hilfreich, als dem Titel nach zu erwarten, weil der Autor sich an einem eher engen methodischen Rahmen – der Suche von literarischen „Systemreferenzen" – orientiert und daher historisch-anthropologischen und ästhetischen Fragestellungen wenig Raum gibt. Flankierend seien darüber hinaus zwei Monographien zur Sprachtheorie genannt, zum einen die ältere geistesgeschichtliche Arbeit von Paul Hankamer, die auch alle wichtigen zeitgenössischen Dichter abhandelt[58], zum anderen die eher sprachphilosophisch ausgerichtete Arbeit von Andreas Gardt, die eine gute Einführung in das Denken der Sprache im 17. Jahrhundert bietet.[59]

Dem relativ überschaubaren Forschungsfeld zum Schweigen in der Frühen Neuzeit steht drittens eine Fülle an literatur- und kulturwissenschaftlichen Arbeiten zum Schweigen in anderen Epochen gegenüber – und zwar sowohl historisch rück- als vorwärtsgewandt. Dies verdeutlicht, dass die Frühe Neuzeit für diese Fragestel-

---

51 Raymond B. Waddington. „The Iconography of Silence and Chapman's Hercules". *Journal of the Warburg and Courtauld Institutes* 33 (1970): 248–63.

52 Karla Langedijk. „Silentium". *Het Nederlands Kunsthistorisch Jaarboek* (1962): 3–18.

53 Burke 1993.

54 Barner 2002 (Erstauflage 1970).

55 Manfred Beetz. *Frühmoderne Höflichkeit. Komplimentierkunst und Gesellschaftsrituale im altdeutschen Sprachraum*. Stuttgart 1990.

56 Geitner 1992.

57 Georg Braungart. *Hofberedsamkeit. Studien zur Praxis höfisch-politischer Rede im deutschen Territorialabsolutismus*. Tübingen 1998.

58 Paul Hankamer. *Die Sprache. Ihr Begriff und ihre Deutung im sechzehnten und siebzehnten Jahrhundert. Ein Beitrag zur Frage der literaturhistorischen Gliederung des Zeitraums*. Nachdruck der Ausgabe Bonn 1927. Hildesheim 1965.

59 Gardt 1994.

lung eine auffällige Forschungslücke darstellt, zumal es wohl kaum eine Epoche gibt, in der mehr über Schweigen reflektiert und publiziert wurde. Was die antike Literatur betrifft, ist die theoretisch anspruchsvolle Studie *Silence in the Land of Logos* der Altphilologin Silvia Montiglio zu erwähnen, die das Schweigen in seiner grundlegenden Ambivalenz aus Ermächtigung und Entmachtung bei Homer, in der antiken Rhetorik, in der Aufführungspraxis der griechischen Tragödie und im Mythos untersucht.[60]

Zwei wichtige mediävistische Arbeiten stammen schon aus den 1970er Jahren: Volker Roloffs Untersuchung über *Reden und Schweigen*[61] in der mittelalterlichen französischen Literatur und Uwe Rubergs Studie über *Beredtes Schweigen in lehrhafter und erzählender deutscher Literatur des Mittelalters*.[62] Besonders Rubergs dezidierte Ausführungen über Motive, Orte und Gestalten des Schweigens in der Antike, der Patristik und dem Mittelalter stellen eine wichtige Grundlage für diese Arbeit dar. Die Studie *Topographie des Schweigens* der Mediävistin Mireille Schnyder untersucht *Formen und Gesten des Schweigens im deutschen höfischen Roman um 1200*, ist also von ihrer inhaltlichen Ausrichtung eher eng gefasst und behandelt mit dem höfischen Roman eine Gattung, die hier nur am Rande thematisiert wird; sie bietet aber zahlreiche strukturelle Anregungen, u. a. hinsichtlich der Topologie und Temporalität von Schweigen.[63] Elisabeth Marie Loevlie schlägt mit ihrer literaturtheoretisch ausgerichteten Untersuchung über *Literary Silences in Pascal, Rousseau, and Beckett* zwar einen weiten historischen Bogen von der Frühen Neuzeit bis in die Moderne, verfolgt aber, soweit ich sehen kann, keine historisierende These, sondern ist eher an der konkreten literarischen ‚Erkundung' und Repräsentation von Schweigen interessiert.[64]

Überboten wird dies aber für die Moderne: Mit der ihm attribuierten Tragik, Pathetik, Subversion und Widerständigkeit kann das Schweigen geradezu als ein Lieblingsthema von Literatur und Philologie bezeichnet werden, es gibt kaum einen bedeutenden Autor, bei dem dieser Aspekt nicht untersucht wurde. Bereits George Steiner[65] und Hans Mayer[66] legten mit ihren essayistischen Arbeiten den

---

60 Sylvia Montiglio. *Silence in the Land of Logos*. Princeton 2000. Frühere monographische Arbeiten zur antiken Literatur sind: Siegfried Besslich. *Schweigen – Verschweigen – Übergehen. Die Darstellung des Unausgesprochenen in der Odyssee*. Heidelberg 1966; Thomas Köves-Zulauf. *Reden und Schweigen. Römische Religion bei Plinius Maior*. München 1971.

61 Volker Roloff. *Reden und Schweigen. Zur Tradition und Gestaltung eines mittelalterlichen Themas in der französischen Literatur*. München 1973.

62 Ruberg 1978.

63 Mireille Schnyder. *Topographie des Schweigens. Formen und Gesten des Schweigens im deutschen höfischen Roman um 1200*. Göttingen 2003.

64 Elisabeth Marie Loevlie. *Literary Silences in Pascal, Rousseau, and Beckett*. Oxford 2003.

65 George Steiner. *Sprache und Schweigen. Essays über Sprache, Literatur und das Unmenschliche*. Frankfurt a. M. 1969.

66 Hans Mayer. *Das Geschehen und das Schweigen. Aspekte der Literatur*. Frankfurt a. M. 1969.

Grundstein für eine solche Auseinandersetzung. Christiaan Hart Nibbrig spricht in seiner Untersuchung der Literatur von der deutschen Empfindsamkeit bis zum französischen Existenzialismus von einer „zunehmend differenzierten Rhetorik des Schweigens“[67]; die von ihm gewählte chronologische und autorzentrierte Vorgehensweise ist aber nicht befriedigend. Germanistische Einzeluntersuchungen erschienen etwa zu wichtigen Autoren des 18. bis 20. Jahrhunderts wie Friedrich Schiller[68], Heinrich von Kleist[69], Hugo von Hofmannsthal[70], Ödön von Horváth[71], Robert Walser[72] oder Thomas Bernhard.[73] Einige Monografien behandeln mehrere Autoren, wie zum Beispiel die von Otto Lorenz, der Schweigen bei Friedrich Hölderlin, Rainer Maria Rilke und Paul Celan untersucht[74], oder von Dirk Göttsche, dessen Buch Sprachskepsis in Prosawerken von Hofmannsthal, Rilke, Ingeborg Bachmann, Peter Handke und Martin Walser analysiert.[75] Im Zusammenhang mit dem Holocaust erlangt das Thema des Verschweigens in der deutschen Literatur an Brisanz, die mit den Dimensionen von Schuld, Tabu und der Nichtbewältigung der nationalen Geschichte zusammenhängt.[76] Der Umgang mit Negativität und den Strategien des sprachlichen Negierens steht im Mittelpunkt der Aufsatzsammlung *Languages of the Unsayable* von Sanford Budick und Wolfgang Iser.[77] Der Band behandelt philosophische, literaturtheoretische und literarische Umgangsweisen mit Formen der Unsagbarkeit und Undarstellbarkeit in der Moderne. Diese kursorische Aufzählung verdeutlicht, inwiefern das Schweigen in der Neuzeit, besonders im 20. Jahrhundert, ein großes Thema ist, das von

---

67 Hart Nibbrig 1981, S. 11.

68 Müller-Seidel 1955.

69 Max Kommerell. „Die Sprache und das Unaussprechliche. Eine Betrachtung über Heinrich von Kleist“. *Geist und Buchstabe der Dichtung. Goethe – Kleist – Hölderlin.* Frankfurt a. M. 1940. 243–317; Kiran Desai-Breun. *Das Schweigen und die Gabe. Analytische Studien zu Ambivalenzen in Heinrich von Kleists ‚Penthesilea‘ und ‚Das Käthchen von Heilbronn‘.* Bern u. a. 1999.

70 Andreas Härter. *Der Anstand des Schweigens. Bedingungen des Redens in Hofmannsthals ‚Brief‘.* Bonn 1989; Ernst Osterkamp. „Die Sprache des Schweigens bei Hofmannsthal“. *Hofmannsthal-Jahrbuch.* Hrsg. Gerhard Neumann u. a. Freiburg 1994. 111–37.

71 Benthien/*Präsenz* 2002.

72 Joachim Strelis. *Die verschwiegene Dichtung. Reden, Schweigen, Verstummen im Werk Robert Walsers.* Frankfurt a. M. 1991.

73 Krammer 2003.

74 Otto Lorenz. *Schweigen in der Dichtung. Hölderlin – Rilke – Celan. Studien zur Poetik deiktisch-elliptischer Schreibweisen.* Göttingen 1989.

75 Dirk Göttsche. *Die Produktivität der Sprachkrise in der modernen Prosa.* Frankfurt a. M. 1987.

76 Vgl. Ernestine Schlant. *The Language of Silence. West German Literature and the Holocaust.* New York und London 1999.

77 Sanford Budick und Wolfgang Iser (Hrsg.). *Languages of the Unsayable. The Play of Negativity in Literature and Literary Theory.* New York 1989.

Philologie und Philosophie gleichermaßen bearbeitet wird.[78] Das frühneuzeitliche Schweigen jedoch, das noch wesentlich in rhetorische und theologische Diskurse eingebunden ist, unterscheidet sich eklatant von den modernen Sprachkrisen – auch wenn man immer wieder versucht ist, sie auch dort zu konstatieren.

Als vierter und letzter Punkt sollen nun Forschungsarbeiten aus anderen Fächern angeführt werden, die sich mit Schweigen beschäftigen und methodisch oder inhaltlich diesem Buch wichtige Impulse gaben oder aufgrund ihrer Einschlägigkeit erwähnenswert sind. Mehrere theologische bzw. religionswissenschaftliche Arbeit sind zu nennen, einerseits das Buch von Max Küchler zu *Schweigen, Schmuck und Schleier*, das neutestamentliche Vorschriften und alttestamentliche Ursprünge einer theologisch begründeten „Verdrängung der Frauen"[79] untersucht, andererseits die Studie von Roland Krusche über *Die Übung des Schweigens*, die erhellend und dezidiert die Argumente und Vorstellungen eines mystischen Schweigens und seiner Hermeneutik darlegt.[80] Beide Untersuchungen stellen wichtige Bezugspunkte einzelner Kapitel dar. Ein von Raimund Sesterhenn herausgegebener Sammelband mit dem Titel *Das Schweigen und die Religionen* fragt „am Beispiel von Christentum, Buddhismus, Hinduismus, Islam und Judentum nach dem Schweigen als einer allen Religionen vorgängigen Sprache".[81] Auch Franz Rosenzweigs religionsphilosophisches Werk *Der Stern der Erlösung* widmet dem ‚tragischen Schweigen' einige zentrale Ausführungen.[82]

Aus dem Bereich der Linguistik und Sprachtheorie sind vier Bände erwähnenswert: erstens der interdisziplinäre Sammelband von Adam Jaworski[83], in dem besonders die sprachanalytischen Beiträge des Herausgebers lesenswert sind, zweitens das Themenheft „Schweigen" der *Osnabrücker Beiträge zur Sprachtheorie*, herausgegeben von Ulrich Schmitz[84], drittens der Band *Perspectives on Silence* der Kommunikationswissenschaftlerinnen Muriel Saville-Troike und Deborah Tannen[85], viertens der Band ‚*...wortlos der Sprache mächtig*', herausgegeben von Hart-

---

78 Weitere Einzeluntersuchungen zu deutschsprachigen Autor/innen finden sich in: Hartmut Eggert und Janusz Golec (Hrsg.). ‚*...wortlos der Sprache mächtig*'. *Schweigen und Sprechen in der Literatur und sprachlicher Kommunikation*. Stuttgart 1999.

79 Max Küchler. *Schweigen, Schmuck und Schleier. Drei neutestamentliche Vorschriften zur Verdrängung der Frauen auf dem Hintergrund einer frauenfeindlichen Exegese des Alten Testaments im Judentum*. Göttingen 1986.

80 Roland Krusche. *Die Übung des Schweigens in der Mystik. Überlegungen zur Hermeneutik des Schweigens*. Frankfurt a. M. u. a. 1996.

81 Raimund Sesterhenn (Hrsg.). *Das Schweigen und die Religionen*. München und Zürich 1983.

82 Franz Rosenzweig. *Der Stern der Erlösung*. Frankfurt a. M. 1988 (Erstauflage 1921).

83 Adam Jaworski (Hrsg.). *Silence. Interdisciplinary Perspectives*. Berlin und New York 1997.

84 Ulrich Schmitz (Hrsg.). *Osnabrücker Beiträge zur Sprachtheorie* 16: Schweigen (1990); siehe besonders den Beitrag des Herausgebers: „Beredtes Schweigen – Zur sprachlichen Fülle der Leere. Über Grenzen der Sprachwissenschaft", S. 43–58.

85 Muriel Saville-Troike und Dorothea Tannen (Hrsg.). *Perspectives on Silence*. Norwood 1985.

mut Eggert und Janusz Golec, der Schweigen und Sprechen in Literatur und sprachlicher Kommunikation untersucht.[86] Keiner dieser Bände aber geht auf eine mögliche Zusammenführung von Sprechakttheorie und Schweigen ein.

Die soziologische Aufsatzsammlung *Reden und Schweigen* von Niklas Luhmann und Peter Fuchs sucht darzulegen, inwieweit das Schweigen ein „Gegenbild [ist], das die Gesellschaft in ihre Umwelt projiziert".[87] Sie wird gern zitiert und hat sich für die vorliegende Fragestellung primär hinsichtlich der religiösen Dimensionen als hilfreich erwiesen. Die zweite soziologische Arbeit, das Buch *Schweigen und Verschweigen* von Alfred Bellebaum, nimmt zwar kursorisch auf zahlreiche wichtige antike, frühneuzeitliche und moderne Quellen Bezug, allerdings auf wenig ergiebige Weise.[88] Abschließend seien zwei weitere den Sozialwissenschaften nahestehende Bände genannt: eine Sammlung von psychoanalytischen Aufsätzen wurde von Claudia Danziger herausgegeben und beschäftigt sich mit den Aporien des Schweigens, mit seiner Unheimlichkeit in hierarchischen Situationen und mit seiner Mehrdeutigkeit.[89] In eine ähnliche Kategorie fällt der Sammelband von Dietmar Kamper und Christoph Wulf, *Schweigen. Unterbrechung und Grenze der menschlichen Wirklichkeit*, der das Schweigen aus historisch-anthropologischer Perspektive facettenreich auffächert.[90] Der Band gehört zu jenen Publikationen, die das Thema in die kulturwissenschaftliche Diskussion überhaupt erst einführten.

### *Zum Aufbau der Untersuchung*

Diese Untersuchung gliedert das Thema nicht nach Autor/innen, Werken, Gattungen oder Medien, sondern hinsichtlich vier leitender Fragestellungen oder Problemkreise, die im Anschluss kurz dargestellt werden sollen. Dabei werden oftmals Zitate oder Werkausschnitte verschiedener Verfasser/innen bzw. Künstler/innen miteinander konfrontiert und in einen übergeordneten Zusammenhang integriert. Da sich in der frühneuzeitlichen Literatur Thematiken und Motive häufig wiederholen, hätte eine separierende Darstellungsweise zu Redundanzen geführt. Der Gefahr einer unzulässigen Vermischung unterschiedlicher Gegenstände sucht die Arbeit durch Textbezogenheit und das Verfahren des *close reading* zu begegnen. Darüber hinaus gibt es immer wieder längere Interpretationspassagen besonders aufschlussreicher Quellen oder Belegstellen, was auch zum Ziel hat, der summarischen Darstellung mancher Abschnitte entgegenzuwirken. Die Fülle des Materials,

86 Eggert/Golec 1999.
87 Peter Fuchs und Niklas Luhmann. *Reden und Schweigen*. 2. Aufl. Frankfurt a. M. 1992.
88 Alfred Bellebaum. *Schweigen und Verschweigen. Bedeutungen und Erscheinungsvielfalt einer Kommunikationsform*. Opladen 1992.
89 Claudia Danziger (Hrsg.). *Le silence. La force du vide*. Paris 1999.
90 Dietmar Kamper und Christoph Wulf (Hrsg.). *Schweigen. Unterbrechung und Grenze der menschlichen Wirklichkeit*. Berlin 1992.

die sich im Laufe der Zeit zu diesem Thema auffinden ließ, überraschte und bildete eine erhebliche Herausforderung. Dabei galt es auch, mit der Vorliebe frühneuzeitlicher Autoren, ihre Gelehrsamkeit durch zahlreiche Zitate, Fußnoten und Kommentare unter Beweis zu stellen, umzugehen. Als drittes Element der Arbeit finden sich Theorieexkurse, die das inhaltlich Verhandelte auf einer Metaebene reflektieren. Diese sechs Exkurse – zur emblematischen Struktur des Trauerspiels, zur Theorie der Figur, zur Performativität von Schweigen, zur Theorie des Tragischen, zum Begriff der Pathosformel und zur Mystik – stehen neben, nicht über den Material-Analysen; daher sind sie jeweils an der Stelle eingeschoben, an der sie relevant erscheinen. Sie ergänzen, erläutern oder problematisieren das anhand der zeitgenössischen Quellen Gesagte, dienen der Begriffsklärung oder verdeutlichen, von welchen Bezugspunkten aus argumentiert wird.

Leitfrage des mit *Stumme Figuren* betitelten ersten Teils der Arbeit ist das Verhältnis von Schweigen als rhetorischer Figur und anderen Konzepten der Figur, etwa der Bühnenfigur oder dem Figur-Begriff der Bildenden Kunst. Im einführenden Kapitel II.1 wird die umfangreiche Bildtradition einer Ikonographie des ‚Stillschweigens' im 16. und 17. Jahrhundert entfaltet; ihre wichtigsten Figuren und Personifikationen werden beschrieben. Leitende Fragen dabei sind erstens, warum das Schweigen ein so zentraler Bildgegenstand ist und inwiefern es mit dem Medienwandel der Frühen Neuzeit im Zusammenhang steht, zweitens, wie das Sprachlose in einem als ‚stumm' geltenden Medium überhaupt dargestellt werden kann und welche Lösungen die Künstler wählen, um Schweigen visuell zu repräsentieren. Diese ‚Absenz der Stimme im Bild' wird in Emblematik, Druckgrafik und Malerei verfolgt und hinsichtlich ihrer Medialität, Ikonologie und Semantik diskutiert.

Daran anschließend geht es um stumme Figuren in anderen Medien und Gattungen. Zunächst wendet sich die Arbeit dem Trauerspiel zu und untersucht im Kapitel II.2 die Konvention der doppelten Personenverzeichnisse. Diese ungewöhnliche Differenzierung des Personals in ‚Personen' bzw. ‚Figuren' einerseits und ‚stumme' oder ‚schweigende Personen' bzw. ‚Figuren' andererseits steht, wie dargelegt wird, in Bezug zur emblematischen Grundstruktur des Trauerspiels. Anschließend werden verschiedene stumme Protagonisten und Nebenfiguren unter der doppelten Fragestellung untersucht, was sie figurieren und wie sie dies in einem primär sprachlichen Medium tun.

In der Lyrik wird der Tod als Figur des gewaltsamen Verstummens thematisiert, was im Kapitel II.3 gezeigt wird. So wird die im doppelten Wortsinn ‚eitle' Sprachmacht des Rhetors zum Thema von Gedichten, in denen Juristen, Redner oder Gelehrte den Verlust ihres Lebens als Verlust der Sprache in Form ihrer eigenen Totenrede auf dem Epitaph beklagen. Der Tod fungiert als Strafrichter, der Eloquenz zunichte macht. Die Sprache des Getöteten hatte zuvor eine besondere Macht. Eben diese Sprachperformanz setzt auch der Tod ein, indem er sein Urteil spricht, der Rechtsperson ihre Rede nimmt und sie so tötet. Des Weiteren wird die Symbolik und Theatralik der Enthauptung untersucht, als einer Todesform, die viele ‚Hauptfiguren' der Trauerspiele ereilt. Sie wird als eine Form plötzlicher ‚Entmündigung' interpretiert, der aufgrund der Gleichsetzung von Sprache und Präsenz, Eloquenz und Macht, höchste Bedeutung innewohnt.

Die Rhetorik differenziert verschiedene Formen des Schweigens, des Verstummens, des Verschweigens und der Auslassung. Es sind Figuren, denen Funktionen wie die Untermalung der Rede oder des Affektausdrucks zugeschrieben werden. Das Kapitel II.4 behandelt solche Schweige-Figuren in der Rhetorik und stellt sie in den übergreifenden Zusammenhang einer Theorie der Figur und der Figuration. Dabei werden auch konkrete Schweige-Gestalten untersucht, die etwa im Barocktheater als mehrdeutige ‚Schwellenfiguren' fungieren. Abschließend wird unter Rückgriff auf neuere theoretische Arbeiten die These von Schweigen als einer ‚Metafigur' diskutiert, wonach eine seiner leitenden Funktionen darin besteht, figürlich auf Abwesendes zu verweisen.

Der anschließende Teil der Arbeit, *Verschwiegenheit und Macht*, stellt die zentralen moralischen und politischen Lehren über das Schweigen im 17. Jahrhundert vor und führt aus, inwieweit sie sich an antike und christliche Topoi und Argumente anlehnen. Leitfrage ist, wie das Verhältnis von Reden, Schweigen und Verschweigen mit sozialer Macht und Ohnmacht zusammenhängt. Gezeigt wird, inwieweit dieses Verhältnis an die Standeshierarchie sowie an die Geschlechterordnung gebunden ist. Kapitel III.1 erörtert, inwiefern in höfischen Verhaltenslehren der Frühen Neuzeit das Verschweigen im Sinne der *prudentia* als Strategie der *dissimulatio* aufgewertet wird – was auch die zeitgenössische Literatur als Handlungsmoment einsetzt. Als Synthese zahlreicher Quellen aus dem Bereich der Hofschulen und der Unterhaltungsliteratur lässt sich eine leitende Unterscheidung zwischen einem Moraldiskurs (Verschwiegenheit als Tugend) und einem Strategie-Diskurs (Verschweigen als Klugheit) ableiten. Beider Verhältnis wird auch von den frühneuzeitlichen Autoren als durchaus prekär angesehen.

Anknüpfend an den vieltradierten Ausspruch *mulierem ornat silentium* (Erasmus) wird im Kapitel III.2 der Topos der ‚weiblichen Geschwätzigkeit' untersucht, der sich in Klugheitslehren und der Literatur ebenso findet wie in biblischen Schweigegeboten. In der Frühen Neuzeit erfährt die weibliche Rede eine auffällige Sexualisierung, wonach sprachlicher und sexueller Exzess analogisiert werden. Schweigsamkeit galt für Frauen daher in doppeltem Sinn als Tugend, die ihnen zugeschriebene Geschwätzigkeit hingegen als Schwäche. Seit dem antiken Mythos von Philomela ist das erlittene Schweigen von Frauen überdies explizit mit Gewalt verknüpft, wie anhand seiner frühneuzeitlichen Deutung und Tradierung gezeigt wird. Die *gender*-Spezifik des Themas erweist sich für den Zusammenhang von Schweigen und Macht als fundamental.

Im Kapitel III.3 wird gezeigt, inwieweit die Differenz von strategischem und tugendhaftem Schweigen in der stoischen Haltung von Märtyrern an eine Grenze gerät, deren fortwährendes Stummbleiben selbst im Erleiden schlimmster körperlicher Folter als ultimative Macht und Selbstbeherrschung inszeniert wird. Der Versuch, sie zum Schweigen zu bringen wird durch ihre aktive Verschwiegenheit unterminiert. Andererseits kann Schweigen auch als ‚Sprechakt' fungieren, indem es als Machtmittel eingesetzt wird – zum Beispiel in der bewussten sprachlichen

Missachtung der Höflinge durch den Herrscher. In diesem Kapitel wird daher unter Rückgriff auf Performativitäts-Theorien erörtert, wie sich eine Performanz des Schweigens in der Frühen Neuzeit äußert und was sie bewirkt.

Der nächste Teil der Arbeit ist *Unsagbarkeit als Pathosformel* betitelt und beschäftigt sich mit dem Zusammenhang von Schweigen, Affekten und Darstellung. Leitfragen sind: Wie lösen die Dichter und Dichterinnen das Paradox von Unsagbarkeit und Dichtung? Wie wird die Relation von Gefühlsintensität und Sprache verstanden? Was ist im 17. Jahrhundert tragisch am Verhältnis von Mensch und Zeichensystemen? Das Kapitel IV.1 setzt sich mit dem Konzept der tragischen ‚Unmündigkeit' auseinander, wie es Benjamin unter Bezugnahme auf Rosenzweig entwickelt hat. Im Trauerspiel des 17. Jahrhunderts findet sich ein finales, tragisches Schweigen, im Gegensatz zur rhetorischen Bezugnahme auf Schweigen als Ausdrucksform, eher selten, was in deutlicher Differenz zur antiken Tragödie steht. Andererseits wird im Theater die Angewiesenheit des Menschen auf seine Sprache als Teil des Sündenfalls begriffen und – in ebendiesem Medium – beständig reflektiert. Die von Benjamin aufgestellte These der Unmöglichkeit eines vollen Schweigens im 17. Jahrhundert ist daher in Frage zu stellen.

Im Trauerspiel steht die Formel der Unsagbarkeit für die Überwältigung durch Affekte, was im Kapitel IV.2 dargestellt wird. Gefühle über Schweigen zu figurieren, macht Unaussprechlichkeit zu einer Pathosformel mit hohem Gebrauchswert. Zumeist verbalisieren die Figuren ihr Nicht-Reden-Können, anstatt tatsächlich zu verstummen. Zudem benennen sie oft den Affekt, von dem sie ergriffen sind. Mit dem Begriff der Pathosformel rekurriert die Untersuchung hier auf ein zentrales Konzept Aby Warburgs, der diese als Ausdrucksform menschlicher Leidenschaften versteht, welche sich in affektiven Leitgebärden manifestieren, die zu epochenübergreifenden Bildspeichern des kulturellen Gedächtnisses werden. Als Pathosformel ist Schweigen besonders aufschlussreich, insofern es sich um eine Nicht-Gebärde, einen Entzug von Darstellung handelt: Es wird auf eine Leidenschaft verwiesen, indem sie eben nicht gezeigt wird. Gegenüber den zuvor behandelten Klugheitslehren lässt sich also ein wesentlicher Unterschied feststellen: Während Schweigen dort Ausdruck von Affektbeherrschung ist, ist es konträr dazu hier Zeichen der Affektüberwältigung.

In der Liebeslyrik des Barock sind der Unsagbarkeitstopos und der Verweis auf das Schweigen ebenfalls bedeutsam und bilden invertierte und hypertrophe Formen aus. Kapitel IV.3 nimmt ein *close reading* ausgewählter Gedichte verschiedener Autoren vor und zeigt, wie sie mit den Mitteln der Sprache ein affektives Schweigen artikulieren. Zentrale Motive sind das pathetische Verstummen im Angesicht der Schönheit, die Inexpressivität als äußerster Ausdruck des Gefühls, die Notwendigkeit oder der Wunsch des Verschweigens der Liebe sowie die Versepistel als Form der ‚stummen Rede'. Gezeigt wird, wie die Dichter diese Motive mit formalen Strategien verbinden, die das Gesagte entweder subversiv unterlaufen und ironisieren oder aber im Gegensatz dazu pathetisch verstärken und tragisch aufladen.

Dass sich der letzte Teil der vorliegenden Arbeit ausgerechnet mit den religiösen Dimensionen des Themas befasst, mutet auf den ersten Blick kontraproduktiv an.

Es erweist sich aber, dass in diesem Bereich eigentlich der avancierteste Umgang mit dem Schweigen zu finden ist, sowohl in inhaltlicher als auch in formaler Hinsicht. Folgende Fragen stehen im Mittelpunkt des Kapitels: Wie realisiert sich die Kommunikation von Mensch und Gott unter Bezugnahme auf das Schweigen? Welche Intensitäten lassen sich über den Topos der Unaussprechlichkeit – als explizit mündlicher Ausdrucksform – realisieren? Inwiefern unterscheiden sich ‚Unaussprechlichkeit' und ‚Undarstellbarkeit' in theologischer und ästhetischer Hinsicht? Im *Mystische Stille* überschriebenen Teil werden einführend (Kapitel V.1) frühneuzeitliche Schweigepraktiken diskutiert, die in sakralen Kulten und in der Liturgie vollzogen werden – so etwa die Bedeutung von Stille-Orten wie dem Kloster, die *oratione silentii*, das ‚dreifache Stillschweigen' der Mystiker oder die sprachliche Askese. Mit dem Begriff der Arkandisziplin soll zudem angedeutet werden, dass Schweigen in der hermetischen Literatur des 17. Jahrhunderts vielfach als Teil von Geheimkulten begriffen wurde – als eine elitäre Praktik, die eine Sonderwelt herauszubilden hilft. Des Weiteren werden ausgewählte religiöse Darstellungen sowie geistliche Gedichte herangezogen, die eine Topik der Stille und Ruhe entwerfen.

Kapitel V.2 behandelt den im 17. Jahrhundert zentralen Topos eines Verstummens des Gläubigen im Angesicht Gottes, der in der Dichtung oft mit einer Selbstreflexion über die eigene künstlerische Tätigkeit einhergeht. Die lyrische Rede setzt mit ihrer Kontrafaktur ein, mit einem Appell an das Verstummen. Dieses ästhetische Mittel, das in der Moderne geläufig wird, ist hier noch wesentlich in der mystischen Tradition einer *rhetorica sacra* verankert. Ein manifestes Verstummen findet sich zwar – ähnlich wie im Drama – nicht, doch permanent ist die Rede von Unaussprechlichkeit. Die Zweifel an der Macht der dichterischen Sprache gehen mit der Aufwertung eines pathischen, ‚verzückten' Schweigens einher. Die Thematisierung des Schweigens als Demutsgebärde steht überdies in engem Bezug zu Christi Schweigen vor seinen Anklägern. Dieses Schweigen ist Gnade, insofern es die Gläubigen von dem ‚ewigen Schweigen' in der Hölle, als der immerwährenden Absenz des Heils, bewahrt.

Ein christologisch bedeutsamer Topos im 17. Jahrhundert – und natürlich darüber hinaus – ist das Schweigen Gottes, das im Kapitel V.3 behandelt wird. Die klassische Bibelreferenz dafür ist das Buch Hiob, in welchem der Gepeinigte Gott anruft, um Erklärung für seine Leiden bittet und von Gott Rechenschaft fordert, doch dieser fortwährend stumm bleibt. Aber auch das im Matthäus-Evangelium angeführte Exempel einer Heidin, die Christus um Hilfe anfleht, ist für die Interpretation göttlichen Schweigens im 17. Jahrhundert zentral. Während die frühneuzeitlichen Theologen immer eine ‚Antwort' für Gottes Schweigen haben, ist es als Teil des mentalitätsgeschichtlichen Wandels und als Ausdruck von Modernität zu werten, dass diese Antwort weniger und weniger hörbar wird. Abschließend werden einige Argumente angeführt, die diese existenzielle Stille zu deuten suchen – zum Beispiel mit Blick auf die Dezentrierung des Menschen im Kosmos oder die physikalische Entdeckung der Leere in frühneuzeitlichen Vakuum-Versuchen.

In der Moderne, d. h. ab dem 18. Jahrhundert, übernehmen die Künste nach und nach jene Dimensionen und Ausdrucksformen des Schweigens und der Stille, die zuvor vor allem dem religiösen Bereich angehörten. Beispielsweise wird der Undarstellbarkeitstopos, der traditionell dem Göttlichen galt, profanisiert, indem er nunmehr für die Überwältigung durch weltliche Emotionen steht. Verallgemeinernd und pointiert lässt sich sagen, dass das ‚heilige Schweigen' des Mittelalters und des Barock in der Moderne allmählich in eine ‚Ästhetik der Stille' transferiert wird.[91] Für die Ästhetik des 20. Jahrhunderts sind die erhabene Stille und das pathische Schweigen schließlich von basaler Bedeutung. Doch kontemplative Leere und furchteinflößende Absenz bleiben in einem Spannungsverhältnis, was sich etwa im Gegenwartstheater zeigt, wenn das ‚Zurückschweigen' der Darsteller das stumme Publikum in seiner Passivität spiegelt und entblößt.

Es ist vielleicht kein Zufall, dass das Thema Schweigen in Wissenschaften und Künsten gegenwärtig auf ein vermehrtes Interesse stößt. In einer Zeit, in der das Fehlen von Stille fast schmerzhaft erfahrbar ist, in der man kontinuierlich und oftmals unweigerlich von Geräuschen, Gerede, Lärm, klanglichem ‚Müll' sowie sogenannten ‚Geräuschkulissen' oder *sound environments* umgeben ist[92], wird die Stille zu einer Art Gegenwelt, vielleicht sogar zu etwas besonders Kostbarem und Überhöhtem. Hat Martin Heidegger in seinen Vorträgen mit dem Titel *Unterwegs zur Sprache* in den 1950er Jahren noch davon gesprochen, dass „eine Erfahrung, die wir mit der Sprache machen, uns im innersten Gefüge unseres Daseins anrühren [wird]"[93], so ist eine solche Erfahrung heute vielleicht eher mit dem Schweigen und der Stille zu machen.

## *Quellenlage und Zitierweise*

Die vorliegende Studie berücksichtigt für den historischen Zeitraum des gesamten 17. Jahrhunderts frühneuzeitliche Quellen aus ganz unterschiedlichen Feldern wie Literatur, Emblematik, bildender Kunst, Theater, Oper, Philosophie, Theologie, Mystik, Moralistik, Enzyklopädik und Naturwissenschaft. Den Schwerpunkt bildet die deutschsprachige Literatur des 17. Jahrhunderts, insbesondere die Bereiche des Dramas und der Lyrik. Erscheinen Theatertexte aufgrund der Repräsentationsproblematik interessant (wie kann sich Schweigen in einem auf Figurenrede beruhenden Medium manifestieren?), so sind es Gedichte wegen ihren formalen Innovationen und ihrer Nähe zur mündlichen Rede.

Bei den literarischen Texten stützt sich die Arbeit auf Werkausgaben, Nachdrucke und Anthologien. Anders ist es bei den weiteren Diskursfeldern, für die ausgiebige Bibliotheksrecherchen erforderlich waren. Die Auswahl der hier untersuchten

91 Diese These lag der von mir konzipierten und geleiteten internationalen Tagung *Vom heiligen Schweigen zur Ästhetik der Stille* zugrunde, die im April 2003 im Kloster Irrsee stattfand.

92 Vgl. Murray Schafer. *Klang und Krach*. Frankfurt a. M. 1977.

93 Martin Heidegger. *Unterwegs zur Sprache*. 8. Aufl. Pfullingen 1986, S. 159.

Quellen beruht auf vier Standbeinen: erstens der Orientierung an den Quellenkorpora früherer Arbeiten zu ähnlichen Themen (wie sie im Forschungsüberblick entsprechend angeführt wurden), zweitens der Existenz von thematischen Sammlungen (was primär für die Bildquellen gilt, insbesondere die *Photographic Collection* des Londoner Warburg Institute), drittens der kursorischen Durchsicht vieler frühneuzeitlicher Drucke, bei der sich die zeitgenössische Vorliebe für umfangreiche Register, Überschriften, Inhaltsangaben, Zusammenfassungen und Marginalien als nützlich erwies, und viertens, *last but not least*, den Hinweisen zahlreicher Frühneuzeitforscher/innen.

Sofern erforderlich, werden Originalquellen aus dem 16. und 17. Jahrhundert herangezogen. Existieren von Werken mehrere zeitgenössische Drucke, werden frühe Ausgaben (im Idealfall Erstausgaben) eingesehen und privilegiert berücksichtigt. Zusätzlich werden, wenn vorhanden, moderne Nachdrucke konsultiert. Dramatische Texte der bekannten Autoren Andreas Gryphius, Johann Christian Hallmann und Daniel Casper von Lohenstein werden in der Regel nach Abhandlung und Vers zitiert, sofern sich dies in den vorhandenen Werkausgaben durchgesetzt hat. Die zugrunde gelegte Ausgabe wird bei der je ersten Erwähnung in der Fußnote benannt. Bei Erstnennung eines Werkes im Haupttext wird in Klammern die Jahreszahl der *editio princeps* genannt. Liegt dieser Druck längere Zeit nach dem Datum des Abfassens so wird auf dieses Faktum, sofern es für die Argumentation relevant ist, hingewiesen. Ansonsten dient die Nennung des Druckjahres lediglich einer basalen Orientierung.

Im 17. Jahrhundert gab es bekanntlich keine einheitliche Orthographie der deutschen Sprache. Da diese Untersuchung von den teilweise ungewöhnlichen und obskuren Quellen und somit auch von den Zitaten und ihrer spezifischen barocken Eigenart lebt, wird bewusst darauf verzichtet jede orthographische Abweichung durch „sic!" zu kennzeichnen – dies hätte aufgrund der Menge derartiger Worte, grammatikalischer und orthographischer ‚Fehler' den Lesefluss zu stark behindert. Die Schreibweise des jeweiligen Zitats, auch wenn sie von der modernen abweicht, entspricht derjenigen des konsultierten Drucks. Historische Schreibweisen (z. B. die irreguläre Verwendung der Buchstaben ‚v' und ‚u' bzw. ‚i' und ‚j') werden nicht korrigiert. Ligaturen werden hingegen als Umlaute abgebildet. Wortabbreviaturen, wie sie insbesondere in lateinischen Texten zu finden sind, werden aufgelöst. Sämtliche Hervorhebungen des Originaldrucks, z.B. in Form von Fettdruck, Kapitälchen oder größerer Schrifttypen, werden hier einheitlich durch Kursivierung wiedergegeben.

# II. Stumme Figuren

## 1. Emblematik und Ikonographie des ‚Stillschweigens'

Unter dem mehrdeutigen Titel *Figuren der Stille* werden in diesem Teil der Arbeit bildliche Darstellungen, literarische Gestalten, Personifikationen, Allegorien, Typen, Topoi und rhetorische Figuren untersucht, die schweigen, Schweigen repräsentieren oder Formen des Verstummens und der Unsagbarkeit codieren. Gefragt wird, mit welchen medialen Attributen und gestalterischen Mitteln sich der Hinweis auf den verbalen Nicht-Ausdruck artikuliert. Daran anknüpfend wird herausgearbeitet, inwieweit diese ‚Figuren der Stille' in der bildenden Kunst, im Theater und in der Literatur mit einem je spezifischen Entzug von Darstellung konfrontiert sind.

Im vorliegenden Kapitel werden, gedacht auch als Einführung in die Fragestellung, eine Vielzahl bildlicher Darstellungen des *silentium* vorgestellt. Es geht zunächst darum, eine Typologie dieser visuellen Figuren zu erstellen, die als Folie für die weiteren Fragestellungen der Arbeit dienen wird. Der Fokus der Bildanalysen liegt auf zwei Aspekten: erstens auf den kulturellen Semantiken und Referenzen, denen sich die Autoren und bildenden Künstler bedienen, zweitens auf der Frage, wie Schweigen visuell repräsentiert wird, welche Auswirkungen das gewählte Medium auf das Thema hat und wie es sich selbst thematisiert. Da die Abbildungen jeweils im Zusammenhang interpretiert werden, müssen beide Aspekte – Semantik und Medialität – neben- und miteinander behandelt werden. Die Bildbeispiele sind nicht chronologisch oder nach Gattungen gruppiert, sondern thematisch, was aufgrund der Vielzahl der zu erörternden Objekte bisweilen auch summarisch geschieht. Ausgespart sind zwei Bildgruppen, die aus inhaltlichen Gründen in späteren Teilen der Arbeit diskutiert werden: die Darstellungen der römischen Schweige-Göttin Angerona, die im Kapitel III.2 behandelt werden, und die Bildnisse der Heiligen Familie mit Schweigefigur, die im Kapitel V.1 untersucht werden.

Anhand der Bildgeschichte des frühneuzeitlichen ‚Stillschweigens' in Druckgrafik, Emblematik, Malerei und Skulptur wird sich zeigen, inwieweit sich christliche und heidnische Bildmotive, Theologie und antike Philosophie immer wieder überlagern und so ein gemeinsames, vielschichtiges Dispositiv bilden. Das Schweigen aus christlicher Demut und Bescheidenheit etwa und dasjenige aus Weisheit und Strategie sind nicht immer scharf zu scheiden, was insbesondere die im Barock populären Zitatensammlungen verdeutlichen, die die bildlichen Darstellungen kommentieren, etwa die *subscriptiones* der Embleme. Manchmal werden drei und mehr Kontexte in einer Bilderläuterung zusammengetragen, was nicht nur die Gelehrtheit der Verfasser indizieren soll, sondern auch auf die enge semantische Verknüpfung heute als getrennt angesehener Felder – zum Beispiel Klugheitslehren, Affekttheorien, Wahrnehmung, Ethik, Diätetik, Sakralität, Mystik – hinweist. Darüber hinaus finden sich oft Widersprüche zwischen der bildlichen und der textuellen Repräsentationsebene und deren jeweiliger Ausdeutung des Schweigens der abgebildeten Figuren, was nicht allein auf die Produktionsbedingungen der Emblembücher zurückzuführen ist – die Tatsache nämlich, dass Textteil und Bildteil zuweilen unabhängig von einander hergestellt wurden –, sondern, so die These, in der Thematik selbst begründet liegt, die konstitutiv ein Repräsentationsproblem birgt.

## *Stille Lektüre und Medienwandel*

In der Emblematik des 16. und 17. Jahrhunderts spielen Personifikationen des ‚Stillschweigens' eine wichtige Rolle. In den meisten Emblembüchern findet sich ein Eintrag zum Stichwort *silentium*, zumeist mit einer allegorischen bildlichen Darstellung. Es handelt sich in der Frühen Neuzeit um ein standardisiertes Sujet, vergleichbar mit den Personifikationen der Affekte oder der Tugenden. Die kulturhistorische Bedeutung dieser Figuren des Schweigens liegt in dem Medienwandel begründet, der mit der Erfindung des Buchdrucks beginnt und sich in der Frühen Neuzeit fortsetzt: von einer oralen Kultur zur Schriftkultur, in der die Textrezeption nun mehr und mehr individuell und im Stillen erfolgt.[1] Die komplexe und mentalitätshistorisch aufschlussreiche Entwicklung führte zu einer Norm der leisen Lektüre des Einzelnen, welche nicht nur veränderte Praktiken und ein gewandeltes Schrift- und Druckbild, sondern auch eine neue Architektur, zum Beispiel der Bibliotheksbauten, nach sich zog.[2] Die langwellige Veränderung des Leseverhaltens ist Grundlage der Herausbildung von Innerlichkeit.[3] Es ist signifikant, dass es die bildende Kunst – als eine *per se* ‚stumme' Kunstform – ist, die diesen Vorgang so eindringlich reflektiert.

Der Appell an die Stille, welchen die dargestellten Figuren an den Betrachter richten, hängt oft mit der Aufforderung zusammen, *in silentio* zu lesen, so die

---

1 Es ist sinnvoll, von Medienwandel und nicht von Medienwechsel zu sprechen, weil nicht ein Medium ein anderes ablöst, sondern zu diesem lediglich hinzu kommt. Vgl. Wolfgang Neuber. „Ökonomien des Verstehens. Markt, Buch und Erkenntnis im technischen Medienwandel der Frühen Neuzeit". *Die Verschriftlichung der Welt. Bild, Text und Zahl in der Kultur des Mittelalters und der Frühen Neuzeit.* Hrsg. von Horst Wenzel u. a. Wien 2000. 180–211, S. 182.

2 Vgl. Paul Saenger. *Space between Words. The Origins of Silent Reading.* Stanford 1997, S. 256–76. Für die weitere Entwicklung des Buchdrucks siehe auch: Elisabeth Eisenstein. *The Printing Press as an Agent of Change. Communications, and Cultural Transformations in Early Modern Europe.* 2 Bde. Cambridge 1979; Michael Giesecke. *Der Buchdruck in der frühen Neuzeit. Eine historische Fallstudie über die Durchsetzung neuer Informations- und Kommunikationstechnologien.* Frankfurt a. M. 1991.

3 Die langwellige Veränderung seit der Antike stellen dar: Jack Goody u. a. *Entstehung und Folgen der Schriftkultur.* Frankfurt a. M. 1986; Roger Chartier und Guglielmo Cavallo (Hrsg.). *Die Welt des Lesens. Von der Schriftrolle zum Bildschirm.* Frankfurt a. M. 1999.

monastische Formel. Entsprechend zeigt der Basler Drucker Thomas Wolf auf seinem von Hans Holbein entworfenen Signet einen Gelehrten, der den Zeigefinger der rechten Hand vor die Lippen hält, während die linke eine Geste der Aufmerksamkeit ausführt (Abb. 2). Der dem Holzschnitt als Inschrift beigefügte Imperativ *Digito compesce labellum* (‚Bändige mit dem Finger die Lippen') entstammt der römischen Literatur.[4] Bei den links und rechts gedruckten Versen *multa quidem audienda, pauca vero dicenda* (‚Man soll zwar viel hören, aber nur wenig sagen') und *Dixisse aliquando poenuit, tacuisse nunquam* (‚Geredet zu haben hat sich zuweilen gerächt, geschwiegen zu haben nie') handelt es sich ebenfalls um antike Sentenzen.[5] Der Buchdruck wird als Medium charakterisiert, dessen Rezeptionssituation von einer weisen Stille und innerlichen Konzentration geprägt ist.

Die *pictura* des Emblems „Silentium" in Andrea Alciatos *Emblemata*, dem ersten Emblembuch der Renaissance, bildet einen Gelehrten in Humanistentracht ab, der sich in einem Studierzimmer befindet und den Zeigefinger der rechten Hand auf die Lippen legt (Abb. 3). Der Bildtypus des schweigenden Gelehrten wird in den vielen Ausgaben, die von Alciatos Emblembuch im 16. und 17. Jahrhundert in Europa erschienen, verändert und variiert, ebenso wie sich die ursprüngliche *subscriptio* – ein vierzeiliges lateinisches Epigramm – zu einem umfassenden Kommentar über den Gebrauch und Missbrauch der Zunge („Linguae usus" und „Linguae abusus"[6]) ausweitet.

Der Wandel der Emblematik von humanistischer Esoterik zu einer Kunst für einen unbegrenzten Adressatenkreis vollzieht sich zwischen dem 16. und dem 17. Jahrhundert.[7] Er zeichnet sich u. a. dadurch aus, dass es in den früheren Ausgaben lediglich kurze, enigmatische Epigramme gibt, die eine Dechiffrierung verlangen und vielfach rätselhaft blieben[8], wohingegen die Emblematik des Barock sich an einen wesentlich erweiterten Personenkreis richtet und durch die Tendenz zur lehr-

---

4 Er wird den Dichtern Persius und Juvenal zugeschrieben. Vgl. Waldemar Déonna. „Le silence, gardien du secret". *Zeitschrift für schweizerische Archäologie und Kunstgeschichte* 12 (1951): 28–41, S. 29; Langedijk 1962, S. 14.

5 Der Ursprung der ersten Sentenz ist nicht belegt; die zweite wird Xenokrates zugeschrieben. Vgl. Desiderius Erasmus. *Adiagorum. Epitome. Ex novissima chiliadvm recognotione excerpta & quod diligens Lector facilè videbit, multis in locis iam quàm antè, diligentiùs emendata [...]*. Wittenberg 1599, S. 603 (HAB P 1159 Helmst. 8°). Da diese Ausgabe die Sprichwörter nach thematischen Überschriften ordnet ist es nicht möglich, sie ergänzend nach einer modernen Ausgabe zu zitieren. Sofern nicht anders angegeben handelt es sich, wie hier, um eigene Übersetzungen.

6 So etwa in der umfangreichen Ausgabe: Andrea Alciato. *Emblemata, cvm commentarijs amplissimis*. Padua 1661, S. 65–68 (HAB WA 6394).

7 Vgl. Ernst Osterkamp. „Emblematik". *Die Literatur des 17. Jahrhunderts*. Hrsg. von Albert Meier. München 1999. 233–54, S. 241.

8 Dmitrij Tschi?ewskij. „Vorwort". Otho Vaenius. *Amorvm Emblemata. Figvris Aeneis Incisa*. Nachdruck der Ausgabe Antwerpen 1608. Hrsg. von Ernst Benz und dems. Hildesheim und New York 1970. V-XIII, S. V.

Abb. 2: Hans Holbein: *Digito compesce labellum*, Holzschnitt, 1525, Signet des Basler Druckers Thomas Wolf

Abb. 3: *In silentium*, Holzschnitt aus: Andrea Alciato. *Emblematum liber.* o.O. 1535, entworfen von Jörg Breu

haften Verdeutlichung verständlicher ist. Das Emblem nähert sich besonders dort der Ikonologie an, „wo die Inscriptio als Lemma auftritt und die Subscriptio sich eng an die Pictura hält, denotative Funktion hat".[9] So ist es auch im vorliegenden Fall.

In einer Alciato-Ausgabe von 1661 wird das Schweigen als Kennzeichen des Philosophen bestimmt:

> Ein würdiger Mann sitze, gekleidet in das Gewand des Philosophen, zwischen Büchern, seinen stummen Lehrmeistern, und deute mit dem Zeigefinger Schweigen an, halte die Lippen geschlossen und strecke den Finger nicht bis zur Nase, so wie es bei dieser Gestalt zu sehen ist.[10]

Der Gelehrte ist von Büchern umgeben, welche sich nicht nur dadurch auszeichnen, dass sie Wissen vermitteln, sondern auch durch ihre Stummheit. Die Bezeichnung von Büchern als *muti magistri* („stumme Lehrmeister') ist bereits aus der Antike überliefert: „Mutos magistros Gellius libros vocat, qui locuuntur quidem nobis"[11] (‚Gellius nennt die Bücher stumme Lehrmeister, die gleichwohl mit uns sprechen'), wie die gelehrte *Polyanthea nova* notiert.

In dem umfangreichen Kommentar weist Alciato auf Thomas Morus' Ausspruch „Rebus in humanis magna est doctrina tacere"[12] (‚In allen menschlichen Belangen ist es eine wichtige Regel zu schweigen') hin. Die in der Ausgabe von 1661 gedruckte *pictura* in einem aufwendigen Schmuckrahmen (Abb. 4) ist für die Bildgeschichte des Stillschweigens einflussreicher als der kleine Holzschnitt des Erstdrucks. Man sieht den edel gekleideten Humanisten an einem Schreibtisch, sein rechter Zeigefinger liegt auf den Lippen, die linke Hand auf einem geöffneten Buch. Zwei weitere voluminöse Traktate befinden sich aufgeschlagen in einem Wandregal. Das personifizierte Schweigen vermittelt mit den Händen zwischen Lesen und Schreiben, den beiden zentralen humanistischen Fähigkeiten und Reflexionspotentialen. Die monadische Abgeschlossenheit des Raums deutet auf Stille und Innerlichkeit. Selbst das Fenster im Hintergrund bietet keinen Ausblick ins Freie, sondern fördert noch den Eindruck des Hermetischen; es wird ein Innenraum gezeigt, der für den mentalen Raum steht.

Der Holzschnitt lässt sich mit zwei prominenten Darstellungstypen korrelieren, einerseits der Ikonographie des Heiligen Hieronymus im Gehäuse, andererseits der Porträts des Erasmus von Rotterdam. Hieronymus wird dort allein in einer abgeschlossenen Kammer gezeigt, in die er sich lesend und reflektierend zurückgezogen

---

9 Dieter Sulzer. *Traktate zur Emblematik. Studien zu einer Geschichte der Emblemtheorien.* St. Ingbert 1992, S. 58.

10 „*Sedeat* grauis vir, habitu Philosophico indutus, inter mutos suos magistros libros, que indice digito silentium signando, labia comprimat, non at nares porriget; vt in hac figura apparet". Alciato 1661, S. 66.

11 Amantius u. a. 1612, S. 1115.

12 Alciato 1661, S. 67.

Abb. 4: *Silentium*, Holzschnitt aus: Andrea Alciato. *Emblemata*. Padua 1661

hat – beispielhaft sei auf Antonello da Messinas berühmtes Gemälde *Hieronymus im Gehäuse* von 1474 verwiesen.[13] Der *silentium*-Holzschnitt teilt mit dem Gemälde nicht nur die zentrale Figur des würdig gekleideten Mannes am Schreibpult, sondern auch die Ansicht eines abgeschlossenen Raums, in die sich der Gelehrte bzw. Weise zurückgezogen hat und in den der Blick des Betrachters eindringt. Wie Lisa Jardine gezeigt hat, nimmt die im frühen 16. Jahrhundert beliebte Ikonographie des Gelehrten Bezug zur bildlichen Darstellung des Heiligen Hieronymus.[14] Es sind besonders die Bildnisse des Erasmus von Rotterdam, die hier aufschlussreich sind. Erasmus sorgte durch die Verbreitung seiner Porträts zur Ausdehnung seines Ruhmes als Gelehrter der Schrift. Neben den Gemälden von Quentin Metsys und Hans Holbein hebt Jardine besonders einen Stich Albrecht Dürers aus dem Jahr 1526 hervor, der in Gelehrtenkreisen der Frühen Neuzeit wie ein gedrucktes Heiligenbild von Hand zu Hand kursierte oder als szientifisches Pin-Up im Studierzimmer hing: „[H]e took evident pride in the idea that across Europe scholar-admirers (or even detractors) pinned his engraved image to their study wall".[15] Aber nicht um die Geschichte wissenschaftlicher Selbstinszenierung im Medium

---

13 Das Gemälde befindet sich in der National Gallery in London. Vgl. die Abb. in: Rolf Toman (Hrsg.). *Die Kunst der italienischen Renaissance. Architektur – Skulptur – Malerei – Zeichnung*. Köln 1994, S. 361.

14 Vgl. Lisa Jardine. *Erasmus, Man of Letters. The Construction of Charisma in Print*. Princeton 1993, S. 52.

15 Ebd., S. 52. Vgl. auch die dortigen Abb. auf S. 35, 46 und 51.

des Bildes geht es hier, sondern allein um die Ähnlichkeit zwischen diesem Figurentyp und dem Holzschnitt bei Alciato.

Es ist lediglich der Finger auf den Lippen, der bei der Darstellung des *silentium* hinzugefügt ist. Die Bedeutung dieser Geste erklärt sich aus der *subscriptio*:

> Wenn ein Narr schweigt, unterscheidet er sich nicht von den Weisen: Sowohl seine Zunge als auch seine Stimme sind Zeichen der Dummheit. Daher soll er die Lippen zusammenpressen und mit dem Finger Stillschweigen anzeigen, und sich so in einen ägyptischen Harpokrates verwandeln.[16]

Das Epigramm weist, unter Referenz auf einen Bibelvers[17] darauf hin, dass es klug sei, durch den Finger auf den Lippen das Schweigen als bewussten Akt zu kennzeichnen. Hier wird ein grundlegendes Problem der Visualisierung von Schweigen deutlich, was für die soziale Interaktion wie für die bildliche Darstellung gleichermaßen gilt. Als Nicht-Ausdruck ist es faktisch unsichtbar, daher bedarf es einer Gebärde, der symbolischen Rahmung, gegenständlicher Attribute oder aber der explizierenden Schrift, um als aktives Schweigen erkennbar zu sein. Es wird durch diese Zeichen vom Nichtstun, dem Vermeiden von (verbaler) Aktivität, zu einer Handlung umcodiert: Es wird performativ und am Körper ablesbar.

### *Harpokrates, Gott des Stillschweigens*

Bei der im Epigramm genannten Figur des Harpokrates handelt es sich um den jungen ägyptischen Gott Hor (oder Horus), den Sohn von Isis und Osiris, den die Griechen und Römer als Harpokrates bezeichneten. Er wurde bis in die Frühe Neuzeit als wichtigste allegorische Figur des Schweigens tradiert. Dass eine ägyptische Figur in der Renaissance zum leitenden Bildmotiv wird, ist deshalb nicht verwunderlich, weil sich die Florentiner Humanisten intensiv mit ägyptischer Hieroglyphik und pythagoräischer Symbolik beschäftigten und sie in ihre Emblembücher übertrugen.[18] Aus dem ägyptischen Altertum sind Harpokrates-Amulette sowie Statuetten und Medaillen überliefert, die Harpokrates als Kind oder jungen Mann zeigen (Abb. 5). In der antiken Plastik ist er ebenfalls ein zentrales Motiv (Abb. 6), etwa im alten Rom, wurde er auf Amuletten, Siegelringen und Münzen abgebildet.[19]

---

16 „CVm tacet: haud quicquam differt sapientibus amens: | Stultitiae est index linguaque; voxque; sua. | Ergo premat labias, digitoque; silentia signet, | Et sese Pharium vertat in Harpocratem." Alciato 1661, S. 65 f. Das Epigramm findet sich bereits in der *editio princeps*. Andrea Alciato. *[...] Emblematum liber*. o.O. 1531, S. A3r (HAB P 859.8° Helmst. (3)).

17 „Auch ein Tor, wenn er schwiege, würde für weise gehalten und für verständig, wenn er den Mund hielte" (Spr 17,28). Das Bibelzitat entstammt, wie auch alle folgenden, sofern nicht anders angegeben, der im Literaturverzeichnis angeführten Luther-Bibel.

18 Vgl. Schöne 1993, S. 35 f.

19 Vgl. Landgedijk 1962, S. 10.

Als wichtigste Quelle für den Harpokrates-Mythos diente in der Renaissance Plutarchs Schrift *Über Isis und Osiris* (1. Jh. n. Chr.).[20] Die Figur des schweigenden Gottes wurde mit geheimem und tabuisiertem Wissen verbunden, mit Vorsicht, Klugheit und Innerlichkeit. Man verknüpfte ihn daher auch mit der hermetischen Philosophie und der pythagoräischen Tradition. Hors Geste ist der Finger auf den Lippen; der Legende nach soll der Finger bei der Geburt des Knaben dort angewachsen sein.[21] Die Interpretation als Schweige-Gestus ist jedoch eine römisch-antike Deutung, denn die Gebärde hatte in der altägyptischen Kultur noch eine grundsätzlich andere Bedeutung: Sie stand für ‚Sprechen' und auch für ‚Essen', ‚Schweigen' wurde hingegen ausgedrückt, indem man den Mund mit der ganzen Hand bedeckte.[22] Der ägyptische Mythos kreist um Extreme physischer Gewalt: Hors Vater Osiris wird zerstückelt und kastriert, er selbst wird von einem Feind angegriffen, der ihm die Augen herausreißt, während er selbst ihm die Geschlechtsteile abtrennt.[23] Dieser Gewaltaspekt wird in der bildenden Kunst seit der Antike freilich in der Regel nicht reflektiert, wo Hor oder Harpokrates fast immer als unversehrte, frontale Einzelfigur auftritt.

Nach Plutarch wird Harpokrates ein Pfirsich zugeordnet, wie man beispielhaft auf einem anonymen Bologneser Gemälde aus der ersten Hälfte des 17. Jahrhunderts sieht (vgl. das Titelblatt dieses Buches). Den Zeigefinger der rechten Hand legt der Jüngling auf die Lippen, während seine linke Hand nach hinten in einen Pfir-

---

20 Der Text entstammt dem handschriftlichen Nachlass Plutarchs. Dort heißt es: „*Harpokrates* darf weder für einen unausgereiften und säuglingsartigen noch Hülsefrüchte-Gott gehalten werden, sondern für den Vorsteher und Lehrer der vernunftgemäßen Einsicht (λόγον) über die Götter, die unter den Menschen noch jung, nicht vollendet und noch unausgebildet ist. *Deshalb hält er den Finger an den Mund* als Symbol der Verschwiegenheit und des Schweigens. *Und wenn sie ihm im Monat Mesore (Juli-August) von den Hülsenfrüchten darbringen, sagen sie: ‚Die Zunge ist Fügung, die Zunge ist Verhängnis'.* [...] Endlich sei unter den Pflanzen in Ägypten *der Isis die Persea am heiligsten*, weil ihre Frucht dem Herzen, ihr Blatt aber der Zunge gleiche. Denn nichts von all dem, was der Mensch besitzt, sei göttlicher als die Vernunft (das Wort, λόγον) und zwar namentlich als die Vernunft bezüglich der Götter und nichts habe auch mehr Ausschlagskraft für die Erreichung der Glückseligkeit. Deshalb empfehlen wir dem, der hier (in Delphi) in die Orakelstätte hinabsteigt, *Frommes zu denken und Gutes zu reden*. Die meisten aber handeln lächerlich, wenn sie bei den Festaufzügen und Festfeiern zwar sogar durch Heroldsruf nur gute Rede anfordern, dann aber selbst über die Götter das Übelste sprechen und denken". Plutarch. *Über Isis und Osiris. Text, Übersetzung und Kommentar* 2: Die Deutungen der Sage. Übers. und Hrsg. von Theodor Hopfner. Prag 1940, S. 41.

21 Vgl. den Kommentar des Herausgebers: Plutarch. *Über Isis und Osiris. Text, Übersetzung und Kommentar* 1: Die Sage. Übers. und Hrsg. von Theodor Hopfner. Prag 1940, S. 87.

22 Vgl. Carl Sittl. *Die Gebärden der Griechen und Römer*. Nachdruck der Ausgabe Leipzig 1890. Hildesheim und New York 1970, S. 214. Somit erweist sich die Bemerkung Sulzers, erst das „Zusammentreffen mit hellenistischen Mysterienreligionen (wie den orphisch-pythagoreischen), christlichen Askeseübungen und dem Mönchtum, bei denen das Schweigen eine wichtige kultische Funktion innehatte" habe den Sinn der Geste in ihr Gegenteil verkehrt, als unzutreffend. Sulzer 1992, S. 54.

23 Vgl. Pinkus 1996, S. 8 f.

Abb. 5: *Horus als Kind*, antike ägyptische Plåastik, Berlin, Pergamonmuseum

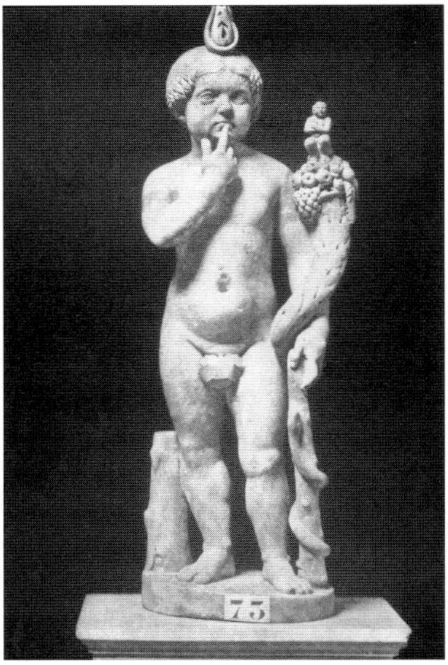


Abb.6: *Harpokrates*, antike Marmorkulptur, Rom, Villa Torlonia

sichstrauch greift. In einer deutschen Ausgabe von Cesare Ripas *Iconologia* (1659, italienischer Erstdruck 1593) heißt es zur Erläuterung der Allegorie der *Stille*:

> EIn Jüngling, der den fördersten Finger auff den Mund hält/ als wolt er ein Zeichen geben üm still zu schweigen. Er hält in der rechten Hand einen Pfersing mit den Blättern. Der Pfersing war dem Harpocrates dem Gott der Stillschweigenheit zugeweyhet/ weil er Blätter hat/ die eines Menschen Zungen gleich sind. Die Frucht aber selbst ist gleich eines Menschen Hertz. Hiermit wil zweiffels ohn so viel gesagt seyn/ daß das Schweigen zu seiner Zeit eine Tugend sey. Und es geziemet keinem Weisen/ daß er seine Zeit mit vielem plaudern ohne Frucht verbringe/ schweigend soll er die Dinge überwägen/ die er sagen wil.[24]

Der Pfirsich symbolisiert demnach die *concordia cordis et oris*, die Einheit von Herz und Mund.[25] Die beiden Körperteile stehen als Synechdoche für den topischen Anta-

---

24 Cesare Ripa. *Zwo hundert Außbildungen von Tugenden/ Lastern/ Menschlichen Begierden/ Künsten/ Lehren/ und vielen andern Arten. Aus der Iconologia oder Bilder=Sprache des hochberühmten Caesaris Ripa [...] gezogen/ und verhochdeutscht vom Georg Greslinger Käyserl. gekrönten Poeten und Notario.* Hamburg 1659, S. 129 f (HAB 138.21 Ethica (4)). Vgl. auch Plutarch 1940, Bd. 1, S. 2–13.

25 Vgl. Déonna 1951, S. 31, Anm. 37; Waddington 1970, S. 256.

gonismus zwischen Innen und Außen. Moralisches Gebot ist es, Zunge und Herz eine Sprache sprechen zu lassen. In Joachim Camarius' Emblembuch *Vier Hundert Wahl=Sprüche und Sinnen=Bilder* (1677) zeigt die *pictura* des *silentium*-Emblems einen kahlen Baum, an dessen einzigem Zweig ein Pfirsich und ein Blatt hängen; darunter befindet sich eine Schale mit Früchten. Der Autor erläutert das Bild wie folgt:

> Daß die Frucht des Pfersich=Baums die Gestalt eines Hertzens vorbilde/ sein Blat aber eine Gleichung mit der Zungen habe/ ist von *Plutarcho* verzeichnet; mit diesem werden wir gelehret/ daß die Rede der Warheit einfältig seyn müsse; dahero die Teutschen ein Sprichwort haben: Hertz und Zung muß eins seyn. Wolte Gott! daß es also wäre/ aber/ ach leider: | *Schlecht und Recht ist heut verdorben/* | *Und bey nah' gantz abgestorben.*| [...] Wir sehen aber und erfahren täglich/ daß von vielen kan gesagt werden dieses/ des *Ciceronis* Spruch in einer Epistel zum *Quinto*; Mit vieler Falschheit und erdichtem Wesen ist vieler Menschen Natur bedecket/ das Angesicht/ die Augen/ die Stirn lügen offt: die Zung aber noch mehr; die Warheit aber zu schreiben/ ist diese deß *Sophoclis* herzliche Ermahnung wohl zubeobachten: *Sey guten Muths/ im Wahrsagen wirstu immer irren.*[26]

Camarius deutet das Pfirsich-Symbol moralisch und verbindet es mit der Forderung nach Aufrichtigkeit, die er insbesondere als sprachliche versteht.

Harpokrates findet in zahlreichen gelehrten Schriften Erwähnung und wird titelgebende Figur für ethische und theologische Publikationen von Autoren unterschiedlicher Konfession und mit gänzlich variierender Thematik – zum Beispiel in einer lutherisch-orthodoxen Abhandlung über den Kampf gegen Häresie und Epikureismus[27], in einem katholischen Traktat aus dem Jahr 1617 über die Widerlegung des für 1666 angekündigten Weltendes[28] oder in einer protestantischen Leichenpredigt, die über einen Vers aus dem 39. Psalm meditiert.[29] Gisbert

---

26 Ioachim Camarius. *Vier Hundert Wahl=Sprüche und Sinnen=Bilder/ Durch welche beygebracht und aussgelegt werden die angeborne Eigenschafften/ Wie auch Lustige Historien/ und Hochgelährter Männer Weisse Sitten=Sprüch [...].* Mainz 1677, S. 88 f. (HAB H: P 1932.8o Helmst.). Bei Henkel und Schöne finden sich eine Reihe weiterer Pfirsich-Embleme, wobei das Motiv anscheinend auf Alciato zurückgeht, wo ebenfalls von den antagonistischen Körperteilen Zunge und Herz die Rede ist. Vgl. Arthur Henkel und Albrecht Schöne (Hrsg.). *Emblemata. Handbuch zur Sinnbildkunst des 16. und 17. Jahrhunderts* 1. Stuttgart 1967, Sp. 236 f.

27 Balthasar Balduinus. *Harpocrates proscriptus. Sive, de justo zelo, adversus modernos haereticos, turpiter errantes in doctrina, et epicuraeos, malitiose agentis in vita, diatribe [...].* Zwickau 1640 (HAB 420.8 Th (5)).

28 Ramaclus de Vaulx. *Harpocrate divinus, Seu altissimum de fine mundi silentium, quo falsa vatici, natio 1666. Esse mundo futurum ultimum, radargustur [...].* Köln 1617 (HAB A: 347.16 Quod (2)).

29 Gottfried Cundisius. *Harpocrates sacer. Das ist: Biblisches Bildnüß/ und wahres Contrafect eines gläubigen Christen/ der im Creutze mit stilleschweigen seine Gedult bezeigen soll/ Aus den Worten Davids [...] Ich wil schweigen/ und meinen Mund nicht auffthun [...].* Leipzig 1640 (FBG 39:107881T (38)).

Abb. 7: Titelblatt von: Gisbert Cuper. *Harpocrates et Monumenta antiqua*. Utrecht 1687

Cuper widmet der kunst- und kulturgeschichtlichen Bedeutung des Harpokrates zwei umfassende Werke, die mit zahlreichen Kupferstichen versehen sind (vgl. Abb. 7–12).[30] Auch Athanasius Kirchers monumentales Werk *Oedipvs aegyptiacvs* (1652–54) zählt zu den einschlägigen Darstellungen des Harpokrates in der Frühen Neuzeit. Wie wichtig Kircher diese Figur ist, belegt die Tatsache, dass er am Ende der Widmungsvorrede an Kaiser Ferdinand III. ein Gedicht einfügt, das auf das Stillschweigen als höchste Form des Lobes verweist und sich im Anschluss an das Gedicht eine bildliche Darstellung mit einer jungen Frau in Harpokrates-Pose findet (Abb. 13). Kirchers Werk zeigt viele Abbildungen, insbesondere ägyptische Harpokrates-Amulette verschiedenster Gestalt (Abb. 14).[31] In seiner Abhandlung *Principis christiani archetypon politicum sive Sapientia Regnatrix* (1672) wählt er eine Harpokrates-Figur zur Darstellung der höchsten Mysterien und zur Illustration

---

30 Gisbert Cuper. *Harpocrates seu Explicatio imagunculae argenteae antiquissimae sub harpocratis figura ex AEgyptiorum instituto Solem repraesentantis: Qua varii Auctorum loci, Hieroglyphicae notae, Numismata, Basilidianorum gemmae, nec non narmora nova luce perfunduntur.* Amsterdam 1676 (HAB Ud 96); ders. *Harpocrates, sive Explicatio imaguncuale argenteae per antiquae; quae in figuram Harpocratis formata representat solem. Ejusdem monumenta antiqua inedita [...].* Utrecht 1687 (HAB Ud 95).

31 Athanasius Kircher. *Oedipvs aegyptiacvs. Hoc est Vniuersalis Hieroglyphicae Veterum Doctrinae temporum iniuria abolitae instauratio [...].* 3 Bde. Rom 1652–54 (HAB 25.2 Quod. 2° u. 25.3 Quod 2°).

Abb. 8: *Horus mundus*, Kupferstich nach einem ägyptischen Relief aus: Gisbert Cuper. *Harpocrates*. Utrecht 1687

Abb. 9: Ägyptische Harpokrates-Kapsel, Kupferstich aus: Gisbert Cuper. *Harpocrates*. Utrecht 1687

Abb. 10: Ägyptisches Amulett mit Harpokrates-Figur, Kupferstich aus: Gisbert Cuper. *Harpocrates*. Utrecht 1687

Abb. 11: Isis-Priester mit knienden Harpokrates-Talismännern, Kupferstich aus: Gisbert Cuper. *Harpocrates*. Utrecht 1687

Abb. 12: Münzrelief mit Isis, Harpocrates und Osiris (oder Seraphis), Kupferstich aus: Gisbert Cuper. *Harpocrates.* Utrecht 1687

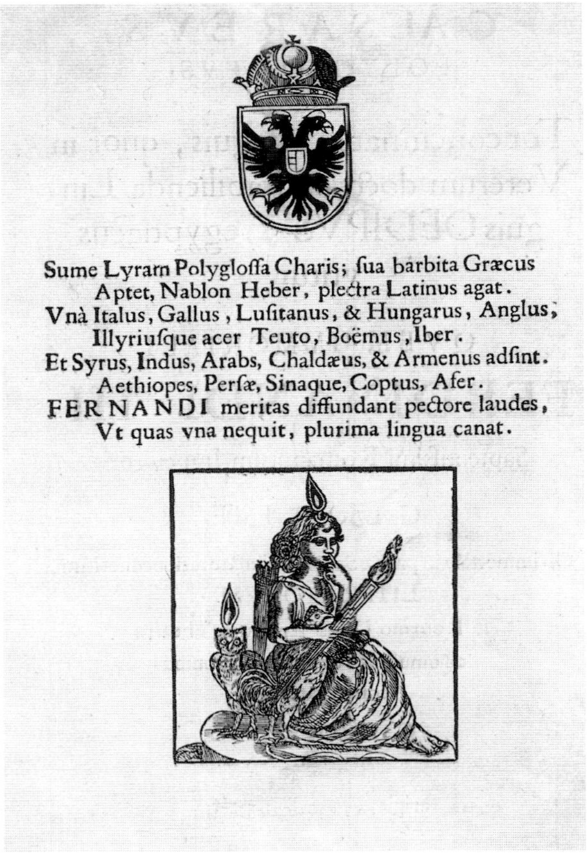

Sume Lyram Polygloſſa Charis; ſua barbita Græcus
Aptet, Nablon Heber, plectra Latinus agat.
Vnà Italus, Gallus, Luſitanus, & Hungarus, Anglus;
Illyriuſque acer Teuto, Boëmus, Iber.
Et Syrus, Indus, Arabs, Chaldæus, & Armenus adſint.
Aethiopes, Perſæ, Sinaque, Coptus, Afer.
FERNANDI meritas diffundant pectore laudes,
Vt quas vna nequit, plurima lingua canat.

Abb. 13: Frauenfigur in Harpokrates-Pose mit Attributen und Eule aus Athanasius Kircher. *Oedipvs aegyptiacvs.* Rom 1652, Widmungsvorrede

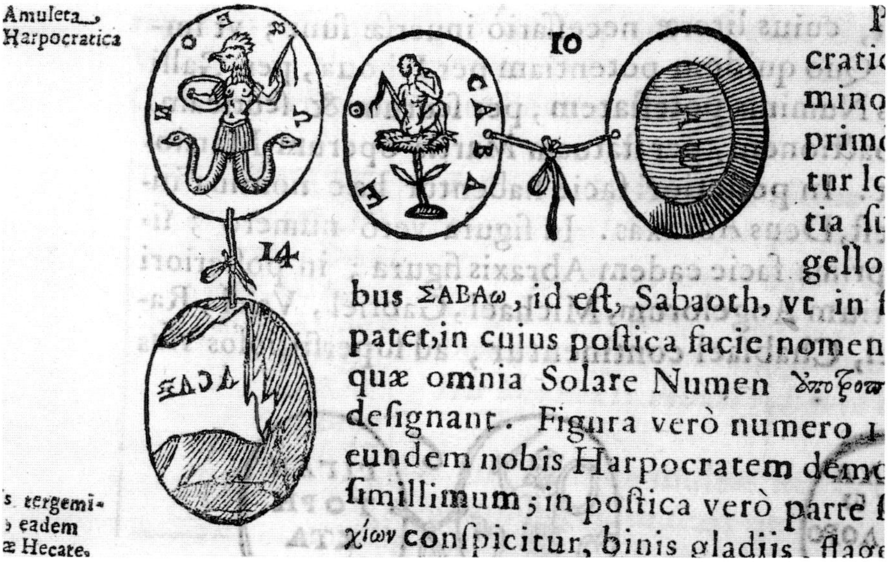


Abb. 14: *Amuleta Harpocratica* aus: Athanasius Kircher. *Oedipvs aegyptiacvs*. Rom 1653

politischer Klugheit (Abb. 15).[32] Er erläutert den Stich in einer komplexen Deutung:

> Auf diesem mystischen Bild sieht man als erstes Harpokrates in Gestalt eines sitzenden Knaben, mit Haaren, oder vielmehr solchen, die sich in Schlangen verwandeln, der mit dem Finger auf den Lippen zum Schweigen mahnt. Mit der zweiten Hand hält er eine Fackel vor sich hin mit drei Mohnblumenköpfen; aus seinem Kopf kommt ein Ohr, in das ein Pfirsichblatt mit dem Zeichen der sechsten Mondphase hineingesteckt ist; auch sieht man hinter seinem Rücken einen Köcher mit achtlos hingeworfenem Bogen. Dem Harpokrates beigesellt wird zunächst eine Eule, der ein Ohr aus dem Kopf wächst, in das ebenfalls ein Pfirsichblatt hineingesteckt ist. Sodann ein Hahn, wie er in dem Bild darüber zu sehen ist. Die Weisen der *Hieromystate* wollten es daher nicht anders deuten, denn als die wahre Idee des weisen Mannes, die durch den mit diesen Symbolen, die du siehst, gekennzeichneten Harpokrates angedeutet wird. Erstens sitzt er, weil allein die Weisheit Stille und Seelenruhe vereinigt. Er ist jung, weil die unvergängliche Wahrheit immer blüht und stark ist. Er presst den Finger auf die Lippen, weil die Weisheit nicht zwischen Geschrei und Lärm, sondern in Stille, in Einsamkeit, in Isolation und unter Verachtung aller irdischen Dinge erworben wird, was auch

32 Athanasius, Kircher. *Principis Christiani Archetypon politicum sive Sapientia Regnatrix [...]*. Amsterdam 1672, S. 79 (HAB 9.6 Pol.).

durch die Eule, dem nächtlichen und einsamen Tier, vortrefflich angedeutet wird. Den Hahn hat er neben sich, weil der Weise bei all seinen Tätigkeiten aufpassen muss, dass er nicht zu entgegengesetzten Zielen abgetrieben wird. Mit dem linken Ellenbogen presst Harpokrates die Kehle des Hahns zu, um zu zeigen, dass die Ruhe und die Muße der Kontemplation nicht zu stören sei durch die unangebrachten Tätigkeiten des Tages, deren Verkünder der Hahn ist; mit seiner Stimme ruft er die Menschen gewöhnlich zu diesen auf. Ebenso wie Harpokrates sich den Finger auf die Lippen legt, bezwingt er dem frechen Hahn, dem Ruhestörer, die Kehle – so als ob in dessen Kehle, die schon die Stimme erheben will, ein gewisses Schweigen und ein innerer Antrieb wahrgenommen werden. Harpokrates hat auf dem Kopf ein Ohr, in welches das Blatt eines Pfirsichs hineingesteckt ist. Wie es selbst, laut Horus, der Form der Zunge gleicht, so gleicht seine Frucht der des Herzens; weil der Weise viel zuhören muss, und das, was er durch die Zunge des weisen Meisters gelernt hat, durch häufige Meditation dem tiefsten Inneren des Herzens anvertrauen muss. Er hält vor sich den Mohn, zusammen mit der entzündeten Fackel, denn der Weise soll sich am meisten in die Betrachtung des Todes vertiefen, der durch den Mohn symbolisiert wird und in die der göttlichen, höchsten Dinge, die durch die entzündete Fackel symbolisiert werden. Der Köcher hinter dem Rücken und der achtlos hingeworfene Bogen stehen dafür, dass jeder, der zum Innersten der Weisheit vordringen will, vor allem der Liebe zu den irdischen Dingen abschwören muss. Und die Verderbtheit der sträflichen Dinge, die durch den Mond und die Schlange – laut Horus das Symbol der vergänglichen Zeit – symbolisiert werden, muss er ganz und gar vergessen.[33]

---

33 „In hâc mystica imagine primò *Harpocrates* sub formam pueri sedentis, capillis ὀφιομόρφοις, sive in Serpentes degenerantibus exhibetur, qui labiis digito pressis silentia suadet; alteram manu facem praeferens cum tribus capitibus papaveris, ex cujus capite auris, cui perseae folium inseritur, cum sextilis Lunae charactere, emergit; pharetra quoque post tergum cum arcu temerè projecto spectatur, cui ad latus conjunguntur primò Noctua, cujus è capite egreditur auris, cui pariter perseae folium inseritur; Deindè gallus, ut in supràposito Schemate apparet. Quo quidem nihil aliud *Hieromystae* iudicare voluerunt, nisi veram Sapientis viri ideam; per *Harpocratem* iis, quae vides, symbolis insignitum, indicatam. Sedet primò, quia sola sapientia quietem & tranquillitatem animi componit. Juvenis est, quia sapientia immarcescibilis semper floret & viget. Digito labra premit, quia sapientia non inter strepitus & tumultus, sed silentio, solitudine, secessu, & omnium rerum terrenarum comtemptu comparatur; quae per noctuam nocturnum & solitarium animal pulrchè indicantur; gallum adjunctum habet, quia sapiens omnibus actionibus suis, ne praeposteris finibus in transversum agatur, invigilare debet. Sinistro cubito galli guttur premit, ut ostenderet, quietem & otium contemplationis non interturbandum per importunas diurni temporis actiones, quarum gallus nunctius est, voceque ad eas excitare solet homines. Quaemadmodum igitur *Harpocrates* digito labia sua premit, ità & gallo importuno quietis interpellatori guttur coërcet, quasi in gutture ejus jam vocem moliente, sentiretur tacitum quoddam & internum incitamentum. Aurem, cui inseritur perseae folium, capiti impositam habet, quod uti, teste *Horo*, linguae, ità fructus ejus cordis figuram exprimit, quià Sapiens multum audire debet, & quod per linguam sapientis Magistri

Abb. 15: Harpokrates-Figur mit Attributen und Hahn, aus: Athanasius Kircher. *Principis christiani archetypon politicum.* Amsterdam 1672

Harpokrates wird als heidnische Gottheit beschrieben, die eine Vielzahl von Attributen besitzt, denen jeweils eine symbolische Bedeutung zukommt. Kircher erläutert diese Symbole und deutet sie ikonographisch und moralistisch aus. Die Harpokrates-Figur wird nicht nur zur Ikone des Weisen und des Philosophen, sondern überdies zum Ideal des frühneuzeitlichen *politicus.*

Die Tugend des Stillschweigens wird auch anhand von drei Figuren, der Trias von Harpokrates, Angerona und Sigalion, allegorisiert – so exemplarisch in Vin-

didicit, altè cordis penetralibus per frequentem contemplationem committere debet. Papavera praefert cum face accensa, quià sapiens maximè in mortis, quae per papavera signatur, & in supernarum rerum altissimarumque per facem accensam indicatarum meditatione versari debet; pharetra post tergum, ac temerè projectus arcus indicat, quod quicunque Sapientiae penetralia intrare vult, is amori rerum terrenarum ante omnia abrenunciare debeat; rerumque corruptioni obnoxiarum, quae per Lunam & serpentem temporis caduci Symbolum, teste *Horo* indicantur, penitus oblivisci." Ebd., S. 79–81.

cenzo Cartaris *Imagini delli dei de gl'antichi* (Erstausgabe 1571; Abb. 16). Dass alle drei Figuren als Personifikationen des Schweigens im 17. Jahrhundert bekannt waren, belegt eine Textstelle aus einem Rhetorikbuch, das einen Ausspruch von Justus Lipsius zitiert: „Ich werde leichter dem Sigalion ein Wort entlocken, als dir einen Brief. Ich glaube, Angerona ist Deine Mutter gewesen und Harpokrates Dein Vater."[34] Jede der drei Personifikationen verkörpert einen bestimmten Aspekt des Themas, steht für eine spezifische Form der Disziplinierung der Zunge.

Auf dem Cartari-Stich ist Harpokrates links zu sehen, in der seit der Antike tradierten Gestalt, als nackte Ganzfigur mit dem Zeigefinger der rechten Hand auf dem Mund. In der linken Hand hält er einen Pfirsich. Sigalion befindet sich, den Körper voller Augen und Ohren, mit einer Kappe und umgehängtem Wolfsfell rechts im Bild. Sigalion und Harpokrates können auch zu einer Figur verschmelzen, so auf dem Gemälde *Silentium* von Antonio Ponzano (Abb. 17). Der Schweigegott steht hier zwischen zwei kleineren Figuren. Wie Harpokrates hält er die Frucht in der Hand und legt den Finger auf die Lippen. Wie Sigalion hat er überall auf seinem Körper Augen und Ohren. Auch *Zedlers Universallexikon* (1735) identifiziert Harpokrates mit Sigalion, wenn in dem Artikel zu Harpokrates ausgeführt wird:

> Er war der Gott des Stillschweigens, und wurde daher nicht nur auch Sigalion von [...], sileo [ich schweige] genannt, sondern auch als kleiner Knabe gebildet, so den Finger auf den Mund hielt. [...] Einige geben ihm auch gar keinen Mund, wohl aber einen Leib voller Augen und Ohren einen Wolffs=Pelz zum Kleide, und wollende Pantoffeln, welches denn bedeutet, daß ein kluger Mensch gerne viel höret und siehet, wenig redet, wachsam und stille ist.[35]

---

34 „Faciliùs è Sigalione *vocem*, quam à te *epistolam* expressero. Credo *Angeronem* matrem tibi fuisse, & *Harpocratem* patrem". Johann Matthäus Meyfart. *Mellificii oratorii, Tomus secundus, In quo Tituli, qui videbantur desiderari, supplentur, priores verò augentur, magnô labore è florentissimis Authoribus collectus, & summa diligentia editus [...].* Leipzig 1633, S. 795 (HAB 82.2–3 Rhet.).

35 Johann Heinrich Zedler. *Großes vollständiges Universal-Lexikon* 12. Nachdruck der Ausgabe Halle und Leipzig 1735. Graz 1961, S. 602 f. Interessanterweise trägt bei Ripa auch die *gelosia* (Eifersucht) Augen und Ohren am ganzen Leib, allerdings nicht auf der Haut, sondern auf ihrem Gewand (vgl. die Abb. in: Ripa 1603/1984, S.182). In der Erläuterung heißt es: „Gli occhi, & oreccie dipinte nella veste significano l'assidua cura del geloso di vedere, & intendere sottilmente ogni minimo atto, & cenno della persona amata da lui, però disse il Tasso nuono lume dell'età nostra in vn sonetto." Ebd., S. 181. Auch ein Porträt der Königin Elisabeth von England zeigt sie in einem Gewand, das von Augen und Ohren übersät ist; das Gemälde ist Marcus Gheeraets zugeschreiben und trägt den Titel *Elizabeth I (The Rainbow Portrait)*; es ist ca. 1600 entstanden und befindet sich im Besitz der Marquise von Salisbury. Vgl. Roy Strong. *Elisabethan Poetry and Pageantry*. London 1999, o.S. (HAB 50.715).

Abb. 16: *Angerona, Harpocrates und Sigalion,* aus: Vincenzo Cartari. *Imagini delli dei degl'antichi.* Venedig 1624

Diese Ineinssetzung von Harpokrates und Sigalion wird bei Cartari fälschlich etymologisch begründet, wonach Sigalion der griechische Name für Harpokrates sei.[36] Sie rührt möglicherweise von der Darstellung bei Ripa her, der unter dem Stichwort „Silentio Appvleio" von einem „*Hvomo* senza faccia" spricht, dessen ganzer Körper „suo sarà pieno d'occhi, & d'orecchi".[37] Dort wird beschrieben, dass die gesichtslose Figur andeuten soll, wie ‚sprechend' das Gesicht in der Regel sei, weswegen es nicht ausreiche, mit Worten zu schweigen, sondern man müsse dies auch mit den Augen, der Stirn und den Wimpern tun.[38] Demgegenüber deuten die Au-

36 Vgl. Vincenzo Cartari. *Le imagini De gli dei de gli Antichi [...].* Venedig 1624, S. 277 (HAB 202.5 Qu.).

37 Ripa 1603/1984, S. 453.

38 „Questo huomo senza faccia, dimostra, che con tutto il viso si parla, e prestamente con la lingua, tacitamente con gli occhi, con la fronte, & con le ciglia; & però per dar ad intendere il silentio Appuleio formò questa imagine. [...] perche gli occhi, & gli orecchi per la veste, auertiscano, che molto si deue vedere, & vdire, ma parlar poco [...]." Ebd.

Abb. 17: Antonio Ponzano: *Silentium*, Ölgemälde, ca. 1576, nach Federigo Sustris

gen und Ohren auf dem ganzen Körper an, auf welche Weise man die visuelle und auditive Beobachtung verstärken soll.

Cartari hingegen zeigt Sigalion und Harpokrates als unterschiedene Figurentypen (Abb. 16). In der Mitte befindet sich als dritte überdies eine bekleidete Figur auf einem Sockel, deren Mund durch ein Tuch verbunden ist: Angerona, die weibliche Personifikation des Stillschweigens. Während bei den männlichen Figuren Schweigen als selbst auferlegte Praktik gezeigt wird – der Finger auf den Lippen als bewusste Entscheidung, still zu sein, die Augen und Ohren auf dem Körper als spezifische Form der Aufmerksamkeit –, wurde der Mund der weiblichen Figur von einer externen Instanz sowie durch ein körperfremdes Objekt verschlossen. Dieser Unterschied hat weitreichende Folgen für den Geschlechterdiskurs der Frühen Neuzeit, deutet er doch an, dass die Selbstdisziplinierung der Zunge bei Frauen als unmöglich gilt.

Auf einem sehr eindrucksvollen, kolorierten Holzschnitt, den Lucas Cranach der Ältere 1546 anfertigte, wird Katharina von Bora gezeigt, die trauernde Witwe Martin Luthers, mit einer breiten Schärpe über dem Mund, während sie in den Händen ein kleines Gebetsbuch hält (Abb. 18). Dieser Aspekt der Geschlechterdifferenz, die ich hier nur als paradigmatisch, nicht als absolut, herausstellen möchte – es gibt auch eine Angerona, die sich selbst den Mund verschließt sowie zahlreiche, die den Finger auf den Mund legen (vgl. Kapitel III.2) – wird im Verlauf dieser Arbeit immer wieder zur Sprache kommen. Während männliche

Abb. 18: Lucas Cranach d. Ä.: *D. Martini Luthers nachgelassene Witfraun in ihrer Traurung*, kolorierter Holzschnitt, 1546

Schweige-Figuren gleichsam als geschlechtsneutral verstanden werden, indem sie für die Klugheit, Demut oder Weisheit ‚des‘ Menschen stehen, wird das weibliche Schweigen zusätzlich mit *gender*-spezifischen Zuschreibungen versehen, die sich auf eine ihnen unterstellte ‚Geschwätzigkeit‘ berufen. Dies ist auch in den folgenden Bildanalysen zu beachten, in denen von den Künstlern – im Unterschied zur überwältigenden Mehrzahl der Allegorien in der europäischen Kunst[39] – zumeist männliche Figuren gewählt wurden, deren Geschlechtlichkeit nicht zur Debatte steht.

39 Vgl. Sigrid Schade u. a. (Hrsg.). *Allegorien und Geschlechterdifferenz*. Köln 1994.

### *Versiegelte Lippen, verschlossene Münder*

Die Harpokrates-Geste – der signifikante Finger vor dem Mund, der ihn nicht physisch verschließt, wie dies die ganze Hand täte, sondern ihn nur symbolisch versiegelt – bleibt bis heute als Geste des Schweigens präsent. Bis weit ins 18. Jahrhundert finden sich Personifikationen des Schweigens, wie das Ölgemälde *Die Marquise de Flavarent als Schweigen* von Jean-Marc Nattier (Abb. 19), Johann Heinrich Füsslis Zeichnung *Martha Hess als Schweigen* (Abb. 20) oder Auguste Préaults Gipsmedaillon *Le silence* (Abb. 21). Zunehmend sind es nun auch weibliche Figuren, die das Stillschweigen verkörpern. Während die durch den eigenen Finger versiegelten Lippen bis in die Moderne als Gebärde des Schweigens Verwendung finden, gibt es einen zweiten Darstellungstypus, der archaischer anmutet. Gemeint ist der mit einem Siegel oder Schloss gewaltsam zum Schweigen gebrachte Mund. Dieses Motiv, das noch Wolfgang Amadeus Mozart in seiner Oper *Die Zauberflöte* (1791) verwendet, wenn Papageno ein Schloss vor den Mund gehängt wird[40], findet sich in der Frühen Neuzeit sowohl in der religiösen wie in der profanen Kunst.

An einer Miserikordie[41] in der Kathedrale von Estavayer in der Westschweiz findet sich ein 1523/24 von Peter und Mattelin Vuarser gefertigter Kopf eines jungen Gelehrten im Profil, dessen Lippen mit einem großen Vorhängeschloss versehen sind (Abb. 22). Diese Holzschnittarbeit nimmt Anleihen zum einen bei allegorischen Darstellungen der *fidelitas* und des *secretum*, die bei Ripa durch weibliche Figuren mit Schlüssel und Schloss repräsentiert werden. Während die erste den Schlüssel als Attribut in der einen Hand hält und in der anderen das dazugehörige Schloss, so ist die zweite, von Kopf bis Fuß in ein auffällig dunkles Gewand gehüllt, gerade im Begriff, ihren Mund selbst mit einem Schlüssel zu verschließen.[42] Zum anderen erinnert das Holzrelief an die Tradition skulpturaler Türklopfer, wo etwa einem Löwenkopf ein beweglicher Metallring zwischen den Zähnen steckt.[43] Hier jedoch, so deutet die Inschrift *je ne dy mot* an, geht es nicht um die mythische

---

40 Wolfgang Amadeus Mozart. *Die Zauberflöte. Eine große Oper in zwei Aufzügen*. Hrsg. von Hans-Albrecht Koch. Stuttgart 2003, S. 14 (I/3).

41 Eine Miserikordie ist die an der Unterseite des Chorgestühls angebrachte Stütze zum Anlehnen im Stehen. Sie ist oft mit holzgeschnitzten Drolerien geschmückt.

42 Vgl. die beiden Abb. aus der Paduaner Ripa-Ausgabe von 1625 in: Déonna 1951, S. 37. Über die *secretezza* heißt es bei Ripa: „*Donna*, che non solo habbia cinta la bocca con vna benda, ma anco sigillata, & il resto della persona sia da vn gran manto coperta. | Soleuono gl'Antiqui con la bocca legata, & sigillata rappresentare Angerona Dea della secretezza, per denotare l'obligo di tacere i suoi, & gli altrui secreti. | Si dipinge con il manto nella guisa c'habbiam detto, percioche si com' egli ricuopre tutte le parti del corpo, cosi la secretezza cela, & tiene occulte tutte quelle cose, che gli vengono confidate." Ripa 1603/1984, S. 446 f. Nach Déonna findet sich das Motiv auch in anderen Kirchen der Region. Vgl. Déonna 1951, S. 39 f.

43 Vgl. ebd., Tafel 10.

Abb. 19: Jean-Marc Nattier: *La Marquise de Flavacourt comme Le Silence*, Ölgemälde, 1739

Abb. 20: Johann Heinrich Füssli: *Martha Hess als ‚Schweigen‘*, Kreidezeichnung, 1780–90

Abb. 21: Auguste Préault: *Le Silence*, Gipsmedaillon, 1842, Paris, Louvre

Abb. 22: Peter Vuarser und Mattelin Vuarser: *Silence*, Holzschnitzerei, 1523/24

Schutzmacht eines Tieres, sondern um einen Menschen, dessen Mund ‚gezüchtigt' wird oder der sich selbst diese Diszipinierung auferlegt. Die erzwungene Verschwiegenheit wird imagologisch als Form asketischer Keuschheit aufgefasst, was eine Analogie zwischen dem Mund-Siegel und den sogenannten Keuschheitsgürteln nahelegt.[44]

In Gabriel Rollenhagens Tugendspiegel *Nucleus emblematum selectissimorum* (1611) findet sich ein Emblem mit der auf einen Bibelvers Bezug nehmenden Überschrift *In silentio et in spe* (Abb. 23).[45] Der runde Kupferstich zeigt einen Mönch in freier Natur vor einer einsamen Kapelle, vor der eine kleine zweite Figur kniend betet. Der im Bildvordergrund stehende Mönch hat den Blick gen Himmel gewandt; sein Mund ist mit einem Vorhängeschloss versehen, in den Händen trägt

44 Dass diese Verknüpfung nicht abwegig ist, wird in der Frühen Neuzeit an vielen Sprichwörtern deutlich, die die ungezügelte Sprache – und insbesondere die als weiblich verstandene ‚Geschwätzigkeit' – als sexuellen Exzess deuten. Vgl. Claudia Benthien. „Zwiespältige Zungen. Der Kampf um Lust und Macht im oralen Raum". *Körperteile. Eine kulturelle Anatomie.* Hrsg. von ders. und Christoph Wulf. Reinbek 2001. 104–32, S. 111–16; Patricia Parker. „On the Tongue. Cross Gendering, Effeminacy, and the Art of Wounds". *Style. Texts and Pretexts in the English Renaissance* 23.3 (1989): 445–465. Ausführlicher zu diesem Topos siehe auch Kapitel III.2.

45 „Denn so spricht Gott der HERR, der Heilige Israels: Wenn ihr umkehret und stille bliebet, so würde euch geholfen; durch Stillesein und Hoffen würdet ihr stark sein." (Jes 30,15).

Abb. 23: *In silentio et in spe*, Kupferstich aus: Gabriel Rollenhagen. *Emblematum selectissimorum*. Arnheim 1611, entworfen und gestochen von Crispijn de Passe und Söhnen

er einen großen Anker – als Allegorie der Glaubenshoffnung[46] – und eine edle, verschlossene Bibel. Die Bildunterschrift weist das Schweigen als religiöse Tugend aus: „Tiefes Schweigen schmückt die sterblichen Heiligen. Die Hoffnung schweigt und wartet auf den Siegespreis, der den Frommen gegeben werden soll."[47] Das Stillsein

46 Im neuen Testament ist die Hoffnung der „sichere und feste Anker unserer Seele" (Hebr 6,19).

47 „Ornant mortales taciturna silentia Sanctos, | *Spes silet* exspectans, danda brabea, pijs." Gabriel Rollenhagen. *Sinn-Bilder. Ein Tugendspiegel.* Nachdruck der Ausgabe Arnheim 1611. Übers. und hrsg. von Carsten-Peter Warncke. Dortmund 1983, S. 133 (Nr. 61) [= *Nucleus emblematum selectissimorum, quae itali vulgo impresas vocant [...]*].

ist zudem als Vorahnung des Todes zu verstehen; die Frommen leben schon im Diesseits weltabgewandt und isoliert, gleichsam in Vorbereitung der Transzendenz. Durch den Anker wird zudem die Überzeugung versinnbildlicht, dass die in sicherer Hoffnung geweissagte Erlösung keiner Beglaubigung bedarf.[48]

Auch aus dem heidnischen Kontext ist das Bildmotiv des versiegelten Mundes überliefert. So findet sich in Achille Bocchis *Symbolaricum* (1555) eine Darstellung Alexanders des Großen, wie er einen Siegelring auf den Mund des Hephaistion drückt.[49] Nach Plutarch las Alexander einen Brief seiner Mutter, der Geheimnisse und Verleumdungen gegen den Feind Antipater enthielt, als „Hephaestion, wie er es gewohnt war, den Brief mit ihm zugleich las; so hinderte er Dieß nicht. Als ihn aber Derselbe durchgelesen, so nahm er den Siegelring von seiner Hand, und drückte das Siegel auf Dessen Mund."[50] Alexander ermahnt ihn so, über das Gelesene Stillschweigen zu bewahren. Die Nachwelt möge darin ein edles Beispiel des Vertrauens zu seinem Freund sehen sowie einer besonderen Güte. Denn obwohl ihm Antipater verhasst gewesen war, so duldet er doch nicht, dass die negative Rede über ihn verbreitet würde. Mit dieser in der Renaissance als Geste der Menschlichkeit interpretierten Handlung markiert der Herrscher auch seine Macht über den Mund des Untergebenen.

Der mit einem Ring versiegelte Mund findet sich auch als isoliertes Motiv: Im Jahr 1549 fand man bei Restaurierungsarbeiten am Diakonatshaus der Leonhardskirche in Basel im Erdboden eine steinerne Kopfplastik, die einen Ring durch den Mund trug. Der Diakon Conrad Lycosthenes ließ das Steinbild in die Giebelwand des Diakonatshauses einmauern.[51] Auf die Zeitgenossen machte der Fund einen großen Eindruck. So erschien zum Beispiel ein langes Gedicht von Caspar Bruschius zusammen mit Abbildungen des Kopfes in mehreren Auflagen. Die Gelehrten der Zeit bezeichneten den Steinkopf als *symbolum pythagoricum* und verstanden ihn als Sinnbild des Schweigens. Auch zeitgenössische Abhandlungen widmeten sich dem spektakulären Fund, dem man einen altrömischen Ursprung zuschrieb; er wurde als „[a]ntiquissimum Pythagorei silentii symbolum" bezeichnet oder als „uralte[s] Sinnbild des pythagoreischen Stillschweigens".[52] Leider wurde das Steinbild 1691 zerstört, so dass man auf die erhaltenen Drucke angewiesen ist. Auf den oberen beiden Holzschnitten (Abb. 24), die dem Bruschius-Gedicht beigefügt wa-

48 Vgl. den Kommentar: Ebd., S. 132.

49 Vgl. Achille Bocchi. *Symbolicarvm Qvaestionvm de vniverso genere qvas serio lvdebat/ libri qvinqve [...].* Bologna 1555, S. CCXIIIII (HAB Uk 83).

50 Plutarch. „Denksprüche von Königen und Feldherrn". *Moralische Schriften* 5. Werke 24. Übers. von Johann Christian Felix Baehr. Stuttgart 1830. 527–78, S. 530.

51 Vgl. Emil Major. „Das ‚Symbolum phythagoricum' des Conrad Lycostenes". *Basler Zeitschrift für Geschichte und Altertumskunde* 42 (1943): 103–12.

52 Christian Urstis. *Epitome Historiae Basiliensis.* Basel 1577, S. 150; Christian Wursteisen. *Kurzer Begriff der Geschichte von Basel, Epitome.* Nachdruck der Ausgabe Basel 1577. Hrsg. von Jacob Christoff Beck. Basel 1757, S. 236. Beides zitiert nach: Mayor 1943, S. 105.

Abb. 24: *Symbolum pythagoricum des Lycosthenes*, Holzschnitte 1553, 1596 und 1620, nach einer zerstörten Steinbüste romanischer Zeit

ren, sieht man einen Männerkopf mit einer Tonsur. Er hat übergroße Ohren, ein Ring ist ihm vertikal durch Ober- und Unterlippe gezogen und verschließt seinen Mund: Das Sprechen wird verhindert, während die Fähigkeit zu hören potenziert ist.[53] Die Gelehrten waren sich, entsprechend der philosophischen Bedeutung des Stillschweigens im Mittelalter[54], über die Signifikanz der Plastik einig: Sie wurde durchweg als pythagoräisches Symbol verstanden. Man stilisierte sie zu einem antiken Fund, der ein mystisches Geheimwissen verbürgt. Der antike Ursprung der

53 Die jüngste der Abbildungen ist einer Geschichtsdarstellung der Stadt Basel entnommen. Sie ist stärker schematisiert. Der Ring geht hier zudem nicht durch die Lippen, sondern wirkt auf sie aufgedrückt, ähnlich dem Siegelring des Alexander. Vgl. Jacob Rüssinger. *De vetustate urbis Basilae*. Basel 1620, S. 35. Zitiert nach Major 1943, S. 105. Major zufolge ist dieser dritte Holzschnitt der authentischste – er begründet dies in dem ungewöhnlichen Bildausschnitt, der darauf hindeute, dass der Kopf oben beschädigt gewesen sei –, dies leuchtet m. E. jedoch nicht ein, zumal sich die beiden ersten stärker ähneln. Insofern würde ich eher dazu tendieren, die dritte als fiktivere Darstellung zu werten. Ebd., S. 110.

54 Vgl. u. a. Ruberg 1978; P. Jacobus Dashian. „Das Leben und die Sentenzen des Philosophen Secundus des Schweigsamen". *Denkschriften der Kaiserlichen Akademie der Wissenschaften in Wien* 44 (1895): 1–56.

Plastik erwies sich jedoch als „Humanistenfabel“[55], denn faktisch stammt sie erst aus romanischer Zeit, vermutlich aus dem 12. Jahrhundert, als die Kirche entstand.

In den hier diskutierten Figuren – von der Holzschnitzarbeit aus Estavayer über den Stich aus Rollenhagens Emblematik und demjenigen Bocchis über Alexander den Großen bis hin zu den Darstellungen des *symbolaricum phythagoricum* des Lycosthenes – wird das ‚Stillschweigen‘ als Kulturtechnik gezeigt, die den Betroffenen aufoktroyiert wird. Ihr Mund wird symbolisch durch das Aufdrücken eines Siegelrings geschlossen oder es gibt ein Utensil – ein Schloss oder einen Ring – das ihn gewaltsam zusammenhält. Dass dies Gegenstände sind, die auch im Alltag zum Verschließen dienen (des Hauses, des Briefes), deutet einerseits an, dass Schweigen als etwas verstanden wurden, das tagtäglich zu praktizieren sei. Andererseits wird das Schweigen dadurch topologisch dem intimen und privaten Bereich zugeordnet (der Intimität eines Briefes, dem Inneren des Wohnhauses), das Reden hingegen dem Raum der Öffentlichkeit. Selbst- und Fremddisziplinierung sind auf diesen Darstellungen nicht klar zu trennen. Zwar soll die Imago des verschlossenen Mundes auch beim Betrachter eine Reflexion über die Tugendhaftigkeit und Klugheit des Schweigens bewirken, doch zunächst richtet sich der Akt des (gewaltsamen) Stummseins gegen die dargestellte Figur. Dies ist in der Harpokrates-Gebärde des Fingers auf den Lippen, um die es im Folgenden noch gehen wird, nicht primär der Fall, denn diese ist konstitutiv an ein Gegenüber gerichtet.

### *‚Silentium‘ als Schwellenfigur*

Ein enigmatisches, stilisiertes Selbstporträt[56] Salvator Rosas (Abb. 25) zeigt den Maler im Gewand eines zeitgenössischen Philosophen „as the personification of moral philosophy“.[57] Seine rechte Hand hält eine Tafel mit der Inschrift *avt tace avt loqvere meliora silentio*. Der Imperativ, man solle schweigen, sofern man nichts besseres als Schweigen vorzubringen habe, stammt von dem griechischen Schriftsteller Stobaios (5. Jh. n. Chr.), der den Ausspruch als Rede des Pythagoras tradiert.[58] In

55 Major 1943, S. 112.

56 Wendy Roworth hat die verschiedenen Selbstporträts Rosas miteinander verglichen und bezeichnet dieses Bildnis als „an exaggerated self-idealisazion in which the thick-featured, swartly Neapolitan represented himself as a more refined, ascetic type to better suit his image as scholar-philosopher.“ Wendy Wassyng Roworth. „The Consolations of Friendship. Salvator Rosa's Self-Portrait for Giovanni Battista Ricciardi“. *Metropolitan Museum Journal* 23 (1988): 103–24, S. 113.

57 Jonathan Scott. *Salvator Rosa. His Life and Times*. New Haven und London 1995, S. 64.

58 Vgl. Eckhard Leuschner. „The Phythagorean Inscription on Rosa's London Self-Portrait“. *Journal of the Warburg and Courtauld Institutes* 57 (1994): 278–83, S. 278 f. Das Bildmotto ist somit die lateinische Version eines antiken griechischen Diktums, wobei Rosa den imperativischen Gestus, der in der Pythagoras-Paraphrase des Stobaios noch nicht enthalten ist, einem zweiten Ausspruch des Stobaios zu diesem Thema entnimmt. Vgl. ebd., S. 279. Der Spruch wird in der Frühen Neuzeit vielfach tradiert, vgl. z. B.: „Schweig oder red etwas das besser ist/ als schweigen“. Lehmann 1639, S. 715.

Abb. 25: Salvator Rosa: *Selbstporträt*, Ölgemälde, ca. 1640–49, London, National Gallery

Rosas Schriften finden sich mehrfach Verweise auf die philosophische Aufwertung des Schweigens und die pythagoräische Tradition.[59] Die Lippen des Dargestellten sind fest zusammengepresst, seine Stirn ist gerunzelt, der Blick ist ernst, fast traurig. Das linke Auge ist stark verschattet, während das rechte den Betrachter umso eindringlicher fixiert und so zusammen mit der Inschrift einen Schweige-Appell an ihn richtet. Der Künstler porträtiert sich nicht nur als Philosoph, sondern wird zudem – durch den Blick, das Düstere und die Kleidung – als Melancholiker gekennzeichnet. Gezeigt wird hier kein lesender Gelehrter, sondern ein reflektierender, schwermütiger Denker, der sich allerdings nicht gänzlich in sich selbst verschließt, denn dann würde er eher die Augen senken, statt den Betrachter so eindringlich, beinahe appellativ anzublicken.

Der zeitgenössischen Auffassung zufolge scheuen Melancholiker das Licht, sind Feinde der Sonne und privilegieren das Schweigen gegenüber dem Reden, wie André du Laurens 1608 in einem *Discovrs* über die „maladies melancholiques" festhält.[60] Die Allegorie der Melancholie wird bei Ripa als dunkel gekleideter Mann dargestellt, dessen Mund durch eine Schärpe verhüllt ist und der in einem großen Buch liest.[61] Die vier Temperamente werden mittels der antiken Elementelehre erläutert. Über den dem Element Erde zugeordneten „Malenconico" schreibt Ripa unter anderem, dass er Gesprächen entflieht, sich in Schweigen hüllt und liest.[62]

---

59 So notiert er etwa: „Il silenzio in un uomo è una virtú, la piú loquace che possi decantar le sue glorie." Salvator Rosa. *Il teatro della politica. Sentenziosi afforismi della prudenza.* Hrsg. von Giorgio Baroni. Bologna 1991, S. 98.

60 „Les melancholiques sont aussi ennemis du Soleil, & fuyent la lumiere, pource qu'ils ont leurs esprits & huments du tout contraires à la lumiere. [...] Ils ont les yeux fixes & comme immobiles pour la froideur & secheresse de l'organe, ils ont vn sifflement d'oreilles, endurent par fois le vertige: & comme remarque Galien, aiment infiniement le silence, & bien fouuent ne peuuent parler, non pas par le vice de la langue, mais plustost par ie ne sçay quelle opiniastreté: en fin ils se forgent tousiours quelque imagination estrange, & ont quasi tous vn obiect particulier qui ne peut effacer que auec le temps." André du Laurens. *Discovrs de la conservation de la veve: Des maladies melancholiques, des catharres, & de la vieillesse.* Rouen 1608, S. 132 f. (HAB Me 23a).

61 Vgl. die Abb. in: Ripa 1603/1984, S. 79.

62 "*Hvomo* di color sosco, che posandosi con il piede destro sopra di vna figura quadrata, ò cuba, tenghi con la sinistra mano vn libro aperto mostrando di studiare. | Hauerà cinta la bocca da vna benda, & con la man destra terrà vna borsa ligata, & in capo vn passero vcello solitario. | La benda che gli copre la bocca, significa il silentio, che nel malenconico suol regnare, effendo egli di natura fredda, e secca, & si come la calidità fà loquace, così per lo contrario la frigidità è cagione del silentio. | Il libro aperto, & l'attentione del studiare, dimostra il malenconico esser dedito alli studij, & in essi far progresso; fugendo l'altrui conuersationi; onde Horatio nell'vltima Epistola del 2.lib. dice: | *Scriptorum chorus omnis amat nemus Et fugis Vrbes.* | Che però gli si dipinge il passero solitario sopra il capo, essendo vcello, che habita in luochi solitarij, & non conuersa con gli altri vcelli. | La borsa serrata significa l'auara natura, che suole per lo più regnare ne i malenchonici, come dicono i seguenti versi della Scola Salernitana." Ebd., S. 79 f.

Das Buch als Attribut findet sich bereits im *Silentium*-Emblem von Alciato, wobei die unmittelbare Assoziation mit dem Melancholiker nicht gegeben ist; sie ist vielmehr aufgrund der mönchischen Attribute der dortigen Figur problematisch.[63]

Rosas Melancholiker liest in keinem Buch, stattdessen demonstriert er eine Tafel. Die Unmöglichkeit, Sprechen (wie auch Schweigen) im Medium der Malerei direkt darzustellen, wird hier nicht durch eine Gebärde, sondern durch die Inschrift kompensiert. Sie verbalisiert, was die Figur mimisch ausdrückt: Es ist die Tafel, welche vom Nicht-Sprechen ‚spricht‘. Die inhaltliche Ebene des Diktums, in dem von etwas die Rede ist, das besser sei als Schweigen, kann sich zudem auf den kommunikativen Modus des Gemäldes beziehen, und damit auf den seit der Renaissance geführten *paragone*, den Wettstreit der Künste. Besser als Schweigen ist nicht Sprechen (oder auch Schreiben), sondern Malen. Rosas Selbstporträt transzendiert den der Sprache immanenten Gegensatz von Reden und Schweigen, denn es ist in der Lage, beides zugleich zu tun.

Das dunkelbraune, parziell gestaltlose Gewand der Figur verstärkt die Wirkung der Isolation und des Hermetischen, sie steht auch im Kontrast zum hellen Bildgrund des Himmels. In Ripas *Iconologia* wird eine solche Gewandung dem Geheimnis und Verschweigen zugeordnet.[64] Körpermetaphorisch entspricht dem Schweigen hier also der bekleidete, der Rede hingegen der nackte Körper, was in eigentümlichem Widerspruch nicht nur zur antiken Vorstellung der Rhetorik steht, die gemeinhin als ‚Kleid‘ der Rede verstanden wurde[65], sondern auch zur Nacktheit des Harpokrates. Nach Ripa ist das Schweigen „amico della notte“[66] – auch hier wird es mit der Dunkelheit und dem Entzug von Sichtbarkeit assoziiert. Er verweist auf ein Ariost-Zitat, wonach die Stille eine „Freundin von der Nacht“[67] sei, und führt aus:

> Die Stilligkeit thut eine Kund/
> Und kiest die dunckel Abend=stund/
> Ein brauner Mantel ist ihr Kleid/
> Sie hat die Schue von Filtz bereit/
> Und wen sie nur von ferne siht
> Dem wincket sie so viel/ als flieht![68]

---

63 „Unter dem Patronat des Harpokrates stehen Philosophen, Gelehrte und Mönche. Da sie nicht selten Kinder des Saturn sind (bei den Mönchen entspricht die durch Saturn verursachte Melancholia der Todsünde der acedia), gehen hin und wieder Harpokrates und die Melancholie eine Verbindung ein.“ Sulzer 1992, S. 54.

64 Vgl. Ripa 1603/1984, S. 446 f.

65 Vgl. u. a. Cicero. *Orator*. Lateinisch und deutsch. Übers. und hrsg. von Bernhard Kytzler. München 1975, S. 64 f.

66 Ripa 1603/1984, S. 454.

67 Ripa 1659, S. 129. Im Original werden die folgenden Verse Ariosts zitiert: „Il silentio va intorno, e fà la scorta. | Hà le scarpe di feltro, e'l mantel bruno, | Et à quanti n'incontra di lontano, | Che non debba venir cenna con mano.“ Ripa 1603/1984, S. 454.

68 Ripa 1659, S. 129.

Anknüpfend an das Attribut der Dunkelheit setzt die manieristische Darstellung Rosas stark auf den Kontrast von erleuchteten und schattierten Partien. Der *ciaroscuro*-Effekt dominiert, der als Halbfigur gezeigte Mann steht isoliert vor dem hellen Bildgrund. Die Positionierung verweist darauf, dass die Figur sich entweder auf einem Berg befindet oder aus der Froschperspektive abgebildet ist. Der Künstler stellt sich in einen direkten Kontakt zum Himmel – gleichzeitig aber, bedingt durch die unterschiedliche Lichtgestaltung, in Kontrast zu ihm. Andere typische Elemente des malerischen Porträts, etwa eine Landschaft, eine Stadtkulisse oder ergänzende Requisiten fehlen. Eine solche Reduktion auf Figur und Himmel entspricht nicht den Konventionen der Zeit, sie ist im höchsten Maße ungewöhnlich und potenziert die Isolation, in die sich der weltflüchtige Melancholiker begibt. Rosas Selbstporträt erhebt mithin den Anspruch einer philosophischen Aussage, in der er allein durch die räumliche Anordnung jene vermittelnde Autorität zwischen dem Betrachter und dem absenten Göttlichen einnimmt.

Die Tafel mit der Inschrift steht als eine Art Barriere zwischen Betrachter und Bildfigur, sie greift die Konvention der Balustrade oder Brüstung vor dem Porträtierten auf, wie sie die Malerei der italienischen Frührenaissance etabliert hat. Bei genauerer Betrachtung zeigt sich, dass die Tafel gar nicht von der Figur gehalten wird, ihre Finger umschließen nur den oberen Rand. Die Hand liegt vielmehr auf der Tafel, deren Halterung über den Bildrand ragt. Vielleicht ist es auch gar keine Tafel, sondern eine Art Gedenkstein. *Silentium* steht dann auf der Schwelle zwischen dem Bild und dem Nichtgezeigten, zwischen Darstellbarkeit und Entzug, Präsenz und *memoria*. Die Figur wird zum Grenzposten zweier Reiche. Dies wird auch durch die linke Hand verbildlicht, die fast unter dem dunklen Überwurf verschwindet. Wurde die Harpokrates-Geste des Fingers auf den Lippen über die Jahrhunderte nahezu autonom[69], so wird diese synechdochische ‚Hand der Stille' hier selbst zum Zeichen für das Schweigen, indem sie fast verhüllt ist und sich der Wahrnehmbarkeit entzieht. Diese These findet sich durch eine Untersuchung antiker Bildnisstatuen stoischer Philosophen bestätigt, die nach Quintilian ebenfalls die Hand im Mantel bergen sollen, um damit ihre sprachliche und gestische Zurückhaltung zu demonstrieren.[70]

## *Politische Klugheit des Verschweigens*

Ein von Jan Müller 1593 angefertigter Kupferstich mit der Inschrift *Harpokrates Philosophus, Silentii Deus* (Abb. 26) trägt die Doppelung von Philosophie und Religion bereits im Titel.[71] Harpokrates wird zum Philosophen, der mit der anderen

69 „In the graphic representation the image of the gesturing finger subsumes the personage of Harpocrates and takes on an independant authority." Waddington 1970, S. 257.

70 Vgl. Andreas Thielemann und Henning Wrede. „Bildnisstatuen stoischer Philosophen". *Mitteilungen des deutschen Archäologischen Instituts. Athenische Abteilung* 104 (1989): 109–155, S. 124.

71 Vgl. Langedijk 1962, S. 14.

Abb. 26: Jan Müller: *Harpocrates, Philosophus, Silentii Deus*, Kupferstich, 1593, gestochen von Adam Borsch

mythischen Schweigefigur, dem antiken Weisheitslehrer Pythagoras, in eins fällt. Um ihn, der in seiner Jugend viele Jahre in Ägypten lebte und dann in Unteritalien eine ordensähnliche religiöse Gemeinschaft gründete, ranken sich bis heute viele Legenden. Eine der wichtigsten und in Mittelalter und Früher Neuzeit am intensivsten tradierten besagt, dass er seinen Schülern auferlegt habe, vor Aufnahme in den Bund fünf Jahre in völligem Schweigen zu verbringen.[72] Müllers Kupferstich zeigt einen Gelehrten, der mit dem Finger mehr auf seinen Mund deutet, als dass er ihn symbolisch verschlösse, und dabei den Betrachter intensiv anschaut. Im Rahmen des Ovals finden sich zwei Inschriften antiker Autoren, die auf die Klugheit und Weisheit des Schweigens hinweisen: *Digito compesce labellum* (‚Bändige mit dem Finger die Lippen‘) und *Loqui ignorabit qui tacere nesciet* (‚Wer nicht zu schweigen weiß, wird auch des Sprechens nicht fähig sein‘).[73] Aus der Kopfbedeckung lugt das rechte Ohr heraus. Die Tugend des Schweigens wird hier erneut mit einer Aufwer-

72 Vgl. Walter Burkert. *Weisheit und Wissenschaft. Studien zu Pythagoras, Philolaos und Platon.* Nürnberg 1962, S. 162 f.

73 Erstere wird Juvenal und Persius zugeschrieben, letztere Seneca und Pittacus; vgl. Langedijk 1962, S. 14, Anm. 31 und 32; August Otto. „tacere“. *Die Sprichwörter und sprichwörtlichen Redensarten der Römer*. Leipzig 1890, S. 338 f.

Abb. 27: Titelblatt von: Hippolytus a Collibus. *Harpocrates Sive de recta Silendi ratione.* Leiden 1603

tung des Hörens verknüpft; die Augen sind hingegen stark verschattet, nicht als Sinnesorgane der Aufmerksamkeit gekennzeichnet. Auffällig ist auch die Helligkeit des Schweigen indizierenden Zeigefingers im Verhältnis zur dunkler gehaltenen Hand.

Dies ist ein Detail, das Hippolytus a Collibus im Frontispiz seines philosophisch-rhetorischen Traktats über das Stillschweigen übernimmt (Abb. 27).[74] Das Titelkupfer setzt die Figur – die hier seitenverkehrt abgebildet ist – in einen rechteckigen Rahmen; der Stich Müllers wird in einfacher Manier kopiert. Vermutlich liegt der Vertauschung keine Intention zugrunde, sondern beruht allein auf der Drucktechnik, die ein manuell kopiertes Bild spiegelverkehrt wiedergibt.

Ein Kupferstich aus Otto Vaenius' *Quinti Horatii flacci emblemata illustrata* (1607), einem der einflussreichsten Bücher des europäischen Barock[75], ist *Nihil silentio vtilivs* (‚Nichts ist nützlicher als Schweigen') betitelt (Abb. 28). Obwohl sich Vaenius in der Regel auf Horaz-Zitate stützt, bezieht er sich hier auf ein Sprichwort des attischen Komödiendichters Menander.[76] Im Bildvordergrund ist ein geflügelter Jüngling zu sehen, der auf einem Marmorpodest sitzt und in der rechten Hand die römische Standarte mit der Aufschrift „SPQR" (*Senatus populusque romanus*) trägt.[77] Der Genius blickt den Betrachter direkt an und legt den linken Zeigefinger auf seine Lippen. Als Harpokrates-Attribute liegen vorn links auf einem Rundaltar Pfirsiche

---

74 Hippolytus a Collibus. *Harpocrates Sive de recta Silendi ratione.* Leiden 1603 (HAB A: 1028.20 Theol. (2)).

75 Vgl. Leonard Forster. „Die Emblemata Horatiana des Otho Vaenius". *Geschichte des Textverständnisses am Beispiel von Pindar und Horaz.* Hrsg. von Walther Killy. München 1981. 117–28, S. 117. Die Erstausgabe der *Emblemata Horatiana* beschränkt sich auf lateinische Zitate und Erläuterungen. In der zweiten Ausgabe (1612), die nicht allein für gelehrte Humanisten, sondern auch für ein adeliges Publikum bestimmt war, gab es zudem französische, italienische, spanische und holländische Paraphrasen.

76 Vgl. Amantius u. a. 1612, S. 1113.

77 Präfiguriert ist diese Darstellung durch römische Feldzeichen, wie sie z. B. bei Alciato dargestellt werden. Vgl. Henkel/Schöne 1967, Bd. 2, Sp. 1595.

Abb. 28: *Nihil silentio utilius*, Kupferstich aus: Otto Vaenius. *Quinti Horatii flacci emblemata illustrata*. Brüssel 1683

mit ihren Blättern. Dahinter steht ein großer Weinkrug mit einem Kelch und Trauben. Zur Linken des Jünglings liegt ein Tierfell. Jean-Charles Biaudet interpretiert das Fell unter Bezugnahme auf zwei der dem Emblem zugeordneten Sprüche als Bärenfell.[78] Demnach steht der Wein für die Gefahr, durch Trunkenheit Dinge auszuplaudern, das Bärenfell hingegen für den Affekt des Zorns. So zitiert Vaenius aus Horaz' *Episteln*: „Du sollst niemals jemandes Geheimnis aufdecken, und wenn es dir jemand anvertraut hat, sollst du es für dich behalten, auch wenn du vom Wein und Zorn gelenkt bist"[79], um dann zu ergänzen: „Du siehst hier Harpocrates, den Gott

78 Vgl. Jean-Charles Biaudet. „Le ‚Silence‘ de l'Hôtel de Ville de Lausanne". *Revue Swisse d'Art et d'Archeologie* 13.4 (1952): 242–47, S. 244.

79 „Arcanum neque tu scrutaberis vllius vmquam: | Commißumque teges, et vino tortus, & ira." Otho Vaenius. *Quinti Horatii flacci emblemata, imaginibus in aes incisis, notisque illustrata*. Nachdruck der Ausgabe Antwerpen 1607. Hrsg. von Ernst Benz und Dimitrij Tschiežewskij. Hildesheim und New York 1972, S. 62. In Horaz' *Epistulae* lautet die Textstelle: „arcanum neque tu scrutaberis illius umquam, conmissumque teges et vino tortus et ira." Horaz. *Sämtliche Werke*. Lateinisch und deutsch. Übers. von Wilhelm Schöne. Hrsg. v. Hans Färber. München 1979, Teil II, I.18, S. 188.

des Stillschweigens, der durch den Finger die Lippen bändigt, obgleich er sich zwischen Wein und Zorn befindet.“[80] Möglicherweise ist das abgebildete Fell aber gar nicht das eines Bären, sondern ein Wolfsfell, womit es sich nach Ripa um ein weiteres Attribut des Schweigens handele, welches für Wachsamkeit und Aufmerksamkeit steht.[81]

Der Bildhintergrund stellt in einer theatralen Kulisse eine antike Szenerie nach: die von Aulus Gellius (2. Jh. n. Chr.) überlieferte Geschichte von den geschwätzigen Frauen und dem jungen Papirius, die u. a. Erasmus aufgreift.[82] Einem römischen Gesetz zufolge war es den Senatoren gestattet, ihre noch nicht erwachsenen Söhne in die Sitzungen mitzunehmen. Als eines Tages ein wichtiges, aber geheimes Geschäft beraten wurde, wollte Papirius‘ Mutter erfahren, um was es sich handelte. Als der Sohn standhaft schwieg, drang sie heftiger auf ihn ein. Papirius erfand die Notlüge, im Senat sei darüber gesprochen worden, ob es mehr im Staatsinteresse liege, wenn ein Mann zwei Frauen oder eine Frau zwei Männer habe. Die Mutter berichtete dies den anderen Frauen und am nächten Tag erschienen sie gemeinsam vor dem Senat. Unter Tränen baten sie, man möchte doch eher beschließen, dass eine Frau mit zwei Männern verheiratet sein dürfe als umgekehrt. Die Senatoren wunderten sich, bis der Sohn des Senators den Fall aufklärte.[83] Auf Vaenius‘ Stich sieht man die protestierenden Römerinnen vor dem Senatsgebäude in dem Moment, als Papirius rechts heraustritt und die verwirrende Situation auflöst. Die Harpokrates-Figur ist eine Allegorie jener Tugend, die den jungen Papirius – im Gegensatz zu seiner Mutter und den Frauen insgesamt – auszeichnet: der Verschwiegenheit.

Topologisch wird auch hier eine Schwellensituation gezeigt: Der ‚Gott des Schweigens‘ sitzt zwischen uns, den Betrachtern vor dem Bild, und den geschwätzigen Frauen im Bildhintergrund. Er bildet eine Art Barriere, die durch das Podest und die dunkel schattierte vordere Bodenfläche auch räumlich von dem Dahinterliegenden abtrennt. Die Figur befindet sich vor der Szenerie, in einer anderen Realitätsebene, die von den Protagonisten im Hintergrund nicht wahrgenommen wird.

---

80 „Harpocratem hîc vides, silentij Deum, digito labellum, quamquam media inter vina, & iram, compescentem.“ Vaenius 1607/1972, S. 62.

81 „[P]arlar poco, come accenna la pelle del Lupo, perche il Lupo, se vede alcuno auanti, che sia veduto da lui, gli fà perdere subito la parola, in modo che con gran sforzo quello, che è veduto, à pena può mandar fuori vn debolisimo suono, & tacendo, à gran passi questo animale se ne fugge con la preda rapida. Però guidicorno gl'antiqui, che si douesse adoprare per memoria del silentio.” Ripa 1603/1984, S. 453. Vgl. auch das Zitat aus *Zedlers Universallexikon* in diesem Kapitel, in dem vom „Wolffs=Pelz“ die Rede ist, die einige dem Harpokrates „zum Kleide [geben]“. Zedler 1735/1961, Bd. 12, S. 603. Bei Cartari wird hingegen Sigalion als mit einer Wolfshaut abgebildet und im Text beschrieben. Vgl. Cartari 1624, S. 277.

82 Vgl. Erasmus 1989, S. 296.

83 Vgl. Paul Boesch. „‚Die Verschwiegenheit‘ von Hans Ulrich II. Fisch“. *Zeitschrift für schweizerische Archäologie und Kunstgeschichte* 13.4 (1952): 50–51, S. 50, Anm. 1.

Das Banner zeigt, durchkreuzt von den Initialen des römischen Senats, einen Kentaur, der mit seiner rechten Hand den Harpokrates-Gestus ausführt. Es nimmt Bezug auf die altrömische Tradition, einen Minotaurus auf der Standarte abzubilden, um anzudeuten, dass man Geheimnisse sicher zu wahren hat – der Minotaurus wurde von Daedalus sicher in einem Labyrinth oder Irrgarten eingesperrt, so dass er nicht kommunizieren konnte.[84] Auf dem Stich der *Emblemata Horatiana* erscheint statt dem Minotaurus ein Kentaur ohne Labyrinth, dafür aber mit Schweigegestus. Der Schweige-Appell taucht somit als ‚Bild im Bild‘ ein zweites Mal auf und spiegelt auf diese Art den Vorgang seiner visuellen Codierung. Möglicherweise soll die Doppelung auch auf die zwei hier zusammengeführten historischen Epochen hinweisen. Denn die Genius-Figur verbindet durch ihren konfrontativen Blick und das Halten des Banners den Betrachter des niederländischen 17. Jahrhunderts mit der römischen Antike. Beide Epochen werden durch das Primat der Rhetorik und der politischen Klugheit verbunden. Das Verschweigen von Staatsgeheimnissen gilt als *prudentia* und wird in der Emblematik, die zunehmend eine ethisch-politische Rolle erhält zum Thema. Dass es sich dabei auch um eine Rechtspraxis handelt, die bei Nichtbeachtung unter Umständen zur faktischen Mutilation der Zunge führte, belegen zahlreiche Fälle in der Frühen Neuzeit.[85] Hippolytus a Collibus verortet den juristischen Sachverhalt überdies bei den alten Ägyptern.[86]

1646 erschien als repräsentativer Folioband ein veränderter Neudruck der *Emblemata Horatiana*, angefertigt durch den Graveur des französischen Königs, Pierre Daret (ohne allerdings Vaenius oder auch Horaz namentlich zu erwähnen).[87] In dieser Ausgabe, die bereits im Titel die moralisch-didaktische Ausrichtung des Werkes betont, finden sich zu den mit der Vaenius-Ausgabe übereinstimmenden Kupferstichen sogenannte „explications“ Marin LeRoy de Gombervilles. Diese Prosatexte wurden mit kleineren Ergänzungen von Philipp von Zesen ins Deutsche übertragen und mit den Stichen unter dem Titel *Moralia Horatiana* 1656 in Amsterdam publiziert. Unter der Überschrift „Nichts ist edler als ein verschwiegener freund“ lautet die „Erklährung der acht und zwanzigsten Bild- und lehr-tafel“:

---

84 Dieser Zusammenhang wird in verschiedenen Emblembüchern aufgegriffen und entstammt vermutlich den französischen Alciato-Ausgaben. So findet er sich in in den Ausgaben Paris 1536, Paris 1543, Lyon 1549 und Lyon 1551; vgl. die Kommentare zu Emblem Nr. 12. Andrea Alciato. *Emblems in Translation*. Hrsg. von Peter M. Daly. Toronto u. a. 1985, o.S.

85 Vgl. Rudolf Schenda. „Gefährliche und gefährdete Zunge“. *Gut bei Leibe. Hundert wahre Geschichten vom menschlichen Körper*. München 1989, S. 151–53.

86 „Lex Aegyptiorum iubebat illi abscindi linguam, qui arcana Reipub. alicui detexisset.” Collibus 1603, S. 50.

87 Marin LeRoy de Gomberville. *La Doctrine des Moeurs tirée de la Philosophie des Stoïques: représentée en cent tableaux et expliquée en cent discours pour l'instruction de la ieunesse*. Nachdruck der Ausgabe Paris 1646. Hrsg. von Walter Brauer. Wiesbaden 1963. Die 103 Veen'schen Stiche werden in veränderter Reihenfolge jeweils auf einer rechten Seite gedruckt; auf jeder linken Seite befindet sich eine „explication du tableau“, die teilweise gekürzten lateinischen Zitate sowie einige französische Verse.

> ES ist unterweilen recht/ daß ein freund frei und offenhertzig mit dem andern redet/ aber fast niehmals recht/ daß er offenhertzig von dem freunde redet. Wan das erste gesetze der liebe/ lieben ist/ und das andere seines freundes im guthen gedenken/ so ist das dritte unfehlbahr/ sehen/ genießen und schweigen: dan es kan kein ding so eigendlich freundschaft erhalten/ als diese ehren-währte verschwiegenheit/ vermittest derer wier in unsern hertzen alles/ was wier von unsern freunden wissen/ verborgen halten. Der Künstler stellet uns dieses durch das bildnüs des Als-gottes der verschwiegenheit vor/ welcher alzeit stumm/ alzeit seiner selbst meister/ und seine bohtmäßigkeit über alle gemüths-bewegung/ die entweder des gemüthes ruhe/ oder das band der volkommnen freundschaft stöhren/ aus zu üben pfleget. Seine flügel bezeigen/ daß er seine geschwindigkeit von der Liebe entlehnet/ und indem er uns/ von der zuneugung der geschöpfe/ auf die liebe des Schöpfers erhebet und lenket/ kan er unsere hertzen bis in dieselbige ewige Wohnung tragen/ da wier den allein warhaftigen Gott finden/ der in allen seinen werken ein ewig-währendes stillschweigen/ das ist eine unwandelbahre ruhe seiner allein-seeligen natur/ häget und erhelt.[88]

Der Kommentar geht nicht auf den historisch-politischen Sinnzusammenhang des Stiches ein; stattdessen wird der Kontext auf den Freundschafts- und Treuediskurs und somit den Bereich des Privaten und Moralischen verschoben. Der Kommentar hebt insbesondere auf die ethische Unterscheidung ‚mit' und ‚von' jemandem zu sprechen ab. Aus der Inschrift *Nihil silentio utilius* (‚Nichts ist nützlicher als Schweigen') wird entsprechend *Nihil silentio utilius, ad servandas amicitias* (‚Nichts ist nützlicher als Schweigen zum Bewahren von Freundschaften').[89] Die Deutung des Genius als Amor erfolgt in einem allgemeinen Feld des Wissens, das von der Ikonographie des Stiches wesentlich abgelöst ist. Zudem wird das prudentistische mit dem mystischen Stillschweigen kontextualisiert und somit der heidnische Bereich mit dem christlichen zusammengeführt. Zesens Übersetzung des französischen Bildkommentars wird hier auch zitiert, um auf die Tradierung der *Emblemata Horatiana* – und mithin auch des Motivs der schweigenden Gottheit – im Kreis der einflussreichen Fruchtbringenden Gesellschaft hinzuweisen. Wenn es in der „Erklährung" Zesens heißt, das „bildnüs des Als-gottes der Verschwiegenheit" sei „alzeit stumm", so ist dies doppeldeutig, denn es verweist einerseits auf den Topos des Verschweigens, andererseits aber deutet es an, dass es eben das Bildnis sei, welches stumm ist. Somit wird auch auf die spezifische Medialität des Kupferstiches, auf den Unterschied von Rede und Bild, verwiesen.

Ein Holzschnitt zur Imprese für den katholischen Staatssekretär Consalvo Perez aus Girolamo Ruscellis *Le imprese illustri* (1584, Erstausgabe 1566) zeigt einen Kentaur, der mit der linken Hand den Schweige-Gestus ausführt, während er mit

---

88 Philipp von Zesen. *Moralia Horatiana/ Das ist Die Horazsche Sitten-Lehre/ Aus der Ernst-sittigen Geselschaft der alten Weise-meister gezogen [...]*. Nachdruck der Ausgabe Amsterdam 1656. Hrsg. von Walter Brauer. Wiesbaden 1963, S. 54.

89 Ebd., S. 55.

der rechten die ‚Samen der Hoffnung‘ sät (Abb. 29).[90] Anstelle des Minotaurus befindet sich hier der Mensch-Tier-Hybride inmitten des Labyrinths.[91] Nach Gustav René Hocke ist das Labyrinth „eine ‚vereinigende‘ Metapher für das berechenbare und unberechenbare Element der Welt. Der Umweg führt zum Mittelpunkt. Nur der Umweg führt zur Vollkommenheit.“[92] Die Inschrift *In silentio et in spe* ist die Kurzform des bereits erwähnten vielzitierten Bibelverses.

In Philippo Picinellos *Mundus Symbolicus* (Erstdruck 1681) wird der topische Zusammenhang von Minotaurus, Labyrinth und dem Verschweigen näher ausgeführt und ebenfalls mit dem biblischen Kontext verknüpft:

> Magnus Gonsalvus malte als Symbol ein Labyrinth, in dessen Mitte der Minotaurus wacht, und es hatte den aus Jesaia entnommenen Ausspruch *In Schweigen und Hoffen*. Dies freilich besagte, dass der teuflische Minotaurus und andere Hindernisse im Labyrinth jener Welt leicht zu überwinden wären, wenn du sie ausgerüstet mit der zweifachen Tugend, nämlich Schweigen und Gottvertrauen, angreifst. Seneca bezeugt: „Nichts wird so viel nutzen wie still zu sein und so wenig wie möglich mit anderen zu reden, dafür so viel wie möglich mit sich selbst“. Im Gegensatz dazu dichtet Baptista Pittonus: | „Aus dem chaotischen und verwirrten Raum des Labyrinths, wo ich mein Leben verloren habe, wie jemand, der aus Dummheit und Ignoranz nicht in der Lage gewesen ist, wie er hätte sollen, Stille und Hoffnung zu verbinden. Für ein großmütiges Herz ist es ein Ausweg, wenn das Schweigen und Hoffen so stark ist, dann kann es den Menschen vom ungerechten Tod retten.“[93]

---

90 Jeronimo Ruscelli. *Le imprese illvstri del S. Ieronimo Rvscelli Aggivntovi novam il qvarto libro da Vincenzo Rvscelli da Viterbo.* Venedig 1584, S. 383 (HAB A: 4.3 Eth.). Der Zusammenhang wird auch im in der Renaissance vielzitierten *Corpus Hermeticum* artikuliert, wo Hermes seinem Schüler Tat im 13. Kapitel erklärt, dass der Mensch durch Stillschweigen und im Säen des Samens der Hoffnung wiedergeboren werde. Vgl. *Das Corpus Hermeticum Deutsch. Übersetzung, Darstellung und Kommentierung in drei Teilen* 1. Übers. von Jens Holzhausen. Hrsg. von Carsten Colpe und Jens Holzhausen. Stuttgart 1997. 158–88, S. 175. Zur Relation von Harpokrates, Hermes und Hermes Trismegistos vgl. den Kommentar zu Achille Bocchi im Folgenden.

91 Vgl. Biaudet 1952, S. 245; Pinkus 1996, S. 16.

92 Gustav René Hocke. *Die Welt als Labyrinth. Manier und Manie in der europäischen Kunst.* Hamburg 1957, S. 101.

93 „Magnus Gonsalvus Symboli loco Labyrinthum pinxit, in cujus centro Minotaurus excubans, epigraphen ex Isaia desumptam habuit; *In Silentio et in Spe*. Significabat quippe, Infernalem Minotaurum, aliasque difficultates in hujus mundi Labyrintho facilè superatum iri, si gemina illa vertute, silentio videlicet, & in Deum fiducia, instructus incesseris. Seneca teste, *Nihil aequè proderit, quàm quiescere, & minimum cum aliis loqui, & plurimum secum.* In hanc rem oppositè canit Baptista Pittonus; | ‚De la confusa, ed intricata stanza | Del Labirintho, ove perdeo la vita | Piu d'un, che per schiocchezza, ed ignoranza | Non seppe far, come dovea, parita, | In silentio sovente, ed in speranza | Di magnanimo cor posta è l'uscita; | Che il tacere, e il sperare è di tal forte. | Che può trar l'huom da ingiuriosa morte‘.“ Philippo Picinello.

Abb. 29: *In silentio et in spe*, Holzschnitt aus: Jeronimo Ruscelli. *Le imprese illvstri.* Venedig 1616

Es wird eine Weisheit des Schweigens entworfen, die selbst den schlimmsten Feind zu besiegen hilft. Der Autor beruft sich auf eine Darstellung des inmitten des Labyrinths wachenden Minotaurus. Dieses Sinnbild stehe dafür, dass selbst der ‚teuflische Minotaurus', ebenso wie alle ‚Labyrinthe dieser Welt', zu überwinden seien, wenn man die Fähigkeit zu schweigen besäße und das Vertrauen in Gott. Durch den römischen Grammatiker Festus ist die antike Redewendung überliefert, die höchsten Militärgeheimnisse seien so verborgen zu halten, als befänden sie sich im Innersten eines Labyrinths.[94]

Auf die grundsätzliche Bedeutung von Minotaurus und Labyrinth spielt nicht nur Ruscelli an, dessen Imprese für einen Staatsekretär des spanischen Königs Philipp II. entworfen wurde, sondern – unter Verzicht auf das Labyrinth und die Vertauschung des Fabelwesens – auch das Banner bei Vaenius. Der Schweigegestus

*Mundus symbolicus, in emblematum universitate formatus, explicatus, et tam sacris, quàm profanis eruditionibus ac sententiis illustratus [...]* 2. Köln 1687, S. 67 (HAB M: Uk 2° 12).

94 Vgl. Biaudet 1952, S. 245.

und das Zwitterwesen aus Mensch und Tier stehen hier ebenfalls für das Bewahren politisch-juridischer Geheimnisse.

Vaenius' Stich wird zur Grundlage eines nur wenig veränderten Gemäldes von Hans-Ulrich Fisch, das dieser 1684 auf eine Tür der Wandelhalle des Lausanner Rathauses malte.[95] Statt dem Kürzel Roms trägt das Banner hier die Initialen Lausannes „LSE“ (*Lausanna civitas equestris*). Die Form wurde zu einem horizontalen Oval erweitert, in das einige neue Elemente eingefügt sind, darunter eine sich auf der linken Seite auf einem neuen Podest befindliche Sphinx, ebenfalls ein Symbol des Schweigens.[96] Signifikant ist, dass sich die Darstellung Fischs auf einer Tür befindet, die einen besonderen Raum kennzeichnet: Sie befindet sich auf der *Porte de la salle des pas perdus*, der Wandelhalle des Rathauses.[97] Die Personifikation des Schweigens wird so wieder in einem Schwellenbereich angesiedelt – an einem Ort, wo sich der Übergang von der Alltagskommunikation zur rituellen, rechtsgebundenen Kommunikation vollzieht.

Ähnlich sind auch zwei Bildfelder der Deckenmalereien im Roten Saal des alten Rathauses von Danzig zu verstehen, einem der am reichsten ausgestattetsten frühneuzeitlichen Rathäuser.[98] Die Decke, deren komplexes Bildprogramm die Patrizierstadt Danzig verherrlicht, wurde 1608 von Izaak van den Block angefertigt. Unter den allegorischen Darstellungen antiker Götter befindet sich, im rechten unteren Winkel des mittleren Deckenteils, auch der ‚Gott des Schweigens‘ (Abb. 30) mit der Inschrift *Sponte premit vocem* (‚Freiwillig unterdrückt er die Stimme‘). Es handelt sich dabei nicht um eine antikisierte Figur, sondern um einen würdigen Ratsherren im zeitgenössischen Gewand, der zwei Finger auf die Lippen legt und den Betrachter ernst anschaut. Rechts daneben findet sich eine größere Darstellung, die das von Bocchi stammende Motiv von Alexander und Hephaistion aufgreift.[99] Diese Darstellung bezieht sich auf das Gebot der Geheimhaltung der im Roten Saal geführten Verhandlungen.[100] Alexander wird in antikem Gewand am Tisch sitzend und lesend gezeigt, während Hephaistion ihm links über die Schulter blickt und mitliest. Rechts neben den beiden befindet sich eine kniende Figur im frühneuzeitlichen Habit, die eine eloquente Gebärde ausführt und den Betrachter fokussiert. Über ihrer Hand ist die Inschrift *Labia consignentur* (‚Die Lippen mögen versiegelt werden‘) zu lesen, die wie eine stumme Aufforderung zum Stillschweigen zwischen der Lektüre und dem Gebot der Verschwiegenheit vermittelt.

---

95 Vgl. die Abb. bei: Déonna 1951, Tafel 9a; Biaudet 1952, Tafel 71.

96 So befand sich etwa auf dem Siegelring von Kaiser Augustus eine Sphinx als Sinnbild des Schweigens. Vgl. Déonna 1951, S. 33.

97 Vgl. Biaudet 1952, S. 242.

98 Auf diese Abbildungen wies mich Piotr Korduba hin.

99 Vgl. Eugeniusz Iwanoyko. *Sala Czerwana. Ratusa gdańskiego.* Wroclaw u. a. 1986, Abb. 1.

100 Vgl. ebd., S. 95–99.

Abb. 30: Izaak van den Block: *Sponte premit vocem*, Deckenfresko (Ausschnitt), 1608, Roter Saal im Reichsstädtischen Rathaus Danzig

Abb. 31: *Silentio deum cole*, Kupferstich aus: Achille Bocchi *Symbolicarum quaestionum*, Bologna 1555, Entwurf von Guilio Bonasone und Bocchi, gestochen von Bonasone

## *Pagane Mysterien und das Verhältnis von sprachlicher und sexueller Askese*

Ein rätselhafter neuplatonischer Kupferstich aus Bocchis 1555 erschienenem *Symbolicarum quaestionum*, von Achille Bocchi entworfen und von Giulio Bonasone gefertigt, zeigt eine nackte männliche Figur, die den rechten Zeigefinger vor den Mund legt und in der linken Hand einen siebenarmigen Kerzenleuchter hält, ein Symbol der Kabbala (Abb. 31).[101] In einer Kreisform über dem Kopf der Figur befindet sich das Motto *Monas manet in se* (‚Die Einheit ruht in sich‘). Dieser hermetische Appell an die Einheit und kosmisch-mythische Abgeschlossenheit deutet auf die notwendige innere Isolation in der *contemplatio* Gottes. Die Personifikation des hermetischen Schweigens oder *Silentio devm cole* (‚Durch Schweigen ehre Gott‘) wird im Bildvordergrund abgebildet, auf einem Quersockel mit der auf den Philosophen Simonides zurückgehenden griechischen Inschrift ‚Zu reden hat er oft bereut, doch zu schweigen nie‘.[102] Durch den Sockel wird auch hier eine Schwellensituation entworfen. Zugleich verweist er auf den festen Stand des Schweigenden – als Verbildlichung der stoischen Tugend der *constantia.*[103] Nach der Inschrift *Saepe loqvi nocvit, nvnqvam nocvit tacvisse* (‚Oft hat das Reden geschadet, geschwiegen zu haben nie‘) fordern zwei Epigramme, getrennt durch eine zweite Inschrift dazu auf, den Geist von der sinnlichen Welt zu trennen, da die menschliche Heilssphäre das Geistige sei. Dabei müsse man die Weisheit des ägyptischen Gottes Harpokrates annehmen:

> Wir könnten sagen, dass für die Seele, die Tugend und den Glauben Heiligtümer in uns errichtet sind. Dennoch können wir diese erkennen. Warum hatte Pallas Tritonia einen Sitz auf dem Kapitolshügel? Sie war die Herrscherin dieser Stadt und der Welt. Der Geist ist die Zierde des Menschen, Abbild des göttlichen Geistes, der nie der Sinnenwelt ausgesetzt ist. Wer immer es begehrt, diesen Geist zu erkennen, der soll sich selbst erkennen und vor allem den ägyptischen Harpokrates konsultieren. *Wem der göttliche Geist zuteil geworden ist, der muss den Geist von den Sinnen fernhalten.* | Derjenige, der den Geist von den Sinnen fernhalten und die Denkkraft von der Gewohnheit befreien kann, übertrifft leicht alle: Denn er lebt durch den Geist, er lebt sogar wie Gott, wohingegen der, der durch den Kör-

101 Pinkus bezeichnet den Leuchter als „seven-branched candlestick of cabalistic knowledge“. Pinkus 1996, S. 9; Frances Yates hingegen spricht davon, es sei der siebenarmige Leuchter der Apokalypse. Vgl. Frances Amelia Yates. *Gedächtnis und Erinnern. Mnemotechnik von Aristoteles bis Shakespeare.* 2. Aufl. Weinheim 1991, S. 157.

102 *ΛΑΛΗΣΑΣ ΜΕΝ ΠΟΛΛΑΚΗΣ ΜΕΤΕΝΟΗΣΕ, ΣΙΩΠΗΣΑΣ ΔΕ ΟΥΔΕΠΟΤΕ.* Die Inschrift findet sich in verschiedenen lateinischen Übertragungen, vgl. etwa „Simonides solitus erat dicere. | —— Poenitet me fuisse locutum, | Tacuisse nunquam.“ Picinello 1687, Bd. 1, S. 260; „Quia dixisse me, inquit, aliquando poenituit, tacuisse nunquam.“ Erasmus 1599, S. 603; Erasmus 1989, S. 286.

103 In den *Emblemata* des Dionysus Lebeus-Batillius (1596) wird die Allegorie der *sapientia* auf einem vierkantigen Sockel abgebildet, welcher den festen Stand der Weisheit symbolisiert. Dies lässt sich auf die Ikonographie des vorliegenden Stichs übertragen. Vgl. Henkel/Schöne 1967, Bd. 2, Sp. 1533.

> per und die Sinne lebt, stumpfsinnig wie das Vieh lebt. Derjenige, der diese Sentenz des dreimalhöchsten Hermes [= Hermes Trismegistos] in seinem Herzen haben wird, der kann nicht unglücklich sein.[104]

In diesen Versen ist die Rede davon, dass derjenige, der Wissen sucht, sich von der sinnlichen Wahrnehmung zu befreien habe. In den durch Kapitälchen hervorgehobenen epigrammatischen Versen wird in einer paradoxen Wendung davon gesprochen, dass der ‚Geist' durch den ‚göttlichen Geist' den Sinnen verborgen werden muss. Ähnlich paradox heißt es weiterhin, dass man seinen Geist in Dunkelheit hüllen muss, um ihn zu erhellen.

Bocchi bezeichnet die dargestellte Figur nicht nur im Gedicht, sondern auch im Index des *Symbolicarum quaestionum* als Harpokrates; der Finger auf den Lippen legt dies ebenfalls nahe. Der Umhang und der geflügelte Helm verweisen jedoch auf den griechischen Götterboten Hermes bzw. Merkur. Dieser wurde seit frühester Zeit als Gott der Beredsamkeit interpretiert. Edgar Wind spricht daher von einem „Gesetz des Selbstwiderspurchs", das zugleich ein „Gesetz der Selbsttranszendierung" sei und wonach „Hermes, der Gott der Beredsamkeit, zum Schweigen [rate]".[105] Doch ob es sich dabei überhaupt um einen Widerspruch handelt, ist fragwürdig, denn bei Plutarch findet sich die noch in der Renaissance populäre Redewendung, ‚Hermes sei hereingekommen', wenn in einer größeren Gesellschaft oder Versammlung plötzlich Schweigen eintritt.[106] Thematisiert wird hier also nicht nur, wie bei den bisher diskutieren Abbildungen, die Klugheit des (Ver-)Schweigens, sondern darüber hinaus auch die Dimension des Schweigens als Beredsamkeit, wie sie schon die antike Rhetorik kennt.[107]

---

104 „Menti, Virtuti & Fidei delubra dicamus: | Esse sita in nobis cernimus illa tamen. | Cur captitolina Tritonia Pallas in arce | Sedem habuit? caput haec urbis, & orbis erat. | Mens decus est hominis, diuinae mentis imago, | Non ullis unquàm sentibus exposita. | Noscere qui cupit hanc ipsum se noscat oportet | In primis, Pharium, & consultat Harpocratem. | *Revocanda mens a sensibvs,* | *divina cvi mens obtigit.* | Reuocare mentem qui potest à sentibus, | Et cogitationem ab assuetudine | Abducere, facilè ille praestat omnibus: | Nam mente uiuit, atque, uiuit ut Deus, | Qui corpore ac sensibus, brutum ut pecus. | Hermetis hanc sententiam ter maximi | Qui cordi habebit, esse non potest miser." Bocchi 1555, S. CXXXIII.

105 Edgar Wind. *Heidnische Mysterien in der Renaissance*. Übers. von Christa Münstermann u.a. Frankfurt a. M. 1987, S. 225.

106 Vgl. Plutarch. „Von der Geschwätzigkeit". *Moralia*. Übers. und hrsg. von Wilhelm Ax. Leipzig 1942. 139–71, S. 140. Die Wendung „Hermes ist zugegen" findet sich etwa in Erasmus' *Adagien* (IV 4,91), womit gemeint ist, „daß es sich nicht gezieme zu sprechen, wenn Hermes, der Schöpfer der Rede, anwesend ist". Desiderius Erasmus. „Adagiorum chilidades [Adagia Selecta]. Mehrere tausend Sprichwörter und sprichwörtliche Redensarten (Auswahl)". *Ausgewählte Schriften* 7. Lateinisch und deutsch. Übers. von Theresia Payr. Hrsg. von Werner Weltzig. Darmstadt 1972. 358–633, S. 609. Zu diesem Topos vgl. auch den Essay: Manfred Moser. „Hermes ist zugegen. Unzulänglicher Versuch, das Schweigen zu brechen". *Schweigen. Unterbrechung und Grenze der menschlichen Wirklichkeit*. Hrsg. von Dietmar Kamper und Christoph Wulf. Berlin 1992. 259–73.

107 Vgl. Waddington 1970, S. 258.

Bei Bocchis Schweige-Figur handelt sich demnach um eine Fusion mehrerer Gestalten. Neben der ägyptischen Gottheit Harpokrates und dem griechischen Götterboten Hermes verweist die Figur auch auf Hermes Trismegistus.[108] Beide Hermes-Figuren, die schon in der Antike in Korrespondenz standen, wurden in der Renaissance eng verknüpft.[109] Mittels des Schweige-Gestus' deutet die Figur auf das im *Corpus hermeticum* überlieferte, von Marsilio Ficino im 15. Jahrhundert ins Lateinische übersetzte Geheimwissen dieser okkulten, astrologischen, alchemistischen und philosophischen Schriften, die in der Renaissance sehr populär wurden, hielt man doch Hermes Trismegistus zunächst für einen Weisen der Vorzeit.[110] Das *Corpus hermeticum* ist eine aus byzantinischer Zeit stammende, mindestens aber auf das 2. Jh. n. Chr. zurückgehende Sammlung literarisch gestalteter Dialoge zwischen Hermes, dem antiken Gott der Offenbarung, und seiner ägyptischen Entsprechung Thoth (Tot, Tat) oder auch anderen Gesprächspartnern über Fragen der Gottes-, Selbst- und Welterkenntnis. Bis in die Frühe Neuzeit nahm man an, dass das Korpus wesentlich älter sei. Besonders das 13. der nur als Fragmente überlieferten Traktate, in dem Hermes seinen Gesprächspartner in einer „geheimen Rede" in die „Botschaft von Schweigen und Wiedergeburt" einführt[111], beschäftigt sich mit dem mystischen Schweigen als höchster Form der Demut und Gotteserkenntnis.[112] In der okkulten Tradition ist der ägyptische Hermes daher ebenso eng mit dem sakralen Schweigen verbunden wie Harpokrates, von dem die Griechen glaubten, er würde es lehren, um vor einer Profanisierung der Mysterien zu warnen.[113]

Die topologische Anordnung ist bei dieser Darstellung, anders als bei Vaenius, weniger auf die Ebenen von Vorder- und Hintergrund ausgerichtet, als vielmehr auf den Kontrast von oben und unten, von Himmel und Erde. Durch den wehen-

---

108 Yates 1991, S. 157. Der Zuname des ‚dreimalgrößten‘ Hermes findet sich erst im 2. Jh. n. Chr. Vgl. Folker Siegert. „Einleitung des Herausgebers". *Das Corpus Hermeticum einschließlich der Fragmente des Stobaeus.* Übers. von Karl-Gottfried Eckhard. Hrsg. von Folker Siegert. Münster 1999. 9–27, S. 11.

109 Vgl. Pinkus 1996, S. 11.

110 Vgl. das Vorwort des Herausgebers: *Corpus Hermeticum* 1999, S. 9 und 19.

111 Vgl. ebd., S. 81–85; Carsten Colpe und Jens Holzhausen (Hrsg.). *Das Corpus Hermeticum Deutsch* 1997, S. 159–88.

112 „Ficino's Latin translation of the *Hermetica* offers the authority for linking this Egyptian Hermes with the silence of mystical revelation. Chapter XIII of the *Corpus*, ‚Mercurius ad Tatium filium suum, de generatione, & impositione silentii‘, concerns the secret discourse upon a mountain in which Hermes responds to Tat's request to teach him the doctrine of regeneration. Man, Hermes explains, is reborn through wisdom in silence by means of the seed of goodness which the will of God sows in him; the process, as Ficino notes in his commentary, seems directly analogous to the conception of grace and spiritual regeneration through Christ. When Tat has been fully instructed he falls into the requisite religious silence and succeeds in attaining the regenerate state as the forces of God enter him to expel the punishments which signify the oppression of matter." Waddington 1970, S. 259.

113 Vgl. ebd.

den Umhang und den ausladenden Kerzenleuchter wird in der Mitte der Bildfläche eine horizontale Trennung eingezeichnet: zwischen der Landschaft mit dem hellen, ungestalteten unteren Teil des Himmels und dem oberen Himmelsbereich, der durch Wolke und Feuer dynamisiert und dramatisiert wirkt. In der Komposition ist auffällig, dass das Genital der Harpokrates- bzw. Hermes-Figur sich exakt im Bildmittelpunkt befindet. Formal erinnert die Darstellung in ihrem Verhältnis von stehender männlicher Einzelfigur und landschaftlichem Bildgrund daher an die berühmten Ecorché-Figuren aus Andreas Vesalius' *De humani corporis fabrica* (1543)[114], die Giulio Bonasone, dem Kupferstecher des *Symbolicarum quaestionum*, der selbst eine Folge von Anatomiefiguren anfertigte, wohl bekannt waren.[115] Doch während in der Anatomie Körper gezeigt werden, die nur noch virtuell ‚leben', haben sie doch bereits die Haut und einige Muskelschichten verloren, so handelt es sich hier um eine Figur mit gewahrter körperlicher Integrität. Die Unbekleidetheit der Figur lässt die Assoziation von Nacktheit und Wahrheit entstehen. Der neuplatonische Gedanke einer Enthülltheit des Wahren[116] steht allerdings im Widerspruch zur Ikonographie des Schweigens, die ja eher auf den Zusammenhang von Schweigen und Verhüllung abhebt.

Durch die Ungeschütztheit des Geschlechts und die Nähe zur anatomischen Abbildung lässt sich diese Figur mit einem weiteren Harpokrates-Emblem kontrastieren, dem von Goffroy Ballain entworfenen Holzschnitt *Linguam compescito* aus Hadrian Junius' 1565 erschienenen *Emblemata* (Abb. 32). Dargestellt ist ein nackter Junge in einer Landschaft, der die rechte Hand von den Mund hält und die linke – den Gestus der antiken *venus pudica* imitierend – vor die Genitalien. Die Figur enthält so „a paradox of self-effacement and self-presentation"[117], eine Ambivalenz von Zeigen und dem Entzug der Darstellung. Das Schweigen und das Schützen des Geschlechts – vor den Blicken, aber auch vor jener Kastration, wie sie im Mythos des Osiris angelegt ist – werden hier in einer einzigen Figur verbildlicht, auf beide Hände verteilt. (Symbolische) Kastration und erzwungenes Schweigen sind des Weiteren über den antiken Mythos von Philomela, der die Zunge herausgeschnitten wird, nachdem sie vergewaltigt wurde, eng verknüpft.[118] Durch die Nähe zu derartigen weiblichen Figuren, deren erzwungenem Schweigen eine körperliche und sexuelle Misshandlung vorhergeht, wird die von Junius dargestellte Figur effeminiert. Sie wird als versehrt (oder zumindest als verletzlich) gezeigt. Das Schweigen ist hier keine wissende *prudentia*, sondern impliziert eher den gewaltsam verhinderten Schrei.

---

114 Andreas Vesalius. *De humani corporis fabrica libri septem*. Basel 1543 (HAB: 3 Phys. 2o).

115 Bonasone schuf im Jahre 1565 eine Serie von *ecorchés*, die auf Vesalius Bezug nimmt. Vgl. Stefania Massari. *Giulio Bonasone* 1. Rom 1983, S. 109.

116 Zur Metaphorik der ‚nackten Wahrheit' vgl.: Hans Blumenberg. „Paradigmen zu einer Metaphorologie". *Archiv für Begriffsgeschichte* 6. Bonn 1960. 7–142, S. 47–58.

117 Pinkus 1996, S. 14.

118 Vgl. Ovid. *Metamorphosen*. Übers. und hrsg. von Erich Rösch. München und Zürich 1990, 6. Buch, V. 424–674. Vgl. Kap. III.2.

Abb. 32: *Linguam compescito*, Holzschnitt aus: Hadrian Junius. *Emblemata*. Antwerpen 1565, entworfen von Geoffroy Ballain, geschnitten von Gerard Jansen van Kempen und Arnold Nicolai

In dieser Deutung unter der Perspektive latenter Gewalt, die an eine Interpretation von Karen Pinkus anknüpft[119], ist nicht berücksichtigt, dass sich Junius in der Bildunterschrift unter anderem auf eine Erzählung aus Plutarchs *Moralia* bezieht (die wiederum auf Clemens von Alexandria zurückgeht) und u. a. durch Erasmus tradiert wird. Beschrieben ist, wie der Skyte Anacharsis einst nach einem Gelage bei seinem Freund Solon einschlief und die anderen Gäste mit Verwunderung sahen, dass er im Schlaf mit seiner Linken seine Scham bedeckte, mit der Rechten aber seinen Mund. Wie er ihnen später erläuterte, gebührte der „kräftigste Zügel“ der Zunge; denn man könnte nicht so viele Männer finden, „die durch ihr Übermaß an Ausschweifungen zugrunde gegangen, wie Städte und Reiche durch Verrat von

119 Pinkus 1996, S. 14.

Geheimnissen ihr Ende gefunden haben".[120] Entsprechend lautet die Bildunterschrift bei Junius:

> Clemens Alexandrinus berichtet im 5. Buch der *Stromata*, wie der Skythe Anacharsis auf Anweisung des Syrers Pherecydis normalerweise gemalt wurde: mit der linken Hand die Genitalien bedeckend, mit der rechten den Mund zügelnd, nach Art des ägyptischen Harpokrates. Dieses Symbol hat mir zu verstehen gegeben, dass wir freilich beides überwinden müssen: zweifellos die Begierde oder das Verlangen des Geschlechts sowie die Zügellosigkeit der Zunge, aber diese ganz besonders. Laertius sagt, den Statuen dieses Philosophen sei folgende Inschrift beigegeben: Beherrsche Deine Zunge, den Bauch und das Geschlecht! Durch dieses Symbol wird gezeigt, dass die geschwätzige und zügellose Zunge Ursache grenzenloser Übel ist, dass nichts schändlicher und einer Sau würdiger ist als die Ausschweifung und dass die entfachende Lust uns von Menschen in Tiere verwandelt, so wie der Zaubertrank der Circe.[121]

Auf dem Holzschnitt ist von der bei Plutarch beschriebenen geselligen Situation hingegen nichts zu sehen. Die Figur wirkt wie aus der Gesellschaft verstoßen; nackt und isoliert steht sie in der unwirtlichen Natur. Die Zuordnung der Hände zu den beiden Körperpartien, welche nach Plutarch Anacharsis' besondere Klugheit ausmacht, ist auf dem Holzschnitt vertauscht (was vermutlich auf einen Fehler in der Buchproduktion zurückgeht): Die rechte Hand bedeckt nicht den Mund, sondern die Geschlechtsorgane. So enthält das Verhältnis von Text und Bild einen Widerspruch. Die im Text vertretene These, dass die größere negative und schändliche Gewalt von der Sprache ausgeht, wird in der *pictura* konterkariert.

Auch hier bilden, wie bei Bocchis *Harpocration*, die Geschlechtsorgane den Bildmittelpunkt, obgleich die *inscriptio* die Bändigung der Zunge fokussiert. In Junius' Epigramm heißt es entsprechend recht drastisch: „Warum presst Du mit der gewölbten Hand den faulen Bauch, was die feuchten Lippen, was den geilen Penis, Skythe? Fliehe die Völlerei und die widerlichen Ausschweifungen, und zügle die verräterische Zunge am allermeisten."[122] Erneut werden die Hände als vermit-

---

120 Plutarch 1942, S. 146; Erasmus 1989, S. 367.

121 „*Clemens* Alexand.li.5. stromatum, refert ex Pherecydis Syrij auctoritate Anacharsim Scytham pingi solere, laeua manu genitalia operientem, dextra os compescentem, ad modum Harpocratis Aegyptij: eóque symbolo innui, debere nos superare vtrumque quidem, & libidinem nimirum seu voluptatum seminarium, & linguae petulantiam. sed hanc potissimum. Laërtius ait statuis huius philosophi additam fuisse sequentem inscriptionem, Linguae, ventri, pudendis impera: quo symbolo ostenditur garrulam & effrenem linguam infinitorum malorum esse caussam: luxu foedius nihil aut scropha dignius: & libidinis incentiuum, velut Circeum poculum ex hominibus belluas nos facere." Hadrian Junius. *Emblemata, ad D. Arnoldvm Cobelivm. Eivsdem aenigmatvm libellvs, ad D. Arnoldvm Sosenbergvm*. Antwerpen 1565, S. 130 (HAB 136.7 Poetica).

122 „Pigram quid aluum comprimis caua manu, | Quid vda labra, quid salax inguen | Scytha? | Abdominis studium, & grauem luxum fuge, | Linguam que frena prodigam vel maximè." Junius 1565, S. 47.

telnd und zugleich als komplementär eingesetzt: Beide dienen der Selbstdisziplinierung – sei es des Eros, sei es der Geschwätzigkeit. Nicht die unmäßige Sexualität, sondern das ungezügelte Sprechen wird als die schwerste Sünde verstanden, was auch durch die Bildinschrift *Linguam compescito* (‚Die Zunge sollst du bändigen‘) deutlich wird. Durch die Korrelation der Hände findet zudem eine Sexualisierung des ‚Sprechaktes‘ statt. Er wird als Transgression dem unwillkürlichen Agieren des männlichen Geschlechtsorgans assoziiert, das Gefahren birgt, sofern es nicht konstant überwacht und in Schranken gehalten wird.

Die Herrscherfigur aus Guillaume de La Perrières *Morosophie* (1553) nimmt ebenfalls diese Pose ein (Abb. 33).[123] Das Sujet der politischen Klugheit und Geheimhaltung von Staatsangelegenheiten ist hier offensichtlich. Dargestellt ist der auch bei Junius erwähnte Anacharsis, ein Skythe aus fürstlichem Geschlecht, der um 600 v. Chr. lebte, als einer der ‚sieben Weisen‘ galt und von dem zahlreiche Sprüche und Weisheiten überliefert sind.[124] Anacharsis thront auf einem fürstlichen Sessel und ist von Schmeichlern, Sophisten, Lesenden und Sprechenden umgeben. Die Figuren symbolisieren antagonistische Möglichkeiten der Verwendung von Sprache: Die Schmeichler stehen für ihre illusionistische Wirkung, im Gegensatz zu den Sophisten, die den intelligenten und verantwortungsbewussten Umgang mit der Sprache verkörpern; die Lesenden stehen für die Lektüre *in silentio*, im Unterschied zu den Sprechern, die die akustisch vernehmbare Stimme indizieren. Anacharsis' erhöhte und isolierte Position inmitten dieser Figuren erfordert eine gesteigerte Aufmerksamkeit und Vorsicht. Das Epigramm, erst lateinisch, dann französisch, orientiert sich offensichtlich an Plutarch, ist aber insgesamt weniger aussagekräftig als die Abbildung.[125] Die Weisheit des Anacharsis besagt, man solle die linke Hand vor die Scham, die stärkere rechte aber vor den Mund halten, da dieser gefährlicher sei. Es sei noch notwendiger, die Macht der Wörter zu zügeln, als die des sexuellen Triebs.

Das Titelblatt von Michael Maiers theologischer Verteidigungsschrift *Silentium post clamores* (1617; Abb. 34) zeigt in einem liegenden Oval eine Harpokrates-Statue, die der Figur bei Junius ähnelt.[126] Die Statue befindet sich auf einem Podest,

---

123 Guillaume de La Perrière. *La morosophie de Guillaume de la Perriere Tolosain*. Lyon 1553 (HAB Microf. 207:171). Pinkus bezeichnet diese Figur als König und geht nicht auf die Bildunterschrift ein, in welcher von Anacharsis die Rede ist. Vgl. Pinkus 1996, S. 15 f.

124 Vgl. Henkel/Schöne 1967, Bd. 2, Sp. 1157, Anm. 1.

125 „*Tetrastichon* | Laeua pudeda manus, sed fortior altera linguam | Comprimit in scythico (cernus vt ipse) sene. | Cur hoc? nempe magis vis est fraenanda loquelae | Quavis veneris, peius testibus ora nocent. | *Qvatrain* | Anacharsis de tenir apprenoit | La main senestre à la partie honteuse, | El la main dextre à la bouche tenoit, | Comme plus forte, en la part plus douteuse." La Perrière 1553, Bildunterschrift zum Emblem Nr. 16, o.S.

126 Michael Maier. *Silentium post clamores, hoc est, tractatvs apologeticvs, qvo causae non solùm clamorum seu Reuelationum Fraterniatatis Germanicae de R.C. sed & Silentii, seu non rediitae ad singulorum vota responsionis, vnà cum malevolorum refutatione, traduntur & demonstrantur*. Frankfurt a. M. 1617 (HAB 464 Quod. (2)). Auf den Traktat gehe ich im Kapitel V.1 erneut ein.

Abb. 33: *Harpokratisches Schweigen*, Kupferstich aus: Guillaume de La Perrière. *Morosophie*. Lyon 1551, gestochen von Jean Monnier und Jacques Peresin

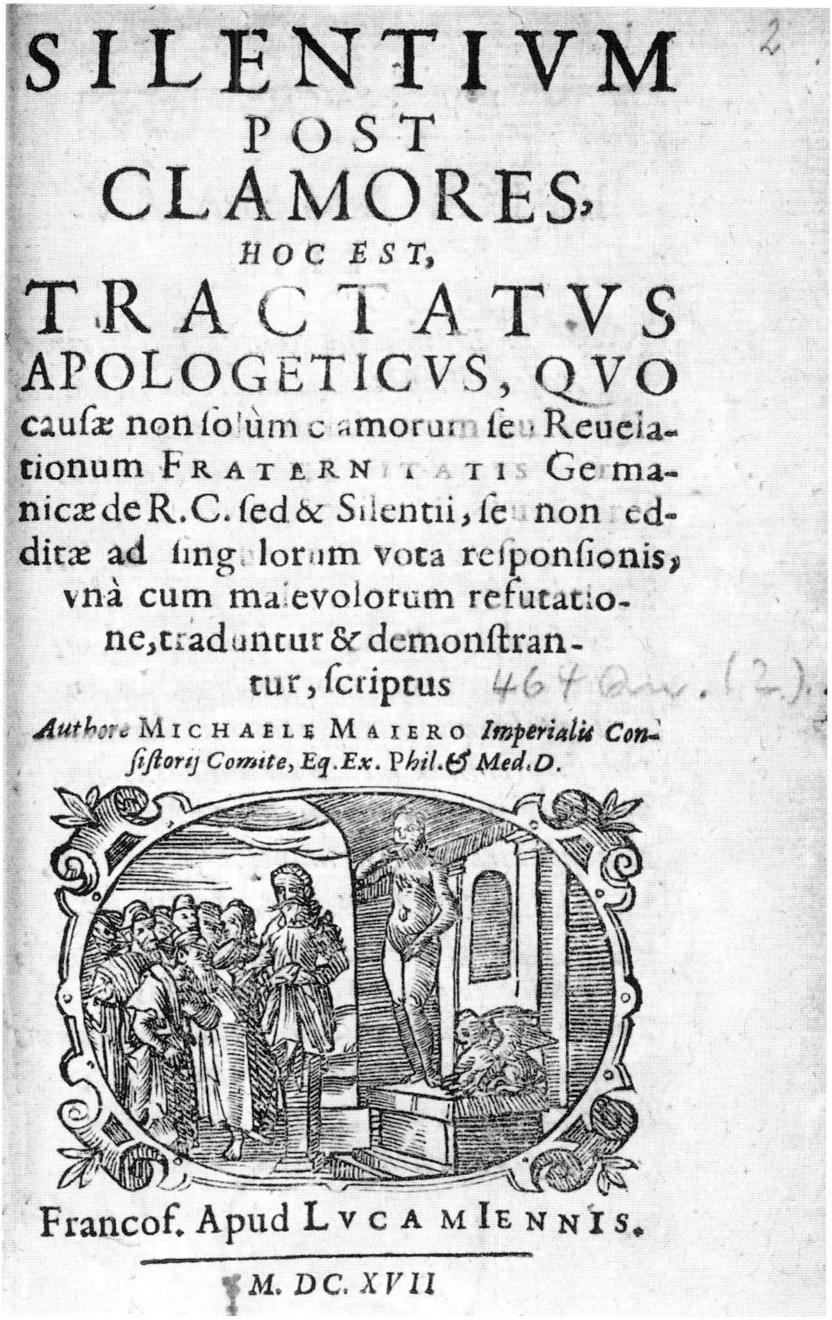

SILENTIVM
POST
CLAMORES,
*HOC EST,*
TRACTATVS
APOLOGETICVS, QVO
cauſæ non ſolùm clamorum ſeu Reuelationum FRATERNITATIS Germanicæ de R.C. ſed & Silentii, ſeu non edditæ ad ſingulorum vota reſponſionis, vnà cum maleuolorum refutatione, traduntur & demonſtrantur, ſcriptus
*Authore* MICHAELE MAIERO *Imperialis Conſiſtorij Comite, Eq.Ex.* Phil.*& Med.D.*

Francof. Apud LVCAM IENNIS.

*M. DC. XVII*

Abb. 34: Titelblatt von: Michael Maier. *Silentium post clamores*. Frankfurt 1617

sie hält die eine Hand vor den Mund, mit der anderen bedeckt sie ihre Genitalien. Neben ihr befindet sich wie auf dem Gemälde Fischs eine Sphinx. Davor steht eine Gruppe von Mönchen, in der eine Person als Lehrmeister auftritt und den anderen etwas expliziert. Die erläuternde Figur hat keine Beine, ihr Unterkörper besteht aus einem vierkantigen Sockel; somit wird sie auch als eine Art Standbild gefasst. In der im gleichen Jahr erschienenen deutschen Ausgabe ist die Darstellung hingegen nicht als Titelkupfer zu finden, sondern – als einziges Bild des Traktats – zu Beginn des elften Kapitels, das sich dem Stillschweigen widmet. Dort wird auf die Bedeutung der abgebildeten Figuren hingewiesen:

> Dannenhero dann auch die Heyden vnderschiedliche Götter der Verschwiegenheit gehabt/ als der Römer *Consum*, als ein Eingeber heimlicher Rahtschläge/ die Göttin *Angeronam*, deren Bildnus (wie *Plinius* im 2. Buch schreibet) zu Rom mit verschlossenem versiegelten Munde gestanden/ vnd am 19. Decembers mit sonderlichen Opffern verehret worden. Bey den Egyptiern wurde *Sigalion*, oder *Harpocrates*, oder vielmehr dessen Bildnus/ welches mit der lincken Hand die Scham bedecket/ die vördern aber vnd mittlern Finger an der rechten Hand vorn auff den Mund geleget/ verehret/ vnd auff den Altar gesetzet/ zur Anzeyge/ daß die daselbst gebräuchliche Dienste einen verborgenen Verstandt hätten/ vnnd verschwiegen sollten gehalten werden: Wie dann auch ebenmässig solcher Vrsachen wegen die *Sphynges*, welche einer Jungfrawen Angesicht/ der Leibe voller Federn wie ein Vogel/ vnd Löwen Füsse hatten/ hin vnnd wider gesehen/ vnnd das vmbstehende Volcke zu applaudieren vermahnet wurde/ dieweil nemlich jhre Heimlichkeiten mehr verborgen/ dann daß sie können erforschet/ vnnd höher/ als daß sie mit jhrem Verstand könten erreichet werden.[127]

Maiers apologetischer Traktat ist inhaltlich für die vorliegende Arbeit von geringerem Interesse als das Titelblatt vermuten lässt. Er behandelt die Offenbarungen, die die Rosenkreuzer erfahren werden, wenn sie falschen Stimmen kein Gehör schenken und das Böse ablehnen. Unter Bezugnahme auf die antike Philosophie und Religion – insbesondere auf die mythologische Figur des Büßers Tantalus – beschreibt er die Notwendigkeit, die Geheimnisse der höchsten Mysterien zu wahren.

Somit schließt sich der Kreis der in diesem Abschnitt besprochenen Darstellungen – von Bocchis mehrdeutiger Harpokrates-Hermes-Figur, der zum Stillschweigen über die paganen Mysterien ermahnt, über die Illustrationen der Anacharsis-Erzählung, in denen der Zusammenhang von sprachlicher, leiblicher und sexueller Askese verhandelt wird, bis hin zum Titelblatt von Maiers Traktat, das zwar religiöse Sachverhalte zum Thema hat, in bildlicher Form aber eher auf die körperlichen

---

127 Michael Maier. *Silentium post Clamores, Das ist/ Apologi vnd Verantwortung/ wieder etlicher vngestümmer Clamanten (so sich in die Fraternität R. C. auffzunehmen/ begehret/ aber jhres Gefallens keine Antwort erlanget) Verlästerungen/ vnd Schmachreden/ welche sie wider dieselbige außgegossen [...].* Frankfurt a. M. 1617, S. 113 f. (SPK Nb 9425).

Askeseformen Bezug nimmt. In allen Darstellungen spielt die Mäßigung des Körpers eine entscheidende Rolle.

## *Malerei als ‚muta poesia'*

Seit der Antike beschäftigt sich die Ästhetik mit dem Vergleich der verschiedenen Künste. Die Debatte nahm ihren Ausgang um 500 v. Chr. mit einem Ausspruch des Philosophen Simonides, der die Malerei als ‚stumme Dichtung' und die Dichtung als ‚sprechende Malerei' bezeichnete[128], und setzte sich u. a. bei Horaz fort.[129] In der italienischen Renaissance wurde das Thema des Künstevergleichs erneut aufgegriffen, einerseits hinsichtlich der traditionellen Gegenüberstellung von Schrift (Literatur) und Bild (Malerei), andererseits wurde er auch weiter ausdifferenziert, zum Beispiel in der Gegenüberstellung von Malerei und Plastik.

Für die chiastische Verknüpfung von Literatur und Malerei im Begriff der ‚stummen Poesie' ist eine bildliche Darstellung der *pittura* auf einer Porträtmedaille der Bologneser Malerin Lavinia Fontana interessant, welche Felice Antonio Casoni 1611 anfertigte (Abb. 35). Auf der Vorderseite ist Fontana im Profil in einer zeitgenössischen Tracht und mit Hochfrisur abgebildet, die besonders das freiliegende Ohr betont. Die Inschrift nennt den vollen Namen der Künstlerin, ihren Beruf und das Entstehungsjahr: *Lavinia Fontana Zappia Pictrix * 1611.* Trotz der realistisch wirkenden Gesichtszüge handelt es sich aber nicht um ein Porträt, sondern um die Wiedergabe einer Büste, denn die Arme sind nicht vorhanden und der Körper endet abrupt mit den kurzen Ärmeln des Kleides und am Brustpanzer des Kleides. Die Künstlerin selbst ist hier – in Form einer medialen Doppelung – bereits Kunstwerk geworden.

Die Rückseite der Medaille zeigt ein anderes Gesicht: Es ist eine Allegorie der *pittura.*[130] Die wilde, elektrisierte Haarmähne steht wie in dionysischer Ekstase – oder medusischem Schrecken – in alle Richtungen, die Figur trägt ein loses, an den Armen hochgekrempeltes Gewand, die Füße sind nackt. Um ihren Hals hängt ein langes, tropfenartiges Objekt an einer Kette oder Kordel. (Vielleicht stellt es ein umgekehrtes Herz oder aber einen Skorpion dar, dies ist selbst in der Vergrößerung

---

128 Vgl. Plutarch. *Oeuvres* morales V.1. Übers. und hrsg. von Françoise Frazier und Christan Froidefond. Paris 1990, S. 189 f. (346 f.); Schöne 1993, S. 205.

129 Vgl. Horaz. „De arte poetica". *Sämtliche Werke.* Lateinisch und deutsch. Übers. von Wilhelm Schöne. Hrsg. von Hans Färber. München 1979, Teil II, S. 250 (V. 361); siehe auch: Carolina Corbacho Cortés. *Literatura y arte. El tópico „Ut pictura poesis".* Cáceres 1998.

130 Jean Schaefer weist auf die entsprechende Ikonographie in der Liste italienischer Medaillen des Warburg Institutes hin und hält – gegenüber der bisherigen Forschung – fest, dass es sich bei der Rückseite der Medaille nicht um ein zweites Porträt Fontanas handelt, sondern um eine allegorische Darstellung. Vgl. Jean Owens Schaefer. „A Note on the Iconography of a Medal of Lavinia Fontana". *Journal of the Warburg and Courtauld Institutes* 47 (1984): 232–34.

Abb. 35: Felice Antonio Casoni: *Medal of Lavinia Fontana*, Bronze, 1611, London, British Museum

nicht zu entscheiden.) Die ruhige, schwere Körperhaltung der Figur steht im Kontrast zur Wildheit der Haare. In der rechten Hand hält sie einen umgekehrten Pinsel, in der linken einen Malstab. Am Boden unterhalb der Staffelei – was die Leinwand abbildet, ist nicht zu erkennen – liegen weitere Utensilien, Pinsel und eine Palette mit Farbklecksen. Im Medaillenrahmen befinden sich als weitere Künstlerwerkzeuge Zirkel und Winkelmaß. Die Malerei wird so als Technik etabliert, als etwas, das Wissen und handwerkliche Könnerschaft verlangt. Dies steht im Widerspruch zur italienischen Bildinschrift, die auf dem Primat der Affekte für den künstlerischen Schaffensprozess beharrt: *Perte stato gioioso mi mantene* besagt, dass die Malerin, die hier in der ersten Person spricht, durch diesen glücklichen, fröhlichen Zustand – gemeint ist die Kunst – am Leben erhalten wird.

Über Mund und Ohren ist der *pittura* ein Tuch gebunden: Ähnlich wie im Bildtopos des ‚blinden Sehers', der in der Frühen Neuzeit als Attribut eine Binde über den Augen trägt[131], findet hier eine Reduktion der Wahrnehmung und des Selbstausdrucks statt. Die Malerin ist stumm (und tendenziell auch taub), um ihre Konzentration ganz auf die visuelle Ebene, das Erschaffen eines Bildes zu richten. Ihr Blick geht nicht auf die Leinwand, sondern darüber hinaus – sie schaut entweder in den Himmel oder aber auf ihr Modell. Wie Jean Schaefer herausgearbeitet hat, verbildlicht diese Medaille erstmalig jene Allegorie der Malerei (*pittura*), die Ripa in

131 Vgl. Peter Bexte. *Blinde Seher. Die Wahrnehmung von Wahrnehmung in der Kunst des 17. Jahrhunderts*. Dresden 1999.

seiner *Iconologia* beschrieben hat.[132] Die dort beschriebene Figur unterscheidet sich nur marginal von der auf Casonis Medaille dargestellten. Die erste bildliche Darstellung der *pittura* erfolgt demnach nicht im Medium der Malerei, sondern in Form einer Medaille. Es handelt sich also weniger um eine mediale Selbstreflexion als um ein verschobenes Verweisungsverhältnis zwischen unterschiedlichen Bildmedien. Die zeitgenössische kulturelle Funktion von Medaillen kommt dabei, was die Verbreitung und die Alltagspraxen angeht, eher dem Buch und der Druckgrafik gleich als der Malerei.

### *Die Absenz der Stimme im Bild*

In der bildenden Kunst der Frühen Neuzeit werden Phänomene des menschlichen Körpers, seines Ausdrucks oder seiner Wahrnehmung, sofern sie sich nicht sichtbar manifestieren, oft durch eine spezifische Form körperlicher Verhinderung oder Askese verbildlicht: durch Binden vor Augen, Ohren oder Mund, durch Schlösser, Riegel oder die vollständige Verhüllung des Körpers. Der Körper wird eingeschränkt und die auferlegte Restriktion soll das jeweilige Organ und dessen Funktionen – oder auch das Aussetzen derselben – bezeichnen. Das Schweigen, ins Bild gebracht als Zügelung und Versiegelung des Mundes, wird zudem über Attribute (Pfirsich, Wolfsfell) markiert, also mittels Gegenständen, die über eine rhetorische Tradition mit dem Phänomen verbunden sind, oder es wird durch die Gestik und Mimik der Figuren codiert.

Demgegenüber bieten sich dem Stimmlichen weitere Möglichkeiten der Darstellung.[133] Denn hier stehen auch konkrete Kommunikationssituationen im Bild zur Verfügung, indem etwa gezeigt wird, dass eine Figur sich artikuliert und eine zweite dies vernimmt. So wird beispielsweise in der biblischen Verkündigungsszene Maria als Hörende gestaltet: Sie sitzt, blickt und legt das Buch nieder, in dem sie gerade las. Der Erzengel hat als Zeichen seines Sprechens die Gestik der Hände und des Gesichts zur Verfügung, zudem steht er oft. Manchmal (etwa auf einem Gemälde Fra Angelicos[134]) gibt es zudem ein Spruchband, das aus seinem Mund

---

132 „*Donna*, bella, con capelli neri, & grossi, sparsi, & ritorti in diuerse maniere, con le ciglia inarcate, che mostrino pensieri fantastichi, si cuopra la bocca, con vna fascia ligata dietro à gli orecchi, con vna catena d'oro al collo, dalla quale penda vna maschera, & habbia scritto nella fronte, *im[i]tatio*. Terrà in vna mano il pennello, e nell'altra la tauola; con la veste di drappo cangiante, la quale le cuopra li piedi, & à pièdi essa si potranno fare alcuni istromenti della pittura, per mostrare che la pittura, è esercitio nobile, non si potendo fare senza molta applicatione dell'intelletto [...]." Ripa 1603/1984, S. 404. Vgl. Schaefer 1984, S. 233.

133 Vgl. hierzu exemplarisch: Marc Fumaroli. „‚Muta eloquentia‘: La vision de la parole dans la peinture de Nicolas Poussin". *L'école du silence. Le sentiment des images au XVIIe siècle*. Paris 1994. 149–81.

134 Fra Angelico: *Verkündigung Mariä*, Tempera auf Holz, um 1432–33, Cortona, Museo Diocesano. Vgl. die Abb. in: Toman 1994, S. 251.

kommt, worauf sich in goldenen Lettern der Wortlaut dessen befindet, was er Maria prophezeit.[135] In Darstellungen, wo eine Figur zu einer Gruppe spricht, wird die Stimme des Redners zumeist dadurch verdeutlicht, dass er steht und gestikuliert, während die anderen still und aufmerksam dasitzen – beispielsweise in Bildern von antiken Philosophen und ihren Zuhörern oder von Christus und seinen Jüngern. Sitzen und Hören bilden die Rezeptionshaltung, Stehen und Sprechen die Produktionshaltung. Vielleicht nehmen aus diesem Grund auch die meisten Personifikationen des Stillschweigens eine stehende Pose ein: weil dies den ikonographischen Bezug zur *actio* des Redners herstellt.

Auf den im 16. und 17. Jahrhundert beliebten Fünf-Sinne-Folgen wird die Allegorie des Gehörs zumeist mittels einer Figur dargestellt, die auf einem Instrument spielt oder es als Attribut bei sich liegen hat; zuweilen musizieren auch Gruppen miteinander.[136] In Stillleben des Barock wird das Akustische bisweilen über eine große Muschel verbildlicht, die ein Meeresrauschen evoziert. Ein weiteres Mittel der Visualisierung des Hörens sind prominente oder vergrößerte Ohren, wie schon in dem diskutierten romanischen Steinbild, dem *Symbolum pythagoricum.* Eine ähnliche Funktion für die Verbildlichung des Akustischen haben auch die durch Schmuck hervorgehobenen Ohren der Frauen, etwa in den Gemälden Jan Vermeers, besonders in den in seinem Werk zahlreichen Darstellungen des Brieflesens. Hier werden die in der stillen Lektüre rezipierten Worte durch die zeichenhafte Betonung der Ohren symbolisch hörbar gemacht. So ist es nicht zufällig oft ein Perlenschmuck, der das Ohr ziert – jenes Kleinod, das dem Inneren einer Muschel entnommen ist, als dem Objekt der Natur, das äußerlich dem menschlichen Ohr ähnelt und zudem in seiner Tiefe eine verborgene akustische Sensation birgt.

Die bildliche Darstellung der Absenz des Akustischen hat es ungleich schwerer. Für die meisten der hier diskutierten Allegorien des ‚Stillschweigens' in der Frühen Neuzeit spielt die Dualität der zwei Hände daher eine wichtige Rolle. Sie vermitteln zwischen dem Schweige-Gestus, dem Finger auf den Lippen, und einer zweiten Ebene, die damit in Beziehung gesetzt wird. Der Körper fungiert so als Medium, das einen komplexen Bedeutungszusammenhang in Szene setzt. An seiner Peripherie, den beiden Händen, wird Sinn konstellativ produziert. Das Schweigen der Figuren selbst bleibt uneindeutig. Die Geste der einen Hand wird erst durch die Geste der zweiten signifikant – oder aber durch ein Objekt in derselben, sei es ein Buch oder eine Feder, das die Schweige-Figur als Gelehrten oder christlichen Heiligen auszeichnet, sei es ein Banner oder eine Schrifttafel, die kommuniziert, wovon der Schweigende ‚stumm spricht'. Es kann auch ein objekthaftes Attribut sein, das dem Schweigen der rhetorischen Tradition zufolge zugeschrieben wurde,

---

135 Zur den unterschiedlichen Verfahren der Verbildlichung des Wortes Gottes in den Verkündigungs-Szenen vgl.: Horst Wenzel. „Die Schrift und das Heilige". *Die Verschriftlichung der Welt. Bild, Text und Zahl in der Kultur des Mittelalters und der Frühen Neuzeit.* Hrsg. von dems. u. a. Wien 2000. 14–57, S. 19–27.

136 Vgl. Museo del Prado (Hrsg.). *Los Cinco Sentidos y el Arte.* Madrid 1997.

etwa der Pfirsich, das Wolfsfell oder auch ein anderer symbolischer Gegenstand, wie der kabbalistische Leuchter. In diesem Fall wird die Sinngebung durch die erläuternde Bildunterschrift ergänzt. Schließlich können die Hände auch eine Korrelation von zwei als prekär beurteilten Körperzonen herstellen, etwa dem Mund und dem Geschlechtsbereich. Deren Zusammenhang zu erläutern, bedarf es erneut einer *subscriptio*, die die uneindeutigen Zeigegesten im Kontext zeitgenössischer Klugheits- und Morallehren verortet.

Die mediale Funktion der zwei Hände spiegelt auf einer anderen Ebene auch den Wunsch der Künstler, eine Verbindung zwischen zwei unterschiedlichen Ebenen zu erfassen und abzubilden: dem stummen Bildmedium einerseits und der Stummheit einer (potenziell sprechenden) Figur andererseits – oder auch, grundlegender, zwischen den Ebenen von Bild und Text. Die Personifikationen des Stillschweigens in der Frühen Neuzeit sind daher auch selbst verkörperte Medien, die zwei Phänomene miteinander in eine intermediale Beziehung setzen. Zugleich sind sie Schwellenfiguren, die auf topologischer Ebene mit ihren Körpern eine Barriere bilden, um so einen Raum von einem zweiten symbolisch zu trennen.

## 2. *Personae mutae* und doppelte Personenverzeichnisse im Trauerspiel

Das vorliegende Kapitel behandelt stumme und schweigende Figuren auf der Bühne. Gegenüber der bildlichen Repräsentation kommt bei einer audiovisuellen Gattung, wie es das Drama ist, die Frage des Umgangs mit dem Aussetzen des Akustischen hinzu. Überdies wird das Artikulationsproblem in gewisser Hinsicht verschärft, wenn das Medium der Schrift zur Erläuterung nicht zur Verfügung steht. Andererseits treten sprechende Figuren hinzu, die die Möglichkeit bieten, das Sprachlose zu deuten und seine Stummheit zu kompensieren. Es geht also zugleich um Fragen der Signifikanz und der theatralen ‚Lesbarmachung' dieser *personae mutae*. Ausgehend von der Beobachtung, dass sich in deutschsprachigen Bühnenwerken des 17. Jahrhunderts vielfach stumme Protagonisten und Dienerfiguren finden, wird diskutiert, welche Funktionen sie haben und für welche Handlungsvollzüge sie eingesetzt werden.

Ein zweites stummes Element des Barocktheaters, das in diesem Kapitel untersucht wird, sind die so genannten ‚stillen Vorstellungen' – unterschiedliche Formen pantomimischer Darstellung, in der Stummheit mit dem Modus des Allegorischen korrespondiert. Die Figuren und Figurationen des Stummen werden daher auf zwei Ebenen diskutiert: einerseits als Handlungsträger und -motive, andererseits im Hinblick auf ihre formale und ästhetische Bedeutung als Teil der emblematischen Grundstruktur des Dramas.

Das Kapitel beschäftigt sich zunächst mit ‚Stummheit' als darstellerischem Prinzip und dramaturgischem Element und untersucht das Thema dann in zwei motivischen Zusammenhängen anhand von einzelnen Theatertexten: Zunächst wird das Motiv der Stummheit in einem Wanderbühnen-Singspiel untersucht, wo die Frage der Darstellbarkeit von Stummheit auf der Bühne mit der ihrer Signifikation zusammenfällt. Dann geht es um stumme Figuren in zwei Trauerspielen Lohensteins, die auf den Schauplatz treten, um andere ‚stumm zu machen', d. h. zu töten. Der im anschließenden Kapitel ausführlich zu diskutierende Zusammenhang von Stummheit und Tod wird hier bereits zum Thema. Der Aufbau dieses Kapitels suggeriert somit eine Dramaturgie, die von der Zeichenhaftigkeit und Eloquenz des Sprachlosen bis zum originären Verstummen reicht.

## *„Redende" und „Schweigende Figuren"*

Im Buchdruck der meisten Trauerspiele findet sich eine formale Besonderheit, die weder das Jesuitentheater in Deutschland kennt[137], noch die Dramatik des 17. Jahrhunderts anderer Länder; auch in früheren oder späteren Epochen der Theatergeschichte ist sie meines Wissens nicht zu finden: Es handelt sich um die Konvention doppelter Personenverzeichnisse, mit deren Hilfe systematisch zwischen sprechenden und stummen Bühnenfiguren unterschieden wird. Die Bezeichnungen beider Gruppen variieren; im Folgenden werden exemplarisch einige aufgelistet, um einen Eindruck zu vermitteln.

In Andreas Gryphius' *Leo Armenius* werden „Personen des Trauerspiels" und „Stumme Personen"[138] im Verzeichnis angeführt (in *Catharina von Georgien* findet sich die identische Unterteilung[139]), im Personenverzeichnis seines *Papinianus* heißt es „Jn dem Trauer=Spil werden eingeführet | Als Redende" und „Als Schweigende"[140], im *Carolus Stuardus* lautet das Personenverzeichnis: „Jn dem Trauer=Spill erscheinen | Als Redende" und „Als Stumme"[141] und im *Horribilicribifax teutsch* heißt es: „Jn diesem Schertz-Spiel werden eingeführet | Als Redende" und „Als Schweigende".[142] Bei dem sich stark an Gryphius orientierenden Johann Christian Hallmann werden im Trauerspiel *Mariamne* kurz „Spielende Personen" und „Schweigende Personen"[143] differenziert, im *Theodoricus* „Spielende Personen" und „Schweigende".[144] Hallmanns Spätwerk *Liberata* listet „Personen deß Trauer=Spiles/ | Und zwar | Als Redende", „Alsz Schweigende" und „Alsz Singende"[145]

137 Vgl. Elida Maria Szarota. *Das Jesuitendrama im deutschen Sprachraum: Eine Periochen-Edition. Texte und Kommentare.* München 1979.

138 Andreas Gryphius. *Dramen.* Hrsg. von Eberhard Mannack. Frankfurt a. M. 1991, S. 15.

139 Ebd. S. 124.

140 Ebd., S. 316.

141 Ebd., S. 450 f.

142 Ebd., S. 629 f.

143 Johann Christian Hallmann. *Sämtliche Werke* 1. Hrsg. von Gerhard Spellerberg. Berlin und New York 1975, S. 203 f.

144 Johann Christian Hallmann. *Sämtliche Werke* 2. Hrsg. von Gerhard Spellerberg. Berlin und New York 1980, S. 13 f.

145 Ebd., S. 366 f.

auf – wobei es sich bei Letzteren um die fünf Reyen handelt. August Adolph von Haugwitz hat die Figuren seiner *Maria Stuarda* ebenfalls in „Personen Deß Trauer=Spiels“ und „Stumme Personen“[146] unterteilt. Daniel Caspar von Lohenstein ist der Einzige der schlesischen Dramatiker, der sich selten dieser Konvention bedient. Sie findet sich nur in seinen römischen Trauerspielen *Epicharis* und *Agrippina* und hier auch nicht in Form dualistischer Kategorien.[147]

Im jeweils ersten Personenverzeichnis werden die Protagonisten des Stückes aufgelistet sowie alle anderen im Stück das Wort erhebenden Personen, inklusive der populären Geistererscheinungen; im zweiten finden sich Nebenfiguren, Diener, Soldaten, Henker und Leichen. Bei den stummen Figuren handelt es sich also einerseits um unbedeutende Statisten, andererseits aber um zwei recht zentrale Gruppen von allegorischer Signifikanz: diejenige der Tötenden und die der Getöteten. Während die erste Gruppe – wie im folgenden Kapitel näher ausgeführt wird – u. a. dadurch charakterisiert wird, dass sie Handlungsfiguren, indem sie sie tötet, auch explizit stumm macht, ist die zweite Gruppe das bereits sprachlose Resultat dieser ‚Entmündigung‘: der leblose Körper des Herrschers oder einer anderen wichtiger Figur.

Die durch die zwei Personenregister etablierte Aufspaltung des Personals in Sprechende und Schweigende verweist auf zweierlei. Zum einen wird durch diese Konvention erkennbar, inwiefern Bühnenpräsenz und die Autorität zu Sprechen gleichgesetzt wurden. In einer vom Wort beherrschten, handlungsarmen Dramatik ist das Kriterium, ob eine Figur Sprechpassagen erhält, entscheidender als in der späteren Dramengeschichte, wo durch die Aufwertung der nonverbalen Kommunikation auch Figuren ohne Redebeiträge zu Handlungsträgern werden können (z. B. die ‚Stumme Kattrin‘ in Brechts *Mutter Courage und ihre Kinder*). Zum anderen lässt sich die angedeutete Zweiteilung des Personenverzeichnisses in Bezug zur emblematischen Grundstruktur des barocken Trauerspiels setzen, wie sie Albrecht Schöne entwickelt hat.

Das Emblem besteht bekanntlich aus einer zwei- bzw. dreigliedrigen Sinnfigur; neben der Bildüberschrift (*inscriptio*) gibt es einen bildlichen Teil (*pictura*) und einen textuellen, zumeist in Form eines Epigramms oder längeren Gedichts (*subscriptio*). In seiner Kontextualisierung mit dem Drama reduziert Schöne das Emblematische auf die zwei leitenden Ebenen der Darstellung und der Deutung.[148] Erstere sieht er in der *pictura* realisiert, letztere in der *subscriptio* – wobei wichtig zu betonen ist, dass er ihre Relation nicht als lineare, sondern als eine von wechselseitiger

---

146 August Adolph von Haugwitz. *Schuldige Unschuld oder Maria Stuarda*. Nachdruck der Ausgabe Dresden 1683. Hrsg. von Robert R. Heitner. Bern und Frankfurt a. M. 1974, S. 11 f.

147 In *Agrippina* heißt es „Personen des Trauer=Spiels“ und innerhalb dieser Auflistung „Stumme Personen“; in *Epicharis* gibt es „Personen des Trauer=Spiels“ und darunter die Kategorie „Stumme“. Daniel Casper von Lohenstein. *Römische Trauerspiele*. Hrsg. von Klaus Günther Just. Stuttgart 1955, S. 18 und 158 f.

148 Vgl. Schöne 1993, S. 161.

Beeinflussung geprägte versteht. Der Sinn des Emblems ist im intermedialen ‚Zwischen' situiert, was Schöne auf das Drama überträgt. Emblematische Strukturen im Trauerspiel bilden nach Schöne alle Verhältnisse, in denen sich Darstellung und Deutung als zwei Elemente differenzieren lassen. So versteht er etwa die charakteristischen Doppeltitel der Stücke als emblematisch, indem ein Teil ein abstraktes Thema als *subscriptio* formuliert und der andere dies im Sinne der *pictura* mittels einer Exempelfigur anführt (z. B. „Bewehrete Beständikeit" und „Catharina von Georgien"[149]) – oder auch das Verhältnis von Abhandlungen und Reyen eines Trauerspiels, das sich aus dem ‚bildgebenden' Element der Abhandlung und dem ‚deutenden' des Reyen zusammensetzt.[150] Unterschieden werden derart „Darstellung und Auslegung, Besonderes und Allgemeines, Bild und Bedeutung".[151]

Die Differenzierung in zwei Ebenen geht mit der – von Schöne als absolut gesetzten – medialen Differenz von Text und Bild einher, von der bereits im vorigen Kapitel die Rede war und die bis in die Frühe Neuzeit topisch war.[152] Demnach wird dem Bild im Gegensatz zum Text seit der Antike eine ontologische ‚Stummheit' zugeordnet. Martin Opitz etwa nennt in einem Gedicht auf den Maler Bartholomäus Strobel, bezugnehmend auf die antike *ut pictura poesis*-Debatte, die Malkunst eine „Poeterey die schweig'" und entsprechend die Dichtkunst ein „redendes Gemäld'".[153] Bild und Text sind, aufgrund ihres je attribuierten Mangels, nicht nur unterschieden, sondern auch fundamental auf einander angewiesen, sie müssen sich gegenseitig komplettieren, wie Georg Philipp Harsdörffer festhält: „Dem Gemähl ermangelt sonsten die Stimme/ welche es begeistert und beseelet/ dem Gedicht ermangelt die liebliche Figur/ welche es für die Augen stellet."[154]

---

149 Vgl. ebd., S. 196–202.

150 Vgl. ebd., S. 169.

151 Ebd., S. 169.

152 Neuere medientheoretische Forschungen widersprechen allerdings dieser simplen Unterscheidung (welche ohnehin im Hinblick auf konkrete Werke zu präzisieren wäre), indem sie etwa von der „Narrativik der Bilder" sprechen, die „mit der Bildhaftigkeit der Literatur korrespondiert". Horst Wenzel. „Medien- und Kommunikationstheorie: Ältere deutsche Literatur". *Germanistik als Kulturwissenschaft. Eine Einführung in neue Theoriekonzepte.* Hrsg. von Claudia Benthien und Hans Rudolf Velten. Reinbek 2002. 125–51, S. 134. Hinsichtlich des Barock wurde die rigide Text-Bild-Unterscheidung bereits von Walter Benjamin unterlaufen, der statt des dualistischen Emblem-Begriffs den synthetisierenden Allegorie-Begriff privilegiert. Benjamin zufolge ist auch die barocke Sprache bildlich, insofern sie allegorisch ist: „Will die Schrift sich ihres sakralen Charakters versichern [...] so drängt sie zu Komplexen, zur Hieroglyphik. Das geschieht im Barock. Äußerlich und stilistisch [...] drängt das Geschriebene zum Bilde." Benjamin 1996, S. 153.

153 Martin Opitz. „Vber deß berhümbten Mahlers Herrn Bartholomei Strobels Kunstbuch". *Weltliche Poemata 2*. Nachdruck der Ausgabe Frankfurt a. M. 1644. Hrsg. von Erich Trunz u. a. Tübingen 1975, S. 43.

154 Georg Philipp Harsdörffer. *Frauenzimmer Gesprächsspiele* 5. Nachdruck der Ausgabe Nürnberg 1645. Hrsg. von Irmgard Böttcher. Tübingen 1969, S. 138. Zitiert wird generell nach den Seitenzahlen des Nachdrucks.

Nach Schöne besteht die Leistung des Dramas darin, das Ikonische und das Sprachliche zu synthetisieren. Für den vorliegenden Zusammenhang sind besonders die ‚stummen' Elemente der Dramen interessant – worunter ich, ähnlich wie Schöne, sowohl die Ausstattung und das Bühnenbild verstehe als auch die sprachlosen Figuren und ihre ikonische Funktion.

Zu fragen ist, was die durch das zweite Personenregister separierten ‚Stummen Figuren' oder ‚Schweigenden Personen' als Nicht-Figuren figurieren. Zuweilen tauchen Protagonisten, die im Verlauf des Stücks ums Leben kommen, in beiden Verzeichnissen auf, was die These einer barocken Gleichsetzung von Sprache und Lebendigkeit unterstützt. Dies ist zum Beispiel in Gryphius' *Carolus Stuardus* der Fall, wo der Leutnant Olivir Cromwell in beiden Registern („Jn dem Trauer-Spill erscheinen | Als Redende" und „Als Stumme") verzeichnet ist, oder in Hallmanns *Mariamne*, wo der Hohepriester Hyrcanus unter „Spielende Personen" aufgelistet wird und man unter „Schweigende Personen" zudem die Angabe „Die Leiche Hyrcani" findet.[155] Auch die Toten, so wird hier deutlich, gelten als Protagonisten auf dem Schauplatz, was sich auch daran zeigt, dass die Dramatiker sie am Auftrittsbeginn, genauso wie die stummen Nebenfiguren, grundsätzlich mit auflisten. So lautet eine Szenenanweisung in Hallmanns *Liberata*: „Die Leiche Fernandi. Ein *singender* Engel".[156] In Lohensteins *Cleopatra* heißt eine Anweisung: „Des Antonius/ der *Cleopatra*, der Iras todte Leichen. *Cornel. Gallus. Epaphroditus. Theodorus* [...]"[157]; die Anweisung vor der nächsten Szene listet die Leichen sogar an erster Stelle auf: „Die sechs Leichen. *Augustus. Agrippa. Mecaenas. Theodorus. Proculejus.* [...]".[158] Oder in Gryphius' *Leo Armenius* lautet eine Szenenanweisung: „Michael. *Der ander und erste Hauffe der Verschwornen/ Theodosia. Die Leiche Leonis*".[159]

Nach Schöne „überwinden" die toten Figuren die „Personalitätsschranke"; erst ihre „bildhafte Starre" lässt sie zum „Schaubild" werden.[160] Im Tod reduziert sich die Figur auf den Anteil des Ikonischen; die deutende, explizierende Sprache geht verloren und wird von einer anderen dramatischen Instanz übernommen. Als Sprechende hingegen hat die Bühnenfigur beide Funktionen: „Sich selber zeigt sie als pictura vor und verkündet zugleich die eigene subscriptio"[161] – sie ist somit ein Emblem *in nuce*. „Als lebende pictura, als sprechende Ikon, agierende Imago (um die Bezeichnungen der Emblematiker für den Bildteil ihrer Darstellungen zu übernehmen) steht die dramatische Figur auf dem Schaugerüst; so hat der Autor sie

---

155 Gryphius 1991, S. 450 f.; Hallmann 1975, S. 203 f.

156 Hallmann 1980, S. 353.

157 Daniel Casper von Lohenstein. *Afrikanische Trauerspiele*. Hrsg. von Klaus Günther Just. Stuttgart 1957, S. 137. Bei der Bezeichnung „Todte Leichen" handelt es sich nicht um eine Tautologie, denn ‚Leiche' bedeutet in der Frühen Neuzeit auch ‚Körper'.

158 Ebd., S. 140.

159 Gryphius 1991, S. 107.

160 Schöne 1993, S. 219.

161 Ebd.

dargestellt, so haben die Zeitgenossen sie aufgefaßt."[162] Entsprechend fungieren die Leichen auf der Bühne des Barock als visuelle Zeichenträger, die durch die anderen Figuren (und die Reyen) ausgedeutet werden müssen. Oft geschieht dies unter Rückgriff auf den Topos der *muta eloquentia*. So verweist Theodosia in *Leo Armenius* an der Leiche ihres Mannes auf dessen stumme Rede, welche die Schuldigen benennt und zur Handlung ermahnt: „[S]chaut/ sein nicht schuldig Blutt | Gereitzt durch unser Angst/ sprützt eine neue Flutt | Durch alle Wunden vor! sein Blutt rufft embsig Rache! | Ob seine Lippe stum. Sein Blutt thut eu'rer Sache | Mordgirig Vnrecht dar!" (V, 429–33). Ein vollständiges Verstummen gibt es im Trauerspiel demnach nicht – obgleich die „Lippe stum" ist, so ‚spricht' sie weiter. Darüber hinaus gibt es andere Instanzen, die die allegorische Ausdeutung mit verbalen Mitteln fortsetzen.

Eine weitere dramatische Technik, um die Stummheit des Todes zu eliminieren, ist der Rückgriff auf sprechende Geistererscheinungen. Sie treten zumeist dann auf den Schauplatz, wenn gestorbene Figuren ihre Mörder heimsuchen und sich ihnen (und den Zuschauern) gegenüber wortreich artikulieren. Bei Gryphius sind die Geister in der Regel „Boten des Jenseits", deren Anliegen weniger die persönliche Rache an den Mördern als vielmehr „das Interesse des Weltgewissens"[163] ist. Erst bei den nachfolgenden Dichtern vertreten sie „ihre höchst persönlichen, egoistischen Zwecke. Sie verdammen, weil ihnen selbst Unrecht geschah, sie warnen, weil sie an der Sache interessiert sind."[164] Nur bei diesen Geistern, wie sie bei Hallmann oder Lohenstein vorkommen, kann von einem eigentlichen Weiterführen der Rede *post mortem* gesprochen werden. Zu erwähnen ist in diesem Zusammenhang, dass es in den deutschsprachigen Trauerspielen auch Geister gibt, die nicht das Wort ergreifen. Diese stummen Wiedergänger bleiben zwar die Ausnahme, sie wirken jedoch besonders unheimlich, so zum Beispiel in *Leo Armenius*, wo sich die Anweisung findet: „Theodosia schlummert auff einem Stull/ Vor ihr stehet ihrer Frauen Mutter Geist/ wie er allhir beschriben wird/ welcher sich in dem sie auffwachet/ verschwindet".[165] Die stumme Erscheinung, die die Schlafende heimlich betrachtet und sich dann leise davon stiehlt, bleibt enigmatisch; ihr Auftreten wird den Zuschauern nicht verbal erläutert.

Im gleichen Drama findet sich auch eine Sequenz mit zwei Geistern, von denen einer spricht und der andere stumm bleibt: Es handelt sich um den Geist des ermordeten Patriarchen Tarasius von Konstantinopel und ein „Gespänste in Gestalt Michaels".[166] Sie treten nach der folgenden Regieanweisung auf:

---

162 Ebd., S. 220 f.

163 Egon Treppmann. *Besuche aus dem Jenseits. Geistererscheinungen auf dem deutschen Theater im Barock*. Konstanz 1999, S. 87.

164 Ebd., S. 91.

165 Gryphius 1991, S. 94.

166 Ebd., S. 15.

Violen. | Vnter wehrendem Spill der Geigen/ erschallet von ferne eine trawer Drompette/ welche immer heller und heller vernommen wird/ biß Tarasius erscheinet/ umb welchen auf blosser Erden etliche Lichter sonder Leuchter vorkommen/ die nachmals zugleich mit ihm verschwinden."[167]

Der Geist des Patriarchen wendet sich mit einer warnenden und anklagenden Rede an den schlafenden Leo Armenius, den er als Tyrann bezeichnet, während das Gespenst des (lebenden) Michael Balbus daneben steht, sich aber in der ganzen Szene nicht verbal artikuliert. Am Ende seiner Replik fordert Tarasius Michael auf: „Was wilst du länger stehn? | Stoß Michael! stoß zu!" (III, 90 f.); bei diesen Worten wacht der König voller Erschrecken auf und ruft die Trabanten zu seinem Schutz herbei. Aufschlussreich ist, dass Leo ihnen nur von einem „Gespenst" berichet, durch welches „entdeckt" werde, „[w]as diesem Nacken dreut" (III, 94 f.) – ein gewaltsamer Tod. Es ist die sprachlose Erscheinung Michaels, welche größte Angst auslöst, mehr noch als die Worte eines sprechenden Toten. Vielleicht besteht das Erschreckende an diesem Figurenpaar aus ‚Geist' und ‚Gespenst' in der Spaltung von Stimme und Körper. Im Personenverzeichnis des Stückes wird „*Tarasius* Geist des Patriarchen von Constantinopel" den „Personen des Trauerspiels" zugeordnet, während „Ein Gespänste in Gestalt Michaels" unter den „Stumme[n] Personen"[168] zu finden ist, so dass sich erneut zeigt, inwiefern die Existenz von Rede ausschlaggebendes Kriterium für die formale Zuordnung der Figuren ist – und nicht etwa das Faktum ihrer Lebendigkeit.

## *„Stille Vorstellungen"*

Der Schuldramatiker Jakob Masen führte in Deutschland die so genannten *scenae mutae* ein. Zuvor finden sich stumme Szenen und *tableaux vivants* bereits gelegentlich in anderen europäischen Theaterkulturen, etwa in der elisabethanischen Tragödie mit ihren *dumb shows*. Diese stummen Szenen tragen nach Schöne emblematische Züge, und zwar insbesondere, sofern sie nicht nur als Ersatz für ausgesparte Handlungsteile dienen, sondern eine „moralisch-didaktische Quintessenz" des nachfolgenden Geschehens geben und dazu „von einem als *Chorus* oder *Presenter* bezeichneten Sprecher erläutert und ausgelegt werden".[169] Auch die niederländische *Vertooning*, wie sie vor allem Jan Vos nutzte, regte den Jesuiten Masen zur Verwendung der *scenae mutae* an; er setzte sie anstelle der antiken Chöre in seinen Dramen ein.[170] In den deutschsprachigen Trauerspielen finden sich derartige stumme Szenen zunächst eher in kurzen Varianten innerhalb der Abhandlungen; sie vollziehen sich auf der Hinterbühne, während vorn die Sprechhandlung weitergeht –

167 Ebd., S. 64 [im Original kursiv].
168 Ebd., S. 15.
169 Schöne 1993, S. 187.
170 Vgl. Manfred Brauneck. *Die Welt als Bühne. Geschichte des europäischen Theaters* 2. Stuttgart und Weimar 1996, S. 367; Schöne 1993, S. 187.

zum Beispiel die als zeitliche Vorwegschau realisierten Hinrichtungen der Widersacher des Königs in Gryphius' *Carolus Stuardus*[171] oder die folgende Regieanweisung in Lohensteins *Agrippina*: „Der Schauplatz stellet für auf der stillen See unter dem gestirnten Himmel den Schiffbruch der Agrippinen".[172]

Des Weiteren finden sich vereinzelt sogenannte ‚stumme Bildungen' in den Reyen – beispielsweise in Gryphius' *Cardenio und Celinde* oder in Lohensteins *Sophonisbe*. Der dritte Reyen in Gryphius' *Cardenio und Celinde* wird in der Szenenanweisung wie folgt beschrieben: „Reyen. | Der Zeit/ der Mensch/ die Vir Theil des Jahres/ in Gestalt der Vir Zeiten Menschlichen Alters/ welche schweigend eingeführet werden".[173] Die vier Lebensalter treten als stumme weibliche Figuren auf, die vom „Menschen" – vermutlich einem Mann – im Reyen beschrieben und kommentiert werden. Die „Zeit" rät ihm, eine Frau zu wählen, bevor es zu spät ist, doch er kann sich nicht entscheiden, bis ihm nur noch der als letztes auftretende Winter bleibt, ein „häßlich Frauen-Bild" (III, 244), und er erkennen muss, dass seine „Rew'" zu spät kommt und ihm nichts übrig bleibt, als sein „höchst-verschertztes Glück" (III, 250) zu beklagen.

Ähnlich werden im dritten Reyen von Lohensteins *Sophonisbe* zwei allegorische Bilder eingesetzt; die Szenenanweisung lautet: „Reyen. | Der Eyfersucht. Der Vernunfft. Des Neides. Der Narrheit. Der Verzweifelung. Die Schönheit und Einbildungen werden mit ihren Bildungen stumm fürgestellt".[174] Die Personifikationen beschreiben nacheinander ihre Eigenschaften und Weltwahrnehmungen und diskutieren sie in einem Streitgespräch. Die Auftritte der stummen „Schönheit" und der „Einbildungen" werden hingegen nicht sprachlich benannt, es ist aber deutlich, dass sie wahrgenommen werden.[175] Die redenden Personifikationen sprechen über die beiden stummen; sie verbalisieren deren Handlungen, wobei deutlich werden soll, dass die Wahrnehmung von Eifersucht und Narrheit der Täuschung unterworfen ist – nicht umsonst trägt eine der beiden stummen Allegorien den Namen ‚Einbildungen'.

Erst Johann Christian Hallmann baut in seinen Bühnenwerken die „stillen Vorstellungen" systematischer aus; er situiert sie auf die rückwärtige Bühne des „inneren Schauplatzes"[176] und löst sie teilweise ganz aus dem Handlungszusammenhang heraus. Nach Schöne sind dabei zwei Arten zu unterscheiden: jene Vorstellungen,

---

171 Diese wurden in der zweiten Ausgabe des Dramas im Zuge der Überarbeitung durch Gryphius hinzugefügt. Gryphius 1991, S. 536–38.

172 Daniel Casper von Lohenstein. „Agrippina". *Das Zeitalter des Barock. Texte und Zeugnisse.* Hrsg. von Albrecht Schöne. München 1963. 537–643, S. 584.

173 Gryphius 1991, S. 273.

174 Anweisung zum dritten Reyen bei: Lohenstein 1957, S. 308.

175 So spricht etwa die „Eyfersucht" zur „Narrheit": „Ach! Schwester/ ach! ach! was erblick ich itzt? | Was ists/ daß ihr die Kuplerin einbläßt? | Was ist es/ das auf ihren Brüsten sitzt? | Wer ists/ den sie sich so betasten läßt?" (III, 491–94).

176 Diese Begriffe führt Hallmann ein, so sind z. B. in der Tragödie *Catharina* im Inhaltsverzeichnis vorab zwölf solcher „stillen Vorstellungen im inneren Schauplatze" aufgelistet. Hallmann 1980, S. 175 f.

die nur aus einem bemalten Prospekt bestehen, und jene, in denen Schauspieler oder Statisten auftreten und stumm agieren. Oft ist aus dem Textsubstrat nicht zu erkennen, um welche Form es sich handelt, man kann allein anhand der Komplexität der genannten Bilder Vermutungen anstellen. Zumeist werden bei Hallmann mehrere ‚stille Vorstellungen' in enger Abfolge gezeigt. So finden sich etwa am Ende seines *Catharina*-Dramas zwölf solche Bilder, die wie im Zeitraffer die dramatischen, fatalen Folgeereignisse nach dem Ende des Stückes aufreihen – man kann fast von einer Art Stummfilm *avant la lettre* sprechen.[177]

Resümierend kann gesagt werden, dass die ‚stillen Vorstellungen' auf einer anderen fiktionalen Ebene nicht nur als die Abhandlungen angesiedelt sind, sondern auch als die Reyen. Ihr Realitätsgrad ist zwischen beiden situiert. Die Vorstellungen zeigen zwar stumme Figuren in Handlungen, die auch im Trauerspiel stattfinden könnten – es sind nur in seltenen Fällen allegorische Singspiele mit verteilten Rollen, wie sie für die Reyen typisch sind. Doch sind die stummen Figuren der ‚stillen Vorstellungen' allein auf ihren Kulminationspunkt (zumeist: den gewaltsamen Tod) hin angelegt und darin statisch-bildhaft. Es wird wie auf den Titelkupfern der Trauerspiele der dramatischste Moment abgebildet, der aus dem Zusammenhang gerissen wie ein historisches Faktum erscheint. ‚Still' sind diese ‚Vorstellungen' allein in dem Sinne, dass die Sprache von den sie darstellenden Figuren getrennt ist. Keineswegs aber vollziehen sie sich in einer akustischen Leere, vielmehr wird das Ablaufen der Bilder in der Regel parallel durch die Schauspieler auf der Vorderbühne kommentiert. Mittels einer wiederholten, an die anderen Protagonisten wie an die Zuschauer gerichteten Aufforderung, zu schauen, wird das stumme Bild in einen intermedialen Zusammenhang integriert und ist so auch als stummes sprechend.

### *Exkurs: Bedeutendes Schriftbild, berauschender Sprachlaut*

Walter Benjamin hat die These aufgestellt, dass im Barock eine „Kluft zwischen bedeutendem Schriftbild und berauschendem Sprachlaut"[178] vorherrscht. Diese basale Unterscheidung zwischen Schrift und Stimme trifft für das Phänomen der stummen Szenen in den Trauerspielen so nicht zu. Wenn er des Weiteren sagt, „[m]it aller Macht holt in der ‚stillen Vorstellung' der Wille zur Allegorie das verklingende Wort in den Raum zurück, um es der phantasielosen Anschauung zugänglich zu machen"[179], so suggeriert dies, die ‚stillen Vorstellungen' fänden bei schweigendem (oder abwesendem) Personal und in einem tendenziell geräuschlosen Bühnenraum statt – wie man dem Namen nach ja vermuten könnte –, dies ist aber

---

177 Vgl. ebd. Zur Vorgeschichte dieses Mediums vgl. auch: Jörg Jochen Berns. *Film vor dem Film. Bewegende und bewegte Bilder als Mittel der Imaginationssteuerung in Spätmittelalter und früher Neuzeit*. Marburg 2000.

178 Benjamin 1996, S. 178.

179 Ebd., S. 171.

nicht der Fall. Andererseits wird hier eine wichtige Unterscheidung zwischen Schöne und Benjamin deutlich. Denn während ersterer, anknüpfend an die Theorie der Emblematik, eine Leitdifferenz zwischen Bild und Text setzt und es ihm um die möglichen Korrespondenzen zwischen beiden Medien geht, ist bei Benjamin die (unaufhebbare) Differenz zwischen ‚Bedeutung' und ‚Berauschen', d. h. zwischen dem zeichenhaften und dem sinnlich erfahrbaren Aspekt von Kunst im Zentrum.

Benjamins Begriff vom „Schriftbild" fasst im Unterschied zu Schöne Visuelles und Skripturales zusammen, beides gemeinsam konstituiert seiner Auffassung nach die Kunst der Allegorie. Deren Theorie, so elaboriert sie in der Benjamin-Forschung auch bereits bearbeitet wurde[180], unterscheidet nicht streng zwischen textueller und visueller Allegorie, zwischen Literatur- und Kunstwissenschaft. Dem gegenüber steht das, was Benjamin „Sprachlaut" nennt, der akustische Ausdruck und seine Vernehmbarkeit in Raum und Zeit. Diese dem Kompositum „Schriftbild" antithetisch zugeordnete Ausdrucksform impliziert ein archaisches, magisch-mystisches Verständnis der Sprache, einen Zustand, in dem Zeichen und Bedeutung (noch) nicht getrennt sind.[181] Im 17. Jahrhundert besaß eine solche Sprachauffassung hohe Popularität.[182] Benjamin zufolge gehört es zu den besonderen Kennzeichen des Trauerspiels, dass in ihm diese Magie des Aussprechens (und des Hörens) keinerlei Relevanz hat. Die allegorische Welt bleibt, wie er sagt, „vielmehr ins Schweigen gebannt".[183] Dies führt seines Erachtens nicht nur dazu, dass das Trauerspiel, „erwachsen im Bereich des Allegorischen, seiner Form nach Lesedrama"[184] ist, sondern auch zu der Feststellung, dass ihm eine ‚lautliche' – das heißt auch performative – Wirkung abgesprochen werden muss: „Dem deutschen Trauerspiel des Jahrhunderts ist [...] nicht gegeben, sein Hieroglyphisches lautbar zu machen. Denn seine Schrift verklärt sich im Laute nicht; vielmehr bleibt dessen Wucht ganz selbstgenugsam auf die Entfaltung ihrer eigenen Wucht bedacht. Schrift und Laut stehen in hochgespannter Polarität einander gegenüber. Ihr Verhältnis begründet eine Dialektik, in deren Licht der ‚Schwulst' als durch und durch planvolle, konstruktive Sprachgeberde sich rechtfertigt."[185]

180 Vgl. Burkhard Lindner. „Allegorie". *Benjamins Begriffe*. Hrsg. von Michael Opitz und Erdmut Wizisla. Frankfurt a. M. 2000. 50–94; Stavros Arabatzis. *Allegorie und Symbol. Untersuchung zu Walter Benjamins Auffassung des Allegorischen und Ihrer Bedeutung für das Verständnis von Werken in der Bildenden Kunst und Literatur*. Regensburg 1998; Sigrid Weigel. *Entstellte Ähnlichkeit. Walter Benjamins theoretische Schreibweise*. Frankfurt a. M. 1997, bes. S. 130–146; Bettine Menke. *Sprachfiguren. Name – Allegorie – Bild nach Walter Benjamin*. München 1991.

181 Vgl. Walter Benjamin. „Über Sprache überhaupt und über die Sprache des Menschen". *Gesammelte Schriften* II.1. Hrsg. von Rolf Tiedemann und Hermann Schweppenhäuser. 2. Aufl. Frankfurt a. M. 1989. 140–57; Menninghaus 1995, S. 9–77.

182 Vgl. Hankamer 1965, S. 117– 22. Die 1927 erstmalig erschienene Abhandlung Hankamers wird von Benjamin mehrfach zitiert.

183 Benjamin 1996, S. 179.

184 Ebd., S. 163.

185 Ebd., S. 178.

Zwar ist diese Beobachtung, dass die Dramensprache im Barock eine wesentlich rhetorische, auf Wirkung bedachte ist, zweifellos richtig, dennoch wird die Ebene des Akustischen zu wenig beachtet. Benjamin beschreibt an einer Stelle „die im Alexandriner malerisch ausladende Sprache des Trauerspiels" und bezieht sich auf eine These des Kunsttheoretikers Karl Borinski, der die „Raumerfüllung *vortäuschende* Eigenschaft"[186] der barocken Architektur und Malerei hervorhebt; Benjamin attribuiert dies der Dramensprache des 17. Jahrhunderts. In Borinskis Formulierung klingt ein Moment der Simulation an, auf das Benjamin nicht näher eingeht; beschrieben wird eine bloß vorgebliche Kompletion und Fülle. Unklar bleibt, was als das Andere dieser ‚Erfüllung' gedacht wird, ob die Leere nur eine Absenz visueller Zeichen oder auch des ‚Lautbaren' ist. Selbst wenn es im Trauerspiel ein Schweigen als Abwesenheit von Sprache und als Zäsur streng genommen nicht gibt, so ist es doch als ihr Anderes existent.

## *Stummheit als Maskerade*

Neben den bisher in diesem Teil untersuchten Phänomenen ‚stummer Figuren' und ‚stiller Vorstellungen' gibt es auf der barocken Bühne auch verschiedene Protagonisten denen faktisch, d. h. physiologisch die Sprachfähigkeit fehlt. Es handelt sich dabei durchweg um männliche Figuren – was im Unterschied etwa zu Phänomenen der Alltagskultur des 17. Jahrhunderts steht, wo durchaus auch wundersame Begebenheiten weiblicher Stummer Beachtung fanden.[187] Im Folgenden geht es um die Interpretation der Atis-Figur im Wanderbühnen-Singspiel *Der Hochmütige/ Gestürtzte/ und Widererhobene Croesus.*[188] Es handelt sich dabei meines Wissens um den einzigen stummen Protagonisten im Barocktheater. An ihm soll exemplarisch gezeigt werden, wie Stummheit theatral eingesetzt werden kann, welche Motive und formale Lösungsversuche sie auslöst. Im anschließenden Abschnitt

---

186 Karl Borinski. *Die Antike in Poetik und Kunsttheorie vom Ausgang des klassischen Altertums bis auf Goethe und Wilhelm von Humboldt* 1. Nachdruck der Ausgabe Leipzig 1924. Darmstadt 1965, S. 190.

187 Vgl. etwa eine anonyme Schrift aus dem Jahr 1630, in der das „groß Miracul" beschrieben wird, welches „im Stifft Halberstatt geschehen/ zu Wattersleben ein Meilwegs von Weningerode [...] den 23. diß Monats Augusti", das ein stumm geborenes Mädchens ereilt, welches plötzlich in ein prophetisches Sprechen ausbricht, nach drei Tagen aber wieder verstummt: Anonym. *Extract eines Schreibens auß Braunschweig/ wegen eines Stumm-geborenen Mägdleins bey 18 Jahren alt/ in dem Stifft Halberstatt bürtig/ welche den 23. Augusti 1630 redent/ und was sie Propheceyet vnd außgesagt hat.* Wolfenbüttel 1630, S. 3 (HAB 202 79–Qu (37)).

188 So der Titel, den das „Sing=Spiel" in der Fassung von 1692 trägt. Die Tradition des ‚Singspiels' wurde besonders im Herzogtum Braunschweig-Wolfenbüttel gepflegt; das Braunschweiger Opernhaus wurde erst 1690 durch Herzog Anton Ulrich gebaut. Vgl. Stephan Kraft. *Geschlossenheit und Offenheit in der ‚Römischen Octavia' von Herzog Anton Ulrich – ‚der roman macht ahn die ewigkeit gendencken, denn er nimbt kein endt'.* Würzburg 2004, S. 38 und 42.

wendet sich die Arbeit den Figuren der ‚Stummen' in den beiden ‚türkischen' Trauerspielen Lohensteins zu – exotischen Dienerfiguren, die insbesondere in *Ibrahim Sultan* eine wichtige Funktion innehaben.

Das *Croesus*-Singspiel, das im 17. Jahrhundert in mehreren Fassungen gedruckt wurde und 1730 von Reinhard Keiser zu einer Oper verarbeitet wurde, liegt auf deutsch nur anonym im Druck vor. Demgegenüber findet sich eine frühere italienische Version dieses „Drama per Musica" von 1678, dessen Libretto von Nicolò Minato stammt, und das laut Titelblatt für eine Geburtstagsfeier von Kaiserin Eleonora Magdalena Theresia, der dritten Gemahlin von Leopold I., konzipiert wurde.[189] Minato war ein produktiver und erfolgreicher Librettist, von dem über 150 Opern- und mehr als 30 Oratorienlibretti erhalten sind und der zusammen mit dem Komponisten Antonio Draghi am Wiener Hof und in Italien tätig war.[190] Von beiden ist auch ein zweites gemeinsames Werk zur Thematik des Schweigens überliefert, die Oper *Il silentio di Harpocrate* (die im Kapitel III behandelt wird); sie wurde 1677 uraufgeführt, also unmittelbar vor der Erstfassung des *Croesus*-Singspiels.[191]

Johann Heinrich Boecler erläutert in seiner *Kurzte[n] Anweisung/ Wie man die Authores Classicos bey und mit der Jugend tractiren soll* (1679) die auf Herodot zurückgehende Thematik:

> Croesus hatte einen Sohn/ der zwar sonst zu andern Sachen tüchtig war/ aber nicht reden kunte. Diesen Mangel zu verbessern hatte er viel angewendet/ auch das Delphische *Oraculum* Raths gefraget/ welches ihme zur Antwort gegeben: *O Croese*, du König der Lydier/ warumb wünschesttu/ deines Sohns Stimm zu hören? Es were dir viel besser/ ein solches zu ermanglen: dann daß wird ein unglückseliger Tag sein/ wann er wird anfangen zu reden. Als nun des *Croesi* Hauptstatt *Sardes* eingenommen worden/ ist einer von den Feinden/ der den *Croesum* nicht gekant/ auff ihn gestossen/ und wolte ihn umbbringen. Es hatte auch wohl das ansehen/ dass *Croesus* eben so lieb sterben/ als sich retten wollen. Aber als dieses sein stummer Sohn ansichtig worden/ ist er in behertzigung der grosen gefahr seines Vatters/ in diese Wort außgebrochen: hör du/ bringe den *Croesum* nicht umb. Von welcher Zeit er seine Sprach recht und deutlich/ so lange er gelebet/ gebrauchen können.[192]

---

189 Vgl. Alfred Noe. „Nachwort". *Spieltexte der Wanderbühne* 5.1: Italienische Spieltexte aus unveröffentlichten Handschriften. Hrsg. von dems. Berlin 1999, S. 1237.

190 Vgl. Michael Ritter. *‚Man sieht der Sternenkönig glantzen'. Der Kaiserhof im barocken Wien als Zentrum deutsch-italienischer Literaturbestrebungen (1653–1718) am besonderen Beispiel der Libretto-Dichtung.* Wien 1999, S. 93–96.

191 Niccolò Minato. *Il silentio di Harpocrate. Drama per Musica, Da Rappresentarsi Alla S.C. R. Maesta Dell' Imperatore Leopoldo Nel Carnovale Dell'Anno M.DC.LXXVII.* Italienisches Textbuch zur Oper von Antonio Draghi. Wien 1677 (HAB Textb. 144).

192 Johann Heinrich Boecler. *Kurzte Anweisung/ Wie man die Authores Classicos bey und mit der Jugend tractiren soll.* Strassburg 1679, S. 62–64 (HAB M: Pb 32 (1)). Die Geschichte des Kroisos wird ausführlich bei Herodot erzählt. Vgl. Herodot. *Historien* 1. Griechisch und deutsch. Übers. und hrsg. von Josef Feix. München 1963, S. 26–94, bes. S. 80–83.

Das *Croesus*-Singspiel handelt also von dem reichen lydischen König. Zu Beginn des Stücks drückt er in einem Gespräch mit dem Philosophen Solon seinen Unglauben darüber aus, „daß vor dem Tod kein Mensch sich glücklich nennen möge".[193] Zur Destruktion seines Hochmuts wird Croesus gefangen genommen und entrinnt nur knapp dem Tode. Der von Geburt an stumme Sohn des Königs erlangt in dem unheilvollen Augenblick, als er auf dem Schlachtfeld seinen Vater dem Tode nahe sieht und ihm durch den Aufschrei „Es ist der König; halt! | Erschlag ihn nicht!"[194] das Leben rettet, die Sprache.

Es geht also um das Wunder des plötzlichen Sprachgewinns eines vormals Stummen.[195] Das in der Frühen Neuzeit beliebte Thema der gelösten Zunge ist biblisch motiviert. So gehört zu den Heilungen, die Christus vollzieht auch das mirakulöse Sprechendmachen eines Taubstummen (vgl. Mk 7, 31 ff.) und im Lukasevangelium wird mittels des Exempels des Priesters Zacharias zudem vom Stumm-Machen als Strafe für dessen Unglauben und dem Zungenlösen als Wiedergewinn des Glaubens berichtet (Luk 1, 5–27). Auch im *Croesus*-Singspiel wird das größere Gewicht auf den Besitz von Sprache gelegt und nicht auf das Faktum des Stummseins. Gleichwohl ist die Figur des Atis vor der Spracherlangung – sowie dessen ausgefeilte Mimikry von Stummheit nach derselben – aufschlussreich für eine Kulturgeschichte des Schweigens im 17. Jahrhundert. Das ausgeprägte Interesse an dieser Figur eines ‚edlen Stummen' und dessen theatraler Inszenierung bezeugt nicht zuletzt die umfangreiche Tradierung dieses Stoffes.[196]

Der stumme Atis stützt sich auf ein ausgefeiltes Repertoire an Gebärden. Die „Prinzeßin aus Medien"[197] mit Namen Elmira, mit der er eine Liebschaft unterhält, spricht mehrfach davon, dass ihr seine verbale Behinderung nichts ausmache. So singt sie ihm als Trost folgende Arie vor (zitiert wird die zweite und dritte Strophe):

*Atis zeigt indessen seine Ungedult/ daß er nicht reden könne.*

2. | ELMIRA. Mich vergnügt dein treues Hertze/
Ob die Zunge gleich nicht spricht/
Traure nicht/
Es ersetzt der Augen=Kertze.
Was dem Stummen Mund gebricht.

193 Anonym [nach Niccolò Minato]. „Der Hochmüthige/ Gestürtzte/ und Wider=Erhobene Croesus, In einem Sing=Spiel Vorgestellet". *Spieltexte der Wanderbühne* 5.1: Italienische Spieltexte aus unveröffentlichten Handschriften. Hrsg. von Alfred Noe. Berlin 1999. 113–90, S. 115. Auf diese 1692 in Druck gelangte Fassung beziehen sich die folgenden Ausführungen.

194 Ebd., S. 136.

195 Ähnlich wie in dem bereits erwähnten „groß Miracul" des Mädchens im Stift Halberstadt. Vgl. Anonym/*Extract* 1630, S. 3.

196 Neben dem Singspiel (und der Oper von Keiser) werden in der zitierten Ausgabe der *Spieltexte der Wanderbühne* zwei weitere Fassungen, eine italienische von 1678 und eine zweite deutsche von 1723 abgedruckt, wobei anzunehmen ist, dass mehr kursierten.

197 Anonym/*Croesus* 1692/1999, S. 114.

*Elmira wil abtreten/ Atis hält sie und zeiget daß er sich einiger Unbeständigkeit befürchte.*

3. | ELMIRA. Sey versichert mein Erretter/
Meiner stets getreuen Pflicht/
Fürchte nicht/
Hat man doch für stumme Götter
Dienst und Opffer angericht.[198]

Elmira erklärt ihm, der Ausdruck in seinen Augen sei so beredt, dass er die Rede adäquat substituiere. Als Atis seine Zweifel um ihre Treue andeutet, verweist sie auf den Götterkult, in dem ebenfalls stumme Götzenbilder angebetet werden. Sie stellt so dar, dass seine Stummheit für sie kein Makel sei, sondern ihn im Gegenteil besonders anbetungswürdig mache.

Zu Beginn des Stückes fragt die „alte Bedientin" Trigesta die Prinzessin Elmira; „Wie macht ers/ da er stumm/ daß er ihr Hertze rühret | und seine Liebe zu erkennen giebt?" und sie antwortet: „Ohn eintziges Beschwerden | Zeigt er gnug durch Gebehrden | Daß er verliebet sey | Ich kan aus seinen Augen | Den Liebes=Honig saugen | Ist er gleich stumm dabey."[199] Es ist das Visuelle, das den Sprachmangel ersetzt, und zwar sowohl die gestische Beredsamkeit als auch die unwillkürliche Sprache der Blicke. Die stumme Kommunikation wird als besonders intim beschrieben. Die Lesbarkeit von Atis' Körpersprache erfordert Empathie; daher fragen die distanzierteren Figuren Elmira immer wieder, wie ihr die Kommunikation mit dem stummen Prinzen möglich sei. An zwei Stellen tritt auch Nerillus, „des Printzen kleiner Page", in Aktion, der Atis besonders gut kennt, um Elmira dessen Gefühle in Sprache zu überführen:

ELMIRA. [...] So wohn' ich dir im Hertzen?
*Atis wincket: Ja.*
Und sonst kein andre?
*Atis wincket: Nein. Folgend wendet er sich zu Nerill, und deutet auff Elmira.*
ELMIRA. Was zeigt der Printz/ geliebter Knabe?
NERILLUS. Weil aus Gewohnheit ich erlernet habe
Durch wincken zu verstehen sein Begehren/
So will er/ daß ich dir sein Hertze soll erklären/

*Atis macht unterschiedliche Bewegungen auff die Masse folgender Aria welche indessen gespielet wird.*

ELMIRA. Was hastu jetzt gesehn.
NERILLUS. So ist es zuverstehn.
*Aria.*
Durch die Haare güldne Stricke

198 Ebd., S. 128.
199 Ebd., S. 120.

Ist ans Hertz ein Band gelegt/
Durch der Augen helle Blicke
Ist die Brust in Feur erregt/
Dennoch leb' ich höchst vergnügt/
Und begehre kein erretten/
Aus den güldnen Band und Ketten/
Dran mein Hertz in Flammen liegt.
*Atis bekräfftiget dies mit Geberden.*[200]

Nerillus fungiert in dieser Szene als Dolmetscher zwischen zwei Sprachen. Was er für Atis in Worte fasst, entspricht der zeitgenössischen petrarkistischen Liebeskonzeption in so hohem Maße, dass es fast parodistisch wirkt. Authentischer sind möglicherweise die hier nicht konkretisierten, aber durch insistierende Regieanweisungen als bedeutsam gekennzeichnete Gebärden, welche der Prinz parallel zur Rezitation seines Pagen vollzieht. Die Szene stellt eine mediale Spaltung zwischen Körper und Stimme dar, beide kommentieren und supplementieren sich gegenseitig – ein Phänomen, das mehrfach auftritt. Die szenische Realisation von Stummheit besaß eine hohe Bühnenwirksamkeit. Nicht nur der Vorgang des ‚Dolmetschens' stummer Gebärden ist effektvoll. Indem die Explikation von theatralen Zeichen auf der Bühne geschieht, wird der Vorgang der Deutung, die sonst die Zuschauer selbst zu leisten haben, von den Protagonisten vorgespielt.

Die Stummheit des Prinzen wird allein von seiner Geliebten nicht als Mangel empfunden, während die anderen Personen sie sehr wohl als Stigma betrachten. Insbesondere der missgünstige Fürst Orsantes, der den lidischen Thron ersehnt und Elmira zur Frau begehrt, bemüht sich, sie von Atis mit rhetorischen Manipulationen, seine Behinderung betreffend, zu trennen. In einem stichomythischen Wechselgesang sucht sie, seine Argumente zu entkräften:

ORSANTES. Ist denn ein Stummer Liebens werth?
ELMIRA. Die Tugend wird geehrt/
Und nicht der Stimmen=Schall.
ORSANTES. Lieb dann ein holtzern Bild/
Wo du/ was stumm ist/ lieben wilt.
ELMIRA. Liebstu die Stimm/ so lieb den Wiederhall. [...]
ORSANTES. Er kan nicht zur Regierung kommen/
Weil das Gebieten ihm ist mit der Sprach entnommen.
ELMIRA. Ein Fürst gebeut durch seiner Diener Mund/
Es spricht für ihm Vergeltung bey den Frommen/
Den Bösen macht die Straff' auch seinen Willen kund
Die stille Gravität steht Grossen besser an/
Weil das Gesetz für sie gnug reden kan.

200 Ebd., S. 124.

ORSANTES. Was wil ein Fürst/ der nur mit Wincken spricht?
ELMIRA. Ein treuer Diener merckt den Willen am Gesicht![201]

Elmira kehrt Orsantes' Argumente um, so dass der Sprachmangel des Prinzen zum Zeichen der besonderen Herrscherwürde wird. So ist das Transferieren der Rede auf die Diener in ihrer Deutung eine Diffusion von Herrschaft, indem es nicht nur eine, sondern eine Vielzahl von Stimmen ist, die „gebeut". Der Sprachmangel wird zur gravitätischen Form der Machtausübung umgedeutet.

Als Atis seinem Vater im Schlachtfeld durch seinen Aufschrei das Leben rettet, löst das von ihm zuvor ersehnte Sprachvermögen Schrecken und neues Leid aus:

HAUPTMANN. Ein Lidier! Stirb!
ATIS. Es ist der König; halt!
Erschlag ihn nicht!
HALIMACUS. Ach welch entsetzten!
Wie Atis spricht?
HAUPTMANN. Der König! welch' ergetzen/
So ist er dann in unserer Gewalt.
*Führet ihn gefangen hinweg.*
ATIS. Ach ich erstick im Bluth.
*Wirfft häuffig Blut aus.*[202]

Im Vorbericht heißt es über das Ereignis, Atis sei „durch Krafft des natürlichen Triebes und kindlicher Liebe/ in der/ dem Vater obschwebenden höchsten Lebens= Gefahr/ die Bande der Zungen zerrissen".[203] Die Vorstellung, dass der Mensch bei der Geburt ein „Zungenbändchen" besitze, welches in der frühen Kindheit reiße und so den Erwerb von Sprache ermögliche, war in der Frühen Neuzeit weit verbreitet.[204] Atis' verspätete Spracherlangung im Erwachsenenalter ist wie eine Initiation gestaltet, wie das Zerreißen eines ‚oralen Hymen' – eine merkwürdige Entjungferung, die beim Hofmeister Halimacus Entsetzen hervorruft. Die Szene erinnert auch an mythologische Folterszenen, in denen einer Figur die Zunge herausgeschnitten wird und die anschließend Blut ausspuckt (z. B. der Mythos von Philomela, auf den im Kapitel III.2 eingegangen wird).

Die Rede von der „Bande der Zungen" wird im Anschluss an das Geschehen von Atis selbst aufgegriffen, der die neue Situation mittels dieser paradoxen Metapher und ihrer Tragik erfasst: „ATIS. Mich unglückseligen! | Da mein gefangner Mund der Bande wird befreyt/ | Führt man den Vater hin/ in Band' und Dienstbar-

201 Ebd., S. 121 f.
202 Ebd., S. 136.
203 Ebd., S. 115.
204 „[B]esonders glaubte man, *die z. lösen* zu müssen, weil die *z. angewachsen* sei; die hebamme kneift das *zungenbändchen* durch, oder bittet, auch in neuerer zeit, den arzt darum [...]." Jacob Grimm und Wilhelm Grimm. „Zunge". *Deutsches Wörterbuch* 32. Nachdruck der Ausgabe Leipzig 1954. München 1984. 586–608, Sp. 587.

keit."[205] Wenig später wirft er den Göttern vor: „Ach Himmel/ muß ich nur die Sprach' erlangen/ | Umb mein Unglück zubeklagen!"[206] Er äußert dies zum Hofmeister Halimacus, der ihm vorschlägt, „die Wohlthat [...]/ Daß dir der stumme Mund entschlossen" geheim zu halten; worauf Atis antwortet: „Meinst du daß Atis schweigen kan/ Umb nicht Elmir die Zeitung selbst zu bringen/ Daß ihn der Himmel so beglücket hat?"[207] Atis entwickelt den Plan, sich inkognito dem Hof zu nähern, um Elmira zu sehen und die Lage nach der Gefangenschaft des Königs zu sondieren. Er nennt sich ‚Ermin' und kleidet sich in ein Bauerngewand; die wichtigste Maskierung aber ist seine neugewonnene Redekompetenz: „Es wird die Sprache den Betrug erfüllen"[208], wie er selbst es formuliert.

Elmira ist zunächst von der physischen Ähnlichkeit des Bauernjungen mit dem Prinzen so verwirrt, dass sie darauf beharrt, es müsse Atis selbst sein, nur zögernd lässt sie sich von der Existenz eines Doppelgängers überzeugen. Halimacus erklärt den Fürsten am Hof mit einem schlagenden – und durch das Wort „zeigt" mehrdeutigen – Argument, warum es sich nicht um den Prinzen handeln kann: „Er heist Ermin und zeigt/ daß er nicht Atis sey/ | Weil seine Zunge spricht."[209] Die identitätsbildende Kraft von Sprachfähigkeit oder Stummheit wird kurz darauf von Orsantes, der sich in einem Zwiegespräch vertrauensvoll an ‚Ermin' wendet, vermeintlich zu dessen Gunsten eingesetzt:

> Weil du dem Printzen so gar ähnlich bist/
> So stell dich stumm und mach durch diese List/
> Daß man dich für den Printzen selber halte.
> [...] | Zeig dann hernach/ daß/ weil du kanst verspühren/
> Wie das dein stummer Mund nicht tüchtig zum regieren/
> Du wollest/ daß an deiner Statt
> Ich dieses Reichs Regierung stets verwalte.[210]

Während Halimacus Atis riet, sich durch Sprechen zu verstellen, schlägt Orsantes ‚Ermin' vor, durch simulierte Stummheit eine andere Identität anzunehmen. Faktisch tritt nun ein Schauspieler auf, der eine stumm geglaubte, aber nun sprechende Figur spielt, welche sich als eine sprechende Figur gibt, die sich wiederum als die eigentliche, vermeintlich stumme ausgibt. Es handelt sich um eine mehrfach potenzierte *simulatio* und *dissimulatio*, in der physiologische Sprachkompetenz und Stummheit als Mittel der Verstellung fungieren. Wenn Atis ‚sich selbst spielt' erkennen die Zuschauer dies daran, dass er beiseite spricht – die Theaterkonvention hat hier nicht nur die Funktion, das geheime Innere einer Figur zu offenbaren,

205 Anonym/*Croesus* 1692/1999, S. 136.
206 Ebd., S. 140.
207 Ebd., S. 141.
208 Ebd., S. 142.
209 Ebd., S. 152.
210 Ebd., S. 156.

sondern eröffnet auch die Möglichkeit eines zugleich stummen und sprechenden Protagonisten.

‚Ermin' will sich auf Orsantes' Vorschlag, Atis zu spielen, nicht einlassen und führt als Begründung an, dass dieser vorhabe, in Kürze bei Hofe zu erscheinen. Orsantes bittet ‚Ermin' daraufhin, Atis heimlich zu töten und sich sodann als dieser auszugeben, was ‚Ermin' zu tun verspricht. Als Atis dann in fürstlicher Kleidung auftritt, glaubt Orsantes, den als Prinz verkleideten Bauernjungen zu sehen; die anderen Protagonisten mit Ausnahme Halimacus sind hingegen der Auffassung, dem stummen Atis gegenüber zu stehen; allein die Zuschauer sowie der Hofmeister wissen um die tatsächliche Identität der Figur. Atis übergibt Elmira einen Ring als Zeichen seiner Treue, worüber Orsantes sich empört und ‚Ermir' später Vorwürfe macht. Atis entgegnet darauf mit der knappen Bemerkung „Ich bin ein Prinz drum schweig!"[211] – was der Fürst als (deplatzierte) Rollenrede, der Zuschauer aber als ernst gemeinte und seinem Stand gemäße Aufforderung versteht.

In einer komplexen Handlungsfolge prüft Atis nun Elmiras Treue, indem er ihr durch ‚Ermin' einen Brief überbringen lässt. Er bittet sie, an seiner statt den Bauernjungen zu lieben, ein unstandesgemäßer Vorschlag, über den sie höchst empört und verletzt ist. In der nächsten Begegnung mit Atis macht Elmira ihm dies zum Vorwurf:

> ELMIRA. Printz/ weistu daß Ermin mit mir von Lieben spricht?
> *Atis lachet.*
> Du lachest noch/ und zürnest drüber nicht?
> *Atis wincket/ nein.*
> [...] | Den Brief/ so er mir bracht/ hastu geschrieben.
> *Atis wincket ja.*
> Verflucht sey Amor dann/
> Der dich Undanckbahren zu lieben
> So hefftig mich hat angetrieben.
> ATIS. (Ich bin noch stumm/ wo ich hier länger schweigen kan.)
> Printzeßin/ wehrtes Kind.
> ELMIRA. O wehe!
> Was ist es/ das ich sehe?
> Hastu des Printzen Kleider angezogen/
> Und meinst/ ich werde leicht dadurch betrogen?
> ATIS. Ich bin Printz Atis selbst.
> ELMIRA. Schweig/ Atis redet nicht.
> ATIS. Der Himmel hat den stummen Mund entschlossen.[212]

In dieser Szene ereignet sich die zweite, diesmal nicht durch Vaterliebe, sondern erotische Zuneigung ausgelöste Spracherlangung. Atis kann es nicht länger ertra-

---

211 Ebd., S. 167.
212 Ebd., S. 180 f.

gen, mit Gebärden zu antworten. Das Textsubstrat findet hier eine merkwürdige Lösung: der Ausruf „Ich bin noch stumm/ wo ich hier länger schweigen kan" steht in einer Klammer. Vermutlich ist dies ein beiseite gesprochener Satz, den der Protagonist an sich selbst richtet. So zumindest ist die Stelle sowohl in der italienischen Version von 1678 als auch in der deutschen Fassung von 1723 gekennzeichnet.[213] In der italienischen Fassung ist noch deutlicher, dass es sich dabei auch um eine Art Selbstprüfung handelt, wenn Atis zu sich sagt, „Labro, sei muto ancor, se tacer puoi"[214] (‚Lippe, Du bist noch immer stumm, wenn Du hier schweigen kannst'). Atis wendet sich quasi an seinen eigenen Mund und fordert ihn indirekt auf, zu sprechen, sofern er ‚fühlend' ist.

Elmira unterstellt ‚Ermin' daraufhin eine verfehlte Maskerade – sie glaubt, er habe sich als Atis verkleidet in der Hoffnung, sie werde es nicht bemerken. Ironisch-doppeldeutig ist ihre konstative Aufforderung „Schweig/ Atis redet nicht" – mit diesem Befehl sucht sie den Atis, den sie liebt, einzufordern, und deckt dabei, allerdings ohne es selbst zu merken, die zuvor von ihm angewandte Verstellung auf. Erst als später die Zeugen von Atis' Spracherlangung seine Identität bezeugen, glaubt Elmira ihm. Am Ende des Stückes wendet sich der Prinz an den vor Wut entbrannten und zugleich beschämten Widersacher Orsantes:

> ATIS. Orsan in dieser Stunde
> Wünschstu vielleicht ich könte noch nicht sprechen.
> ORSANTES. Ich bitte Gnade.
> ATIS. Dein Verbrechen.
> Weiß ich/ und nur Halimacus allein.
> Ich schweig/ und er sol auch verschwiegen seyn/
> Sey ohne Furcht/ und diene treu nach diesem.
> *Orsantes fällt auff die Knie.*
> ORSANTES. Die Gnade so du mir erwiesen/
> Sol mich mein Printz/ so fest verbinden/
> Daß du an Treue nicht wirst meines gleichen finden.[215]

Das Singspiel endet mit dem moralischen Gebot an die Verschwiegenheit. Es ist auch dieser symbolische Freispruch, der Atis' verbale Potenz und damit seine ‚Mannbarkeit' bezeugt, denn unmittelbar nach dem zitierten Dialog wendet sich Atis an seinen inzwischen befreiten Vater und bittet ihn um die Eheschließung mit Elmira.

Für den vorliegenden Kontext ist weniger die (hier nur am Rande behandelte) Thematik der aufrichtigen Liebe und ihre Relation zur Stummheit interessant –

---

213 Vgl. Niccolò Minato. „Creso. Drama per musica". *Spieltexte der Wanderbühne* 5.1: Italienische Spieltexte aus unveröffentlichten Handschriften. Hrsg. von Alfred Noe. Berlin 1999. 1–111, S. 89; Anonym [nach Niccolò Minato]. „Der stumme Prinz Atis". Ebd. 191–252, S. 244.

214 Minato/*Creso* 1678/1999, S. 97.

215 Anonym/*Croesus* 1692/1999, S. 189.

dies wird im Kapitel IV.3 nähere Beachtung finden – als vielmehr die Frage, welche theatralen Möglichkeiten die Präsenz einer tatsächlichen, dann aber fingierten stummen Hauptfigur bietet. Deutlich wurde, dass auch hier Tendenzen vorherrschen, das Stumme in sprachliche Register zu überführen. Des Weiteren zeigte sich, dass Sprechen und Stummsein soziale und theatrale Rollen begründen und daher die Möglichkeit der Simulation bieten. Schließlich thematisiert das Singspiel die Wirksamkeit der Macht, die Etablierung des Herrscherwortes als einer performativen, Realität schaffenden Entität. Orsantes, der Atis die Möglichkeit der Machtausübung als Stummer abgesprochen hatte, hatte in diesem Punkt recht gehabt.

## *‚Muets du Grand Seigneur'*

In mehreren Werken Daniel Caspar von Lohensteins finden sich stumme Dienerfiguren, die eine unheimliche Präsenz verkörpern. Sein Trauerspiel *Ibrahim Bassa* (1653) handelt von der Gefangennahme und Hinrichtung des Großwesirs Ibrahim Bassa durch den tyrannischen türkischen Kaiser Soliman. Dieser verliebt sich während der Abwesenheit Ibrahims in dessen Gemahlin Isabelle, eine Fürstin aus Monaco. Er setzt sie gefangen und verbannt Ibrahim nach Konstantinopel, um sich ihr gewaltsam nähern zu können. Die Kaiserin Roxolane entbrennt in Eifersucht auf Isabelle, aber auch in Hass auf Ibrahim. Auf „[o]hrenbläserisch Anstiften der Keiserin und des Rusthans" (ihrem Vertrauten) wird Ibrahim sodann, gänzlich unschuldig „jämmerlich erwürget".[216] Im *Ibrahim Bassa* gibt es nur ein Personenverzeichnis; an letzter Stelle findet sich die Angabe „Die Häncker und Stummen".[217]

Die Bühnenanweisung zum zweiten Auftritt der dritten Abhandlung lautet: „Der Schau-Platz verändert sich in den Keiserlichen Richt-Saal. | *Ibrahim. Hali. Achmath. Rustahn.* | Etliche andere Bassen/ die Stummen. | Der Aufzug zu der Todten-Mahlzeit."[218] Es ist die Szene, in der Ibrahim hingerichtet werden soll. Er erhält von den anwesenden Paschas sein Totengewand und hält eine lange Rede, in der er erklärt, dass er sich nicht vor dem Tode fürchte, da er um seine Unschuld wisse und seine Ehre ihn schütze. Inmitten dieser Rede steht recht unvermittelt die kurze Szenenanweisung: „Die stille Mahlzeit".[219] Im Gegensatz zu Lohensteins späteren Dramen gibt es zu diesem Werk keinen Erläuterungsapparat, so dass die Bedeutung der Anweisung nicht vollständig ersichtlich wird. Es handelt sich wohl um eine Art in Schweigen zugebrachte Henkersmahlzeit, die der Hinzurichtende in Anwesenheit des Hofes und der Henker einzunehmen hat. Nach der in der Regieanweisung beschriebenen Handlung, die Ibrahim zu recht als Beginn des Hinrichtungsrituals begreift, hält er eine lange Abschiedsrede, an deren Ende er die

216 So die Formulierung in der Inhaltsangabe des Autors. Daniel Casper von Lohenstein. *Türkische Trauerspiele*. Hrsg. von Klaus Günther Just. Stuttgart 1953, S. 14.
217 Ebd., S. 78.
218 Ebd., S. 49.
219 Ebd., S. 50.

Henker und die Stummen auffordert: „Schlingt uns die strängel an. Wenn wir den Kopf gesträkt | Zur Erden/ denn ziht zu/ daß wir im eignen Bade | Ersauffen unsers Blutts" (III, 252–54). Doch als er diesen Satz gesprochen hat, erscheint als Instanz der Peripetie der Kaiser, der sein Urteil widerruft und den Verurteilten begnadigt. Anschließend berichtet Rustahn der Kaiserin Roxolane an einem abgeschiedenen Ort von den Ereignissen:

> Wir waren neben Ihn zur Mahl-Zeit schon gesässen
> Man sah einander an/ es wolte nimand essen/
> Die Taffel war voll-aus mit frembder Kost bedäkkt
> Kein einger redt' ein Wort; Er bloos saas un-erschräkkt
> Vihr Stumme dihnten Ihm auf mit schwartz-seidnen Strängen
> Uns ward die Zeit zu kurtz/ Ihm wolt sie sich verlängern.
> Er stand zu erst auch auf und ging den sauern Gang
> Des Todes/ als Ihn rief der Mord-Trompeten Klang.
> Er lag die länge schon zur Erden aus-gesträkket
> Er hatte schon den Halß ein in den Strang gestäkket
> Die Hänkker dorften nur die Schlinge zihen zu
> Als unser Sulthan gleich – – ROX. O der verdammten Ruh
> Der langsamen Fasalln? RUST. Geplatzt kam in das Zimmer/
> Vnd uns zu-winckend rief: ROX. O könt uns etwas krümmer
> Begegnen. RUST. Halt/ verzieht! Er fuhr Mich trotzig an/
> Ich sagte nur ein Wort. ROX. O närscher Gütte Wahn!
> RUST. Ich starrt und hätte gern mein Wort gehabet wider.
> ROX. Sah der verdammte zu? RUST. Der Hund fiel vor ihm nider
> Doch Achmat hob Ihn auf: die Bassen lägten Ihm
> Den Purpur wieder an. (IV, 9–28)

Rustahn beschreibt den Beginn der Hinrichtungsszene als ein grotesk-schauriges Schauspiel. Die Anwesenden sind von der Situation so betroffen, dass sie weder mit Ibrahim essen mögen, noch „ein Wort" sprechen. Angedeutet wird, dass die Szene in vollständigem Schweigen stattfand. Zudem wird der Verurteilte von vier Stummen bedient, die die eisige Atmosphäre noch verstärken. Wie Lohenstein in den Anmerkungen zu *Ibrahim Sultan* festhält, war es an den türkischen Höfen üblich, Taubstumme als Diener einzustellen.[220] Dennoch hat es den Anschein, als beschreibe Rustahn bewusst eine Szene, die gerade aufgrund ihrer dramatischen Stille unheimlich wirken soll.

Als er von der plötzlichen Ankunft des Sultans spricht, fragt die Kaiserin, ob die Langsamkeit der „Fasalln" die Schuld an der nicht vollzogenen Hinrichtung trage. Doch eigentlich, und dies übergeht Rustahn in dem zitierten Dialog, ist Ibrahim selbst ‚schuld' an seinem Überleben: Hätte er das Stillschweigen der anderen nicht

---

220 Vgl. ebd. Im Folgenden wird bei der Besprechung von *Ibrahim Sultan* noch näher auf diese Konvention und die Funktion der ‚Stummen' eingegangen.

durch eine langatmige Rechtfertigungs- und Abschiedsrede unterbrochen, so wäre seine Hinrichtung längst vollzogen worden. Insofern rettet ihm zumindest vorläufig das fortwährende Sprechen das Leben.[221] In einer Dramatik, in der nie eine Figur ‚mitten im Satz' stirbt, so dass ihr von den Henkern ‚das Wort abgeschnitten würde', sondern sie grundsätzlich erst nach Beendigung ihrer finalen, in sich geschlossenen Abschiedsrede oder dem in Versen gesprochenen Gebet getötet wird – und zwar dann, wenn sie selbst es aktiv bestimmt[222] – ist das Sprechen eine Form der Todesbemächtigung, ein wirksames Mittel der Suspension. Darüber hinaus fungiert der Tod im Barock aber als ultimative Wahrheitsinstanz, den letzten Worten kommt daher hohe Bedeutung zu.

Interessant ist darüber hinaus, dass Rustahn beim plötzlichen Auftreten des Kaisers „ein Wort" spricht, dessen Inhalt wir nicht erfahren, das aber dazu führt, dass er anschließend vor Entsetzen oder Wut sprachlos ist und sich wünscht, „[ich] hätte gern mein Wort gehabet wieder" (IV, 25). Was er gern zurück erhielte, wäre seine Sprachmacht, die möglicherweise bewirkt hätte, dass die Hinrichtung nicht suspendiert worden wäre. An dieser Stelle findet sich im zitierten Dialog eine formale Zäsur, die durch zwei Gedankenstriche angezeigt wird: „Die Hänkker dorften nur die Schlinge zihen zu | Als unser Sulthan gleich – – ROX. O der verdammten Ruh | Der langsamen Fasalln?" (IV, 19–23). Diese Gedankenstriche kennzeichnen keine fehlenden Silben – das Versmaß des Alexandriners wird trotz Sprecherwechsel eingehalten –, aber es handelt sich um die deutliche Kennzeichnung einer Lücke. Offen bleibt, ob sie möglicherweise im Zusammenhang mit dem mysteriösen ‚einen Wort' steht: Vielleicht war es ja ein Befehl, zu warten.

Ähnlich wie in *Ibrahim Bassa* findet sich auch in Lohensteins zweitem türkischen Trauerspiel, *Ibrahim Sultan*, die Figurengruppe der „Stummen". Das Trauerspiel behandelt die Fehltritte des türkischen Kaisers Ibrahim, einem amoralischen, grausamen Tyrann, der sich u. a. an der Witwe seines Bruders vergreifen möchte und Ambre, die Tochter des Mufti, vergewaltigt. Eine Verschwörung der Granden plant schließlich die Absetzung und Tötung des tyrannischen Kaisers und die Einsetzung seines Sohnes Machmet. In der fünften Abhandlung wird Ibrahim in den Kerker gebracht, seine Mutter Kiosem erwirkt jedoch die Aussetzung der Hinrichtung. In der Inhaltsangabe heißt es über das anschließende Geschehen:

> *Ibrahim* wird im Kercker gantz wüttend/ laufft mit dem Kopfe/ umb sich in Ermangelung anderer Waffen selbst hinzurichten/ wider die Mauer. Hierüber erscheinet ihm *Ambrens* Geist/ dreuet ihm Untergang und Höllen-Pein an. Worauf er von vier Stummen erwürget wird.[223]

---

221 Im Verlauf des Stückes wird Ibrahim dann doch durch Rustahn brutal hingerichtet. Suliman, der darüber entsetzt ist, lässt sich durch Achmat berichten, was mit der Leiche geschah: „Den Leichnam warf er hin in der Erwürgten Ort | Den abgehakten Kopf stäkt' Er auf die Pfort" (V, 233 f.). Daraufhin fordert er den Tod des Mörders.

222 Vgl. den bereits zitierten Vers Ibrahims: „Wenn wir den Kopf gesträkt | Zur Erden/ denn ziht zu" (III, 252 f.).

223 Lohenstein 1953, S. 107.

Der Schauplatz des vierten Auftritts der fünften Abhandlung „stellet für einen Saal in des Mufti Pallast“.[224] Als Personenangabe findet sich: „*Achmet. Mufti.* Drey *Cadileschieri. Kiuperli. Kul-Kiahia. Kara-Chiaus.* Die Janitscharen. *Hassen-Ongle.* Vier Stummen.“[225] In dieser Szene wird der Großwesir Achmet angeklagt, bei der Vergewaltigung Ambres Ibrahims williger Handlanger gewesen zu sein. Achmet versucht sich durch seine Pflicht des Gehorsams herauszureden, doch ist seine Schuld unter den Anwesenden unbestritten. Schließlich befiehlt der Janitschar Bectas: „Stracks stoßt den Hund zum Haus‘ hinaus. Doch an der Schwelle | Faßt ihn/ ihr Stummen/ an; schickt seinen Geist der Helle | Durch ein paar Stricke zu“ (V, 419 f.). Achmet wirft sich, als er dieses Urteil hört, vor Mufti nieder und fleht um Gnade, die ihm aber nicht gewährt wird:

MUFTI. Stracks/ schlinget ihm die Stricke
Umb den verdammten Halß. ACHMET. Gerechter Himmel schicke
Doch Recher dieses Mords! Indem fast unerhört;
Daß angeflehter Schirm selbst Flehende versehrt.
KARA CHIAUS. Wenn Nattern man ertritt/ wolln sie die Zung erst schärffen.
BECTAS. Laßt den erstickten Hund zu offnem Schauspiel werffen
Fürs neue Kirchen-Thor: daß alles Volk schau an:
Wie hoch ein großer Baum durch Laster fallen kann. (V, 439–46)

Achmets Tod durch Erwürgen ist insofern eine Spiegelstrafe, als ihm von seinen Richtern die Falschheit seiner Rede, der Einsatz der Zunge als Waffe, vorgeworfen wird. Das Erhängen – ausgeführt durch die ‚Stummen‘ – ist eine Todesart, die dem Verurteilten mit dem Abschneiden der Luft die Stimme nimmt.

Die gleiche Todesart wird der abgesetzte Kaiser Ibrahim erleiden. Der Schauplatz, an dem sich sein Tod ereignet, „stellet für einen Kercker“; als anwesende Personen werden zu Beginn der Szene genannt: „*Ibrahim.* Der *Ambre* Geist. Vier Stummen. Sechs Geister ermordeter Bassen“.[226] Allein im Kerker plant Ibrahim aus Verzweiflung den Selbstmord. Zunächst will er sich aufhängen, aber dann ändert er seinen Vorsatz: „Doch nein! laß uns die Nacht bepurpurn durch diß Blutt. | Die Pfosten sind hier schon zu Sterbens-Pforten gutt. | Laß/ eh auf unsern Halß die Hencker sich erbossen/ | An diesen Mauren uns behertzt den Kopf zerstossen.“ (V, 765–68). In diesem Augenblick erscheint ihm ‚der Ambre Geist‘, der ihn anklagt und ihm einen langen, schmachvollen und fürchterlichen Tod prophezeit. Am Ende ihrer Rede heißt es:

Auf! Blutthund auf! nim nunmehr wahr:
Daß/ wie der Hencker dir schon nach der Kehle greifft/
Der Abgrund auch sein Schwerdt auf deine Seele schleifft.

---

224 Ebd., S. 198.
225 Ebd., S. 202.
226 Ebd., S. 213.

Auf! Stumme/ fallet ihm ins Haar/
Greifft den Verzweifelten an/ werfft ihn zu der Erden/
Die nur von Bluttschuld kan durch Blutt gereinigt werden.
IBRAHIM. Ich zitter! ich erstarr! ich weiß nicht/ wo ich bin!
Ich beb; ach ich vergeh! Ach! wo versinck ich hin?
[...] | Ihr Stummen/ ja umbschlingt den Halß mit euren Stricken;
Eh als die Geister mich mit mehrer Kwal erdrücken.
Lernt Sterblichen: wie scharf des Höchsten Pfeile seyn/
Wenn er sie lange Zeit ins Langmuths-Öel weicht ein! (V, 799–814)

Dies sind die letzten Verse vor dem Schlussreyen. Das Erwürgtwerden durch die ‚Stummen' – zuvor als schlimmste Todesart imaginiert – wird hier fast zu einer Gnade. Wie sich erneut zeigt, stehen in der Dramaturgie Lohensteins Geister und Stumme in engem Zusammenhang. Unheimlich ist zudem, dass es sich bei den Stummen vermutlich um Ibrahims eigene Diener handelt, die sich nun gegen ihn wenden und ihren Kaiser mit den eigenen Händen zum Verstummen bringen.

In seinen „Nöthige[n] Erklär- und Anmerckungen" zu dieser Szene erläutert Lohenstein die Bedeutung der ‚Stummen':

Die Türcken pflegen die Stummen zu ihrer Ergötzlichkeit zu haben. Im Seraglio sind ihrer ins gemein vierzig/ die des Nachts in denen zwey Kammern oder Ichoglans/ des Tages sich bey ihrer Kirche aufhalten. Ob sie schon meist stumm und taub/ können sie doch durch die stille Sprache ihrer Gebehrden alles einander zu verstehen geben/ ja einander gantze Geschichten erzehlen. Die neun Eltesten wachens in der *Hosada* des Sultans. *Ricaut. l.I.c.8.p.116.* fürnehmlich aber werden sie zu Erwürgung grosser Herren gebrauchtet/ wie Suleiman durch sie seinen Sohn Mustafa erwürgen lassen. *Busbequ. Ep.I. p. 64.65.* und hier dem Ibrahim geschehen. *Bisacc. p. 521.*[227]

Lohenstein hat das im 17. Jahrhundert populäre Phänomen der stummen Diener mit Akribie recherchiert.[228] Die von ihm zitierten fremdsprachlichen historisch-politischen Quellen gehen ausführlich auf die ambivalente Bedeutung der Stummen in der türkischen Kultur ein, die als Unterhalter, aber auch als Scharfrichter fungierten. In dem von Lohenstein herangezogenen, unmittelbar vor dem Trauerspiel *Ibrahim Sultan* im Druck erschienenen Werk *Histoire de l'etat present de l'empire Ottoman* (1672) von Paul Ricaud findet sich auch ein Kupferstich, der die

227 Ebd., S. 257.

228 Dass es sich bei den stummen Türkendienern um eine allgemein bekannte Tatsache handelt, belegt die Erwähung in einem Drama der englischen Restauration (1609/1610), das im Kapitel III.2 behandelt wird. Dort wird über das Schweigen gesagt: „The Turk in this divine discipline is admirable, exceeding all the potentates of the earth; still waited on by mutes, and all his commmands so executed, yea, even in the war [...], most of his charges and directions given by signs and with silence: an exquisite art!" Ben Jonson. *Epicoene Or The Silent Woman.* Hrsg. von Roger Victor Holdsworth. London 1993, S. 32.

Abb. 36: *Muets du Grand Seigneur*, Kupferstich aus: Paul Ricaud. *Histoire de l'etat present de l'empire Ottoman.* Amsterdam 1672

*Muets du Grand Seigneur* abbildet (Abb. 36). Man sieht neben zwei Zwergen zwei orientalisch gewandete Männer miteinander in Gebärdensprache kommunizieren. Im entsprechenden Kapitel „Des Muets, & des Nains" wird die Funktion dieser spezifischen Dienerfiguren am ottomanischen Hofe erklärt:

> IL y a, outre les Pages, une autre espece de serviteurs domestiques à Cour des Princes Ottomans, que l'on appel *Bizehami*, ou Muets, qui sont naturellement sourds, & par consequent muets. Ils sont environ quarante, & logent la nuit dans les deux chambres des Pages, & le jour ils sont devant la Mosquée des Pages, où ils apprennent à se perfectionner dans le langage de muets, qui consiste en plusieurs singnes differens, par le moyen desquels il se font parfaitement bien entrendre, non seulement quand il s'agit des choses ordinaires & familieres; mais quand il est question de raconter une histoire aves ses circonstances, ou ce qu'ils sçavent des fables de leur religion & de la loy de l'Alcoran, & generalement tout ce que les autres hommes sont capables d'exprimer avec la langue. Il y en a huit ou neuf des plus vieux d'entreux, que l'on appelle les Muets favoris. Ceux là font admis à faire garde dans le *Haz-Oda*, où ils servent à divertir le grand-Seigneur au lieu des boussons. [...] Au reste, ce langage muet est si fort en mode à la Cour des Princes Ottomans, qu'il n'y a presque personne qui ne s'y étudie, & qui ne s'en puisse servir pour faire entendre ce qu'il pense: mais sur tout ceux qui sont obligez d'estre souvent auprés

> de Grand-Seigneur, en la presence duquel c'est manquer de respect, que de parler à l'oreille.[229]

Ricaud geht insbesondere auf die Faszination ein, die die Taubstummensprache auf die ottomanischen Höflinge ausübte und die einzuüben auch unter Sprechenden Mode wurde. Er betont die Fähigkeit dieser Zeichensprache, all das auszudrücken, was auch die verbale Sprache vermag. Bemerkenswert ist, dass Lohenstein sich in seiner Anmerkung überhaupt nicht auf das Faktum der Taubheit bezieht. So erscheint ihm allein die Stummheit von Bedeutung und nicht die Tatsache, dass sie nicht hören können und die Stummheit sich erst als Folge daraus ergibt. (Die Stummen können bei Lohensteins tatsächlich hören, sonst könnten sie die verbal an sie ergehenden Anweisungen nicht ausführen.)

Bei der These, dass die Stummen „fürnehmlich [...] in der Erwürgung großer Herren gebrauchet" werden, bezieht Lohenstein sich auf den 1629 erschienenen vierten Band von *De legationis turciae epistolae* von Augerius Gislenius Busbequius sowie auf Maiolino Bisaccionis *Historia universale dell'origine, guerre et imperio de Turchi* von 1654. In ersterem wird die durch den osmanischen Herrscher Suleiman II. angeordnete Erdrosselung seines Sohnes Mustafa durch die ‚Stummen' ausführlich beschrieben.[230] Die zweite Quelle, eine Geschichte des osmanischen Reiches, beschreibt in der „Vita d'Ibraim Primo/ ventiduedesimo imperador de tvrchi" den Tod Ibrahim Sultans in den Details, wie wir sie dann auch bei Lohenstein finden:

> Ibraino, che sperava l'osseruanza delle promesse della Madre per pochi giorni tollerò con patienza la prigione, ma di poi vedendola farsi continoua incominciò a dar nelle disperationi battendo il capo nelle mura, ondi alle 17. furono posti la dentro quattro Muti, che lo strozzarono, & cosi terminò la vita, & le dishonestà Ibramo pagando l'impietà della rotta fede alla Republica di Venetia, essendo cosi poco soprauissuto alli spergiuri fatti.[231]

---

229 Paul Ricaud. *Histoire de l'etat present de l'empire Ottoman [...]* 1. Amsterdam 1672, S. 115–17 (HAB Gv 964.2).

230 „Cum ergo venisset Mustapha in castra, [...] introducitur in patris tentorium. vbi pacata videbantur omnia: nullus miles, spiculator nullus, nullus lictor, insidiarum nihil, quod timeri passet at erant muti aliquot, quos Turcae habent in delictiis, validi & robusti homines, ad caedam eius destinati; qui teceptum in tentorium interius, magno impetu aggrediuntur, laqueumque illi omni vi iniicere conantur, ille strenue se defendere (neque enim erat inualidus) & non modo de vita; sed etiam de imperio contendere; [...] Suleimannus, qui linteis modo tentorii parietibus theatro, in quo illa agebatur tragoedia, disiungebatur, cum praeter spem incoepto suo moram iniectam videret: ea tentorii parte caput exserens, toruos & minaces oculos in mutos torquet: illorumque segnitiem atrocibus signis grauiter increpat. tum vero muti, redintegratis terrore viribus, miserum Mustapham sternunt, iniectoque neruo gulam ei frangunt: moxque in tapere porrectum, ante tentorium explicant [...]." Augerius Gislenius Busbequius. *D. legationis Tvrciae epistolae iv*. Hannover 1629, S. 39–41 (HAB P 1991.8° Helmst. (2)).

231 Maiolino Bisaccioni. *Historia vniversale dell'origine, gverre, et imperio de Tvrchi [...]*. Venedig 1654, S. 520 f. (HAB 89.3).

Im Zitat wird beschrieben, dass Ibrahim hoffte, die Versprechungen seiner Mutter fänden Berücksichtigung, so dass er einige Tage lang die Kerkerhaft mit Geduld ertrug. Als die Gefangenschaft aber anhielt, begann er daran zu verzweifeln und schlug seinen Kopf gegen die Kerkermauer. Dann wurden vier Stumme zu ihm geschickt, die ihn erwürgten. Das Zitat endet mit der Bemerkung, Ibrahim habe sein Leben und seine Unehrlichkeiten zugleich beendet, indem er dafür bezahlte, das Vertrauen der Republik von Venedig gebrochen zu haben und die gegen ihn vorgebrachten Verleumdungen nicht überlebte.

Ob die Schultheater-Aufführungen von Lohensteins *Ibrahim*-Dramen die Figuren der ‚Stummen' auch theatral nutzten, etwa indem man sie mit Gebärdensprache kommunizieren ließ, wird aus dem Textsubstrat nicht deutlich. Der Rückgriff auf diesen Figurentypus in den türkischen Trauerspielen ist einerseits der historischen Korrektheit geschuldet, um die es dem Autor geht. Andererseits aber reduziert er sie bewusst auf die Funktion des Stumm-Machens, ihre Henkertätigkeit. Die in der Anmerkung genannte zweite Aufgabe am türkischen Hof, die Tatsache, dass die Herrscher sie „zu ihrer Ergötzlichkeit zu haben [pflegen]" kommt in den Dramen nicht nicht zum Tragen. Dies legt nahe, dass es Lohenstein vor allem um den Zusammenhang von Stummheit und Tod ging.

In Lohensteins *Arminius*-Roman finden sich im 1690 erschienenen zweiten Teil ebenfalls stumme Henkerfiguren. Auch sie sind Diener[232], die zur Ausführung eines Mordes auf den Schauplatz treten. Es handelt sich um die Hinrichtung der thrakischen Königin Parysatis, die durch ihren Mann, den König Rhymetalces, und Ada, die Frau des Oberpriesters Rhascuporis, ermordet werden soll. Die sogenannte Ada-Episode, eine der orientalischen Binnenerzählungen des Romans, übersteigt an Grausamkeit und Amoralität alles andere in dem mehrere tausend Seiten umfassenden Werk. Durch mehrfach verschachtelte, von ihr arrangierte Ehebrüche gelingt es der intriganten Ada sogar, den König davon zu überzeugen, seine eigene Frau aufgrund ihrer – durch Ada initiierten – Untreue zu ermorden:

> Daß aber Rhymetalces selbst an seine Gemahlin Hand anlegen solte/ widerrieth sie ihm nicht so wol aus Abscheu für solcher Grausamkeit/ als daß sie besorgte: die den Tod für Augen sehende Parysatis dörfte von ihr/ ihrem Gemahl und der ermordeten Eriphyle alle Geheimnüsse entdecken/ und durch ihre Liebe und Anschläge einen Strich machen. Welchem Rathe sich denn auch Rhymetalces unterwarf/ und durch zwey vermummte Stummen sie bey ihrer frühen Rückkehr im Garten hinrichten zu lassen schlüßig ward; Inzwischen aber das Feuer seines Grimmes in die Flammen der Wollüste mit der geilen Ada verscharrte. Als er bis

232 Die Tradition der Verwendung von Stummen als im Kollektiv agierenden Dienerfiguren findet eine Fortführung in Johann Gottfried Schnabels galantem Roman *Der im Irrgarten der Liebe herumtaumelnde Kavalier* (1738), wo ebenfalls stumme Figuren (die aber nicht taubstumm sind, da des Hörens mächtig) den Protagonisten bedienen. Vgl. Johann Gottfried Schnabel. *Der im Irrgarten der Liebe herumtaumelnde Kavalier*. Nachdruck der Ausgabe Warnungsstadt 1746. München 1968, S. 141, 148 f. und 158.

> nach Mitternacht sich mehr geschwächt als gesättigt hatte/ ertheilte er den Stummen den Befehl/ und legte sich selbst in ein Fenster sich an dem bestimmten Trauer=Spiele zu belustigen; Ada aber wolte selbst eine spielende Person dabey seyn.[233]

Es geschieht alles wie geplant; die Königin wird „beym Eingange von zweyen Stummen angefallen/ zu Boden gerissen/ und mit zweyen Stichen verwundet“[234]; sodann springt Ada hervor und sticht mit dem Dolch des Königs auf sie ein, bis schließlich

> die Stummen aber die noch athmende Leiche in den/ den Garten anströmenden Hebrus warffen. Nach vollbrachtem Morde befahl Rhymetalces auf der Ada Anstifftung etlichen von der Leibwache diese zwey stummen Werckzeuge seiner Grausamkeit gleichfalls ins Wasser zu stürtzen/ umd diese Mord=That so viel gewisser zu vertuschen.[235]

Die stummen Dienerfiguren werden auch hier auf die mechanische Funktion des Tötens reduziert. Die Mörder vertrauen aber nicht darauf, dass deren Unmöglichkeit zu sprechen wie ein Siegel der Verschwiegenheit fungiere und einen Verrat ihrer Tat unmöglich mache, daher werden die „zwey stummen Werckzeuge“ nunmehr selbst Mordopfer und müssen das gleiche Schicksal erleiden, wie die von ihnen zuvor ‚stumm gemachte' Königin.

Das vorliegende Kapitel hat Figuren und Figurationen des Stummen in der Literatur des 17. Jahrhunderts untersucht. Das Spektrum reichte von marginalen Nebenfiguren, wie Dienern, über Geister, Tote und abstrakte ‚stille Vorstellungen' im Bühnengeschehen, bis hin zu konkreten stummen Hauptfiguren, deren Sprachmangel und anschließende Überwindung der Stummheit metaphysisch ausgedeutet wird. Dabei zeigte sich durchgehend die Tendenz, die Sprachlosigkeit zu kompensieren, sie durch Interpretationen anderer Figuren oder durch beigefügte Schrift lesbar zu machen. Andererseits erwies sich Stummheit als eine Kategorie des Nichtmenschlichen, geradezu Barbarischen, und wurde von den Autoren in diesem Sinne aktiv als Figuration des Unheimlichen eingesetzt. Die enge Verbindung von Stummheit und Tod, wie sie sich hier bereits zeigt, wird im anschließenden Kapitel näher untersucht.

---

233 Daniel Casper von Lohenstein. *Grossmüthiger Feldherr Arminius* 2. Nachdruck der Ausgabe Leipzig 1689. Hildesheim und New York 1973, S. 112a. Auf die in diesem Zitat sichtbar werdende Problematik von Sexualität und Gewalt kann ich an dieser Stelle nicht eingehen, verweise aber auf: Thomas Borgstedt. *Reichsidee und Liebesethik. Eine Rekonstruktion des Lohensteinschen Arminiusromans*. Tübingen 1992, S. 388–99.

234 Lohenstein 1973, Bd. 2, S. 112a.

235 Ebd., S. 112b.

## 3. Der Tod als ‚Stumm-Macher‘ und die Leiche als Emblem

Der Tod erscheint in der Kultur des Barock als Figur des sprichwörtlichen ‚Stumm-Machers‘, was sich sowohl in der Lyrik als auch anhand einer Reihe von Hinrichtungsszenen im Trauerspiel zeigt. Sprachfähigkeit und physisches Leben werden als eins gedacht, somit entspricht das Verstummen dem Tod. Dass der Sprachverlust als Metonymie der Leblosigkeit verstanden wird, zeigt sich vielfach in den Dramen der schlesischen Autoren.

So beklagt etwa Theodosia in *Leo Armenius* den „erblasten Mund“ (V, 437) des Kaisers, als dieser ermordet wurde; Leo Armenius, einstmals sprachmächtiger Herrscher, wird durch seine politischen Gegner wortwörtlich ‚mundtod gemacht‘. Auch Lohensteins Cleopatra gilt in dem Moment als gestorben, als ihre „Frauen-Zimmer“ ausrufen: „[s]ie verstummet“ (III, 246).[236] Ihr selbst erscheint der Geliebte Antonius tot, als sie feststellen muss: „Er athmet/ er blickt auf/ er rührt die blassen Lippen/ | Das Wort erstirbt im Mund“ (III, 682 f.). Der durch die Folterer des Tyranns Nero tödlich verwundete Annaeus Lucanus in Lohensteins *Epicharis* stirbt mit den Worten „Der Leib wird Eiß/ und auf der Zung erstirbt das letzte | Wort“ (V, 603 f.), wobei die Schlussstellung des letzten Wortes durch den Versumbruch noch betont wird. Als der jüdische Hohepriester Hyrkanus in Hallmanns Trauerspiel *Mariamne* erhängt werden soll, wendet er sich in der Abschiedsrede vor seiner Hinrichtung mit bereits „halbverbrochnem Munde“ (III, 360) an Christus. Die kleine Spes, Tochter der Sophia in Hallmanns gleichnamigem Trauerspiel, beendet ihren an Jesus gerichteten Todesmonolog auf dem Scheiterhaufen mit den Worten „Denn du bist mein Trost und Licht! | Steh mir bey in diesen Flammen | Wenn die Glut nun schlägt zusammen/ | Und mein Mund kein Wort mehr spricht!“ (IV, 423–26). Auch die junge Märtyrerin verweist vor dem Tod auf den Verlust der Sprache, den sie dem Augenblick des Sterbens gleichstellt. Zahlreiche andere Beispiele ließen sich nennen, in denen Sprechen und Leben, Sprachlosigkeit und Tod synonym gesetzt werden.

In diesem Kapitel wird die Funktion des Todes als Figur des Verstummens anhand von zwei Aspekten untersucht, die in den Textsorten Drama und Lyrik realisiert werden. Zunächst geht es um die gewaltsame Tötung, die im Trauerspiel deutlich auch als Sprachverlust der Protagonisten konzipiert ist – dies zeigt sich, wie bereits ausgeführt, daran, dass die Figuren zuweilen zweifach im Personenverzeichnis aufgelistet sind: als ‚Sprechende‘ im Zustand des Lebens sowie als ‚Schweigende‘ im Zustand der Leblosigkeit. Anknüpfend an die These Benjamins, dass die Zerstückelung des Körpers die Bedingung dafür ist, ihn einer allegorischen Lektüre unterziehen zu können, wird es um den Akt der Enthauptung gehen, der zugleich als Radikalform und physische Manifestation eines ‚Abschneidens des Wortes‘ zu ver-

236 Allerdings handelt es sich hier nur um einen Scheintod (Cleopatra gibt vor, zu sterben und ihre Dienerinnen glauben dies), der aber die identische körperliche Merkmale, z. B. das Erblassen, aufweist.

stehen ist. Im zweiten Teil des Kapitels werden weltliche Gedichte von Gryphius untersucht, die den Topos vom Tod als Stumm-Macher gestalten, indem ein einstmals äußerst eloquenter Redner posthum vom ‚Verstummen' seiner Zunge und dem ‚Erblassen' seines Mundes berichtet.

### *Die ‚decapitatio' als Wortabschneidung (im Trauerspiel)*

Der Tötungsform der Enthauptung wohnt aufgrund der Gleichsetzung von Sprache und Präsenz sowie von Eloquenz und Macht höchste Bedeutung inne. Mit der gewaltsamen Durchtrennung der Kehle wird nicht nur der Mensch als solcher, sondern in spezifischerem Sinne auch dessen Sprachfähigkeit vernichtet. So formuliert Spes in Hallmanns *Sophia* direkt vor ihrer Enthauptung, dass sich nun „mit erstarrtem Munde" ihr „Haupt zur Erde neigt" (IV, 451 f.). Auffällig ist, dass in vielen Trauerspielen die Handlung in der Enthauptung einer oder mehrerer Figuren kulminiert, oftmals handelt es sich dabei um die Titelfigur. Der spektakuläre Akt der plötzlichen Zerteilung von Kopf und Körper, der die Imagination der Zeit maßgeblich prägt, prangt als Frontispiz auf einigen Erstausgaben der Dramen[237] und bildet vermutlich den theatralen Höhepunkt zeitgenössischer Inszenierungen. Zugleich stellt die Bühnendarstellung einer solchen Enthauptung die größte Herausforderung an Schauspielkunst, Technik und Requisite dar.

In folgenden Werken werden die Titelfiguren geköpft (es werden mit Absicht die umständlichen Doppeltitel der Werke angeführt, im Hinblick auf ihre emblematische Struktur, um die es noch gehen wird): In Gryphius' *Catharina von Georgien Oder Bewehrete Beständigkeit* (1647), in dessen *Ermordete Majestät Oder Carolus Stuardus, König von Gross Britanien* (1657[238]) und *Grossmüttiger Rechts=Gelehrter Oder Sterbender Aemilius Paulus Papinianus* (1659), in Hallmanns *Die beleidigte Liebe Oder die großmüthige Mariamne* (1666) und in Haugwitz' *Schuldige Unschuld Oder Maria Stuarda* (1683). Es sind hier jeweils die ‚Hauptfiguren', die mit dem theatralen Akt der *decapitatio* eine instantane ‚Entmündigung' erleiden. In *Papinianus* wird neben dem titelgebenden Rechtsgelehrten auch dessen Sohn geköpft und in Hallmanns Trauerspiel *Die Himmlische Liebe Oder die Beständige Märtyrerin Sophia* (1671) werden zwei der drei Töchter der Urchristin und „Hoch-Adeliche[n] Römische[n] Wittib"[239] Sophia vor den Augen ihrer Mutter gefoltert und enthauptet. In Lohensteins *Ibrahim Bassa* (1653) wird der titelgebende Fürst durch eine kaiserliche Intrige, wie es in der Vorrede heißt, „jämmerlich erwürget"[240], anschließend wird ihm der Kopf abgetrennt und auf dem Tor aufgespießt. In Lohensteins *Epicharis* (1665) werden insgesamt vier der Verschwörer gegen Nero geköpft, dem

237 Titelkupfer mit Enthauptungsdarstellungen finden sich z.B. in den Erstdrucken von Gryphius' *Papinianus*, Hallmanns *Mariamne* und Haugwitz' *Maria Stuarda*.

238 Das Stück wurde bereits 1649 geschrieben.

239 So die Beschreibung der Sophia im Personenverzeichnis. Hallmann 1980, S. 15.

240 Lohenstein 1953, S. 14.

ersten wird der abgetrennte Kopf aufgespießt (IV, 464), die anderen lässt Nero enthaupten, um Epicharis, die trotz schwerster Folter stoisch schweigt, zu bestrafen. In Hallmanns Trauerspiel *Die Sterbende Unschuld/ Oder Die Durchlauchigste Catharina Königin in Engelland* (1684) sterben der Bischoff von Rochester und der Reichskanzler Thomas Morus durch das Beil, während die Titelfigur „aus allzugrosser Traurigkeit und Erschrecknüß von dem Schlage tödtlich betroffen"[241] wird. In Johann Rists *Perseus* (1634) wird dem Königssohn Demetrius „in der Scena der Kopff abgeschlagen/ vnd in einer blutigen Schüssel durch auffziehung der Tapezereien den Spectatoribus praesentiret".[242]

Man sieht an diesem Abriss, dass die Enthauptung verschiedene Figuren und Figurentypen trifft, zumeist handelt es sich aber um Herrscher und ihre Kinder oder um andere hohe Standespersonen. Sie tritt in unterschiedlichen Formen auf: als spontane Tötung, die eine Folterszene beschließt, als Vollzug eines langwierigen Gerichtsurteils oder auch als postmortale Zerstückelung. Kann man sie einerseits als theatralen Vollzug eines erlittenen, endgültigen Verstummens interpretieren – wie dies im Folgenden geschehen soll –, so birgt sie andererseits eine für die Frühe Neuzeit aufschlussreiche Form der Kollektivkörper-Symbolik, was sich besonders in Gryphius' *Carolus Stuardus* zeigt. In diesem Trauerspiel, das die Absetzung, förmliche Verurteilung und Hinrichtung Karls I. von England behandelt, ist die Symbolik von ‚Haupt' und ‚Enthauptung' zentral; dies zeigen die vielen Texthinweise darauf und auch die ausführliche, von Ritualen begleitete Hinrichtungsszene selbst.

Gryphius bezieht sich auf die seit der Antike geläufige Analogie von Körper und Staat, wonach der König das Haupt darstellt. Politisch verwendet, erfüllt das Bild vom Staatskörper vor allem zwei Funktionen: es verdeutlicht erstens die wechselseitige Abhängigkeit aller Glieder, ihre strukturelle und funktionale Verbundenheit. Zweitens ist es ein anschauliches Bild für die Hierarchie eines Staates – seiner ständischen Ordnung und quasi-organischen Machtverteilung –, die durch die unterschiedlich gewichtigen und lokalisierten Körperteile repräsentiert werden. In Thomas Hobbes' *Leviathan* (1651) wird der Staat, das Gemeinwesen, als „künstlicher Mensch" bezeichnet.[243] Der Souverän ist in diesem Kollektivkörper die „künstliche *Seele*", die „dem ganzen Körper Leben und Bewegung verleiht".[244] Im Gegensatz zur Vorstellung bei Gryphius ist der Herrscher für Hobbes also nicht das Haupt des Staatskörpers, sondern dessen Seele. Doch findet sich im England des 17. Jahrhunderts an anderer Stelle eben diese Vorstellung vom ‚Staatsoberhaupt', wenn etwa

241 So die Formulierung in der ausführlichen Inhaltsangabe („Erfindung und Abtheilung des Trauer=Spieles"); Hallmann 1980, S. 173.

242 Johann Rist. „Perseus". Nachdruck der Ausgabe Hamburg 1634. *Sämtliche Werke* 1. Hrsg. von Eberhard Mannack. Berlin 1967.115–282, S. 267 f.

243 Thomas Hobbes. *Leviathan*. Übers. von Jutta Schlösser. Hrsg. von Hermann Klenner. Hamburg 1996, S. 5.

244 Ebd.

King James I. 1603 zu seinem Parlament sagt, „I am the Husband, and the whole Isle is my lawfull Wife; I am the Head, and this is my Body [...].“[245]

In ähnlicher Weise wird die Analogie von Gryphius verwendet, wenn er Carolus Stuardus in seinem Trauerspiel als „höchste[s] Haupt“ (V, 422) bezeichnet, als denjenigen Teil des politischen Körpers, dessen Aussetzen den gesamten Organismus tötet. So heißt es im Reyen der „ermordeten Engelländischen Könige“ nach der ersten Abhandlung:

Was hat dich Albion erhitzt?
O Land mit Königs Blutt durchspritzt?
Machst du mit einem tollen Streiche
Dich selbst zu einer todten Leiche?
Das Beil daß du auff Carlen wetzt
Wird deiner Ruh' an Hals gesetzt. (I, 313–38)

Gryphius benutzt die Metapher des Staatskörpers um zu zeigen, dass die Hinrichtung des Königs den Untergang Britanniens zur Folge haben wird: Das ganze Land wird zu einer „todten Leiche“, es vollzieht mit der Tötung seines Königs einen Selbstmord. Wenn in der fünften Abhandlung direkt nach dem Niederfallen des Beils über den Leichnam des Königs gesagt wird: „Da ligt des Landes Heil [...] Da ligt des Landes Leben“ (V, 489), so dient Carls verstümmelter Körper zur Illustration der gefährlichen ‚Kopflosigkeit' des Reiches. Eine solche Vorstellung muss für Gryphius und seine Zeitgenossen erschreckend gewesen sein, wofür das Faktum ein Beleg ist, dass man dem englischen König vor der Bestattung das Haupt wieder annähte.[246]

Seit der Antike galt die Enthauptung als humanste und am wenigsten entehrende Todesstrafe.[247] Für die Hinrichtung wurden unterschiedliche Techniken und Instrumente verwendet, die Gryphius in den Anmerkungen zum *Papinian* ausführlich darstellt und beurteilt.[248] Neben dem Interesse an historischer Faktizität

---

245 Zitiert nach: David George Hale. *The Body Politic. A Political Metaphor in Renaissance English Literature.* Den Haag und Paris 1971, S. 111.

246 Vgl. Roberto de Romanis. „Le ultime, ultissime parole de Carlo I d'Inghilterra“. *Il regicidio. La storia, il mito, la scrittura.* Hrsg. von Monique Streiff Moretti. Perugia 1994. 13–45, S. 32, Anm. 31.

247 Vgl. Hartmut Böhme. „Die Enthauptung der heiligen Katharina und der heiligen Barbara“. *Glaube Hoffnung Liebe Tod.* Hrsg. von Christoph Geissmar-Brandi und Eleonora Louis. Kat. Kunsthalle Wien. Klagenfurt 1995. 384–87, S. 384.

248 Ausgehend von der antiken römischen Praxis, das Haupt mit dem vom Henker geführten Beil abzuschlagen, schreibt Gryphius: „Was sonsten die Enthaubtung belanget/ ist zu wissen/ daß heutigen Tages das Fall-Beil zu Rom wieder bräuchlich/ wie in Franckreich und Engelland das Hand-Beil. [...] Jn Spanien wird an den Missethätern der Hals an stat deß Schwerds mit einem Messer entzwey geschnitten.“ Gryphius 1991, S. 439. Des Weiteren hält er fest, Bassanius habe den Soldaten, der Papinian hingerichtet habe, „hart gescholten/ [...] daß er jhn mit dem Beil/ nicht mit dem Schwerdt gerichtet. [...] Jn gemein ist zu wissen/ daß die Enthaubtung durch das Schwerdt ehrlicher gewesen/ denn dise durch das Beil geschehen/ welche Art deß Todes zu vollzihen etliche mit fleiß gelernet.“ Ebd., S. 438.

kommt Gryphius und den anderen Dramatikern seiner Zeit die Symbolik und Theatralik der Enthauptung entgegen. Es ist der mit dem schnellen und unaufhaltsamen Fall des Beils implizierte Glückswandel, der im Sinne des Fortuna-Motivs eingesetzt werden kann. Immer wieder ist in *Carolus Stuardus* die Rede vom entsetzlichen „Fall" dieses Herrschers, welcher „die erschreckte Welt [...] erschüttern" werde (I, 6). Das Hinknien und die Niedrigkeit des Richtblockes, auf den Carolus sich beugen muss, kennzeichnet das Bodenlose dieses ‚Falls' im mehrfachen Wortsinn.

Ein weiteres theatrales Moment der *decapitatio* ist die vorhergehende Devestitur[249], das sukzessive Ablegen der Herrschaftsinsignien, des Schmucks und des Oberkleides – was im Sinne des barocken Welttheaters immer auch als Ende des irdischen „Schaw-Spil[s]"[250], als Ablegen der weltlichen Rollenfigur begriffen wird. In *Carolus Stuardus* zieht sich das vor der Öffentlichkeit vollzogene Ritual der Devestitur des Königs über mehrere Druckseiten: erst legt er die Mütze ab (eine Krone trägt er nicht mehr), dann knotet er seine Haare hoch, um dem Henker den Nacken darzubieten, anschließend verteilt er Mantel, Ritterband, Ring, Schmuck und Uhr an seine Untergebenen.[251] Teil der symbolischen Degradierung ist es, dass er all dies selbst tut. So kommentieren die „Jungfrauen an den Fenstern" dieses Geschehen:

> Jst nimand an dem Orte.
> Der mit dem letzten Dinst den großen Fürsten ehr!
> Nein! er entdeckt sich selbst! [...] Sind keine Diner mehr!
> [...] Der so vil tausend vor beherrscht durch einig Wincken:
> Von dem setzt alles ab noch vor dem Niedersincken! (V, 462–66)

Ist die (tropenreiche) Sprache in der Rhetorik immer wieder dem *ornatus*, einem Kleid, verglichen worden, so ist die Devestitur des Königs auch eine Form sprachlicher ‚Entblößung', die dem endgültigen Verstummen im Tod zuvor geht. Dieses Verstummen ist – so das Argument Benjamins – der Beginn einer allegorischen Lektüre des Leichnams.

### *Allegorisierung der Physis*

Benjamin hat die These aufgestellt, dass die allegorische Zerstückelung des Leichnams die Grundlage ihrer emblematischen Funktion ist, ein Gedanke, der sich besonders gut auf *Carolus Stuardus* übertragen lässt. Gryphius' Königsdrama wird von Benjamin im *Trauerspiel*-Buch nur ein einziges Mal zitiert – vermutlich auf-

249 Vgl. Thomas Frank. „Investitur, Devestitur" *Des Kaisers neue Kleider. Über das Imaginäre politischer Herrschaft. Texte – Bilder – Lektüren*. Ders. u. a. Frankfurt a. M. 2002. 218–32.

250 Gryphius 1991, *Papinian* (V, 335).

251 Eine analoge Szene findet sich in vielen Märtyrerdramen, z. B. in *Maria Stuarda* (IV, 113–22), *Papinian* (IV, 335–42) und *Mariamne* (V, 579–82).

grund der proabsolutistischen Tendenz des Stückes, die das Gottesgnadentum des Fürsten befürwortet –, und zwar in eben diesem Kontext: „Denn von selbst versteht sich: die Allegorisierung der Physis kann nur an der Leiche sich energisch durchsetzen. Und die Personen des Trauerspiels sterben, weil sie nur so, als Leichen, in die allegorische Heimat eingehen. Nicht um der Unsterblichkeit willen, um der Leiche willen gehn sie zu Grunde. ‚Er lässt uns seine leichen/ zum pfande letzter gunst', sagt Carl Stuarts Tochter vom Vater, welcher seinerseits es nicht vergaß, um deren Einbalsamierung zu bitten. Produktion der Leiche ist, vom Tode her betrachtet, das Leben. [...] Für das Trauerspiel des XVII. Jahrhunderts wird die Leiche oberstes emblematisches Requisit schlechthin."[252]

Die Mehrzahl der Titelkupfer der Trauerspiele zeigt nicht die Leiche, sondern das, was Benjamin die „Produktion der Leiche" nennt, nämlich den kurzen Moment vor der Tötung, zum Beispiel die Sekunde vor der Enthauptung, in der das Opfer bereits den Nacken entblößt und den Kopf gesenkt hat und der Henker mit dem Beil ausholt.[253] Erst durch die Abtrennung des Kopfes kann er zum stummen Bild und damit ewig werden. Sterblicher Restkörper und zeitentbundenes, göttliches Haupt werden separiert, mit ihnen wird ab dann unterschiedlich verfahren. So erhält zum Beispiel in Hallmanns *Mariamne* der Körper des Schwagers des Königs eine Totenwache, während der Kopf in den Palast gebracht wird.[254] Carolus Stuardus' Enthauptung ist eine höchst symbolische Handlung, die eine (temporäre) Trennung der „zwei Körper des Königs"[255] zum Ziel hat. Der Kopf wird durch die

---

252 Benjamin 1996, S. 193 f. Es gibt noch eine zweite Fußnote, in der Benjamin *Carolus Stuardus* zitiert, hier allerdings gibt es keinen Zitatnachweis.

253 Eine Ausnahme bildet das Titelkupfer zu Lohensteins *Epicharis*, wo laut Klaus Günther Just ein Kerker abgebildet ist. „Im Hintergrund links schneidet sich der gefesselte Lucanus die Adern auf, im Hintergrund rechts wird Epicharis gefoltert. In der Mitte des Vordergrunds stehen Nero und Sabina Poppaea, während links Quinctianus und Senecio mit abgetrennten Häuptern liegen und rechts der Henker gerade zum Schlag auf Scevinus ausholt. Es handelt sich also um die Schlußszene des Trauerspiels". Lohenstein 1955, S. 149. Eine zweite Ausnahme ist eine andere bekannte Darstellung, allerdings kein Titelkupfer, sondern eine Radierung zum „Prolog der Ewikeit" von *Catharina von Georgien*. Dort liegt der Schauplatz der Regieanweisung zufolge „voll Leichen/ Bilder/ Cronen/ Zepter/ Schwerdter etc." Gryphius 1991, S. 125. In der vermutlich anlässlich einer Aufführung im Herzogtum Wohlau im Jahr 1655 entstandenen Folge von Radierungen zum *Catharina*-Trauerspiel zeigt die entsprechende Abbildung neben den genannten Dingrequisiten auch auf dem Boden verteilte Leichen. Vgl. ebd., Abb. 3. Zum problematischen Status dieser Radierungen als historischen Aufführungszeugnissen siehe: Harald Zielske. „Andreas Gryphius' ‚Catharina von Georgien' auf der Bühne. Zur Aufführungspraxis des schlesischen Kunstdramas". *Maske und Kothurn* 17 (1971): 1–17. In der Gryphius-Forschung werden die Radierungen irrtümlich zumeist als Kupferstiche bezeichnet, obwohl es auf dem Titelblatt der Ausgabe heißt: „Fatte coll acqua forte". Vgl. den Drucknachweis bei: Nicola Kaminski. *Andreas Gryphius*. Stuttgart 1998, S. 253.

254 Hallmann 1975 (II, 341 f.).

255 Vgl. Ernst H. Kantorowicz. *Die zwei Körper des Königs. Eine Studie zur politischen Theologie des Mittelalters*. 2. Aufl. München 1994.

Tötung quasi zum *pars pro toto* des unsterblichen *body politic*, der vom Restkörper, dem *body natural*, getrennt wird.

In der christlichen Ikonographie findet sich oftmals der separierte Kopf zusammen mit dem Vollstrecker bzw. Urheber der Tötung – David mit dem Haupt des Goliath, Judith und ihre Dienerin mit dem Kopf des Holofernes oder Salome mit dem Johannes des Täufers. Besonders in der Bildtradition des Johanneshauptes, in dem dieses in einer Schüssel liegt, wird die Separation des Kopfes auch als kultureller Vorgang der Resignifizierung dargestellt, als transformierender Prozess der Bildproduktion. Der Kopf ist hier eben nicht nur physisch sondern auch symbolisch vom Körper abgetrennt. Die Schüssel empfängt das „ultimative Porträt" des Märtyrers, ganz ähnlich „wie das Schweißtuch der Veronika das Bildnis Christi aufnimmt".[256] Das glänzende, edle, zumeist metallische Gefäß ‚rahmt' den Kopf, es enthebt ihn der Sphäre des Fleisches und macht ihn zu einer Ikone. In der bereits zitierten Bühnenanweisung aus Rists *Perseus* wird der abgeschlagene Kopf des Demetrius in einer solchen Schüssel „den Spectatoribus präsentiret".[257]

Im Hinblick auf Gryphius' *Carolus Stuardus* findet sich weder eine solche Beschreibung, noch gibt es ein Titelbild, das die Enthauptung des Königs zeigt. In der Erstausgabe des *Papinian* von 1659 findet sich jedoch eine derartige Szene, die stellvertretend herangezogen werden kann.[258] Auf dem von Paravicinus gestalteten Kupferstich sieht man den gottesfürchtigen Rechtsgelehrten im Augenblick vor der Enthauptung. Der lorbeergekränzte Kaiser und die staatlichen Würdenträger sind versammelt; schwer bewaffnete Soldaten befinden sich mit im Raum. Papinian kniet in einer entwürdigenden Pose, sein Obergewand ist abgelegt, er wirkt klein und schutzlos, seine Augen sind geschlossen. Der Henker holt bereits mit dem riesenhaften Beil aus. Ein Detail direkt hinter dem Kopf zeigt eine Schüssel, in der sich ein abgetrennter Kopf befindet. Entweder handelt es sich dabei um Papinians Kopf, der als zeitliche Vorwegnahme wie in einem mittelalterlichen Simultanbild dort bereits liegt, oder es ist derjenige seines Sohnes, welcher vor Papinians Augen denselben Tod erleiden musste (beide Deutungen sind möglich und schlüssig). Es geht also um den Vorgang der Bildwerdung des Hauptes – nicht zufällig ähnelt die Rundform der Schüssel einer Medaille. So findet sich in der *Papinian*-Ausgabe im Anschluss an die Hinrichtungsszene ein Medaillon-Bildnis des Rechtsgelehrten, das dessen separiertes Haupt im Profil zeigt.[259]

Nach Schöne zeigt sich, wie bereits erwähnt, die emblematische Struktur eines Trauerspiels unter anderem anhand der Doppeltitel der Werke, indem der dort

256 Hartmut Böhme. „Die Enthauptung von Johannes dem Täufer". *Glaube Hoffnung Liebe Tod*. Hrsg. von Christoph Geissmar-Brandi und Eleonora Louis. Kat. Kunsthalle Wien. Klagenfurt 1995. 379–83, S. 382.

257 Rist 1634/1967, Bd. 1, S. 268.

258 Vgl. Gryphius 1991, Abb. 10. Siehe auch die Anmerkungen zu dem Stich: Ebd., S. 1000.

259 Vgl. ebd., Abb. 11.

genannte Name als Exempel für einen abstrakten Zusammenhang steht. In diesem Sinne wäre die im Akt der Enthauptung eintretende symbolische Spaltung nicht allein eine Trennung der ‚zwei Körper des Königs', sondern auch der notwendige Vollzug der Herstellung eines zeitüberdauernden Bildes, das darin auch der flüchtigen Rede gegenüber steht.

Ist die Produktion einer *vera ikon* als letztem und damit ewigem Bildnis des Märtyrers ein bedeutsamer visueller Abdruck, so geht es auch im Sprechtheater um eine Art letzten ‚Abdruck', der dem Medium gemäß zumeist ein sprachlicher ist. Ähnlich werden in Leichpredigten oft die letzten Worte eines Toten aufgrund ihrer besonderen heilsgeschichtlichen Bedeutung wiederholt. Um die historischen letzten Worte von King Charles I. kreisten verschiedene Mythen und Legenden.[260] Bei Gryphius lauten sie schlicht: „Erhalt mich unerschöpffte Macht! Hir lig ich! Erden gutte Nacht!" (V, 487 f.). Karls „Hir lig ich" entspricht den zeitgenössischen Epitaph-Inschriften, wie sie auch Gryphius verfasst hat, die einem deiktischen *memento mori* dienen. Der Wunsch, dass ihn eine „unerschöpffte Macht" erhalte, verweist auf das Erlangen von Ewigkeit durch den Tod, einem topischen Gedanken der Zeit. Der dritte Reyen, in dem die „Engelländischen Frauen und Jungfrauen" von Gryphius das Wort erhalten – jene Figuren, deren Zeugenschaft am Schauplatz der Hinrichtung später so wichtig sein wird –, nimmt auf den letzten Ausdruck des Königs Bezug:

> Wer dein letztes Seufftzen hört/
> Wer den grossen Mutt betracht/
> Vnd dein Antlitz nur beacht
> Wird trotz allem Argwon schlissen
> Dein unschuldig Blutvergissen. (III, 836–40)

Hier werden sowohl die verbale Artikulation („dein letztes Seufftzen") als auch das Antlitz des Sterbenden als Zeichen für die Unschuld des *in postfiguratione Christi* sterbenden Königs gedeutet.

Wie Carolus Stuardus wird bei Hallmann Mariamne erst als „Enthalste" (so die wiederkehrende Bezeichnung[261]) zu einem Bildnis. In einer Regieanweisung nach der Hinrichtung der Königin heißt es: „*Der innere Schau=Platz stellet der Königin Haupt in einer Schüssel auff dem Tische nebst den weinenden Statts=Jungfern vor.*"[262] Diese stumme Szene findet im Stück parallel zu einer Rede des Arsanthes statt – laut Personenverzeichnis „deß vertriebenen und in die Mariamne verliebten Tyridates/ Königs von Parthen/ Abgesandter" –, in welcher dieser den Tod der Königin betrauert:

> Holdseeligste Printzeß! Wer wil dich nicht beklagen!
> Es wird der gantze Kreiß von deiner Tugend sagen.

260 Vgl. Romanis 1994.
261 Z. B. Hallmann 1975 (V, 409).
262 Ebd., S. 338.

Seht/ wie jhr göttlich Haupt/ das Milch und Blut besiegt/
Mit lächlendem Gesicht' im reinen Silber liegt! (V, 691–94)

Das Haupt der Mariamne wird auf dem inneren Schauplatz vom Körper isoliert und gerahmt. Arsanthes sieht im Antlitz der Toten nicht nur ihre Unschuld, sondern auch, dass ihre Seele den grausigen Tod heil und ohne Schaden überlebt hat. Ihre Transzendenz, ihr Tod *in praefiguratione Christi*, wird durch diesen bestätigenden und artikulierten Blick gesichert.

Betrachtet man die Hinrichtungsszenen in den oben aufgelisteten Trauerspielen, so fällt auf, dass die Herrscherfiguren dem Henker durchweg verbal mitteilen, dass sie bereit zum Sterben sind, sobald sie ihm ein (nonverbales) Zeichen geben – Carolus Stuardus zum Beispiel sagt: „Wenn wir die Händ' außstrecken | Thu deinen Schlag getrost" (V, 417 f.) und Maria Stuarda ordnet an: „Du! Wann nach dem Gebeth wir uns recht ausgestreckt/ | Verrichte deinen Streich" (V, 369 f.). Es ist also nur bedingt ein erlittenes Verstummen, was den Figuren wiederfährt, vielmehr haben sie selbst die Kontrolle über den Todesmoment, ebenso wie sie durch ihre innere Gefasstheit und stoische Ruhe sogar den postmortalen Ausdruck auf ihrem Gesicht mit bestimmen können. Am Eindringlichsten zeigt sich dies im Tod von Papinians Sohn, dessen abgetrenntes Haupt dem Vater vorgeführt wird:

Nun seh Jch/ O mein Kind! Was Jch von dir geglaubt!
Jch schaw den hohen Mutt! Die unverzagten Sinnen!
Die nicht durch Furcht/ durch Angst/ durch dräuen zu gewinnen/
Die in den frechen Tod sich unerschreckt gewagt.
Die/ ob dem alles bebt/ und zittert/ nicht verzagt.
Die standhafft/ ob wol zart! vor Threnen/ Blutt vergossen/
Und engen Lebens-Zil/ mit weitem Ruhm beschlossen. (V, 278–84)

Papinian lobt die *constantia* seines Sohnes hier nicht allein als Selbstzweck, sondern auch, um Bassianus gegenüber seine eigene Standhaftigkeit im Anblick des Entsetzlichen zu beweisen. Das Kind hat durch „disen Preis" des Vaters „blühend Ehr ergetzt" und somit auch die eigene Ehre verewigt – „fest gestellt" (V, 289 f.), wie es mit einer doppeldeutigen Formulierung in Papinians Rede heißt.

Es ist offensichtlich, dass die Trauerspiele den Tod der Helden und Heldinnen in der Regel nicht als tragisches Verstummen begreifen.[263] Die Leiche ist eloquent, sie bleibt im Reich der Zeichen bedeutungstragend bzw. wird es durch die Hinrichtung. Ziel ist es, „das Schweigen der Toten zu *überhören*", die „Stummheit der Leichen" mit dem „Lärm der Gespräche" zu ersticken.[264] Was Thomas Macho hier als Diagnose der Moderne ausmacht – die Unfähigkeit, mit dem Schweigen der Toten umzugehen –, lässt sich in eklatanterer Weise über das 17. Jahrhundert sagen.

---

263 Vgl. zum Begriff des tragischen Schweigens Kapitel IV.1 und IV.2.

264 Thomas Macho. *Todesmetaphern. Zur Logik der Grenzerfahrung*. Frankfurt a. M. 1987, S. 10.

## *Der Tod als Stumm-Macher in der Barocklyrik*

Das finale Verstummen ist im Trauerspiel keineswegs ein erlittener Sprachverlust und somit auch keine Kontingenz- und Ohnmachtserfahrung. Im bewussten Gegensatz zu dem gefassten und kontrollierten Sterben der Herrscher setzt etwa Gryphius den Tod in seiner Lyrik ein. Das Verhältnis von Sprachmacht und Sprachohnmacht ist Gegenstand mehrerer weltlicher Gedichte, die den Topos vom Tod als dem großen ‚Stumm-Macher' gestalten. Als Exempel dienen hier gerade jene Personen, die sich im Leben durch eine ausgeprägte Eloquenz und Sprachperformanz auszeichneten: Juristen, Redner und Gelehrte. Sie beklagen den Verlust des Lebens als Verlust der Sprache in Form ihrer eigenen Totenrede auf dem Epitaph. Zuvor hatten sie ihre im doppelten Wortsinn ‚eitle' Sprachmacht überschätzt. So lautet das Epigramm *Grabschrifft eines vortrefflichen Redners*:

> Vorhin als sich der Geist in disen Glidern regt;
> Hat ieden/ der mich hört/ mein Weiser Mund bewegt.
> Itzt nun die Zunge fault/ so jage diß Gebein
> Dir/ der du sterblich bist/ ein ernstes Schrecken ein.[265]

Das Epigramm ist, in formaler Parallelität, antithetisch aufgebaut: Das „Vorhin" wird dem „Itzt" gegenübergestellt, der ‚weise Mund' der ‚faulenden Zunge', die sich ‚regenden Glieder' dem ‚erstarrten Gebein'. Wie viele Epigramme des Dichters weist es „keine echte Pointe im Sinne der ‚argutia' auf", sondern enthält vielmehr eine „Didaxe [...] mit dem Ziel des Nachdenkens, nicht des Lachens".[266] Es ist ein *memento mori*-Sinngedicht, das sich zum Ziel setzt, wie es in der vierten Zeile explizit heißt, beim Leser, den der Text individuell apostrophiert, „ein ernstes Schrekken" auszulösen. Durch das betonte „Itzt" zu Beginn des dritten Verses, genau nach der Mittelzäsur des Epigramms, wird dieses Erschrecken auch formal abgebildet. In diesem entscheidenden Augenblick, dem *hic et nunc* des Todes, ist alles, was zuvor war, belanglos.

Das „Itzt" lässt sich zudem als paradox auffassen: der Tote spricht nicht in der Vergangenheit, sondern in einer fiktiven Gegenwart. Er ist absent und präsent in einem – oder anders gesagt: Es ist zwar nicht länger möglich, seine Stimme zu vernehmen, doch seine beredte Schrift besteht fort. Die „Grabschrifft" verewigt ihn, den „vortrefflichen Redner", indem sie ihn für immer verstummen lässt. Dies ist die zentrale Paradoxie, um die das Gedicht kreist[267], und die sich auch in weiteren

---

265 Andreas Gryphius. *Gesamtausgabe der deutschsprachigen Werke* 2. Hrsg. von Marian Szyrocki. Tübingen 1964, S. 210.

266 Gudrun Beil-Schickler. *Von Gryphius bis Hofmannswaldau. Untersuchungen zur Sprache der deutschen Literatur im Zeitalter des Barock*. Tübingen 1995, S. 83. Die Autorin spricht hier von einem anderen Epigramm, doch die Bemerkungen lassen sich übertragen.

267 Zum Problem des ‚redenden Toten' vgl. auch: Günter Ott. *Die ‚Vier letzten Dinge' in der Lyrik des Andreas Gryphius. Untersuchungen zur Todesauffassung des Dichters und zur Tradition des eschatologischen Zyklus*. Frankfurt a. M. 1985, S. 269–76.

Texten von Gryphius findet.[268] Der Dichter spielt in dem Epigramm auf den Unterschied von Mündlichkeit und Schriftlichkeit an: Erstere ist präsentisch und vergänglich, letztere überdauert die Zeit. Doch wird dieses Verbleiben nicht, wie im humanistischen Topos der Unsterblichkeit in der Dichtung, positiv gewertet. Das Epigramm ist nur ein kläglicher Ersatz für die verlorene Erfahrung emphatischer Sprachpräsenz, bei der jeder, der den Redner hörte, durch dessen Weisheit „bewegt" wurde. Keineswegs ist gewiss, ob dies auch der stummen Grabschrift gelingt.

Gryphius wendet sich also explizit gegen den Gedanken des Nachruhms in der Dichtung und die Möglichkeit des Dichters, den Tod durch Schrift zu transzendieren, wie er in der Literatur seit Petrarca, aber auch noch für Gryphius' Zeitgenossen Martin Opitz und Paul Fleming gültig war. Flemings berühmtes Gedicht *Herrn Pauli Fleming/ der Med. Doct. Grabschrifft/ so er ihm selbst gemacht in Hamburg/ den xxiix. Tag deß Mertzens m. dc. xl. auff seinem Todtbette drey Tage vor seinem seel: Absterben*[269] setzt geradezu paradigmatisch das „humanistische Sprachmotiv des Ruhmschaffens durch das ewigende Wort" ein.[270] Gryphius vollzieht demgegenüber eine an der Gegenreformation orientierte Umwertung, indem er „die säkulare Tendenz humanistischer Modelle aus christlicher Perspektive zurückweist".[271] Entsprechend lässt sich auch der Vers „die Ewikeit beruht nicht auf Papir"[272] aus dem Prolog von *Catharina von Georgien* verstehen: Verweist dieser als Rede der personifizierten „Ewikeit", die vom Himmel für kurze Zeit auf den Schauplatz herab gestiegen ist, einerseits auf die transzendente Realität, die sie repräsentiert (in dem

268 Zwar publiziert Gryphius in seinen Epigramm-Sammlungen verschiedenste Grabinschriften, doch der hier behandelte Topos des Zum-Schweigen-Bringens eines Redners kommt nicht vor. In den meisten dieser Grabschriften spricht auch nicht die erste Person Singular.

269 Paul Fleming. *Teütsche Poemata*. Nachdruck der Ausgabe Lübeck 1642. Hildesheim 1969, S. 670.

270 Hankamer 1965, S. 103. Zur Deutung dieser Grabschrift vgl.: Ebd., S. 97; Italo Michele Battafarano. „Grabschriften für sich selbst oder die Transzendenz durch die Literatur: Giuseppe Aratale und Paul Fleming". *Glanz des Barock. Forschungen zur deutschen als europäischer Literatur*. Bern u. a. 1994. 413–28, S. 419–28. Demgegenüber enden Flemings *Teütsche Poemata* nicht mit besagter *Grabschrifft auf sich selbst*, sondern mit folgendem anonymen *vanitas*-Epigramm auf den Dichter Fleming, das dessen Mund in seiner Eigenschaft als verstummten beschreibt und somit die Aussage konterkariert: „Hier liegt der deutsche Schwan/ der Ruhm der weisen Leute/ | Der Artzney lieber Sohn/ der wolberedte Mund/ | Dem noch kein Landsmann ie gleich reden hat gekunt. | Was/ Leser/ er itzt ist, das kanstu werden heute." Anonym [C. H. Z.]. „Eines Andern". Fleming 1642/1969, S. 670.

271 Thomas Borgstedt. „Andreas Gryphius: ‚Catharina von Georgien'. Poetische Sakralisierung und Horror des Politischen". *Dramen vom Barock bis zur Aufklärung*. Stuttgart 2000. 37–66, S. 41.

272 „Jhr die ihr glaubt daß euer Feder Macht | So Tod als Zeit hab' an ein Joch gebracht? | Glaubts frey! die Ewikeit beruht nicht auff Papir. Jn dem ihr Frembde wolt dem Vntergang entzihn; | Vermerckt ihr nicht wie eure Tag entflihn." (I, 36–40). Den Hinweis auf diesen Vers verdanke ich Thomas Borgstedt. Vgl. auch: Kaminski 1998, S. 105.

Sinne, dass die Ewigkeit keine bloße Erfindung der Dichter sei, sondern Wirklichkeit des Gläubigen), so sagt er auf einer zweiten Deutungsebene zugleich, dass Papier – das materielle Medium der Literatur – im heilsgeschichtlichen Horizont keinen Bestand hat. In Gryphius' Sonett *Mitternacht* werden die Vergänglichkeit des Ruhms und die Vergeblichkeit des Wunsches nach einem Überleben in der Schrift ebenfalls evident, wenn es dort heißt: „Sterbliche! Sterbliche! lasset diß dichten! Morgen! ach Morgen ach! muß man hin zihn!"[273]

Im Sonett *Auff eines vornehmen Juristen Grab-Stein* und dem thematisch sehr ähnlichen Sonett *Grabschrifft eines vortrefflichen Juristen* macht der Tod als finaler Richter die Eloquenz des Rechtsprechenden zunichte. Zitiert wird zunächst das erstgenannte Gedicht:

DEr Ich durch all Gesetz vnnd alle Recht kont brechen;
Dem an Verstand vnd Kunst kaum jemand gleiche war;
Der Ich die Dunckelheit der sachen machte klar;
Hab vber mich den Todt mußt lassen Urtheil sprechen/
Den Todt/ an dem mich nicht mein grosse Macht könt rächen!
Nichts galt mein hoher Sinn; nichts galt der Worte schar.
Mein wolberedte Zung erstumbte gantz und gar/
Als mich der scharffe Pfeil des Richters thät erstechen.
Itzt sind mein Augen zu/ dehn vor nichts mochte sein
Verborgen/ vnd mich selbst verbirgt ein kurzter Stein.
Was hilfft nun daß Ich vor kondt rathen allen Sachen
Daß Ich vor keinem Part noch Throne mich entsetzt/
Daß mir kein Handel je ward allzuschwer geschätzt/
Da ich nicht möcht den Streit des Todes richtig machen.[274]

Im ersten Quartett wird das ‚Ich' betont: Es ist groß geschrieben – was bei Gryphius keinesfalls üblich ist – und befindet sich in herausgehobener Stellung am Anfang des ersten Verses; durch die Wiederholung der Worte „Der Ich" zu Beginn des dritten Verses wird ihm zusätzlicher Nachdruck verliehen. Das sprechende Ich stellt in der Aufzählung der ersten drei Verse seine weltliche Potenz und praktizierte Willkür in aller Unbescheidenheit dar. Es konnte bestehendes Recht und Gesetze brechen, übertraf an Verstand und Kunstfertigkeit alle anderen und brachte Licht ins Dunkel des Unwissens. Diesem machtvollen Ich wird plötzlich alle Macht genommen. Der personifizierte Tod ‚spricht sein Urteil' über das Ich. Es ist dies ein mortaler Richtspruch aus dem Jenseits, gegenüber dem der irdische Richter machtlos ist. Im vierten Vers fehlt daher nicht zufällig das Personalpronomen zu Beginn – genau in jenem Moment, als das narzisstische Ich seine größte Demütigung erleiden muss. Die „schar" der eingesetzten Worte, von der im zweiten Quartett die Rede

273 Andreas Gryphius. *Gesamtausgabe der deutschsprachigen Werke* 1. Hrsg. von Marian Szyrocki. Tübingen 1963, S. 67.
274 Ebd., S. 15 f.

ist, wird in dem Moment nichtig, wo jeder Widerspruch zwecklos ist. Gryphius verbildlicht das Sterben des Juristen als vollständiges Verstummen seiner „wolberedte[n] Zunge", die im entscheidenden Streitgespräch mit dem Tod kläglich versagt. Redenkönnen und Lebendigkeit werden hier in eins gesetzt, ganz ähnlich wie im Reyen des *Leo Armenius*, in dem konstatiert wird: „Des Menschen Leben selbst beruht auff seiner Zungen" (I, 524).

Das erste Terzett, also der Anfang des zweiten Teils nach dem für das Sonett gewichtigsten Einschnitt, beginnt mit dem betonten „Itzt", das hier die gleiche Funktion hat, wie im Epigramm *Grabschrifft eines vortrefflichen Redners*: Es kennzeichnet die Schwelle zwischen Leben und Tod, zwischen Präsenz und Absenz.[275] Der Grabstein, auf dem sich die Inschrift der literarischen Fiktion zufolge befindet, wird zum Grenzstein zweier Zustände. Zwischen Vergangenheit und Jetztzeit wird eine deutliche Unterscheidung vorgenommen, insofern die Quartette im Imperfekt stehen und die Terzette im Präsens. Erneut lässt sich eine Inversion feststellen: als lebendes ist das Ich absent (da es im Imperfekt spricht), als totes ist es gegenwärtig (da es im Präsens spricht).

Gryphius' Sonett ist eine eigentümliche Form der „Totenrede"[276], in der kein Lebender über den Verstorbenen zur Trauergemeinde spricht, sondern in der sich ein Ich zu Wort meldet, das seinen eigenen Tod beklagt. Italo Michele Battafarano wählt in einem ähnlichen Kontext die Doppelformel eines „verstorbenen/sterbenden Ich", was sich auch auf Gryphius' hier diskutierte Gedichte übertragen lässt. Battafarano begründet diese Formel folgendermaßen: Zwar erscheine „die bedichtete Person in den Grabschriften gattungsgemäß und aufgrund der Schreibsituation des Gelegenheitsdichters immer nur als verstorbene", in der Sonderform der „Grabschriften für sich selbst" aber erscheine „das Verstorben-Sein des bedichteten Ich hie und da gleichsam *in fieri* [...], d. h. als ein Prozess, dessen Ende zwar zu Beginn des Gedichts antizipiert wird, dabei also Spuren der vergänglichen Gegenwärtigkeit des bedichteten Ich aufweisend."[277] Gryphius übernimmt diese Aufspaltung „in ein dichtendes, rückblickendes Ich und ein gestorbenes Ich"[278] und evoziert damit einen Widerspruch zu seiner christlichen Dichtungskonzeption, die sich eigentlich gegen die Überhöhung des literarischen Sprechens als ‚Ewigkeit' wendet.

---

275 Diese Funktion unterscheidet sich von jener, die es in der lyrischen Todesmeditation innehat, wo das „itzt" (oder entsprechend „nunc") eher dazu dient, den nunmehr vorgestellten Zustand des Todes zu vergegenwärtigen. Vgl. Stephanie Wodianka. *Betrachtungen des Todes. Formen und Funktionen der ‚meditatio mortis' in der europäischen Literatur des 17. Jahrhunderts*. Tübingen 2004, S. 192.

276 Zur Geschichte der Totenrede bis zu und bei Gryphius vgl.: Sibylle Rusterholz. *Rostra, Sarg und Predigtstuhl. Studien zu Form und Funktion der Totenrede bei Andreas Gryphius*. Bonn 1974.

277 Battafarano 1994, S. 425.

278 Ebd., S. 417.

Im Vergleich zu diesem in den *Lissaer Sonetten* 1637 publizierten, erscheint das 1643 gedruckte Sonett als Variante mit ähnlichem Beginn und einigen inhaltlichen Modifikationen. Es trägt im Erstdruck den Titel *Grabschrifft eines vortrefflichen Juristen*, wird aber ab der dritten Ausgabe mit *Grabschrifft eines trefflichen Vorsprechers* überschrieben, einer altertümlichen Bezeichnung für denjenigen, der einen Angeklagten vor Gericht verteidigt[279] – modern formuliert, dem Rechtsanwalt:

ICh der durch alle recht vnd durch gesetze brach/
Dem an verstand vndt kunst kaum jemand gleich zu schätzen
Ich der für keinem thron mich jemals kont entsetzen
  Verlohr/ als mir der Todt sein hartes vrtheil sprach.
  Der wohlberedte mund/ der gleich wie eine bach
Sich unverzagt ergoß/ der jede zu verletzen
Undt trösten mächtig war/ vergaß sein weises schwätzen/
  Der strenge richter lies mir keine frist mehr nach.
Er schlos die augen zue/ dehn nichts verschlossen war/
Den grossen sin vnd mich beschleust die enge bahr
  Was hilfft mich das ich vor befördert so viel sachen?
  Das meine wiederpart mitt schrecken mich gehört?
  Das jeder dem ich kundt mich mitt bestürtzung ehrt?
Da nichts mich von dem spruch des Todes los kan machen.[280]

Ich gehe auf dieses Sonett nur insofern ein, als es gegenüber dem schon diskutierten neue Aspekte für die Argumentation bereitstellt. Offensichtlich sind die Ähnlichkeiten zwischen beiden in Aufbau, Reimschema, Syntax, Rhetorik und Semantik; manche Verse sind nahezu identisch, andere wiederum weichen ab. Vielleicht ist in diesem Gedicht das juristische Vokabular noch ausgeprägter: Das Ich, das hier gleich als erstes Wort und als betonte, hervorgehobene Silbe auftaucht, ‚verliert' einen Prozess gegen den Tod; dieser ist ein „strenge[r] richter", der seinen „spruch", ein „hartes vrtheil" fällt.

Der „wohlberedte mund" wird, ähnlich wie im Reyen des Trauerspiels, mit einem Strom verglichen, der sich „unverzagt ergoß". Diese Eigenschaft wird in den Versen fünf bis sieben durch die Verwendung des Enjambements mimetisch abgebildet, indem auch die Verse die formale Zäsur des Zeilenendes ‚überspülen'. Der Jurist spricht von seinem eigenen Mund (der, wie er betont, sowohl verletzen als auch Trost spenden konnte) in der dritten Person, als hätte bereits eine große Entfremdung zwischen dem Ich und diesem einst so wichtigen Organ stattgefunden. Das Sterben wird nicht als organisches Verstummen gefasst, sondern als ein umfassender kognitiver ‚Gedächtnisverlust' des Mundes, welcher „sein weises schwätzen" gänzlich vergisst. Betont wird die Lust des Redners, zu Lebzeiten durch Eloquenz

279 Vgl. den Artikel „Vorsprechen". *Zedlers Universallexikon* 50. Nachdruck der Ausgabe Halle und Leipzig 1746. Graz 1962, 1241 f., S. 1242.

280 Gryphius 1963, Bd. 1, S. 43.

und Sprachmacht beim Gegenüber „schrecken" auszulösen, so dass jeder ihn aus Furcht – „mitt bestürtzung" – ehrte. Es ist hier nicht von Bewunderung die Rede, sondern von Furcht, weil dies das basale Gefühl des „trefflichen Vorsprechers" ist, das er im Angesicht des Todes empfindet. Die affektive Ebene ist gegenüber dem früheren Gedicht verstärkt: Der Redner, der sich zuvor, wie es im dritten Vers heißt, vor keiner weltlichen Macht „entsetzen" konnte, ist nun derjenige, der Furcht und Schrecken erleiden muss. Zugleich sollen diese Gefühle bei den Rezipienten des Gedichts evoziert werden.

Das betonte „Itzt" des ersten Sonetts und die dort dualistisch organisierte Zeitstruktur, als formale Trennung zwischen Quartetten und Terzetten, finden sich hier nicht. Erst in einer späteren Veröffentlichung des Sonetts wird im letzten Vers (der ins Präsens wechselt) das kausale „Da" durch ein temporales „Nun" ersetzt, so dass wie im ersten Sonett eine Deixis des Gegenwärtigen hergestellt wird: „Nun nichts mich von dem spruch des Todes los kan machen"[281], heißt es jetzt. Stärker als in dem anderen Sonett ist hier ein zyklischer Aufbau zu finden. Dieser bildet den Kampf des Redners mit dem Tod auf formaler Ebene ab. In beiden Quartetten und erneut im Zusammenspiel der Terzette, d. h. insgesamt drei Mal, findet sich jeweils eine Schilderung der Macht und anschließend der Entmachtung des souveränen Subjekts. Stellt man allen Versen, welche die Macht des Redners beschreiben, diejenigen über seine Entmachtung gegenüber, so umfassen beide die gleiche Anzahl, nämlich je sieben Verse, die sich unregelmäßig auf das Sonett verteilen. Gryphius setzt also auch auf der Ebene der Form den Zweikampf zwischen Redner und personifiziertem Tod in Szene. Die *Conclusio* umfasst, entgegen der Tradition, nur den allerletzten Vers, während bis dahin die Erinnerung der angstauslösenden Rede des Vorsprechers mittels rhetorischer Fragen dargestellt wird.

### *„Itzt schweigt der wolberedte mund": Die ‚vanitas' der Stimme*

Abschließend soll eine Ode in den Blick kommen, in der das Sprecher-Ich ebenfalls ein im Tode verstummter Redner ist.[282] Es handelt sich um das strophische Lied *Prosopopoiea Viri LITERATI è TVMOLO*[283], das in allen späteren Ausgaben den deutschen Titel *Letzte Rede eines Gelehrten aus seinem Grabe* trägt. Ich zitiere zunächst zwei für die Thematik dieses Kapitels einschlägige Strophen:

281 Es handelt sich um die Ausgabe: Andreas Gryphius. *Andreae Gryphii Freuden- und Trauerspiele auch Oden und Sonnette.* Leipzig 1663. Vgl. ebd., Anm. zu Vers 14.

282 Dem doppelten Sprachgebrauch des 17. Jahrhunderts entsprechend, handelt es sich hier um ein strophisches Lied und nicht um eine am antiken Muster orientierte Form, wie der pindarschen oder der sapphischen Ode. Vgl. Volker Meid. *Barocklyrik.* Stuttgart 1986, S. 67–71.

283 Der Begriff *prosopopoiea* ist hier weniger als ein *terminus technicus* für ‚Personifikation' denn in seiner zweiten Bedeutung als ‚erdichtete Rede einer abwesenden Person' zu verstehen.

3. Kom wer du bist hier kanst du schawen/
Wo ich noch schawens würdig bin:
Wie diß auff was wir menschen bawen
Ein einig augenblick reist hin.
Ich bin nicht mehr/ den du gehörett.
Den so manch' hoher sinn geehrett.
4. Der Geist ist weg/ dem was verborgen/
Dem Erd' vndt Himmel offenstundt.
Umsonst ist nun mein weises sorgen.
Itzt schweigt der wolberedte mund!
Ich der vorhin so viel durchlesen:
Weiß itzt nicht was ich selbst gewesen.[284]

Im Mittelpunkt der Ode steht die *vanitas*-Thematik; schon der erste Vers, „WIe eitel ist was wir hoch schätzen!“[285], kennzeichnet das zu erwartende Programm. Das Gedicht variiert den Topos vom eloquenten, nunmehr verstummten Redner. Es herrschen ähnliche Motive wie in den schon diskutierten Gedichten vor, zum Beispiel findet sich in der vierten Strophe erneut das „Itzt“ und auch das „Ich“ jeweils an prominenter Stelle am Versanfang bzw. nach der Mittelzäsur einer Strophe, oder es ist auf inhaltlicher Ebene die Rede vom Mund, der im Tod schweigen muss. Die sonst auf die Alexandrinerhälften verteilte antithetische Struktur ist hier in der Regel auf zwei aufeinander folgende Verse verteilt, die oft auch durch entsprechende Satzzeichen als Sinneinheit gekennzeichnet werden. Derart wird die Vergeblichkeit menschlichen Tuns evident: Gebautes fällt wieder ein, angeeignetes Wissen geht mit dem Tod verloren usw. Es überwiegt ein Klagegestus, der die Sinnlosigkeit diesseitiger Eitelkeit herausstellt.

Für den vorliegenden Kontext sind besonders die Strophe sechs über die Zunge und kontrastiv dazu die Strophe sieben über die Hände interessant:

6. Die zunge/ die hertz Geist vndt leben/
Gleich als ein donnerstrall durchries:
Die vber sternen kont' erheben:
Die in den abgrund nieder sties:
Die wilde können vor bewegen:
Fault itzt/ vnd kan sich selbst nicht regen.
7. Die hände starren/ die geschriben
Was viel berühmbter leuth ergetzt:
Die hände die so viell getriben/
Sind durch des todes handt verletzt.
Hier ist das ende meiner reisen:
Alhier verläst vns was wir preisen.[286]

284 Gryphius 1964, Bd. 2, S. 8.
285 Ebd.
286 Ebd., S. 8 f.

In der sechsten Strophe wird die Macht der Zunge beschrieben, welche wie die Naturgewalt des Donners „hertz Geist vndt leben [...] durchries". Im antithetischen Bild des Erhebens zu den Sternen und des Stoßens in den Abgrund wird die dualistische Potenz der Sprache gefasst. Drastisch beschreibt der letzte Vers den gegenwärtigen Zustand des Sprechorgans Zunge, welche „itzt [fault]/ vnd sich selbst nicht regen [kan]". Der Gelehrte muss erkennen, dass es dem göttlichen Willen unterworfen ist, den Wesen Leben (Beweglichkeit) und Tod (Erstarrung) einzuhauchen. Er hatte sich in seiner Eitelkeit getäuscht als er glaubte, er sei Souverän seiner Rede.

In der siebten Strophe wird analog dazu der Ausfall der Hände geschildert. Diese Schreiborgane, „die so viell getriben", werden durch den unerbittlichen Griff des Todes außer Kraft gesetzt. Während Gryphius in der sechsten Strophe die mündliche Kommunikation beschreibt, geht es hier um die schriftliche. Beide werden bewusst konfrontiert, was sich auch daran zeigt, dass zwischen den beiden Strophen die Mitte der Ode liegt. An diesem formalen Wendepunkt wird je ein nicht länger funktionierendes Organ – die faulende Zunge, die erstarrten Hände – beschrieben. Betrachtet man die Gesamtheit des Textes unter der Perspektive dieser Spaltung in Mündlichkeit und Schriftlichkeit, so fällt auf, dass es in der ersten Hälfte tatsächlich mehr um die Erfahrung von Präsenz, um Affekte und sinnliche Wahrnehmung geht, während in der zweiten vermehrt bleibende Güter wie Titel, Ruhm, Stand oder weltlicher Besitz aufgelistet werden.

Mit dem Verweis auf die Hände, „die geschriben | Was viel berühmbter leuth ergetzt" wird das Gedicht selbstreferenziell. Doch die Literatur, die sich hier zum Thema hat, erweist sich erneut nicht als Medium fortwährender Präsenz nach dem Ableben des Autors: Das Ich ist Nutznießer der ‚Ergetzung' „berühmbter leuth" nur so lange es selbst noch lebt. Auch die Schrift ist wie die Sprache allein als Medium der Gegenwart und der Erzeugung von Präsenz wirksam. Rede und Schrift werden in bewusster Abgrenzung zur humanistischen Tradition in ihrer Wirksamkeit als gleichartig geschildert. Dies entspricht nicht ihrer unterschiedlichen medialen Funktion, wird doch der Schrift gemeinhin der Status zeitüberdauernder Präsenz attribuiert. Gryphius' „Orientierung an der Mündlichkeit"[287] mag auch durch den Einfluss der Rhetorik begründet sein, dem er zur Zeit der Niederschrift der Ode in Leyden ausgesetzt war.[288] Dass er dem *homme des lettres*, dem Dichter, Juristen oder Gelehrten kein wesentliches Nachleben zugesteht, zeigt sich endgültig in der zehnten Strophe, wenn es heißt: „Mein nahme der noch scheint zue stehen | Wird auch in kurtzer zeitt vergehen."[289] Wenn die Ode mit den Versen „Gott dem wir rechnung vbergeben/ | Schawt kein gelehrtes wissen an"[290] fortfährt, so wird

287 Wilfried Barner. „Gryphius und die Macht der Rede. Zum ersten Reyen des Trauerspiels ‚Leo Armenius'". *Deutsche Vierteljahrsschrift für Literaturwissenschaft und Geistesgeschichte* 42 (1968): 325–58, S. 340.

288 Gryphius studierte (und lehrte) von 1638–44 in Leyden und hörte dort u. a. Daniel Heinsius, Claudius Salmasius und Marcus Zuerius Boxhornius. Vgl. ebd., S. 340.

289 Gryphius 1964, Bd. 2, S. 9.

290 Ebd.

Gryphius' Theologisierung der Rhetorik offensichtlich, die auch die Schrift, verstanden ganz materiell als *corpus*, in den Kanon des Vergänglichen einordnet. Explizit heißt es daher am Ende der Ode: „Die gröste kunst ist können sterben."[291] Das deiktische *memento mori* („Was ich itz bin/ mus jeder werden"[292]) mündet in einer dem Jenseits zugewandten *ars moriendi* – und zu nichts anderem möchte diese Ode beitragen.

Gryphius spielt in den hier diskutierten Gedichten also mit der Paradoxie des ‚stummen Sprechens' nach dem Tode. Die Grabschrift des Redners trägt diese bereits im Titel. Der Grabstein als Kommunikationsmedium zwischen den Toten und den Lebenden ‚ruft stumm', wie der Autor dies deutlich in *Cardenio und Celinde* formuliert:

> Was verwahrt die raue Grufft
> Vnter ihrem Steine/
> Der auch stumm/ von sterben rufft/
> als verdorrt Gebeine? (V, 413–16)

Auch in Hallmanns *Theodoricus* (1684) wird mittels eines Oxymorons verbildlicht, inwiefern ein Grabstein zwar nur lautlos ‚spreche', dafür aber die Zeit überdauere: „Daß uns die Götter auch nicht ferner abhold seyn/ | So haut ein stummes Lob auf ihren Grabestein".[293]

Im Gegensatz zu der im 17. Jahrhundert besonders in den Niederlanden beliebten Textsorte der Epitaphe von Juristen (sowohl auf Gräbern als auch in Büchern) – die in der Regel hervorheben, dass der Tote ein *vir clarissimus* war, der allein dem Gemeinwohl diente und sich durch die herausragenden *virtutes* der Gerechtigkeit (*justitia*) und Ehrlichkeit (*honestas*) auszeichnete – handelt es sich bei den diskutierten Grabschriften von Gryphius um fiktive Dichtungen, in denen das tote Ich selbst das Wort ergreift. Zudem werden in Diskrepanz zur Überschrift keine Tugenden herausgestellt, sondern vielmehr weltliche Eitelkeiten enthüllt: das Streben nach Ruhm und die Lust an der Macht. In dieser Hinsicht lassen sich die Gedichte in die Gattung der Juristensatire einordnen, wie sie in Malerei, Literatur und Geistesgeschichte des Barock populär war. Darüber hinaus aber dienen sie als Exempel für ein unchristliches, verfehltes Leben, dessen Sinnlosigkeit erst im Sterben erkennbar wird.

Der Tod fungiert hier, ähnlich wie in den Trauerspielen, als der sprichwörtliche ‚Stumm-Macher', wie man ihn seit dem Mittelalter bisweilen nannte. In einer lateinischen Ode Jacob Baldes, die Gryphius übertragen hat, nennt er ihn sogar tautologisch den „stummen Tod", den man hören kann, sobald man zu schweigen beginnt:

---

291 Ebd., S. 10.

292 Ebd.

293 Dies spricht der Tyrann Theodoricus, nachdem er selbst für den grausamen Hungertod der auf sein Geheiß hin Gefangenen verantwortlich geworden ist. Hallmann 1975 (III, 185).

Ach Schweig! wofern du wilst den stummen Tod anhören:
Er wird ohn Hertz vnd Mund dich offenhertzig Lehren/
Vnd zeigen/ was du seist: der Mensch der Zeiten Raub
Ist (spricht er) was du sihst/ die Handvoll Asch vnd Staub.[294]

Der hier beschriebene Tod ist grausam. Ebenso wie ihm ein Herz ermangelt, fehlt ihm der Mund, doch gerade deswegen wird er dem Menschen umso ‚offenherziger' seine Vergänglichkeit lehren.

Als finaler Strafrichter macht der Tod selbst die Eloquenz eines Juristen zunichte. Dessen Sprache hatte zuvor eine Macht, die die referenzielle oder repräsentative Ebene weit überschritt: Er konnte ‚Recht sprechen'; dem was er sagte, eignete eine performative Wirkung, es machte die verurteilte Person zu etwas Anderem, stellte Realität her. Einen vergleichbaren Sprechakt vollzieht auch der Tod, indem er „sein hartes Urteil [spricht]"[295], der ‚Rechtsperson' ihre Rede nimmt und sie so tötet. Das ‚Stummwerden' ist dabei keineswegs eine Erlösung und Rückkehr in den paradiesischen Zustand der Unschuld (wie er etwa im Reyen von *Leo Armenius* beschrieben wird[296]), sondern ein Erleiden von Gewalt, im Hinblick auf die weltliche Tätigkeit des Toten sogar die ultimative Bestrafung. Den Gedichten wohnt (trotz oder gar wegen der Ich-Form) ein gewisser Hohn inne – darüber, dass der Tod über die mundane Richtinstanz triumphiert. Dieser Hohn ist zugleich Genugtuung und Tröstung all derer, die unter dem Urteil des Juristen zu leiden hatten: Auch die Macht der irdischen Gerichtsbarkeit ist beschränkt, auch sie selbst ist einer übergeordneten richtenden Instanz Rechenschaft schuldig.

Der nicht länger bewegte Mund, die erstarrte oder bereits faulende Zunge sind Metaphern der Leblosigkeit wie auch der Nichtigkeit. Sie richten furchterregende Appelle an die Lebenden. In Gryphius' Ode *Vanitas! Vanitatum Vantitas!* werden die Unbeständigkeit des Lebens und die der Rede ebenfalls gleichgestellt:

Der ruhm nach dem wir trachten/
Den wir vnsterblich achten/
Ist nur ein falscher wahn.
So baldt der geist gewichen:
Und dieser mundt erblichen:
Fragt keiner/ was man hier gethan.[297]

---

294 Andreas Gryphius. „Jacobi Balden S.J. | Entzückung/ als er auff dem Kirchhoff/ den Tod und die Gebeine der Verstorbenen betrachtet. Vbersetzet. Auß seiner Lateinischen Ode, *Ut se feroces deniq; littori & c. Lyricorum lib. II. Ode XXXIX.*". *Gesamtausgabe der deutschsprachigen Werke* 3. Hrsg. von Marian Szyrocki. Tübingen 1964, S. 22.

295 So der vierte Vers in der *Grabschrifft eines vortrefflichen Juristen*; Gryphius 1963, Bd. 1, S. 43.

296 „Das Wundr der Natur/ das überweise Thir | Hat nichts das seiner Zungen sey zugleichen; | Ein wildes Vih entdeckt mit stummen Zeichen/ | Des innern Hertzens Sinn; durch Reden herrschen wir!" (I, 509–12).

297 Gryphius 1964, Bd. 2, S. 18.

Gryphius thematisiert die Sprache also einerseits als etwas, das menschliche Realität erschafft, andererseits aber als ein Medium der Flüchtigkeit, um an ihr die „Vergängligkeit Menschlicher Sachen“[298] paradigmatisch zu ‚vergegenwärtigen‘. Es sind die Macht und die *vanitas* der Stimme, um die es ihm geht.

So ist es vielleicht kein Zufall, wenn in einer Buchausgabe anlässlich des Todes von Andreas Gryphius neben der Leichabdankung von Baltzer Siegmund von Stosch und anderen Zeugnissen zwei Gedenkgedichte zu finden sind, in denen dieser Topos zum Tragen kommt, ja in denen die Sprechorgane des Dichters explizit in ihrer nun versagenden Funktion benannt werden. Das Sonett von Heinrich Mühlpfohrt ist mit *Uber seine Redligkeit* betitelt und lautet:

MUnd/ der dem Donner gleich der Menschen Hertz durchdrungen/
Mund/ dessen Reden=Strohm biß in die Seele flooß/
Mund/ den der *Gratien* ihr *Nectar* übergoß/
Mund/ aus dem aller Quell der Wissenschafft entsprungen/
Mund/ wem vergleich ich doch die Ketten deiner Zungen/
Mund/ wenn du diesen bandst nun jenen liessest loß/
Mund/ deine Sprache war ein blitzendes Geschoß
Mund/ Krafft der jenigen war auch der Feind bezwungen.
Mund/ der von Thron und Kron die Fürsten unterwiesen/
Mund/ der Athen und Rom/ ach stünden sie! bewegt/
Mund/ der in Schlesien/ das Ehren=Zeugniß trägt/
Mund/ wie das Vaterland durch dich ward hoch gepriesen.
Mund/ Ewig=werther Mund! ach dass du itzts sollst schweigen!
Mund/ dass du itzt nicht kanst des Landes Zustand zeigen.[299]

Auch hier wird der Akt des Verbalisierens mit dem Schreiben identifiziert – der Schriftsteller wird als Rhetor gefasst. Dies hat zur Folge, dass mit dem Tod auch die Schrift, die als flüchtige gedacht wird, vergehen muss. Formal und inhaltlich knüpft das auf der Figur der Anapher aufbauende Abriss-Gedicht an petrarkistische Sonette und erotische Blasons an, die in ausgeklügelter Form den Lobpreis auf einzelne Körperpartien des Gegenübers beschreiben (das in Benjamin Neukirchs Anthologie erschienene, aber wesentlich früher verfasste Gedicht *Auff den Mund* von Christian Hoffmann von Hoffmannswaldau ist möglicherweise gar das Vorbild dieses Gedenkgedichts für den Dichter Gryphius[300]).

---

298 Vorrede des *Leo Armenius*. Gryphius 1991, S. 11.

299 Heinrich Mühlpfohrt. „Uber seine Redligkeit“. *Last= und Ehren= auch Daher immerbleibende Danck= und Denck=Seule/ Bey volbracher Leichbestattung Des weiland Wol=Edlen/ Gross=Achtbahren und Hoch/=gelehrten Herrn Andreae Gryphii [...].* Hrsg. von Baltzer Siegmund von Stosch. Breslau 1667, S. 96 (HAB M: Th 1074 (3)). Das Buch ist erstmalig 1665, im Jahr nach Gryphius Tod, verlegt worden und gilt als eines der wichtigsten Zeugnisse für Gryphius' Biographie. Vgl. Kaminski 1998, S. 7–42.

300 „MUnd! der die seelen kan durch lust zusammen hetzen/ | Mund! der viel süsser ist als starcker himmels=wein/ | Mund! der du alikant des lebens schenckest ein/ | Mund! den ich vor-

In dem zweiten, sehr langen Gedenkgedicht auf Gryphius von Peter Gigas wird zur Illustration des Versagens des Sprechorgans synekdochisch die ‚Zunge' gewählt:

Die Zunge/ die manch Ohr mit güldnen Ketten band/
Die zu des Landes Heil zu gehn war unverdrossen;
Die/ wenn die greise Zeit sich ins Gedächtniß fand;
Fast aller Völcker Recht/ Geschicht/ und Lob gewiesen;
Die manchen Held' ein Lied vom Himmel gab und sang;
Die/ Tugend auff der Baar so offt/ mit Ruhm/ gepriesen;
Ja/ die ihr selbst ihr Grab/ durch wunder=süssen Klang/
Dem Ertzt und Stein itzt weicht/ gebaut und auffgerichtet/
Ist träg/ und faul/ und tod/ entstimmet/ und verstummt.[301]

Der Binnenreim des hier zuletzt zitierten Verses bringt mit den Partizipien „entstimmet" und „verstummt" die beiden zentralen Begriffe der ‚Stimme' und des ‚Verstummens' in Paronomasie, um den semantischen Unterschied zwischen beiden hervorzuheben. Dies wird auch durch den (vom Versschema vorgegebenen) fehlenden Dehnungsvokal am Schluss betont. Das Wort ‚verstummt' bringt das Gedicht selbst instanziell zum Verstummen – genau wie der Tod den Dichter früh aus dem Leben riss.

In diesem Kapitel zeigte sich, dass Drama und Lyrik des Barock das Phänomen des Verstummens im Tod bzw. durch den Tod ganz unterschiedlich gestalten. Während das erlittene Verstummen durch die Hinrichtung zwar theatral wirkungsvoll ist, wird es in der Regel zu einem willentlichen Stummwerden umcodiert; es ist daher in letzter Konsequenz immer ein ‚sprechendes Verstummen', das die entstehende akustische Leere zu vermeiden sucht. Demgegenüber wird in den hier diskutierten Gedichten von Gryphius ein faktischer Stimmverlust im Tod zum Thema, der aber anhand einer Personengruppe durchgespielt wird, die aufgrund ihrer Eitelkeit und Selbstgefälligkeit nicht zur Identifikation einlädt. Das Verstummen der Redner, Richter und Gelehrten ist vielmehr exemplarisch zu verstehen. Es deutet die *vanitas* der Stimme als unausweichliches Element der *condition humaine*. Somit wird ein unterschiedliches Verhältnis zu Tod und Jenseits erkennbar: Die Märtyrer

---

ziehn muß der Inden reichen schätzen/ | Mund! dessen balsam uns kan stärcken und verletzen/ Mund! der vergnügter blüht/ als aller rosen schein.| [usw.]". Christian Hoffmann von Hoffmannswaldau. *Herrn von Hoffmannswaldau und andrer Deutschen auserlesener und bißher ungedruckter Gedicht erster theil.* Hrsg. von Benjamin Neukirch. Nachdruck der Ausgabe Leipzig 1697. Hrsg. von Angelo George de Capua und Ernst Alfred Philippson. Tübingen 1961, S. 74. Die erotischen Gedichte Hoffmannswaldaus wurden zu Lebzeiten nicht veröffentlicht, sie kursierten handschriftlich in den einschlägigen Kreisen.

301 Peter Gigas. „Die Zunge/ die manch Ohr mit güldnen Ketten band". *Last= und Ehren= auch Daher immerbleibende Danck= und Denck=Seule/ Bey volbracher Leichbestattung Des weiland Wol=Edlen/ Gross=Achtbahren und Hochl=gelehrten Herrn Andreae Gryphii [...].* Hrsg. von Baltzer Siegmund von Stosch. Breslau 1667, S. 108 (HAB M: Th 1074 (3)).

treten ihres Glaubens eingedenk dem Tod als Überlegene gegenüber, die weltlichen Redner dagegen sind heilsvergessen und erleben im Sterben ihre existenzielle Desillusionierung bezüglich der Macht ihrer Sprache.

## 4. Rhetorische Figuren der Absenz

### *Aposiopese, Occupatio, Ellipse*

Auf dem Titelblatt von Gerhard Johannes Vossius' *Elementa rhetorica* (1646) sich eine Figur, die die rechte Hand vor ihren Mund hält und mit der anderen einen Zeigegestus ausführt (Abb. 37).[302] Die Inschrift ist von Erasmus übernommen und lautet *Tutum silentii praemium* (‚der sicherste Gewinn ist Stillschweigen'). Es scheint paradox: ein Buch zur Kunst der Eloquenz setzt eine schweigende Figur auf den Titel. Der Barockrhetorik ist, wie diese prominente Stellung in einem Standardwerk des 17. Jahrhunderts zeigt, die Bedeutung des ‚Anderen' der Rede von Anfang an eingeschrieben. Zwar findet – wie in der antiken Rhetorik – keine umfassende Ausdifferenzierung von rhetorischen Figuren des Schweigens statt; in den meisten Rhetoriken finden sie gar keine Erwähnung.[303] Es gibt aber kursorische Hinweise auf einige Schweige-Figuren, die im Folgenden zusammengetra-

---

302 Gerhard Johannes Vossius. *Elementa rhetorica, Oratoriis ejusdem Partionibus accomodatea; Inque usum Scholarum Hollandiae; & West-Frisiae, emendatius edita.* Amsterdam 1646 (HAB P 902 Helmst. 8°).

303 So kommen rhetorische Figuren des Schweigens in folgenden einschlägigen Rhetorik-Büchern des 17. Jahrhunderts nicht vor: Siegmund von Birken. *Teutsche Rede- bind- und Dichtkunst.* Nachdruck der Ausgabe Nürnberg 1976. Hildesheim und New York 1973; Balthasar Kindermann. *Teutscher Wolredner auf allerhand Begebenheiten im Stats= und Hauswesen gerichtet/ Baltasar Kindermann. Nach heutiger politscher Redart gebessert, und [...] gemehret von dem Spaten [d. i. Caspar von Stieler].* Wittenberg 1680 (HAB M: KC 53); Daniel Richter. *Thesaurus oratorius novus. Oder Ein neuer Vorschlag/ wie man zu der Rednerkunst/ nach dem Ingenio dieses Seculi, gelangen/ und zugleich eine Rede auf unzehlich vielen Arten verändern könne.* Nürnberg 1660 (HAB: A. 104.1 Rhet. (6)); Johann Riemer. *Standes=Rhetorica Oder Vollkommener Hoff= und Regenten=Redner/ Darinnen durch lebendige Exempel Hoher und gelehrter Leute in gewissen Kunst=Regulen gewiesen wird [...].* Leipzig 1685 (HAB: M: Um 137); Gerhard Johannes Vossius. *Rhetorices contractae, Sive partitionvm oratorium Libri Qvinque [...].* Braunschweig 1665 (HAB: 82.6 Rhet.); Christian Weise. *Gelehrter Redner/ Das ist: Ausführliche und und getreue Nachricht/ Wie sich ein junger Mensch In seinen Reden klug und complaisant aufführen soll [...].* Leipzig 1692 (HAB: Xb 2530 (1)); Ders. *Politscher Redner, Das ist: Kurtze und eigentliche Nachricht/ Wie ein sorgfältiger Hofmeister seine Untergebene zu der Wohlredenheit anführen soll [...].* Leipzig 1679 (HAB: Xb 5546 (1)).

Abb. 37: *Tutum silentii praemium*, Titelblatt von: Gerhard Johannes Vossius. *Elementa rhetorica*. Amsterdam 1646

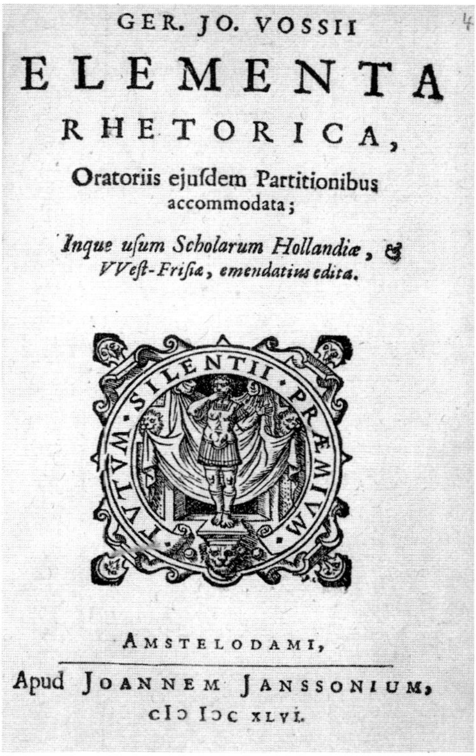


gen werden. So wird die Latenz einer Rhetorik des Schweigens im 17. Jahrhundert deutlich: Schweigen taucht in literarischen Texten als Stilfigur sowie inhaltlich in unterschiedlicher Ausprägung auf, diese Verwendung scheint sich jedoch im Gegensatz zu späteren Epochen[304] auf keine systematische Reflexion zu gründen.

Schon die antike Rhetorik hat unterschiedliche Formen des Schweigens, des Verstummens, des Verschweigens und der Auslassung benannt, wie Uwe Ruberg in einer Studie über das mittelalterliche Schweigen ausgeführt hat: „Als rhetorische Figuren des beredten Verstummens und zeitweiligen Schweigens sind etwa aposiopesis/reticentia, obticentia, emphasis, interruptio, dubitatio und praecisio anzusehen. Als Figuren und Topoi des Verschweigens stehen praeteritio, occupatio, ellipsis, retardatio nomis, Euphemismus sowie brevitas, taedium *nescio* (*ine weiz*) und

304 Vgl. exemplarisch: Johann Gottfried Hauptmann. *Silentium poeticum/ contemplatvs/ ad/ Memoriam Schvisslerianam/grata pietate recolendam*. Gera 1777.

ineffabilitas zur Verfügung."[305] Handelt es sich bei den in dieser Liste genannten Figuren um Synonyme oder sehr ähnliche Figuren, die nicht systematisch voneinander unterschieden wurden (was übrigens bis heute gilt[306]), so ist besonders die Figur der Aposiopese von Bedeutung.

Vossius beschreibt diese Figur in seinem *Commentariorum rhetoricum* (1630) ausführlich. Er gibt zahlreiche antike Beispiele und stellt dar, wie das Verschwiegene verstanden wird („tacitum intelligeretur"[307]). Besondere Bedeutung misst er der Affektverhüllung bei: „Neque affectus locum habet, quum oratio praeciditur, nequid scaevi dicamus, ac mali ominis."[308] (‚Und der Affekt hat keine Geltung, wenn die Rede unterbrochen wird, damit wir nichts Törichtes sagen und nichts von negativem Omen'). Johannes Kirchmann defininiert die Aposiopese in seinen *Rudimenta Rhetoricae* (1646) wie folgt: „*Aposiopesis*, Latinè Reticentia, est, cum sententiae inchoatae cursus reticendo, vel abrumpendo orationem revocatur".[309] Die Aposiopese oder *reticentia* ist also nach Kirchmann diejenige Figur, bei der man entweder im Verlauf des begonnenen Satzes abrupt inne hält und dann weiter spricht, oder aber die Rede unvermutet ganz abbricht. Im Unterschied zur Ellipse, die eine syntaktische Auslassungsfigur ist, bei der der grammatische Sinn erhalten bleibt, ist die Aposiopese eine Figur des vorübergehenden oder gänzlichen Verstummens, wodurch sich der Sinn entzieht. Während in ersterer unwichtige Satzbestandteile oder Worte stillschweigend ausgelassen werden, werden in der Aposiopese gerade die wichtigen Passagen verschwiegen. Das Nichtsprechen wird zudem explizit benannt und als eine Unfähigkeit zu reden gefasst: „Der Abbruch des Gedankenganges kann begründet sein im wirklichen oder als wirklich gespielten Widerspruch zwischen der Affektlage des Redners und der Redesituation. Er erscheint dann als Rückbesinnung des Redners, als gerade noch rechtzeitige Korrektur eines Mißverhältnisses hinsichtlich des äußeren *aptum*."[310]

Kirchmann behandelt die Aposiopese im Kapitel *De elucutione* und ordnet sie den *figurae sententiae* zu, worunter er jene Gruppe von Figuren versteht, „quae totam sententiam aliquo animi motu afficit"[311] (‚die den ganzen Satz mit einer Seelenregung erfüllt'). In diesem Kapitel führt er auch die Paralipse oder *occupatio* an, eine Figur, die darin besteht, ausdrücklich darauf hinzuweisen, bestimmte Themen

---

305 Ruberg 1978, S. 16.

306 Vgl. die voneinander divergierende Behandlung einzelner Schweige-Figuren unter Nichtberücksichtigung anderer in den modernen Rhetorik-Handbüchern von Lausberg, Ueding und Steinbrink/Ueding, auf die in nachfolgenden Fußnoten hingewiesen wird.

307 Gerhard Johannes Vossius. *Commentariorvm rhetoricvm, sive Oratorivm Institvtionvm, pars altera*. Leiden 1630, S. 347 (HAB M: Li 9382).

308 Ebd.

309 Johannes Kirchmann. *Rudimenta Rhetoricae, Pro Captu Scholae Lubecensis*. Braunschweig 1646, S. 58 (HAB: P 902 Helmst. 8° (6)).

310 Bernd Steinbrink und Gerd Ueding. *Grundriss der Rhetorik. Geschichte – Technik – Methode*. 3. Aufl. Stuttgart und Weimar 1994, S. 322.

311 Kirchmann 1646, S. 57.

oder Gegenstände nicht zu behandeln, wodurch man diese dann besonders betont.[312] Dieser ‚erklärten Auslassung' von Gedanken, Redegegenständen oder Beweisen ist als Aussage besonders schwer zu begegnen, insofern sie im selben Atemzug zurückgenommen wird.[313] Heinrich Lausberg beschreibt die Funktion der *praeteritio* ähnlich, wenn er sie als „Kundgabe der Absicht, gewisse Dinge auszulassen"[314], definiert. Im Unterschied zur betonenden Paralipse und der zumeist strategisch eingesetzten *praeteritio* ist die Aposiopese eine Figur, die zwei Funktionen erfüllt. Sie drückt die affektive Überwältigung des Sprechers aus und dient der Schonung der Empfindungen der Zuhörer.[315]

Johann Heinrich Alsteds *Encyclopaedia* handelt die „Aposiopesis (aliâs reticentia, obticentia, praecisio, interruptio)" kurz in drei *formulae* ab: „Conjuncta est cum ellipsi, quae ferè comitem habet ἐποχή rhetoricam" (‚verbunden ist sie mit der Ellipse, die beinahe immer als Begleitung das rhetorische Verstummen hat'); „[a]d ellipsin accedit fausta ominatio" (‚zur Ellipse kommt die ‚günstige Voraussagung' hinzu'); „Aposiopesi admiscetur *parasiopesis*, quam partem alicujus sententiae dicimus, & postea addimus, nos non totum dicere"[316] (‚der Aposiopesis wird die Parasiopesis beigefügt; wir bezeichnen sie als Teil irgendeiner Aussage und fügen später hinzu, dass wir nicht das Ganze sagen'). Man erhält unweigerlich den Eindruck, dass es trotz differenzierter Definitionsversuche nur unbefriedigend gelingt, die unterschiedlichen Schweige-Figuren voneinander abzugrenzen – was natürlich seinen Grund in der Vagheit derartiger Inexpressionen hat.

In Johann Matthäus Meyfarts *Teutsche[r] Rhetorica* (1634), dem ersten Rhetorikbuch in deutscher Sprache, findet die Aposiopese als einzige „Schweigfigur" Erwähnung; ihr ist ein ganzes Kapitel gewidmet. Vermutlich handelt es sich um die erste begriffliche Eindeutschung des lateinischen Substantivs *taciturnitas* überhaupt.[317] Zu Beginn heißt es:

> Gleich wie wir die *Exklamation* eine Rufffigur genennet haben/ also können wir die Aposiopesin eine Schweigfigur nennen/ nicht daß der Redener ganz stillschweige/ sondern daß er von seinem Spruch etzliche Wort verschweige/ derge-

---

312 Ebd.

313 Vgl. Steinbrink/Ueding 1994, S. 317.

314 Heinrich Lausberg. *Handbuch der literarischen Rhetorik. Eine Grundlegung der Literaturwissenschaft*. 3. Aufl. Stuttgart 1990, § 882, S. 436.

315 Lausberg unterteilt die Aposiopese (rubriziert als *reticentia*) in die „Affekt-Aposiopese" einerseits und die „berechnende Aposiopese" andererseits, wobei letztere weiter in eine „religiöse", eine „publikumsrespektierende" und eine „emphatische" Figur differenziert wird. Vgl. ebd., § 888, S. 438 f.

316 Johann Heinrich Alsted. *Encyclopaedia septem tomis distincta* 1. Nachdruck der Ausgabe Herborn 1630. Hrsg. von Wilhelm Schmidt-Biggemann. Stuttgart 1990, S. 391.

317 Vgl. Lydia Drews. „Aposiopese". *Historisches Wörterbuch der Rhetorik* 1. Hrsg. von Gert Ueding. Tübingen 1992, 828–30, Sp. 829.

> stalt/ daß der Zuhörer auff die volle Meynung zu dichten habe/ weil aus dem was geredet worden/ der gantze Sinn nicht erscheinet.[318]

Meyfarts Definition der Aposiopese verwirrt. Man hat den Eindruck, eine Bestimmung der Ellipse vor sich zu haben[319], denn es wird eher eine Auslassung, ein ‚Verschweigen etlicher Wort' beschrieben, als der Abbruch des Sprechens.

Durch Meyfarts Kontrastierung der Aposiopese mit der als „Rufffigur" bezeichneten *exclamatio* wird die „Schweigfigur" zum komplementären Anderen des affektiven Ausrufs – ein invertierter, stiller Schrei. Meyfart führt sechs Bereiche an, in denen der Einsatz dieser paradoxen Ausdrucksform opportun ist (zitiert werden nur die Kernaussagen, destilliert aus einer langen Beschreibung):

> Die Redener gebrauchen diese Figur/ Erstlich in verhasseten Sachen. [...] Zum Andern in zornigen vnd trohenlichen Geberden [...]. Es wird zum Dritten diese Figur gebrauchet in schmertzhafftigen Dingen. [...] Es wird zum Vierdten diese Figur aus Schamhafftigkeit gebrauchet. [...] Zum Fünften wird diese Figur gebrauchet in vnglückhafftigen Muthmassungen. [...] Zum Sechsten wird diese Figur gebrauchet zu Andeutung einer Wichtigkeit.[320]

Die ersten vier Bereiche, in denen die „Schweigfigur" nach Meyfart angemessen ist, sind die basalen negativen Affekte Hass, Zorn, Trauer und Scham. In den hierzu zitierten antiken und biblischen Beispielen ist es in der Regel so, dass eine Figur spricht und diese Rede mit dem Hinweis auf etwas Unaussprechliches abbricht. Es wird also geschwiegen, aber nicht ohne zuvor den Grund des anschließenden Verstummens zu benennen oder zumindest anzudeuten.

Zum ersten Bereich führt Meyfahrt etwa folgendes, nicht eigens kommentiertes Beispiel an, das er anscheinend von Cicero übernimmt und dessen Kontext unklar bleibt: „Vnd hette er desselbigen Gesetzes/ dessen Erfinder sich Clodins rühmet/ meldung thun dürffen/ wenn Milo am Leben? Darff nicht sagen/ Bürgermeister gewesen? Den von vnserer aller. Ich vnterstehe mich nicht es gantz zusagen."[321] Dass aber der zugrundeliegende Affekt, der den Sprecher dazu nötigt, etwas zu verschweigen, Hass sein soll, wird durch das Zitat nicht recht deutlich, sondern allein durch die Marginalie ergänzt: „Wird gebraucht [i]n verhasseten dingen".[322] Oder zum fünften Anlass der Verwendung der Aposiopese sagt Meyfart, sie werde „gebrauchet in vnglückhafftigen Muthmassungen"[323] – also so etwas wie ‚Zweifel'

318 Johann Matthäus Meyfart. *Teutsche Rhetorica oder Redekunst*. Nachdruck der Ausgabe Coburg 1634. Hrsg. von Erich Trunz. Tübingen 1977, S. 366.

319 Vgl. zur Definition und exemplarischen Analyse dieser Figur in der Lyrik: Otto Lorenz. *Schweigen in der Dichtung. Hölderlin – Rilke – Celan. Studien zur Poetik deiktisch-elliptischer Schreibweisen*. Göttingen 1989.

320 Meyfart 1634/1977, S. 366–69.

321 Ebd., S. 366.

322 Ebd.

oder ‚Verdacht'. Eine derartige Verwendung ist mir aus keiner Affektenlehre bekannt und erscheint auch hinsichtlich literarischer Texte nicht bedeutsam. Der sechste angeführte Bereich hat keinen direkten Affektbezug; beschrieben wird eine klassische rhetorische Technik der Emphase – das Innehalten oder Abbrechen der Rede, um die Bedeutung von etwas hervorzuheben. Allerdings betrifft das vom römischen Dichter Juvenal stammende Beispiel, das Meyfart anführt, dann doch den Bereich der Affekte, konkret dem der Schamhaftigkeit:

> Wer auch der Stiffter ist deines Geschlechts vnd Namens
> Er entweder ein Hirt/ deß frischen Bawren Samens/
> Damals gewesen ist/ oder ein/ welchen ich
> Nicht nennen wil vnd mag/ drumb schweige sittiglich.[324]

Auch dieses Zitat wird nicht erläutert, stattdessen führt der Autor abschließend auf knapp drei Seiten „Exempel durch einander"[325] an, die aber keinen weitergehenden Aufschluss geben. Die vorgebliche Systematik des Artikels wirkt daher eher willkürlich, die genannten Zitate sind nicht einschlägig und die Unterteilung in die sechs Bereiche überzeugt nicht. Bemerkenswert ist nichtsdestoweniger, dass Meyfart die ‚Schweigfigur' und die ‚Rufffigur' gleichwertig gegenüber stellt und so zwei Figuren kontrastiert, die nicht nur ambivalent zwischen rhetorischer Figur und ‚leibhaftiger Personifkation' stehen, sondern gleichsam als rhetorische Gegenpole gedacht werden. Während die ‚Rufffigur' mit Andrea Allerkamp als „reine[r] Sprechakt"[326] bezeichnet werden kann, als Appell, der konstitutiv an andere gerichtet ist, so ist die ‚Schweigfigur' ambivalenter: Sie ist eine Figur, die ihre Negation in sich birgt – eine ‚Nichtfigur' des Ausdrucks, die sich an den anderen wendet, indem sie sich entzieht.

In der Rhetorik zählen die rhetorischen Figuren zum Bereich der *elocutio*, dem dritten der fünf Teilgebiete, das sich nach *inventio* und der *dispositio* mit der sprachlich-stilistischen Gestaltung der Rede beschäftigt. Der *elocutio* folgen die *actio* bzw. *pronunciatio*, die Art und Weise des Redevortrags, sowie schließlich die *memoria*. Schweigen als faktisches Nichtreden berührt im Unterschied zu den diskutierten Schweigefiguren nicht den dritten Bereich der Rhetorik, sondern eher den vierten. Es ist eine Art Negativ der *pronunciatio*. Diese wird in der Frühen Neuzeit von der *actio* deutlich unterschieden.[327] So hält Vossius in seinen *Elementa rhetorica* fest:

---

323 Ebd., S. 369.
324 Ebd.
325 Ebd.
326 Andrea Allerkamp. „Unhörbare Stimmen – Zur Figur des Anrufs. Ingeborg Bachmanns Hörspiel ‚Der gute Gott von Manhattan'". *De figura. Rhetorik – Bewegung – Gestalt.* Hrsg. von Gabriele Brandstetter und Sibylle Peters. München 2002. 177–94, S. 179.
327 Vgl. Ottmers 1996, S. 218.

> Die *Pronunciatio* oder *Actio* ist die dem Gegenstand und den Worten angemessene Gestaltung der Stimme und der Gesten. Ihr Fundament ist quasi die *Memoria*: durch sie werden die schon gefundenen, angeordneten und ausgeschmückten Dinge im Geist verankert. Es gibt zwei Bestandteile der Pronunciatio; zum einen, die Stimme zu formen, zum anderen, die Körperbewegung. Von ersterer Aufgabe her wird dieser Teil *Pronunciatio* genannt, von letzterer *Actio*.[328]

Während die *pronunciatio*-Lehre die Stimmlichkeit des Vortrags meint, behandelt die *actio*-Lehre die die Rede begleitende, mimische und gestische Präsentation des Körpers.

Wie ausgeführt, spielen sowohl die rhetorischen Figuren des Schweigens als auch das faktische Nichtsprechen in den frühneuzeitlichen Rhetoriken eine eher marginale Rolle. Dennoch bildet Vossius' Lehrbuch als Personifikation der Rhetorik eine Schweige-Figur auf dem Titelkupfer ab (Abb. 37). Man sieht eine stehende, antik gewandete, männliche Figur auf einem podestartigen kleinen Steinvorsprung, die sich mit der rechten Hand selbst den Mund zuhält und mit der linken eine unbestimmte Demonstrationsgebärde ausführt. Hinter ihr befindet sich eine Draperie, die wie ein Theatervorhang herabhängt und seitlich von zwei Löwenköpfen im Mund gehalten wird – auch sie können sich, da ihr Mund durch das Tuch gefüllt ist, stimmlich nicht äußern. Außerhalb der runden Medaillenform mit der Schweige-Figur befindet sich ein Schmuckrahmen, in dessen vier Ecken sich merkwürdige vogelartig-spitze Köpfe befinden. Das Sims, auf dem die Figur steht, wird unten durch einen weiteren, größeren Löwenkopf geschmückt. Dieser ähnelt den im Mittelalter gebräuchlichen Türklopfern, bei denen dem aus Stein oder Holz gefertigten Kopf ein Metallring zwischen den Zähnen steckt (vgl. Kapitel II.1). Es geht also um die Darstellung einer Schwelle, um die Etablierung einer symbolischen Trennung zwischen einem Innen- und einem Außenraum. Die Differenzierung ist auf mehreren Ebenen zu verstehen. Bezieht sie sich einerseits auf das Buch als Ort verborgenen Wissens, so geht es andererseits um eine konkrete räumliche Trennung, denn mit der Figur des frontal stehenden Schweigenden wird ein topisches ‚Davor' und ‚Dahinter' suggeriert: Vor der bühnenartigen Situation, in der sie sich befindet, sind die Zuschauer bzw. Leser situiert, dahinter sieht man eine dunkle, enigmatisch bleibende Türöffnung. Das Lehrbuch wird als ein *theatrum* kenntlich, als Schauplatz, der rhetorisches Wissen zeigt.

Zudem lässt sich in der Darstellung eine symbolische Trennung von Mündlichkeit und Schriftlichkeit erkennen, wendet sich doch die frühneuzeitliche Rhetorik auch an Dichter und somit an die Verfasser von Texten und nicht allein von Reden.

---

328 „*Pronunciatio*, sive *Actio*, est vocis gestuumque pro rebus, & verbis, apta conformatio. | Ejus quasi fundamentum est *Memoria*: quam res jam inventas, dispositas, & exornatas, firmiter animo comprehendimus. | Partes Pronunciationis sunt duae; una vocem format; altera corporis motum. A priori munere haec pars, *Pronunciatio*; à posteriori, *Actio* vocatur." Gerhard Johannes Vossius. *Elementa rhetorica, Oratoriis ejusdem Partionibus accomodatea; Inque usum Scholarum Hollandiae; & West-Frisiae, emendatius edita*. Amsterdam 1646, S. 47 f (HAB: P 902 Helmst. 8°).

Somit zeigt die Figur mit ihren zwei Händen einmal mehr die Mediendifferenz an: Während die Hand vor dem Mund Stillschweigen signifiziert, bezeichnet die Gebärde der zweiten Hand die nonverbale Eloquenz. Beide Hände deuten auf je unterschiedliche Weise auf die Absenz der Stimme unter gleichzeitiger Präsenz außersprachlicher Zeichen. Die linke Hand verschließt nicht nur den Mund, es hat den Anschein, als nehme sie die Stimme wie einen verbalen Abdruck vom Mund ab und übertrage sie in Zeichen – was dann durch die zweite, zum Betrachter geöffnete Hand geschieht, die eine ganz ähnliche Geste macht. So steht die Figur genau auf der Schwelle zwischen Oralität und Skripturalität, sie bildet, ohne direkt auf Schrift zu referieren – etwa indem sie ein Buch oder eine Feder in den Händen hielte – den Übergang von Mündlichkeit zu Schriftlichkeit ab. Das Schweigen wird, auch wenn es in den Rhetoriken selten explizit zur Sprache kommt, als latentes Thema mit aufgerufen. Das Kupfer verweist sowohl auf den sich vollziehenden medialen Umbruch als auch, grundsätzlicher, auf den immer mitthematisierten „Schatten der Rede".[329]

## *Der „ohnhändige Terminus"*

Im fünften Band der *Frauenzimmer Gesprächsspiele* (1645) von Georg Philipp Harsdörffer findet sich ein Dramolett mit dem Titel *Die Redkunst*.[330] Sämtliche Teile der Rhetorik wie auch alle rhetorischen Figuren treten hier auf den Schauplatz oder tauchen zumindest als Marginalien im Textsubstrat auf – inklusive einer ‚Schweigfigur', der „Ellipsis" bzw. „Übergehung". Im Personenverzeichnis sind alle Figuren zweifach aufgelistet, einmal unter „Lateinische Kunstwort", einmal unter „Teutsche Kunstwort".[331] Besonders aufschlussreich für das Schweigen als ‚Figur' im wörtlichen wie auch im übertragenen Sinn ist der im Vorspiel der *Redkunst* auf dem Schauplatz erscheinende „ohnhändige Terminus". In der Bühnenanweisung wird sein Auftritt folgendermaßen beschrieben:

> Zwischen dem Vorhang/ welcher den Schauplatz bedekket/ sol stehen das Bildniß des ohnhändigen Terminus/ als eine Grentzseule zwischen der Vernunft= und Redkunst; welche zwar aneinander stossen/ aber doch unterschiedene Gebiete haben. Dieser Terminus ist eine lebendige Person/ mit einem langen Bart/ der die Arm sinken lässet/ und mit einem langen Tuch/ als Marmol gemahlet/ umhüllet/ und stehet gleichsam in einem Seulgestell. Sein Angesicht ist weiß gefärbt/ wie auch das Haar mit weissen Pulver oder Staub überstreuet/ und muß dieses Bild die Augen nicht verwenden/ damit die Zuschauer zweiffelen/ ob es von Holtz oder Stein sey/ bis das Spiel angehet; da dann er mit ihrer Verwunderung also herausbrechen kan.[332]

---

329 Vgl. Christiaan L. Hart Nibbrig. *Rhetorik des Schweigens. Versuch über den Schatten literarischer Rede*. Frankfurt a. M. 1981.
330 Harsdörffer 1645/1969, Bd. 5, S. 451–91.
331 Ebd., S. 454.
332 Ebd., S. 457.

Abb. 38: *Der ohnhändige Terminus*, Kupferstich aus: Georg Philipp Harsdörffer. *Frauenzimmer Gesprächsspiele*. Nürnberg 1645

Auch der Terminus ist, wie der Schweigende auf dem Vossius-Kupfer, eine Schwellenfigur, die zwei Bereiche – hier benannt als diejenigen von „Redkunst“ und „Vernunft“ – voneinander separiert. Ergänzend zum Text findet sich ein Kupferstich der Figur. Er zeigt eine Herme in der Tradition antiker Terminus-Figuren auf einem mit Blüten und Früchten (Pfirsichen!) geschmückten Sockel zwischen zwei massiven antikisierten Säulen (Abb. 38).[333] Sie ähnelt einer Figur, die im Frontispiz von Maiers *Silentium post clamores* direkt neben der dortigen Schweigefigur steht (vgl. Abb. 34). Es ist unwahrscheinlich, dass Harsdörffers Kupferstecher den Rosenkreuzer-Traktat kannte, dennoch ist eine Korrespondenz zur Thematik des Schweigens vorhanden.

Die Terminus-Figur soll zunächst bewegungslos und stumm dastehen, wie eine Holz- oder Steinskulptur. Derart soll ein Effekt der Täuschung erzielt werden, so dass die Zuschauer ein erstarrtes „Bild“ vor sich wähnen, das dann unerwarteter Weise zu sprechen beginnt:

> ICh bin der ohnhändige *Terminus*/ die Grentzseule/ der Schied= und Markrichter zwischen anreinenden Gebieten. So wenig ich/ vor Alters/ dem Donner Gott Jupiter gewichen bin/ so wenig gedenke ich dem rasenden Kriegs=Gott aus dem Wege zu tretten; sondern dieser Orten die Bottmässigkeit der Musen eussersten Vermögens zu behaubten. Ich stehe hier als ein Grentzstein zwischen den Redneren/ und Zuhöreren/ und bitte/ ihr wollet eine Stund thun/ was ich viel Stunde gethan hab: Nemlich *schweigen*. Lasset euch hierzu durch einen Stein bewegen/

> oder ja die Ursachen/ welche ich/ als ein Stein/ zu sagen beginne. | Die Redkunst kan von den Lasteren nicht wol= und von den Personen nicht übelreden: Wisset deswegen/ daß niemand durch unser Spiel belanget wird/ als welcher sein selbst Ankläger ist. Den es nun nicht angehet/ der schweige still/ nach dem Sprichwort: Lesch nicht/ was dich nicht brennet. Solte sich aber jemand getroffen finden/ so schweige er fein still/ damit er nicht sein eigner Verrähter werde/ und sich selbst schuldig gebe/ dessen man ihn nicht bezüchtiget. Ein jeder hat eine Redkunst in seinem Gewissen/ welches von seinem Thun/ wie hier unser Spiel vom Stillschweigen anfängt. Wollet ihr uns hören/ so müsst ihr schweigen/ weil auch die Steine dieses Orts reden. Doch kan jeder unter euch zu Ende sagen von dem/ das er verstanden/ was er wil/ und glauben von dem/ das er nicht verstanden/ was er wil.[333]

Zu Beginn des Zitats beharrt der Terminus darauf, dass er sich von diesem Ort nicht vertreiben lasse – weder durch die Gewalt des antiken Himmelsherrschers Jupiter, noch durch die des Mars, dem zur Zeit des Dreißigjährigen Krieges unermüdlich wirkenden Kriegsgott. Ihm geht es vielmehr um die insistierende Behauptung der „Bottmässigkeit" (d. h. Herrschaft) der Musen. Der Terminus grenzt also den Bereich von Natur und kreatürlicher Gewalt vom Feld der Künste ab; er selbst bildet die symbolische Schwelle zwischen beiden. Dass er auf dem Ort beharrt, auf dem er steht, lässt sich als Hinweis auf die ‚Topik' als Teilgebiet der Rhetorik verstehen. Diese wird *per se* räumlich verstanden, als eine Lehre, „bei der man Argumente und Schlußmuster nicht zufällig aufstöbert oder blindlings einsetzt, sondern gezielt an bestimmten ‚Plätzen' sucht".[334]

Der Terminus bezeichnet sich als „Grentzseule" und „Schied= und Markrichter" zwischen zwei benachbarten Gebieten. Hier werden jedoch nicht, wie in der Bühnenanweisung, die abstrakten Felder von „Vernunft" und „Redkunst" angeführt, sondern es geht um eine ganz konkrete räumliche Grenze, und zwar um diejenige zwischen „Redneren" und „Zuhöreren". Er nimmt also Bezug auf die beiden für die Bühnensituation konstitutiven Personengruppen: Ihre Kopräsenz ist Grundbedingung und Beginn von Theater.[335] Diese zwei Gruppen werden durch ein einziges Kriterium voneinander unterschieden, durch das von Sprechen oder Schweigen. Der Terminus bietet sich den Zuschauern, die er zum Schweigen auffordert, als Exempel an, ja er fleht sie mit der Formulierung, sie mögen sich „hierzu durch einen Stein bewegen" lassen, geradezu an, seinem Appell zu folgen. Allerdings fordert er sie zum Schweigen nicht mit der einschlägigen Gebärde auf, dem Finger auf den Lippen, sondern mit sprachlichen Mitteln – wodurch erneut seine Schwellen-Funktion zwischen Sprechen und Schweigen deutlich wird.

Das lateinische Substantiv *terminus* bedeutet nicht allein ‚Grenzstein', sondern auch ‚Schranke', und ‚Grenzgott' sowie – im Deutschen als Fremdwort gebraucht –

---

333 Ebd., S. 459 f.
334 Ottmers 1996, S. 87.
335 Vgl. Benthien/*Performanz* 2002.

‚Begriff', ‚Fachausdruck' und ‚Zeitpunkt' (z. B. in der Wendung *terminus ad quem*). Die im Prolog eines Gesprächsspiels über die „Redkunst" auftretende allegorische Figur ist also zugleich die Personifikation des ‚Begriffs' und des Schweigens – sie ist somit eine paradoxe, tendenziell auch alogische ‚Schwellenfigur', die ihren Ort völlig zu Recht zwischen den „Redneren" und den schweigenden Zuhörern hat. „Terminus" und „schweigen" sind zudem die einzigen beiden Worte, die im Text formal hervorgehoben werden, was ihre Korrespondenz betont. Doch Schweigen ist in seiner Vagheit und Unbestimmtheit eigentlich das exakte Gegenteil des ‚Terminus', insofern man darunter einen exakt gefassten sprachlichen Begriff versteht. Ein ‚schweigender Terminus' ist daher entweder eine paradoxe Nichtfigur oder aber einfach eine Allegorie der Schrift, die einzig mögliche Form der ‚stummen Rede'.

Der auf dem Stich gezeigte „ohnhändige Terminus" ist eindeutig keine vermittelnde Instanz, wie dies eine Vielzahl der im Kapitel II.1 vorgestellten Verkörperungen des *silentium* sind, welche mittels der Medialität ihrer beiden Hände eine Verbindung zwischen zwei Bereichen etablieren, zum Beispiel zwischen Bild und Text oder zwischen dem Akt des Schweigens und einem symbolischen Gegenstand. Es handelt sich hier um eine Figur ohne Hände (wie sie über sich selbst sagt, und zwar im Widerspruch zur oben zitierten Bühnenanweisung), das heißt um eine wortwörtlich ‚terminierende' Instanz, die etwas beschließt und voneinander scheidet. Dieses Faktum ist in ihren versehrten Körper eingezeichnet.

Im zweiten Teil des Zitats beschreibt der Terminus die zwiespältige Situation, in der sich die Zuschauer (oder besser: Zuhörer) befinden: Wegen der nur einseitigen Aufrichtigkeit der „Redkunst", welche zwar „von den Lasteren nicht wol" aber „von den Personen nicht übelreden" kann, ist es möglich, dass die Zuschauer sich durch das Gehörte indirekt angegriffen fühlen. Der Vorredner fordert nun ein selbstreflexives Bewusstsein seines Publikums, in dem er argumentiert, „daß niemand durch unser Spiel belanget wird/ als welcher sein selbst Ankläger ist". Er erinnert – mit einer merkwürdigen Formulierung – daran, dass jeder „eine Redkunst in seinem Gewissen" habe, was wohl soviel heißen soll, dass das Gewissen sich zur Entlastung vor sich selbst zu rechtfertigen sucht. Abschließend entwickelt er eine paradoxe Logik, wonach die Zuhörer schweigen müssen, weil das Gesagte sie „nicht angehet". Sollte sich ein Zuhörer aber angesprochen fühlen, halte er aus Klugheit besser den Mund, er „schweige [...] fein still", um zu verhindern, dass er „sein eigner Verrähter werde/ und sich selbst schuldig gebe/ dessen man ihn nicht bezüchtige." Egal, wie sie sich zum Gesagten stellen, schweigen müssen sie in jedem Fall. Mit dem Mittel der *argutia* stellt der Terminus hier die notwendige Ruhe unter den Zuschauern her, bis dann tatsächlich, und zwar im doppelten Wortsinn, das „Spiel vom Stillschweigen anfängt". Mittels eines allegorischen Rahmens wird so die ‚Szene' etabliert, in der Sprechen auf dem Theater überhaupt erst möglich wird, nämlich aus dem rahmenden Hintergrund des Schweigens heraus.

Das Auf- und Abtreten der rhetorischen Figuren wird in den Marginalien benannt. Oft wird eine rhetorische Figur im Buchdruck formal neben die Replik einer Bühnenfigur gesetzt, in der das entsprechende Stilmittel verwendet wird. So wird zum Beispiel die Ellipse in der Marginalie angeführt, als eine Figur sagt:

> Nun leiste ich meinem Herrn seltene Dinst/ weil er meiner wenig bedarf/ und hat er mir niemals etwas auszurichten befohlen/ daß ich nicht ein Wort ausgelassen. Wegen solcher Vergessenheit habe ich schlechten Unterhalt/ und haben mich die anderen Diener genennet Mangelmann/ oder einen solchen Mann/ dem allezeit etwas mangelt.[336]

Die Ellipse wird als Diener eines geschwätzigen Herren vorgestellt, der ihr nur sehr selten ‚Arbeit' verschafft, d. h. sie zu ihrem paradoxen Einsatz bringt. So erhält sie von den anderen Dienern – den übrigen rhetorischen Figuren – den spöttischen und ironischen Beinamen „Mangelmann", was doppeldeutig ist, da dieser Name sich sowohl auf das bei seltenem Einsatz gering ausfallende Einkommen als auch auf den elliptischen Sprachentzug als einer Form des ‚Mangels' beziehen kann, der in einer Zeit sprachlicher Opulenz nicht gerade hoch im Kurs stand. Nebenbei findet sich hier auch ein Moment von Sprachkritik. Erst ganz am Ende des Stücks unterhalten sich zwei Protagonisten erneut über diese Figur. Einer von ihnen stellt fest: „Mangelmann ist *Ellipsis* oder die Ubergehung eines Worts/ wird hier/ als ein armer/ vergessener und selten befehlchter Diener/ gebildet [...]. Diese Figur ist bey den Poeten gemeiner als bey den Redenern [...]."[337] Die ironisch zu verstehende letzte Bemerkung beinhaltet eine Kritik an der mündlichen Rede, welche als besonders geschwätzig gilt.

Die Szenenanweisung zum „Beschluß" des Stücks stellt durch den Auftritt des Terminus' einen direkten Bezug zum Anfang her:

> Wie aber unser Spiel/ von dem Stillschweigen/ angefangen/ so sol es auch billich mit Eurem grosgünstigen Urtheilspruch und unsrem Stillschweigen seine Endschaft erreichen. [...] | Dieses redet der Edelknab/ in dem die Vorhänge wieder vorgezogen werden/ und die Grentzseule/ oder Terminus wieder hinter ihm aufgerichtet wird/ dergestalt/ daß der Schauplatz wiederum/ wie von Anfang des Spiels/ zu sehen kommet.[338]

Mit dem Schauplatzwechsel und dieser kurzen Schlussrede wird die Bühnensituation, die sich durch das Schweigen der Zuschauer und den Beginn der Rede der Darsteller konstituiert hatte, wieder aufgehoben. Nun schweigen die Darsteller und das Publikum wird zum verbalen Kommentar über das Schauspiel aufgefordert. Der stumm bleibende Terminus erfüllt hier die gegenteilige Funktion.

Möglicherweise stellt dieses allegorische Metatheater über die *Redkunst* aus Harsdörffers *Frauenzimmer Gesprächsspielen* die Grundlage für ein kurzes Vorspiel dar,

---

336 Harsdörffer 1645/1969, Bd. 5, S. 543 f.
337 Ebd., S. 570 f.
338 Ebd., S. 570.

das sich zur deutschen Version der von Antonio Draghi komponierten Oper *Il silenzio di Harpocrate* findet, dessen Libretto 1690 gedruckt wurde.[339] Obwohl erst im Kapitel III ausführlich auf diese Oper eingegangen wird, ist es sinnvoll, das Vorspiel, das die italienische Originalversion der Oper von 1677 nicht enthält[340], an dieser Stelle anzuführen. In dem von Nicolò Minato verfassten Libretto wird laut Bühnenanweisung zu Beginn von Kindern ein Vorhang aufgezogen und es erscheint „der *Termes*, mit den *Statuen* oder Bild=Seulen der Musik/ Poesie/ Mahlerey und Bau=Kunst".[341] Als Prologsprecherin tritt sodann die „Fama" auf und spricht:

> Was seh ich an/
> Das meine Gesicht so schnell verwirren kan?
> An stat der Majestät und Pracht/
> Die sonst der Schau=platz pflegt zu hegen/
> Wenn er von süssen Spielen lacht/
> Ist hier nur Einsamkeit zugegen
> Die stumme Statuen/ und unbeseelte Stein'/
> In Schweigen gantz vertieft/ ertheilen schlechten Schein [...].[342]

Die Fama drückt ihre Enttäuschung über die leblos wirkenden, stummen Figuren aus, welche sowohl in ihrer Statik als auch in ihrer Schmucklosigkeit den „süssen Spielen" und der „Majestät und Pracht", die sie erwartet, nicht entsprechen. Direkt daran anschließend fängt der Termes an zu reden – so als würde er den Ausspruch der Fama, auch er sei nichts als „unbeseelte[r] Stein", zu revidieren suchen. Er spricht laut Regieanweisung – wie der Terminus bei Harsdörffer – ohne sich zu bewegen:

> Es wird doch für gewiß
> Ein Schau=Spiel hier bereit/ das von dem Stilleschweigen
> Kan die berühmten Lehren zeigen:
> Um es verborgen zu bewahren/
> Hat mich *Harpocrates* an diese Ort gesetzt/
> Als einen/ welcher sonst das Schweigen nie verletzt.
> Doch das Durchleuchte Licht/
> Das auß dem Glantz so viel= und hoher Sonnen bricht/
> Und seine Strahlen hier beginnet zu verpahren
> Hat mir ertheilet Geist und Leben/
> Und gegen meiner Art die Sprache selbst gegeben.[343]

---

339 Niccolò Minato. *Il silenzio di Harpocrate*. Wolfenbüttel ca. 1690 (HAB: Textb. 61).

340 Vgl. Niccolò Minato. *Il silentio di Harpocrate. Drama per Musica, Da Rappresentarsi Alla S. C. R. Maesta Dell' Imperatore Leopoldo Nel Carnavale Dell'Anno M.DC.LXXVII*. Wien 1677 (HAB: Textb. 144).

341 Minato/Draghi ca. 1690, S. A4r.

342 Ebd., S. A4r f.

343 Ebd., S. A4v f.

Kurz darauf endet das Vorspiel. Es folgt die Regieanweisung „die *Statuen*, von ihren Gesimsen steigende/ fangen an zu dantzen“[344] – so, als hätten auch die vier Allegorien der Künste (die eventuell für die bei Harsdörffer aufgerufenen ‚Musen‘ stehen) die Kritik der Fama ob ihrer Starrheit gehört und suchten nun das Gegenteil zu beweisen.

Ein *termes* ist im Lateinischen ein ‚abgeschnittener Zweig‘. Die etymologische Nähe zu *terminus* ist also vorhanden, eine konkrete Anbindung an die Thematik der Sprache jedoch nicht. Der Termes hat im Opern-Vorspiel eine ähnliche Funktion wie der Terminus in der *Redkunst*. Deutlich sagt er, dass auch er eigentlich stumm sei und ‚das Schweigen nie verletze‘. Harpocrates, der bereits behandelte antike Gott des Stillschweigens, habe ihn „an diese Ort gesetzt“, um die geheimen Lehren über das „Stilleschweigen“ zu bewahren. Er befindet sich also ebenfalls auf der symbolischen Schwelle zwischen den Zuschauern und den im Anschluss erscheinenden Darstellern – wie der Terminus ist er eine Grenzfigur sowohl in temporaler als auch in topografischer Hinsicht. Seine Aufgabe geht aber über die des Vorredners bei Harsdörffer hinaus. Der Termes ist kein Kontrolleur der Rede, er wacht vielmehr über die *arcana* des Stillschweigens. Während Harsdörffers Stück von Rhetorik handelt, geht es hier um ein „Schau=Spiel“, das „von dem Stilleschweigen | Kan die berühmten Lehren zeigen“, also um das diametrale Gegenteil. Vielleicht ist auch aus diesem Grund der Name ‚Termes‘ demjenigen des antiken ‚Hermes‘ klanglich ähnlich – auf dessen Bedeutung als Figur des Stillschweigens und als Hüter der *arcana* wurde bereits im Kapitel II.1 anhand des Kupferstichs aus Achille Bocchis *Symbolicarum* eingegangen.

Die beiden in diesem Abschnitt behandelten allegorischen Figuren stehen in einem merkwürdigen Verhältnis zu den rhetorischen Figuren. Einerseits figurieren sie als deren ‚Verwalter‘, andererseits werden sie aber auch selbst als Figuren gekennzeichnet. Sichtbar wird so eine Ambivalenz, die im Begriff der Figur selbst liegt.

### *Exkurs: Schweigen als ‚Metafigur‘*

Den unterschiedlichen Formen des Schweigens, Verschweigens und Verstummens wird also in der Rhetorik der Status von Figuren zugeschrieben, die Funktionen wie die Untermalung der Rede, die emphatische Überzeugung oder die Darstellung der emotionalen Überwältigung innehaben. Figuren werden als „die sich in Sprachzeichen artikulierenden Affekte bzw. Bewegungen der Seele“[345] verstanden. Das Nichtsprachliche, die Rede transzendierende oder in Frage stellende, wird ins sprachliche System der *elocutio* (re)integriert. Allgemein gesprochen, zeichnen sich

---

344 Ebd., S. A5v.

345 Dieter Breuer. „Rhetorische Figur. Eingrenzungsversuch und Erkenntnisgewinn eines lieraturwissenschaftlichen Begriffs“. *Zur Terminologie der Literaturwissenschaft.* Hrsg. von Christian Wagenknecht. Stuttgart 1988. 223–38, S. 228.

rhetorische Figuren durch die Eigenschaften der Übertragung und der Verweisung aus. Der Konzeption der „alten Rhetorik“[346] zufolge, befinden sich solche Figuren uneigentlichen Sprechens innerhalb der ‚wörtlichen‘, buchstäblichen Rede als hineingetragene Fremdkörper, Abweichungen, Hervorhebungen oder Schmuck.[347] Roland Barthes und Paul de Man haben die scharfe Trennung zwischen nichtfigürlicher und figürlicher Rede, zwischen eigentlichem und übertragenem Sprachsystem jedoch in Frage gestellt[348], wobei sie allerdings eher literarische Texte anführen, die dem Barock historisch nachgeordnet sind. Auch Erhard Schüttpelz hat in einer systematischen Studie den Status rhetorischer Figuren als ‚sekundäre Sprachelemente‘, die der ‚primären‘ Sprache gegenüberstehen, zu recht kritisiert.[349]

Die sprachliche Thematisierung von Schweigen lässt sich als „Metafigur“[350] begreifen, indem figürlich auf die Unmöglichkeit verbaler Benennung verwiesen wird. Um ein zeitgenössisches Beispiel heranzuziehen: Gryphius wählt in der Widmungsvorrede zu seinen *Freuden= und Trauer=Spielen* an „Frau Louysen/ Hertzogin in Schlesien zur Lignitz“ folgende Formel: „Hier stimmt mein bebend Mund ein traurig Klag=Lieg an/ | Vnd starrt ob Deiner Zier/ die nichts erreichen kan/ | Durchlauchigst! ach! man muß was himmlisch/ schweigend ehrn.“[351] Der Unsagbarkeitstopos – spezifiziert in der durch einen Seufzer gekennzeichneten Figur der Aposiopese – steht für das Schweigen, welches ja selbst nur Stellvertreter ist: Figur einer Figur. So lässt sich ein konstantes Wechselspiel zweier Figur-Konzeptionen feststellen, zwischen dem tatsächlichen Schweigen zum einen – das als Handlung und Aktivität immer für etwas ‚Anderes‘ einsteht – und der metafigürlichen Rede über diese Schweigefigur zum anderen.

Schweigen ist eine (vermeintlich) bedeutungstragende Leerstelle, die andeutet, verweist, verschiebt. Erkennbar aber wird es im Kontext von und in Abgrenzung zur Rede, welche gleichzeitig seine Ränder konstituiert: die Figuration als seine äußere Form. Wie Gabriele Brandstetter – in anderem Kontext – festgestellt hat, ist dem Begriff der ‚Figur‘ der des ‚Grundes‘ komplementär zugeordnet. Beide gemeinsam produzieren ein Wechselspiel von „Kontur und Fond“; sie sind – in einem „Spiel von Identität und Differenz“– ‚konfigurativ‘ aufeinander bezogen.[352]

---

346 Roland Barthes. „Die alte Rhetorik“. *Das semiologische Abenteuer*. Frankfurt a. M. 1988. 15–101.

347 Vgl. Gero von Wilpert. *Sachwörterbuch der Literatur*. 7. Aufl. Stuttgart 1989, S. 775.

348 Vgl. Paul de Man. *Allegorien des Lesens*. Frankfurt a. M. 1988, S. 40; Barthes 1988, S. 90 f.

349 Vgl. Erhard Schüttpelz. *Figuren der Rede. Zur Theorie der rhetorischen Figur*. München 1996.

350 Vgl. De Man 1988, S. 44.

351 Andreas Gryphius. *Freuden und Trauer=Spiele auch Oden und Sonnette sampt Herr Peter Squenz Schimpf=Spiel*. Breslau 1658. o.S. (HAB 459.9 Qu).

352 Gabriele Brandstetter. „Figur und Inversion. Kartographie als Dispositiv von Bewegung“. *De figura. Rhetorik – Bewegung – Gestalt*. Hrsg. von ders. und Sibylle Peters. München 2002. 247–64, S. 247.

Diese Beobachtung lässt sich auf das diskutierte Verhältnis von Reden und Schweigen übertragen, insofern beide erst durch die Folie des je anderen nicht nur entstehen, sondern auch wahrnehmbar werden. In Harsdörffers Metatheater *Die Redkunst* wird eben dieser Vorgang allegorisiert. Der Terminus als Grenzfigur trennt das Schweigen und das Sprechen; zugleich aber fügt er sie zusammen, indem er ihre Einheit als ‚Konfiguration' fasst.

Die Mehrdeutigkeit und Ambivalenz des Begriffs der ‚Figur', wie sie in diesem Teil der Arbeit untersucht wurde, sah man in der ästhetischen Theorien bisher eher als problematisch an, daher suchte man sie tendenziell zu eliminieren. Demgegenüber können sie auch als Stärke des Begriffs fruchtbar gemacht werden. Wie Brandstetter und Sibylle Peters betonen, versammelt der Figur-Begriff traditionell „multiple Verwendungsweisen im Spektrum szenischen Geschehens: Rollenfigur, rhetorische Figur, Handlungsfigur, Gestalt/Körper, Klangfigur, Bewegungsfigur".[353] Doch heben sie auch hervor, dass dieses Konzept der Figur „im hergebrachten Sinn, d. h. als ein Repräsentationsmodell, das Einheit – Einheit der Gestalt, Einheit des Subjekts im Sinn von Identität – verbürgt, obsolet geworden ist."[354] Auch Sibylle Benninghoff-Lühl hat unter Bezugnahme auf eine Formulierung von Georges Didi-Huberman betont, dass unter ‚Figur' entgegen der hergebrachten Meinung nichts klar Abzugrenzendes, sondern vielmehr eine „gestaltlose Gestalt" zu verstehen sei, eine Entität, die „Unfigurierbares in sich birgt".[355] Anstelle der Vorstellung von Figur als klar definierter (äußerer) Form – so die traditionelle Bestimmung[356] –, betonen neuere Ansätze eher ihre Relationalität, ihren Status als Teil einer „Kon-Figuration".[357] Derart erlangt insbesondere die „Betrachtung des ‚Zwischen'" an Relevanz, und zwar „für einen Begriff von Figur, der nicht als ein einfacher gedacht ist, sondern das Bewegungs-Moment von Iteration und Kehre einbezieht".[358] Als ‚Figur' ist somit nichts Statisches zu verstehen, sondern etwas,

---

353 Gabriele Brandstetter und Sibylle Peters. „Einleitung". *De figura. Rhetorik – Bewegung – Gestalt.* Hrsg. von dens. München 2002. 7–30, S. 7.

354 Ebd.

355 Sybille Benninghoff-Lühl. *‚Figuren des Zitats'. Eine Untersuchung zur Funktionsweise übertragener Rede.* Stuttgart 1998, S. 366; Benninghoff-Lühl bezieht sich dabei auf: George Didi-Huberman. *Fra Angelico. Dissemblage et figuration.* Paris 1990.

356 So lautet etwa die Definition der ‚Figur' in der *Allgemeinen Encyklopädie der Wissenschaften und Künste*, auf die Benninghoff-Lühl sich bezieht: „Mit dem Worte Figur bezeichnet man im Teutschen jede nur in ihren Außenlinien, im Umrisse dargestellte Raumbegrenzung. Den Grund zu jeder Figur bildet die Linie; aber die einzelne Linie macht keine Figur, andere müssen hinzukommen, um einen Raum zu umschließen, oder die Linie muß eine Abweichung von ihrer geraden Richtung erhalten. Im letzteren Falle hat man *Figur* auch auf Nichträumliches angewendet, namentlich auf *Figuren der Rede*". Johann Samuel Ersch und Johann Gottfried Gruber (Hrsg.). *Allgemeine Encyklopädie der Wissenschaften und Künste* I.44. Leipzig 1846, S. 141.

357 Brandstetter/Peters 2002, S. 10.

358 Ebd.

das sich in Abhängigkeit und nur momenthaft konstituiert oder sich gar „im nachträglichen Verweisen erst generiert".[359] Diese Bemerkungen zur Theorie der Figur sind in dreierlei Hinsicht aufschlussreich auch für Repräsentationen von ‚barockem Schweigen'. Erstens machen sie – durch die Betonung des ‚Zwischen' – auf die Tatsache aufmerksam, dass auch das Verhältnis von Schweigen und Reden kein statisches sein kann, sondern durch Bewegung und kontinuierliche Grenzverhandlungen charakterisiert ist. Es muss gewissermaßen immer eine dritte Instanz geben, die beide Seiten zunächst voneinander scheidet und sie sodann in Konstellation zu einander bringt. Die auf den Schauplatz tretenden Figuren wie der Terminus bei Harsdörffer, der Termes aus der *Harpocrates*-Oper und auch die Figur im Titelkupfer der *Elementa rhetorica* haben exakt diese Funktionen des Trennens und Konfigurierens – was sie entweder durch Sprache oder durch Gebärden vollziehen. Gleichzeitig sind sie ja auch selbst ‚Figuren' im konventionellen Sinne, wodurch sich zeigt, dass sie selbst nicht gänzlich außerhalb der Topologie stehen, die sie erstellen.

Zweitens wird in den genannten theoretischen Ausführungen zu Recht betont, dass rhetorische Figuren und andere Formen des Figuralen (Allegorien, Bühnenfiguren, Verkörperungen und Gestalten) nicht streng zu scheiden sind. Eben diese Ambivalenz wird bei Harsdörffers Figur des Terminus deutlich, der sich selbst als „Grentzseule" und als „Schied= und Markrichter" bezeichnet. Diese Figur ist sowohl ihrem Namen nach die Folie jeder Sprachfigur schlechthin als auch eine Bühnenfigur, ein auf den Schauplatz tretender, physisch agierender Sprecher.

Klaus Reichert hat in einem Essay formuliert, dass das Schweigen „Grund und Abgrund der Rede"[360] sei. Dieser Gedanke ist drittens auf das in der Theorie der Figur beschriebene ambivalente Kipp-Verhältnis übertragbar. Reicherts Begriff des Grundes lässt sich mit Maurice Merleau-Pontys sprachphilosophischem Gedanken zusammen bringen, wonach es das Schweigen ist, was die Sprache ‚umhüllt', sie hervortreten lässt und ihr erst „sens et configuration"[361] gibt. Wenn es also bei Harsdörffer heißt, dass das „Spiel" der *Redkunst* „vom Stillschweigen anfänget", so ist eben diese basale Grundierung durch das Schweigen mitgemeint – ebenso wie in der Inschrift *Tutum silentii praemium* des Titelkupfers von Vossius. Hier wird nicht nur eine räumliche, sondern auch eine temporale Dimension der Schweige-Figuren ersichtlich.

Die Formel „Wollet ihr uns hören/ so müsst ihr schweigen", welche der Terminus an sein Publikum richtet, verdeutlicht darüber hinaus, dass es beim Sprechen ganz grundsätzlich um ein Monopol und mithin um Macht geht, wonach eine Person überhaupt nur reden kann, sofern alle anderen schweigen (und gezwungener-

---

359 Benninghoff-Lühl 1998, S. 28.

360 Reichert 1997, o.S.

361 „Ainsi le langage présuppose bien une conscience du langage, un silence del a conscience qui enveloppe le monde parlant et où les mots d'abord reçoivent configuration et sens." Maurice Merleau-Ponty. *Phénomenologie de la perception*. Paris 1945, S. 462.

maßen zuhören). Demgegenüber steht auf der anderen Seite dieser abhängigen Konfiguration von Macht und Ohnmacht das von Reichert benannte Schweigen als ‚Abgrund', insofern es für die Sprache fundamental bedrohlich sein kann und ihre Macht ‚von Grund auf' in Frage stellt. Derart operiert etwa die Figur des Todes als ‚Stumm-Macher', wie sie im Kapitel II.3 untersucht wurde. Auch die topische Rede von der Furcht vor der Stille und dem Nichts (auf die das Kapitel V.3 eingehen wird) lässt sich als ein solcher Abgrund des Sprachlosen verstehen.

Das vorliegende Kapitel trägt den Titel „Rhetorische Figuren der Absenz", womit auf ein unumgängliches Problem jeglicher ‚Figuration' von Schweigen hingewiesen werden soll. Gilt die Sprache als Zeichensystem auf einer basalen Ebene immer als Repräsentation von etwas anderem, so ersetzen die rhetorischen Figuren des Schweigens demgegenüber keine Entität, sondern ein ‚Nichts'. Sie sind Ersetzungen für Absenz und auch aus diesem Grund als ‚Metafiguren' zu bezeichnen.

# III. Verschwiegenheit und Macht

## 1. Klugheitslehren und Politik: Tugend und *prudentia* der Schweigsamkeit

Dieser Teil der Arbeit untersucht den Zusammenhang von Schweigen und Macht auf drei unterschiedlichen Ebenen. Ausgegangen wird von der Beobachtung, dass Macht und Ohnmacht gleichermaßen über Schweigen codiert werden können. Als Ausdruck von Macht äußert sich Schweigen im bewussten Zurückhalten von Intentionen, Informationen oder Affekten als Verschwiegenheit. Als Ausdruck von Ohnmacht ist Schweigen demgegenüber kein aktives Verhehlen, sondern es beruht genau umgekehrt auf der Einschränkung oder gar dem Verbot jeglicher Artikulation. Im Unterschied zur ersten Form ist es ein aufoktroyiertes Schweigen, das in der sozialen Ordnung eher Niedrigstehenden zukommt – im 17. Jahrhundert zum Beispiel Frauen oder der Dienerschaft. Auf dieser Ebene ist das Sprechhandeln, und damit einhergehend auch die Möglichkeit zu schweigen, eingeschränkt, das Subjekt seiner Autonomie beraubt.

Als Ausdruck und Element der Macht wird Verschwiegenheit in der Frühen Neuzeit in politischen Kontexten strategisch eingesetzt; zahlreiche Klugheits- und Verhaltenslehren bringen den am Hofe agierenden Individuen bei, wie sie die Beweggründe ihres Handelns, ihnen zugängliche Informationen und Affekte zurückhalten und dissimulieren können. Sie schützen sich so vor Angriffen und Missinterpretationen und etablieren zugleich eine Aura der Wichtigkeit und des Geheimnisses. Die Kontrolle sprachlicher Äußerungen gilt als zentrales Element der Selbstbeherrschung. Macht wird darin nicht nur ausgeübt, sondern auch erzeugt. Demgegenüber steht das Schweigen-Müssen von sozial Niedrigstehenden oder Entmachteten, das – ebenfalls performativ, wenngleich auch unwillentlich – gesellschaftliche oder situative Machtlosigkeit herstellt. Da sich Macht wie auch Ohnmacht in Form von Schweigen manifestieren können, ist die Beurteilung und Deutung des Schweigens vielfachen Gefahren ausgesetzt. Das Schweigen ist ein ambivalenter, labiler ‚Zustand', der leicht von der Beherrschung einer Situation in das Beherrschtwerden umkippen kann. Die Autoren des 16. und 17. Jahrhundert betonen daher immer wieder, dass ein genaues Maß und dezidierte Regeln der Dissimulation einzuhalten sind.

Im ersten Kapitel werden Klugheitslehren und Hofschulen der Frühen Neuzeit untersucht sowie andere moralistische Textsorten, die Regularien des prudentistischen Stillschweigens entwickeln. Am Ende widmet sich das Kapitel der Oper *Il silenzio di Harpocrate*, einer gesungenen Verhaltenslehre des Stillschweigens. Das zweite Kapitel analysiert die doppelte Codierung weiblicher Rede in der Frühen Neuzeit, einerseits als Geschwätzigkeit, andererseits als keusche Stummheit. Die beiden Weiblichkeitskonzeptionen zugrunde liegende Gewaltsamkeit wird anhand zahlreicher Quellen untersucht – von Bibelexegesen über bildliche Figurationen bis zu Dramen der Frühen Neuzeit. Das abschließende Kapitel behandelt ‚Sprechakte' des Schweigens: die Frage, inwiefern durch Schweigen performativ Macht ausgeübt werden kann. Hierbei kommt auch die juristische Dimension zum Tragen, insofern das Schweigen in der Frühen Neuzeit oftmals als Rechtshandlung verstanden wird.

## *„Die Regierung der Zunge": Sprachkritik in der Frühen Neuzeit*

Im Mittelalter und in der Frühen Neuzeit ist die Rede von der Zügelung und Mäßigung der Zunge ‚in aller Munde'. Zahlreiche Benimmbücher, Tugend- und Klugheitslehren, Moralia, Aszetika, Predigt- und Kurzprosasammlungen widmen sich explizit diesem Körperteil, das als Metonymie für das menschliche Sprechen überhaupt fungiert.[1] Das lateinische *lingua* wie auch das griechische *glossa* bedeuten sowohl ‚Zunge' als auch ‚Sprache'. Viele Redewendungen setzen daher die Bewegung der Zunge und das menschliche Artikulationsvermögen gleich. Zentraler Referenzpunkt der mittelalterlichen und frühneuzeitlichen Schriften zur Sprachkritik ist eine Bibelstelle aus dem *Brief des Jakobus* mit dem Titel „Die Macht der Zunge":

> Wenn wir den Pferden den Zaum ins Maul legen, so daß sie uns gehorchen, so lenken wir ihren ganzen Leib. Siehe, auch die Schiffe, ob sie wohl groß sind und von starken Winden getrieben werden, werden sie doch gelenkt mit einem kleinen Ruder, wo der hin will, der es regiert. So ist auch die Zunge ein kleines Glied und richtet große Dinge an. Siehe, ein kleines Feuer, welch einen Wald zündet's an! Und die Zunge ist auch ein Feuer, eine Welt voll Ungerechtigkeit. So ist die Zunge unter unsern Gliedern: sie befleckt den ganzen Leib, sie setzt des Lebens Kreis in Flammen und ist selbst von der Hölle entzündet. Denn die Natur aller Tiere und Vögel und Schlangen und Meerwunder wird gezähmt und ist gezähmt von der menschlichen Natur, aber die Zunge kann kein Mensch zähmen, das unruhige Übel, voll tödlichen Giftes. Durch sie loben wir den Herrn und Vater, und durch sie fluchen wir den Menschen, die nach dem Bilde Gottes gemacht sind. Aus *einem* Munde gehen Loben und Fluchen. Es soll, liebe Brüder, nicht so sein. Läßt denn die Quelle aus *einem* Loch Süßes und Bitteres fließen? (Jak. 3.3–11)

In diesem Gleichnis wird die Zunge erstens mit einem wilden oder jungen Pferd analogisiert, was zu zügeln und zu lenken ist; man muss lernen, sie zu bändigen und ‚im Zaum zu halten'. Die Zunge wird zur Synekdoche des Körpers, dessen

---

1 Vgl. Carla Casagrande und Silvana Veccio. *I peccatori della lingua. Disciplina ed etica della parole nella cultura medievale.* Rom 1987; Bogner 1997.

mächtige und unkontrollierte Regungen zu beherrschen sind. Zweitens wird die potenziell verheerende Wirkung der Zunge einem Feuer gleichgestellt, das an einer Stelle beginnt, sich aber unaufhaltsam ausbreitet, sofern man ihm nicht Einhalt gebietet. In der Rede von der Befleckung des Leibes durch die Zunge wird drittens die verführerische Macht der Sprache als Ursache des Sündenfalls evoziert: Zunge und Schlange werden kontextualisiert, wie auch Sprache und Weiblichkeit. Schließlich geht es viertens um das Doppelantlitz der Zunge, die loben und verdammen, Heil bringen und vernichten kann.

Lippen und Zähne werden als allegorische ‚Hüter' der Zunge am Tor des Mundes aufgerufen, diese zu bewachen. Erasmus greift in seiner Schrift *Lingua, sive de linguae usu ac abuso* (‚Die Sprache oder Vom Gebrauch und Missbrauch der Zunge') 1525 Plutarchs Vorschlag auf, die eigene Zunge durch einen Biss mit den Zähnen zu disziplinieren, sollte sie der Vernunft nicht gehorchen.[2] In Plutarchs *De garrulitate* (‚Von der Geschwätzigkeit'), einem in der Renaissance viel zitierten Text[3], heißt es:

> Und doch hat die Natur von allen unseren Gliedern keines so behutsam umzäunt und umhegt wie die Zunge, indem sie die Zähne wie eine Wache vor ihr postierte. Wenn also die Vernunft die ‚prangenden Zügel des Schweigens' anziehen, die Zunge aber nicht folgsam zurückbleiben will, so sollen wir selbst mit blutigem Biß ihre Unbeherrschtheit zügeln.[4]

Daran anknüpfend ist die Rede von den beiden Lippen als der ‚Doppeltür' vor der Zunge und den Zähnen als ihren aufgereihten ‚Wächtern'[5] in der Frühen Neuzeit sprichwörtlich. „[T]he mouth is positioned as a war zone, with tongue and teeth locked in perennial combat"[6], wie Carla Mazzio schreibt. Friedrich von Logau formuliert in seinem Epigramm *Außtrit der Zunge* (1654):

> DIe Zunge wohnt mit Fleiß im weissen Bein=Gehäge
> Dann diß ist ihre Gräntz/ in der sie sich bewege:
> Wächst aber wo die Zung vnd steiget über Zaun
> Derselbten traue du/ ich wil jhr nimmer traun.[7]

---

2 Eine deutsche Übersetzung liegt nicht vor, daher beziehe ich mich hier auf die englische Ausgabe: Desiderius Erasmus. „On the Use and Abuse of the Tongue". *Collected Works of Erasmus* 29. Hrsg. von Elaine Fantham und Erika Rummel. Toronto u. a. 1989. 249–412, S. 268. Zu diesem Werk vgl.: Margaret Mann Philipps. „Erasmus on the Tongue". *Erasmus of Rotterdam Society Yearbook* 1 (1981): 113–25.

3 Vgl. Roloff 1973, S. 29, Anm. 65.

4 Plutarch 1942, S. 141 f.

5 Vgl. Parker 1989, S. 446.

6 Carla Mazzio. „Sins of the Tongue". *The Body in Parts. Fantasies of Corporeality in Early Modern Europe*. Hrsg. von David Hillman und ders. London und New York 1997. 53–80, S. 67.

7 Friedrich von Logau. *Deutscher Sinn=Getichte Drey Tausend*. Breslau 1654, S. 160 (I/7, Nr. 86) (HAB Lo 5136).

Tritt die Zunge über den „Zaun" der Lippen, ist sie mit Vorsicht zu behandeln. Ähnlich wie im Vergleich der Zunge mit einem kleinen, aber verheerenden Feuer im *Jakobusbrief* wird der Übertritt über die Schwelle – des Anstands, des Maßes, der sozialen Normen – als vernichtend verstanden. Sprache kann ein Lauffeuer sein, zum Beispiel ein Gerücht, das sich unkontrollierbar ausbreitet. Eben dieses Motiv wird in der *pictura* des Emblems *Lingua mali pars pessima* (‚Die Zunge ist des Schlechten schlechtestes Körperteil') aus Daniel Cramers *Emblemata moralia nova* gestaltet, wo ein Mann mit seiner Zunge einen Waldbrand auslöst.[8]

Logau erinnert mit dem erforderlichen Misstrauen gegenüber dem Gehörten an die topische ‚Zwiespältigkeit' der Zunge.[9] Einerseits kann man aufrichtig sein und ‚sein Herz auf der Zunge tragen' – was aber ambivalent bewertet wird, da es die Gefahr birgt, als dumm beurteilt zu werden. Entsprechend stellt die *pictura* eines Emblems Cramers mit der Inschrift *In ore fatuorum cor illorum* (‚Narren tragen das Herz im Mund') einen Wanderer im Narrengewand dar, der sein Herz im Munde trägt und dessen Bildunterschrift lautet: „Si taceas, laudant; Stulti est, non posse tacere: | Mens vacua ore statim proditur: ergo tace"[10] (‚Wenn Du schweigst, lobt man Dich; es ist die Eigenschaft eines Dummen, nicht schweigen zu können: Fehlender Verstand verrät sich sofort durch den Mund; daher schweige'). Andererseits kann man unaufrichtig sein, ‚mit gespaltener Zunge' reden, und so schmeichlerisch oder heuchlerisch agieren – was als Verhaltensform in der Frühen Neuzeit zunehmend in den Fokus der Hofkritik gerät.[11] Das Motiv der Doppelzüngigkeit findet sich in einem Sonett von Gryphius mit dem Titel *An einen falschen Zwey=züngeler*, in dem ein „falscher böser Mensch" angeklagt wird, „auß dessen krummen Rachen | Die schwartzen Schlangen sehn" und „in dessen schlimmen Mund | Das natterzischen pfeifft".[12] Die Unaufrichtigkeit wird mit der Schlange verbunden, die sich anatomisch durch eine gespaltene Zunge auszeichnet, und so mit dem biblischen Sündenfall.

Das Reden mit ‚zerteilter Zunge' beruht auf der „nicht hintergehbaren Differenz von *Innen* und *Außen*"[13], auf einem Antagonismus, für den zwei Körperteile sinnbildlich stehen: „Zungen=Honig Hertzens=Gifften/ | Jenes aussen, dieses innen"[14],

---

8 Zitiert wird Jak 3,5: „Lingua medicum quidem membrum est, & magna exaltat: Ecce quam exiguus ignis, quam magnam sylvam incendit". Daniel Cramer. *Emblemata moralia nova, Das ist: Achtzig Sinnreiche Nachdenkckliche Figuren auß heyliger Schrifft in Kupfferstücken fürgestellet/ worinnen schöne Anweisungen zu wahrer Gottesforcht begrieffen [...].* Frankfurt a. M. 1630, S. 217 (HAB Xb 6083). Die Rede über die Zunge als ‚schlimmstes Glied' entstammt einem Diktum aus der *Vita Aesopi*. Vgl. Bogner 1997, S. 123. Des Weiteren findet sie sich bei: Plutarch 1942, S. 149.

9 Vgl. ausführlicher zur Semantik der Zunge: Benthien 2001.

10 Cramer 1630, S. 309.

11 Vgl. Barner 2002, S. 117–24.

12 Gryphius 1963, Bd. 1, S. 21.

13 Geitner 1992, S. 113.

14 Logau 1654, S. 184 f. (I/8, Nr. 74).

wie Logau den Zusammenhang epigrammatisch fasst. Dabei gilt es als Tugend, Zunge und Herz eine Sprache sprechen zu lassen. Ihr Dissens ist Gegenstand der Rhetorikkritik.[15] Die Unterscheidung von der als äußerlich codierten Zunge und dem als innerlich codierten Herz bildet die Grundlage weiterer Analogien, die das Schweigen im Bild der Disziplinierung des transgressiven Sprechorgans als Bewachung des Inneren fassen.

So heißt es zum Beispiel in dem einschlägigem Traktat *Harpokrates Sive de recta Silendi ratione* (1603) des Hofrichters und Politikers Hippolytus a Collibus:

> Nichts nützen Haus, Türen, Stadt oder Tore, sofern keine Wächter vorhanden sind, welche die Tore zur rechten Zeit zu verschließen und öffnen wissen. Genauso ist auch die Nützlichkeit der Zunge dahingestellt, sofern Du nicht die Kunst des Verschließens und Öffnens des Mundes beherrschst; wenn Du also nicht weißt, welche Dinge zu verbreiten und welche zu verschweigen sind.[16]

In diesem Zitat wird die unkontrollierte Öffnung des Mundes mit verschiedenen Innenräumen aus der Alltagswelt kontextualisiert, die ebenso wie der Mund der klugen und aufmerksamen Wache bedürfen: Um das Haus, das Tor, den Hafen und die Stadt zu hüten, bedarf es einer ‚Kunst' des Verschließens und Öffnens. Diese Argumentation greift auch Harsdörffer in seinen *Artis apophthegmaticae continuatio* (1669) auf, wenn es heißt: „Gleich wie der/ so sein Haus verrigelt/ sich für den Dieben verwahret: Also mögen auch den jenigen/ welche ihren Mund mit Stillschweigen verschliessen/ die Feinde und Laster schwerlich beykommen."[17] An anderer Stelle wird dort als Analogie die Notwendigkeit der Bekleidung und Verhüllung des nackten Körpers verwendet:

> Gleich wie an dem Leib die Blösse für schändlich und schädlich gehalten wird; Also ist auch die Blösse und Entdeckung der Gedancken jederzeit schimpflich und nachtheilig. Solche Verdeckung ist auch füglich der Zaum und die Sicherheit guter Rahtschläge zu heissen.[18]

Justus Georg Schottel schreibt in seiner *Ethica* (1669), „Man sol das Maul zum Grabe machen/ worin alles/ was heimlich/ vertraut und undienlich/ sol sterben und vergraben seyn."[19] Adam Contzen bezeichnet das Stillschweigen als ‚Schutz-

---

15 Vgl. Barner 2002, S. 122.

16 „Nil iuuat domus nil ostia, nil vrbs, nil portae, nisi custodes sint, qui portas claudere tempori & aperire nouerint. Linguae pariter nulla vtilitas, nisi oris claudendi & aperiendi artem teneas, id est, nisi quae efferenda, scias, quaeve reticenda." Collibus 1603, S. 14.

17 Georg Philipp Harsdörffer. *Artis apophthegmaticae continuatio/ Fortgeleitete Kunstquellen denkwürdiger Lehrsprüche und Erfreulicher Hofreden* 1. Nachdruck der Ausgabe Nürnberg 1656. Hrsg. von Georg Braungart. Frankfurt a. M. 1990, S. 531.

18 Ebd., S. 538.

19 Justus Georg Schottel. *Ethica. Die Sittenkunst oder Wollebenskunst. In Teutscher Sprache vernemlich beschrieben in dreyen Bücheren [...].* Nachdruck der Ausgabe Wolfenbüttel 1669. Hrsg. von Jörg Jochen Berns. Bern und München 1980, S. 531 f.

mauer des klugen Geistes'[20] („Prudentis animi murus est silentium"). Und Abraham a Santa Clara führt in seiner *Grammatica religiosa* (1705) das Exempel eines Vogels an, der sich bei Gefahren einen Stein in den Schnabel steckt, um sich nicht durch das Geschrei, das durch die „Thüre dess Munds"[21] herausdringt, zu verraten:

> Lerne du vernünfftiger Mensch das Schweigen von den unvernünfftigen Thieren; lerne von den Kreyen/ wie selbige/ ehe sie den Stiernberg vorbey fliegen/ nach Zeugnuß deß Plutarchi/ alle ein Steinlein in den Schnabel nehmen/ damit sie durch ihr Geschrey/ denen daselbst wohnenden Adlern nicht verrathen/ und von ihnen verfolget werden: Nehme du gleich diesen Vögelen den Stein deß Stillschweigens in deinen Mund/ und lege deiner geschwätzigen Zunge ein Gebiß ein/ damit deine Fehler dem höllischen Raub=Vogel nicht kundbar werden/ und also mögest den Berg dieses elenden Jammerthals vorbey/ zu der ewig=währenden Seeligkeit in aller Sicherheit hinauff fliehen.[22]

Der Prediger appelliert an die Selbstkontrolle, eigene Mängel und Fehler nicht „kundbar" werden zu lassen und verspricht sogar, dass dieser kluge Weg zur Seligkeit führe.

In einer anderen Predigt findet sich die gängige Kontextualisierung des Schweigens mit einem zweiten Tier: dem als stumm geltenden Fisch.[23] Unter dem Stichwort „Still ist der beste *Stylus*" schreibt Abraham:

---

20 Adam Contzen. *Daniel. Avlae Speculum sive De Statv, Vita, Virtute, Avlicorvm atque Magnatum auctore [...].* Köln 1630, S. 251 (HAB 58.2).

21 Abraham a Santa Clara. *Grammatica religiosa/ oder/ Geistliche Tugend=Schul: in welcher jeder [...] zur geistlichen Vollkommenheit unterwiesen wird [...].* Köln 1705, S. 223 (HAB Microfilm 1: 320).

22 Ebd. Das Gleichnis des Vogels, die sich selbst mit einem Stein diszipliniert, ist verschiedentlich überliefert, u. a. durch Aristoteles, Plutarch und Plinius d. Ä.: „*Grues* cum ex Cilicia deuolant, lapillos in os sumunt, atque; ita Tauerem montem aquilis plenum tuto transuolant: idque noctu, ne vox prodat: Ita tutissimum vbique; silentium. *In [Plut.]Moral. & Plin. Lib.10c.23. atque, Aristot.de natu.lib 11.c.27*" (‚Wenn die Kraniche aus Kilikien wegfliegen, nehmen sie Steine in die Schnäbel; so können sie sicher über den Berg Taurus fliegen, der voller Adler ist, und dies tun sie nachts, damit ihr Geschrei sie nicht verrät: So ist allenthalben Schweigen das Sicherste.'). Amantius u. a. 1612, S. 1065. Das Bild der fliegenden Gans mit Stein im Mund ist ein beliebtes Motiv in der Emblematik, so dient es u. a. als *pictura* in zwei spanischen Emblembüchern: Vgl. Covarrubias 1610/1978, III, 41; Hernando de Soto. *Emblemas moralizades [...].* Madrid 1599; S. 22. Darüber hinaus findet es sich in: Otho Vaenius. *Amorvm Emblemata. Figvris Aeneis Incisa.* Nachdruck der Ausgabe Antwerpen 1608. Hrsg. von Ernst Benz und Dmitrij Tschižewskij. Hildesheim und New York 1970, Abb. 28. Abraham a Santa Clara verweist im obigen Zitat demgegenüber auf eine Krähe.

23 „PEr retia siletiom significari tradunt, ea quidem ratione, quòd praecipuum est preaceptum piscatoribus, vt dum gregem circundant, silentio quammaximo nauigent. Pisces praeterea altissimo silentio praeditos esse compertissimum est, paucissimis exceptis, ac praecipuè Cane marino [...]. Sic eruditus Horatius eos mutos vocat. Sic Lucretius mutas natantes appellauit." (‚Es heißt, dass durch Netze Schweigen angezeigt wird, aus dem Grund freilich, weil es eine besondere Vorschrift für Fischer gibt, unter größtmöglichem Schweigen zu Segeln, solange

> Alle Thier so schweben/ und leben/ haben eine Stimm ausser des Fischs/ dahero ist der Fisch ein eigentlicher Einwurff des Stillschweigens. *Thomas* von Aquin ein schöne Sonn/ ist gangen durch das Zeichen des Fischs/ indeme er etliche Jahr in der Schul *Alberti Magni* des Lehrers gantz still geschwiegen/ also zwar/ dass ihn seine Mit=Kammeraden *bovem mutum*, einen stummen Ochsen nenneten. Aber behutsamer meine leichtsinnige *scholaren*! ihr müsst wissen/ daß ein stilles Wasser viel tieffer/ als ein rauschendes: Also dieser stille *Thomas* viel tieffsinniger/ als ihr Schreyer. Ihr müst wissen/ wo ein Stuben=Thür allzeit offen stehet/ dorten giebet kein Wärme aus/ wo das Maul allzeit offen ist/ dorten fliegt nicht Hitz/ sondern Witz aus: Ihr müst wissen/ daß *Gottes* Sohn/ die ewige Weißheit/ bey nächtlicher Weil/ *cum silentium tenerent omnia*, da alles still war/ geboren/ also steigt die obere Weißheit nur in stille Gemüther.[24]

Der Prediger bewertet diejenigen als stupide, deren „Maul" stets offen wie eine „Stuben-Thür" stehe. Thomas von Aquin wird als Exempel angeführt, um auf die im Schweigen liegende Uneindeutigkeit hinzuweisen: Außenstehende erkennen nicht, ob der Schweigende dumm oder weise ist. Dennoch gilt das Stillschweigen als der „beste Stylus", insofern man sich nicht nur dem philosophischen Ideal des Pythagoras, sondern auch dem christlichen Vorbild der kontemplativen Meditation annähert.

In derartigen weltlichen oder aszetischen Gleichnissen wird dem Sprechen eine gefährliche Macht attribuiert, die aus Gründen der Weisheit wie auch des Selbstschutzes unbedingt einzudämmen ist. Die Autoren benutzen das rhetorische Mittel der *argumentatio ex negativo* – sie beschreiben die fatalen Auswirkungen eines falschen Gebrauchs der Zunge. Diese steht metonymisch für die menschliche Kommunikation insgesamt, deren Ethik aus christlich-moralischer Perspektive problematisch geworden ist, und die daher, wie Ralf Georg Bogner schreibt, einer „detaillierte[n] Theorie des alltäglichen Sprechverhaltens"[25] bedarf. Die konfessionelle und ethische Einstellung der Autoren scheint dabei eine eher untergeordnete Rolle zu spielen. Es werden heidnische, theologische und moralphilosophische Argumente gemischt, so dass sich die von Bogner konstatierte strenge Systemabgren-

---

sie von einem Fischschwarm umgeben sind. Es ist außerdem bekannt, dass Fische äußerst schweigsam sind mit ganz wenigen Ausnahmen, darunter der Seehund [...]. So bezeichnet sie auch der gelehrte Horaz als stumm. So nannte Lukrez sie stumme Schwimmer.'). Ioannis Pierio Valeriano. *Hieroglyphica/ sive de sacris Aegyptiorum, aliarumque Gentium/ literis commentarii [...].* Basel 1567, S. 337d (HAB P 5162 Helmst.). Zur Geläufigkeit des Fisches als Symboltier des Schweigens vgl. auch: Mario Costanzo. „I segni del silenzio. ‚Empresas y jeroglificos ejectutados' e altre acutezze non-verbali nella ‚imagerie' manieristica e barocca". *I segni del silenzio e altri studi sulle poetiche e l'iconografia letteraria del Manierismo e del Barocco.* Rom 1983. 35–63, S. 38.

24 Abraham a Santa Clara. *Geistlicher Kramer-Laden/ Voller Apostolischen Wahren, Und Wahrheiten. Das ist: ein reicher Vorrath allerley Predigten, Welche an vielen Orten, istens aber zu Wienn in Österreich gehlten worden [...]* 1. Würzburg 1725, S. 610 (HAB Lo 20).

25 Bogner 1997, S. 63.

zung zwischen rhetorischem, politischem und frommem Sprechen[26] hier nicht bestätigt sieht. In der Kritik des ungezügelten Sprechens spiegeln sich vielmehr „die pessimistische Anthropologie und die von Misanthropie nicht freie Klugheitslehre des Barock“[27] – und dies in einer vorbehaltslosen Mischung antiker und christlicher Argumente und Topoi.

## ‚*Nihil silentio est utilius*‘: *Sentenzen und Exempla*

In Baltasar Graciáns allegorisch-satyrischem Roman *El criticón* (1651–57, dt. 1698) findet sich im dreizehnten Kapitel des ersten Buches („Der allgemeine Jahrmarckt der Welt“) eine Parabel über das Stillschweigen. Die Rahmenhandlung des Kapitels besteht darin, dass die reisenden Hauptfiguren Critile und Andrenio in Begleitung des Hofmanns Egenius auf einen höchst ungewöhnlichen Markt gelangen:

> Sie fiengen darauf an zwischen den Buden zu spatziren/ und einander mit *Discours*en zu unterhalten; Sie lasen darauf eine Uberschrifft/ welche diese Worte in sich hielte: Hier verkauffet man das allerbeste und das allerärgeste. Sie giengen derowegen hinein/ und funden/ dass man daselbst Zungen verkauffte/ so gut waren zu reden und zu schweigen/ und noch besser sich zu beissen; Es war ein Kerl dabey/ welcher ihnen ein Zeichen gab/ wenn sie schweigen sollten: Was verkauffet dieser/ fragte *Andrenio*? alsobald that der Kauffmann das Maul zu: Ohne Zweiffel/ sagte *Egenius*, verkauffet dieser Mensch das Stillschweigen; welches gewiß eine sehr seltsame Waare ist: Und noch viel wichtiger/ versetzte *Critile*, zumalen ich glaube/ daß sie in der Welt nicht mehr zubekommen/ und muß diese Waare wol von Venedig gebracht werden/ denn daselbst entdecket man seine Heimligkeiten keinen Menschen. Und wer gebrauchet sie denn/ frage *Andrenio*? Niemand als die Advokaten/ und gewisse Münche/ welche ein Verdienst=Werck daraus machen/ und welche allein meynen den Vortheil und die Krafft derselben zu erkennen. Ich meines theils/ sagte *Critile*, glaube/ daß diejenigen/ so sich desselben am meisten bedienen/ die Bösen und nicht die Guten sind. Die Betrüger schweigen/ die Ehebrecher verbergen sich/ die Mörder suchen die Finsterniß/ die Diebe gehen auf gefütterten Schuhen/ und also machens auch alle anderen Ubelthäter [...].[28]

Egenius kontert, dass dies nicht stimme, insofern heutzutage diejenigen, die wirklich Ursache zum Schweigen hätten, am meisten reden. Aufgelistet werden von ihm eine Reihe von prototypischen Figuren – Negativexempel, die sich selbst loben

---

26 Vgl. ebd., S. 15.

27 Beetz 1990, S. 47.

28 Baltasar Gracián. *Des berühmten Spanischen Jesuiten Balthasar Gracians* CRITICON *Von den allgemeinen Lastern des Menschen/ Welche demselben so wol in der Jugend als in dem männlichen und hohen Alter insonderheit ankleben/ und wie weit dieselbe durch das Licht der Vernunfft können verbessert werden. Aus dem Frantzösischen ins Teutsche übersetzet* 1. Frankfurt a. M. und Leipzig 1698, S. 274 f. (HAB Ll 111).

oder ihre moralischen Defizite öffentlich bekannt machen, da ihnen das Schamgefühl abgeht –; dann stellt er die rhetorische Frage: „Wer wil derowegen Stillschweigen kauffen?“[29] Doch dies hält Critile nicht davon ab, sich für die seltene „Waare“ zu interessieren:

> Ich möchte gerne den Preis wissen/ sagte *Critile*, und mich zur Gnüge damit versehen/ denn vielleicht finden wir diese Waare nicht leicht wieder; Allein wie kan man dasjenige feil machen/ was man verschweigen muß/ und welches nichts nütze ist/ wenn man davon redet? Wie sol man es derowegen einkauffen? Sehr wol/ sagte der Kauffmann/ denn Stillschweigen wird mit Stillschweigen bezahlet.[30]

Die Parabel endet mit einer moralischen Pointe: der Kaufmann, welcher schon zu Beginn ein nonverbales Zeichen zum Schweigen gab und anschließend, statt auf die Frage, was er verkaufe, sprachlich zu antworten, „das Maul zu[that]“, entlarvt durch die Sentenz „Stillschweigen wird mit Stillschweigen bezahlet“ („Silencio, su precio es tambien silencio“[31]) den Diskurs der drei Freunde als unangemessen: Sie haben sich, da sie im Angesicht des Schweigens unentwegt weiterdebattierten, diesen doppeldeutigen ‚Preis‘ nicht verdient. Allein Critile, der darüber reflektiert, wie es möglich sein kann, „dasjenige feil [zu] machen/ was man verschweigen muß“, entwickelt ein Bewusstsein für die Einzigartigkeit dieser „Waare“ und auch für die ihr inhärente Paradoxie: Wenn man das, worüber zu schweigen ist, sprachlich benennt, so ist es fortan zu „nichts nütze“, da es seinen Wert einbüßt. Daraus aber folgt die moralische Lehre, dass man das Stillschweigen überhaupt nicht von jemand anders erwerben kann, schon gar nicht auf dem Marktplatz, dem topischen Ort des Lärms und der Geschwätzigkeit, sondern es allein dadurch erhält, dass man es übt und praktiziert.

Graciáns Erzählung ist Teil einer frühneuzeitlichen Moralistik, die sich kulturkritisch gegen die Redseligkeit ihrer Zeit wendet und gegen den merkantilistischen Grundsatz der Käuflichkeit aller Dinge. Das Schweigen wird als ein höchst seltenes Gut interpretiert, das seinen Eigenwert in der Gegenwart nahezu eingebüßt hat. Es bleibt uneindeutig, ob sich Autoren wie der Jesuit Gracián hier auch auf die religiösen Dimensionen des Schweigens beziehen oder ob sie allein einen weltlichen Diskurs pflegen, der Aufrichtigkeit, Bescheidenheit und Zurückhaltung als moralische Tugenden hochhält. Die von Gracián angeführten Exempelfiguren des Advokaten und des Mönches machen jedenfalls deutlich, dass keine ausschließliche Orientierung am mundanen oder am geistlichen Schweigen erfolgt.

Es ist bemerkenswert, in welcher Breite die frühneuzeitlichen Autoren einer *ars tacendi* ‚das Wort reden‘ und wie sehr die Sprache im Fokus ihrer Kritik lag. Dem

---

29 Ebd., S. 276.

30 Ebd.

31 So lautet der Eintrag, der sich im Register der spanischen Ausgabe für diese Episode findet. Der entsprechende Spruch im Text lautet hingegen: „El precio del silencio, les respondieron, es silencio tambien.“ Baltasar Gracián. „El criticon“. *Obras* 1. Madrid 1663, S. 133 (HAB LI 108).

Schweigen als – freilich oft nur temporären – präventivem Lösungsmittel wird eine umfassende Wirkung attribuiert. Sentenzen und populäre Weisheiten finden sich allerorten; sie werden sowohl mit zeitgenössischen Denkern verknüpft als auch mit Beispielen antiker Philosophen, welche ihre Lehrsprüche zum besten geben. Diese Sentenzen werden sodann durch Erklärungen und Kommentare der Verfasser ergänzt. In Picinellos *Mundus Symbolicus* (1687) heißt es zum Beispiel: „Concinnè dixit Thomas Morus. | *Rebus in humanis magna est doctrina, tacere*“ [32] (‚Kunstvoll sagte es Thomas Morus. In allen menschlichen Belangen ist es eine wichtige Regel zu schweigen‘). Erasmus weist in seinen *Adagia* (1515), dem für das 17. Jahrhundert zentralen rhetorischen Vorbild[33], immer wieder auf griechische Autoritäten hin. Unter der *inscriptio* „Silentium tutum praemium“ (‚Das Stillschweigen ist ein sicherer Gewinn‘), einem Aristoteles zugeschriebenen Diktum, heißt es etwa:

> Nach Horaz hat Schweigen seinen sicheren Gewinn und vertrauliche Verschwiegenheit auch ihren sicheren Lohn: Niemand sündigt durch Schweigen, doch sehr häufig sündigt man durch Reden. Denn niemand schadet es, etwas verschwiegen zu haben, aber gesprochen zu haben, schadet vielen. Valerius Maximus hat diese Sentenz dem Xenokrates zugeschrieben: Weil mich, sagte er, geredet zu haben zuweilen gereut hat, geschwiegen zu haben aber nie.[34]

Unter den Rubriken „Silentium“ und „Taciturnitas“ listet die große *Polyanthea nova* (1612) Bibelzitate, Exempla, literarische Quellen, Sprüche von Kirchenvätern und Humanisten sowie Sentenzen antiker Autoren zum Stillschweigen auf – zum Beispiel von Aristoteles *Silentium praestat ornatum* (‚Schweigen verleiht Zierde‘) und *Alium silere quod voles, prius sile* (‚Was du willst, dass der andere verschweigt, das verschweige du zuerst‘), Plautus *Tacere nequeo quod tacito vsus est* (‚Ich kann nicht verschweigen, welcher nutzen im Schweigen ist‘) oder Seneca *Nihil aeque proderit quam quiescere, & et minimum cum aliis loqui, & et plurimum secum* (‚Nichts wird so nützen wie das Stillsein und so wenige Dinge wie möglich mit anderen zu besprechen und so viele wie möglich mit sich selbst‘).[35]

---

32 Picinello, Bd. 1, S. 274.

33 Vgl. Barner 2002, S. 61, Anm. 110.

34 „Tutum silentij praemium Horatius: Est & fideli tuta silentio merces: Silentio nemo peccat, loquendo persaepè. Nam nulli tacuisse nocet, nocet esse loquutum. Valerius Maximus hanc sententiam tribuit Xenocrati: Quia dixisse me, inquit, aliquando poenituit, tacuisse nunquam.“ Erasmus 1599, S. 603. Vaenius zitiert in den *Emblemata Horatiana* ebenfalls diesen Ausspruch des Philosophen Xenokrates, allerdings in einer anderen lateinischen Übersetzung: „Xenocrates in convivio rogatus, cur caeteris garrientibus ipse taceret? *Numquam*, respondit, *tacuisse poenituit; locutum saepiùs*.“ (‚Xenokrates wurde bei einem Gastmahl gefragt, warum er selbst unter den übrigen Geschwätzigen schweige. ‚Niemals‘ antwortete er, ‚hat man das Schweigen bereut, häufig jedoch, gesprochen zu haben‘.) Otho Vaenius. *Quinti Horatii flacci emblemata, imaginibus in aes incisis, notisque illustrata, studio othonis vaeni*. Brüssel 1683, S. 52 (HAB Lh 4° 71). Vgl. die ausführliche Interpretation des Emblems *Nihil silentio utilius* im Kap. II.1.

35 Amantius u. a. 1612, S. 1113 f.

Neben Philosophen, Schriftstellern und Denkern werden auch antike Weisheitslehrer angeführt, so immer wieder das Beispiel von Pythagoras und seinen Schülern: „Große Gelehrsamkeit unter den Menschen ist Stillschweigen; als Zeugen hat es Pythagoras den Weisen selbst. Dieser, der zu Reden weiß, brachte den anderen das Schweigen bei, indem er das wirksamste Heilmittel der Ruhe fand.“[36] Collibus wählt in seinem Traktat ebenfalls Pythagoras als Schweige-Exempel: „Um diesen Nutzen wohl wissend wollte Pythagoras, dass seine Schüler vor allem Unterricht das Sprechen verlernen und legte ihnen daher eine Haltung des Stillschweigens nahe, die er Verschwiegenheit nannte“.[37] Auch der französische Hofautor Théophraste Renaudot verweist in seinen 1679 publizierten *Conférences publiques* auf Pythagoras, sowie implizit auf Harpokrates:

> Le silence au contraire est tant reueré, que les plus sages qui doiuent parler ou escrire, en approchent le plus qu'ils peuuent par leur briéueré: & que par luy le fol, tant qu'il se taist, ne differe point du sage. C'est pourquoy Pytagore en faisoit le capital de sa Philosophie, laissant les Escoliers cinq ans sans faire autre chose qu'escouter, & s'abstenoit de manger du poisson, pource qu'il l'auoit en recommandation particuliere à cause de son silence. Tous les Religieux & Religieuses le reconnoissent bien, en faisans vne de leurs plus hautes vertus, qui méne à toutes les autres: & les Payens s'estans faits vn Dieu du Silence, nommé Harpocrate, la statuë duquel tenoit vn doigt sur sa bouche.[38]

Renaudot bezeichnet die Lehre des Stillschweigens als Kern der pythagoräischen Philosophie. Erneut werden die stummen Fische als Symboltiere erwähnt, die Pythagoras seinen Schülern der Legende nach während ihrer in Schweigen verbrachten Lehrjahre als asketische und symbolische Speise gab.

In der frühneuzeitlichen Unterhaltungs- und Bildungsliteratur finden sich umfassende Listen belehrender Sprüche über das Stillschweigen. Beispielhaft sei nur auf zwei Quellen verwiesen: zum einen das *Florilegium Politicum* (1639) Christoph Lehmanns, wo über mehrere Seiten Sprüche wie die folgenden aufgelistet sind:

> 9. Wer zum bösen schweigt, der verhängt das bösse/ vnd ist weniger nutz als ein stock am Creutzweg. 10. Schweig oder red etwas das besser ist/ als schweigen. Wer reden kan das Nutzen schafft/ der macht ihme Gunst: wer zu schäden

---

36 „Magna eruditio inter homines silentium. | Testem Pythagoraxi sapientem ipsum habet. | Qui loqui sciens: alios docebat tacere: | Remedium quietis potens inueniens.“ Ebd., S. 1113.

37 „Huius certè vtilitatis gnarus Pythagoras ante omnem eruditionem voluit discipulos loqui dediscere, proposuitque; illis statum silentium quam ἐχεμυθίαν vocavit“. Collibus 1603, S. 90.

38 Théophraste Renaudot. *Conférences pvbliques ou qvestions academiques, svr les sciences par les plus Beaux Esprits de ce Temps* 2. Paris 1679, S. 56 f. (HAB Lm 4259).

schweigt der macht ihme Ungunst. 11. Wer reden kan/ das besser ist als geschwiegen/ der soll nicht schweigen.[39]

Zum anderen sei ein längerer Auszug über den Wert von Reden und Schweigen aus dem 1668 anonym erschienenen Florilegium *Kurtzweiliger Zeitvertreiber* zitiert:

202. Viel gedencken/ wenig reden/ gibt wenig Beschwerden.
Schweigen und gedencken
Thut niemand kräncken.
203. Wer schweiget/ dem kan niemand was nachsagen.
204. Wer seine Zunge weiß zu zähmen/ der darff anderer Leute Mäuler nicht förchten.
Wer weiß zurechter Zeit zu reden und zu schweigen/
Der darff sich unbesorgt bey allen Leuten zeigen.
Nach dem Simonidi Philosopho verwiesen worden/ daß er von Natur so wenig redete/ sprach er: Ich rede darum so wenig/ weil es mich mehrmals gereuet hat/ daß ich zu viel geredet habe: Daß ich aber zuviel geschwiegen/ hat mich niemals gereuet. Apollonius sagt: das viel sprechen bringe viel Irrthumb/ das Schweigen aber sey sicher und ohne Gefahr. Gleicher massen sagt Seneca: Es gebe oder bringe kein Ding Besser Ruh/ denn wenig reden und viel gedencken; Denn die Süssigkeit der Wort/ sagt er/ ist ein Sort lieblicher und angenehmer Speiß/ die den Menschen je länger je mehr anreitze/ wie in gleichem auch der Wein und die Lieb thun/ heimliche Ding zu offenbaren und also Ergernüß zu sehen.

Arsidemidas schwiege bey einer Gasterey stille/ und als der deßwegen verlachet wurde/ sprach er: Der ist kein Redner welcher nicht so wol die Zeit zu schweigen/ als die Gelegenheit für verständigen Leuten zu reden beobachtet. Demosthenes sagte: Der ist weiß/ der viel weiß und wenig redet.
*Facundus non est, qui multa, at qui bene dicit;*
*Ut ne fecundus, qui mala gignit ager,*
Einer wollte einem ein Geheimnüß offenbahren/ doch daß er es verschwiegen halten solle/ der gab ihm zur Antwort: Was sol ich versprechen/ solches zu thun/ da du doch solches selber nicht verbergen kanst?
Was du wilt thun/ das verschweig/ so kan dich niemand hindern/ noch verrathen.
205. Viel sehen/ viel hören/ schweigen/ und wenig sagen/ gehört zur Gunst und guten Tagen.
Viel hören machet klug/ das Schweigen bringet Ehr/
Wer dieser Regel folgt der folgt der Weisen Lehr.
[...]
206. Eine gute Rede ist eines frommen Menschen gewisses Kennzeichen.
Ein Zeichen ist die Red/ welchs das Gemüth entdeckt.
Durchs Reden bricht herfür/ was tieff im Hertzen steckt.

---

39 Lehmann 1639, S. 715.

207. Kurtze bedachtsame Reden haben die größte Krafft.
208. Wer nichts nützliches oder verständiges zu reden weiß/ dem stehet Stillschweigen am besten an.
209. Wer viel redet muß viel verantworten.
210. Eine Rede/ ob sie gleich lieblich/ sol nicht offt wiederholt werden.
211. Wer in Ruhe leben wil/ muß hören/ sehen und schweigen.
212. Es ist besser schweigen/ als seine Gedancken offenbahren/ und hernach bitten/ sage es niemand. Einer der alles saget/ was er weiß; Ist nicht Weltweise: Und wer anders redet/ als er meynet; ist nicht auffrichtig.[40]

Wie häufig in zeitgenössischen Kompilationen ist die Auflistung mit strukturierenden Nummern versehen, sie umfassen bisweilen nur einzeilige Sprüche, bisweilen mehrere Sentenzen und längere Prosapassagen. Das zwischen Nr. 205 und 206 angeführte Prosazitat von Harsdörffer dient weniger dem unumschränkten Lob der Rede – was hier kontraproduktiv wäre –, als vielmehr dem Kontrast. Erinnert wird so an die Potentialität des Redens. Dieser Macht des Sprechens gegenüber wird das Schweigen als apotrophäisches Mittel eingesetzt, das, richtig angewandt, die Wirkmacht der Rede effektiv eindämmen kann. Das Beispiel zeigt, wie sich das Diskurssystem des Schweigens aus einem tradierten Zitatenschatz zusammensetzt, aus dem sich die frühneuzeitlichen Autoren großzügig bedienen. Die vielfach bereits im Mittelalter standardisieren Apophtegmata, Sentenzen und Exempel[41], werden verwendet, um ein extensives Lob des Schweigens zu formulieren. Die Kenntnis antiker Spruchweisheiten dient der Dokumentation der Gelehrsamkeit des Autors, gleichzeitig gibt die angeführte Vielzahl den zeitgenössischen Lesern die Möglichkeit, über das Thema zu reflektieren und passende Sinnsprüche zu internalisieren oder sie in Gesellschaft zum Besten zu geben.

Die zitierten Sentenzen werden oft als referierte Rede präsentiert, so dass es etwa heißt (im Folgenden nur die je einleitenden Worte der bereits zitierten Aussprüche): „„Concinnè dixit Thomas Morus“, „[Xenokrates] inquit“, „Nunquam, [Xenokrates] respondit“, „sprach er [Simonides]“, „sagt Seneca“, „sprach er [Arsidemidas]“ oder „Demosthenes sagte“. Markiert durch die explizite Mündlichkeit dieser Aussagen handelt es sich um eine paradoxe Rede, denn die ‚Weltweisen‘, wel-

40 Anonym. *Kurtzweiliger Zeitvertreiber/ Welcher augebutzt mit allerhand lustigen Hofreden/ lächerlichen Schwäncken/ artigen Schnacken/ nachdenklichen wolgerissenen Possen/ kurtzweiligen Begebnüssen/ merkwürdigen Geschichten/ nützlichen Erzehlungen/ und wohlgegebenen Poetischen Ergötzlichkeiten [...].* Hrsg. von C. A. M. von W. o.O. 1668, S. 606–09 (HAB A. 137.39 Eth (1)) [bei dem Pseudonym handelt es sich um den Autor Chasmindo von Weitencher; es ist laut VD17 bibliografisch nicht aufzulösen]. Eine weitere einschlägige Sammlung von Schweige-Sentenzen entsteht bereits im 16. Jahrhundert, mit Lehrsprüchen in der Volkssprache, die sich in zahlreichen Adaptationen im Kunstdiskurs der Renaissance und des Barock wieder finden. Vgl. Sebastian Franck. *Sprichwörter/ Schöne/ Weise/ Herrliche Clugreden/ und Hoffsprüch [...].* Nachdruck der Ausgabe Frankfurt a. M. 1541. Hrsg. von Wolfgang Mieder. Hildesheim u. a. 1987, S. 49 f.

41 Vgl. Roloff 1973, S. 27–77; Ruberg 1978, S. 19–41 und 72–118.

che als Meister des Schweigens vorgestellt werden, brechen dieses, um aktiv sprechend, Schweigen zu lehren. Zumeist wird ihre Äußerung als Teil einer kommunikativen, geselligen Situation gestaltet, in der sie selbst auffällig zurückhaltend agieren, sodann von Schülern oder Außenstehenden gefragt werden und ihre Sentenzen formulieren. Die Weisheitslehrer gehen daher ganz ähnlich vor wie die frühneuzeitlichen Autoren, die ebenfalls mit Eloquenz und in aller Ausführlichkeit über das Nicht-Reden reden. Durch diese situative Einbettung der Schweige-Lehren wird verdeutlicht, dass es sich um eine wichtige Technik der sozialen Interaktion handelt und keineswegs nur um eine monastisch-zurückgezogene Verhaltensweise.

## *Ethik des Schweigens*

Die Ethik des Schweigens beruht nicht auf einer vollständigen Redeabsenz oder dem Verzicht auf soziale Interaktion, aber doch auf einer kontinuierlichen Selbstdisziplinierung, die ihr Ideal in der „Breviloquentia“[42] findet. Dem Sprechen wird eine sündhafte Funktion zugewiesen, eine stets drohende schädliche Übertretung. Schweigen hingegen wird mit Keuschheit und Mäßigung gleichgesetzt und entsprechend ethisch aufgewertet. So heißt es etwa bei Vaenius: „Virtutum primam eße puta, compesescere linguam: | Proximus ille Deo, qui scit ratione tacere“[43] (‚Glaube, das die erste Tugend das Bändigen der Zunge ist: Derjenige ist Gott am nächsten, der mit Verstand zu schweigen versteht‘). Collibus weist dem Schweigen gar eine asketische und demutsvolle Dimension zu, wenn er pointiert formuliert: „Tacere nisi obsit, aut loqui prosit, tace“[44] (‚Wenn das Schweigen nicht schadet, das Reden hingegen nützt, so schweige‘). Des Öfteren finden sich interne Wertungen, die deutlich machen, inwiefern ein exzessives Schweigen genauso schaden kann, wie ein in zu geringem Maße praktiziertes. So heißt es in Schottels *Ethica*:

> Die Tugend der Verschwiegenheit hat auch ihre Untugenden oder *extrema*, und zwar wan die Maaßhaltung nicht beoachtet/ das Zuvielseyn beliebet/ und also aus dem Tugendwege geschritten wird/ heisset es die Schwatzhaftigkeit/ *loquacitas*: Die andere Untugend/ da das Zuwenigseyn entstehet/ und die Verschwiegenheit fast verstummen muß/ heisset die Stummheit/ *intempestivum silentium*.[45]

An anderer Stelle führt Schottel aus: „Die Stummheit (halsstarriges Stillschweigen) ist eine untugendliche Bezeigung/ wan einer/ da er etwas reden oder antworten sol/ kan und muß/ dennoch muhtwillig dumm und stumm ist.“[46] Entsprechend gibt es

---

42 Wolfgang Heider. *Philosophiae moralis Systema seu Commentationes in universam Aristotelis ethicen [...]*. Jena 1629, S. 730 (HAB LG 330). Auf den Seiten 732–43 finden sich verschiedene solcher „Exempla Breviloquentiae.“

43 Vaenius 1607/1972, S. 62.

44 Collibus 1603, S. 16.

45 Schottel 1669/1980, S. 532.

46 Ebd., S. 533 f.

auch verschiedentlich Ausdifferenzierungen von Schweige-Arten, die positiv oder negativ beurteilt werden. Dies findet sich bereits bei Erasmus, der in seinen *Adagia* das Stillschweigen in „Tacitvrnitas lavdata" und „Tacitvrnitas illavdata"[47] einteilt. In Jacob Masens *Specvlvm Imaginum* werden in dem als „Index moralis" betitelten zweiten Register unter anderem ein ehrwürdiges, ein vertrauliches und ein angemessenes Stillschweigen („Silentium honoratum", „Silentium fidele" „Silentium opportunum") unterschieden.[48] Der französische Jesuit Jacques du Rosel differenziert in seiner *Conduite pour se taire et pour parler* (1696) gar ein vorsichtiges, arglistiges, höfliches, spottendes, geistvolles, dummes, zustimmendes und verachtendes Schweigen:

> IL y a un silence prudent, & un silence artificieux.
> Un silence complaisant, & un silence moquer.
> Un silence spirituel, & un silence stupide.
> Un silence d'approbation, & un silence de mêpris.[49]

Diese acht „espèces de silence" definiert er anschließend und ordnet sie unterschiedlichen Charakteren zu, zum Beispiel schreibt er über das kluge und über das geistvolle Stillschweigen:

> Le silence prudent convient aux personnes doüées d'un bon esprit, d'un sens droit & d'une application exacte à observer les conjonctures qui engagent à se taire ou à parler. [...] Le silence spirituel ne subsiste qu'avec des passions vives, qui produisent des effets sensibles au dehors, & qui se peignent sur le visage de ceux qui en sont animez. Ainsi l'on voit que la joye, l'amour, la colere, l'esperance sont plus

47 Erasmus 1599, S. 603–08.

48 Dieses zweite Register (neben dem „Index rerum") findet sich ab der zweiten, 1659 publizierten Ausgabe, von der bis ins frühe 18. Jahrhundert zahlreiche Nachdrucke erscheinen. Vgl. etwa: Jacob Masen. *Speculum imaginvm veritatis occvltae, exhibens symbola, emblemata, hieroglyphica, aenigmata, omni tam materiae, quam formae varietate; exemplis simul, ac preaceptis illustratum [....]*. Köln 1664 (HAB 45.41 Eth.).

49 Jacques du Rosel. *Conduite pour se taire et pour parler, principalement en matière de religion.* Paris 1696, S. 12 (HAB M: Lm 1293). Das 1696 erschienene Werk wurde laut Katalog der Bibliotheque Nationale de France nicht nur Du Rosel, sondern auch dem Abbé de Bellegarde (d. i. Jean Baptiste Marvan) zugeschrieben. Des Weiteren gibt es eine gekürzte und veränderte Version, die mehrere Generationen später, im Jahr 1771, unter dem Autornamen Abbé Dinouart (d. i. Joseph Antoine Toussaint Dinouart) und dem Titel *L'Art de se taire, principalement en matière de religion* erschien. Darin sind einige Abschnitte wörtlich von Du Rosel übernommen, andere sind modifiziert. In Dinouarts Werk wird nicht auf die originale Autorschaft hingewiesen, obwohl die Übernahmen augenscheinlich sind. Auch die Herausgeber der neuen Taschenbuchausgabe des Werks versäumen es, auf die Tatsache hinzuweisen, dass es sich eigentlich um ein Traktat aus der Barockzeit handelt. Vgl. Joseph Antoine Touissaint Dinouart. *L'art de se taire: principalement en matière de religion.* Hrsg. von Jean-Jacques Courtine und Claudine Haroche. Paris 1987. Das obige Zitat findet sich dort auf S. 42. Den Hinweis auf Dinouart verdanke ich Patrice Pavis.

d'impression par le silence qui les accompagne, que par d'inutiles discours, qui ne servent qu'à les affoiblir.[50]

Das kluge Stillschweigen gebührt Personen mit klarem Geist, einem Sinn für das Recht und einem guten Gespür für situatives Handeln, das geistvolle hingegen schreibt Du Rosel Personen mit ausgeprägter Einbildungskraft, Sensibilität und Affektivität zu. Es geht ihm um die Entwicklung einer Art Gebrauchsethik des Schweigens, je nachdem, ob es bewusst oder unbewusst, gewollt oder ungewollt, nützlich oder unnütz, tugendhaft oder moralisch verwerflich ist. Dem Schweigenden werden Affekte oder Beweggründe attribuiert. Schweigen wird als ein kommunikativer Akt begriffen, der trotz seiner Mehrdeutigkeit zeichenhaft sein soll.

Die frühneuzeitlichen Autoren appellieren an eine Ethik der Verschwiegenheit, die beim Selbst anzusetzen hat. So sieht der italienische Humanist Stefano Guazzo in seinem Renaissancedialog *La civil conversazione* (1574) besonders die Kommunikation mit sich selbst als maßgeblich an:

> Et però si dice, ch'un tacere à tempo auanza ogni bel parlare, & che s'ha ad annouerare fra le virtù filosofiche, perche l'oratore non si conosce se non parlando, e'l filosofo, si conosce non meno col tacere à tempo, che col ragionar filosofando Onde haurà ciascuno à procurare, che la sua lingua dimostri più tosto necessità, che volontà die ragionare, imitando quel sauio, il quale uien comendato per tre segnalate virtù, cioè per non hauer mai mentito, per non hauer mai detto male d'alcuno, & per non hauer mai ragionato se non per necessità. Io mi spedisco, & conchiudo, che chiascuno si proponga nelle conuersatione due tempi di parlare, cioè, ò di quelle cose ch'egli intende benissimo, & ha sù le dita, ouero di quelle, delle quali è necessariamente costretto à ragionare. In queste due sole è più commendato il parlare, che'l tacere. In tutte l'altre chi userà il silentio, eleggerà il suo meglio, & fuggendo la uana, & odiosa apparenza, acquisterà maggior lode.[51]

So wie der Orator sich nicht kenne, wenn er nicht spreche, so sei sich der Philosoph selbst fremd, wenn er nicht schweige. Nach Guazzo gibt es allein zwei „tempi di parlare", in denen das Reden dem Schweigen vorzuziehen ist: erstens, wenn der Sprecher aufrichtig Gutes intendiert – und sich dies selbst zuvor gesagt hat –, und zweitens, wenn es unbedingt notwendig ist, Argumente zu gebrauchen. Hippolytos a Collibus führt eine ganz ähnliche Sentenz auf Sokrates zurück: „Socrates duo loquendi tempora ponit; vel de quibus ipse praeclarè multa noueris; vel de quibus necessè dicere: ceteris in rebus tacendum iudicat"[52] (‚Sokrates bestimmt zwei Anlässe, in denen zu sprechen ist; erstens über Dinge, von denen Du selbst außerordentlich viel weißt, zweitens über jene, über die es notwendig ist zu reden; über alle anderen Angelegenheiten, meint er, sei zu schweigen'). Eine ähnliche Formel wählt auch Contzen, wenn er sagt: „Tacere plurimum, sed ad ea quae opus est, vrgente vsu

---

50 Du Rosel 1696, S. 16 f.

51 Stefano Guazzo. *La civil conversazione.* Venedig 1611, S. 95v (BNF Z-50030).

52 Collibus 1603, S. 16.

respondere prudentis est“[53] (‚Es ist Zeichen eines klugen Mannes, über vieles zu schweigen, aber zu dem, was unabdingbar ist, ist unbedingt, Stellung zu beziehen‘).

Bartholomäus Keckermann versucht in seinen *Systema ethicae* (1607) die Frage, wann es opportun sei zu schweigen, formal zu lösen, und stellt vier Maximen auf:

> Es gibt also vier Teile der Verschwiegenheit und vier moralische Pflichten. 1. Nur das zu sagen, was sich schickt. 2. Die Rede den Gegenständen, Personen, Orten und Zeitpunkten anzupassen. 3. Nicht mehr als sich schickt zu sagen, aber auch nicht weniger. 4. Geheimnisse zu verschweigen sowie dasjenige, was Du versprochen hast, nicht preiszugeben.[54]

Die erste und die dritte Maxime behandeln das *decorum* des Sprechens. Allerdings wird die Frage, was konkret der Schicklichkeit gemäß ist, nicht näher ausgeführt. In der zweiten Maxime geht es um das *aptum* des Redeinhalts und den Stil. Die vierte Maxime berührt das Thema des Vertrauens und der Verschwiegenheit.

Im Kapitel „De Veritate seu Vericitate & Taciturnitate“ (‚Von der Wahrheit Oder Wahrheit und Verschwiegenheit‘) führt Keckermann eine Liste von zwanzig Regeln über das an, worüber man besser nicht spricht, zum Beispiel:

> 4. Man spricht nicht über dasjenige, das sich für unsere Person nicht schickt, oder über das, worüber andere, die dabei gewesen sind, besser sprechen können. 5. Man muss darauf Acht geben, zu wem man was sagt, denn es nicht jedem ist alles anzuvertrauen. 6. Der Zeitpunkt ist zu bedenken, an welchem wir sprechen, es ist nämlich nicht alles jederzeit zu erzählen. 7. Auch der Ort muss beachtet werden, da nicht an jedem Ort alles richtig ausgedrückt werden kann. 8. Gewisse Dinge sind ganz und gar und immer zu verschweigen, gewisse Dinge hingegen nicht immer, aber bisweilen.[55]

Derartige Regeln, so detailliert sie auf den ersten Blick erscheinen, vermitteln primär die basale Tatsache, dass die Herausbildung von Feingefühl und gesellschaflichem *aptum* und *decorum* essenziell notwendig sind. Die Entscheidung, wann, wie und worüber besser zu schweigen ist, muss der Sprecher situationsbedingt selbst fällen. Das Schweigen gilt oftmals als die ‚feinere‘ Wahl, wenngleich es ebenfalls als

---

53 Contzen 1630, S. 251.

54 „Sunt ergo 4. partes taciturnitatis & 4. officia. 1. loqui ea, quae decet. 2. loqui accommodata rebus, personis, loco & tempori. 3. non plus loqui, nec minus loqui quam decet. 4. tacere secreta, & ea, quae promisisti non euulgaturum.“ Bartholomäus Keckermann. *Systema ethicae tribus adornatum et publicis praelectionibus traditum, in gymnasio dantiscano [...]*. Hannover 1610, S. 299.

55 „4. Non est loquendum de eo quod non conuenit nostrae personae, aut de quo alii qui adsunt, melius loqui possunt. | 5. Videndum est, ad quas personas loquaris; neque enim de omnibus ad omnes loquendum est. | 6. Considerandum est tempus, quo loquimur; neque enim de omnibus semper loquendum est. | 7. Locus etiam obseruandus est, quia non in omni loco omnes res recte enunciantur. [...] | 8. Quaedam res sunt prorsus & semper tacendae, quaedam non semper, sed aliquando.“ Keckermann 1610, S. 301.

opportunistisch und feige beurteilt werden kann – was in gewisser Hinsicht bis heute gilt.[56]

## *Prudentistische Heimlichkeit*

Hippolytus a Collibus erinnert in seinem Traktat über die ‚rechte Lehre des Stillschweigens' an einen Ausspruch des Rhetors Cicero: „*quoties* ait Cicero *aliquid aut dicimus aut loquimur, toties de nobis iudicatur*"[57] (‚Cicero sagt, so oft wie wir etwas sagen oder aussprechen, genauso oft wird über uns geurteilt'). Dieses Diktum haben sich die frühneuzeitlichen Hofschulen und Verhaltenslehren zu Herzen genommen und nicht allein der Eloquenz der Rede, sondern ebenso der sprachlichen Zurückhaltung einen hohen Wert beigemessen. In Harsdörffers 1665 unter dem Titel *Kluger Hofmann* erschienener Übersetzung von Eustache du Refuges *Traicté de la cour* (1616) heißt es etwa im Kapitel „Von der Zurückehaltung der Wort und Werke":

> IN vielen Sachen/ und sonderlich in den Hofgeschäfften/ muß man können hinter den Berg halten/ seine Gemütsmeinung verbergen und wie man zu reden pflegt/ nicht einem jeden an die Nasen henken/ woran eine Sache haffte. [...] Ferners kan man auch kein Vertrauen zu dem setzen/ welcher alles saget/ was er verschweigen soll/ daher auch solche Plaudrer mitten in der Noht ohne Rath und Hilffe gelassen werden.[58]

Erwähnung finden hier zwei Dimensionen der Klugheitslehre. Die erste besteht in der Verhehlung von Informationen, Intentionen und Affekten, die zweite in der Notwendigkeit des Misstrauens in die Verschwiegenheit anderer. Ein weiteres Argument wird in der *Polyanthea nova* referiert: *Nemo quod audierit tacebit: Nemo quantum audierit loquetur*[59] (‚Niemand wird verschweigen, was er gehört hat; Niemand wird genau das weitergeben, was er gehört hat'). Das Ausplaudern von Geheimnissen birgt demnach die Gefahr einer inhaltlichen Verfälschung, die sich der eigenen Kontrolle entzieht. Zudem sei es moralisch fragwürdig, von anderen eine Verschwiegenheit zu erwarten, die man selbst nicht an den Tag lege, wie François de la Rochefoucauld in seinen *Reflexions ou Sentences et maximes morales* (1679) schreibt: „Comment pretendons nous qu'un autre garde nostre secret, si nous n'avons pas pû le garder nous mesmes."[60]

---

56 Vgl. Fritz Stern. „Das feine Schweigen und seine Folgen". *Das feine Schweigen. Historische Essays*. München 1999. 158–73.

57 Collibus 1603, S. 37.

58 Georg Philipp Harsdörffer. *Mr. Du Refuge/ Kluger Hofmann: Das ist/ Nachsinnige Vorstellung dess untadelichen Hoflebens/ mit vielen lehrreichen Sprüchen und denkwürdigen Exempeln gezieret [...]*. Frankfurt a. M. und Hamburg 1655, S. 147 (HAB 46.3 Ethica).

59 Das Zitat findet sich im Abschnitt über die *taciturnitas* und gibt die Referenz „Seneca, epist. mor. 16" an. Amantius u. a. 1612, S. CCIIII r.

60 François de la Rochefoucauld. *Reflexions ou Sentences et maximes morales*. Paris 1679, S. 34 (HAB 366.4 Ethica).

Aufgrund der vielen im Gespräch liegenden Gefahren schlägt Christian Georg Bessel in seiner *Schmiede Des Politischen Glücks* (1666) dem Hofmann kurzerhand vor, er möge „die Plauderey müchlichsten Fleisses fliehen und meiden/ als ein Laster/ das uns gemein von den Lügen und der Verläumdung begleitet wird".[61] Auch wenn es zu dieser Radikallösung wohl eher selten kam, ist deutlich, dass im Kontext politischer Klugheitslehren, die im deutschsprachigen Raum in der zweiten Hälfte des 17. Jahrhunderts an Popularität gewannen, der Verschwiegenheit eine wachsende Bedeutung beigemessen wurde. Beispielhaft zeigt es sich daran, dass Bessel in seinem aktualisierten Buch *Neuer politischer Glücks=Schmied* (1681) unter den „Politschen Lehr=Sätzen", die seine Abhandlung strukturieren, auch einen mit dem Titel „Von der Plauderey/ und dero Gegensatz/ der Verschwiegenheit"[62] hinzufügt, der im Band von 1666 noch fehlt.

1668 wird mit Johann Friedrich Scholtz von Scholtzenbergs kleiner Abhandlung *Gründtliche Vrsachen/ Eines vernünfftigen/ Stillschweigens* sogar ein erstes Werk in deutscher Sprache gedruckt, das sich ausschließlich dem prudentistischen Schweigen und Verschweigen widmet (Abb. 39).[63] Die Betonung liegt auf dem Begriff des „vernünfftigen" Schweigens, den auch Lehmann hervorhebt, wenn er notiert: „Reden kompt von Natur/ Schweigen vom Verstand."[64] Scholtenbergs Monographie entbehrt allerdings einer Systematik und enthält kaum weitergehende Argumente als sie in der zeitgenössischen Klugheitsliteratur andernorts nicht auch zu finden sind; sie ist lediglich ausführlicher.[65] Das bereits referierte und hier auf dem Titelkupfer dargestellte antike Gleichnis der klugen Gans dient hier als Modell für den Höfling:

---

61 Christian Georg Bessel. *Schmiede Des Politischen Glücks, Darinnen Viele heilsahme Lehren enthalten [...]*. Hamburg 1666, S. 104 (HAB Qu N 764). Dieser Traktat ist vorgeblich wider Bessels Willen von seinen Freunden herausgegeben und nur mit den Initialen „Ch. G. B." versehen worden. Vgl. Geitner 1992, S. 75, Anm. 75.

62 Christian Georg Bessel. *Neuer Politischer Glücks=Schmied/ Mit allerhand zum Hof= und Welt=Leben dienenden/ und auff gegenwärtige Zeiten absonderlich gerichteten heylsamen und höchstnöthigen Lehren [...]*. Frankfurt a. M. 1681, S. 417–26 (HAB Sf 661 (1)).

63 Der kleinformatige Band erschien vermutlich in geringer Auflage und ist nur noch in wenigen Exemplaren überliefert. Über den Autor ist nichts bekannt. Auf dieses Buch wies mich Petra Feuerstein-Herz hin. Johann Friedrich Scholtz von Scholtzenberg. *Gründtliche Vrsachen/ Eines vernünfftigen/ Stillschweigens [...]*. Wien 1668 (HAB Xb 6708).

64 Lehmann 1639, S. 718.

65 Die Überschriften der Kapitel lauten: 1. „Von dem Stilschweigen/vnd Stillschweigenden"; 2. „Vom Nutzen vnd Nothwendigkeit des Stillschweigens"; 3. „Von der rechten Zeit zureden/ vnd zuschweigen"; 4. „Von der Weiß und Art zuschweigen"; 5. „Was dem Stillschweigen zu wider ist"; 6. „Welche Persohnen/ vnd ob etliche seyen/ welche mit Vernunfft nit schweigen können"; 7. „Ob/ und auff was weiß das vernünfftige Stillschweigen/ das Verstellen auß falschheit/ vnd betrug/ oder *simuliren*; das Verstellen mit gründlicher/ vnd auffrechter Vrsach/ oder das *Dissimuliren*/ vnnd endtlichen das Schmeichlen vnterschieden seyen"; 8. „Ob es schaden kan/ wann man vernünfftig geschwiegen hat".

Abb. 39: Titelblatt von Johann Friedrich Scholz von Scholtzenberg. *Gründtliche Vrsachen/ Eines vernünfftigen/ Stillschweigens.* Wien 1668

> Was thuen die Gäntz/ damit sie sich vor der Gefahr der Adler mögen erretten? die Schnäbel stecken sie vnder die Federn/ damit auch nit das geringste Geschnadter sie möge verrathen/ vnd dardurch in die Macht jhrer Feindt solten gerathen; aber wann sie disen Berg durch schnellen Flug haben verlassen/ seyn sie guetes Mueths/ vnd fliegen sicher darvon. | Bedencken dieses von den Gänsen/ vnd betrachtens wol alle dise/ welche sich in denen Höfen der Fürsten auffhalten/ welche den armseeligen Standt deß gemeinen Nutzens bedienen/ sie gedencken/ daß sie auff dem Berg *Tauro* seyndt/ allwo vil arglistige Feindt zufinden/ welche ein jedes Wort gleichsamb auff die Waag legen.[66]

Der adelige Autor rät seinen Lesern, in jedem Gegenüber einen arglistigen Feind zu sehen, und zwar insbesondere in den Menschen von „armseeligen Standt", den potenziellen Neidern. Eine solche *reservatio mentalis* sei auch hilfreich, um die unauffällige Observation des Gegenübers optimieren zu können.

---

66 Scholtzenberg 1668, S. 22 f.

Du Refuge formuliert ähnlich, „was einem verständigen und bescheidnen Mann geziemet", wobei die hier erwähnte Kombination von Klugheit und Höflichkeit besonders aufschlussreich ist:

> Er muß sich und andrer Wort und Werke genau beobachten/ alle seine Reden wol bedenken/ viel sehen/ viel hören/ bey sich beurtheilen/ wenig reden/ seine Gedanken/ und seinen Willen/ mit einem freyen und lieblichen Angesicht/ mit holdseligen Geberden/ und freundlichen Worten verstellen/ und also sein Spiel wol in acht nehmen/ wann er die verlangte Ehre gewinnen will.[67]

Der Merksatz einer solchen Observationslehre lautet: „Man muß hören und sehen/ aber auch darbey schweigen"[68], wie Gracián in seinem *Oráculo Manual y Arte de prudencia* (1647, dt. 1686 unter dem Titel *L'homme de cour*) festhält. In temporale Kategorien übertragen wird sie von Du Rosel: „l'homme doit être prompt à écouter & lent à parler".[69] Wie notwendig die Herausbildung einer dezidierten Beobachtungsgabe ist, betont auch der Chevalier de Méré, berühmter Verfasser von Konversationsliteratur, in seiner Schrift *De la conversation* (1677):

> Il faut observer tout ce qui se passe dans le coeur & dans l'esprit des personnes qu'on entretient, & s'accoustumer de bonne heure à connoistre les sentiments & les pensées, par des signes presque imperceptibles. Cette connoissance qui se trouve obscure & difficile pour ceux qui n'y sont pas faits, s'éclaircit & se rend aisée à la longue.[70]

Méré hebt hervor, dass die Wahrnehmung des Gegenübers größte Aufmerksamkeit erfordere, insofern es darum gehe, Zeichen von Gemütsempfindungen und Gedanken wahrzunehmen, die nahezu unsichtbar sind. Darüber hinaus sei äußerste Affektbeherrschung zu praktizieren, wie Gracián darlegt:

> In Summa an seiner Vorsichtigkeit in Worten und Wercken muß kein eintziger Mangel sich ereignen. Es kommen aber wenig in der Welt zu dieser Vollkommenheit/ es mangelt ihnen immer an einer der hierzu erforderten Eigenschafft/ oder aber gelangen allzu späht/ wann sie wegen Unzulänglichkeit der Kräffte nicht mehr vorstehen können/ dahin.
> Diese so von vielen erlangete Vollkommenheit nun/ ereignet sich dann erst/ wann man sich rühmen kan von allen *affecten* und Gemüthsbewegungen dermassen befreyet zu seyn/ daß er weder in guten und erwünschten noch traurig und betrübten Zustande allzu frech oder allzu ungeduldig erfunden werde. Hierinnen bestehet das rechte Mahlzeichen eines hohen Geistes/ denn hierdurch übersteiget

---

67 Harsdörffer/Du Refuge 1655, S. 151.

68 Baltasar Gracián. *L'homme de cour Oder Baltasar Gracians Vollkommener Staats= und Welt= Weise*. Leipzig 1686, S. 458 (HAB Km 298). Es handelt sich dabei nicht um die Übersetzung des spanischen Originals, sondern der französischen Übersetzung.

69 Du Rosel 1696, S. 54.

70 Chevalier de Méré. *De la conversation*. Paris 1677, S. 28 (HAB Lm 2502).

> ein Mann alle gemeine *impressions*. Dieses ist die grösseste Herrschaft wenn man sich selbst beherschet und über seine *affecten* Meister ist: hierinnen ist zu sehen des freyen Willens Triumph und herrliche Besiegung/ weil doch die Gemüths= Bewegungen/ über unsern guten Verstand sonst stets den Meister spielen wollen.[71]

Das Erlangen von Herrschaft ist nur durch vollendete Selbstkontrolle möglich, die Sprache, Handlungen, Affekte und Gemütsbewegungen reflektiert. Zu praktizieren ist eine umfassende und widerspruchsfreie *dissimulatio artis*, die dafür Sorge trägt, dass „die Gesamtinformation" über eine Person „konsistent erscheint".[72] Das Schweigen wird als ein basales Element dieser Selbstherrschaft verstanden; es dient der Perfektion und Veredelung der sozialen Person.

### *Verschweigen als ‚dissimulatio'*

Die „erste *qvalite*" eines „klugen und verschlagenen Staats= und Hoffmannes"[73] lautet nach Gracián: „Es muß ein Weiser/ ja ein Regent selbst/ wann er klüglich und glücklich regiren will/ listig zu *Dissimuliren* wissen".[74] Die Kunst der Verstellung gilt als unerlässliche Basiskompetenz der Herrschaft, wie auch Bessel schreibt:

> WEr nicht alles stellen und verstellen kan/ der ist zum Regemente ungeschickt/ und kan nicht mit Nutzen in Herrn Gescheffte gebraucht werden/ dann gleichwie die Blösse des Leibes/ also ist auch selbe des Gemühts zu tadeln/ und was jenem daß Kleid/ daß kan diesem die Verstellung nutzen/ daher rieht jener König (*Ludovicus II. Rex Galliae*) seinem Sohne Carolo/ er solte nichts als folgende Worte lernen/ *qui nescit dissimulare, nescit regnare*, dann/ wie ein ander sagte/ *nunquam negent, qui non tegent.*[75]

Die „Blösse" des „Gemühts" wird mit der physischen Nacktheit analogisiert; beide sind dem Herrscher ungemäß und schändlich. Wer nicht dissimulieren kann, ist zur Regierkunst nicht fähig. Christian Weise lässt den Herzog Roderigo in seinem Trauerspiel *Masaniello* (1682) sagen: „So muß eine Regiments-Person sein Hertz in der Gewalt haben/ und was er innerlich gedencket/ dasselbe muß er von aussen verbergen."[76] Roderigo spricht dies zu sich selbst – so als würde er sich selbst zur Dissimulation erziehen und zwingen.

---

71 Gracián 1686, S. 89–91.
72 Geitner 1992, S. 73.
73 Gracián 1686; aus der Überschrift zur 3. Maxime, o.S.
74 Ebd., S. 433.
75 Bessel 1666, S. 105. Bei der inkorrekt anmutenden Formel „nunquam negent, qui non tegent" handelt es sich vermutlich um einen Fehler, indem statt „regent" fälschlich „negent" gesetzt wurde.
76 Christian Weise. *Masaniello*. Hrsg. von Fritz Martini. Stuttgart 1972, S. 22 (I/3).

In der politischen Theorie der Frühen Neuzeit spielt die Frage der Legitimität von Verstellung, Betrug und Lüge im Anschluss an Nicolai Machiavellis *Il principe* (1515) eine bedeutsame Rolle. Nahezu alle Denker der Zeit setzen sich mit der Frage auseinander, ob es dem Fürsten im Rahmen der Staatsräson erlaubt sei, betrügerisch und täuschend zu handeln, um politische Ziele zu erreichen.[77] Die auf einer zweifachen Wertorientierung fußende Debatte – „entweder von christlicher Warte aus oder aus dem Blickwinkel einer mundanen, bis zur Skrupellosigkeit reichenden Erfolgsethik"[78] – wurde zunehmend auf den Höfling übertragen, so dass sich die Unterscheidung von Staats- und Individualräson einebnete. Zentrale Begriffe in dieser Diskussion sind – schon seit Baldessare Castigliones Verhaltenslehre *Il cortegiano* (1528) und weit bis ins 18. Jahrhundert –, die der *simulatio* („so tun als ob') und *dissimulatio* („so tun als ob nicht'), welche bisweilen durch die deutschen Begriffe ‚Stellung' und ‚Verstellung' ersetzt wurden. Je nach konfessionellem und kulturellem Kontext wurden sie unterschiedlich bewertet. Einflussreich ist Justus Lipsius' Traktat *Politicorum sive civilis doctrinae libri sex* (1589), in dem er sich dem moralischen Problem der *prudentia mixta* stellt – der Frage, „ob es erlaubt ist, etwas Betrügerei unter die Klugheit zu mischen".[79]

Lipsius sucht drei Grade des Betrugs zu unterscheiden: *fraus levis, fraus media* und *fraus magna*.[80] Den leichten Betrug definiert er als „Quae havt longe a virtvte abit, malitiae rore leviter aspersa. In quo genere mihi est Dissidentia, & Dißimulatorio"[81] („Der Betrug, welcher nicht weit von der Tugend entfernt ist und ein geringes Maß an Übel enthält. Zu dieser Art zähle ich Abweichung und Verstellung'). Den mittleren Betrug bestimmt er als „Qvae ab eadem virtvute flectit longivs, et ad vitii confinia venit in quae pono Conciliationem, & Deceptionem"[82] („Der Betrug, der schon weiter von der Tugend abgewandt ist und bereits in die Nähe des Lasters rückt; zu diesem rechne ich Einflussnahme und Täuschung'). Den schweren Betrug schließlich bezeichnet er als „Qvae non a virtvte solvm sed legibvs etiam recedit, malitiae iam robvustae et perfectatae. Vti sunt Perfidia et Iniustitia"[83] („Der Betrug, welcher sich nicht allein von der Tugend, sondern auch von den Gesetzen entfernt,

---

77 Diese Auseinandersetzung war nach der Verfemung Machiavellis durch das Tridentiner Konzil nur unter einem Decknamen möglich. Dafür fungierte insbesondere der römische Historiker Tacitus, der im 16. und 17. Jahrhundert eine Renaissance erlebte. Vgl. Geitner 1992, S. 24.

78 Beetz 1990, S. 50.

79 Gerhard Oestreich. „Justus Lipsius als Theoretiker des neuzeitlichen Machtstaates". *Historische Zeitschrift* 181 (1956): 31–78, S. 56.

80 Vgl. Karl-Heinz Mulagk. *Phänomene des politischen Menschen. Propädeutische Studien zum Werk Lohensteins unter besonderer Berücksichtigung Diego Saavedra Fajardos und Baltasar Graciáns*. Berlin 1973, S. 80–88.

81 Justus Lipsius. *Politicorvm [sive civilis doctrinae] libri sex/ Cvm indice adcvrato/ Ex Institutu Matthiae Bergnerggeri [...]*. Antwerpen 1604, S. N4v (BNF E-2638).

82 Ebd.

83 Ebd.

ist von so ausgeprägter und vollständiger Bosheit, wie es auch Wortbruch und Unrechtmäßigkeit sind'). Dem ersten Grad entspricht die Dissimulation, dem zweiten die Simulation und dem dritten ein vollzogener Gesetzesbruch. Lipsius' Wertung der drei Grade des Betrugs ist eindeutig: „Illam suadeo, hanc tolero, istam damno"[84] (‚Jenen empfehle ich, diesen dulde ich, letzteren verdamme ich'). Indem er die Frage der Tugend in die Debatte einfügt und dem perfiden Betrug und der arglistigen Täuschung ablehnend gegenüber steht, sucht Lipsius den „Skandal der Machiavellischen Klugheit"[85], die auf Skrupellosigkeit beruht, zu eliminieren.

Francis Bacon thematisiert in seinen *Essays* (1597) die „proper times of speech and silence"[86] und differenziert, Lipsius Einteilung aufgreifend, drei Stufen der Verstellung – wobei hervorzuheben ist, dass er nicht von Betrug sondern von Verstellung („hiding and veiling") spricht:

> There be three degrees of this Hiding, and Vailing of a Mans Selfe. The first, *Closenesse, Reservation* and *Secrecy*; when a man leaveth himselfe without Observation, or without Hold to be taken, what he is. The second *Dissimulation*, in the *Negative*; when a man lets fall Signes, and Arguments, that he is not, that he is: and the third *Simulation*, in the Affirmative; when a Man industriously, and expressely faigns, and pretends to be, that he is not.[87]

Die erste Stufe der Verstellung besteht nach Bacon in der Verschwiegenheit und dezenten Heimlichkeit; die zweite nennt er ‚negierende Dissimulation', womit das verbale und proxemische Verbergen von Intentionen und Handlungsabsichten durch die Erweckung eines falschen Eindrucks beim Gegenüber gemeint ist. Der dritte Grad, den er als ‚behauptende Simulation' bezeichnet, ist demgegenüber ein aktives Vortäuschen von Eigenschaften. Im Unterschied zu Lipsius berücksichtigt er den schwerwiegenden rechtlichen Betrug (*fraus magna*) nicht, dafür ergänzt er mit der Verschwiegenheit eine Form der Täuschung, die graduell noch unterhalb der *fraus levis* einzuordnen ist.

Wie die meisten frühneuzeitlichen Autoren steht Bacon der *simulatio* skeptisch gegenüber[88], die beiden anderen Grade der Verstellung sieht er jedoch als legitim an. Das Verschweigen ist dem ersten Grad zugeordnet, da es lediglich auf einem Entzug von Darstellung beruhe und nicht auf der Täuschung oder dem aktiven

84 Ebd.

85 Borgstedt 1992, S. 44.

86 Francis Bacon. *The Essays: or Counsels, Civil and Moral: and The Wisdom of The Ancients*. 9. Aufl. Boston 1873, S. 274.

87 Francis Bacon. *The Essayes or Counsels, Civill and Moral*. Hrsg. von Michael Kiernan. Oxford 2000, S. 21.

88 Eine Ausnahme bildet Christian Matthias, der in seiner *Systema Ethicum* unterschiedliche Arten der Lüge differenziert, was darauf hindeutet, dass er diese nicht grundsätzlich ablehnt. Vgl. Christian Matthias. *Systema Ethicum In tres libros distributum, et sub forma theorematum, disquisitiunum et regularum vitae per tractatum, atque; exemplis Historicis, ad civilem vitam accomodatis illustratum*. Marburg 1626, S. 236–49 (HAB O 248 Helmst 8°).

Vorspielen von etwas anderem. Weiterhin zeigt er, dass die ersten beiden Grade des Verbergens und Verhüllens oft unfreiwillig ineinander übergehen:

> For the Second, which is *Dissimulation*. It followeth many times upon *Secrecy*, by a necessity: So that, he will be Secret, must be a *Dissembler*, in some degree. For Men are too cunning, to suffer a Man, to keepe an indifferent carriage between both, and to be *Secret*, without Swaying the Ballance, on either side. They will so beset a man with Questions, and draw him on, and picke it out of him, that without an absurd Silence, he must shew an Inclination, one way; Or if he does not, they will gather as much by his Silence, as by his speech.[89]

Bacon stellt dar, inwieweit das Verheimlichen in gesellschaftlichen Kommunikationszusammenhängen nur so lange funktioniert, wie es nicht als solches wahrgenommen wird. Bemerken hingegen die Interaktionspartner, dass ihnen etwas verschwiegen wird, so verliert es seine Heimlichkeit, was besonders eklatant ist, wenn verbal darauf hingewiesen wird. Das Verschweigen wird dann als intentionale Geheimhaltung von etwas verstanden und somit zum bewussten Affront.[90] Gleichgültig, ob man sich sodann zu rechtfertigen sucht oder auf einem unter diesen Bedingungen „absurd silence" beharrt – beides wird als beredt, d. h. als observierbarer und folgenreicher ‚Sprechakt' verstanden.

Verschiedene Autoren des 17. Jahrhunderts knüpfen in ihrer Bewertung von *simulatio* und *dissimulatio* an diese Argumentation an. Die meisten beurteilen das Verschweigen als eine positive, vielfältig einzusetzende Strategie, die moralisch tendenziell unbedenklich ist. Oft wird allerdings nicht deutlich zwischen Verschweigen und Dissimulation unterschieden, zuweilen wird beides sogar gleichgesetzt. Keckermann etwa betont, dass „nicht in einer jeden Situation das Aussprechen einer Wahrheit, sondern durchaus deren Verschweigen angebracht sei, was seinerseits keine Lüge darstelle".[91] Auch Diego de Saavedra Fajardo hebt in seiner *Idea de un principe politico Christiano* (1640, dt. 1655) hervor, dass es für den Fürsten zwar notwendig sei, Dinge zu verhehlen, aber nicht legitim, zu lügen:

> Jeder zeit die warheit klar herauß sagen wehre eine gefährliche aufrichtigkeit/ weil das stillschweigen in der Regierung eins auß den vornehmbsten werckzeugen ist. Wer seine geheimniß einem anderen leichtsinniger weise anvertrawt/ der vbergibt jhm zugleich den *Scepter*. Lügen gehört einem Fürsten nit zu/ aber wol stillschweigen/ oder die warheit bergen [...].[92]

---

89 Bacon 2000, S. 21 f.

90 Mit der terminologischen Unterscheidung von Verheimlichung und Geheimhaltung orientiere ich mich an: Alois Hahn. „Soziologische Aspekte von Geheimnissen und ihren Äquivalenten". *Schleier und Schwelle. Geheimnis und Öffentlichkeit.* Hrsg. von Aleida Assmann und Jan Assmann. München 1997. 23–39, S. 23–27.

91 Bogner 1997, S. 130.

92 Diego de Saavedra Fajardo. *Ein Abriss Eines Christlich-Politischen Prinzens/ In CI. Sinn-bildern vnd mercklichen Symbolischen Sprüchen [...].* Amsterdam 1655, S. 373 (HAB 148.14 Politica).

Scholtzenberg greift diese Argumentation auf und unterscheidet das „betriegerische Verstellen" von einer harmloseren Variante, die er als vorsichtige Zurückhaltung bestimmt:

> Es wird das betriegerische Verstellen/ oder *Simuliren* entschieden von dem Verstellen/ oder *Dissimuliren* auff solche weiß/ nemblich das *Simuliren* hat etwa vor sich/ dass nit ist/ vnd daher falsch/ vnd betrogen/ welche Falschheit als eine Lug in sich selbst bös ist/ vnd dahero folget/ daß solches falsche *Simuliren* eine Sünd sey: das *Dissimuliren* aber ist/ wann die Sach an jhm selbst wahr/ welche man doch auß gewisser Vrsach zusagen/ vnd zuoffenbahren nicht schuldig ist: auß welchen folgt daß man nicht vnweisslich vrtheilet/ wann man sagt/ daß das *Dissimuliren* nit so weitläuffig/ vnd sovil in sich begreiffe/ als das vernünfftige Stillschweigen/ sintemahlen das Stillschweigen zu mehrern/ vnd zu vnterschiedlicheren vorhaben kan angewendt werden/ welches der leicht vermercken wird/ welcher der Sach ein wenig Besser nachgesunnen hat [...].[93]

Im Unterschied zu Bacon, der den Fokus auf die *dissimulatio* legt, favorisiert der Autor das „vernünfftige Stillschweigen", was er als unbedenklicher und zugleich als multipler einsetzbar bewertet. Dabei ist allerdings hinzuzufügen, dass nicht ausgeführt wird, zu welchen „vorhaben" es konkret einzusetzen sei. Scholtzenberg betont, dass es gerade die Ambivalenz des Stillschweigens sei, welche es zum probaten Mittel in der höfischen Kommunikation werden lässt: „stillschweigen ist ein Mittel zwischen Ja/ vnd Nein: man kan nit für gewiss wissen, ob der jenige so schweiget die Frag bejahen oder beneinen will".[94] In dieser Hinsicht ist das Schweigen – an dieser Stelle deutlich unterschieden vom Verschweigen – dann auch wieder eine Form der Dissimulation, da es potenziell mehrdeutig ‚spricht' und so dem Hofmann erlaubt, sich sowohl indirekt als auch sanktionsfrei zu artikulieren. Harsdörffer wählt in den *Frauenzimmer Gesprächsspielen* in ähnlichem Kontext das treffende Bild einer „sichern Masquen"[95], um die Wirkung des Stillschweigens zu beschreiben.

Du Refuge entwickelt ebenfalls eine triadische Unterscheidung der Arten, wie man die „Gemüthsneigung" verbergen kann: „I. mit Stillschweigen. II. mit Worten. III. mit den Werken und äusserlichen Geberden."[96] Anders als Lipsius, Bacon und die im Anschluss zitierten Autoren differenziert er nicht nach moralischen Kriterien, sondern nach der Methode des Verbergens. Es ist aber anzunehmen, dass er sich dennoch auf die tradierte Trias bezieht und sie hier nur etwas irreführend bezeichnet, dann wären: I. Verheimlichung, II. Dissimulation und III. Simulation. Er führt die erste Art des Verbergens, das „Stillschweigen", näher aus:

93 Scholtzenberg 1668, S. 190 f.
94 Ebd., S. 40.
95 Harsdörffer 1644/1968, Bd. 4, S. 395.
96 Harsdörffer/Du Refuge 1655, S. 148.

> Durch Stillschweigen verhelen wir/ was uns oder unsren Freunden schaden kan/ wir verdecken und verhüllen unser Vorhaben/ unsre Gedanken/ unser und ihr Geheimnissen; Sonderlich aber unsre Beleidigung/ dardurch wir uns den Weg zu der Rache öffnen/ wann es der Mühe wehrt/ daß wir so weit damit gehen/ und den/ der uns beleidigt/ nicht reitzen/ dass er uns ärgers thue. Dieses Stillschweigen ist in vielen Begebenheiten sehr dienlich [...].| Doch giebt es solche Fälle/ in welchen auch das Stillschweigen verdächtig ist/ und viel thunlicher scheinet/ man ante die Sache/ und erweise/ daß man darmit nicht zu frieden/ jedoch/ dass man solche als nicht geschehen vergessen/ und nicht mehr daran gedenken wolle.[97]

Differenziert werden Anlässe und Gegenstände, für die ein prudentistisches Stillschweigen „dienlich" ist. Als besonders hilfreich erachtet Du Refuge es im Falle der Ehrverletzung, wo es einerseits den Gesichtsverlust abwehrt, andererseits die unauffällige Vorbereitung der Rache erleichtert. Doch er weist auch darauf hin, dass selbst das Stillschweigen hier „verdächtig" sein kann, so dass es möglicherweise geschickter sei, aktiv zu handeln.

Richtig eingesetzt, hat die Verschwiegenheit sogar einen zweifach positiven Effekt, wie Gracián ausführt: Sie „decket nicht allein alle Mängel und Gebrechen zu/ sondern sie verwandelt auch dieselben in klugen Staatskünste und Geheimnüsse".[98] Sie schützt demnach die moralische Integrität des Hofmanns und kann dessen Fehler und Schwächen verbergen, codiert diese sogar in positive Eigenschaften um. Es ist also ein erwünschtes Resultat des Verhehlens, dass sich der *discreto*[99] oder kluge „Staats= Mann" durch solche vermeintlichen „*mysteria*" interessanter mache:

> Es wird der gemeine Mann beglaubt/ daß lauter *mysteria* dahinter verborgen. Daher muß sein *Credit* von Tag zu Tag zu nehmen/ und muß ein kluger Staats= Mann sich meistentheils der Dunckelheit in reden so gebrauchen/ in *Conversation* aber sein Hertz gegen niemand ausschütten. Zu rechter Zeit zu schweigen und zu reden wissen/ dieses eben ist das rechte Ziel und die wohlabgewogene Maasse der Weysen. Er muß die *motiven* seiner Staatsschlüsse ja nicht eröffnen/ dann eben dadurch gibt er Anlaß und Gelegenheit solche zu *censuriren* und durchzuhecheln.[100]

Verschweigen und Verheimlichen werden nicht nur als Techniken der Vorsicht und Klugheit gewertet, sondern haben überdies die Funktion, sich durch den Anschein der Wichtigkeit gegenüber dem „gemeine[n] Mann" ein höheres Ansehen zu verleihen. Diese Strategien der *prudentia* dienen, wie sich hier zeigt, nicht nur dem Zweck des Schutzes, sondern sind auch Formen der *simulatio*, insofern sie der Vorspiegelung von Eigenschaften dienen. Sie sind Teil einer „Technik der Lebensfüh-

---

97 Ebd., S. 148 f.

98 Gracián 1686, 3. Maxime, o.S.

99 Vgl. Sebastian Neumeister. „Höfische Pragmatik. Zu Baltasar Graciáns Ideal des ‚Discreto'". *Wolfenbütteler Arbeiten zur Barockforschung* 9 (1981): 51–60.

100 Gracián 1686, S. 86 f.

rung"[101], die Identität nicht allein vortäuscht, sondern geradezu erzeugt. Gracián impliziert, dass die Notwendigkeit des Verschweigens und Verheimlichens proportional zur gesellschaftlichen Hierarchie anzusteigen habe. Entsprechend behauptet er, der „Credit", d. h. die Glaub- und Vertrauenswürdigkeit eines Höflings, nehme „von Tag zu Tag zu", wenn er sich nur ja der „Dunckelheit" der Rede in angemessener Weise bediene. Er müsse ein diffiziles Verhältnis zur Wahrheit entwickeln, eine Form des Aussprechens, die zugleich verschwiegen ist:

> Es braucht aber kein Ding auff der Welt grösserer Vorsicht und Behutsamkeit/ als die Wahrheit; Denn die Wahrheit sagen/ ist nichts anders/ als seinen Hertzen zur Ader lassen: Es wird ja eben so grosse Geschickligkeit erfordert dieselbe zu sagen und auch wieder zu verschweigen.[102]

Die Bedeutung dieses dissimulierenden Verschweigens („zu sagen und auch wieder zu verschweigen") ist, für Gracián wie für die frühneuzeitliche Klugheitsliteratur im Allgemeinen, bisher zu wenig beachtet worden, da sich die Forschung eher mit dem aktiven sprachlichen Handeln beschäftigt hat, als „eine[m] der zentralen Mittel, sich in der verdichteten Konkurrenzsituation am Hof zu behaupten".[103] Kühlmann hat daher zu Recht hervorgehoben, dass die „‚Kunst des richtigen Sprechens' zugleich begrenzt und definiert wurde durch die korrespondierende Fähigkeit, zu ‚schweigen' und zu ‚verschweigen'".[104] So heißt es etwa bei Bessel: „ES ist zwahr die Beredsahmkeit einem Staatsmanne hoch von nöhten/ aber dennoch halte ich dafür/ daß er dieselbe noch ehe entrahten könne/ als die Verschwiegenheit/ massen diese [...] der sicherste Band der Regierung ist".[105] Guazzo radikalisiert diese Wertung noch, wenn er schreibt, „wer nicht kan schweigen/ der kan nicht reden."[106] Auch der französische Gracián-Übersetzer Amelot de la Houssaie betont diese Hochschätzung der politischen Verschwiegenheit, wenn er sie im Register des *Oráculo manual* auf die Formel „Le silence est le sanctuaire de la prudence"[107] bringt,

101 Salvatore Giammusso. „Sprache der Macht und Macht der Sprache. Politik und Rhetorik in Baltasar Graciáns ‚Oráculo Manual'". *Germanisch-romanische Monatsschrift* NF 43 (1993): 302–14, S. 312.

102 Gracián 1686, S. 433 f.

103 Braungart 1998, S. 17.

104 Vgl. Kühlmann 1982, S. 243.

105 Bessel 1666, S. 101. Was Bessel hier allgemein für den ‚Staatsmann', formuliert gilt in verstärktem Maße für die Sphäre der Diplomatie, wo der Redner sich einem interkulturellen Dialog gewappnet zeigen muss. Vgl. Heidrun Kugeler. „Ehrenhafte Spione". Geheimnis, Verstellung und Offenheit in der Diplomatie des 17. Jahrhunderts. *Die Kunst der Aufrichtigkeit im 17. Jahrhundert.* Hrsg. von Claudia Benthien und Steffen Martus. Tübingen 2006, S. 127–48.

106 Stefano Guazzo. *De civili conversatione. Das ist/ Von dem Bürgerlichen Wandel vnd zierlichen Sitten: Ein gantz nützliches/ sinnreiches vnd liebreiches Gespräch/ welches in vier Bücher aufgetheilet [...].* Frankfurt a. M. 1599, S. 107 (HAB O 207.4° Helmst. (5)).

107 Balthasar Gracián. *L'Homme de cour/ Traduit de l'Espagnol de Balthasar Gracian/ par le sieur Amelot de La Houssaie/ Avec des notes.* Paris 1684, o.S. (BNF R-7577).

sich also einer religiösen Metaphorik bedient, um etwas höchst Weltliches zu loben.

### *Stumme Sprache der „Gebehrden"*

Im Kapitel „Von der zierlichen *Expression*" seines Buches *Gelehrter Redner* (1692) fasst Weise die prudentistischen Maximen der *dissimulatio* unter der Überschrift „Ein *Politicus* muss *dissimuliren*" mittels eines topischen Schemas:

> *Locus Definit*: Er muß seine Gedancken klug verbergen können:
> *Speciei*: Er muß die Verschwiegenheit wohl gelernt haben.
> *Causae Efficientis*: Ein *Politicus* wil durch eine heimliche Furcht/ und durch ein kluges Mißtrauen angeführet seyn.
> *Objecti*: Ein *Politicus* soll sich vor seinen Freunden und Feinden wol in acht nehmen.
> Er soll mit den Gedancken seines Hertzens als mit einer kostbaren Sache sorgfältig umgehen.
> *Subjecti*: Er muß sich so wohl zu Hofe als in der andern *Conversation* nicht gar zu bloß geben.
> *Causae Finalis*: Ein *Politicus* muß sich in seinen Reden und in seinen Minen dergestalt anlassen/ daß er sich in seiner Hoffnung und in seinem Glücke nicht betrogen findet.
> *Effectorum*: Ein *Politicus* muß alle Neider und heimliche Neben=Buhler verspotten können.
> *Contrariorum*: Ein *Politicus* wird mit einer einfältigen Offenhertzigkeit nichts ausrichten.
> *Comparatorum*: Ein *Politicus* muß den Kern seiner *Intention* gleich als durch vielfältigen Nuß=Schalen zu verbergen wissen.[108]

In knappen Merksätzen stellt Weise dar, inwiefern ein schlichtes Verhehlen der Intentionen nicht ausreichend ist. Mit Hilfe der „Nuß=Schalen"-Analogie verdeutlicht er, wie viele Schichten um die Wahrheit zu legen sind. Diese verbergen nicht nur, wen man als seinen Freund oder Feind sieht, sondern sie verhüllen auch Affekte (wie „heimliche Furcht") oder intentionale Beweggründe (wie „kluges Mißtrauen").

Als Ergänzung oder auch Kontrafaktur des Verbalen wird der Kontrolle der Körpersprache eine wichtige Funktion eingeräumt, was sich bei Weise etwa in der Gleichstellung von „Reden" und „Minen" zeigt. Die *eloquentia corporis* erfährt immer dann Beachtung, wenn ein Gesprächspartner entweder nicht spricht und man ihm unterstellt, dass es etwas verschweige oder aber, wenn man eine Rede als inauthentisch wahrnimmt. Harsdörffer führt dafür in den *Frauenzimmer Gesprächsspie-*

---

108 Weise 1692, S. 1015 f.

*len*, die Bezeichnung „betrüglicher Dolmetscher“[109] ein. Sie findet sich in einem Gesprächsspiel mit dem Titel *Die Geberden*:

> Angelica.
> DIeweil man nicht nur mit Worten/ sondern auch mit Geberden seine Gemütsmeinung kan zu verstehen geben; Ja vielmals verrahten die Augen/ und roten Wangen/ was man in Hertzen verborgen trägt/ und mit dem Munde ableugnet.
> 2. R. Als Momus ein Fenster in des Menschen Brust haben wollen/ hat man ihm geantwortet/ daß die Rede were/ durch welche man das Herz sehen könne. Nachdem er aber versetzt: es were ein falsches Glas/ und die Rede ein betrüglicher Dolmetscher; Hat er zur Antwort erhalten/ daß solches nicht GOttes; sondern der bösen Menschen Schuld/ welche die Warheit vorsetzlich/ wider ihr Gewissen/ hintertreiben/ und unterbrechen.
> 3. A. Von den Geberden nun/ hab ich ein Spiel aufgeben hören/ welches man der stummen Antwort nennen könnte.
> 4. R. Wie dann?
> 5. A. Einer der Gesellschaft muß alle Fragen durch Geberden/ und Deutungen beantworten/ und der ihn gefragt/ muß über die Deutung eine Auslegung machen.
> 6. D. Daß man mit Deutung viel zu verstehen geben kan/ ist ausser allem Zweiffel/ daß man aber alles und jedes dardurch solte ausdrukken können/ ist so schwer als unmüglich. Doch erinnere ich mich/ daß ich gelesen wie zween Stumme durch Deuten einander nicht verstehen können/ weil sie nicht aus einem Lande; Ein andrer Stumme aber/ so die Geberde dieser zweyen wust/ hat beeden für einen Dolmetscher gedienet.
> [...]
> 19. D. Also könte man noch viel Fragen aufgeben/ und ist diese Sprache allen Völkern gemein/ weil sie von der Natur eingegeben wird/ und gebrauchen sich derselben auch die Indianer/ wenn sie mit fremden kauffen und verkauffen. Wer die Deutkunst der Geberden recht verstehet/ wird des Momi Fensterlein/ (dessen vorgedacht worden) nicht von nöthen haben/ sondern eines jeden Hertz leichtlich aus den Augen und Geberden ersehen können.[110]

Harsdörffer nimmt hier auf die antike Vorstellung der ‚gläsernen Brust‘ Bezug, dem sogenannten ‚Momos-Fenster‘, das die Gefühle offenbart und die anthropologische Differenz von Innen und Außen eliminiert. Eine geschulte „Deutkunst der Geberden“ kann eine ähnliche Leistung erbringen, wenn sie die Empfindungen und „Gemütsmeinung[en]“ unverhüllt am Gegenüber abzulesen in der Lage ist. Dass die Gebärden darüber hinaus als Universalsprache verstanden werden, die „al-

---

109 Georg Philipp Harsdörffer. *Frauenzimmer Gesprächsspiele* 8. Nachdruck der Ausgabe Nürnberg 1649. Hrsg. von Irmgard Böttcher. Tübingen 1969, S. 108.

110 Ebd., S. 108–11. Die „Vorsprecherin“ ist eine Dame namens Angelika, die anderen Sprecher werden durch Initialen abgekürzt, jede Replik wird fortlaufend nummeriert.

len Völkern gemein [ist]/ weil sie von der Natur eingegeben wird“ macht es umso wichtiger, sie zu beherrschen, um „eines jeden Hertz leichtlich aus den Augen und Geberden ersehen können“.

Bessel dehnt die politische Klugheit der Verschwiegenheit daher auch auf eine Dezenz und Zurückhaltung in der Körpersprache aus, was aus heutiger Perspektive – und bereits seit der anthropologischen Wende des 18. Jahrhunderts – evident ist, in der Frühen Neuzeit aber durchaus noch Neuheit beanspruchen kann:

> Die Verschwiegenheit bestehet nicht alleine in Enthaltung der Reden und Schrifften/ sondern auch in den Geberden und Mienen/ welche offte das innerste des Hertzens verrahten/ daher ist rahtsam/ daß er alle Gelegenheiten meide/ wodurch die Geheimnissen künten entdecket werden/ dann es fält sehr schwer/ vor allen andern Gemühts=Bewegungen/ die unvermuhtliche Freude und Traurigkeit so wissen zu verbergen/ das keiner dessen könte innen weden/ massen die geringste Veränderung des Gesichtes solche würde an den Tag geben; Es muss demnach keiner die ihm zugeschickte Schreiben und Zeitungen in Gegenwart anderer lesen/ sondern es so lange verschieben/ biß er alleine sey.[111]

Bessel erachtet die Kontrolle des nonverbalen Ausdrucks für schwieriger als die des verbalen. Wie sich hier zeigt, wird auch die Zurückhaltung der körperlichen Expressivität unter den Begriff der ‚Verschwiegenheit‘ gefasst. Ebenso thematisiert Scholtzenberg eine solche Äquivalenz von Sprechen und nonverbaler Artikulation:

> Hat der Schweigende ein Stimm vnd das Gsicht ein Red; das ist/ man kan auß dem Stillschweigen vnd Angesicht offt erkennen/ wie einer gesinnet ist. | Die Zung ist nicht allein der Werckzeug zum reden/ sondern auch alle andere eusserliche Sinnen/ vnd Bewegungen deß Leibs/ die Geberden/ die Farb/ die schrifft/ die Gemähl/ vnd vil anders mehr: Dahero geschichts gar offt/ daß man mit stillschweigen gar deutlich redet/ vnd der jenige schweiget umb sonsten still/ der mit eusserlichen Bewegungen die Haimblichkeit seines Gemüts eröffnet.[112]

Betont wird die Vergeblichkeit eines Schweigens, welches sich allein auf die „Zung“ beschränkt und den Körperausdruck nicht gleichermaßen beherrscht. Dem zeitgenössischen Denken entsprechend, ist jede Form des Ausdrucks sprachanalog und kann die „Haimblichkeit“ des Schweigenden unwillkürlich subvertieren. Die Verschwiegenheit des Körpers hat somit die sprachliche *dissimulatio artis* zu ergänzen, um sie nicht unfreiwillig zu unterlaufen.

### *Redeordnung, Sozialdistinktion und ihr theatraler Schein*

Christian Wernicke macht in seinem Gedicht *Schweigen und Reden* deutlich, dass der Schweigende ein gefährlicher ‚Gesprächspartner‘ sei, der wesentlich schaden

111 Bessel 1666, S. 102.
112 Scholtzenberg 1668, S. 61 f.

könne. Der Schweigsamkeit des Gegenübers sei daher mit größter Vorsicht zu begegnen:

> Es hat ein jeder Mensch mehr Fehler zu verstecken/
> Als Zierligkeiten zu entdecken:
> Drum komt der allzeit besser an/
> Wer schweigen als wer reden kan;
> Denn weil sich jener nur allein von aussen zeigt/
> So zeiget dieser sich von innen:
> Man kan sehr viel bey dem der schweigt
> Verlieren/ und sehr viel bei dem der spricht gewinnen.[113]

In Bezug auf das Selbst ist die als weise und geheimnisvoll konnotierte Verschwiegenheit nicht nur hilfreich und empfehlenswert, sie ist überdies als Distinktionsmittel gegenüber sozial niedrig Stehenden unerlässlich: „Die stille Gravität steht Grossen besser an"[114], heißt es exemplarisch in der *Croesus*-Oper. Dies knüpft an die bereits von Castiglione thematisierte Unterscheidung an, wonach die vornehme Stille mit dem Adel, die Geschwätzigkeit mit dem einfachen Volk assoziert werde – „l'eloquenza è da piazza, e'l silentio da camera"[115], wie auch Guazzo schreibt.

Inwieweit Reden und Schweigen an Sozialhierarchie und Ständeordnung gebunden sind, führt Christian Thomasius in seinem *Entwurf der Politischen Klugheit* (1705, dt. 1707) aus:

> Ein kluger Mann redet in täglicher *Conversation* mit Höhern sehr wenig seine Ehrerbietung dadurch an den Tag zu legen. Mit seines gleichen redet er so viel als sie, doch hat er nicht das Wort alleine, und entziehet ihnen die Gelegenheit nicht, ebenmäßig zu reden. Mit Geringern redet er so viel, aber nicht allzuviel, sondern suchet sie zum *Discurs* aufzumuntern. Niemals aber schweiget er gantz stille, weil man ihm sonst würde vor einen *Spion* halten, oder glauben müssen, daß ihm die *Compagnie* zuwider sey. | [...] Darben sucht er, so viel möglich mit allen zu reden, absonderlich die seines gleichen oder geringer seyn, damit es nicht das Ansehen gewinne, als ob er jemanden verächtlich halte. Doch schweiget er, wenn andere reden, und hütet sich daß er denen, so mit ihm im Diskurs sind, nicht in die Rede falle.[116]

---

113 Christian Wernicke. *Überschriffte Oder Epigrammata In acht Büchern Nebst einem Anhang von etlichen Schäfergedichten/ Theils aus Liebe zur Poësie, theils aus Haß des Müssiggangs geschrieben*. Hamburg 1701, S. 83 (HAB Xb 5192).

114 Anonym/*Croesus* 1999/1692, S. 122.

115 Guazzo 1611, S. 165v.

116 Christian Thomasius. *Kurtzer Entwurf der Politischen Klugheit/ sich selbst und andern in allen Menschlichen Gesellschaften wohl zu rathen [...]*. Frankfurt a. M. und Leipzig 1713, S. 123 (HAB Hm 100). Zu Thomasius' Klugheitslehre vgl. auch: Werner Schneiders. „Thomasius politicus. Einige Bemerkungen über Staatskunst und Privatpolitik in der aufklärerischen Klugheitslehre". *Wolfenbütteler Studien zur Aufklärung* 15 (1989): 91–110, bes. S. 99–105.

Wie sich hier zeigt, geht es bei der Regulierung des Sprechens nicht allein um den Erweis ständischer Hochachtung seitens des Untergebenen und den basalen Ausdruck von Macht seitens des Herrschenden, sondern in gleichem Maße um die diffizile und wechselseitige ‚Simulation' von sprachlicher Bescheidenheit – eine Täuschung, die sich durch den Vollzug unweigerlich in Realität transformiert. Es handelt sich dabei um eine Gratwanderung: Die verbale Zurückhaltung darf weder zu extrem ausfallen, was Misstrauen erwecken würde, noch zu gering, was als unhöflich und ungebildet gälte. Die Regulierung der Rede reicht daher „vom devotionalen Verstummen, von höflicher Zurückhaltung und selektiver Insinuation über die Funktions- und Prestigenormen der Amtssprache bis hin zum Zwang der Zwanglosigkeit in der Konversation".[117]

Nicolas Faret beschreibt in seinem Hoftraktat *L'honeste homme* (1637) die sprachliche Anpassung an die Mächtigen grundsätzlich als devote Unterordnung. Zugleich bezeichnet er die Redseligkeit als Laster, das einer falschen Eitelkeit entspringe, welche dem Hofmann niemals nützen, sondern nur schaden könne:

> Si bien que celui qui aymera sa Patrie, sera viuement pressé du desir d'estre aimé des grándes puissances, & aymera ceux qui sont assis dans le trosne pour veiller au bien public. Il s'efforcera de ietter dans leurs esprits de viues lumieres de vertu: Il sera prompt a leur obeïr, & sçaura sagement considerer le temps, le lieu, & les autres circonstances. Son silence mesme, aussi bien que son discours, dépendra au mouuement, & de la volonté de son maistre, & sera tousiours si aiusté en parlát a luy, que iamais il ne passera pour importun, ny pour indiscret. [...] La cause de ce vice, de vouloir faire l'eloquent à tout propos, vient d'vne vanité folle & ridicule d'estre estimé habile, qui d'ordinaire n'a que la honte de n'estre pas escouté, outre le blamse de legereté, & d'extrauagance qui'l accompagne.[118]

Faret beschreibt, wie genau Zeit, Ort, Bewegungen, Stimmungen und der Wille des Herrschers zu beachten sind, Sprechen und Schweigen sind ihm zufolge an die jeweilige Situation anzupassen. Diese Regeln „dienen nicht dazu, das Geheimnis als allgemeine politische Technik zu präsentieren, sondern sollen die Diskretion als Regulationsinstrument in die Konversation einführen."[119] Keineswegs sind sie also eine Aufforderung zur Lüge, was sich nicht mit der Konzeption des *honnete homme* vertrüge. Die Dezenz und Bescheidenheit der Rede, der Gebärden und der Handlungen werden als Ausdruck der Höflichkeit und Ehrerbietung gegenüber anderen verstanden, wie Du Refuge darstellt:

> Die demütigen Geberden bestehen in einem bescheidnen Anblicke/ in sittsamen Lächeln/ ohne Stoltz/ Spott/ oder Verachtung. Hierzu sol kommen ein freundli-

117 Kühlmann 1982, S. 248.

118 Nicolas Faret. *L'honeste homme; ov, L'art de plaire a la covr*. Paris 1637, S. 92 f. (HAB 51.9 Eth.(2)).

119 Martin Disselkamp. *Barockheroismus. Konzeptionen ‚politischer Größe' in Literatur und Traktatistik des 17. Jahrhunderts*. Tübingen 2002, S. 372.

> ches Grüssen/ schuldige Ehrerbietung und gebräuchliches ungezwungenes Gepräng. | [...] In den Worten erscheinet ein demütiges Gemüt/ wann man sich andern zu dienen anerbietet/ und dergleichen Hofsitten: wann man bedachtsam und gehörig redet/ mit Ehrerbietung gegen alle Anwesende/ und andren gerne zuhöret/ nicht antwortet/ man werde dann befragt/ und mit Fleiß aufmerket/ wan andre reden. | [...] In den Werken sind dreyerlei Stuffen der Demut: sich den grössern untergeben/ über seines gleichen sich nicht erheben/ und den geringern neben sich nicht verachten/ sondern ihm alle vertreuliche Freundschaft erweisen.[120]

In den frühmodernen Konversations- und Komplimentierbüchern finden sich immer wieder Anweisungen über die Dauer des Sprechens, über Sprecherwechsel, Strategien der Redeübernahme, Rederechtsverteilungen und Gesprächsinitiativen sowie Informationen über die durch Verletzungen dieser Regeln drohenden Sanktionen und Imageverluste.[121]

Die ausgeklügelten Regeln der *ars tacendi* sind auch das Thema des von dem venezianischen Komponisten Antonio Draghi 1677 für das Wiener Hoftheater geschriebenen „drama Musicale“ *Il silentio di Harpocrate*, deren Libretto Nicolò Minato verfasste, jener Librettist, der auch das Textbuch der im Kapitel II.2 besprochenen *Croesus*-Oper verfasst hat.[122] Diese Oper wurde an mehreren europäischen Höfen gespielt; nach der Uraufführung in Wien zeigte man sie 1686 im „Famoso Theatro Dell. Ecc. Sig. Gran Contestabile Colonna“[123] in Rom und 1690 in einer deutschen Fassung im Braunschweiger Theater.[124]

Das Musikdrama spielt am Hof eines Königs mit Namen Gelanor. Es finden sich der *opera buffa* gemäße Liebesverwicklungen, Verwechslungen und Intrigen. Hauptfiguren sind neben Harpocrates, dem Gott des Stillschweigens, das Königspaar, der Prinz Acrisius und die Hofdame Eliodora. Obwohl es mehrere erhaltene Libretti gibt, ist die Partitur der Oper bedauerlicherweise nicht überliefert; es wäre interessant zu sehen, wie Draghi Schweigen musikalisch umsetzt: ob sich etwa ein

---

120 Harsdörffer/Du Refuge 1655, S. 161 f.

121 Vgl. Beetz 1990, S. 62 und 174.

122 Vgl. Minato 1677. Zur Zusammenarbeit des Komponisten Draghi und des Librettisten Minato vgl.: Ritter 1999, S. 93–98. Möglicherweise gibt es einen thematischen Zusammenhang zu dem 1668 erschienenen Büchlein über das „vernünfftige Stillschweigen“ von Scholtzenberg, das Kaiser Leopold I. und seiner spanischen Gemahlin Margarethe Theresa gewidmet wurde. Der Titelzusatz lautet: „Denen [...] Majestätten Leopoldo [...] vnd Margaritae [...] dedicirt vnnd in offentlichen Druck gegeben Von Johann Friderich Scholtz von Scholtzenburg“. Die Draghi-Oper wurde zum Karneval des Jahres 1677 uraufgeführt, als der Kaiser bereits mit seiner dritten Frau verheiratet war.

123 Niccolò Minato. *Il Silentio d'Arpocrate. Dramma per musica [...] | Rappresentato in Roma nel Famoso Teatro Dell. Ecc. Sig. Gran Contestabile Colonna [...]*. Rom 1686 (BNF YD-5043).

124 Niccolò Minato. *Il silenzio di Harpocrate*. Wolfenbüttel ca. 1690 (HAB Textb. 61).

spezifisches Motiv dafür findet oder es gar explizite Stille-Momente gibt.[125] Dem Libretto zufolge besteht die Handlung der Oper im Wesentlichen darin, dass Harpocrates die anderen Protagonisten in der „virtù del Silentio“[126] unterrichtet, und zwar nicht, indem er sich als selbst Schweigender präsentiert, sondern indem er vom Schweigen redet, respektive singt. Oft tritt er zudem bei entscheidenden Zwiegesprächen im Bühnenhintergrund auf und gibt den Figuren, die ihn um Hilfe gebeten hatten, gestische Anweisungen zum Verstummen. Harpocrates tritt als „Filosofo nobile“[127] auf, als Synthese aus philosophischer und mythischer Figur, ähnlich wie auf dem im Kapitel II.1 erwähnten Kupferstich von Jan Müller (Abb. 26). Im „Argomento“ des italienischen Textbuchs wird die Symbolik, mythologische Herkunft und kulturhistorische Bedeutung der Figur ausführlich erläutert. Erwähnt wird, dass der römische Kaiser Augustus zwei Siegelringe hatte – auf dem einen befanden sich für die Geheimnisse der Kriegsführung das Bildnis des Harpokrates, auf dem anderen für die Geheimnisse des Staates das Bildnis der Sphinx.[128]

Im Unterschied zur Tradition, die den Gott des Stillschweigens mit Geheimwissen und dem Bereich des Sakralen verbindet, geht es hier um ein profanes Schweigen, sowohl im Sinne der persönlichen Taktik als auch der höfischen Klugheit. Primäres Anliegen ist es, Gefühle wie Begehren, Liebe, Zweifel, Misstrauen und ver-

---

125 Im Libretto gibt es zumindest an einer Stelle einen formalen Hinweis auf den Abbruch der verbalen Artikulation. In Szene II/11 findet ein Gespräch zwischen dem König und seinem Sohn statt. Mehrmals heißt es in der Regieanweisung, Harpokrates „wincket ihm“ (d.h. dem Prinzen Acrifio), „daß er schweige“; anschließend steht im Libretto: „*Acrifio.* Ich darf nicht = = = = | *Acrisio.* Herr = = = nein/ nein/ ich will es nicht sagen: ich will schweigen“ [bei den Strichen handelt es sich um per Hand eingefügte schräge Doppelstriche]. Unklar bleibt aber leider, ob in diesen Momenten auch das Orchester verstummte. Vgl. Minato/Draghi 1609, S. G1v-G5v.

126 Minato/Draghi 1677, S. A3 f.

127 Ebd., S. A4r.

128 „Harpocrate fù un Saggio Filosofo, che foura ogn' altra virtù stimò raramente il Silentio; e ne professò nella Grecia i Precetti. ONd gli fù inalzara una Statua col Dito alla Bocca: Atto, che ammonisce al Tacere. Da gl'Egitij fù adorato come Dio del Silentio, e nel Consulto di Pisone, e Gabino fù disputato, s'anche fi douea riceuere nel numero de gli Dij de'Romani. Fù pigliato per Geroglifico della Segretezza. Onde Augusto duo Sigilli teneua. Uno con la Figura della Sfinge; l'altro con quella d'Harpocrate. Con la Sfinge figillaua i segreti die Stato, per segno, che non haueuano da esser intesi. Con Harpocrate quelli di Guerra, per documento, che non doueuano essere propalati. Plutarco afferma, Harpocrate essere stato Figlio d'Iside, e d'Osiride, che regnarono nell Egitto, e d'Osiride fù Fragello Egilau, che fù Rè delli Argiui. | Sopra questi Fondamenti Istorici si figura; Che Harpocrate in Argo andasse in struendo nella virtù del Silentio. E con questo Verisimile, e con gl'altri, che vi trouerai s'è intrecciato questo Drama à cui s'è dato nome il *Silentio d'Harpocrate.*“ Minato/Draghi 1677, S. A3 f. So auch bei Masen: „Ita & Augusto ipsi Sphinx initio placuit, quòd, *occulta magnorum consilia esse debere*, propalam non diffiteretur. quam cùm amici, eo absente, ad edicta quoque in vulgus vterentur, non inficero deinde accipientium lepore iactatum fuit, *aenigmata* hanc sphingem adferre.“ Masen 1650, S. 288.

letzte Eitelkeit nicht im Überschwang zu äußern, sondern sie klug für sich zu behalten. Insbesondere in Liebesdingen, so lehrt der *maestro del silenzio*, sei Vorsicht geboten; beispielsweise sei es ratsam, einen gegen die Geliebte aufkommenden Verdacht nicht sofort zu äußern. So wendet sich Harpocrates etwa fragend an Acrifius, der sich in der Liebe betrogen fühlt: „[B]egehrestu | Wol deine Wunden öffentlich zu zeigen/ | damit die rauh' und scharffe lufft der Welt/ | wenn sie schon halb zu frieden sind gestellt/ | dir die Empfindlichkeit von neuem sol erwecken?“[129] Er erklärt ihm, dass eine öffentlich artikulierte Kränkung alles nur noch schlimmer mache: „Wilstu wol deinen schimpf entdekken/ | um zu erweisen deine rache? | ist diß nicht eine gleiche sache/ | als wenn man pech ins Feur zur löschung wolte tragen?“[130]

Demgegenüber lehrt er Limacus, einen etwas einfältigen Jungen, der die komische Partie bestreitet, die bereits diskutierte Simulation von Klugheit durch Schweigen:

> Es geschieht mit besserm fug/
> durch das schweigen scheine klug
> als durch ungereimtes schwätzen
> sich unwissend lassen schätzen.[131]

Der Topos vom Toren, der seine Mängel durch Schweigen verbergen kann, ist in der Unterhaltungsliteratur des 17. Jahrhunderts verbreitet. Bei Harsdörffer heißt es, der menschliche Verstand habe „keinen andern Verräther/ als seine eigne Zunge. So lang ein Narr das Maul hält/ wird man seiner nicht gewahr: So bald er aber redet/ so giebt er seine Thorheit zu erkennen.“[132] Schweigen wird hier nicht als Tugend belobigt, sondern als kulturell angeeigneter Verhaltenscode hochgradig ironisiert. Man kann auch die Rolle des Schweigenden simulieren, um Klugheit vorzutäuschen, wie Harsdörffer in einer Anekdote darstellt:

> Ein Sprachmeister hatte einen Lehrling/ der wolte nichts begreiffen/ und konte mit der Rede nicht fortkommen/ deßwegen gabe er ihm den Rath/ er solte stillschweigen/ und wann er deßwegen befragt wurde/ solte er sagen: *plus penser que dire*. Man muß mehr gedencken als reden. Diesem folgte der Jüngling und wurde für verständig gehalten.[133]

Die höfische Gesellschaft schaut lediglich auf die sprachliche Maske und ihr Double, das Schweigen. Dass sich der im Exempel genannte Jüngling Verständigkeit

---

129 Minato/Draghi ca. 1690, S. E6r.

130 Ebd.

131 Ebd., S. C5r.

132 Harsdörffer 1656/1990, Bd. 1, S. 234. Dieser Lehrspruch baut auf dem bereits zitierten Bibelspruch „Auch ein Tor, wenn er schwiege, würde für weise gehalten und für verständig, wenn er den Mund hielte“ (Spr 17,28) auf.

133 Ebd., Bd. 2, S. 401. Die Pointe geht auf griechische Anekdoten zurück und wird u. a. von Erasmus tradiert. Vgl. Erasmus 1989, S. 287.

wie eine Maske auflegt, kann sie nicht erkennen. Indem der „Sprachmeister" mit der Phrase „plus penser que dire" eine französische Redewendung wählt, wird nicht nur der Klugheitsdiskurs parodiert, sondern zudem die der französischen Hofkultur attribuierte Affektation.

In *Il silentio di Harpocrate* rät der Philosoph Harpokrates der Königin Lincea, die Zurückhaltung der Elidora, in die der Prinz verliebt ist, nicht negativ auszulegen:

> Du nennest Sie verstokt/ und magst dich so entblöden/
> daß du der Tugend legst den Laster=Namen bey.
> Viel sichrer ist fürwahr das schweigen als das reden:
> das reden machte schon gar manchen reu bezeigen
> doch wer ist/ der noch ja bereuet hat das schweigen?[134]

Neben der prudentistischen Maxime, besser zu schweigen, als das Gesagte später zu bereuen, erläutert er ihr, warum das Stillschweigen insbesondere am Hof von Nöten sei:

> Gar viel ligt denen dran/ die herschen und gebieten/
> daß ein getreues schweigen
> zur Königlichen Burg den Eingang möge hüten
> Es dringt sich offt bey Hof' ein schwatzhafft Echo ein/
> und saget wiederum/ so bal es was vernommen/
> des Herren Worte nach/ doch immer unvollkommen.
> Du/ lern von der Natur auch hierin klug zu seyn:
> das Echo/ über das ein jeder sich beschwehret/
> daß es ihm ungetreu
> stets wieder sage was es höret/
> hat sie in Grufft und Klufft verstecket und begraben
> wilstu/ ô Königin nicht haben/
> daß deine Burg und Hof gleich einer Hölen sey/
> so mustu nur von dannen
> in Wälder/ Felß und Grufft ein jedes Echo bannen.[135]

Die hier benannte Verschwiegenheit der Untergebenen beruft sich mit der Wendung „in Grufft und Klufft verstecket und begraben" auf eine Rechtsformel, die in offiziellen Urkunden des 17. Jahrhunderts ihren Niederschlag fand. So heißt es zum Beispiel in der Bestallungsurkunde des Hauslehrers der Prinzen Anton Ulrich und Ferdinand Albrecht am Wolfenbüttler Hof:

> Da ehr auch bei I. I. Gd. Gd. Oder sonsten in allerhand geheimbten sachen, etwas sehen, horen und erfahren wurde, so I. I. Gd. Gd. Oder uns zu schadten

134 Minato/Draghi ca. 1690, S. D4v (I/15).
135 Ebd., S. C4r f.

> nachteil gereichen muchte, solches niemand anders als uns zu offenbahren und sonsten daßelbe bis in seine Grüben verschwiegen behalten [...].[136]

Der Hofangestellte hat verschwiegen zu sein, andernfalls muss er rechtliche Konsequenzen befürchten. Es wird hier eine weitere mit dem Stillschweigen verbundene Dimension ersichtlich, die im Kapitel III.3 ausführlicher diskutiert wird.

Insgesamt zeigt sich, inwieweit die Klugheitsliteratur eine dezidierte Kunst des Stillschweigens – insbesondere in Form des aktiven Verschweigens – entwickelt. Diese ist der bisher in der Frühneuzeitforschung fokussierten verbalen Eloquenz an die Seite zu stellen. Ausgehend von antiken, philosophischen und biblischen Exempla entsteht bereits im Mittelalter ein Diskurs über das Nicht-Sprechen, der sich, sofern er selbstreflexiv wird, im 17. Jahrhundert oft der Figur der Paradoxie bedient. So ist es auffällig, dass viele der Lehrsprüche antiker Autoritäten als szenische Erzählungen und im Modus mündlicher Rede tradiert werden und somit in sich selbst widersprüchlich sind. Auch Graciáns Parabel über die „Waare" des Stillschweigens bedient sich dieses Stilmittels, insofern die – verbal übermittelte – Lehre ja darin besteht, dass Schweigen *per se* nicht käuflich ist, da ein solcher Handel im Medium der Sprache stattfände.

Der redundante Umgang mit dem kulturellen ‚Zitatenschatz' in den Kurzprosasammlungen und Florilegien zeigt, dass es den Autoren weniger darauf ankam, originell zu sein, als sich durch Autoritäten und Lehrmeinungen abzusichern. Darüber hinaus gilt es, viele Dimensionen des Themas zu berücksichtigen, was widerspruchsfrei am besten in Form der Auflistung oder der Aneinanderreihung von Exempeln möglich ist. In den Verhaltenstraktaten finden sich demgegenüber eher Versuche der Systematisierung, zum Beispiel indem zwischen einem moralisch akzeptablen, edlen Verschweigen und dem arglistigen Verzicht auf Information unterscheiden wird oder indem die Regeln des Verschweigens und Aussprechens nicht abstrakt formuliert, sondern der jeweiligen Situation angepasst sein sollen. Des Weiteren geben diese Werke dezidierte Verhaltensanweisungen zu verschiedenen Wirkungen des Schweigens. Zu unterscheiden ist daher zwischen einem moralischen und einem strategischen Diskursfeld; während es in ersterem um das Individuum und dessen seelische Integrität geht, beschäftigt sich letzteres mit Schweigen als einer Form des Ausdrucks und der indirekten ‚Aussage'. Schweigen und Verschweigen werden hier manipulativ eingesetzt.

Ersichtlich wurde, dass es sich beim Verschweigen von Informationen und Intentionen um eine fragile Operation handelt, bei der der Schweigende sich leicht moralischen Anfeindungen oder aber Misstrauen und dem Entzug von Nähe aus-

136 Es handelt sich um die Bestallungsurkunde Hieronymus Imhofs, der von 1648 bis 1656 für die Erziehung der herzöglichen Söhne Anton Ulrich und Ferdinand Albrecht zuständig war. Die Urkunde befindet sich im Niedersächsischen Staatsarchiv in Wolfenbüttel (3 Alt 549 (fol. 1 ff.)). Auf diese Quelle machte mich Jill Bepler aufmerksam, die mir auch eine Abschrift zukommen ließ. Vgl. auch: Jill Bepler. *Ferdinand Albrecht. Duke of Braunschweig-Lüneburg (1636–1687). A Traveller and his Travelogue.* Wiesbaden 1988, S. 60.

gesetzt sieht. Es geht daher um die Frage, „wie man die konträren Interessen von Selbstkontrolle (also Verschwiegenheit, Verbergen des eigenen Inneren) und Vertrauensgewinnung (also Mitteilung und Selbstoffenbarung) miteinander versöhnen kann".[137] Die von Alois Hahn getroffene begriffliche Unterscheidung zwischen Verheimlichung (als Mitteilungsverzicht) und Geheimhaltung (als einer Form nachträglicher Verschwiegenheit)[138] erweist sich hier als hilfreich: während die Verheimlichung für das Gegenüber nicht wahrnehmbar ist, ist es die Geheimhaltung schon, insofern kommuniziert wird, dass über etwas Bestimmtes nicht kommuniziert wird. Dies wertet den Akt des Verschweigens einerseits auf – dem Schweigenden wird durch die Aura des Geheimnisvollen Macht und Autorität gegeben –, andererseits setzt es ihn aber auch Anfeindungen aus. Verschweigen ist daher nur in asymmetrischen Machtverhältnissen sanktionsfrei möglich, ja es gehört aus diesem Grund nach Auffassung der frühneuzeitlichen Hofliteratur zur Herstellung und zum Erhalt von Herrschaft nachgerade hinzu. Es dient zugleich dem Schutz der Person und der Herstellung einer Aura. Somit kann Schweigen – eigentlich ein Mittel der *dissimulatio* – als *simulatio* eingesetzt werden, weil es Eigenschaften oder auch Wissen willentlich vortäuscht, und zwar aktiv durch Passivität.

Darüber hinaus ist das Verhehlen von Affekten und Intentionen Teil einer dezidierten Beobachtungslehre, die in der simplen Formel ‚Hören, Sehen, Schweigen' auf den Punkt gebracht wird. Mit der bereits zitierten Sentenz Ciceros gesagt: Wer spricht, wird beurteilt, wer schweigt, urteilt selbst. Ebenso ist derjenige, der sich willentlich und aktiv verstellt, der Kritik unterworfen (dem Vorwurf der Lüge, des Betrugs), während sich derjenige, der etwas unbemerkt verschweigt, alle Wege offen hält.

## 2. *Mulierem ornat silentium.* Disziplinierung der weiblichen Zunge

### *Schwatzhaftigkeit als Maßlosigkeit, Schweigsamkeit als Keuschheit*

„Ein Weibs=Bild welches schweigt/ und ihr Geheimnis hält! | ich glaube/ dieses ist die erste von der Welt"[139] heißt es in der Oper *Il silentio di Harpocrate*. Formuliert wird ein Lob weiblicher Verschwiegenheit, die das von ihr gezierte „Weibs=Bild" vor alle anderen stellt. Dies gilt besonders für junge Frauen: „Ein junges Mädgen wird vom schweigen trefflich schön gezieret".[140] Eine solche Hochschätzung der

137 Hahn 1997, S. 24.
138 Vgl. ebd., S. 23.
139 Minato/Draghi ca. 1690, S. D4r.
140 Ebd., S. D7r.

schweigsamen und (ihre eigenen) Geheimnisse wahrenden Frau ist Teil eines leitenden Stereotyps, wonach Frauen diese Eigenschaft gemeinhin abgeht: „Ach nein/ die Princessin ist von der anderen Zahl der Weibspersonen nicht auszuschliessen/ Verschwiegenheit möchte ihr ja so eine unerträgliche Bürde seyn, daß sie sich derselben bald zu entladen/ andere Gehülffen anschreyen würde“[141] – dieser Ausspruch findet sich etwa in Harsdörffers *Frauenzimmer Gesprächsspielen*. Geäußert wird er von einer männlichen Figur mit dem sprechenden Namen „Kargkram“. Es geht um die Überlegung, ob man die Prinzessin in eine geheime Botschaft einweihen soll. „Weibspersonen“ jedoch, so der referierte Gemeinplatz, könnten nicht schweigen, ganz gleich, ob sie dem einfachen Volk entstammten oder dem Adel. Diese Unfähigkeit ist fatal, wie auch eine Figur in Gryphius' *Papinian* bemerkt: „[D]er Frauen Mund zubricht auff einen Tag | Mehr denn die greise Zeit mit Müh' auffsetzen mag.“ (IV, 69 f.)

In der *Harpocrates*-Oper findet sich daher eine grundlegende Warnung vor der weiblichen Geschwätzigkeit, die es nicht ratsam macht, einer Frau eine „heimligkeit“ anzuvertrauen. Harpocrates rät dem Prinzen Acrisius, nachdem er erfährt, dass dieser sich heimlich mit Eliodora getroffen hat:

> Halt ja das Schweigen wohl allhier in sonderheit/
> denn eine heimligkeit/
> die einem weibsbild wird vertraut/ geht bald verlohren/
> und ist dem wasser gleich das eine dachrinn' hält:
> es pfleget stets zu wandern
> von einem ziegel in den andern;
> biß endlich es zur Erden fällt/
> und denn vermischt mit leim und stein/
> ohn daß es mehr kan aufgehalten seyn/
> ohn maß' und ziel durch alles bricht.[142]

Die Empfehlung, einer Frau gegenüber verschwiegen zu sein, wird von Mann zu Mann gleich einer Lebensmaxime weitergegeben. Harpocrates wählt dafür die Analogie zwischen der weiblichen Rede und dem unaufhörlichen Herabrinnen von Wasser, das nicht nur mehr und mehr wird, bis schließlich alle Dämme brechen, sondern durch Mischung mit Fremdem zudem schmutzig und unrein. Es ist eine in der Frühen Neuzeit gängige Metapher, die Naturgewalt mit einem Hygienediskurs durchkreuzt – beides wird negativ mit weiblicher Geschwätzigkeit assoziiert. Nicht nur das mangelnde Wahren von Geheimnissen wird dem „weibsbild“ angelastet, sondern insgesamt die Unfähigkeit, sich der Rede zu ‚entsagen‘, was überdies als Form der Belästigung verstanden wird. So wirft der Junge Limacus in der Oper wütend dem Dienstmädchen Cleta vor: „So plaudere, biß du must verrekken/ | es scheinet ein nothdringlich Ding zu seyn | daß niemals schweigen still die Weiber

141 Harsdörffer 1645/1969, Bd. 5, S. 478.
142 Minato/Draghi ca. 1690, S. K8v.

und Heuschrekken."[143] Das Gerede der Frauen wird als ein unausweichlicher, kontinuierlicher Lärm mit der biblischen Heuschreckenplage gleichgesetzt.

Sprachliche Maßlosigkeit, ungezügelte Rede und mangelnde Verschwiegenheit werden also nicht nur als sozial niedrig und stupide, sondern auch als ‚weibisch' bewertet.[144] Diese Geringschätzung weiblichen Sprechens greift auf eine lange Tradition zurück, u. a. auf die schon im Mittelalter beliebte Frauensatire.[145] Richten sich satirische Darstellungen geschwätziger Frauen primär an männliche Rezipienten, so sind frühneuzeitliche Verhaltenslehren über die Bezähmung der Zunge und die Tugenden der Schweigsamkeit an die Frauen selbst adressiert. Ist beim Mann Verschwiegenheit eine prudentistische, strategisch eingesetzte Eigenschaft, so ist sie bei der Frau Teil ihrer moralischen Integrität. Für das weibliche Geschlecht finden sich wesentlich mehr Anleitungen zur Anstandserziehung denn zur Konversationslehre[146], was darauf hindeutet, dass die sprachliche Zurückhaltung gemeinhin als wichtigere Eigenschaft angesehen wurde, als die verbale Eloquenz. Das von Bogner konstatierte weitgehende Fehlen eines „geschlechtsspezifischen Zuschnitt[s]"[147] der präskriptiven Literatur findet sich daher nicht bestätigt; die folgenden Ausführungen zeigen deutlich, dass ein solcher sehr wohl vorliegt.

Insbesondere die mit dem Redeexzess assoziierte Sexualisierung des weiblichen Sprechens – verstanden als maßlose Entäußerung, ja oftmals geradezu als unkontrolliertes ‚Herauslaufen' von Sprache – belegt eine *gender*-spezifische Codierung. Diese ist bereits durch die wichtigsten Prätexte, Plutarchs *De garrulitate* und Erasmus' *Lingua*, vorgegeben. Nach Erasmus sind Frauen und niedere Hausangestellte von Natur aus geschwätzig, daher stehe es den höherstehenden Männern an, sich der Redseligkeit zu enthalten und stattdessen dem Ideal der *brevitas* zu folgen.[148] Das Sprachideal der Knappheit, Pointiertheit und Kürze wird besonders mit der römischen Rhetorik verbunden, im Kontrast zur griechischen und asianischen, die entsprechend ‚weibliche' Züge aufweisen.[149]

Wie Patricia Parker ausgeführt hat, wird das Laster der *loquacitas* bei Erasmus anhand von männlichen Rednern illustriert; gleichwohl ist die Eigenschaft selbst, der „excess of speech or overabundance of the lingual [...] repeatedly coded as ‚womanish' or feminine."[150] Sie kommt keinem Geschlecht ontologisch zu, vielmehr können grundsätzlich beide von dieser Feminisierung betroffen sein. Deut-

---

143 Ebd., S. D7v.

144 Vgl. Barbara Krug-Richter. „‚Weibergeschwätz'? Zur Geschlechtsspezifik des Geredes in der Frühen Neuzeit". *Weibliche Rede – Rhetorik der Weiblichkeit.* Hrsg. von Doerte Bischoff und Martina Wagner-Egelhaaf. Freiburg 2003. 301–19.

145 Vgl. Roloff 1973, S. 58 f.

146 Vgl. Beetz 1990, S. 101.

147 Bogner 1997, S. 18.

148 Vgl. Erasmus 1989, S. 376.

149 Vgl. ebd., S. 274 f. und 286; Parker 1989, S. 447.

150 Ebd.

lich wird so „the construction of gender and the instability of gender boundaries in a period that includes both the rise of humanism and the *querelle des femmes*".[151] Dass sich die Verhaltensregeln primär gegen die weibliche Rede wenden, verweist eben nicht nur darauf, dass der Frau jene Geschwätzigkeit zugeschrieben wird, sondern zugleich auf eine kulturelle Setzung, die vorgibt, „as if the gender boundaries of the lingual were stable ones".[152]

Die zentralen Dimensionen der Codierung weiblicher *garrulitas* lassen sich anhand von drei Epigrammen aus Friedrich von Logaus Sammlung *Deutscher Sinn=Getichte Drey Tausend* veranschaulichen. Aufgrund ihrer Kürze und satirischen Bissigkeit spiegeln sie das Denken des (männlichen) ‚Volksmundes' in besonderer Weise wider. Das Epigramm *Verschwiegenheit* lautet:

Wenig reden/ viel verschweigen.
Ist den Weibern selten eigen.[153]

Hier wird „den" Weibern eine bestimme Fähigkeit stereotyp abgesprochen: die rechte, da kluge Maßhaltung von Reden und Verschweigen. Gesagt wird, dass dieses Verhältnis bei der Frau in der Regel verkehrt ist, was die chiastische Wortstellung auch formal andeutet. Ein anderes Epigramm beschreibt unter der ironischen Überschrift *Der Weiber Verschwiegenheit* die mangelnde „Heimligkeit" der Frauen:

Weiber gehn mit Heimligkeit zur Geburt auff alle Stunden
Was sie bringen lieget frey/ nie in Windeln eingebunden.[154]

Durch die Wahl der Geburtsmetaphorik wird die Geschwätzigkeit einerseits biologistisch der Frau als natürliche, allerdings unschöne Eigenschaft zugeschrieben. Andererseits wird das Offenbaren von Geheimnissen als eine Form von Nacktheit metaphorisiert, als fehlende sexuelle Keuschheit und Zucht. So gibt es zahllose satirische Sprüche und Karikaturen auf die *alamodische* Freizügigkeit weiblicher Kleidung. Dass die Rede bei den Frauen „frey" liege, obwohl sie doch der „Windeln" bedürfte, macht sie des Weiteren zu einer Art infantiler Ausscheidung, die in gesellschaftlicher Kommunikation nichts zu suchen hat.[155]

Die körperliche Dimension wird auch in einem dritten Epigramm aus Logaus Sammlung ersichtlich, mit der apodiktischen Überschrift *Das Weib schweige*:

Weiber=Lippen sind geschaffen
Mehr zum küssen als zum klaffen.[156]

---

151 Ebd., S. 446.

152 Ebd.

153 Logau 1654, S. 241 (II. Zu=Gab, Nr. 190).

154 Ebd., S. 165 (III/9, Nr. 60).

155 Ähnlich wird es bei Lehmann formuliert: „Was einer wil verschwiegen haben/ das soll er keinem Weib nicht sagen/ es ist eben bey jhr verschlossen/ als hätt er Wasser in ein Sieb gegossen." Lehmann 1639, S. 718 f.

156 Logau 1654, S. 6 (I/1, Nr. 14).

Statt zu reden, soll das „Weib“ seinen Mund lieber zum Küssen einsetzen. Der den Mund versiegelnde Kuss ist somit auch eine Form des Zum-Schweigen-Bringens.[157] Durch die Verwendung des Verbs ‚klaffen‘ wird die Öffnung des Mundes darüber hinaus mit einer auf das weibliche Genital anspielenden Obszönität belegt. Die Geschwätzigkeit der Frau wird so als eine an das Sexuelle erinnernde Maßlosigkeit verstanden, die mit dem Alter zunimmt. Topisch ist die Rede von der ‚schwatzsüchtigen Alten‘ und entsprechend wird besonders das „Mädgen“, vom „Schweigen trefflich schön gezieret“. Weibliches Schweigen ist als sexuelle Reinheit konnotiert, wenn nicht gar als Jungfräulichkeit.[158] Einer zweiten Lesart zufolge ist das Verb „klaffen“ hingegen als ‚kläffen‘ zu verstehen, was die weibliche Rede dem tierischen Gebell gleichstellt.

### *Biblische Schweigegebote und Exempla*

Tradiert wird das Gebot weiblicher Schweigsamkeit durch die Bibelexegese, die aus der Heiligen Schrift eine Reihe geschlechtsspezifischer Regeln übernimmt. Als Referenz dienen insbesondere zwei neutestamentarische Perikopen aus dem ersten Timotheus sowie dem ersten Korintherbrief. Die dem Korintherbrief entstammende paulinische Formel *mulier taceat in ecclesia* wurde in der katholischen Kirche und der Ostkirche für den Ausschluss der Frauen von der Priesterweihe angeführt. Verwendung fand sie auch außerhalb des kirchlichen Sprachgebrauchs als Parole zur Beschneidung des öffentlichen Wirkens von Frauen. Die Paränese lautet:

> Wie in allen Gemeinden der Heiligen sollen die Frauen schweigen in der Gemeindeversammlung; denn es ist ihnen nicht gestattet zu reden, sondern sie sollen sich unterordnen, wie auch das Gesetz sagt. Wollen sie aber etwas lernen, so sollen sie daheim ihre Männer fragen. Es steht der Frau schlecht an, in der Gemeinde zu reden. Oder ist das Wort Gottes von euch ausgegangen? Oder ist’s allein zu euch gekommen? (1Kor 14,33–36)

Wie Max Küchler dargestellt hat, wird das Schweigen der Frauen von Paulus als Zeichen ihrer Unterordnung begriffen.[159] Die erste Regel gebietet ihnen Schweigen in der Öffentlichkeit, speziell in der Gemeindeversammlung, die zweite verweist die wiss- und lernbegierigen Frauen topologisch in den Privatraum des Wohnhauses und sozial an ihre Männer. Die öffentliche Artikulation wird allein dem Mann gestattet. Auffällig ist, dass in der zitierten Passage dem Reden nicht Schweigen gegenübergestellt wird, sondern Devotion. Weibliches Sprechen wird als „schänd-

---

157 Vgl. hierzu, allerdings in anderem historischen Kontext: Benthien/*Präsenz* 2002, S. 216.

158 Dieser Befund wird durch verschiedene Volksbräuche und Aberglauben unterstützt und hat auch in die psychoanalytische Theorie Eingang gefunden. Vgl. John Carl Flügel. „A Note on the Phallic Significance of the Tongue and of Speech“. *The International Journal of Psycho-Analysis* 6.2 (1975): 209–215, S. 212.

159 Vgl. Küchler 1986, S. 54 ff.

lich“ qualifiziert, als „Mangel an Unterordnung und Anstand“.[160] Es geht also weniger um die möglichen Inhalte oder Auswirkungen der Rede von Frauen in der urchristlichen Gemeinde, als um den symbolischen Erweis männlicher Superiorität.

Die Textstelle aus dem Korintherbrief ist eng verwandt mit folgender Perikope aus dem Timotheusbrief:

> So will ich nun, dass die Männer beten an allen Orten und aufheben heilige Hände ohne Zorn und Zweifel. Desgleichen, dass die Frauen in schicklicher Kleidung sich schmücken mit Anstand und Zucht, nicht mit Haarflechten und Gold oder Perlen oder kostbarem Gewand, sondern wie sich's ziemt für Frauen, die ihre Frömmigkeit bekunden wollen, mit guten Werken. | Eine Frau lerne in der Stille mit aller Unterordnung. Einer Frau gestatte ich nicht, dass sie lehre, auch nicht, dass sie über den Mann Herr sei, sondern sie sei still. Denn Adam wurde zuerst gemacht, danach Eva. Und Adam wurde nicht verführt, die Frau aber hat sich zur Übertretung verführen lassen. (1Tim 2,8–14)

Der Verfasser führt hier Schweigen mit weiteren, für die christliche Frau ziemlichen Verhaltensweisen zusammen: der Zurückhaltung in Schmuck und Kleidung. Diese Selbstrücknahme steht in Korrelation zu den Gebeten des Mannes, über die es heißt, sie sollen „ohne Zorn und Zweifel“ stattfinden. Die geforderten weiblichen Körperpraktiken des Entzugs von öffentlicher Wahrnehmung stellen die Entsprechung zum männlichen Gebet dar, sie sind der Ausweis ihrer Frömmigkeit und die einzige ihnen obliegende Möglichkeit, ‚gute Werke‘ zu vollbringen.

Nach Küchler wird Frauen in diesen Anweisungen „argumentativ Unrecht getan“, selbst unter Berücksichtigung der historischen Diskrepanz zwischen antikem Text und heutigem Denken.[161] Er bezieht sich dabei u. a. auf den begründenden Vers 13, in dem gesagt wird, dass Gott zuerst Adam schuf und dann Eva, und stellt fest, dass der Verfasser des Timotheusbriefes aus dieser im Buch Genesis (Gen 2,7 und Gen 2,21 f.) nur temporalen Abfolge eine wertmäßige Abstufung macht, die er dann als Argument für die Herrschaft des Mannes einsetzt.[162] Darüber hinaus wird weiteres Material aus den jahwischen Schöpfungs- und Sündenfallerzählungen herangezogen. So erwähnt der Verfasser in Vers 14 die Verführbarkeit Evas durch die Schlange und bemängelt ihre daraus resultierende Übertretung. Adam hingegen wurde von Eva nicht ‚verführt‘, denn dieser Ausdruck – verstanden als ‚sich überlisten oder betrügen lassen‘ – wird, wie Küchler nachweist, in der Bibel nur im Hinblick auf Eva verwendet. Eva als die „Einzig-Verführte“[163] redet Adam mit Worten zu und reicht ihm die Frucht.[164] Er wird überredet, nicht wie sie ‚ver-

160 Ebd., S. 57.
161 Ebd., S. 10.
162 Vgl. ebd., S. 17.
163 Ebd., S. 32.
164 In der Bibel wird nicht expliziert, ob Adam bei der Verführung durch die Schlange überhaupt anwesend war und somit aktiv der Verführung widerstand; Gen. 3,1–5 spricht nur von einer Kopräsenz von Schlange und Frau, erst danach wird Adam erwähnt. Somit ist die

führt'. Dies wird explizit in Gen 3,17 formuliert, wo Gott zu Adam spricht: „Weil du gehorcht hast der Stimme deiner Frau und gegessen von dem Baum, von dem ich dir gebot und sprach: Du sollst nicht davon essen –, verflucht sei der Acker um deinetwillen! Mit Mühsal sollst du dich von ihm nähren dein Leben lang." Es läge also nahe, dass die Frau in der Gemeinschaft von Männern schweigen soll, weil ihre Stimme Adam zu Fall gebracht habe, doch dieses Arguments bedient sich 1Tim 2,14 erstaunlicherweise nicht.

Die Perikope stellt stattdessen einen Zusammenhang zwischen Schweigen und Schmucklosigkeit her. Küchler bezieht dies auf den Prätext der Genesis, wo Evas Verführung durch die Schlange – deren Bezeichnung im Hebräischen und Griechischen ein maskulines Genus aufweist – eine erotische Komponente beinhaltet. Diese Sexualisierbarkeit und Sexualisierung der Frau sieht er in den Paränesen der Timotheuspassage angesprochen, wenn er diagnostiziert, dass dort „ein erotischer Ton mitschwingt".[165] Schmucklosigkeit und Schweigen werden als desexualisierende Unterordnung des Leibes und des Geistes verstanden:

> Es geht in dieser Perikope darum, die starke körperliche und geistig/geistliche Präsenz der Frauen, die sich im Schmuck und im souveränen Lehren dokumentieren, in den urchristlichen Gottesdiensten zu vermindern, d. h. nach der Ansicht des biblischen Autors, in ihren schöpfungsgemäßen (Gen 2) und sündenbedingten (Gen 3) Rahmen zu stellen.[166]

Als Grundproblem formuliert 1Tim 2,8–14 die Anwendung des Prinzips männlicher Superiorität auf eine gemeinschaftliche Veranstaltung von Männern und Frauen. Dieses durchzusetzen, erfordert die körperliche und geistige Unterordnung der Frau, der durch ihre „Einzig-Verführtheit"[167] eine niedrige Position zukommt.

In frühneuzeitlichen Predigten wird auf diese Argumente Bezug genommen. Teilweise wird das „Stillschweigen unserer lieben Frauen" sogar zum Paradigma des christlichen Verhaltens im Gotteshaus überhaupt, so etwa in einer Predigt von Gunter Mayr:

> II. Das Stillschweigen unser lieben Frauen/ und anderer H. Diener GOttes lehrnet uns/ wie man sich in der Kirchen verhalten solle. | III. Das boßhaffte Schwetzen in der Kirchen wird für eine Todtsünd gerechnet/ ist auch wol zu förchten/ daß solche Sünder anstatt deß Segens und Göttlicher Genad/ nit etwann den Fluch und Straff erlangen.[168]

---

konstatierte moralische Überlegenheit Adams zweifelhaft (Küchler geht auf diesen Zusammenhang nicht ein).

165 Küchler 1986, S. 50.

166 Ebd., S. 52.

167 Ebd., S. 53.

168 Gunther Mayr. *Himmlischen Protocolls=Extract. Das ist/ Sechszehen Kirchweyh=Predigten/ In welchen auss Göttlicher H. Schrifft/ HH. Vätern und Concilien/ Exemplen und Historien sehr nachtrucklich erwisen wird/ Wie schweres Vrtheil Gottes jenen bevorstehe/ welche denen*

Dem Stillschweigen wird das „boßhafte Schwetzen“ gegenüber gestellt, dass hier gar zur Todsünde deklariert wird. Ambivalent bleibt, ob damit jegliches Gerede gemeint ist oder nur eine bestimmte, Böses intendierende (und darin auf die Genesis-Textstellen referierende, *gender*-spezifische) Form. An anderer Stelle gibt der Prediger unter Bezug auf ein antikes Exempel eines in Ehrfurcht schweigenden Knaben sowie auf den Kirchenvater Ambrosius[169] weitere Anweisungen zum christlichen Schweigen:

> O Jungfrau befleisse dich bey dem Gottesdienst/ alles Seuffzen/ Ruffen/ Husten und Lachen zu vermeiden/ dann was diser bey der heydnischen Opferung könte/ sollestu bey Gottes dienst nit können: hat also der H. *Ambrosius lib.3.de Virg.* gar wol vermeldet: *Maxima virtus est tacendi in Ecclesia & c.* nit ein geringe Tugendt ist das Stillschweigen in der Kirchen/ daß auch *Paulus* befohlen/ die Weiber solten so gar von Göttlichen Sachen in der Kirch nit reden/ massen er *I. Corinth. 14* sagt die Weiber solten in der Versamblung schweigen/ dann es wird ihnen nit zu gelassen/ daß sie reden/ wollen sie aber etwas lehren/ so mögen sie zu Hauß ihre Männer fragen/ dann es stehet einem Weib übel an in der Kirchen zu reden.[170]

Diese Passage mischt drei Argumente – und mithin drei Zielgruppen – miteinander: zunächst geht es um das Stillsein der „Jungfrau“, der „Seuffzen/ Ruffen/ Husten und Lachen“ während des Gottesdienstes untersagt wird, dann um die von Ambrosius gelobte allgemeine Tugend des Stillschweigens in der Kirche und schließlich, in der Paraphrase von 1Kor 14, um das Nichtreden der „Weiber“ in der „Versamblung“ der Christen. Bemerkenswert ist, dass das Schweigen im Gotteshaus hier auch als Distinktionsmerkmal gegenüber den Heiden verwendet wird; es ist integraler Teil des Heiligen. Die Frauen, an die sich das Schweigegebot primär richtet, können deswegen als Beispiel dienen, weil ihnen die Enthaltung der Rede besonders schwer fällt.

Als hochgelobtes Vorbild der schweigenden Frau gilt Maria, von der die Legende geht, sie habe in ihrem ganzen Leben nicht mehr als vier bzw. sieben mal ihren Mund geöffnet.[171] In der *Polyanthea nova* wird unter Bezug auf ein mittelalterliches Werk über die Viten christlicher Frauen über Maria gesagt: „Vorbild der Tugendhaftigkeit des Stillschweigens ist die göttliche Jungfrau Maria; mögen dies doch die

---

*Gotts=Diensten/ und Geistlichen Verrichtungen liederlich oder verächtlich abwartten [...].* Kempten 1693, S. 73 (HAB Xb 5731 (2)).

169 Ambrosius erläutert in seinem Werk *De officiis* (Ende 4. Jh.) die Notwendigkeit des Schweigens ausführlich und ist bemüht, sich bei der Begründung von heidnisch-antiken Mustern abzugrenzen. Vgl. Roloff 1973, S. 31.

170 Mayr 1693, S. 79.

171 Ruberg zitiert einen mittelalterlichen anonymen Traktat, der sich auf Pseudo-Vinzenz bezieht und sämliche Evangelienstellen gezählt hat, in denen Maria spricht; er kommt auf vier Stellen, wohingegen es wesentlich mehr gibt, in denen von ihrem Schweigen berichtet wird. Des Weiteren wird ein Prediger aus St. Georgen zitiert, der sieben Worte Marias kennt. Vgl. Ruberg 1978, S. 111 f.

Jungfrauen, ja überhaupt alle Frauen, nachahmen: wortkarg sein, aber um das Wunder wissend.“[172] Besonders hervorgehoben werden zentrale Stationen der *vita Mariae*, in denen sie aus Gottvertrauen nicht spricht. Ihre Exempelfunktion besteht darin, die ihr erteilten Aufgaben und Schicksalswendungen stumm und somit demütig hinzunehmen:

> *Aloisius Navarrinus* im Buch Jungfrauschafften genant/ erweget mit Andacht jenes Stillschweigen der allerseeligsten Mutter Gottes/ da sie von dem Ertz=Engel gegrüsset/ und zwar wegen deß hohen Geschäffts Gottes aus geredt/ nichts wolte antworten/ erforschet also in gemeiner Außlegung heiliger Vätter dessen Ursach/ und saget/ darumben allein wolte die H. Jungfrau dem Engel nit antworten/ weilen ihr Gebett von dem Ertz=Engel underbrochen worden.[173]

Der von Mayr zitierte Autor interpretiert Marias Nichtantworten auf die Verkündigung des Erzengels als Teil ihrer Frömmigkeit: Da sie sich gerade im Gebet befindet, muss sie es fortsetzen. Diesem andächtigen und annehmenden Stillschweigen wiederum ist von dem Gläubigen mit „Andacht“ zu begegnen. Es ist nicht nur Ausdruck ihres Glaubens, sondern auch ihres Einverständnisses mit dem göttlichen Auftrag und allen seinen Konsequenzen.

Diese Haltung zeigt sich auch auf einer Reihe von italienischen und spanischen Gemälden des 16. Jahrhunderts – deren ausführliche Diskussion im Kapitel V.1 erfolgt –, auf denen Maria mit dem schlafenden Christuskind und weiteren Personen dargestellt ist. Zumeist führt dort Johannes der Täufer (als Knabe) den Schweigegestus aus. Die Urzeichnung für diesen Bildtypus von Michelangelo Buonarroti (Abb. 40) hat den Namen *Madonna del Silentio* erhalten. Von dem Bologneser Maler Annibale Carraci gibt es auch ein Ölgemälde, auf dem Maria selbst die Gebärde vollzieht (Abb. 41). Ihre Assoziation mit dem Schweigen ist daher auch an das Mysterium und den Tod Christi gebunden, als dessen Präfiguration der Schlaf des Christusknaben gilt. Maria ordnet Schweigen an und schweigt selbst – als Behüterin ihres Kindes, aber auch als Ausdruck demütiger Akzeptanz seines Schicksals.

Abraham a Santa Clara betont unter Bezugnahme auf den mittelalterlichen Mystiker Bernhard von Clairvaux ebenfalls, dass Maria durchweg die „Stillschweigung unverletzt gehalten“ und sich dadurch als besonders anbetungswürdig erwiesen habe:

> Was soll ich melden von der glorwürdigen Mutter dieses Erlösers/ so nicht allein in geringen/ sondern auch in wichtigen Dingen die Stillschweigung unverletzt gehalten hat: dann diese allerweisseste Jungfrau ware (wie der H. Bernardus beweiset) mit so bescheidener Tugend dess Stillschweigens gezieret/ dass sie

172 „*Exemplar taciturnitatis honesta D. Maria virgo* hanc virgines, hanc foeminae omnes imitentur: pauciloquam quidem, sed ad miraculum sapientem.“ Amantius u. a. 1612, S. 1115.

173 Mayr 1693, S. 80.

Abb. 40: Michelangelo Buonarotti: *Madonna del Silenzio*, Zeichnung, London, Collection of the Duke of Portland

Abb. 41: Annibale Carracci: *Madonna del Silenzio*, Ölgemälde, ca. 1596–97, The Royal Gallery at Windsor Castle

> nichts geredet/ so sie nicht vorhin überleget hatte. Und obwohln diese verschwiegene Jungfrau ein warhafftiger Spiegel aller derer ist/ so sich in dieser Tugend zu üben schuldig seynd; so hat sie dannoch ihre grosse Lieb zu schweigen niemaln besser an Tag gegeben/ als da sie ihr Bräutigam der H. Joseph hat verlassen wollen; Sie hat stillgeschwiegen/ und ihre Verthätigung der Göttlichen Majestät anbefohlen. Folge/ folge/ mein Christliche Seel/ das Exempel deiner werthen Mutter; und wann du mit der Gnad dess H. Geistes verlangest erfüllet zu werden/ so lerne vor allem das Schweigen/ nach dem Raht deß Propheten Jeremia/ der da spricht: Der wird allein sitzen und schweigen/ dann er hat das Joch auff sich genommen.[174]

Zahlreiche positive Eigenschaften werden hier mit dem an der Figur der Gottesmutter exemplifizierten Stillschweigen verbunden; es steht für Bescheidenheit, Tugendhaftigkeit, Weisheit, Gottvertrauen, Besonnenheit, Tapferkeit und Affektkontrolle. Marias „grosse Lieb zu schweigen" äußert sich in demutsvoller Selbstrücknahme und der Unterwerfung unter Gottes Willen. Sie ist ein „wahrhafftiger Spiegel" aller Gnade suchenden Gläubigen.[175] Maria als Paradigma der schweigenden Frau ist das diametrale Gegenbild zu Eva, dem Paradigma der im falschen Moment geschwätzigen.

Neben Maria werden auch andere biblische Frauen ob ihrer Schweigsamkeit gelobt, so zum Beispiel Maria Magdalena, über die es im *Manducatio spiritualis* (1687, dt. 1712) von Miguel de Molinos heißt:

> Maria Magdalena hingegen Luc.7 redete kein Wort, und doch belustigte sich der HErr so sehr an ihrer Liebe/ daß er selbst zu ihrem Gedächtniß eine Lob=Rede hielt, und sagte, daß sie viel geliebet hätte. In diesem innern Stillschweigen kan man die vollkommensten Tugenden/ nemlich den Glauben/ die Hoffnung und die Liebe üben [...].[176]

Nach Molinos ist das Schweigen Maria Magdalenas Ausdruck ihrer Demut und christlichen Tugend, die ganz unabhängig von ihrem Lebenswandel besteht. Da sie schweigt, kann Christus sprechen, sie und ihre innige Gottesliebe loben – und damit indirekt auch sich selbst.

---

174 Abraham a Santa Clara 1705, S. 206.

175 Im Kapitel V.2 wird anhand der Dichtungen Catharina Regina von Greiffenbergs näher auf diese ‚stille Frömmigkeit' eingegangen.

176 Miguel de Molinos. *[...] Geistlicher Weg=Weiser/ Die Seele von den sinnlichen Dingen abzuziehen, und durch den innerlichen Weg zur völligen Beschauung und innern Ruhe zu führen: Aus fremden Sprachen in die Hochteutsche übersetzt [...] von Gottfried Arnold [...].* Frankfurt a. M. 1712, S. 287 (HAB M: Li 6299).

## *„Die Verschwiegene": Eine Imprese schmucker Weiblichkeit*

In Sebastian Francks *Sprichwörter[n]* (1541) heißt es, „Es ist kein kleid das einer frawen baß anstehet/ dann schweigen"[177] und in Erasmus *Adagia* findet sich die Formel ‚Mulierem ornat silentium'[178] (‚Das Schweigen schmückt die Frau'). Schweigsamkeit galt für Frauen nicht nur als höchste Tugend, sondern darüber hinaus als ‚Schmuck' und Auszeichnung. Das Sprichwort „Schweigen ist des Weibes Zierde" entstand bereits in der Antike und fand in Sophokles' Tragödie *Aias* Verwendung.[179] In der Frühen Neuzeit wird es anknüpfend an Erasmus in unzähligen Ethiken und Spruchsammlungen tradiert. Stefano Guazzo führt in seinem Lehrbuch *La civil conversazione* im Register den Eintrag „Silentio è ornamento delle donne"[180] an und referiert unter diesem Stichwort Vorurteile über die weibliche Geschwätzigkeit, zum Beispiel mit Verweis auf das Sprichwort „tre donne fanno un mercato".[181]

Erasmus entwirft unter Rückgriff auf den Topos des Schweigens als ‚Zierde' die für die Frühe Neuzeit programmatische Geschlechterdichotomie: „Das heißt, dass Schweigen für Frauen immer eine Zierde ist. Die Frau, von Natur aus ein geschwätziges Wesen, wird für keine Sache mehr gepriesen als für Schweigen, besonders unter Männern und wenn über grausame Dinge verhandelt wird."[182] Weibliche Geschwätzigkeit wird hier mit dem Animalischen und Triebhaften in Verbindung gebracht; die Erziehung zum Schweigen kommt damit einer Zivilisierung gleich. Demgegenüber steht das maskuline Ideal der Stummheit als Selbstkontrolle, die auch bei ‚grausamen Dingen' nicht aussetzt. Erasmus bringt hier zwei unterschiedliche Ebenen zusammen: die der Verschwiegenheit als Ausdruck von Vertraulichkeit und Treue und die des stoischen Stillschweigens, besonders unter dem Einfluss von Gewalt. Ersteres wird mit weiblichem Schweigen assoziiert, letzteres mit männlichem.

Johann Georg Schiebel beschreibt in seinem *Zweyte[n] Historische[n] Lust=Hausz* (1682) die Ikone einer anständig schweigenden Frau: „Will mann weisen/ daß Stillschweigen denen Weibs=Personen überaus wohl anstehet/ so läßt man eine Frau bilden/ mit einem Schloß vorm Maule/ und darüber diese Worte: Der beste Weiber= Schmuck. Oder | *Ornat Silentium*."[183] Das satirische Bild einer Frau mit

---

177 Franck 1541/1987, S. 49.

178 Erasmus 1599, S. 604.

179 Vgl. Burke 1994, S. 66; Sophokles. „Aias". *Tragödien*. Übers. von Roman Woerner. Hrsg. von Siegfried Müller. Wiesbaden und Berlin, o.J., S. 17 (V. 293).

180 So die Marginialie am Seitenrand. Guazzo 1611, S. 159r (HAB 552.17 Quod (2)).

181 Ebd.

182 „Id est, Decus addit usque; faeminis silentium. Mulier animal natura loquax, nulla de re magis cohonestatur, quàm silentio, maximè apud viros, quum de rebus ferijs agitur." Erasmus 1599, S. 604.

183 Johann Georg Schiebel. *Zweytes Historisches Lust=Hausz/ Darinnen abermahls/ Ein annehmlicher Vorrath Außerlesener Geschichten/ Sinnreicher Wahl=Sprüche/ Artiger Gleichnüsse/ Merckwürdiger Sinnbilder/ Zu des Lesers Nutz und Lust eröffnet wird*. Leipzig und Frankfurt a. M. 1682, S. 54 (HAB Xb 6039 (2)).

„Schloß vorm Maule“ nimmt Bezug auf die bekannte Allegorie des ‚Geheimnisses‘ aus Cesare Ripas *Iconologia*.[184] Hervorzuheben ist die bereits in Kapitel II.1 formulierte Beobachtung, dass die Frau durch ein Instrument der Reglementierung stillgestellt werden soll und nicht etwa durch eigene Aktivität oder Kompetenz. Suggeriert wird, dass ihr dies unmöglich sei.

Wenn das Stillschweigen als der „beste Weiber=Schmuck“ bezeichnet wird, so artikuliert sich damit paradoxerweise ein Lob der Schmucklosigkeit. Als besonders kleidsam gilt nicht sprachliche Fülle und Eloquenz, sondern das karge Sprechen bzw. die Enthaltung der Rede. Doch wird seit der Antike in der Rhetorik nicht die reduzierte und schlichte, sondern die metaphernreiche Rede als *ornatus* bezeichnet – und tendenziell negativ beurteilt.[185] Zudem analogisiert eine lange Tradition die ausschweifende wie auch die metaphorisch überbordende Rede mit dem weiblichen Putz[186] – ja, die Rhetorik selbst wurde seit dem Mittelalter als prächtig herausgeschmückte Frau allegorisiert, deren Gewänder mit zahlreichen Redefiguren behängt sind.[187] Männliche Sprache sei gegenüber der weiblichen weniger ornamental und abschweifend, vielmehr genauer, konkreter und kraftvoller, heißt es etwa bei Erasmus oder Michel de Montaigne.[188] Durch das Stillschweigen soll also genau das zum Schmuck der Frauen werden, was sowohl dem eigentlichen Redeschmuck – dem *ornatus* – als auch dem attribuierten Charakter weiblichen Sprechens diametral entgegensteht. Gryphius bringt dieses Paradox in seinem Liebesgedicht *An Eugenien* auf den Punkt, wenn es dort heißt, „Die redet nur zu wohl/ die schweigend reden mag“.[189]

Schweigsamkeit gilt den Frauen keineswegs als angeboren, sie können sie erst im Laufe ihres individuellen ‚Zivilisationsprozesses‘ erlangen. In einer lutherischen Leichpredigt aus dem späten 16. Jahrhundert wird unter der Überschrift *Jung-*

---

184 Bei Ripa ist die Allegorie der *secretezza* eine weibliche Figur, die im Begriff ist, ihren Mund mit einem Schlüssel zu verschließen, was dort aber weder geschlechtsspezifisch noch satirisch gemeint ist. Siehe die beiden Abbildungen (aus der Ausgabe Padua 1625) in: Déonna 1951, S. 37. Vgl. Ripa 1603/1984, S. 446.

185 So heißt es etwa bei Cicero: „Eines freilich wird fehlen, das, was Theophrast als vierten Punkt unter den Vorzügen des Stils aufführt: jener gefällige und reichliche Schmuck [*ornatum illud suave et affluens*]. Pointierte Wendungen werden zahlreich erscheinen, aus unbekannten Tiefen geschürft; dieser Zug wird bei unserem Redner vorherrschen. Diskret dagegen wird er sich zeigen im Gebrauch dessen, was man den rednerischen Hausrat nennen könnte. Denn wir besitzen ja eine Art Hausrat, der in den Ausschmückungen sei es der Gedanken, sei es des Ausdrucks erscheint. Die Ausschmückung des Ausdrucks ist eine zweifache: die eine betrifft die Einzelwörter, die andere die Verbindung der Wörter.“ Cicero. *Orator*. Lateinisch und deutsch. Übers. und hrsg. von Bernhard Kytzler. 4. Aufl. Zürich 1998, S. 65.

186 Parker spricht von einer „long-standing negative association beween female adornments and rhetorical ones“. Parker 1989, S. 451.

187 Vgl. Barthes 1988, S. 36.

188 Vgl. Parker 1989, S. 451 f.

189 Gryphius 1963, Bd. 1, S. 127.

*frauwzucht* beschrieben, welches Sprachverhalten für die noch unverheiratete Frau als opportun gilt:

Soll seyn getrew vnd woluerschwiegen
Was nicht jhr ist/ solls lassen ligen.
Ihr Zungen soll sie zämen wol
Vngfragt sie wenig reden soll.
Das bringt vnd macht grosse weißheit
Inn worten brauchen bscheydenheyt.
Dann wer vil redt der ist nicht weiß
Wer on zucht lebt/ erlangt kein preiß.
Gleich wie der weiß Salomon spricht:
Vil reden ist ohn lügen nicht.
Drumb hab ein jede Jungkfraw acht
Das sie all wörter wol betracht.
Hab lieb vnd werth ehr vnd warheyt
Meid fürwitz vnd unstettigkeyt.[190]

Diese Anleitung zur Bescheidenheit der Rede und Handlungen ist Teil jenes Kanons von Benimmregeln, die den Frauen die leitenden und miteinander korrelierenden Eigenschaften der Keuschheit, der Schweigsamkeit und des Gehorsams beizubringen suchten.[191] Das junge Mädchen muss diese beizeiten erlangen, da sie sie als Ehefrau unbedingt benötigt. Bereits in der Bibel wird die Schweigsamkeit der Ehefrau als größtes Glück des Mannes hervorgehoben, wenn etwa im Buch Jesus Sirach bemerkt wird, „Eine Gottesgabe ist eine schweigsame Frau" (24, 14[192]). Bei Guazzo findet sich die Formel, dass allein das Stillschweigen die gemäße ‚Antwort' einer verheirateten Frau sei („Silentio è la risposta delle moglie"[193]).

Auch ein Flugblatt aus dem Jahr 1630 widmet sich der weiblichen Erziehung zur Schweigsamkeit und bezieht diese auf den Ehestand: *Spiegl dich Weib/ Spiegl dich hierauß | Wie du solt fleissig halten Hauß* ist die Überschrift, unter der sich dann in einer langen Auflistung Sprüche finden wie: „Dann schweigen thut die Weiber ziern", und: „Still nachtbarlich *accomodiren*".[194] Das Blatt ermahnt die Frauen zu frommer Häuslichkeit, es beschreibt zunächst die Eigenschaften einer schlechten

190 Petrus Lophus. *Eine christliche Leich=predigt/ von betrachtung diß sterblichen Lebens/ bey dem Begräbnuß der Wolgebornen Frawen/ Frawen Magdalene von Lobkowitz/ Gebornen Frawen von Starhembergk [...].* Nürnberg 1574, o.S. (HAB 127.17 Th. (17)).

191 Vgl. exemplarisch, allerdings für den englischsprachigen Kontext: Suzanne Hull. *Chaste, Silent and Obedient: English Books for Women 1475–1640.* San Marino 1982.

192 Das Buch Jesus Sirach findet sich nur in der katholischen Bibel, der evangelischen gilt es als apokryph. Zitiert wird hier daher die in der Einleitung und im Literaturverzeichnis genannte Einheitsübersetzung.

193 Guazzo 1611, Registereintrag zu S. 197r.

194 Wolfgang Harms u. a. (Hrsg.). *Illustrierte Flugblätter des Barock.* Tübingen 1983, Nr. 25, S. 53.

Ehefrau, worunter auch ihre Geschwätzigkeit zählt, und führt dann angemessene Verhaltensweisen an. In Emblembüchern finden sich zuweilen Darstellungen der ‚guten Ehefrau', auf welchen diese ihre eigene Zunge mit zwei Fingern festhält.[195] Inwieweit Stillschweigen auch die gemäße Haltung der Witwe ist, darauf verweist mit großer Eindringlichkeit Cranachs Holzschnitt der trauernden Katharina von Bora (Abb. 18), der bereits im Kapitel II.1 erwähnt wurde. Dass die sprachliche Isolation für Witwen vorgeschrieben war, steht bereits bei Paulus, worauf der lutherische Prediger Valentin Ernst Löscher hinweist: „Von der andern/ da fromme Christen sich eine Zeitlang allein halten/ GOtt zu dienen/ redet Paulus/ wenn er von denen Wittwen spricht: Das ist aber eine rechte Wittwe/ die einsam ist/ die ihre Hoffnung auf GOtt stellet."[196]

Berühmt ist des Weiteren Shakespeares Komödie *The Taming of the Shrew* (1624[197]), in der die sukzessive Zähmung der widerspenstigen Katherine durch ihren Ehemann Petruchio im Wesentlichen in der Bezähmung und Stilllegung der Zunge besteht (und die dramatischen Späße zumeist auf Kosten der eigensinnigen Frau gehen).[198] Ben Jonsons populäres satirisches Stück *Epicoene Or The Silent Woman* (Uraufführung 1609, gedruckt 1616) handelt von einem geräuschempfindlichen, selbst aber geschwätzigen Gentleman namens Morose, der mit allen Mitteln eine stumme Ehefrau sucht: „He has employed a fellow this half year all over England to hearken him out a dumb woman, be she of any form or any quality, so she be able to bear children. Her silence is dowry enough, he says" (I/2, 22–25). Als ihm die anscheinend stumme Epicoene vorgestellt wird, ist er ohne Umstände bereit, sie zu ehelichen. Leider ist sie aber, wie sich später herausstellt, keineswegs stumm, sondern äußerst redselig und zänkisch und überdies gar keine Frau, vielmehr handelt es sich um einen verkleideten Jüngling, den der Neffe aus strategischen Gründen mit Morose verheiratet hat. Die im Stück verhandelte These, eine schweigsame Frau sei eine Unmöglichkeit, wird so durch den Handlungsgang affirmiert.

Wenn eine männliche Figur im Stück die selbst verfassten Verse „Silence in woman is like speech in man, | Deny't who can." (II/3, 111 f.) rezitiert, wird ein unlös-

---

195 Vgl. Lynda E. Boose. „Scolding Bridges and Bridling Scolds. Taming the Woman's Unruly Member". *Materialist Shakespeare.* Hrsg. von Ivo Kamps. London und New York 1995. 239–79, S. 262. Leider wird nicht angegeben, um welche Emblembücher es sich handelt, somit konnte die Aussage nicht überprüft werden.

196 Valentin Ernst Löscher. *Edle Andachts=Früchte oder 68. Auserlesene Oerter der Heil. Schrifft/ so von der Andacht handeln/ zur Ermunterung des Geistes/ in so vielen Predigten/ nach XXV. unterschiedenen Methodis ausgeführet, Darinnen die Theologia Mystica Orthodoxa in VI. Theilen vorgetragen wird [...].* Coburg 1719, S. 405 (HAB Th 1637).

197 Dies ist die Datierung des ersten authentischen Textes in der Folioausgabe von 1623. Eine exakte Datierung des Stückes ist fraglich, die Forschung tendiert zu einer Datierung vor oder um 1593. Vgl. Schabert 1978, S. 451.

198 Vgl. Boose 1995, S. 239–44.

bares *double bind* erkennbar: Diejenige Frau, die dieser Aussage widersprechen würde, wäre durch das Faktum ihres Sprechens keine Frau mehr. So heißt es an späterer Stelle über Epicoene: „The spitting, the coughing, the laughter, the neezing, the farting, dancing, noise of the music, and her masculine and loud commanding and urging the whole family, makes him think he has married a Fury“ (IV/1, 7–10). Das Lärmen nimmt ihr ihre Weiblichkeit, es macht sie „masculine“ – und doch gelten diese Eigenschaften zugleich als äußerst typisch und konform mit der weiblichen *loquacity*. Eine derartige Geschlechterambivalenz ist das eigentliche Thema des Stücks, was sich bereits anhand des Titels zeigt, denn das griechische Wort „epicoene“ bedeutet „[h]aving the characteristics of both sexes“.[199] In Kombination mit dem als Paradoxie gefassten Untertitel *The Silent Woman*[200] wird ein doppelter Widerspruch figuriert. Konstatiert wird, dass es erstens keine schweigende Frau gibt und zweitens selbst ihre theatrale Verkörperung fundamentale Ambivalenzen evoziert. Entsprechend versucht Morose am Schluss, sich von ihr bzw. ihm scheiden zu lassen – was dem Stück ein antikomödiantisches Finale beschert.[201]

Christian Weise parodiert in dem Scherzgedicht *Der Küster zu Plumpe beschreibet seinen zukünftigen Ehestand* (1668) sowohl das Ideal der schweigsamen Ehefrau als auch die Doppelmoral des Mannes. Das in Ich-Form verfasste Gedicht behandelt in der dritten bis sechsten Strophe die Brautwahl. In Strophe drei geht es um die Schweigsamkeit der Zukünftigen:

Doch soll sie mir gefallen/
So muß sie auch in allem
Mich lassen Herre seyn/
Sie muß zu allem schweigen

199 Zitiert wird der Kommentar: Jonson 1993, S. 2.

200 Zeitgenössisch fanden sich derartig widersprüchliche Titel häufig, z. B. *The Honest Whore*. Vgl. den Kommentar ebd.

201 Gweno Williams hat gezeigt, wie Margaret Cavendish, eine Dramatikerin der englischen Restauration, unter konkreter Bezugnahme auf dieses Stück Jonsons eine Reihe von weiblichen Figuren entwirft, die dezidiert nicht schweigen. Darüber hinaus verwendet sie aber auch zahlreiche schweigende und stumme Charaktere: „Dramatically she experiments with degrees and versions of silence, from voiceless and apparently dumb characters, to bashful women whose linguistic confidence fails by contemporary court standards, using language and silence to explore questions of decorum and gender. Two silent characters are named ‚Bashful‘ (*Loves Adventures, The presence*), one ‚Mute‘ (*The Publick Wooing*), one ‚Dumb‘ (*Loves Adventures*). All are taken for fools by modish society; in each play the undervalued silent character is ultimately shown to have better judgement and be altogether more worthy than the satirical and shallow members of fashionable society.“ Gweno Williams. „No ‚Silent Women‘: The Plays of Margaret Cavendish, Duchess of Newcastle“. *Women and Dramatic Production 1550–1700*. Hrsg. von Alison Findlay u. a. London u. a. 2000. 95–122, S. 104 f.

Und mir Respect erzeigen/
Sonst thät ich zehnmal drein.[202]

Mittels der drastischen Beschreibung dieser schon vor der Heirat imperativisch zum Schweigen gebrachten Frau verdeutlicht Weise aber auch die Unsicherheit, die den sich auf Brautschau befindlichen Küster antreibt. Autorität erlangt er allein dadurch, dass er keine Widerrede duldet und das von ihm Gesagte absolut setzt. Es wird hier die Kehrseite des Schweigegebots entblößt, dass nämlich die Machtgebärde über die Rede des Anderen möglicherweise Ausdruck mangelnder Souveränität ist.

In dem für den Druck vorbereiteten, aber nicht publizierten Gesellschaftsbuch der ‚Tugendlichen Gesellschaft', einer Sozietät des weiblichen protestantischen Adels in Deutschland[203], findet sich in der Mitgliederliste von 1630 zwischen der Imprese der „Liebenden" und derjenigen der „Gehorsamen" die Imprese der „Verschwiegenen".[204] Die Vergabe dieses Gesellschaftsnamens veranschaulicht, inwiefern diese Eigenschaft auch in der höfischen weiblichen Selbstattribution ihre Wirkung zeitigt. Den Namen „die Verschwiegene" erhält Gräfin Magdalena von Schwarzburg-Rudolstadt, verheiratet mit Graf Heinrich Rauß, einem Mitglied der ‚Fruchtbringenden Gesellschaft'. Alle Impresen des Gesellschaftsbuches sind, wie man den handschriftlichen Vorlagen entnehmen kann, formal gleich aufgebaut: (1) Impresenzeichnung, (2) der Fluss Saale besingt das Mitglied, (3) das Mitglied spricht in seiner Eigenschaft, (4) die Tugend redet, (5) Beispiel oder biblisches Exemplum.

Auf der Impresenzeichnung wird „Die Verschwigene | Von nichts Wißende" durch zwei Figuren allegorisiert, einer Fama und einem kleinen Kind (Abb. 42).[205] Die Wahl der Fama ist dabei durchaus geschlechtsspezifisch zu verstehen, insofern es in der Frühen Neuzeit explizit die weibliche Ehre ist, die sich durch öffentliche

---

202 Christian Weise. „Der Küster zu Plumpe beschreibt seinen zukünfftigen Ehestand". *Das Zeitalter des Barock. Texte und Zeugnisse.* Hrsg. von Albrecht Schöne. München 1963. 889–91, S. 889.

203 Die ‚Tugendliche Gesellschaft' wurde nach dem Vorbild der ‚Fruchtbringenden Gesellschaft' 1619 im Schloss zu Rudolstadt gegründet. Die letzte datierbare Aufnahme eines Mitglieds war 1643. Die handschriftlichen Vorlagen für das Gesellschaftsbuch befinden sich in der Forschungs- und Landesbibliothek Gotha. Den Hinweis auf diese Quelle verdanke ich Andreas Herz.

204 Klaus Conermann u. a. (Hrsg.). *Briefe der Fruchtbringenden Gesellschaft und Beilagen* 3: Die Zeit Fürst Ludwigs von Anhalt-Köthen 1617–1650. Tübingen 2003, S. 150.

205 FBG Chart B 831ba (2), Bl. 62r. Die *fama* wird in der deutschen Ripa-Ausgabe unter der zweifachen Überschrift *Fama bona* und „Gerüchte das gut ist" geführt und folgendermaßen beschrieben: „EIne Frau die eine Trompeten in der rechten Hand/ in der lincken einen Oehlzweig/ an dem Halse eine güldene Ketten/ mit einem abhangenden Hertzen/ an den Schultern weisse Flügel hat. | Die Trompete bedeutet das gemeine Gerüchte/ das durch der Menschen Ohren außgebreitet wird. Der Oelzweig bezeichnet das gute Gerüchte/ und die Auffrichtigkeit von einem beruffenen Manne/ durch treffliche Wercke. Denn der Oelzweig mit den Früchten wird allzeit zum guten genommen. Das hangende Hertz an dem Halse bedeutet/ wie Orus Apollo sagt/ das gute Gerüchte von einem frommen Manne. Die weisse Flügel bedeuten die Sauber= und Schnelligkeit von einem guten Gerüchte." Ripa 1659, S. 59 f.

Abb. 42: *Die Verschwigene, Von nichts Wißende,* Imprese für Gräfin Magdalena von Schwarzburg-Rudolstadt aus dem ungedruckten Gesellschaftsbuch der ‚Tugendlichen Gesellschaft'

Reputation konstituiert.[206] Die als weibliche Figur gezeichnete Allegorie der Fama mit Flügeln, einem Blumenkranz auf dem Kopf und über und über mit Augen und Ohren bedeckt, pustet dem Kind mit einem langen Blasinstrument ins Ohr. Das nackte Kind – vielleicht ein kleiner Harpokrates – wendet sich von ihr ab, läuft davon und macht mit beiden Händen signifikante Gebärden: „Die rechte helt den Mund, die lincke spottet ihr", so werden sie im Impresentext als Rede der „Sale" wiedergegeben. Die Verschwiegene fordert in den von ihr geäußerten Versen die Leserin auf, ihr und dem Kind darin zu folgen:

Komt her, vnd seht diß kleine Kindelein;
Dem Fama zwar bläst in sein zartes Ohre:
Diß aber läufft, vnd sperrt der Zungen thore.
Kommt, sehts, vnd lehrnt mit mir verschwigen seyn.
Lernts, halt das maul, schweigt in geheimen sachen:
Ein einigs wort kan viel zu schanden machen.[207]

Die „heimligkeit"[208] wird als ethisches Verhalten wie als als nützliche Strategie empfohlen: „Darumb fehlt der keine list | Welche nur verschwigen ist"[209], heißt es am Ende des Exempels. Die Tugend der Verschwiegenheit wird, wie nicht nur das Bild dieser Imprese zeigt, geradezu gejagt von der Geschwätzigkeit, dem Phantas-

206 Vgl. Susanna Burghartz. „Rechte Jungfrauen oder unverschämte Töchter? Zur weiblichen Ehre im 16. Jahrhundert". *Frauengeschichte – Geschlechtergeschichte.* Hrsg. von Karin Hausen und Heike Wunder. Frankfurt a. M. und New York 1992. 173–83, S. 173.

207 FB Gotha: Chart B 831ba (2), Bl. 63r.

208 Ebd., Bl. 63v.

209 Ebd.

ma der Epoche. Leitend ist ein polares Frauenbild, das mit der Unterscheidung von Geschwätzigkeit und Verschwiegenheit operiert, mit den überdeutlichen Oppositionen von Unzucht vs. Zucht, Exzess vs. Mäßigung, Dummheit vs. Weisheit und Schmuck vs. Schlichtheit.

Dieser polare und mithin stilisierte Charakter antagonistischer Weiblichkeitsbilder wird auf einer um 1670 entstandenen allegorischen Darstellung von Gérard de Lairesse (Abb. 43) anhand zweier antikisierter Gegenspielerinnen gezeigt. Im rechten Vordergrund der Radierung sieht man die Allegorie der *silence*, eine reich gewandete Figur in nachdenklicher, sitzender Haltung. Den linken Zeigefinger hält sie auf die Lippen, mit der rechten Hand umfasst sie vor der Brust ihr Gewand. Hinter ihr befindet sich ein Marmorsockel, auf dem eine rauchende Öllampe steht. Links, etwas weiter hinten, sitzt eine zweite Frauenfigur auf einem Lager: die Allegorie der *loquacité*. Sie zeigt auf die schweigende Frau und macht mit der zweiten Hand eine Gebärde zu der hinter ihr stehenden Dienerfigur, anscheinend reden beide über die Schweigende. Auffällig ist die Ähnlichkeit der Handgebärden von *silence* und *loquacité*, der Finger auf dem Mund bei rechten Figur und der deutende Zeigefinger bei der linken.

Die Allegorien sind in vieler Hinsicht mit kontrastiven Eigenschaften ausgestattet: Während die schweigende Frau stärker bekleidet ist und sich mit der einen Hand schamhaft die Brust bedeckt (oder sie auf ihr Herz legt), ist die geschwätzige stärker entblößt, auch sind ihre Haare aufgelöst – all dies ist körpermetaphorisch motiviert. Die Schweigende befindet sich an der Schwelle zu einem weltabgewandten Innenraum als Ort der Kultur, wohingegen man hinter der Geschwätzigen freie, unbeherrschte Natur sieht. Der Schweigenden sind als Gegenstände ein Sockel – Symbol der Beständigkeit und Weisheit[210] – und die brennende Öllampe zugeordnet, der Geschwätzigen hingegen ein Lager mit Kissen. Die Lampe ist ein Symbol der Frömmigkeit und der in den Himmel aufsteigende Rauch steht für die mentale Sphäre und das Aufsteigen des Gebets. Ist das ‚Schweigen' allein und wirkt nachdenklich und melancholisch, mit einem nach innen gekehrten Blick, so ist die ‚Geschwätzigkeit' in Gesellschaft, sie gestikuliert lebhaft und wendet sich externen Geschehnissen zu. Sie nimmt die Schweigende wahr, während diese sie nicht beachtet, sondern sich körperlich von ihr abgewandt hat. Auch ist das Ohr der *silence*-Figur im Gegensatz zu dem der *loquacité*-Figur bedeckt, ja sogar durch einen auffälligen Kopfschmuck zugleich verhüllt und betont, wodurch angedeutet wird, dass die Figur willentlich nicht hört.

Die Radierung ist in zwei Varianten überliefert; bei der einen findet sich die Inskription *Eximia est virtus praestare silentia rebus; at contra gravis est culpa, tacenda loqui*[211] (Es ist eine besondere Würde, die das Stillschweigen allen Dingen verleiht; dagegen ist es ein schwerer Fehler, das auszuplaudern, was verschwiegen werden

---

210 Vgl. Henkel/Schöne 1967, Bd. 2, Sp. 1533.

211 Die Bildunterschrift wird zitiert nach: Alain Roy. *Gérard de Lairesse (1640–1711)*. Paris 1992, S. 448.

Abb. 43: Gérard de Lairesse: *Le silence et la loquacité*, Radierung, ca. 1670

soll). Diese moralische Wertung ist in die Komposition integriert, wenn Lairesse die Figur der *silence* in den Vordergrund rückt und durch ausgearbeitete Hell-Dunkel-Kontraste eindringlicher macht. Die Figur der *loquacité* hingegen ist blasser und befindet sich, kleiner und unschärfer gezeichnet, schräg dahinter. Die ‚Geschwätzigkeit' ist, so die angelegte Deutung, der immer präsente, unabwendbare Schatten der Verschwiegenheit. Durch die provozierte Blickrichtung von links nach rechts wird sie zudem als die vorgängige Eigenschaft dargestellt, womit eine didaktische Lesart impliziert wird.

## *Angerona und Tacita, Göttinnen des Schweigens*

Jean Baudoin, der Ripas *Iconologia* ins Französische übertragen hat, bemerkt, es sei im Grunde unpassend, Frauen abzubilden, die das Stillschweigen achten („ce ne soit pas le propre des femmes de reuerer le Silence"[212]), und weibliche Schweige-Allegorien seien demnach ein Widerspruch in sich. Dessen ungeachtet gibt es in der Frühen Neuzeit eine Imagologie der schweigsamen Frau und diese baut nicht allein

212 Cesare Ripa. *Iconologie où les principales choses qui peuvent tomber dans la penseé touchant les vices sont représenté soubs diuerses figures*. Nachdruck der Ausgabe Paris 1643. Übers. von Jean Baudoin. Lille 1989, S. 179. Das Zitat findet sich in der italienischen Ausgabe nicht; es handelt sich wohl um eine Hinzufügung Baudoins, der dies anlässlich der Figur des „Secret, ou Silence" schreibt.

Abb. 44: *Angerona*, Bronzestatuette, Padua, frühes 16. Jh., Wien, Kunsthistorisches Museum

auf christlichen Modellen, sondern auch auf heidnisch-antiken auf, insbesondere auf Repräsentationen der Göttin Angerona. Zwar ist ihre Geschlechtsspezifik nicht durchweg signifikant – wie sie es ja auch bei ihrem männlichen Pendant Harpokrates nicht ist –, dennoch lassen sich einige Beobachtungen speziell zu dieser weiblichen Personifikation festhalten.

Wie bereits im Kapitel II.1 ausgeführt, findet sich in Vincenzo Cartaris *Imagini* eine gemeinsame Abbildung der drei antiken Schweige-Gottheiten Harpokrates, Angerona und Sigalion. Auf den für die verschiedenen Ausgaben angefertigten Stichen bleiben zwei Merkmale identisch: Angerona befindet sich in der Mitte zwischen den beiden männlichen Figuren und sie ist die einzige, die ihre Lippen nicht selbst verschließt. Sie werden vielmehr durch ein externes Objekt verschlossen, ein vor den Mund gebundenes Tuch (vgl. Abb. 16). Zudem wird sie von Cartaris Zeichnern – angelehnt an die Platzierung von Angerona-Skulpturen im alten Rom – auf ein Podest gestellt, während die zwei männlichen Figuren auf dem Boden stehen. Im römischen Altertum fanden sich vielfach lebensgroße Angeronae vor Tempeln und öffentlichen Staatsgebäuden.[213] Die Harpokrati fanden demgegenüber eher für Amulette oder Kleinplastiken Verwendung.[214] Von Sigalion, dessen Name oft einfach nur als griechische Bezeichnung für ‚Harpokrates' eingesetzt wird, ist meines Wissens keine antike Bildformel bekannt.

Angerona wird in der Renaissanceliteratur von einschlägigen Autoren wie Cartari oder Giorgio Vasari häufig erwähnt, was auf ihre Geläufigkeit hinweist.[215] Die

213 Die Angerona-Figuren legen dort den Finger an den verbundenen und verschlossenen Mund. Die Statuen befanden sich insbesondere am Eingang des Voluptastempels. Vgl. „Angerona". *Paulys Real-Enzyklopädie der classischen Alterthumswissenschaft* II.2. Stuttgart 1894, Sp. 2189 f.

214 Vgl. die zahlreichen Abbildungen in: Kircher 1652–54; Abb. 14 und 15 in diesem Buch.

215 Vgl. Wind 1987, S. 23, Anm. 41. Andere Werke, in denen Angerona erwähnt wird, sind: Valeriano 1567, S. 261b; Kircher 1652, S. 213; Cuper 1687, S. 25 f.; Johann Matthäus Meyfart und Melchior Steinbrück. *Mellificium oratorium, In quo Eloquentiae Flores è varriis oratorum viridarus defracti, & suas in areolas antebac sunt digesti [...]*. Leipzig 1628, S. 795 (HAB 82.2–3 Rhet.).

eigentlich dem Harpokrates zugehörige Geste des Fingers auf den Lippen findet sich bei einer Reihe von Angerona-Plastiken, die sich um 1600 großer Beliebtheit erfreuten (Abb. 44). Es handelt sich um einen Typus, der auf kleinformatige, in Bronzegüssen überlieferte frühklassische Statuetten im Peplos (einem faltenreichen Obergewand) zurückgeht.[216] Angerona wird hier mit der Harpokrates-Gebärde des Fingers auf den Lippen gezeigt, eine ausdrucksstarke, solide und klar wirkende Figur, die Stillschweigen anordnet. Im Unterschied zu Harpokrates besitzt Angerona keine eigenen gegenständlichen Attribute. Einziges Objekt ist das gelegentlich verwendete Tuch vor dem Mund, das sich ikonographisch wohl erst in der Renaissance durchsetzt. Ripa beschreibt die Figur *Silentio* an einer Stelle folgendermaßen:

> Donna con una benda legate à traverso del viso, che le ricuopra la bocca. | E sentenza di Macrobio, che la figura di Angerone con la bocca legata, & suggellata insegni, che chi sà patire, & tacere, dissimulando gli affanni, le vince al fine facilmente, & ne gode poi vita lieta, & piaceuole.[217]

Angerona ist auf ihren Körper und die entsprechende Gebärde beschränkt. Sie kommuniziert ihre Eigenschaften nicht mittels zeichenhafter Gegenstände, die sie dem Betrachter demonstriert, wie Harpokrates dies etwa mit dem Pfirsichzweig, dem Wolfsfell oder dem Füllhorn tut. Sie setzt ihren Körper selbst als ein solches Zeichen ein. Dieser ist, im Unterschied zur männlichen Gottheit, die durchweg nackt ist, von Kopf bis Fuß verhüllt, was Teil ihrer Bildformel ist. So heißt es etwa in einer deutschen Ausgabe der *Iconologia* zur Erläuterung einer weiblichen Figur, deren „Mund verbunden und besiegelt ist/ der übrige Leichnam ist mit einem schwartzen Mantel gantz bedeckt“: „Diß bedeutet/ daß gleich wie sie alle Theile des Leichnams damit bedecket/ sie auch also die Verborgenheiten und alle Dinge/ die ihr vertrauet sind/ bedecket haben sol.“[218] Es ist erstaunlich, dass die inhaltlich für etwas Entsprechendes stehende Figur des Harpokrates so stark von der weiblichen Gottheit des Stillschweigens abweicht, und dies obwohl es doch zahlreiche nackte weibliche Allegorien gibt. Vermutlich korrespondiert dies mit dem semantischen Zusammenhang von Schweigen und Keuschheit, der eine nackte weibliche Darstellung verbietet.

Cartari führt aus, welche Bedeutung Angerona für die Antike besaß. Er erklärt die Etymologie ihres Namens (die allerdings umstritten ist[219]), beschreibt unterschiedliche Figurentypen, wie sie im alten Rom üblich waren, und weist darauf hin, dass die Bildformel der Angerona mit verbundenem Mund unter anderem von Macrobius beschrieben wurde:

---

216 Vgl. Herbert Beck und Peter C. Bol (Hrsg.). *Natur und Antike in der Renaissance*. Kat. Liebighaus Frankfurt. Frankfurt a. M. 1986, S. 385.

217 Ripa 1603/1984, S. 453 f. Vgl. auch Antonius Theodosius Macrobius. *Saturnalia*. Hrsg. von Jakob Willis. 2. Aufl. Leipzig 1970, III.10.6–8, S. 183–85.

218 Ripa 1659, S. 111 f. Das Wort „Leichnam“ bezeichnet hier gemäß zeitgenössischer Verwendung den Körper.

219 Vgl. *Paulys Real-Enzyklopädie* 1894, Sp. 2190.

> Di Angerona hanno anco deto alcuni, che elle fu così nomata dallo Angore, ciò è affanno, & trauaglio, ch'ella leuò via subito, che a lei non meno, cha a gli altri Dei furono ordinate le sacre ceremonie, facedone cessare il male della squilantia chiamata angina da' Latini, che ammazzaua gran numero di persone in Roma. Et per questo sorse il suo simulacro haueua qualche panno intorno al collo, che gli legaua anco la bocca. Ma Macrobio vuole, que Angerona con la bocca legata, & suggellata mostrasse, che chi sà patire, e tacere dissimulando gli affanni, vince quelli al fine, & ne gode poi vita lieta & piaceuole. Plinio & Solino scriuno, che questa Dea fu cosi fatta per dar à vedere, che non bisogna parlare de' secreti misterij della religione per diuulgarli: come vollo anco Numa far consocere, quanda indrodusse di adorare certa Dea da lui nomata Tacita, secondo che Plutarcho scriue, che bisogna tacere le cose de i Dei.[220]

Angerona sei in Rom als Schutzgöttin der geheimen Mysterien verehrt worden. Der römische Kaiser Numa, der diesen Kult propagierte, habe ihr den Beinamen „Tacita" gegeben. Die Funktionen der Angerona-Statuen beschreibt Masen, unter Rückgriff auf antike und historische Quellen:

> Das Götterbild der Angerona, das einen versiegelten und verbundenen Mund hat, steht für das gottgewollte Schweigen; diese Göttin nämlich war nach *Plinius*, Buch 3, Kapitel 5 Schutzfigur des Stillschweigens. Von derselben sagt *Valerius Flaccus*, dass sie Angerona genannt wurde, weil sie als Helferin von Seelenängsten befreit oder weil sie, wie *Julius Modestus* sagt, dem römischen Volk seinerzeit die Furcht genommen hat. Daher ist sie nach Ricciardus auch Heilmittel, das von Krankheiten der Seele oder des Körpers befreien kann. Von den Römern wurde Angerona im Voluptastempel verehrt, was bedeutet, dass Vergnügen und Gelassenheit der Seele durch Stillschweigen unterstützt werden [...].[221]

Wichtig für den deutschsprachigen Kontext ist die exponierte Angerona-Figur in Aegidius Albertinus' *Hirnschleiffer* (1618), einem verbreiteten deutschsprachigen Emblembuch in Prosa. „Angerona oder Kümmernuß" ist das erste Emblem des Buches. Der Begleittext umfasst das ganze Kapitel.[222] Abgebildet ist sie als Ganzfigur in zeitgenössischer Tracht auf einer hohen, schmalen griechischen Säule in ei-

---

220 Cartari 1624, S. 277.

221 „Angeronae simulacrum, quod obsignato obligatoque; erat ore, silentium denotat Divis acceptum erat enim Dea praeses silentij. *Plinius l.3.c.5.* Eandem *Valerius Flacc.* Angeroniam dictam autumat; quòd ab Angoribus animi propitiata liberet, vel, *ut Iuli. Modest.* quòd ab anginam populum Rom. liberauerit. Vnde Secundum *Ricciard.* vim medicam significabit, liberantem, vel ab animi vel corporis morbis Angerona in templo Voluptae à Romanis colebatur; quod significat silentio voluptatem atque animi tranquillitatem foveri [...]." Masen 1650, S. 239.

222 Aegidius Albertinus. *Hirnschleiffer.* Kritische Ausgabe. Hrsg. von Lawrence S. Larsen. Stuttgart 1977, S. 6–11; siehe auch die Erstausgabe (die noch einen falschen Titel trägt, der dann nachfolgend geändert wurde): Aegidius Albertinus. *Der Hirenschleifer.* München 1618, S. 1–11 (HAB 73 Ethica).

nem Innenraum (Abb. 45). Wahrscheinlich handelt es sich dabei aber nicht um den im Text erwähnten „Tempel *Voluptiae*", sondern um einen Kirchenraum, steht die Figur doch genau gegenüber einer Kanzel. Sie ermahnt so den Prediger, seine Worte abzuwägen. Den linken ausgestreckten Arm presst sie an den Leib und hält sich mit dem angewinkelten rechten den Mund zu. Auf dem Unterarm befindet sich die Inschrift *Attende tibi*[223] (‚achte auf dich'). Es wirkt, als kämen die Worte direkt aus ihrem Mund, als stünden sie in einer Art Sprechblase. Die gleiche Abbildung findet sich erneut in einem späteren Werk von Albertinus, den *Emblemata Hieroglyphica* (1647)[224], wo Angerona tatsächlich ein Spruchband aus dem Mund kommt (Abb. 46), auf dem die beiden Worte stehen. Im Text des *Hirnschleiffers* wird die *pictura* erläutert:

> VNder andern Heydnischen Göttern wurden auch zwo Göttinnen verehrt/ die eine hieß *Voluptia* oder Wollustbarkeit: Die andere hieß *Angerona* oder Kümmernuß/ dise Bildtnuß stundt mitten im Tempel *Voluptiae*, vnd deutete mit dem Finger auff den Mundt/ vnnd sagte gleichsamb: *attende tibi*: merk auff dich. Hierdurch werden fürnemblich zwey ding bedeut/ Erstlich/ daß der Mundt ein Häusel ist/ welches einem jeden offen steht und alle Speysen vnnd Getranck ohne allen vnderschidt noch maß hinein lest/ dardurch aber wird Leib und Seel verderbt/ dann vil mehr Menschen kommen durch den fraß vmb/ weder durch das schwerd/ dann der Krieg wehret nur ein/ zwey oder etlich wenig Jahr/ aber der Fraß wehret drey oder viermahl am tag/ bißweiln einen gantzen tag lang/ vnd die nacht darzu: der Sontag erkleckt nicht/ sonder man machet auch gute (oder vilmehr böse) Montäg. | Am andern/ deutet *Angerona* oder die Kummernuß nit so fast auff den mund/ als auch auff die rede/ welche auß dem Mund herfürgehet: So spricht derwegen *Angerona* zu einem vnnützen Schwetzer/ Schalcksnarren vnd Affterreder: *attende tibi*, merk auff dich/ vnd halt dein Maul im zaum/ Dann es steht geschriben: der Mensch muß rechenschafft geben von einem jeglichen vnnützen wort/ welches auß seinem Mundt gangen [...].[225]

---

223 Laut Kommentar habe Albertinus bei diesem Bild eine Darstellung aus Alciatos *Emblematum libellus* in der Pariser Ausgabe von 1542 zugrunde gelegt. Vgl. Albertinus 1977, S. 6. Dies lässt sich jedoch nicht bestätigen; die Haltung und Gestik der Frauenfigur bei Alciato ist eine andere, sie hat andere Attribute, zudem ist sie unbekleidet. Bezüge finden sich allein zum – topischen – Hintergrund. Das Motto vor der Pictura lautet *Mulieris famam, non formam, vulgatum esse opportere*, was mit „Das lob einer frawen solle namhafft sein, nit die gestalt" übersetzt wird. Die Figur trägt Attribute der Venus und der Eva, sie zeigt auf eine sich unter ihrem Fuß befindliche Schildkröte. Die Subscriptio verdeutlicht, dass die Schildkröte – eigentlich ein Symbol der Lust – hier als Modell des Weiblichen fungieren soll: „Das eine fraw sol die tugent han | Dises thier, sein mit worden stil, | Huetten das hauß, daraus nit gan, | Dan gwindt sy lob vnd namens vil." Andrea Alciato. *Emblematum libellus*. Paris 1542, S. 222 (HAB Microfiche 207.380).

224 Aegidius Albertinus. *Emblemata Hieropolitica Versibus et Prosa illus trabant Ioannes Melitanus à Corylo. Eiusdem Mvsae Errantes*. München 1647.

225 Albertinus 1977, S. 6 f.

Abb. 45: *Angerona (Attende tibi)*, Kupferstich aus: Aegidius Albertinus. *Hirenschleifer*. München 1618

Abb. 46: *Angerona (Attende tibi)*, Kupferstich aus: Aegidius Albertinus. *Emblemata Hieropolitica*. München 1647

Albertinus nutzt die Figur der Angerona als Sprachrohr, um Ratschläge zu geben und moralische Urteile zu fällen. Diese sind inhaltlich oft nur lose miteinander verknüpft. So wird das Thema der sprachlichen Selbstdisziplinierung mit dem der Nahrungsaufnahme verbunden – einziges Verbindungsglied zwischen beiden ist der ‚Topos' des Mundes. Im Anschluss werden weitere Personengruppen genannt, an die sich Angerona wendet, zum Beispiel die „Gailen vnd vnkeuschen", die Hofleute, die „fürwitzigen Hasen", die Freunde, die Prediger und die Gläubigen. Jeder Gruppe gibt die Statue individuelle Ratschläge für ihr Sprechverhalten.[226] Die Thematik von „Speysen vnnd Getranck" wird nicht wieder aufgenommen.

Am Ende der langen Aufzählung samt Explikationen heißt es: „Beschließlich/ spricht *Angerona* zum Weiblichen Geschlecht: *attende tibi*, merck auff dein Maul/ vnnd befleisse dich deß stillschweigens/ dann du bist von natur liederlich/ vnbestendig/ geschwetzig/ vnd kanst nichts geheimes bey dir behalten [...]."[227] Sodann wird auf mehreren Seiten ein „artlich Exempel" wiedergegeben, das Plutarchs *Moralia* entstammt und „der Weiber geschwetzigkeit" beschreibt und beklagt.[228] Es gleicht der im Kapitel II.1 nach Aulus Gellius wiedergegebenen Geschichte. Ein weiterer Kontext legt es nahe, den Zusammenhang von geheimen Senatsverhandlungen und weiblicher Geschwätzigkeit als topisch zu setzen: Die *subscriptio* zum Holzschnitt nach Pierre Eskrich, der für Pierre Cousteaus *Pegna cum narrationibus philosophicis* (1555) ein Angerona-Standbild entworfen hat[229], lautet: „Der du deine ungezügelte Zunge nicht im Zaum halten kannst und mit vielem spottenden Gerede selbst geschwätzige, törichte Weiber übertriffst und unsinnig die Beschlüsse deines Senats verrätst, lerne, wenn du weise bist, von unserer Göttin das Schweigen."[230] Plutarch berichtet von einem Ratsherren, der von seiner Ehefrau bedrängt wird, den Inhalt geheimer Senatsverhandlungen zu erfahren; er erfindet eine Notlüge und als er zum Rathaus zurück geht, wird ihm die vermeintliche Neuigkeit bereits berichtet, da seine Frau sie ausgeplaudert und sie sich wie ein Lauffeuer herum gesprochen hat.[231] Albertinus schließt seinen Text mit dem Urteil:

> Weißlich hat diser Rathsherr gehandlet/ in deme er die trew der Weiber ohne sonderbare gefahr bewehrt vnnd dardurch erfahren hat/ daß nemblich schier alle Weiber ins gemain geschwetzig seyen/ vnd nichts verschweigen können/ dann wer hat jemaln ein stummes Weib gesehen.[232]

---

226 Vgl. ebd., S. 7.

227 Ebd., S. 9.

228 Ebd., S. 9–11.

229 Vgl. Henkel/Schöne 1967, Sp. 1822.

230 „Qui nequis indomitae praebere repagula linguae | Et futilem multo scommate vincis anum, | Quíque tui demens prodis consulta senatus, | Si sapis à nostra disce tacere dea." Pierre Coustau. *Pegna cum narrationibus philosophicis*. Lyon 1555, S. 109 (HAB Microfiche 207:0–587).

231 Plutarch 1942, S. 150 f.

232 Albertinus 1618, S. 11.

Dass dieser misogyne Kommentar als Rollenrede einer weiblichen Figur erfolgt, macht ihn unglaubwürdig, denn Angerona als Vertreterin des im Text angesprochenen Geschlechts ist ja *per definitionem* ein „stummes Weib", sie vermag es also, sich zu disziplinieren. Dies wird verkompliziert durch die Tatsache, dass die Schweigegöttin in einem Buch spricht. Der Autor legt ihr einen elaborierten Diskurs in den Mund, in dem sie sich an zahlreiche, auch hierarchisch hochstehende Personen wendet. Vermutlich unbeabsichtigt, ist der Angerona-Darstellung diese kontradiktorische Aussage eingeschrieben. Das Stereotyp von der Nichtexistenz einer schweigsamen Frau wird so zugleich tradiert und konterkariert.

Neben Angerona gibt es eine zweite Schweigegöttin, die zuweilen mit ihr verwechselt wird. Ihr Name, Tacita, taucht etwa bei Cartari im bereits angeführten Zitat auf. Auch Jacques du Bosc, der in seinem Traktat *L'honneste femme* (1647) eine zehnte Muse erfindet, nennt sie Tacita, anscheinend aber aufgrund der lateinischen Namensbedeutung und unbeeinflusst von der römlischen Tradition der Angerona-Statuen und der Konzeption der Musen. Du Bosc legt den ‚Damen' nahe, sich die Gottheit Tacita zum Vorbild zu nehmen, um sich jene Eigenschaften anzueignen, die Sokrates seinen Schülern empfahl – Diskretion, Schweigen und Bescheidenheit[233]:

> Il me semble donc que Numa ne tesmoina pas moins d'esprit que de Religion, lors qu'il fit dresser des Autels à vne dixiéme Muse, qu'il nomma Tacita: pour montrer que quand toutes les sciences seroient dans vn esprit, elles y seroient inutiles sans le silence, & qu'en vain on auroit apris l'art de parler, si on ne sçauoit pas l'art de se taire. Et à la verité comme il est plus malaisé d'estre sage que d'estre Orateur, aussi la Morale a plus de difficulté pour faire les regles du silence, que la Rethorique pour celles du discours. Sans cela quoy qu'on sçache, c'est sans vtilité, & mesme sans ornement; aussi peut-on mettre tres iustement le silence au rang des Arts les plus necessaires, & on peut dire auec ce sage Roy des Romains, que les neuf Muses n'ont point de lustre tout entier, sans cette dixieme. | Le silence donne, ie ne sçay quelles graces à la parole mesme, comme les ombres aux couleurs dans la peinture; & il n'y a rien de si vray, que les interualles bien pris dans le discours, sont paroistre comme les poses dans la Musique, ce qu'il y a de plus beau & de plus agreable. Quand on diroit que des choses excellentes, le silence ne seroit pas entierement superflu. Il delasse ceux qui parlent, ou ceux qui escoutent. Il sert pour empescher la sterilité, ou l'enuy.[234]

---

233 „Pour dire donc ce qui me semblent d'abord le plus necessaire, ie me contenterois de souhaiter aux Dames, les trois aduiantaque Socrate desiroit en ses Disciples, la discretion, le silence, & la modestie. [...] Qu'il n'y a pas seulement du peril à dire ce qui est faux, en parlant beaucoup, mais à dire mesme ce qui est vray; qu'ainsi on peut offenser la prudence ou la verité, & bien souuent toutes deux ensemble." Jacques du Bosc. *L'honneste femme. Divisée en trois parties [...]* 1. Paris 1647, S. 38 f. (HAB 39.5 Ethica (1)).

234 Ebd., S. 39–41.

Du Bosc erwähnt, Kaiser Numa habe einen Altar für die Göttin Tacita eingerichtet und sie als zehnte Muse angesehen.[235] Dem frühneuzeitlichen Autor zufolge sei ihre Bedeutung so groß, dass die traditionelle Neunzahl der Musen ohne die „art de se taire" nicht bestehen könne. Am Schluss des Zitats analogisiert er das Verhältnis von Sprechen und Schweigen mit dem von Licht und Dunkelheit sowie von Musik und Pausen[236]: So wie der Schatten den Farben auf einem Gemälde seinen Dienst tue, so ermögliche erst das (hier weiblich konnotierte) Schweigen die volle Entfaltung der (wohl männlich konnotierten) Rede. Tacita ist als ‚Muse des Stillschweigens' daher eine euphemistische Umwertung der Sprachreglementierung der Frau.

Nicht eingegangen wird hier auf einen Kontext, in dem eine Göttin namens Tacita *per se* negativ konnotiert ist: Nach römischem Glauben gehörte sie eigentlich der Unterwelt an, dem „Reich des Schweigens, in dem die *silentes*, die Toten, wohnen".[237] Sie erhielt von Ovid den Beinamen *dea muta* und einer Erzählung Ovids zufolge wurde sie für ihre Geschwätzigkeit von Jupiter mit Stummheit bestraft, dem Merkur übergeben und der Unterwelt zugeführt.[238] Dieses Mythem wurde schon im Mittelalter übergangen und meines Wissens auch in der Frühen Neuzeit nicht thematisiert – obwohl es inhaltlich durchaus nahe gelegen hätte. Es verdeutlicht erneut die Differenz zwischen Stummheit als etwas Erlittenem und Aufoktroyiertem, und Verschwiegenheit, als einer aktiven und willentlichen (Nicht-)Handlung.

Die in diesem Abschnitt behandelten Autoren stellen die Gechlechterthematik nicht ins Zentrum. Ausgeblendet wird die Aporie, dass Angerona eine weibliche Göttin ist, die als Frau eigentlich mit Geschwätzigkeit assoziiert wird. In der Geschichte der Kunst gibt es die Tendenz, Allegorien mit weiblichen Figuren zu besetzen, was als ‚geschlechtsneutral' gewertet wird[239]; gleichwohl wird hier mit der Polarität von Verschwiegenheit und Geschwätzigkeit ein Paar von Eigenschaften verhandelt, das in anderen Zusammenhängen durchaus *gender*-spezifisch diskutiert wurde.

### Gewalt und Sprachraub: *Der Philomela-Mythos und seine frühneuzeitliche Tradierung*

Schon im Kapitel II.3 ging es unter Betrachtung des Topos des Todes als ‚Stumm-Macher' um Phänomene der erzwungenen ‚Entmündigung'. Daran anknüpfend wird nun anhand des antiken Mythos von Philomela und seiner frühneuzeitlichen

---

235 Vgl. auch den Artikel: „Tacita". *Paulys Real-Enzyklopädie der classischen Alterthumswissenschaft* II.4,2. Stuttgart 1932, Sp. 1997.

236 ‚Poses' ist aller Wahrscheinlichkeit eine orthographisch inkorrekte Form des Wortes ‚pauses', anderenfalls ergibt diese Passage im Französischen keinen Sinn.

237 Roloff 1973, S. 28.

238 Vgl. *Paulys Real-Enzyklopädie* II 4,2, 1932, Sp. 1997.

239 Vgl. Schade u. a. 1995.

Tradierung das Thema der faktischen Verstümmelung der Sprechorgane untersucht. Es zeigt sich, inwiefern die radikale Konsequenz dieses ‚Stumm-Machens' der Frau nicht nur Gewalthandlung, sondern zugleich auch soziale Depotenzierung und ‚Tötung' sein kann, die im engen Zusammenhang mit dem Verlust einer autonomen Sexualität steht. Dass den Worten ‚verstummen' und ‚verstümmeln' die gleiche etymologische Wurzel zugrunde liegt, ebenso wie den Fremdworten ‚mutieren' (im Sinne von ‚stumm werden') und ‚mutilieren' (im Sinne von ‚verstümmeln'), verdeutlicht ihre Interrelation.

Ovids *Metamorphosen* (2–8 n. Chr.) berichten vom Schicksal Philomelas, der Tochter des athenischen Königs Pandion: Von ihrem Schwager Tereus, der sie zu ihrer Schwester Progne bringen soll, wird sie im Wald vergewaltigt. Anschließend, als sie ihn anklagen will, schneidet er ihr die Zunge heraus und sperrt sie am Tatort, einer Hütte im Wald, ein.[240] Dieses ‚Motiv' weiblicher Mutilation sowohl an den Geschlechts- als auch den Sprechorganen fand in den Schauer- und Rachetragödien der Renaissance eine Wiederaufnahme. In der Forschung wird zumeist auf die Verstümmelung der Lavinia in William Shakespeares Tragödie *Titus Andronicus* (um 1590) hingewiesen, die sich dem Ovidschen Mythem bedient und auf ein gleichnamiges Volksbuch zurückgeht.[241] Für den deutschsprachigen Kontext ist das Textbuch eines anonymen Wanderbühnen-Spiels mit dieser Thematik überliefert, das 1620 gedruckt wurde und auf einer englischen Vorlage beruht.[242]

Dass die Disziplinierung weiblicher Rede in der Frühen Neuzeit auch historisch eine gewaltsame Dimension besitzt, bezeugen die vielen Torturgeräte, die speziell für die Traktierung weiblicher Zungen entworfen wurden. In England waren es etwa die im 16. und frühen 17. Jahrhundert vielfach verwendeten *scold's bridles* (‚Zügel zänkischer Weiber') – Instrumente, die um den Kopf geschnallt werden und die Zunge mit einer Metallplatte niederdrücken, was oft zu schweren Verwundungen führte.[243] Die feministische Forschung hat sich in den letzten Jahrzehnten nicht nur mit derartigen Realien, sondern auch mit dem Zusammenhang von weiblichem Verstummen durch die Mutilation der Sprechorgane und der damit einher-

240 Ovid 1990, VI, 518–74.

241 Das Volksbuch *The History of Titus Andronicus* stellte vermutlich Shakespeares Quelle dar. Überliefert ist allerdings nur eine Version aus dem 18. Jahrhundert. Vgl. Ina Schabert (Hrsg.). *Shakespeare-Handbuch*. 2. Aufl. Stuttgart 1978, S. 554.

242 Anonym/*Titus Andronicus* 1970. Es handelt sich um den Nachdruck der Ausgabe: Anonym. *Eine sehr klägliche Tragödia von Tito Andronico vnd der hoffertigen/ Käyserin/ darinnen denckwürdige actiones zu befinden*. o.O. 1620 (HAB 105 Ethica).

243 Vgl. die Abb. 6–8 in Boose 1995. Die *scold's bridles* wurden auch von Ehemännern angewendet; zuweilen wurden die derart geknebelten und erniedrigten Frauen dauerhaft außerhalb des Wohnhauses ausgestellt. Vgl. Boose 1995, S. 264–73. Noch neuere feministische Studien beschreiben die Herrschaft über die weibliche Zunge als eine Form von ‚Gewalt'; vgl. etwa Senta Trömel-Plötz (Hrsg.). *Gewalt durch Sprache. Die Vergewaltigung der Frauen in Gesprächen*. Frankfurt a. M. 1984.

gehenden problematischen Genese einer ‚weiblichen Stimme' beschäftigt. Der Mythos der zum Verstummen gebrachten Philomela, die ihr Schicksal in „purpurnen Zeichen"[244] in einen weißen Stoff webt, um das Erlittene ihrer Schwester zu übermitteln, ist für diese Auseinandersetzung paradigmatisch. Von Elissa Marder, die ihn zum Ausgangspunkt einer Diskussion über die Möglichkeiten und Grenzen feministischer Artikulation macht, wird hervorgehoben, dass Philomela erst zu schreiben versucht, nachdem sie die Schändung erlitten hat. Ihr Äußerungsakt beruht nicht auf einem autonomen Willen, sondern ist eine Reaktion auf erlittene Gewalt. Darüber hinaus hält Marder fest, dass „the only story that she has to tell is that she has lost her voice. She writes out of necessity and in response to violation, but that writing is bound by the terms of violation."[245] Dies führt zur übergreifenden (und in meinen Augen unzulänglich verallgemeinernden) These, dass weibliches Sprechen aus einer Erfahrung des ‚Zum-Schweigen-gebracht-Werdens' erst sekundär entstehe, also lediglich ein reaktiver Äußerungsakt sei.

Poststrukturalistisch orientierte Ansätze argumentieren hingegen umgekehrt, indem sie das subversive Potenzial in den Mittelpunkt stellen, das durch Philomelas ‚Andersrede' eröffnet wird. Durch die Verwendung des Stoffes als Kommunikationsmedium unterminiere Philomela, so etwa Helga Geyer-Ryan, „den Logozentriker Tereus mit einem Aufschreibesystem, das selbst weiblich markiert ist: Es ist ihr Gewebe, der Text in seinem ursprünglichen Sinn, mit dem z. B. auch Penelope männliche Gewalt unterläuft. In einem Kontext, in dem das gesprochene Wort durch die Macht okkupiert ist, erscheint die Subversion durch den Text, die Schrift."[246] Doch auch Geyer-Ryan betont, inwieweit diese Umgehung des Verbalen auf einem vorgängigen „Register weiblicher Kastrierung als Zerstörung einer autonomen Individualität und Sexualität"[247] aufbaue. Diese zeigt sich besonders darin, dass dem Herausschneiden der Zunge bei Philomela (ebenso wie bei Lavinia) eine aggressive verbale Beleidigung der Gewaltinstanz vorhergeht. Bei Ovid reagiert Philomela auf die körperliche Überwältigung mit einer Ohnmacht. Zuvor jedoch erhebt sie eine verbale Anklage gegen Tereus; sie bricht in wildes, klagendes Geschrei aus. In Übereinstimmung mit der antiken Pathosformel der Verzweiflung rauft sie sich die Haare, schlägt die Arme empor und verurteilt den Täter, der sie schändete und damit sozial auslöschte und überdies die Ehre ihres Vaters und ihrer Schwester Progne zerstört:

---

244 Ovid 1990, VI, 577.

245 Elissa Marder. „Disarticulated Voices. Feminism and Philomela". *Hypatia* 7.2 (1992): 148–66, S. 157.

246 Helga Geyer-Ryan. „Kassandra in Sizilien". *Schweigen. Unterbrechung und Grenze der menschlichen Wirklichkeit.* Hrsg. von Dietmar Kamper und Christoph Wulf. Berlin 1992. 117–27, S. 121.

247 Ebd., S. 120.

Welch abscheuliche Tat! Dich haben die Worte des Vaters,
Nicht seine frommen Tränen gerührt, nicht die Sorge der Schwester,
Nicht mein Jungfrauentum und nicht die Rechte der Ehe!
Alles hast du verkehrt: Der Schwester ward ich zur Kebse,
Zwiefacher Gatte bist du; nicht so sollt' ich Progne begegnen.
O, warum raubst du mir nicht, daß kein Verbrechen dir übrig,
Auch das Leben, Verräter! O, hättest du's *vor* der verfluchten
Buhlschaft getan; ich hätte den Schatten dann frei von Befleckung!
Aber, wenn dies die Himmlischen sehn, wenn ein Walten der Gottheit
Irgend es gibt, wenn mit mir nicht alles zugrunde gegangen,
Wirst du mir büßen einmal. Ich selbst, der Scham mich entschlagend,
Werde verkünden, was du getan. Sobald es nur möglich,
Werde ich treten vors Volk. Und hältst du im Wald mich gefangen,
Werd' ich erfüllen den Wald, die Steine bewegen, es mag dies
Hören der Äther, ein Gott, wenn irgend einer dort oben! (VI, 536–48)

Philomelas wilde und eloquente Anklage ist ihre erste wörtliche Rede im Verlauf der Erzählung. Sie beruft sich auf genealogische Argumentationsmuster. In klaren und eindringlichen Worten macht sie unter Verweis auf die weltliche Rechtsordnung und die Götter deutlich, welchen Bruch Tereus beging. Sie verkündet, dass sie, „der Scham [s]ich entschlagend" die Tat öffentlich machen und in einen Prozess gegen ihn eintreten werde. Diese Anklage markiert einen fundamentalen Grenzübertritt der geschlechtlichen und sozialen Sprachreglementierung. Philomelas transgressives Sprechen löst in Tereus widersprüchliche Affekte von „Zorn" und „Furcht" aus, die ihn zum Vollzug der Mutilation bringen:

Solches Reden erregte den Zorn des wilden Tyrannen,
Aber nicht minder auch seine Furcht; von beiden gestachelt,
Macht aus der Scheide er frei das Schwert, mit dem er umgürtet,
Packt sie am Haar und biegt ihr die Arme nach hinten zum Rücken,
Läßt sie die Fesseln erdulden. Ihm bot Philomela die Kehle
Hatte beim Anblick des Schwertes schon Hoffnung gefaßt auf den Tod; er
Griff mit der Zange jedoch ihre Zunge, die immer des Vaters
Namen empört noch ruft und zu reden versucht; mit dem wilden
Schwerte schnitt er sie ab. Die Wurzel zuckt, und die Zunge
Selbst, auf die schwarze Erde gefallen, lallt ihr noch zitternd
Zu und schnellt, wie der Schwanz der verstümmelten Schlange zu springen
Pflegt, sich empor und sucht im Sterben die Spur seiner Herrin. (VI, 549–60)

Philomelas Zunge wird hier, in auffallend phallischer Metaphorik, als zugleich autonom und abhängig beschrieben. Ovid vergleicht sie mit einer Schlange, die sich unwillkürlich bewegt und auch als abgetrenntes Körperteil bemüht ist, sich ihrer „Herrin" unterzuordnen. Tereus schneidet eine Zunge heraus, die klagend an die Rechtsordnung appelliert und immer wieder den ‚Namen des Vaters' ruft. Diese Verstümmelung ist eine finale Abtrennung von der symbolischen Ordnung und vom väterlichen Gesetz. Das antike Narrativ erzählt demnach ausdrücklich vom gewaltsamen Ausschluss einer weiblichen rhetorischen Praxis.[248] Philomela ist fortan eine Ausgestoßene ohne Stimme und ohne Recht, was die Erzählstimme mit höchster Irritation festhält: „Auch nach diesem Verbrechen – kaum wag ich's zu glauben – mißbrauchte | Oft, so sagt man, er noch sich zur Lust den geschändeten Körper" (VI, 561–62). Wie hier deutlich wird, ist sie nicht länger eine ‚Person', sondern allein ein misshandelter „Körper", der in seiner ‚stummen Verstümmelung' den Schänder umso mehr erregt.

Der Psychoanalytiker John Carl Flügel weist auf den engen Zusammenhang von Zunge und Phallus, von Sprechen und sexueller Potenz, hin:

> The unconscious equations speech = sexual power, dumbness = castration or impotence, are clearly shown in the numerous customs connected with the cutting out of tongues. Excision of the tongue would appear to have been practiced occasionally as a form of punishment at the same time as there were practiced other punishments easy recognizable as castration-displacements, such as blinding and the cutting off of hands (as well as actual castration itself).[249]

Flügel betont unter direkter Bezugnahme auf die Erzählungen von Philomela und Lavinia, dass ein gewaltsamer sexueller Übergriff auf eine Frau „may easily be associated with the idea of her castration [...], the removal of the tongue being a symbolic representation of castration of the imaginary female penis."[250] Ohne auf die von Freud übernommene, problematische These der ontologischen ‚Kastriertheit' der Frau hier weiter eingehen zu wollen, hat die grundlegende Analogie von symbolischer Kastration und erzwungenem Schweigen jedoch durchaus ihre Berechtigung, insbesondere da beide Gewaltakte bei Ovid und in den Folgetexten in deutlicher Korrelation zueinander stehen. Die Korrespondenz von phallischer Macht mit der Macht des Sprechens ist bereits seit Joan Riviere und bis hin zu Jacques Lacan ein Gemeinplatz der Psychoanalyse.[251] Im Philomela-Mythos ist dieser Zusammenhang auch insofern gegeben, als der physischen Vergewaltigung eine sprachliche Gewaltandrohung vorangeht, „the act of speaking rape is supplemented by the act of ‚raping' speech – the cutting off of the tongue – that occurs later"[252], wie Marder pointiert schreibt.

---

248 Vgl. Doerte Bischoff. „Die schöne Stimme und der versehrte Körper. Ovids Philomela und die *eloquentia corporis* im Diskurs der Empfindsamkeit". *Weibliche Rede – Rhetorik der Weiblichkeit*. Hrsg. von ders. und Martina Wagner-Egelhaaf. Freiburg 2003. 249–81, S. 250.

249 Flügel 1975, S. 209.

250 Ebd., S. 211.

251 So schreibt etwa Riviere über die von ihr analysierte Frau ganz selbstverständlich: „Die öffentliche Zurschaustellung ihrer geistigen Fähigkeiten, die sie an sich erfolgreich durchführte, bedeutete, dass sie sich selbst als im Besitz des Penis ihres Vaters zurschaustellte, nachdem sie ihn kastriert hatte. Sobald die Vorführung vorüber war, wurde sie von einer furchtbaren Angst vor der Vergeltung, die ihr Vater üben würde, erfaßt. Offensichtlich war das Bestreben, sich ihm sexuell hinzugeben, ein Versuch, den Rachesuchenden zu besänftigen." Joan Riviere. „Weiblichkeit als Maskerade". *Weiblichkeit als Maskerade*. Hrsg. von Liliane Weissberg. Frankfurt a. M. 1994. 34–47, S. 37.

252 Marder 1992, S. 158.

Zungen sind als Körperteile in der europäischen Kulturgeschichte der Frühen Neuzeit nicht eindeutig geschlechtlich codiert. Einerseits ist ihre sexuelle Aktivität, das Eindringen in einen fremden Mund oder in eine andere intime Körperöffnung, phallisch konnotiert; besonders gilt dies, wenn es Frauen tun.[253] Auch der Topos vom ‚Eigenleben' der Zunge hat sie zum Analogon des Penis' gemacht, jenem „other bodily member with apparent will of its own".[254] Zudem gibt es vermutlich eine etymologische Korrespondenz zwischen dem lateinischen Wort ‚lingua' und ‚lingam', dem Sanskrit-Wort für den Phallus. Andererseits aber wird die Zunge kulturgeschichtlich oft mit den als rezeptiv codierten weiblichen Genitalien in Zusammenhang gebracht, etwa in der Namensgleichheit mit der Klitoris in altertümlichen Bezeichnungen wie „schamzünglein" und „z[unge] der liebe und süszigkeit", die noch Grimms *Deutsches Wörterbuch* notiert[255], oder auch in dem französischen Wort *languette* (‚kleine Zunge'), das ein Anatomieatlas des 16. Jahrhunderts als Terminus für die Klitoris verwendet.[256] In der obszönen Rede der Frühen Neuzeit ist die Analogie der Körperöffnungen von Vagina und Mund immer wieder zu finden. So heißt es etwa in einem Drama der Shakespearezeit ganz explizit, „[t]hy tongue a Clytoris, thy Mouth a cunt".[257]

In Shakespeares Version des Philomela-Mythos wird darüber hinaus ein Zusammenhang zwischen der Zunge und dem Zustand der Jungfräulichkeit hergestellt, wenn es vor der Vergewaltigung der jungen Frau des Bassianus heißt, „His Philomel must lose her tongue to-day, | Thy sons make pillage of her chastity" (II/3, 43).[258] Die Mutilation der ‚Zunge' wird hier explizit mit dem Verlust der Unschuld korreliert; der Begriff der „tongue" steht somit ambivalent für die Zunge wie auch für die Klitoris bzw. das Hymen. Dass Tereus Philomela die Zunge herausschneidet, hat daher nicht nur eine pragmatische, sondern überdies eine höchst symbolische Dimension; es ist eine Duplikation und Potenzierung der Vergewaltigung.

Ihm glückt der Plan, die Tochter des Pandion von diesem zu entfernen und mit sich zu führen, weil er sein sexuelles Begehren für Philomela als Herzensanliegen

---

253 In Grimms *Deutsche[m] Wörterbuch* wird etwa unter der Rubrik „als wollüstige handlung" das Küssen „mit spielender z." ausschließlich an Beispielen expliziert, in denen Frauen ihre Zunge ins „maul" eines Mannes ‚stecken', ‚stopfen' oder ‚hineinschieben', ihn quasi oral penetrieren. Grimm/Grimm 1954/1984, Bd. 32, Sp. 590 f.

254 Vgl. Mazzio 1997, S. 59.

255 Grimm/Grimm 1750/1984, Bd. 32, Sp. 619.

256 Die Bezeichnung „languette" findet sich in: Charles Estienne. *De la dissection des parties du corps humain.* Paris 1546; vgl. Katherine Park. „The Rediscovery of the Clitoris. French Medicine and the Tribade 1570–1620". *The Body in Parts.* Hrsg. von David Hillman und Carla Mazzio. London und New York 1997. 171–194, S. 176.

257 Frankie Rubinstein. *A Dictionary of Shakespeare's Sexual Puns and Their Significance.* London 1984, S. 278. Hier werden weitere Zitate aus Werken Shakespeares aufgelistet, die die Zunge entweder mit der Klitoris oder dem Penis analogisieren.

258 William Shakespeare. *Titus Andronicus.* Englisch und deutsch. Übers. und hrsg. von Dieter Wessels. Stuttgart 1988.

seiner Frau Progne zu maskieren vermag. Er gibt vor, mit ‚geborgter Zunge' zu sprechen. Doch es gelingt ihm nur schwer, seine sexuelle Gier zu verbergen, denn er „schaut auf sie, verschlingt sie schon mit den Blicken" (VI, 478), wie Ovid in einem Präsenz evozierenden Duktus schreibt. Es ist jenes Verschlingende seines Triebs, das ihm schließlich selbst zum Verhängnis wird. Als Progne durch die eingestickte Nachricht vom Schicksal ihrer Schwester erfährt und sie aus ihrer Gefangenschaft befreit, ist die Rache der beiden Frauen maßlos. Sie töten den Sohn des Tereus, zerstückeln und kochen ihn und setzen ihn dem Vater als Mahlzeit vor. Ebenso wie Tereus Philomela zu Beginn der Erzählung mit Blicken verschlang, verschlingt er nun, in einer perversen Analogie, gierig sich selbst, sein eigen ‚Fleisch und Blut'. Als er nach seinem Sohn fragt und Progne ihm hämisch antwortet, „[d]rinnen hast du den, den du verlangst" (VI, 655), heißt es weiter:

> Gräßlich schreiend stößt der Thracer den Tisch da zurück und
> Ruft aus dem stygischen Tal die schlangenhaarigen Schwestern;
> Sucht bald, ob er vermöge, den Schlund sich weitend, das Greuel-
> mahl herauf zu würgen und wieder von sich zu geben,
> Weint bald, nennt sich selbst das klägliche Grab seines Sohnes – |[...].
> (VI, 661–65)

Die Tötung und Zerstückelung des Sohns ruiniert die phallische Macht des Vaters. Durch den vergeblichen Versuch, ihn aus sich heraus zu würgen, wird die Situation der Schändung Philomelas symbolisch wiederholt: Auch ihr Körper wurde gewaltsam penetriert und okkupiert vom ‚Fleisch' ihres Verwandten, auch sie vermochte nicht, sich von dieser Befleckung zu befreien. Man könnte die Einverleibung des toten Sohnes auch als eine pervertierte Mimikry einer Schwangerschaft verstehen, wie Marder vorschlägt[259], wonach die ‚Kastration' und erzwungene Unfruchtbarkeit der Philomela anschließend im männlichen Körper reflektiert werde. Es ist dies eine Verstärkung jener Spiegelstrafe des Abtrennens seiner Zunge, der Augen oder des Penis, die Progne zunächst erwogen hatte (VI, 616).

In den frühneuzeitlichen *Titus Andronicus*-Dramen fungiert der von Ovid gestaltete Mythos als deutliche Referenz. Bei Shakespeare wird Lavinia, die Tochter des römischen Feldherrn Andronicus von Chiron und Demetrius, den Söhnen der verfeindeten Gotenkönigin Tamora, vergewaltigt und danach an Zunge und Händen verstümmelt. Die Täter bleiben zunächst unentdeckt, da Lavinia stumm ist. Aufgrund ihrer Verstümmelung ist sie selbst nicht mehr in der Lage, Zeichen zu artikulieren, vielmehr müssen die anderen Figuren an ihrem stummen Körper die „martyr'd signs" (III/2, 36) zu entziffern suchen. Weil ihr auch die Hände fehlen, kann sie ihre Namen nicht wie Philomela in ein Gewebe sticken oder niederschreiben. Im deutschen Wanderbühnen-Spiel wird diese ‚Klugheit' in aller Direktheit von einem der Söhne artikuliert, wenn er gemeinsam mit seinem Bruder die brutal

259 Vgl. Marder 1992, S. 162.

zugerichtete Andronica (so der dortige Name für Lavinia) nach der Tat auf die Bühne führt und sie den Zuschauern mit den folgenden Worten demonstriert:

> Also muß man es machen/ wenn man bei schönen Frawen geschlaffen/ daß sie es nicht können nachsagen/ die Zungen muß man ihr außschneiden/ damit sie es nicht sagen/ auf ihr beyde Hände abhawen/ daß sie es auch nicht schreiben/ gleich wie es hier mit dieser gemachet [...].[260]

Dass Lavinia bzw. Andronica fortan jegliche Artikulationsmittel fehlen, macht sie als „[s]peechless complainer" (III/2, 39) inmitten von Sprechenden zum Objekt des Mitleids wie auch zur Verkörperung des Tragisch-Grotesken: So trägt Lavinia bei Shakespeare an einer Stelle des Stückes, selbst handlos, auf Aufforderung ihres Vater dessen abgeschlagene Hand zwischen ihren Zähnen von der Bühne (III/1, 282).

Im Kreis ihrer Familie weist Lavinia schließlich auf ein Buch: Es sind Ovids *Metamorphosen*. Sie blättert mit ihren Armstümpfen darin, bis sie „the tragic tale of Philomel" (IV/1, 47) findet und sie ihr eigenes Schicksal mittels des Intertexts artikulieren kann.[261] Man gibt ihr einen Stock und führt sie zu einer Sandfläche auf den Boden, in die sie, indem sie den Stock mit Mund und Handstümpfen führt, die Namen der Täter schreibt. Es ist dies ein ‚Schreiben mit den Wunden' – eine Artikulationsform, die ganz bildhaft zwischen ‚Mündlichkeit' (Mund) und ‚Schriftlichkeit' (Hände) steht.

Wie Philomela wird auch Lavinia bei Shakespeare die Zunge abgetrennt, nachdem sie eine verbale Anklage wagt und damit als Frau einen symbolischen Grenzübertritt vollzieht: Von den Goten gefangen, fleht sie die Königin Tamora an, nur so viel Mitleid mit ihr zu haben wie mit einem Tier, doch diese wehrt den Appell an eine weibliche Solidarität harsch ab: „I will not hear her speak; away with her" (II/3, 137), was dazu führt, dass die Söhne Tamoras sich sofort an ihr vergreifen. Das Faktum, dass sie vor der Vergewaltigung und Mutilation so aktiv das Wort ergreift, wurde bislang nicht genügend beachtet.

Im Wanderbühnen-Spiel fühlt sich die Kaiserin Ätiopissa (d. i. Tamora) von den „spöttischen und hönischen Worten"[262] der Andronica sogar so sehr angegriffen, dass sie ihre Söhne explizit als Rache für die verbalen Beleidigungen – die die sowohl moralischen als auch ästhetischen Unterschiede zwischen den beiden Frauen akzentuieren – um die Vergewaltigung Andronicas bittet. Die Tat wird von Männern ausgeübt, ist jedoch wesentlich motiviert durch die negativen Affekte der als

260 Anonym/*Titus Andronicus* 1620/1970, S. 486.

261 Diesen hat ihr Onkel Marcus Andronicus eigentlich schon geahnt, als er sie fand und spontan konstatiert: „But, sure, some Tereus hath deflow'red thee" und sie kurz drauf als „Fair Philomel" anredet (II/4, 26 und 38). Auch die Täter beziehen sich explizit auf Ovid, wenn sie, wie schon zitiert, vor der Vergewaltigung und Mutilation davon sprechen, dass diese Philomela heute ihre Zunge verlieren muss.

262 Anonym/*Titus Andronicus* 1620/1970, S. 478.

dämonisch charakterisierten Königin, die ihre junge Rivalin vernichten muss, um ihre Macht und Selbstachtung zu wahren. Ätiopissa bedient sich dazu des Geschlechtstriebs und der Körper ihrer Söhne.

Auch bei Shakespeare ist die Gotenkönigin für die Tat mitverantwortlich; Tamora teilt Lavinia sogar verbal mit, dass ihre Söhne sie sexuell missbrauchen werden. Die Gefangene beginnt daraufhin, sie zu verfluchen, sie symbolisch aus dem ‚Geschlecht' der Frauen zu verstoßen: „No grace? No womanhood? Ah, beastly creature, | The blot and enemy to our general name! | Confusion fall –" (II/3, 182–184). Dieser apodiktische Ruf nach einem Ausbrechen des Chaos ist der letzte Satz, den Lavinia artikulieren wird, doch sie kann ihn nicht einmal beenden, da ihr von Demetrius ‚das Wort abgeschnitten' wird, bevor er sie mit dem Bruder wegschleift. Er sagt dies explizit: „Nay, then I'll stop your mouth" (II/3, 185). Als die Brüder mit Lavinia nach der Schändung wiederkehren, reizt es sie, ihr stummes Opfer zu provozieren:

> DEMETRIUS: So, now go tell, and if thy tongue can speak,
> Who 'twas that cut thy tongue and ravish'ed thee.
> CHIRON: Write down thy mind, bewray thy meaning so,
> And if thy stumps will let thee play the scribe.
> DEMETRIUS: See how with signs and tokens she can scrowl.
> CHIRON: Go home, call for sweet water, wash thy hands.
> DEMETRIUS: She hath no tongue to call, no hands to wash;
> And so let's leave her to her silent walks.
> CHIRON: And 'twere my cause, I should go hang myself.
> DEMETRIUS: If thou hadst hands to help thee knit the cord. (III/4, 1–10)

Die Geschändete wird durch diese sadistischen Wortspiele ihrer Peiniger weiter gedemütigt und erniedrigt; jetzt kann sie sich auch verbal nicht mehr dagegen wehren. Als Entehrte und Stumme ist sie fortan isoliert, beschränkt auf ihre „silent walks" und sogar physisch unfähig, diesem Dasein ein Ende zu bereiten.

Lavinias Onkel, der sie nach der Tat findet, bricht in eine Klage über den Verlust ihrer Zunge aus. In der Forschung wurde diese poetische Rede über ihre Zunge verschiedentlich als brutale Verdinglichung gewertet.[263]

> O, that delightful engine of her thoughts,
> That blabbe'd them with such pleasing eloquence,
> Is torn from forth that pretty hollow cage,
> Where like a sweet melodious bird it sung
> Sweet varied notes, enchanting every ear. (III/1, 82–86)

---

263 Vgl. u. a. Emily Detmer-Goebel. „The Need for Lavinia's Voice. Titus Andronicus and the Telling of Rape". *Shakespeare Studies* 29 (2001): 75–92; Douglas E. Green. „Interpreting ‚Her Martyr'd Signs'. Gender and Tragedy in ‚Titus Andronicus'„. *Shakespeare Quarterly* 40.3 (1989): 317–26; Rudolf Stamm. „The Alphabet of Speechless Complaint. A Study of the Mangled Daughter in ‚Titus Andronicus'". *English Studies* 55 (1974): 325–39.

Die Metapher der Zunge als ‚reizendem Instrument der Gedanken‘, die sie mit schmucker Beredsamkeit unwillkürlich ausplaudert, weist auf den zeitgenössischen diffamierenden Topos, für Frauen falle Denken und Sprechen in eins – Parker weist auf die vielsagende Replik Rosalinds in Shakespeares *As you like it* hin: „Do you not know I am a woman? When I think, I must speak“.[264]

Über das Motiv der Zunge ist Lavinia komplementär eine Nebenfigur zugeordnet: eine geschwätzige Amme, die erstochen wird, damit sie das Geheimnis um das uneheliche, mit dem „Moor“ Aaron gezeugte Kind Tamoras nicht preisgibt. Die Amme wird als „long-tongu'd babbling gossip“ (IV/2, 151) (‚langzüngiges, schwatzhaftes Klatschmaul‘) bezeichnet und ruft damit das Klischee der exzessiv redenden, unkontrollierten Frauen der Unterschicht auf, wie es in Mittelalter und Früher Neuzeit topisch ist. Im Wanderbühnen-Spiel antwortet die Amme auf die Frage des Sohnes der Kaiserin, wer die Mutter des Kindes sei: „Gnädiger Herr/ ich wolt es euch wol offenbahren/ wanns ihr wolt in geheim und still bey euch behalten/ denn es ist keiner der darvon weiß denn ich“.[265] Sie gibt in eben dem Moment vor, verschwiegen zu sein, als sie das Geheimnis ausplaudert, womit sich die Hypokrisie dieser sich als diskret gebenden Geschwätzigkeit offenbart. Anschließend behauptet sie, es nur ausgeplaudert zu haben, da ihr mit dem Tode gedroht wurde – worauf sie von Morian, dem Vater des Kindes, erstochen wird.

Die beiden Söhne werden im grausigen Finale schließlich – in Anlehnung an den Prätext der *Metamorphosen* – von Titus Andronicus und seinen Verwandten gefangen, getötet, zerkleinert und der herzlosen Mutter als Pastete vorgesetzt. Dass diese Tötung in Korrespondenz zur Verstümmelung des Sprechorgans Lavinias steht, wird besonders im Wanderbühnen-Spiel offensichtlich, wo es bei jedem der beiden Söhne vor der Hinrichtung, dem Schnitt durch die Kehle, in der Regieanweisung heißt, dass er reden will, „aber sie halten ihm das Maul zu“.[266] Auch bei Shakespeare heißt es vor der Tötung „stop their mouths if they beginn to cry“ (V/2, 161) und Titus fügt hinzu, „let them not speak to me, | But let them hear what fearful words I utter“ (V/2, 166 f.). Titus erklärt, die zu erwartende Strafe sei noch schlimmer als die des Tereus': „For worse than Philomel you us'd my daughter, | And worse than Progne I will be reveng'd“ (V/2, 194 f.). Er fügt drohend hinzu: „And now prepare your throats“ (V/2, 196). Das Verstopfen des Mundes, das Gezwungenwerden zum Hören der grausamen Worte und schließlich das Durchschneiden der Kehle – die Rache wiederholt symbolisch die Gewalt, die Lavinia erlitt, mit dem Unterschied, dass die sexuelle Misshandlung fehlt.

---

264 William Shakespeare. *As you like it/Wie es euch gefällt*. Englisch und deutsch. Übers. und hrsg. von Herbert Geisen und Dieter Wessels. Stuttgart 1981, S. 249 f. (III/1 82–86). Vgl. Parker 1989, S. 450.

265 Anonym/ *Titus Andronicus* 1620/1970, S. 500 f.

266 Ebd., S. 514.

Bei Ovid endet der Mythos nicht mit der archaischen Racheszene, sondern – im Einklang mit dem Konzept der *Metamorphosen* – damit, dass sich Philomela und Progne auf der Flucht vor dem rächenden Tereus in zwei Vögel verwandeln und entschwinden. Einer anderen Überlieferung zufolge wird Progne zur Nachtigall und Philomela zur Schwalbe[267]; seit dem Mittelalter wird aber oft auch Philomela mit einer Nachtigall gleichgesetzt.[268] In Johann Kreihings *Emblemata ethico-politica* (1661) findet sich ein Emblem mit der Überschrift *Philomela in caueá* (Abb. 47). Das Bild zeigt einen Vogel in einem Käfig, der an einer Stange seitlich an einem Gebäude befestigt ist. Wie die *inscriptio* nahelegt, soll der Vogel Philomela darstellen. Im Bildhintergrund befinden sich ein mit Männern, Kindern und Hunden bevölkerter Marktplatz und weitere Häuser. Zwei in zeitgenössische Trachten (oder Rüstungen) gekleidete, würdige Männer, die links am offenen Fenster stehen, blikken auf den vor ihnen hängenden Vogelkäfig. Über und neben dem Käfig sieht man zahlreiche freie Vögel am Himmel, was als Kontrast akzentuiert wird, da der gefangene Vogel ebenfalls mit seinen Flügeln schlägt. Unter dem Spruch *Solor mea taedia cantu*[269] (‚Ich lindere meine Schmerzen durch Gesang‘) befindet sich folgende, drei Disticha bildende Bildunterschrift:

Damit die Gefangene die Schmerzen ihrer Gefangenschaft lindert,
Singt die musikalische Philomela verschiedene Melodien:
Oft singen Menschen, denen die Zeiten zum Weinen raten.
Gerade ein hartes Schicksal macht Nachtigallen.
So kann ein schweres Schicksal im Herzen vergessen werden.
Auch Du, wenn Dich der Zorn des Schicksals niederdrückt, singe.[270]

Die *pictura* synchronisiert somit zwei Phasen des Philomela-Mythos: die Gefangenschaft durch Tereus und die Flucht vor ihm nach dem Racheakt mit der Metamorphose in eine Nachtigall. Suggeriert wird, dass Philomela die Artikulation trotz Gefangenschaft und Mutilation gelingt. Diese positive Lesart ist im Mythos ebenfalls angelegt, insofern Philomela ihr Leid in ein Tuch webt. Diese Schrift, so scheint das Emblem anzudeuten, kann schließlich in Gesang transformiert werden. Die Verse beschreiben den Gesang als ein Mittel des Umgangs mit Schmerz. Der von sexueller Gewalt und archaischer Rache handelnde Mythos wird umfunktionalisiert in ein Trostgedicht. Dabei ist es äußerst merkwürdig, dass ausgerechnet Philomela, der dem Mythos zufolge die Zunge genommen wird, als Exempel dafür dient, erfahrenes Leid durch verbale Artikulation lindern zu können.

---

267 Vgl. den Kommentar des Herausgebers: Ovid 1990, S. 422.

268 Vgl. Wendy Pfeffer. *The change of Philomel. The Nightingale in Medieval Literature.* New York u. a. 1985.

269 Johann Kreihing. *Emblemata ethico-politica.* Nachdruck der Ausgabe Antwerpen 1661. Hrsg. von Richard Dimler. Brepols 1999, S. 53.

270 „Vt captiua sui soletur taedia claustri, | Musica per varios it philomela modos: | Saepè canunt homines, queis suadent tempora fletum. | Luscinias etenim fors quoque dura facit. | Sic animo duri subeunt obliuia casus. | Te quoque fortune si premit ira, cane.“ Ebd.

Abb. 47: *Philomela in cavea*, Kupferstich aus: Johann Kreihing. *Emblemata ethico-politica.* Brepols 1661

In den schlesischen Trauerspielen gibt es keine direkte Bezugnahme auf den Philomela-Mythos. Lohensteins *Ibrahim Sultan* knüpft jedoch motivisch daran an, obgleich der durch den Tyrann vergewaltigten Ambre die Zunge nicht herausgeschnitten wird. Die junge Tochter des Richters Musti wird Ibrahim Sultan durch die Kupplerin Sechierpa zugeführt, die ihm in opulenter Sprache und mittels eines anscheinend von ihr selbst angefertigten Gemäldes deren unvergleichliche Schönheit anpreist:

Der Zunder heisser Brunst ist selbst in mir entglommen/
Seit dem ich zweymal sie im Bade wahrgenommen.
Ihr Mund bepurperte die Chrystallinnen-fluth/
Die Brüste schneiten Perln/ die Augen blitzten Gluth;
Wenn sie ihr Haupt erhob auß ihrer Marmel-Wanne/
Schien sie das Ebenbild der Sonn im Wasser-Manne/
Die Kwellen kriegten mehr von ihrer Strahlen-Brand/
Vom Leibe Silber-Welln/ vom Haare güldnen Sand.
Hier wil ich im Gemäld Ihm nur den Schatten zeigen.
IBRAH. Ist Ambre diß? SECHIERP. Ihr Bild. IBRAH. Ist sie getroffen?
SECHIERP. Eigen.

Wie wohl der Himmel geht gemahlten Sternen für.
IBRAH. Hilf Himmel! kwillt das Oel der Lieb auch auß Papier?
Steckt auch in Farben Glut? kan auch der Schönheit Schatten
Begierde zünden an? die Bilder/ die wir hatten
Uns in das Hertz geprägt/ auf einmal leschen auß?
Was neues drücken ein? (I, 351–66)

Sechierpa stellt bei Ibrahim performativ Begehren her, mit sprachlichen und visuellen Mitteln. Interessanterweise verschweigt die Kupplerin Ambre gegenüber aber, dass sie ihm ein Bildnis von ihr gezeigt hat – sie weist allein auf ihre Rede („Die Zung ists Hertzens Both") hin, die den Liebesaffekt ausgelöst habe. Somit wird der Sprache eine besondere Wirkmacht sowie eine enge Relation zum Gefühl attribuiert.[271] Ambre wirft Sechierpa sprachliche Manipulation vor, die diese aber bestreitet. Sechierpa versucht sie sodann davon zu überzeugen, dass sie die Geliebte des Sultans werden soll, wogegen Ambre sich wortgewandt wehrt, szenisch ausgestaltet als Stichomythien. Schließlich schlägt Ambre der Kupplerin vor, ihre sprachliche Macht erneut einzusetzen, um Ibrahim sein Begehren wieder auszureden. In der Figur der Sechierpa zeigt sich also, wie die Beredsamkeit hier in scheinbar „freie[r] Verfügbarkeit als Werkzeug für und gegen alles und jeden"[272] eingesetzt wird. Um sie davon zu überzeugen, sucht Ambre Sechierpa nun selbst mit Liebesworten zu manipulieren:

Ich kan/ und wil/ und sol den Ibrahim nicht lieben.
Wilst aber du/ mein Licht/ mit der Erbarmung üben/
Die dich verliebt umhalßt/ ja dir zu Fusse fällt/
Die dich fürs Sultans Hertz/ und ihren Engel hält/
Wirstu/ wie du vermagst/ die schwermende Begierde
Dem Sultan reden auß/ den Schatten meiner Zierde
Vernünfftig bilden für/ so sol die milde Hand
Dir hier stets offen stehn. (II, 507–14)

Während Ambre zu Beginn ihrer Rede Sechierpa durch vorgetäuschte Liebe („mein Licht", „Engel") zu umgarnen versucht, kehrt sie am Ende auf die materielle Ebene zurück: Sie drückt ihr einen Diamanten in die Hand. Diesen bezeichnet sie zwar als Zeichen ihrer Treue, es ist aber evident, dass sie die Kupplerin hier nicht nur mit deren eigenen Mitteln schlägt.

Sechierpa ist von Ambre bewegt und umgestimmt; sie sucht Ibrahim nun sein Begehren auszureden. Ihr Argument lautet, dass die Schönheit der Richterstochter

---

271 „AMBRE. Was sol die/ die der Fürst selbst nie gesehn hat/ taugen? | SECHIERP. Die Zung ists Hertzens Both/ und Leiterin der Augen. | AMBRE. Welch eine leitet denn des Sultans Aug auf mich? | SECHIERP. Die dicht itzts preißt/ und sich hat längst verliebt in dich. | AMBRE. Du hast mich schöner ihm/ als ich bin/ fürgemahlet. | SECHIERP. Von dir wird jede Farb und Lob-Red überstrahlet." (II, 403–08).

272 Wichert 1991, S. 250.

bei Lichte betrachtet doch nicht so makellos sei, wie sie glaubte, und sie daher dem Sultan nicht würdig sei. Ibrahim durchschaut sie jedoch und kontert: „[D]iß ist kein Pflaster unsern Schmertzen!/ Die Seiffe tilget nicht das Bildnüß auß dem Hertzen/ Die deine Zunge selbst pregt unser Seelen ein“ (III, 99–101). Als Sechierpa beharrlich weiter die vermeintlichen Mängel von Ambres Schönheit aufzählt, fordert der Sultan sie explizit zum Schweigen auf (III, 116) und beendet das Gespräch. Sodann wird ihm Ambre zugeführt. Zu Beginn der Szene ist sie stumm, während er sie bestürmt:

> Doch/ wie? daß Thränen-Saltz auß ihren Sonnen bricht/
> Die in uns Glutt gebehrn/ und uns mit Flammen säugen?
> [...] Wilstu den Trieb denn hemmen/
> Durch welchen die Natur auch Fels- und Hecken regt/
> Die Crocodile kirrt/ und Hold in Drachen hegt?
> Sie säufzet/ sie erblaßt/ sie schauet auf die Erden!
> Laß unser Antlitz doch dein Ziel des Anschauns werden!
> Laß unsren Mund an sich den süssen Athem zihn/
> Den deine Kehl ausläßt/ Schau unser Antlitz glühn/
> Schau/ wie diß Hertze kocht/ wie unser Seele lächset/
> Nach Labsal/ das allein auf deinen Lippen wächset/
> Auß deiner Anmuth kwillt! Antwortestu uns nicht?
> Die Felsen/ denen doch Empfindlichkeit gebricht/
> Antworten Fragenden mit hellem Wieder-Schalle. (III, 402 f. u. 416–27)

Ibrahim Sultan spricht im Stil eines pervertierten Petrarkismus: Er beschreibt seine Gefühle in Bildern der Hitze und der Kälte, mittels Naturmetaphorik und mit Hilfe von *picturae* aus der Emblematik. Ambres Stummheit und die Eloquenz ihres Körpers („Sie säufzet/ sie erblaßt/ sie schauet auf die Erden“) deutet er fälschlich – oder bewusst mit seiner Macht spielend – als Ausdruck eines jungfräulich-schamhaften Gefühls. Analog verweist er auf das Sprechen seines eigenen Körpers, als handele es sich um eine reziproke Form der Liebeskommunikation („Schau unser Antlitz glühn/ | Schau/ wie diß Hertze kocht/ wie unser Seele lächset“). Der Vergleich mit dem stummen und empfindungslosen Stein jedoch enthält bereits einen ersten Vorwurf. Schließlich antwortet sie ihrem Stand entsprechend höflich und bescheiden, doch auch entschieden. Ihr Argument mündet in dem Satz: „Die Magd ist thumm und blind/ | Die sich zur Göttin macht“ (III, 433 f.), womit sie hervorhebt, dass der Standesunterschied zwischen beiden ein Verhältnis unmöglich mache. In einem langen Gespräch beharrt sie immer wieder auf diesem Argument. Schließlich entbrennt Ibrahim in Wut ob Ihrer Widerrede – sowie dem Fehlen treffender Gegenargumente von seiner Seite – und setzt ihrem Sprechen Gewalt entgegen.[273]

273 „Du solst den trotzen Sinn | Dir bald gebrochen sehn. Stracks/ Achmet/ nimm sie hin/ | Und laß sie fingernackt in unser Bette werffen. | Wo Gütte nicht vermag den Liebes-Pfeil zu schärffen/ | Muß Zwang der Wetzstein seyn.“ (III, 505–509)

Nach der nicht auf der Bühne gezeigten Vergewaltigung der Richtertochter wird diese in einer anschließenden Szene durch den Großvisier Achmet ihrem Vater Musti überbracht. Achmet eröffnet seine nur an den Vater adressierte Rede, in deren Verlauf er ihn und seine Familie vom Hofe verstößt, mit den brutalen Worten:

Was eine geile Magt
Durch wilden Trotz gewinnt/ mag dir diß Beyspiel zeigen.
Die/ bekrönet solt ins Sultans Bette stiegen/
Doch Gnade/ Würd und Hold mit Füssen von sich stieß/
Verstößt der Fürst itzt selbst. Die vor hochmüthig prieß
Den Krantz der Jungfrauschaft/ ihr ihre flüchtge Blume
zum Abgott stellte für und uns zum Heiligthume:
Die zeige dir nun selbst die welcken Blätter dar;
Und meld: Ob ihre Lilg' unwelckbar an ihr war;
Obs besser sey beschimpft/ befleckt/ entblößt/ verspeiet
Zerrissen/ außgelacht/ geschändet und entweihet/
Die Blüthen erster Scham wie Hure büssen ein/
Als eines Käysers Brautt in Seid und Purpur seyn? (IV, 62–74)

Die Wahl der Worte und Metaphern stellen eine Form von *hate speech* dar, eine verletzende Rede[274], die die körperlichen Schmerzen und seelischen Qualen durch die Explizitheit und die Aufzählung des Erlittenen dupliziert – zumal der geschändeten Tochter die Subjektivität abgesprochen wird, indem der Sprecher ihre Präsenz ignoriert. Lohenstein zeigt hier eine drastische Geschlechterpolitik, die mit allen Mitteln ein Schweigen der weiblichen Stimme zu erreichen sucht.

Der Bezug zum Philomela-Mythos liegt aufgrund mehrerer textueller Refenzen nahe. In Ambres erster Rede nach der Vergewaltigung wird das Problem der Stummheit des Leidens benannt und der Wunsch, es in „Rede und Zunge" knüpfen zu können. Der Begriff des ‚Knüpfens' erinnert an das Tuch, in das Philomela ihr Schicksal webt. Im Verlauf ihrer Klagerede spricht Ambre davon, dass die „Ehren-Narben", d. h. ihre erlittene Schande, in Staub eingeschrieben werden muss – ebenso, wie dies in *Titus Andronicus* geschieht. Schließlich weist Achmet, der Helfeshelfer Ibrahims, auch darauf hin, dass sie dieses grausame Schicksal aufgrund ihres „wilden Trotzes" erlitten hat. Dieser war ähnlich wie bei Philomela primär ein sprachlicher. Doch da Ambre nicht der Zunge beraubt wurde, kann sie das Erlittene artikulieren:

Gerechter Himmel/ höre
Die Säufzer meiner Seel/ indem das stumme Leid
Mir Red und Zunge knüpft/ Schaut! dieses Huren-Kleid
Der Keuscheit Purpur seyn! dem Himmel stell ich Schwache
Des Lasters Straffen heim; weil diese doch zur Rache

274 Vgl. Judith Butler. *Haß spricht. Zur Politik des Performativen*. Berlin 1998.

Niemanden bringen wird; die ihres Schänders Hertz
Durch keine Demuth zwang. [...]
Der aber wird mit Fug belegt von Schmach und Schmertze/
Der Ehren-Narben trägt. Die müssen nicht in Stein/
Nein/ sondern nur in Staub geschrieben werden ein:
Daß sie die Rache stracks verstreich- und tilgen könne.
[...] der Blutthund ist mehr wild als Löw und Beeren/
Mehr hart als Kieselstein; sonst hätten meine Zehren
Sein steinern Hertz durchhölt; als Demant/ weil mein Blutt
Der Seel ihn nicht erweicht; als Eisen/ weil die Glutt
Der heissen Säufzer nicht hat seinen Grimm zerschmeltzet.
(IV, 108–14, 124–27 u. 155–59)

Ambre klagt um den vollständigen und irreversiblen Verlust ihrer sozialen Identität. Sie gibt sich in letzter Instanz selbst die Schuld, da es ihr weder gelungen ist, den Tyrann durch „Demuth" noch durch Tränen („Zehren") und klagende „Säufzer" von seinem Verbrechen abzuhalten. Am Ende ihrer Klage ersticht sie sich mit einem Dolch, nicht aber ohne die Anwesenden zuvor aufzufordern, mit derselben Waffe anschließend den Sultan zu ermorden. Ihre letzten Worte sind: „Zu gutter Nacht/ ich sterbe!" (IV, 172); sie erlangt dann im finalen Moment des Todes auf sprachlicher Ebene ihre Macht zurück. In der fünften Abhandlung erleiden dann – wie bereits im Kapitel II.3 erwähnt – sowohl Achmet als auch der Tyrann Ibrahim Sultan den Tod, indem sie von den „Stummen" kollektiv erwürgt werden. Dass die Struktur dieses Lohenstein-Dramas, wie Adalbert Wichert schreibt, „geradezu bestimmt ist durch das Verhältnis von politischer Brachialgewalt und den Möglichkeiten der Rede"[275], zeigt sich hier an ihren jeweiligen Grenzen.

Das vorliegende Kapitel hat den Zusammenhang von Schweigen und Weiblichkeit anhand der in der Frühen Neuzeit topischen ‚Geschwätzigkeit' von Frauen untersucht. Erkennbar wurde ein antagonistisches Weiblichkeitsbild, das der negativ konnotierten ‚Geschwätzigen' eine äußerst positiv konnotierte ‚Verschwiegene' gegenüber stellt. Diese Verschwiegenheit gilt als paradoxe Zierde der Frau, als schöne Zurückhaltung und Bescheidenheit. Ihr kontrastieren falsche Opulenz und künstlicher Schmuck. Anhand dieser Polarität ließen sich verschiedene Korrespondenzen aufzeigen, etwa zur antiken Rhetorik mit ihren ‚männlichen' und ‚weiblichen' Stilen oder zur philosophischen Körpermetaphorik von Wahrheit und Lüge. Darüber hinaus wurde offenbar, inwieweit Disziplinierungen der weiblichen ‚Zunge' biblisch motiviert sind, zudem aber als Teil einer (heidnischen) Geschichte der Gewalt und symbolischen Kastration verstehbar sind, die vom antiken Prätext bis in die Frühe Neuzeit ihre Wirkungen zeitigt. Beachtenswert ist, dass die Frauenfiguren, denen eine solche Mutilation widerfährt – Philomela, Lavinia, Andronica, Ambre – sich durch eine hervorgehobene Sprachmacht auszeichnen: Sie wissen, dass ihnen Unrecht geschieht, und artikulieren dies wortreich und eloquent. Die

---

275 Wichert 1991, S. 248.

physische Verstümmelung hat auch zum Ziel, dieses ‚Recht-Sprechen' ungeschehen zu machen.

Ging es im Kapitel III.1 um die eigene Verschwiegenheit als Strategie der Klugheit und der Macht, so stand hier das Zum-Schweigen-Bringen des Gegenübers als eine solche Machtstrategie im Zentrum. Es handelt sich dabei um eine sekundäre Verschwiegenheit, die aus einer Körperdisziplinierung resultiert, wie sie mittels bildlicher Attribute, etwa einer Binde oder einem Schloss vor dem Mund, dargestellt wird und sich im Akt des Herausreißens oder Abschneidens der Zunge radikalisiert. Demgegenüber steht eine entsexualisierte, quasi sakrale, primäre Schweigsamkeit, die paradigmatisch durch die Jungfrau Maria verkörpert wird. Ihr Schweigen wird semantisch mit Keuschheit verknüpft, mythisiert und idealisiert.

## 3. Performanz des Schweigens

In den beiden vorangegangenen Kapiteln III.1 und III.2 ging es um Selbst- und Fremddisziplinierungen der Zunge und somit um prudentistische, ethische und machtpolitische Aspekte des Schweigens. Im Folgenden wird ein weiterer Zusammenhang von Verschwiegenheit und Macht in den Blick kommen: Untersucht wird, wie Schweigen selbst als performative Macht eingesetzt und erfahren wird. Während das Kapitel V.3 die Konfrontation mit dem ‚Schweigen Gottes' als Kontingenz- und Ohnmachtserfahrung zum Thema hat, beschäftigt sich das vorliegende Kapitel mit der weltlichen Seite derartiger Erfahrungen, speziell mit politischen Schweige-Akten, wie sie in der Traktatliteratur reflektiert und in den Trauerspielen dargestellt werden. Leitende Überlegung ist es, dass das referierte oder dargestellte Schweigen unter Umständen nicht zeichenhaft verwendet wird, sondern performativ ist, also Wirkungen zeitigt und Handlungscharakter trägt.

Um diesen Zusammenhang zu erläutern, sollen Theorien der Performativität und Performanz, wie sie gegenwärtig in den Kulturwissenschaften diskutiert werden, auf die Fragestellung appliziert werden. Es geht dabei um die Frage, inwiefern Schweigen, verstanden als Nicht-Rede, überhaupt zu einem ‚Sprechakt' werden kann, was unter anderem anhand von Gryphius' *Leo Armenius* diskutiert wird. Aufschlussreich sind besonders juristische Sachverhalte, zum Beispiel das sogenannte ‚stillschweigende Einverständnis', wie es sich bereits im römischen Recht findet und auch in der politischen Literatur der Frühen Neuzeit diskutiert wird. Darüber hinaus beschäftigt sich das Kapitel mit dem Schweigen als Ausdruck von Macht und (Selbst-)Herrschaft, was exemplarisch anhand der Figur der Epicharis aus dem gleichnamigen Trauerspiel Lohensteins behandelt wird. Trotz massivster Folter ist ihr Schweigen nicht zu brechen. Die stoische Haltung der Märtyrerin äußert sich explizit in Stummheit – oder aber in einem provozierenden Sprechen, das Realität erzeugt.

### *Worte und „Wercke“: Macht und Ambivalenz der Sprache*

Im ersten Reyen aus *Leo Armenius* stellt Gryphius die Ambivalenz der menschlichen Sprache dar. Sie gilt als Motor seines Zivilisationsprozesses und Grundlage seiner Humanität, indem sie „wildes Volk zu Sitten hat gezwungen“, gleichzeitig aber auch als Mittel der Macht- und Gewaltausübung – „durch Reden herrschen wir“ (I, 512) heißt es unverblümt im ‚Satz‘ des Reyen. Und im ‚Gegensatz‘ heißt es entsprechend: „O daß der Himmel stumm zu werden gönne!“ (I, 527). Gryphius entwirft eine zwiespältige Konzeption der Sprache. Als dasjenige, was den Menschen vom Tier unterscheidet, gehört sie zur *conditio humana*, wie auch die Nacktheit des Körpers oder die mit der Vertreibung aus dem Paradies einhergehende eingeschränkte Erkenntnisfähigkeit. Die Künstlichkeit der Zeichen ist dem Menschen eigen; sie unterscheidet ihn explizit vom Tier, das nach Gryphius unwillkürlich und ‚stumm spricht‘:

> Das Wunder der Natur/ das überweise Thir
> Hat nichts das seiner Zungen sey zugleichen;
> Ein wildes Vih entdeckt mit stummen Zeichen/
> Des innern Hertzens Sinn; durch Reden herrschen wir!
> [...] Die Macht/ die wildes Volk zu Sitten hat gezwungen;
> Des Menschen Leben selbst beruht auff seiner Zungen.
> (I, 509–12 u. 523 f.)

Diese Verse aus dem ersten Reyen, die immer wieder für Untersuchungen zur Rhetorikkritik in der Frühen Neuzeit herangezogen werden[276], stellen die Sprache als Merkmal des Menschen heraus. Gryphius bestimmt die ‚Zunge‘ in ihrer doppelten Bedeutung von ‚Sprache‘ und ‚Rede‘ als „Definiens des Menschen“.[277] Sie ist ihm zufolge Auslöser der Selbstzivilisierung des Menschen, Grundlage seiner Humanität, aber auch von Herrschafts- und Gewaltstrukturen. Der Satz endet mit der radikalen These, dass beim Menschen Sprache und Leben eins seien. Der Gegensatz beschäftigt sich demgegenüber mit den negativen Wirkungen und Potenzen der Sprache:

> Doch/ nichts ist das so scharff/ als eine Zunge sey!
> Nichts das so tieff uns Arme stürtzen könne.
> O daß der Himmel stumm zu werden gönne!
> Dem/ der mit Worten frech: mit Reden/ vil zu frey.
> [...] Wie manchen hat die Zung‘ in seine Grufft verdrungen.
> Des Menschen Tod beruht auff jedes Menschen Zungen. (I, 525–28 u. 539 f.)

---

276 Vgl. Barner 1968; Manfred Beetz. „Disputation und Argumentation in Andreas Gryphius’ Trauerspiel ‚Leo Armenius‘“. *Zeitschrift für Literaturwissenschaft und Linguistik* 10.38/39 (1980): 178–203; Bogner 1997, S. 40–43.

277 Gardt 1994, S. 386.

Entsprechend dem rhetorisch-dialektischen Aufbau des Reyen endet der Gegensatz mit einem diametral konträren Couplet, in dem die Sprache nicht mit dem Leben, sondern mit dem Tod verknüpft wird. Es ist Evas Sprechen, das laut biblischer Genesis dem Menschen die Sterblichkeit brachte: „Ein Sprechakt hat Eva zum Ungehorsam verleitet und Adam zur Teilhabe provoziert. Damit wurde der Mensch sterblich. Ein Sprechakt vermag nicht nur den Sender, sondern jeden Menschen, d. h. auch den Empfänger zu töten".[278] Der ‚Zusatz' formuliert daher als Konklusion – jedoch nicht als harmonisierende Synthese[279] – folgenden Appell an die Zuschauer:

> Lernt/ die ihr lebt/ den Zaum in eure Lippen legen!
> Jn welchen Heil und Schaden wohnet;
> Vnd was verdammt/ und was belohnet.
> Wer Nutz durch Wortte such't/ sol jedes Wort erwegen.
> Die Zung ist dieses Schwerdt
> So schützet und verletzt.
> Die Flamme so verzehrt
> Vnd eben wol ergetzt.
> Ein Hammer welcher baut und bricht/
> Ein Rosenzweig/ der reucht und sticht/
> Ein Strom der träncket und erträncket:
> Die Artzney welch' erquickt und kränket.
> Die Bahn: auff der es offt gefehlet und gelungen.
> Dein Leben/ Mensch/ und Todt hält stäts auf deiner Zungen. (I, 541–59)

In den Schlussversen wird die Ambivalenz der Sprache in antithetische Bilder gefasst, deren besonderes Kennzeichen ihre Zwiespältigkeit ist. Die Sprache sei ein Werkzeug, das aufbaut und zerstört, sie könne wie eine Pflanze angenehme und schmerzende Wirkungen hervorrufen, sie sei wie ein Wasser, das „träncket und ertränncket", lebensspendend und todbringend ist. Durch diese „Zwillingsformeln" wird das „Janusgesicht der Redemacht"[280] betont, ihre simultane Potenz und Gefahr. Eine derartige Wirkmächtigkeit und Ambivalenz der Rede ist im theologischen und sprachphilosophischen Diskurs des 17. Jahrhunderts von hoher Aktualität, wie bereits das Kapitel III.1 zeigte.

---

278 Claudia Brinker-Von der Heide. „Freundschaft und grimmer Haß Oder: Die Macht des Wortes im *Leo Armenius* von Andreas Gryphius". *Chloe* 28: Ars et amicitia. Beiträge zum Thema Freundschaft in Geschichte, Kunst und Literatur. Hrsg. von Ferdinand von Ingen und Christian Juranek. Amsterdam und Atlanta 1998. 253–69, S. 264.

279 Vgl. diesbezüglich gegen Barner argumentierend: Peter Schäublin. „Andreas Gryphius' erstes Trauerspiel ‚Leo Armenius' und die Bibel". *Daphnis* 3.1 (1974): 1–40, S. 4.

280 Barner 1968, S. 332.

Als zerstörerisches Organ wurde die Zunge immer wieder mit einer Waffe verglichen.[281] So stellt ein Emblem aus Sebastián de Covarrubias 1610 erschienen *Emblemas morales* Zunge und Schwert als gleichwertige Gegner eines Duells dar.[282] Auf der *pictura* sieht man ein Schwert und eine überdimensionale Zunge vertikal in den Himmel ragen. Diese ‚Kampfinstrumente' schweben, von partialisierten Händen gehalten, über einer Landschaft, in der sich durch Kirchtürme rechts und links zwei Ortschaften andeuten, die sich möglicherweise im Streit befinden. In der *subscriptio* ist die Rede davon, dass Zunge und Schwert zwei „Waffen" seien. „Ihr richtiger Gebrauch schafft tausend Vorteile. Wenn aber eine von beiden ungehorsam ist und die Klugheit außer Acht lässt, bereitet sie dem Wahnwitzigen und Einfältigen den Tod, doch dem Klugen und Weisen wendet sie das Schicksal zum Guten."[283] Das mit dem lateinischen Titel *Tu servare potes tu perdere* (‚Du kannst retten und verderben') überschriebene Emblem behandelt die Macht von Wort und Tat. Beide werden in ihrer Gewalt gleichgestellt. Zunge und Schwert werden ganz konkret als Duellanten aufgestellt, doch sie kämpfen noch nicht. Die *pictura* suggeriert, dass es noch die Möglichkeit gäbe, klug die Waffen zurückzuziehen, den gefährlichen Kampf nicht auszufechten. Die Wirksamkeit der ‚Zunge' bzw. des ‚Mundes' wird derart als performativ beschrieben: Sprechen kann Realität schaffen, Gutes wie Schlechtes erzeugen. Bei Logau findet sich ein entsprechendes Epigramm mit dem Titel *Beredsamkeit*, welches den Doppelcharakter des Sprechens – als ‚Tun' und ‚Töten' – herausstellt:

EIn beredter Mund
Hat offt viel gekunt;
Manchmal zum verrichten
Manchmal zum vernichten.[284]

Die Gleichsetzung von Sprechorgan und Schwert findet sich bei Gryphius auch in anderen Dramen, so etwa in einem Dialog zwischen dem Feldherrn Fairfax und dem Stadthalter Cromwel in *Carolus Stuardus*, in dem es um die Frage geht, ob Carl hinzurichten sei, wenn doch die Geistlichkeit gegen diesen Tod ist:

---

281 Unter dem Stichwort ‚die Zunge als Kampfmittel' listet auch Grimms *Deutsches Wörterbuch* ein Arsenal zusammengesetzter Substantive auf, die die Eigenschaft des Martialischen betonen, wie etwa „[zungen]fehde, -gefecht, -gewehr […], -hader, -hieb, -kampf, -lanze […], -messer". Grimm/Grimm 1954/1984, Bd. 32, Sp. 607 f.

282 Sebastian de Covarrubias. *Emblemas morales*. Hrsg. von Carmen Bravo-Villasante. Nachdruck der Ausgabe Madrid 1610. Madrid 1978, S. 266.

283 „Dos armas son la lengua, y el espada, | Que si las gouernamos qual conviene, | Anda nuestra persona bien guardada, | Y mil prouechos su buen uso tiene: | Pero qualquiera dellas desmandada, | Como de la cordura se enagene, | En el loco y sandio causa muerte, | Y en el cuerdo y sagaz trueca la suerte." Covarrubias 1610/1978, S. 266. Siehe die Abb. in: Benthien 2001, S. 108.

284 Logau 1654, S. 86 (II/8, Nr. 39).

CROM. Was geht den Krigsman an/ was dort ein Pfaff anricht?
FAIRF. Kan nicht ein Prister offt vil tausend Mann bewegen;
CROM. Er hat die Zunge nur/ wir führen Stahl und Degen.
FAIRF. Ein starcker Mund richt mehr als tausend Degen an.
CROM. Der Degen zäume den der sich nicht zäumen kan. (III, 184–88)

Die Sprecher wägen zwischen diesen so unterschiedlichen Waffen ab. Die Gefährdung der einen wird mit der anderen verglichen; beide überbieten sich wechselseitig in ihrer je attribuierten Wirkung. Der sich als „Krigsman" bezeichnende Cromwel lässt aber nicht ab, den Degen als die effektivere Waffe zu behaupten.

Auch der Feldherr Michael Balbus, Widersacher des Kaisers Leo Armenius von Konstantinopel, wehrt sich in dem gegen ihn einberufenen Gerichtsprozess dagegen, dass in der Verhandlung Worte und Taten – die Macht der Zunge und die des Schwertes – den gleichen Wirklichkeitsstatus erhalten:

Man klagt mich gleichwol an!
Warumb? umb daß ich offt ein Wort nicht hämmen kan/
Wenn ein Verräther mich so hündisch reitz't und locket.
Wem hat Verleumbdung nicht ein Mordstück eingebrocket? (II, 133–36)

Michael beharrt darauf, dass er mit nichts als Worten aggressiv gewesen sei, und dies zudem keineswegs strategisch, sondern im spontanen und unverstellten Überschwang der Affekte.[285] Daher sei er schlechterdings nicht strafbar, denn Reden sei dem Handeln nicht gleichzusetzen.

Als Michael von den Richtern aufgrund seiner verbalen Äußerungen zum Tode verurteilt werden soll, weil der Kaiser von der (berechtigten) Furcht ergriffen ist, dass Michael einen Anschlag auf sein Leben plane, ist es dem Feldherrn besonders schmachvoll, nicht in der Schlacht sterben zu können, sondern durch bloße Worte – durch den „ergrimmten Wind' erhitzter Lügen" und die „erzürnten Stürm untreuer Zungen" (II, 139 f.) – zu Fall zu kommen; „eine Zunge schlegt | Den/ den kein grimmes Schwerdt/ kein scharffer Pfeil erlegt" (II, 145 f.), wie er voll Wut und Scham formuliert. Die Zunge wird hier als Instrument der Feigen beschrieben, das allein die einsetzen, die zum physischen Kampf nicht in der Lage sind – wobei aber offen bleibt, wessen Zunge Michael hier meint: die Leos, die der Richter, der Verräter oder gar seine eigene. Die mittels einer „rhetorischen *verba-res*-Dichotomie operierende *distinctio*"[286] offenbart eine merkwürdige Ambivalenz der Selbstcharakterisierung Michaels. Während er sich explizit als Mann der Tat und nicht des Wortes darstellt, wird ihm letzteres zum Verhängnis. Allerdings wird sich das Blatt im Verlauf des Dramas noch wenden.

Besonders die Rede der anderen, die Weitergabe und Verfälschung dessen, was er in affektivem Überschwang sagte, wird von Gryphius als Gefahr dargestellt –

285 An späterer Stelle gibt er sogar unumwunden zu, ihn habe der „Neid" (II, 138) auf den Kaiser zu seinen unvernünftigen Aussagen getrieben.
286 Beetz 1980, S. 191.

ganz im Sinne des im Kapitel III.1 diskutierten Gebots, man solle von anderen keine Verschwiegenheit erwarten, die man selbst nicht an den Tag lege. Im Gerichtsprozess fordert Leo Michael am Ende seiner langen Anklagerede auf, sich gegen die erhobenen Vorwürfe zu verteidigen. Dabei antizipiert er, dass Michael ihm nicht eloquent und ausführlich, sondern nur unzusammenhängend und knapp antworten wird (womit er sich irrt, denn Michaels Replik wird ganze 50 Alexandrinerverse umfassen):

> LEO. [...] Was stammelt nun der Hund! gebt Achtung was er spreche
> Der nichts den lästern kan! was kan er bellen? MICH. Hört!
> Wahr ists/ daß Michael wol reden nie gelehrt!
> Wahr ists daß ich mich auch zu heucheln nie beflissen:
> Doch was dir meine Faust genütz't/ wird dein Gewissen
> Entdecken/ ob ich schweig. (II, 96–101)

Der Feldherr stellt seinen Mangel an Wohlredenheit der Fülle seiner Taten gegenüber – er führt eloquent aus, dass es ihm an Eloquenz ermangele. Selbst wenn er gänzlich schwiege, so sein Argument, müsse Leo wissen, wieviel er ihm verdanke. In diesem Sinne appelliert er auch an die Richter: „Denckt nicht an meine Wort: schau't auff der Armen Wercke" (II, 113). Der Zuschauer aber soll erkennen, dass es sich bei dieser Rhetorikkritik um eine Strategie der Dissimulation handelt, mit dem Zweck, die performative Macht seines Sprechens in Abrede zu stellen, sie durch die Aufzählung seiner Heldentaten zu maskieren.

Durch seine antirhetorische Rhetorik kann Michael seine Verurteilung nicht verhindern, er erreicht aber zumindest eine Verunsicherung der versammelten Richter. In ihrer Beratung sorgen sie sich, ob ein Todesurteil als Reaktion auf bloße Worte nicht zu hart sei. So weist der erste Richter darauf hin, dass im Falle einer Hinrichtung die Art des Vollzugs, der Zeitpunkt und der Ort präzise zu bestimmen sei: „Weil er mit Wortten nur/ nicht mit bewehrter Hand | Gefrevelt/ dunckt mich sey es mehr denn hoch vonnöthen | Zu dencken/ wie/ und wo/ und wenn er sey zu tödten" (II, 238–40). Er fürchtet, dass die Hinrichtung zu viel Aufsehen beim Volk erregen könnte und Zweifel an der Gerechtigkeit des Verfahrens hervorrufen werde. Da ihm keine Handlungen nachzuweisen seien, solle Michael durch Folter zum Geständnis gezwungen werden; erst dann könne man ihm ohne Risiken das Leben nehmen. Der zweite Richter lässt sich von diesen Zweifeln aber nicht beirren, für ihn gelten Worte ebenso wie Taten als „Wercke". Er mahnt zudem zur Eile, da er im Aufschub des Vollzugs Gefahren befürchtet:

> Er hat den Tod verdint. ein jeder gibt es zu!
> Er sterbe! Morgen? Ja! ihr sagts! warum nicht nu?
> Man eylt hir nicht zu vil. wenn man so hart beladen:
> Kan auch ein Augenblick/ mehr den erträglich/ schaden.
> Er ist noch keiner That/ (so spricht man) überzeugt!
> Er ist umb Wort in hafft. der/ den der Rauch betreugt
> Jrr't trefflich sonder Licht! woll't ihr sein Werck beschauen:

So seht auff seinen Mund? was darff man disem trauen;
Der vor dem Richtstul selbst/ noch Fürst und Räthe pocht/
Vnd lauter Gall und Gifft in tück'schem Hertzen kocht. (II, 257–66)

Der Richter führt aus, dass Michael „umb Wort in hafft" sei: Um sein schändliches „Werck" zu erkennen, müssen man ja nur „auff seinen Mund" sehen, der sich selbst vor den Richtern nicht zu beherrschen vermag.

Erneut diskutieren die Richter, ob es sinnvoll sei, Folter anzuwenden, um Michael Balbus zum Geständnis zu zwingen. Der vierte Richter wendet dagegen ein: „Jch zweifel ob er uns auffrichtig werd entdecken | Was uns zu forschen noth!" (II, 303 f.); der fünfte und der sechste Richter erinnern an Beispiele aus der antiken Geschichte, in denen die Gemarterten ihr Geheimnis vor dem Tod nicht preisgaben oder aber falsch aussagten. Ein Richter führt das Exempel einer römischen Frau an, die sich auf der Folter „die Zung in stücken biß" (II, 314), um ihr Geheimnis nicht preiszugeben. Es besteht also die Gefahr, dass auch Michael durch Stummbleiben zum Helden werde – dann nämlich „wenn er allen Grimm der Marter überwünde! | Vnd steiff und unverzagt auff trotzem Schweigen stünde" (II, 315 f.). Diese Worte des siebten Richters machen deutlich, dass die größte Gefährdung der bestehenden Ordnung nicht in Michaels Worten, sondern in einem etwaigen stoischen Stillschweigen liege. Es würde die äußerste Glaubwürdigkeit markieren und ihn *post mortem* zum Helden machen. Ein solcher Tod in „trotzem" Schweigen bedeutete für den armenischen Hof größten symbolischen Schaden. Aus diesem Grund stimmen die Richter schließlich dafür, Michael ohne weiteres Verfahren schnellstmöglich auf dem Scheiterhaufen hinzurichten – ihn stumm zu machen, bevor seine Stummheit selbst zu einer Handlung werden kann.

Sodann wird der Angeklagte in den Saal geholt. Als der erste Richter den Urteilsspruch eröffnen will, unterbricht Michael ihn mit der Bitte, „Vergönt mir noch ein Wort!", doch wird ihm dieses nicht gewährt. „Du bist genung gehört!" (II, 349) heißt es kurz. Ihm wird sein Todesurteil verkündet, woraufhin er zu lamentieren beginnt. Dies wird durch die harsche Aufforderung „Nun fort!" des ersten Richters versuchsweise beendet, worauf Michael erneut mit der Bitte reagiert: „Ach noch ein Wort." (III, 377). „Vmbsonst!" kontert der zweite Richter. Michael wendet sich instierend an seinen einstigen Verbündeten, den Kaiser: „Ein Wort mein Fürst; | Ein Wort!" (II, 378 f.) – was dieser ihm fatalerweise gewährt. Michael bittet um einen kurzen Aufschub der Hinrichtung, vorgeblich um seinen Kindern einen Abschiedsbrief zu schreiben. Die Gewährung dieses ‚einen Wortes' führt schließlich zur Intrige, zu Michaels Befreiung und zur Ermordung des Kaisers. Deutlich wird hier, dass Leo Armenius es nicht vermocht hat, den Feldherren in einer Weise ‚mundtot' zu machen, wie es seine fürstliche Autorität erfordert hätte.[287]

287 Gegen Ende der Anhörung hingegen war ihm das sehr wohl geglückt, denn dort hatte er Michael in seiner abschließenden Antwortrede mit einem kurzen „entweiche" (II, 224) zum Schweigen gebracht.

## *Stillschweigen als (Rechts-)Handlung*

In Anbetracht einer so starken, emphatischen und zugleich kritischen Sprachkonzeption – einer Vorstellung von Sprache, die Realität nicht nur manipulieren kann, sondern sie geradezu autonom erschafft – erscheint es zweifelhaft, dem Schweigen eine der Sprache gleichrangige Macht attribuieren zu wollen. Es lässt sich jedoch feststellen, dass gerade unter den Bedingungen barocker Rhetorizität, in der die „Rhetorik der Macht" und die „Macht der Rhetorik"[288] konvergieren, der Absenz des Sprechens eine eigene Bedeutung zukommt, wie sich beispielhaft anhand der Gefahr andeutet, die von Michaels etwaigem Stummbleiben unter der Folter ausgeht. Es ist ein Entzug des Sprachlichen, der zwar einerseits als Schwinden von Realität verstanden werden kann, andererseits aber Herstellung einer neuen Realität ist.

Auffällig ist zunächst einmal, dass sich in der frühneuzeitlichen Literatur an ganz unterschiedlichen Stellen eine Reflexion darüber findet, ob Schweigen als Rechtshandlung und damit im weitesten Sinne als ein performatives Tun aufzufassen sei: „Mit schweigen verantwortet man vil"[289] hält schon Franck in seiner *Sprichwörter*-Sammlung fest. Schweigen wird hier als eine unredliche Form der Zustimmung verstanden. Es ist die Vermeidung des aktiven Einspruchs, die zur Folge hat, dass man, ob man will oder nicht, Verantwortung für ein Geschehen übernimmt. Das passive Nicht-Handeln wird so unfreiwillig und unweigerlich zu einer Handlung. Durch die Wahl des Verbs ‚verantworten' wird es einer Antwort ähnlich und damit zum indirekten Sprechakt.

Gracián zählt eine ganze Reihe derartiger ‚Schweigakte' auf. Er bezeichnet sie als ‚böses Stillschweigen' und differenziert sie vom ‚guten Stillschweigen':

> Der Richter schweiget/ damit er nicht recht sprechen dörffe. Der Vater schweiget und bessert seinen Sohn nicht. Die Prediger schweigen und bestraffen nicht die Sünder. Der geistliche *Inspector* schweiget bey der Abscheuligkeit der Laster. Der Boshaftige schweiget und bittet Gott seine Sünde nicht ab. Der Schuldner schweiget und leugnet seine Schulden. Der Zeuge schweiget und ist schuld daran/ dass man die Laster nicht straffet. Alle schweigen und verbergen ihre böse Thaten: das man solcher Gestalt wol sagen kan/ dass das gute Stillschweigen ein Heiler/ und das böse ein Teuffel sey.[290]

---

288 Vgl. Friedrich A. Kittler. „Rhetorik der Macht und Macht der Rhetorik – Lohensteins ‚Agrippina'". *Johann Christian Günther (mit einem Beitrag zu Lohensteins ‚Agrippina')*. Hrsg. von Hans-Georg Pott. Paderborn u. a. 1998. 39–52.

289 Franck 1541/1987, S. 149.

290 Baltasar Gracián. *Des Berühmten Spanischen Jesuiten Balthasaris Graciani Criticon üeber die Allgemeinen Laster des Menschen [...] Welches aus der Frantzösischen Sprache in die Teutsche übersetzet worden ist* 1. Übers. von Caspar Gottschling. Frankfurt a. M. und Leipzig 1710, S. 273 (HAB: Ll 112).

Die ersten vier genannten Figuren sind männliche Autoritäten (Richter, Vater, Prediger, Inspektor), die durch ihr Schweigen etwas tolerieren, das den ihrer Rolle zukommenden moralischen Grundsätzen und ethischen Pflichten nicht entspricht. Diese Passivität ist scharf zu verurteilen, da ihr Schweigen aufgrund ihrer institutionellen und gesellschaftlichen Autorität zu einer tolerierenden Setzung wird. Die fünfte Figur ist mit einer religiösen Schuld behaftet, für die sie versäumt, vor Gott Abbitte zu leisten, und die sechste ist mit einer finanziellen Schuld behaftet, die sie durch Verschweigen abzuleugnen sucht. Als letzten erwähnt Gracián den Zeugen vor Gericht, der durch Nichtaussage ebenfalls eine Mitschuld auf sich lädt. Das Stillschweigen aller genannten Figuren wird als Handlung verstanden. Dies zeigt sich u. a. daran, dass Gracián es als „Teuffel" bezeichnet, es also (wie auch das ‚gute Stillschweigen' in der Figur des Heilers) personifiziert. Die Teufelsgestalt des bösen Stillschweigens kennzeichnet sich durch eine Unterlassung, die sie zum Täter werden lässt, ihr Schuld auflegt und rechtliche Konsequenzen zeitigt. Nicht zufällig entstammen mit dem Richter und dem Zeugen die erste und die letztgenannte Figur der juristischen Sphäre.

Der evangelische Prediger Johann Michael Dilherr beschreibt in seiner *Betrachtung des Todes/ und des Gerichts* (1650) am Beispiel des Herodischen Kindermords (Mt 2,16) Schweigen als faktische Aufsichnahme von Schuld: „So jemand Schuld hat/ an dergleichen grausamen That/ im Lehrstand/ durch unzeitiges Stillschweigen/ oder/ Verwahrlosung billich verdächtigter Beichtkinder; über dem wird seyn dieses zarte unschuldige Blut."[291] Das von Dilherr als „unzeitiges Stillschweigen" bezeichnete Verhalten des Nichteingreifens ist nicht nur moralisch verwerflich, es führt sogar dazu, dass man indirekt die Tötung Unschuldiger zu verantworten hat. Ähnlich sei auch das Schweigen im „Lehrstand", d. h. auf der Kanzel, ein Verbrechen, insofern es dazu führt, Ungerechtigkeiten und Sünden nicht aus der Welt zu schaffen, sondern sie durch Ignoranz zu bestätigen.

Ausführlich behandelt Collibus in seinem *Harpocrates*-Traktat die Frage, wann Stillschweigen eine Handlung sei. Er beruft sich dabei auf zahlreiche Beispiele aus der römischen Geschichte und stellt dar, welch unterschiedliche ‚Sprechhandlungen' durch Schweigen vollzogen werden können. Leitende These ist, dass auch Schweigen oft als Sprechen zu verstehen ist:

> Doch lass uns fortfahren und bevor wir über die Mäßigung der Zunge sprechen, wollen wir kurz erläutern, warum wir, wenn wir ohne Worte handeln, trotzdem als sprechend wahrgenommen werden. Das ist für dich leicht zu verstehen aus dem Buch der Rechtsgelehrten. Du weißt, dass in einer offenen Streitigkeit derjenige verstanden werden will, der schweigt. Daher, sagte Pomponius, sei Verschwiegenheit eine Art Geständnis, im Unterschied zur Befragung des Gegners. Wenn etwa der Vater bei der Wahl seines Sohnes zum Decurio zugegen ist und er

291 Johann Michael Dilherr. *Betrachtung des Todes/ und des Gerichts fürgestellet in etlichen kurtzen Wochenpredigten.* Nürnberg 1650, S. 111 (HAB: Th 545 (2)).

> sich der Rede enthält, denkt man, dass er zustimmt. Mit Schweigen drücken wir zuweilen Widerstand aus, zuweilen unsere Aufmerksamkeit. Ich stelle mir vor, sagte Plinius, was für eine Menschenansammlung, was für eine Bewunderung für dich, was für ein Geschrei, und auch was für ein Schweigen bleibt: Wenn ich eine Rede halte oder vortrage werde ich dadurch nicht weniger vergnügt als durch Lärmen. Es möge nur ein leidenschaftliches Schweigen sein, das begierig ist, mehr zu hören. Manchmal fordern wir durch Schweigen auch Rache. Fest steht, sagte Valerius Maximus, wenn man einen jungen Mann ans Rednerpult stellt und er den Blick in angstvollem Schweigen niedersenkt, so kommt darin seine schlimmste Schuld zum Ausdruck. Nicht selten ist Stillschweigen ein Zeichen von Seelengröße. Die Frau des Arminius habe nach Tacitus weder mit ihrer Stimme geklagt, noch sei sie in Tränen ausgebrochen; stattdessen habe sie bloß, die Hände unter dem Bauch gefaltet, auf ihren schwangeren Leib niedergesehen. Sicherstes Anzeichen schmerzhaften Grübelns sei es, wenn der zornige Mensch seine Wut durch Schweigen zügelt. Im Übrigen sind diejenigen, die heimliche Versammlungen gegen den Herrscher unterstützen und darüber stillschweigen, gleichermaßen angesehen. Wenn bei der Versammlung beim Herrscher weniger ehrenhafte, oder zumindest für das Gemeingut weniger zuträgliche Dinge vorgeschlagen werden, und du dann nach deiner Meinung gefragt wirst und schweigst, so besteht kein Zweifel, dass man dies als Einverständnis interpretiert.[292]

Collibus referiert Aussagen antiker Autoren wie Plinius, Valerius Maximus und Tacitus und erwähnt eine Reihe von expliziten und impliziten Schweighandlungen. Zunächst wird dargestellt, inwieweit durch Schweigen Affekte ausgedrückt werden können (z. B. Stolz, Aufmerksamkeit, Scham, zurückgehaltene Wut). Auf

---

292 „Sed pergamus, & priusquam de linguam moderandam quicquam dicamus, illud paucis explicemus; quam ratione, cum & lingua actiones nostrae tacent, loqui intelligamur. Id vero tibi ex Iurisconsultorum librum nosse facile est. Scis, vbi manifestus diffensus requiritur, eum qui tacet, velle intelligi. idcircò *taciturnitas,* ait ille [Pomponius], *confeßionis genus est, contra aduersarij interrogationem.* Si patre, exempli causa, praesente, filius Decurio creetur, & pater taceat, consentire censetur. [...] Tacendo, quandoque contumaciam declaramus, quandoque attentionem: *Imaginor* inquit Plinius, *qui concursus, quae admiratio te, qui clamor, quod etiam silentium maneat: quo ego, quùm dico vel recito, non minus quàm clamore delector: sit modo silentium acre, & cupidum vlteriora audiendi.* Silentio aliquando vltionem poscimus. *Constat,* inquit Valerius Max. *iuuenem productum in rostra, defixo in terram vultu, verecundoque silentio, plurimum sui vltionem valuiße.* Est nonumquam silentium magnanimitatis indicium. *Arminij vxor,* ait Tacitus, *neque voce supplex, neque victa in lacrymas, compreßis intra sinum manibus, grauidum vterum intuebatur.* Certissimum saeuae cogitationis indicium, in irato homine est, si silentio iram occultet. Ceterum, clandestina aduersus Pricipem consilia qui iuuant, & qui reticent, eodem habentur loco. Si in Principis consistorio minus honesta proponantur, aut certe communi bono minus expedientia, & interrogatus taceas; non dubium te tacendo consentire videri." Collibus 1603, S. 34–36. Die Tacitus-Stelle im Zitat findet sich bei: P. Cornelius Tacitus. *Annalen.* Lateinisch und deutsch. Übers. und hrsg. von Erich Heller. München und Zürich 1982, S. 82 f. (1, 57).

einer zweiten Ebene hält er fest, dass Schweigsamkeit ein Zeichen von Seelengröße sein kann – wenn man nämlich, statt sich von Gefühlen der Trauer, der Scham oder des Zorns überwältigen zu lassen, eine stoische Seelenruhe bewahrt. Sodann verweist er auf Gerichtsprozesse, bei denen es darauf ankomme, gerade die schweigende Person zu verstehen. Collibus impliziert, es gäbe immer einen Grund für ein Schweigen und dieser sei durch scharfe Beobachtung zu eruieren. Daher deutet er Stillschweigen vor Gericht als Aussage und „Anfang des Geständnisses". Darüber hinaus kann es eine Form von indirekter Zustimmung sein, sowohl in positiver als auch in negativer Hinsicht (wie das bereits erwähnte opportunistische Schweigen in unrechtmäßigen Angelegenheiten), im Sinne der Formel *qui tacet consentire videtur.*[293] In der Mitte des Zitats findet sich die Feststellung, dass durch Schweigen bisweilen eine Racheforderung ausgedrückt werde, womit es explizit als indirekte Sprechhandlung verstanden wird.

Alles in allem macht diese Textstelle deutlich, inwiefern sich frühneuzeitliche Autoren nicht nur der Rhetorik des Schweigens, sondern auch seiner Performanz durchaus bewusst waren. Sie nehmen Bezug auf zahlreiche antike Autoren, etwa auf bekannte Aussprüche von Seneca („silentium videtur confessio"[294]; ‚Schweigen wird als Geständnis angesehen'), Cicero („quoniam taciturnitas imitatur confessionem"[295]; ‚da Schweigsamkeit einem Geständnis gleichkommt') oder Textstellen griechischer Tragiker: „Und dein Verstummen, dieses Seufzen selber noch | Ist Eingeständnis".[296] Andererseits gibt es auch kritische Stimmen, die den Rechtsstatus von ‚Schweighandlungen' ambivalenter beurteilen. So findet sich in Lehmanns *Florilegium Politicum* eine Auflistung verschiedener namentlich nicht genannter Juristen, die in dieser Sache divergierende Positionen beziehen:

> Die Juristen haben sich hierüber niemals können vergleichen. Etliche sagen: *Schweigen lässt auf Zustimmung schließen*, Andere sagen: *Schweigen gilt nicht als Zustimmung[.] Ein gesprochenen Wort gilt nichts und ist wertlos.* Die dritten. *Wer schweigt, der leugnet weder noch stimmt er zu, sondern es ist, als ob ein Hermaphrodit in eine Richtung mehr tendiert und auf dies dann seine Zustimmung oder Abneigung zu beziehen ist.* Die Vierten sagen. *Schweigen gilt in der Regel als Widerspruch.* Die fünfte sagen. *Dieses Rechtssprichwort hat nahezu unbegrenzte Bedeutungen. Und die Fälle sind entsprechend der Unterschiedlichkeit und Beschaffenheit der Fakten zu ermessen.*[297]

---

293 Vgl. Peter Fuchs und Niklas Luhmann. *Reden und Schweigen.* 2. Aufl. Frankfurt a. M. 1992, S. 17.

294 Otto 1962, S. 339.

295 Ebd.

296 Euripides. „Iphigenie in Aulis". *Griechische Tragödien.* Hrsg. von Jürgen Meinerts. Gütersloh o.J., V. 1142 f. Bei Otto wird der griechische Vers in zwei Varianten übersetzt: „Wer schweigt, bejaht" und „Wer schweigt, bekennt seine Schuld". Otto 1962, S. 339.

297 „Die Juristen haben sich hierüber niemals können vergleichen. Etliche sagen: *Qui tacet consentire praesumitur*, Andere sagen: *Tacens non habetur pro consentiente[.] Verbum quod sonat,*

Die referierten Sprüche verdeutlichen den prekären Rechtsstatus des Schweigens. Der Autor lässt die widersprüchlichen Zitate daher auch unkommentiert stehen und entwickelt keinen eigenen Standpunkt. Gerade diese im Schweigen liegende Ambivalenz aber macht es als literarisches Handlungsmotiv so aufschlussreich, lässt das Schweigen als Gegenstand vielfältiger Deutungen erscheinen.

In den Trauerspielen finden sich immer wieder Szenen, in denen Schweigen als Sprechhandlung verstanden wird, als ein Tun, das Wirkungen auf die Welt zeitigt. In Gryphius *Papinian* wird das Schweigen zu einer persönlichen Strafe und darin ebenfalls zu etwas, das Reaktionen hervorruft: „Wie steiff *Papinian* sich gegen uns getragen!/ | Der ob die Lippe schweigt; uns raw und herb aufrückt" (V, 300 f.), klagt Bassinian und macht damit deutlich, dass er das Stummbleiben des Rechtsgelehrten als ein Tun empfindet. Oder in *Carolus Stuardus* lautet eine Replik des ersten Obristen zur Gemahlin des Fairfax: „Carl felt durch jener Spruch; und stirbt durch unser Schweigen" (IV, 289). Er gibt zu, dass er selbst wie auch der zweite Obrist eine Mitschuld an der Hinrichtung des Königs tragen, sofern sie es unterlassen hätten, mit ihrem Verbündeten Fairfax die Pläne zu seiner Befreiung zu rechter Zeit offen zu erörtern. Zu Beginn des Dialogs fragt die Frau des Fairfax ihn, ob ihr Mann – und damit auch er selbst – ihr die Treue gebrochen hätte. Als er nicht antwortet, sagt sie: „Warumb verbirgst du mir Vntreuer dein Gesicht? | So ists! wer Arges denkt/ wer schuldig; scheut das Licht" (IV, 263 f.). Sie deutet sein Stummbleiben und Abwenden als beredt, ganz ähnlich wie im Zitat von Collibus beschrieben. Sodann wird deutlich, dass Fairfax den beiden Obristen gegenüber seinen Plan nicht deutlich erklärt hat, die wiederum nicht nachgefragt haben und somit eine Unausgesprochenheit die andere in fataler Weise ergänzte:

1. OBR. O kaum erhörter Fall! O Jrrthum sonder gleich.
GEM. Welch Jrrthum? fördert diß den ungeheuren Streich?
1. OBR. Er hat uns seinen Schluß zu dunckel vorgetragen.
GEM. Warumb erkühnt ihr euch nicht ihn umb Licht zu fragen?
1. OBR. Sein Sorgenvoll Gesicht schloss (dünckt mich) unsern Mund.
GEM. Er sorgte; weil ihr ihm verhölt des Hertzens Grund. (IV, 277–84)

Der als Konklusion dieser Wechselrede formulierte Vers, „Carl felt durch jener Spruch; und stirbt durch unser Schweigen", ist mehrdeutig. Einerseits stellt er Sprechen und Schweigen gleich: der „Spruch" – das Hinrichtungsurteil – entspricht in seiner Wirkung dem Stummbleiben der Königstreuen. Andererseits wird durch die chiastisch verwendeten Verben „felt" und „stirbt" geradezu eine Steigerung ihrer Schuld durch das Schweigen impliziert, insofern ‚Fallen' auch bedeuten

*nil valet & pro nullo habetur.* Die dritten. *Qui tacet neque negat neque consentit, sed est tanquam Hermaphroditus in quam partem magis incalescit, in eam referendus est ejus consensus vel diffensus.* Die Vierten sagen. *Tacens regulariter habetur pro contradicente.* Die fünfte sagen. *Hoc brocardum habet fere infinitos sensus. Et casus secundum diversitatem & qualitatem factorum terminandi sunt.*" Lehmann 1639, S. 717.

kann, lediglich errungene Macht zu verlieren, während ‚Sterben' eindeutig und terminal ist.

In Lohensteins *Agrippina* hingegen heißt es an einer Stelle: „Ein schweigend Wissen würd uns selbst in Meyneyd stürtzen" (I, 267). Demnach wird das Verschweigen von Informationen hier als eine zwar indirekte, aber deswegen umso wirksamere Form der ‚Unrechtsprechung' verstanden. Der Szenenkontext besteht darin, dass Kaiser Nero fragt, ob niemand wisse, was seine Mutter Agrippina „für Meyneyd zu vollziehn [sucht]" (I, 266) und Burrhus daraufhin mit der zitierten Replik antwortet. Er versteht also das Schweigen zum geplanten Rechtsbruch als Form der Zustimmung. Ähnlich formuliert es Tigillinus in *Epicharis*, wenn er konstatiert, „[d]er hat auch Schuld/ der nicht sagt ander Missethaten" (II, 411), und zwar als Kommentar zu Epicharis' Rede:

> Ohnmächtgen Mägden ist/ die nicht den Herren retten
> Durch Ruffen bey gefahr/ auf ihr blos Schweigen/ Tod
> Und Martter außgesätzt: Sol der nun/ der die Noth
> Des Fürsten selbst verschweigt nicht Flamm und Schwefel fühlen? (II, 392–95)

Erneut wird dem Schweigen eine Schuld attribuiert, und zwar in diesem Fall eine, die dezidiert mit dem eigenen Stand innerhalb der Sozialordnung verschränkt ist.

Sämtliche in diesem Abschnitt angeführten Beispiele zeigen, dass Schweigen bzw. Verschweigen in der frühneuzeitlichen Diskussion durchaus als prekäre Form des Handelns, teils sogar als Rechtshandlung begriffen wurde. In Daniel Georg Morhofs *Dissertationes Academicee & Epistolicae* (1699) etwa findet sich ein *Tractationis juridicae De Jure Silentii*, in dem das stillschweigende Einverständnis („consensus taciti") aus rechtlicher Perspektive diskutiert, historisiert und auf seine Grenzen hin geprüft wird.[298] Zu fragen ist nun, ob sich derartige Handlungsformen als Sprechakte im engeren Sinne begreifen lassen.

### *Exkurs: Zur Theorie der ‚Schweigakte'*

Unter Hinzuziehung aktueller Ansätze der Performativitätstheorie geht es nun um die Frage, inwiefern Schweigen – eigentlich das präzise Gegenteil eines ‚Sprechaktes' – als Handlung verstanden und somit performativ werden kann. Wie in der Einleitung dargelegt, besteht seine Ereignishaftigkeit in Situationen körperlicher Kopräsenz in den Atmosphären, die durch Schweigen entstehen. Im Unterschied zu derartigen Formen kopräsenter Performativität des Nichtsprachlichen – die sich an der Begriffsverwendung von Theaterwissenschaft und *performance*-Theorie orientieren[299] –, sollen hier mit Blick auf die Fragestellung des Kapitels konkrete

---

298 Vgl. Daniel Georg Morhof. *Dissertationes Academicae & Epistolicae, quibus rariora quaedam argumenta eruditè tractantur, omnes in unum Volumen collatae, & Consensu Filiorum editae.* Hamburg 1699, S. 53–70 (SPK AH 7236).

299 Vgl. Fischer-Lichte 1998; Benthien/*Performanz* 2002.

‚Schweigakte' im Mittelpunkt stehen, die in der aktiven Verweigerung oder auch Unterdrückung von Rede bestehen.

In der Sprechakttheorie John Austins besitzen explizit performative Äußerungen bestimmte grammatische Merkmale: ein Subjekt der ersten Person, ein Objekt der zweiten Person und ein *verbum dicendi* in der aspektuell neutralen Form des Präsens.[300] Diese Merkmale teilen sie allerdings mit bestimmten konstativen Äußerungen, weswegen sie in der weiteren Theorieentwicklung nicht länger als absolut gesetzt wurden.[301] Für den vorliegenden Kontext sind diese Merkmale aber, wie gleich deutlich werden wird, zumindest als Diskussionsfolie von Interesse. Ein Sprechakt ist demnach dadurch gekennzeichnet, dass er exekutiv und selbstreferenziell ist. Dies besagt, dass er „auf sich und damit auf das Verb [verweist], das eine Absicht ausdrückt, die sich in der jeweiligen Äußerung manifestiert."[302] Bei den explizit performativen Äußerungen kommt noch hinzu, dass „das performative Verb eine Selbstbeschreibung dessen [liefert], was es tut".[303]

Betrachtet man die in diesem Kapitel bereits diskutierten Beispiele, so wird deutlich, dass die genannten Merkmale hier nicht zu finden sind. Demgegenüber lassen sie sich – zumindest in Ansätzen – sehr wohl in anderen Wendungen finden, in denen Schweigen als Affektformel eingesetzt wird und eine Figur durch den Ausruf, dass sie schweigt, eine paradoxe, zugleich performative wie konstative Äußerung vollzieht. Beispielhaft sei auf folgende drei dekontextualisierte Repliken verwiesen (auf die im Kapitel IV.2 hinsichtlich des Zusammenhangs von Affektdarstellung und Repräsentationsentzug näher eingegangen wird): Masinissa klagt in Lohensteins Trauerspiel *Sophonisbe*: „Ach! ich kan | Nicht sprechen!" (IV, 208 f.), in Heinrich Mühlpforts Begräbnislied *Auff eine Leiche* (1687) finden sich die Verse: „Ich kan nicht weiter sprechen/ | Da doch Beredsamkeit bey diesem tieffen Leid | Das beste solte thun"[304] und in Lohensteins Trauerspiel *Ibrahim Bassa* ruft der Bas-

300 Vgl. Ekkehard König. „‚Performativ' und ‚Performanz'. Zu neueren Entwicklungen in der Sprechakttheorie". *Paragrana. Internationale Zeitschrift für historische Anthropologie* 7.1: Kulturen des Performativen (1998): 59–70, S. 61. Zu den *verba dicendi* gehören Verben, wie „*befehlen, bitten, versprechen, garantieren, fragen, vorschlagen, taufen, zurücktreten* etc., aber nicht *andeuten, prahlen* oder *sich beklagen* – die letzten der drei genannten Beispiele können nicht zur expliziten Kennzeichnung der durch eine Äußerung ausgeführten Illokution verwendet werden". Ulrike Bohle und Ekkehard König. „Zum Begriff des Performativen in der Sprachwissenschaft". *Paragrana. Internationale Zeitschrift für historische Anthropologie* 10.1: Theorien des Performativen (2002): 13–34, S. 32, Anm. 1.

301 Vgl. König 1998, S. 61.

302 Bohle und König 2002, S. 19.

303 Uwe Wirth. „Der Performanzbegriff im Spannungsfeld von Illokution, Iteration und Indexikalität". *Performanz. Zwischen Sprachphilosophie und Kulturwissenschaften*. Hrsg. von dems. Frankfurt a. M. 2002. 9–60, S. 11.

304 Heinrich Mühlpfort. „Auff eine Leiche". *Teutsche Gedichte. Poetischer Gedichte ander Theil.* Nachdruck der Ausgabe Breslau und Frankfurt a. M. 1686/87. Hrsg. von Heinz Entner. Franfurt a. M. 1991, S. 26.

sa Achmat aus: „Ich schweige!" (V, 272). In allen drei Beispielen wird etwas konstatiert, was zeitgleich nicht der Fall sein kann: die sprechende Figur schweigt eben nicht, weder im Moment der Behauptung, noch direkt im Anschluss daran. Die Exklamation zu schweigen wird aber in einer grammatischen Form vorgebracht, die der des Sprechakts nahe kommt. Insofern ist das Schweigen hier eine Art paradoxes Tun, das durch das Sprechen zugleich vollzogen und widerlegt wird. Man könnte dies als performativen Selbstwiderspruch bezeichnen, insofern die Rede vorgibt, das zu tun, wovon sie spricht[305], faktisch aber das Gegenteil tut.

Des Weiteren wäre etwa ein gerichteter Sprechakt denkbar, der den genannten grammatischen Kriterien eher entspräche: ‚Ich fordere Dich hiermit zum Schweigen auf!' – eine Formel, die sich zumindest in abgewandelter Form auch in Texten des hier untersuchten Zeitraums findet, so etwa in der an den Widersacher Orsantes gerichteten Aufforderung des vermeintlich stummen Prinzen Atis in der *Croesus*-Oper: „Ich bin ein Prinz drumb schweig!"[306] Durch die Nennung seines fürstlichen Ranges liefert Atis die Autorisierung seines Sprechaktes gleich mit. Es fehlt hier das explizit performative Verb ‚auffordern', was aber keine notwendige Bedingung performativer Äußerungen ist.[307] Der Handlungstyp entspricht nach Searle der Gruppe der *Direktiva* (bitten, befehlen, auffordern etc.).[308] Erfolgreich vollzogen wäre der Sprechakt ‚Schweige-Aufforderung' aber erst, wenn die angesprochene Person im Anschluss tatsächlich schwiege (was im zitierten Beispiel nicht der Fall ist, da der Angesprochene den Prinzen, der hier im Bauernkostüm auftritt, nicht als solchen identifiziert) oder wenn sie durch Handlungen gewaltsam zum Schweigen gebracht würde.[309]

In zwei anderen Beispielen wird die Schweige-Aufforderung hingegen in dem Moment ausgesprochen, als der Herrscher naht. Dadurch wird impliziert, dass eine Intrige geplant wird, für deren Erfolg Schweigen essenziell ist. So fordert Nicander den Mitverschworenen Exabolius in *Leo Armenius* mit den Worten, „schweig[,] der Fürst" (III, 213) zum Verstummen auf, als der Kaiser kommt. In Lohensteins *Ibrahim Bassa* bespricht sich die Kaiserin Roxelane heimlich mit zwei Bassen, von denen einer gerade berichtet, wo der Kaiser Ibrahim Sultan beobachtet wurde, als dieser auf den Schauplatz tritt und das Gespräch mit einem „Schweig | Der Keiser" (IV, 92 f.) beendet wird. Diese Beispiele verdeutlichen, dass eine Bezugnahme auf

---

305 Vgl. Hans Rudolf Velten. „Performativität: Ältere deutsche Literatur". *Germanistik als Kulturwissenschaft. Eine Einführung in neue Theoriekonzepte*. Hrsg. von Claudia Benthien und dems. Reinbek 2002. 217–42, S. 228.

306 Anonym/*Croesus* 1692/1999, S. 167.

307 Vgl. Bohle und König 2002, S. 14.

308 Vgl. John Searle. „How Performatives Work". *Linguistics and Philosophy* 12 (1989): 535–58, S. 547–50.

309 Z. B. durch das Verstopfen des Mundes oder das Herausreißen der Zunge, wobei es sich dabei streng genommen nicht mehr um eine ‚Aufforderung' sondern um einen ‚Befehl' handelt. Auf derartiges gewaltsames Zum-Schweigen-Bringen wird noch näher eingegangen.

das grammatische Schema performativer Äußerungen für die Interpretation barocker Schweige-Szenen nicht viel mehr hergibt als die bloße Bestätigung, dass sie gelegentlich vorhanden sind. Hilfreicher ist daher eine Orientierung an einem erweiterten Konzept von Performanz, das den Schwerpunkt auf den illokutionären Akt legt, „d. h. einen Akt, den man vollzieht, *indem* man etwas sagt".[310] Oder anders formuliert: „Illokutionäre Sprechakte vollziehen, was sie inhaltlich sagen [...], und zwar indem sie es sagen. [...] Das Wort ist dabei sowohl Instrument dieser Handlung als auch die Handlung selbst."[311] Wobei zu ergänzen ist, dass es sich im Fall von faktischen ‚Schweig-Akten' natürlich nicht um geäußerte ‚Worte' handelt, sondern gerade um den Entzug derselben. Es geht daher immer nur um eine besondere Form „indirekter Sprechakte", wie sie etwa John Searle diskutiert hat.[312]

In den in diesem Kapitel angeführten Zitaten wird über Situationen reflektiert, in denen jemand durch Schweigen vermeintlich gehandelt hat oder handeln wird – sei es eine dritte Person, sei es der Sprecher oder die Sprecherin selbst. Diese Momente werden aber nicht selbst abgebildet, sondern es wird über sie gesprochen. Es ist daher schlechterdings nicht überprüfbar, in welchem Wortlaut und Modus in den referierten oder imaginierten Situationen ‚geschwiegen' wird. Um explizit performative Äußerungen handelt es dabei eher nicht, denn diese sind, wie dargestellt, nur in der grammatisch ersten Person denkbar und richten sich aktiv an ein Gegenüber. Auch wenn nach Austin und Searle nur Illokutionen mit explizit performativen Verben als ‚performativ' bezeichnet werden sollen[313] – was beim vorliegenden Thema eher selten der Fall ist –, so erscheint es dennoch sinnvoll, auf das Vokabular des Performativen nicht zu verzichten.

Dafür ist es notwendig, den Begriff des Performativen weiter zu fassen als in der Lingustik, was in der kulturwissenschaftlichen Theoriebildung auch bereits vielfach geschehen ist.[314] Sibylle Krämer und Marco Stahlhut differenzieren in einem sprachphilosophischen Beitrag ein schwaches, ein starkes und ein radikales Performativitätskonzept (wobei diesbezüglich eigentlich eher von ‚Performanzkonzepten' zu sprechen wäre). Unter dem schwachen Performativitätskonzept verstehen sie „ganz allgemein die Handlungs- und Gebrauchdimension der Rede"[315], d.h. die basale Tatsache, dass man nicht nur über die Welt spricht, sondern dadurch auch

310 John L. Austin. *Zur Theorie der Sprechakte (How to do things with Words).* Übers. von Eike Savigny. 2. Aufl. Stuttgart 1979, S. 117.

311 Vgl. Sylvia Sasse. „Performativität: Neuere deutsche Literatur". *Germanistik als Kulturwissenschaft. Eine Einführung in neue Theoriekonzepte.* Hrsg. von Claudia Benthien und Hans Rudolf Velten. Reinbek 2002. 243–65, S. 247.

312 John Searle. „Indirekte Sprechakte". *Ausdruck und Bedeutung. Untersuchungen zur Sprechakttheorie.* Frankfurt a. M. 1982. 51–97.

313 Vgl. König 1998, S. 63.

314 Vgl. Wirth 2002, S. 34–42.

315 Sybille Krämer und Marco Stahlhut. „Das ‚Performative' als Thema der Sprach- und Kulturphilosophie". *Paragrana. Internationale Zeitschrift für historische Anthropologie* 10.1: Theorien des Performativen (2002): 35–64, S. 55.

etwas in der Welt tut. Diese Einsicht ging in der Linguistik mit einem Paradigmenwechsel einher, der die situative Einbettung von Äußerungen betont. Dem starken Konzept zufolge werde eine Äußerung als performativ verstanden, wenn sie „das, was sie bezeichnet, zugleich auch vollzieht", somit werde „die vertraute Unterscheidung zwischen Wort und Sache, zwischen Darstellungsmittel und Dargestelltem"[316] außer Kraft gesetzt. „In dieser Dimension benennen Begriffe des Performativen eine besondere Form von Konstitutionsleistung, keineswegs nur in und durch Sprache, sondern im Medium jedweden sozialen Handelns."[317] Das radikale Performativitätskonzept schließlich meint, in den „Existenz- und Gelingensbedingungen jedes Systems" sei etwas angelegt, „das mit dem System in Widerstreit liegt, die Grenzen dieses Systems überschreitet und das System selbst damit auflöst".[318] Es handelt sich um Phänomene wie performative Selbstwidersprüche oder das Auseinanderklaffen von Inhalt und Form der Rede, wie sie mit Vorliebe von dekonstruktivistischen Autoren diskutiert werden[319], aber auch in neueren Performance-Theorien von Interesse sind.

Während prinzipiell alle drei Ausprägungen auf Aspekte des Schweigens beziehbar sind, lässt sich besonders das mittlere Konzept auf den hier erörterten Zusammenhang übertragen. Im Unterschied zur referenziellen Funktion kultureller Äußerungen, die primär darin besteht, etwas darzustellen, es abzubilden oder zu repräsentieren, richtet sich die performative Funktion auf den Vollzug von Handlungen sowie auf ihre unmittelbare Wirkung.[320] Insofern ist beispielsweise bei einem Schweigen als Ausdruck von Affekten eher die referenzielle Funktion dominant, während bei einem Schweigen als Ausdruck indirekter Zustimmung (wie etwa in den zitierten, von Gracián angeführten Beispielen) eher die performative Funktion dominant ist – wobei natürlich die jeweilige Medialität mit zu berücksichtigen ist: Ein Schweigen eines Darstellers auf der Bühne ist tendenziell performativer als eines im dramatischen Textsubstrat, unter anderem deshalb, weil ersteres in Realzeit und -raum stattfindet, so dass es keine Trennung zwischen Zeichen und Vollzug gibt. Dies gilt, weil ein besonderes Merkmal von Performanz eben die Gleichzeitigkeit von Artikulation und dem Schaffen von Realität ist; „‚Performativ' ist ein Attribut *symbolischer* Handlungen, deren Eigenart darin besteht, das, was sie bezeichnen, zugleich zu vollziehen. Es geht um eine besondere Form von Konstitutionsleistung, bei der ein symbolisches Tun die Grenzlinie zwischen Zeichen/Nicht-Zeichen überschreitet und dadurch weltverändernde Kraft bekommt – ohne daß dies als eine Art von Magie zu interpretieren ist."[321]

---

316 Ebd.
317 Ebd., S. 55 f.
318 Ebd., S. 56.
319 Vgl. Sasse 2002, S. 248–51; Wirth 2002, S. 17–25.
320 Vgl. Fischer-Lichte 1998, S. 14.
321 Krämer/Stahlhut 2002, S. 57.

Eine solche Gleichzeitigkeit von „Aufführung“ und „Vollzug“[322] ist für Schweigen als einem grundsätzlich ‚mündlichen‘ Phänomen konstitutiv, insofern es hier eine Trennung von ‚Zeichen‘ und ‚Bezeichnetem‘ weder gibt noch geben kann. Als ‚Akt‘ erfahrbar, ist Schweigen allein in zeitlicher und räumlicher Kopräsenz, womit ‚Äußerung‘ und ‚Artikulation‘ – bzw. ‚Nicht-Äußerung‘ und ‚Nicht-Artikulation‘ – zusammenfallen. Dies gilt in eingeschränktem Maße auch für das in Texten dargestellte Schweigen als „strukturelle“ Performanz, insofern es sich auf mündliche, präsentische Situationen bezieht und einen ereignishaften Vollzug darstellt. Ich beziehe mich hier auf eine Unterscheidung, die Irmgard Maassen vorgenommen hat, indem sie zwei Dimensionen der Performativität von Texten unterscheidet, den „Text in der Performanz (funktionale Performativität)“ und „die Performativität im Text (strukturelle Performativität)“.[323] Die erste Dimension beinhaltet „Prozesse des Aufführens, Ausstellens, Zueignens, Austauschens, und umfaßt sowohl Aspekte der Materialität des Textes als auch solche seiner medialen Transformationen“; die zweite Dimension „bezeichnet demgegenüber die performativen Textstrategien, die im textuellen Medium selbst der Simulation von Präsenz, Authentizität, Körperlichkeit, Sinnlichkeit, ereignishaftem Vollzug dienen, also die im eigentlichen Sinne performativen Strukturen des Textes“.[324] Hier gemeint ist also die von Maassen beschriebene zweite Dimension.

Von der performativen Funktion ist wie erwähnt die referenzielle zu unterscheiden, wie Fischer-Lichte sie hinsichtlich des Theaters ausdifferenziert hat: „Während die referentielle Funktion auf die *Darstellung* von Figuren, Handlungen, Beziehungen, Situationen etc. bezogen ist, richtet sich die performative auf den *Vollzug* von Handlungen – durch die Akteure und zum Teil auch durch die Zuschauer – sowie auf ihre unmittelbare Wirkung.“[325] Übertragen auf die vorliegende Fragestellung bedeutet dies, dass es ein Schweigen als Handlungsvollzug gibt, das spezifische Wirkungen zeitigt, ebenso wie ein zeichenhaftes, verweisendes Schweigen, das dann eher in den Bereich der Rhetorik oder auch der Semiotik fällt. Das Schweigen als Handlungsvollzug hat unterschiedliche performative Funktionen, die abschließend aufgelistet werden sollen.

Das performative Schweigen setzt der in der Frühen Neuzeit topisch aufgerufenen ‚Waffe‘ der Zunge etwas entgegen, dem eine vergleichbare Macht und Gewalt eignet, wie sich etwa an dem möglichen „trotzem Schweigen“ des Michael Balbus zeigt, vor dem die Richter sich fürchten. Als „böses Stillschweigen“, wie Gracián es nennt, besteht es darin, moralisch verwerfliche Dinge ‚stillschweigend‘ zu tolerieren und ihnen damit indirekte Legitimation zu verleihen. Durch Schweigen wird auf diese Weise Schuld produziert bzw. auf sich genommen. Als Ausdruck von

322 Fischer-Lichte 1998, S. 23.

323 Irmgard Maassen. „Text und/als/in der Performanz der frühen Neuzeit. Thesen und Überlegungen“. *Paragrana. Internationale Zeitschrift für historische Anthropologie* 10.1: Theorien des Performativen (2002): 285–301, S. 289.

324 Ebd. und S. 291.

325 Fischer-Lichte 1998, S. 14.

Affekten kann das Schweigen unter Umständen bis zur expliziten Racheforderung führen, wie Collibus schreibt. Es wird dann als indirekter Sprechakt verstanden, der weitere Handlungen – zum Beispiel eine Auseinandersetzung mit Waffen – zur Folge hat. Vor Gericht wird es in der frühneuzeitlichen Theorie, anknüpfend an antike Argumente, zuweilen als „Anfang des Geständnisses" betrachtet, insofern die mangelnde Verteidigung des Angeklagten oder das Schweigen der Zeugen einem solchen gleichkommt. In Gerichtssituationen kann es zum Meineid werden, es kann als Verschweigen von Fakten bis hin zur gänzlichen Verweigerung der Aussage zahlreiche rechtliche Konsequenzen haben.[326] Schließlich kann es auch Ausdruck von politischem Widerstand sein[327], was eine besonders eklatante Wirkung unter Androhung oder gar der Ausführung von Gewalt hat. Dem erzwungenen Zum-Schweigen-Bringen durch die Machtinstanz wird ein aktives, willentliches Schweigen entgegengesetzt, das eine eigene Macht entfaltet. Um diesen Aspekt soll es abschließend gehen.

### *Unbeugsamer Widerstand: Stoizistische Stummheit*

In der Theorie des Trauerspiels dienen die Märtyrerfiguren als Exempel für den Nachvollzug der Passion Christi.[328] Dass sie sich trotz Folter und Tod die verbale Klage ‚versagen', führt zu ihrer Christusähnlichkeit. So lässt etwa Gryphius seinen Carolus Stuardus vor der Hinrichtung sagen: „Doch schreyt sein weinend Hertz! ob gleich die Lippe schweiget | Zu dem der ewig herrscht und ew'ge Cronen zeiget!" (II, 493 f.). Schweigen ist Zeichen stoischen Gleichmuts und erfährt so höchste Wertigkeit. Paradigmatische Figur einer derartigen ‚stoizistischen Stummheit' ist Lohensteins Epicharis, „die aller Folter zum Trotz bis zum Foltertod schweigt"[329], wobei eine symbolische Steigerung darin besteht, dass der Autor zur Darstellung dieser Tugend eine Frau wählt, gilt diese doch in der Frühen Neuzeit als unfähig zur Schweigsamkeit und darüber hinaus als stärker schmerzempfindlich. Auch wenn die Form des Widerstands, die Epicharis leistet, in der Lohenstein-Forschung bislang selten unter dem Begriff des Stoizismus gefasst wurde, so

326 Zur Bandbreite der Formen von Schweigen vor Gericht, speziell in der mittelalterlichen Geschichte vgl.: Katharina Simon-Muscheid. „Reden und Schweigen vor Gericht. Klientelverhältnisse und Beziehungsgeflechte im Prozeßverlauf". *Devianz, Widerstand und Herrschaftspraxis in der Vormoderne.* Hrsg. von Mark Häberlein. Konstanz 1999. 35–52, bes. S. 50.

327 Zur negativen Seite derartiger Schweigeformen aus sprachtheoretischer Perspektive vgl.: Gerhard Bauer. „Wortohnmächtigkeit und ohnmächtiges Schweigen in einem faschistisch regierten Volk". *Osnabrücker Beiträge zur Sprachtheorie* 16 (1990): 155–67.

328 Vgl. Hans-Jürgen Schings. „Consolatio tragoediae. Zur Theorie des barocken Trauerspiels". *Deutsche Dramentheorien. Beiträge zu einer historischen Poetik des Dramas in Deutschland.* Hrsg. von Reinhold Grimm. 3. Aufl. Frankfurt a. M. 1980. 1–44.

329 Wichert 1991, S. 250.

handelt es sich bezüglich des Schweigens doch um die treffende Bezeichung, denn sie verhält sich ‚aktiv passiv'.[330]

Bereits in der Inhaltsangabe weist Lohenstein darauf hin, dass Epicharis „weder durch der Bekennenden Zusprechen noch durch die Marter einiges Bekäntnüs abzuzwingen" sei – und zwar im deutlichen Kontrast zu all den männlichen Figuren, die die Namen ihrer Verbündeten auf der Folter durchweg preisgeben. In seiner Zusammenfassung der dritten Abhandlung notiert Lohenstein detailliert, wer wen verrät und was das jeweilige Mittel der Erpressung darstellt. Das Schweigen der Epicharis steht wie ein Fremdkörper inmitten dieses summarischen Vorberichts, der die gewaltsamen Nachforschungen des Tyranns Nero, dessen Sturz die Verschwörer herbeiführen wollen, chronologisch auflistet.[331] Beschrieben wird eine stufenförmige Abfolge, wonach immer ein Verbündeter im Verhör oder der peinlichen Befragung ein oder zwei weitere Namen preisgibt und die Verratenen sodann selbst befragt und ebenfalls zum Geständnis zwingt. Epicharis ragt aus dieser Abfolge heraus: Sie wird bereits in der zweiten Abhandlung verraten[332] und verrät selbst niemanden. Diese äußerste Verschwiegenheit ist programmatisch, wird das Stück doch schon mit einer Szene eröffnet, in der Epicharis in Form einer historischen Erzählung sich selbst zitiert: „Mir ist durch keine Pein/ | Sagt ich/ ob ichs zwar weiß/ die Nachricht abzuzwingen" (I, 270 f.). Der Kontext dieser Szene ist für

330 Epicharis besitzt mit ihrem Verhalten eher die Tugend der *actio*, während die Figur des Seneca kontrastiv dazu dem stoizistischen Ideal der passiven *contemplatio* nahekommt. Vgl. Stefanie Arend. *Rastlose Weltgestaltung. Senecaische Kulturkritik in den Tragödien Gryphius und Lohensteins*. Tübingen 2003, S. 303 f.

331 „*Nero* und *Tigillin* setzen gewaltig an den *Scevinus*: Daß er sein Vorhaben bekennen solle/ welcher sich aber wider die Anklage stattlich vertheydigt/ bis *Corinna* dem Käyser an die Hand gibt; er solle den *Scevinus* und *Natalis* absonderlich vernehmen/ was sie den Tag zuvor so lange mit einander heimliches geredet/ ob und was sie vom Piso gehandelt; Als nun bey deßen Werckstelligmachung sie zweystimmig befunden werden/ heißet *Nero* beyde auf die Folter spannen/ sagt aber gleichwol dem zu erst Bekennenden Genade zu. Als nun *Natalis* hierauf sich/ den *Scevinus*, und *Piso* verräthet/ muß *Scevinus* sich nun auch geben und auf den *Lateran, Lucan, Quinctian* und *Senecio* bekennen. Ja endlich verschweiget *Natalis* auch den *Seneca* nicht; zu welchem *Nero* den *Granius Sylvanus* schikket umb ihn zu befragen: Ob er sich der mit dem *Natalis* gepflogenen Reden erinnere. *Epicharis* wird bis zur Ohnmacht gefoltert/ alleine von ihr ist weder durch der Bekennenden Zusprechen noch durch die Marter einiges Bekäntnüs abzuzwingen. *Lucanus, Quinctianus* und *Senecio* weden durch Dreuen bewogen: Daß sie die Schuld zustehen/ der erste seine Mutter *Atilla* und den *Julius Tugurinus*, der andere den *Munatius Gratus* und *Martius Festus*, der dritte den *Annius Pollio* und *Vulcatius Araricus* offenbaret. Welche alle der Käyser gefänglich einzuziehen befiehlet." Lohenstein 1955, S. 155 f.

332 „*Proculus* klaget die Epicharis beym Nero an: daß sie sich wider ihn verbunden habe; ob sie nun wol ihn durch ihre Vertheydigung zu Schanden macht/ befiehlet Nero doch sie in Hafft zu ziehen. Epicharis versichert den *Sulpitius Asper*: Daß sie auch durch keine Marter zu einigen Bekäntnüße auf die Mitverschwornen werde gebracht werden [...]." Ebd., S. 155.

den vorliegenden Zusammenhang nicht von Bedeutung, interessant erscheint allein der zitierte Satz, der wie ein Selbstversprechen vor der tatsächlichen Folter-Probe steht. Epicharis wiederholt diesen Vorsatz in einem Gespräch mit dem Verbündeten Sulpitius Asper: „Der Hencker wird mich eh entseelt sehn/ eh er mich | Euch sol verrathen hörn." (II, 453 f.).

In der Dramaturgie des Märtyrerdramas kann dieses Versprechen auch diametral umgekehrt lauten, wenn nämlich der Gepeinigte damit droht, nicht zum Schweigen gebracht werden zu können, die Wahrheit auch als Stummer zu verkünden. So findet sich in Hallmanns *Mariamne* eine Folterszene, in der Herodes die Hencker auffordert, „heiß zerschmolzten Pech" in „den verfluchten Mund" des gefangenen Sohemus zu flößen, und der Gepeinigte entgegen diesen Versuch, ihn zum Schweigen zu bringen, kontert: „Auch stumme werden stets dein Raasen machen kund" (IV, 449 f.). Ähnlich ist diese Widerständigkeit der Rede in Hallmanns *Sophia* zu beobachten, als die drei Töchter der Königin in einer grausamen Folterszene trotz schlimmster Qualen weitersprechen, nicht ‚mundtod' zu machen sind.[333]

Die gefangene Epicharis wird durch die Henker Neros gefoltert, in der Präsenz des Tyrannen, einiger seiner Getreuen und anderer Gefangener. Zunächst wird sie von Nero befragt, ob sie mit den Verrätern Scevinus, Natalis und Piso in Zusammenhang stehe, was sie standhaft verneint. Schließlich richtet Nero die summarische und abschließende Frage an sie: „Wilstu von keinem nicht/ die sich verschworen wissen?" (III, 531) – worauf sie scharfsinnig mit einer doppelten Negation antwortet: „Ich habe niemals nicht auf Kundschaft mich beflißen" (III, 532). Nero droht ihr mit Gewalt, um ihr Schweigen zu brechen, mit dem Argument, auch „bey dem Stummen würkt die Pein Beredtsamkeit".[334] Sodann wird Epicharis schwer gefoltert, was sie nicht davon abhält, ihm weiterhin zu antworten, der stichomythischen Wechselrede Folge zu leisten. Der einstige Verbündete Natalis ebenso wie der kaisertreue Tigillinus versuchen vergeblich, sie zum Geständnis zu bewegen, da sie die Tortur nicht mit ansehen können, aber Epicharis beharrt auf ihrer Aussage: „Glaubt: daß kein falscher Zeug aus mir nicht falsches lockt" (III, 546). Trotz der entsetzlichen Qualen, die sie erleidet, bleibt sie diejenige, die die Anwesenden rhetorisch entlarvt und es sogar vermag, Nero selbst sprachlich ‚auf die Folter zu spannen', wie sich in folgender langer Passage (insbesondere in den ersten acht Versen) zeigt:

---

333 Vgl. Hallmann 1980, S. 77–81.

334 „NERO. Verstockte! Wir wolln bald des Pochens Ende schaun. | EPICHAR. Die sterben sol und wil/ läßt ihr für nichts nicht graun. | NERO. Des Todes Näherung lehrt beßer Wortte geben. | EPICHAR. Du must/ wo du wilst dreun/ mir dreuen mit dem Leben. | NERO. Auch bey dem Stummen würckt die Pein Beredtsamkeit. | EPICHAR. Nicht/ wenn Tyrannen man die Zung ins Antlitz speit. | NERO. Stracks Hencker spannt den Wurm bis sie zerbirst/ vor sammen." (III, 533–39).

NERO. Wer nicht bekennen wil/ gehört auf scharffe Fragen.
EPICHAR. Ich wil bekennen. NERO. Wol! Loß! EPICHAR. Sags/ was ich sol sagen?
NERO. Setzt der Verzweifelten entflammte Zangen an.
EPICHAR. Was sol die offenbarn/ die kaum mehr athmen kan.
NERO. Laßt der Halb-todten Lust: Daß sie noch einmal sterbe.
EPICHAR. Es thut dem Geiste wol/ schmeckts gleich dem Cörper herbe.
NERO. Bringt her ein glüend Pferd/ zieht bis sie berst entzwey.
EPICHAR. Halt Hencker! ich gestehts: Daß ich dein Todfeind sey.
NERO. Fahrt mit dem Foltern fort. EPICHAR. Was sol ich mehr entdecken?
NERO. Die alle/ die mit dir in gleichem Meyneyd stecken.
EPICHAR. Nicht einen/ wären auch gleich Tausend mir bekand.
NERO. Die Noth hat größre Kraft als aller Freindschaft Band.
EPICHAR. Du Blutthund/ sichre dich: Du magst so scharff es meinen:
Daß den zerspannten Leib die Sonne kan durchscheinen/
So solstu/ Hencker/ doch mir nicht ins Hertze sehn/
Und/ was du wilst/ erfahrn. Laß meine Därmer drehn
Umb einen heißen Pfal/ laß mich an Felsen schlüßen/
Auf die die Furien stets sidend Oel angißen;
Verscharre lebend mich tief in ein Ameiß-Nest/
Verschaffe: Daß man's Marck mir aus den Beinen prest/
Du rasend-toller Hund wirst doch nichts anders machen;
Als daß Epicharis wird deiner Marter lachen. (III, 559–80)

Evident ist, dass Epicharis in dieser Szene gänzlich die Oberhand behält. Formal zeigt sich dies daran, dass sie als ‚Siegerin' aus dem langen Wortgefecht der Stichomythien hervorgeht und zehn Alexandrinerverse am Stück spricht, und zwar ausgerechnet an dem Punkt, an dem die Folter ihren Höhepunkt erreicht. Sie ist es, die Nero sprachlich ‚mundtot' macht. Besonderes Kennzeichen ihrer Provokation und Diskursherrschaft aber ist es, dass sie selbst in ihrer Rede die grausamsten Folterarten benennt und sie symbolisch entschärft, indem sie sie verbal in Besitz nimmt. Traditionell gehören zum Folterritual eine ganze Reihe von Schritten: zunächst die sprachliche Benennung der Tortur durch den Richter, sodann das Vorzeigen der Instrumente durch einen Scharfrichter oder seinen Gehilfen sowie die ausführliche Erläuterung ihrer Verwendung, schließlich die Entkleidung des Gefangenen und erst dann die physische Folterhandlung mit sukzessiver Steigerung.[335]

Epicharis spricht provozierend davon, dass Nero es niemals vermögen werde, in ihr Herz zu sehen, selbst wenn durch ihren „zerspannten Leib die Sonne kan durchscheinen": Über ihren Körper mag er herrschen, über ihr Sprechen wird er dennoch keine Macht haben. Am Schluss ihrer oben zitierten Replik beleidigt und provoziert sie den Tyrannen derart, dass ihm keine andere Wahl bleibt, als sie gewaltsam mit Hilfe seiner Schergen physisch ‚mundtod' zu machen:

335 Vgl. Wolfgang Schild. *Alte Gerichtsbarkeit. Vom Gottesurteil bis zur modernen Rechtsprechung*. München 1980, S. 160.

NERO. Stopft ihr das Lästermaul mit trocknen Schwämmen voll.
EPICHAR. Will man das Reden wehrn der/ die itzt sterben sol?
TIGILL. Man läßt die Majestät Verläumbder nicht versehren.
EPICHAR. Tyrannen müßen nicht mit eckeln Ohren hören.
NERO. Sind keine Schwämme dar? So reißt ihr Kleid entzwey.
EPICHAR. Den Sterbenden steht ja/ was wahr/ zu reden frey.
NERO. Hört/ was für Gift außspeyt die schon verdammte Seele!
EPICHAR. Kein Mörder stopft ihr zu die Fahrt aus ihrer Höle.
NERO. Braucht ärgster Marthern Arth/ bis man den Sinn ihr bricht.
NACHRICHT. Man hat im Foltern nun mehr keine Staffeln nicht.
NACHRICHT. Sie fällt in Ohnmacht. TIGILLIN. Fühlt: Ob ihr die Pülse schlage.
NACHRICHT. Pulß/ Athem/ Geist ist weg. NERO. Laßt sie in Kercker tragen.
(III, 581–92)

Erst als alle Staffeln der Folterbank im Einsatz sind, fällt Epicharis in Ohnmacht, nicht ohne aber verbal vorher darauf hinzuweisen, dass ihre Seele durch das Verstopfen des Mundes nicht an ihrem Austritt („die Fahrt aus ihrer Höle") – womit ihre Heimkehr zu Gott gemeint ist – gehindert werden kann.

Epicharis' Tod am Ende des Stückes verdeutlicht einmal mehr, dass es Lohenstein darum geht, ihr Stummbleiben als heroisches Motiv und (anti)theatrales Sujet zugleich zu gestalten. Sie stirbt von eigener Hand, nicht aber ohne Nero mittels eines griechischen Exempels zu verdeutlichen, dass es die Macht ihres Schweigens war, die er nicht zu brechen vermochte[336]:

EPICHAR. Ein Weib hat zu Athen: Daß dem Tyrannen sie
Nach außgelachter Kwal die Zung ins Antlitz spie/
Ein ertzten Ehrenbild im Tempel ihr erworben:
So/ wenn Epicharis schon längst wird seyn gestorben/
Wird sich die Nachwelt ihr zu einem Tempel weihn
Und ihr Gedächtnüß-Bild ein ewig Nahme seyn/
Und wenn man mich und dich wird auf den Schauplatz heben/
Wird Nero nur durch Schmach/ ich durch die Tugend leben.
Ja deine Tyranney sol auch noch hier verspieln/
Die sich noch lange meint durch meine Pein zu kühln.
Schau aber Blutthund her/ in der Folter-binden
Wird itzt Epicharis des Sterbens Hafen finden.
NERO. Verwehrt es/ sie wil sich erwürgen. HENCKER. Sie ist fort. (V, 725–37)

In den Anmerkungen zu dieser Rede der Epicharis verweist Lohenstein auf zwei römische Quellen, in denen beschrieben wird, wie ein „Weib hat zu Athen [...] die

336 Es gehört zu den Grundannahmen des barocken Trauerspiels, dass es der Tyrann nicht vermag, den Gläubigen zum Schweigen zu bringen, dies könne allein Christus durch seine Liebe. Ein Beleg dafür ist die bildhafte Rede der Julia Sabina zu Sophia in Hallmanns *Sophia* vor deren Martyrium: „So reise demnach wol auf diesen Folter=Wegen/ | Biß sich auf deinen Mund dein *Jesus* selbst wird legen!" Hallmann 1980, S. 127 (V, 83 f.).

abgebissene Zunge dem Tyrannen ins Gesichte gespien. Derer Bild/ in Gestalt einer Löwin/ iedoch ohne Zunge/ die Athenienser zum Gedächtnüs in einen Tempel gesätzt“[337] haben. Auf ebendiese Figur verweist bereits Gryphius in seinem *Leo Armenius* („Man rühmt das Weib von Rom/ die sich zureissen liß/ | Vnd die/ die in der Quall die Zung in stücken biß“ (II, 313 f.)). Der Topos steht darüber hinaus mit dem stoischen Philosophen Zenon von Kition in Zusammenhang, der sich der Legende nach die Zunge abbiss, um nicht falsch auszusagen, worauf Lohenstein ebenfalls hinweist.[338] In der Literatur der Frühen Neuzeit wird diese grausige Szene immer wieder dargestellt, nicht zuletzt von Lohenstein selbst, in einer Folterszene des *Arminius*-Romans.[339] Die Heldin Epicharis stirbt aber nicht durch eine solche blutige Selbstkasteiung, sondern indem sie sich mit einer ihrer „Folter-Binden“ erwürgt. Lohenstein nimmt mit dieser durch Tacitus überlieferten Todesart[340] ein Motiv aus der Tortur-Szene der dritten Abhandlung wieder auf, in der er befahl, ihr das „Lästermaul“ zu stopfen, notfalls mit herausgerissenen Fetzen ihres Kleides. Ihr Tod ist somit eine symbolische Mimesis des vergeblichen Versuchs, ihr Stummheit aufzuoktroyieren. Hier macht Epicharis sich selbst stumm, erwürgt sich vor den Augen des Feindes, indem sie sich dessen Mittel aneignet.

Das „itzt“ im letzten geäußerten Satz, mit dem sie ihr Sterben temporal markiert, macht ihren Tod als finales Verstummen zu einer Sprechhandlung. Es stellt sich als das diametrale Gegenteil jenes „itzt“ dar, das der Tod als ‚Stumm-Macher‘ in den im Kapitel II.3 diskutierten Gryphius-Gedichten als Schreckensmotiv einsetzt. Epicharis' Sterben im Präsens, im Hier und Jetzt, setzt ihre Macht vollends in Szene, ihre Herrschaft über Rede und Schweigen. Das Stück endet wenige Verse später mit einigen verzweifelten Worten des Nero und dem Schlusssatz: „Den Göt-

---

337 Lohenstein 1955, S. 292, Anm. zu V. 725.

338 Dies berichtet Plutarch in *De garrulitate*. Plutarch 1942, S. 147. Lohenstein verweist auf diesen Kontext auch im Anmerkungsapparat zu *Epicharis*; vgl. Lohenstein 1955, S. 280, zu V. 538.

339 Es handelt sich dabei mit der Figur der Kammerfrau Astree um eine sündhafte Figur, die, so Borgstedt, durch das Abbeißen der Zunge eine Art „Versöhnungsopfer“ vollzieht, indem sie dieses „Körperteil als Träger der Lüge“ gewaltsam isoliert und im gleichen Moment stirbt. Vgl. Borgstedt 1992, S. 359 und 361. Die Textstelle bei Lohenstein lautet: „Nachdem auch die Zungen dem Mercur und andern Göttern gewiedmet sind/ und zum Opfer dienen/ so nimm sie von mir zur Versöhnung an; und so offt du die schänliche Verrätherey meines Gemüthes verfluchest; so oft rühme an meiner Zunge das nützliche Stillschweigen. Hiermit bieß Astree ihr die Zunge ab/ zerkäuete sie im Munde/ und spie zugleich Blut/ Zunge und Seele aus.“ Lohenstein 1689/1973, Bd. 2, S 628. Ein anderes Beispiel wäre die Figur des Hieronimo in Thomas Kyds *The Spanish Tragedy* (1592), der sich zur Wahrung seiner Integrität vor der durch Folter erzwungenen Aussage ebenfalls die Zunge abbeißt. Vgl. Carla Mazzio. „Staging the Vernacular. Language and Nation in Thomas Kyd's ‚The Spanish Tragedy‘“. *Studies in English Literature 1500–1900* 38.2 (1998): 207–232, S. 221.

340 Tacitus 1982 (15, 57); vgl. Lohenstein 1955, S. 292, V. 227 f.

tern opfert Vieh/ der Tyber diese Leichen" (V, 752). ‚Leichen' ist das allerletzte Wort dieses Trauerspiels. Es gibt im Unterschied zu den anderen Dramen Lohensteins keinen beschließenden Reyen, der die in tödlicher Stummheit endende Geschichte auf eine allegorische Ebene erheben würde.

Epicharis ist Lohensteins einzige keusche Heldin und auch seine einzige weibliche Märtyrerin. Im Stück wird mehrfach ihre Reinheit und Jungfräulichkeit hervorgehoben, was vermutlich in Korrelation zu ihrer sprachlichen Askese steht. „Indem ihr Mund wie ihre Genitalien bis in den Tod verschlossen bleiben, wird die physische Konstitution des jungfräulichen Leibes zur Gewähr für ihre Sprache sowie deren Abwesenheit im Schweigen."[341] Gleichwohl wird sie von Lohenstein aber auch als unfeminin charakterisiert – einerseits durch mehrfache Erwähnung des Annehmens einer männlichen Gestalt („in Männer-Tracht vermummt" (II, 339)), andererseits durch die sich anmaßende Herrschaft, die sich u. a. an ihrer Wortführerschaft innerhalb der Verschwörung zeigt (vgl. I, 603–768).

Zu fragen ist, ob sie tatsächlich als eine derart affektlose positive Heldin gestaltet wird, oder ob ihr nicht die von den Kaisertreuen attribuierte Unmenschlichkeit und ‚Hexenhaftigkeit' ebenfalls eignet. Denn trotz der moralischen Aufgabe des Theaters, die Menschen von der Schädlichkeit extremer und unkontrollierter Affekte zu überzeugen und sie zur stoischen (bei Gryphius und Hallmann) bzw. politisch-klugen (bei Lohenstein) Affektbeherrschung zu erziehen, wird die gänzliche Absenz von Gefühlen als inhuman gedacht. Es gilt vielmehr, einen Mittelweg zwischen Gefühllosigkeit und dem Verlust von Affektkontrolle zu wählen. Dies unterschiedet auch die neostoische Position eines Justus Lipsius, die zur „Popularphilosophie des 17. Jahrhunderts wurde"[342] von der originär stoischen eines Seneca.[343]

Leitendes Gegenbild einer exzessiven Affektivität ist das semantische Feld des ‚Steinernen'[344], das wie dieses ambivalent beurteilt wurde. So findet sich zum Beispiel in *Cardenio und Celinde* ein Vers, den Celinde „singend und spilend auff der Laute" vorträgt, und in dem sie über ihr Liebesleid klagt, das sie in einen todesähnlichen Zustand verfallen lässt: „Vberfällt mich dise Pein! | So verkehrt sich mein entseelter Leib in Stein" (II, 5 f.). Oder in Lohensteins *Arminius*-Roman heißt es,

---

341 Christopher J. Wild. *Theater der Keuschheit – Keuschheit des Theaters. Zu einer Geschichte der (Anti-)Theatralität von Gryphius bis Kleist.* Würzburg 2003, S. 102 f.

342 Leonard Forster. „Nachwort". Justus Lipsius. *Von der Bestendtigkeit/ Zwey Bücher. Darinnen das höchste Stück Menschlicher weisheit gehandelt wird. Jetzt aussm Latein ins Teutsche bracht/ Durch Andream Vititivm [...].* Nachdruck der Ausgabe Leipzig ca. 1601. Hrsg. von Leonard Forster. Stuttgart 1965, S. 21.

343 „Die Senecaische *constantia* ist in ihrer Unbedingtheit eine Form von Extremismus, die Lipsianische eine Haltung aufklärerischer *mediocritas.*" Arend 2003, S. 119.

344 Vgl. hierzu, allerdings aus der Perspektive des 18. Jahrhunderts: Hartmut Böhme. „Das Steinerne. Anmerkungen zur Theorie des Erhabenen aus dem Blick des ‚Menschenfremdesten'". *Das Erhabene. Zwischen Grenzerfahrung und Größenwahn.* Hrsg. von Christine Pries. Weinheim 1989. 119–41, bes. S. 127 ff.

dass die Menschen ohne die Leidenschaften ein „marmelnes Volck“[345] wären. Zugleich aber steht das Steinerne auch für das Schweigen, für eine stoische Selbstbeherrschung als vollkommener Zurückhaltung der Sprache selbst unter der Einwirkung von existenzieller physischer Gewalt. So findet sich in *Epicharis* eine Szene, in der Annaeus Lucanus ansehen muss, wie seine Mutter Atilla entsetzliche Folter erleidet (und zwar nachdem er selbst sie verriet). Erneut ist es eine Frau, die es entgegen dem gängigen Vorurteil erträgt, stoisch zu schweigen. Ihr Sohn sucht sie zur Aussage zu bewegen, um der „Kwal“ ein Ende zu setzen:

> LUCAN. Frau Mutter/ ach! wil sie nicht ihr Verbrechen sagen/
> Das schon der Sohn bekennt? ATILLA. Wer selbst gesündigt hat/
> Kan gar nicht Zeuge seyn von frembder Mißethat.
> LUCAN. Sie wird nach so viel Kwal sich doch entsteinern müssen.
> ATILLA. Das Blutt/ das du hier siehst aus Rück und Adern flißen/
> Schreibt deine Schmach in Koth/ mein Lob in Marmor ein/
> Nun du Verräther wilst/ doch falsch der Mutter seyn. (IV, 236–42)

Der Sohn fleht die Mutter an, sich zu „entsteinern“ – ihr Schweigen zu brechen. Doch Atilla ist vor Wut darüber, dass er sie Nero verriet, nicht weniger entbrannt, als dass sie entschlossen ist, der Folter zu widerstehen. In Wiederaufnahme seiner Metapher vom Steinernen spricht sie davon, dass ihr Lobpreis mit ihrem Blut in Marmor eingeschrieben werde – ihre unbeugsame *constantia* erhält so eine epigrammatische Prägung.[346] Als Atilla noch schwerer gefoltert wird und dem Tode nahe ist, schaltet sich Munatius Gratus ein, der ebenfalls durch Verrat in Neros Gefangenschaft geriet. Er klagt die Folterer an, die Frau unmäßig zu quälen. Daraufhin befiehlt Nero:

> NERO. Dem Gratus reißt die Zung aus dem vergiften Maule.
> MUNAT. GRAT. Sie wird die Tyranney erst/ wenn sie kalt wird seyn/
> Recht deutlich sprechen aus; Der stumme Marmelstein
> Wird eure Mordthat euch stets in die Ohren schreyen/
> Den Augen bilden für. (IV, 264–69)

Es handelt sich um die letzten Worte vor dem Vollzug der genannten Zungenfolter, die wohl zum Tode führt, denn Munatius Gratus wird fortan nicht mehr unter den Personen des Trauerspiels erwähnt. Im Oxymoron des ‚stummen Marmelsteins‘ der den Verbrechern ihre Schuld ‚in die Ohren schreit‘, imaginiert Gratus seine abgetrennte tote und fühllose Zunge als fortwährendes Sprechorgan. Sie steht als *pars pro toto* für sein stoisches Schweigen, welches ebenso wie das der Atilla und der Epicharis ein sprechendes ist.

---

345 Lohenstein 1689/1973, Bd. 1, S. 1346.

346 Zur Symbolik des Unverrückbaren, die insbesondere der Epigrammatik eignet vgl.: Thomas Borgstedt. „Paul Flemings stoizistische Liebesdichtung und die Latenz des Subjekts in der Frühen Neuzeit“. *Die Kunst der Aufrichtigkeit im 17. Jahrhundert.* Hrsg. von Claudia Benthien und Steffen Martus. Tübingen 2006. 279–96.

So zeigt sich, dass dem Schweigen in der frühneuzeitlichen Anthropologie eine der Sprache vergleichbare Macht, ebenso aber auch eine Ohnmacht eignet. War zu Beginn dieses Kapitels die Rede davon, dass das Sprechen zuweilen als ‚Tun' und als ‚Töten' charakterisiert wird, so kann Schweigen ähnlich performative Effekte zeitigen. Seine Wirkung setzt auf mehreren Ebenen an. Erstens kann sie in Form des Verschweigens oder Verheimlichens Informationen vorenthalten und so strategisches Handeln ermöglichen, wie es in der höfischen Kommunikation essenziell ist und entsprechend in der Klugheitsliteratur als prekäres Thema verhandelt wird. ‚Verschweigt' der Interagierende diesen Akt der Verheimlichung nicht gänzlich, so kann er sich durch sie zudem sozial aufwerten. Zweitens kann durch ein Schweigen Unrecht bejaht und legitimiert werden, es stellt so eine stumme Zustimmung und Form des Schuldigwerdens dar. Anders ist es im Fall des ‚stillschweigenden Einverständnisses', bei dem – drittens – ein bewusstes Schweigen als Nicht-Ablehnung und daher als rechtsgültige Zustimmung bewertet wird, zum Beispiel bei Versammlungen. Viertens kann Schweigen als Ausdruck von Widerstand gelten, insbesondere wenn es unter Androhung oder gar dem Vollzug von Gewalt stattfindet. Es handelt sich dabei um die bewusste Verneinung von Kommunikation und um den provokativen Entzug von Wissen (oder auch von Aufmerksamkeit), was es zu einem Akt stummer Ermächtigung werden lässt. Diametral gegenüber steht dem fünftens eine unfreiwillige Verschwiegenheit als aufoktroyierte Stummheit, die ein Subjekt aufgrund von sozialer Minorität oder gesellschaftlicher Disziplinierung erleidet. Hier codiert es evidenterweise eben nicht Macht und Präsenz, sondern vielmehr Ohnmacht und Unsichtbarkeit.

# IV. Unsagbarkeit als Pathosformel

## 1. Tragische ‚Unmündigkeit' im barocken Trauerspiel

Wie sich zeigte, wird Schweigen in der Rhetorik vielfach als Ausdruck der affektiven Überwältigung empfohlen und soll dazu dienen, nahezu alle basalen Affekte auf indirekte Weise darzustellen. Der vorliegende Teil wird nun Formen des Schweigens als Affektausdruck auf drei Ebenen untersuchen: im Verhältnis zum Tragischen, hinsichtlich seiner Darstellungsproblematik und im Blick auf jene Affekte, denen ein besonders enges Verhältnis zum Topos der ‚Unsagbarkeit' zugeschrieben wird – einerseits Trauer, andererseits Liebe. Leitend für die folgenden Untersuchungen ist die These, dass Redeabbruch, Schweigen oder gar ein vollständiges Verstummen im 17. Jahrhundert als ‚Pathosformeln' eingesetzt werden, denen unterschiedlichste ästhetische und semiotische Funktionen zukommen. Das einleitende Kapitel untersucht, inwieweit Sprachlosigkeit als eine Form tragischer ‚Unmündigkeit' zu verstehen ist, was anhand der Tragödientheorien Franz Rosenzweigs und Walter Benjamins sowie mit Blick auf ausgewählte Beispiele aus Gryphius' Werken erörtert wird. Das Kapitel IV.2 beschäftigt sich mit Affektdarstellungen und den unterschiedlichen Formen und Funktionen des pathischen Schweigens im Trauerspiel. Überdies findet sich hier ein Exkurs zur Theorie der Pathosformel, in dem die offensichtliche Formelhaftigkeit des pathischen Schweigens im Barock mit seinem zugleich vorhandenen transgressiven Potenzial kontrastiert wird. Das dritte Kapitel analysiert den ‚Unsagbarkeitstopos' in der Liebeslyrik auf inhaltlicher wie auf formaler Ebene und stellt anhand von konkreten Gedichtinterpretationen seine wesentlichen Semantiken zusammen.

### *Exkurs: Sündenfall der Sprache – Zur Theorie des Tragischen*

Das Trauerspiel bezeichnet nach Benjamin im Gegensatz zur Tragödie weniger ein individuelles Schicksal, „nicht die sittliche Vergehung", sondern vielmehr den „Stand des kreatürlichen Menschen selber".[1] Dieser besteht einerseits im *factum brutum* der Sterblichkeit – durch die Vertreibung aus dem Paradies –, andererseits im Trauma des Verlusts der Unmittelbarkeit von Sprache: An die Arbitrarität der Zeichen gebunden zu sein, wird zur *conditio humana* und kennzeichnet den gefal-

---

1 Benjamin 1996, S. 70.

lenen Menschen. Gryphius' Menschenbild betont diese Mangelhaftigkeit, Schwäche und Inkompetenz ganz besonders.[2] Seine „negative Anthropologie“[3] bestimmt die nachbabylonische Sprachenvielfalt der Menschen als Teil ihres Sündenfalls. Die Gottähnlichkeit des Menschen zeichnet sich demgegenüber durch die Möglichkeit aus, mittels Sprache die Welt zu gestalten – paradigmatisch in der Theorie der adamitischen Sprache[4], die im 17. Jahrhundert unter anderem durch die Schriften Jakob Böhmes Bedeutung erlangt.[5] Das Wissen um die Künstlichkeit der Zeichen und die Möglichkeiten rhetorischer Täuschung und sprachlicher Manipulation geht mit dem Bewusstsein des elementaren Angewiesenseins auf dieses Kommunikationsmittel einher.

Die Abhängigkeit von sprachlicher Verständigung ist dem Menschen eigen, sie unterscheidet ihn etwa vom Tier, das mit „stummen Zeichen“ (I, 511) spricht, wie ein bekanntes Oxymoron aus *Leo Armenius* lautet. Auch in Du Rosels theologisch-moralischer Abhandlung *Conduite pour se taire et pour parler* werden Mensch und Tier durch ebendiese Differenz von Sprechen und Schweigen unterschieden, wenn er darauf beharrt, dass es, um wirklich zu schweigen, nicht ausreiche, einfach den Mund zu schließen: „Je suppose ici qu'il ne suffit pas pour se bien taire, de fermer la bouche, & de ne point parler. Quelle difference y auroit-il en cela entre l'homme & les bêtes? Celles-ci font naturellement müettes, & gardent plus le silence; que l'homme du monde les plus taciturne.“[6] Theologisch wird die Stummheit der Tiere nicht als Mangel interpretiert, sondern der menschlichen Seinsform vor dem Sündenfall gleichgesetzt. Das menschliche Sprechen hingegen stellt eine Entfremdung dar, den Verlust des unschuldigen Naturzustands. Selbst der schweigsamste Mensch dieser Welt könnte diesen Zustand nicht wieder erreichen.

Um das Spezifische des Trauerspiels zu bestimmen, hat Benjamin es von der antiken Tragödie abgegrenzt. Sie ist es, die dem Tragischen seine „geschichtsphilosophische Signatur“[7] gebe, von der sich nachfolgende Entwicklungen (tendenziell negativ) abhöben. In der Antike habe das Schweigen des Helden noch eine zentrale theatrale Bedeutung inne, die nach und nach verloren gehe.[8] Unter Bezugnahme

---

2 Vgl. Benthien/*Anthropologie* 2002, S. 56–58 und 74–79.

3 Wolfram Mauser. *Dichtung, Religion und Gesellschaft im 17. Jahrhundert. Die ‚Sonette‘ des Andreas Gryphius*. München 1976, S. 149.

4 Vgl. den Kommentar von Eberhard Mannack: Gryphius 1991, S. 902.

5 „[E]in jedes ding hat seinen Mund zur offenbarung/ vnd das ist die Naturspraache/ darauß jedes ding auß seiner eigenschafft redet/ vnd sich immer selber offenbahret/ vnd darstellet worzu es gut vnd nutz sey/ dann ein jedes ding offenbaret seine Mutter/ die die Essentz vnd den willen zur gestaltnuß also gibt.“ Jacob Böhme. „De signatura rerum“. *Werke*. Hrsg. von Ferdinand van Ingen. Frankfurt a. M. 1997, S. 519. Zur Popularität der Ursprachentheorie siehe auch: Steffen Martus. „Sprachtheorien“. *Die Literatur des 17. Jahrhunderts*. Hrsg. von Albert Meier. München 1999. 140–55, S. 145–48; Gardt 1994, S. 89–99.

6 Du Rosel 1696, S. 4 f.

7 Benjamin 1996, S. 90.

8 Zum Zusammenhang von „Silence and Tragic Destiny“ in der griechischen Tragödie vgl.: Sylvia Montiglio. *Silence in the Land of Logos*. Princeton 2000, S. 193–212.

auf Franz Rosenzweigs *Stern der Erlösung* (1921) spricht Benjamin von einer „stummen Beklemmung", die sich in den Personen der griechischen Tragödie „zur Schau stellt"; ihre – wortwörtlich zu verstehende – „Unmündigkeit" sowie die Differenz zwischen Menschlichem und Göttlichem werden im Schweigen evident.[9] Der Akt des Verstummens zeige daher, so Rosenzweig, zugleich die Stärke und die Schwäche des Helden: „Denn das ist das Merkzeichen des Selbst, das Siegel seiner Größe wie auch das Mal seiner Schwäche: es schweigt. Der tragische Held hat nur eine Sprache, die ihm vollkommen entspricht: eben das Schweigen. So ist es von Anfang an. Das Tragische hat sich gerade deshalb die Kunstform des Dramas geschaffen, um das Schweigen darstellen zu können. In der erzählenden Dichtung ist das Schweigen die Regel, die dramatische kennt im Gegenteil nur das Reden, und dadurch erst wird das Schweigen hier beredt. Indem der Held schweigt, bricht er die Brücken, die ihn mit Gott und der Welt verbinden, ab und erhebt sich aus den Gefilden der Persönlichkeit, die sich redend gegen andere abgrenzt und individualisiert, in die eisige Einsamkeit des Selbst."[10]

Rosenzweig, der paradoxerweise die ‚Geburt der Tragödie' als Kunstform des gesprochenen Wortes mit dem Wunsch einer Darstellung von Schweigen begründet, versteht den Verzicht auf Sprache als Vereinzelung, die dem Tod ähnelt, als irreversiblen Rückzug aus der Gemeinschaft und Grenzübertritt in die hermetische Sphäre des ‚Selbst'. Erst die Notwendigkeit dieses Rückzugs begründet Tragik. Der Held vollzieht damit den ersten Schritt aus der mythischen Ordnung, er „nimmt die vom waltenden Schicksal verhängte Schuld auf sich und bricht so die Macht der alten Götter und ihrer Gebote."[11] Das Schweigen des Selbst ist demnach eine paradoxe Form der Emanzipation, die zugleich ein Eingeständnis des Mangels ist und den Untergang bedingt. Ähnlich formuliert es auch Wichert sowohl mit Bezug auf die von Benjamin zitierte Rosenzweig-Textstelle als auch auf das Trauerspiel des 17. Jahrhunderts, wenn er schreibt: „Die Eigenartigkeit des tragischen Schweigens liegt in der Paradoxie, daß es zugleich Ausdruck von Wehrlosigkeit und Stärke ist."[12]

Nach Rosenzweig ist das Selbst eine Instanz im Menschen, die in seiner „Eigenheit"[13] gründet. „Um sie herum liegt die unendliche Stille des menschlichen Nicht-nichts; sie selber ist der Ton, der in diese Stille tönt, ein Endliches und doch Grenzenloses".[14] Im Moment des Rückzugs aus der Gemeinschaft erkennt sich das Selbst als ein „Einzelnes im grenzenlosen leeren Raum, ein Einzelnes also, das von andern Einzelnen neben ihm nichts weiß, das überhaupt von ei-

9 Benjamin 1996, S. 88.
10 Rosenzweig 1988, S. 83 f.
11 Michael Rumpf. *Spekulative Literaturtheorie. Zu Walter Benjamins Trauerspielbuch*. Frankfurt a. M. 1980, S. 134.
12 Wichert 1991, S. 252.
13 Rosenzweig 1988, S. 69.
14 Ebd.

nem ‚neben ihm' nichts weiß, weil es ‚überall' ist, ein Einzelnes nicht als Tat, nicht als Ereignis, sondern als immerwährendes Wesen".[15] Das Selbst ist eine Art Monade – Rosenzweig verwendet Leibniz' Terminus jedoch nicht. Paradigma dieser „gebirgshaft ‚edel-stummen' Einsamkeit"[16] ist für Rosenzweig der Held der attischen Tragödie mit seinem „großen aktlangen Schweigen"[17]; konkrete Werke nennt er allerdings nicht (zu denken wäre etwa an Aischylos' *Prometheus*). Als Urtyp des tragischen Helden setzt er hingegen die Figur des sumerischen Königs Gilgamesch der frühdynastischen Zeit. In dem von seinem Schicksal berichtenden *Gilgamesch-Epos* steht die Auseinandersetzung mit der menschlichen Sterblichkeit im Mittelpunkt, die der Held beim Tod seines Freundes Enkidu durchlebt. Gilgamesch erfährt darin „die Furcht des Todes überhaupt. Die Zunge versagt ihm in dieser Begegnung den Dienst; er ‚kann nicht schreien, kann nicht schweigen', aber er unterwirft sich auch nicht".[18] Nach dem Tod des Freundes tritt er „in eine Sphäre [...], wo die Welt mit ihrem Wechsel von Schreien und Schweigen den Menschen anfremdet, in die Sphäre der reinen erhabenen Stummheit, des Selbst."[19] In diesen Formulierungen wird deutlich, inwieweit Rosenzweig Schweigen und Sprechen nicht als Gegensätze begreift, sondern eher als eine Art weltliche Einheit, der er die auf einer anderen Ebene angesiedelte tragische Stummheit gegenüberstellt. In seiner Interpretation des Gilgamesch-Epos' wird sie als Abwendung von der Welt beschrieben, als ein Zustand, der dem Tod nahe ist. Im darauffolgenden Absatz formuliert Rosenzweig hingegen, dass dem tragischen Helden als einzige ihm gemäße Sprache das Schweigen zur Verfügung stünde. Demnach werden hier zwei Formen von ‚Schweigen' differenziert: eine, die zur Rede komplementär hinzu gehört und als Element der Kommunikation zwischen Menschen zu verstehen ist, und eine zweite, die – gefasst als ‚reine erhabene Stummheit' – dem ‚Selbst' zugeordnet und Nichtkommunikation ist, existenzieller Rückzug aus der Welt.

Benjamin bezieht sich auf das tragische Schweigen, welches der Held „in die Grenzen seines physischen Selbst förmlich einschließen"[20] muss und das daher fundamental antitheatral sei: „Je weiter das tragische Wort hinter der Situation zurückbleibt – die tragisch nicht mehr heißen darf, wo es sie erreicht – desto mehr ist der Held den alten Satzungen entronnen, denen er, wo sie am Ende ihn ereilen, nur den stummen Schatten seines Wesens, jenes Selbst als Opfer hinwirft, während die Seele ins Wort einer fernen Gemeinschaft hinübergerettet ist."[21] Anknüpfend an

15 Ebd.
16 Ebd., S. 79.
17 Ebd., S. 84.
18 Ebd., S. 83.
19 Ebd.
20 Benjamin 1996, S. 89.
21 Ebd., S. 89 f.

Nietzsches Tragödientheorie[22] konstatiert Benjamin, dass das „tragische Wort" inadäquat, ja im Grunde ein Widerspruch in sich sei, da Tragik, wie sie in der Antike exemplarisch realisiert wurde, essenziell stumm sei: „Die Vorzeit allein konnte tragische Hybris kennen, welche mit dem Leben des Helden das Recht ihres Schweigens erkauft".[23] Die Hybris des sprachlichen Entzugs – eine Anmaßung des Trotzes und der Auflehnung gegen das Schicksal – hat den Tod des Helden zur Folge. Allein dieser Tod aber bedingt nach Rosenzweig mit der „geschlossenste[n] Verselbstung" die „höchste Verheldung".[24] Der Tod als ultimatives Verstummen kondensiert demnach das im ‚heldischen Selbst' angelegte Schweigen, er vollendet es und gibt ihm irreversible Gültigkeit.

In der zitierten Passage verändert Benjamin – vermutlich unabsichtlich – den Gedanken Rosenzweigs dahingehend, dass das Selbst des Helden zwar im Tod geopfert werde, seine Seele aber – als gerettetes „Wort" – Kontinuität besitze (bei Rosenzweig ist das Selbst zwar ewig, aber es trennt sich von der Seele[25]). Diese Umwertung, die sich auch in der Bezeichnung des Selbst als ‚stummen Schatten des Wesens' manifestiert, hängt damit zusammen, dass Benjamin anders als Rosenzweig den Fokus nicht auf das Schweigen des Helden legt, sondern vielmehr auf das aus seinem stummen Selbstopfer resultierende „Wort", welches der Gemeinschaft als Folge zufällt: „Im Angesicht des leidenden Helden lernt die Gemeinde den ehrfürchtigen Dank für das Wort, mit dem dessen Tod sie begabte – ein Wort, das mit jeder neuen Wendung, die der Dichter der Sage abgewann, an anderer Stelle als erneutes Geschenk aufleuchtete. Das tragische Schweigen weit mehr noch als das tragische Pathos wurde zum Hort einer Erfahrung vom Erhabnen des sprachlichen Ausdrucks, die soviel intensiver im antiken Schrifttum zu leben pflegt als in dem späteren."[26] Der Tod des Helden führe zum „Geschenk" des Wortes. Diese „grundlegende Ambivalenz des Todes in bezug auf die Sprache"[27], wonach allein der Tod Bedeutung generiere, stellt eine der Leitthesen des Trauerspielbuches dar. Das tragische Schweigen wird von Benjamin – im Unterschied zu Rosenzweig – nicht als eigenständiges Phänomen gewertet, sondern es dient primär der kontrasti-

---

22 „Deutlicher bekundet eine Stelle bei Nietzsche es, daß der Sachverhalt des tragischen Schweigens ihm nicht entgangen ist. [...] Die tragischen ‚Helden sprechen gewissermaßen oberflächlicher als sie handeln; der Mythus findet in dem gesprochnen Wort durch aus nicht seine adäquate Objectivation. Das Gefüge der Scenen und die anschaulichen Bilder offenbaren eine tiefere Weisheit, als der Dichter selbst in Worte und Begriffe fassen kann.' Schwerlich freilich handelt es sich dabei, wie Nietzsche weiterhin meint, um ein Mißlungensein." Ebd., S. 89. Er zitiert hier aus Nietzsches *Geburt der Tragödie*. Vgl. Friedrich Nietzsche. *Die Geburt der Tragödie aus dem Geiste der Musik*. Frankfurt a. M. 1987, S. 128, § 17.

23 Benjamin 1996, S. 96.

24 Rosenzweig 1988, S. 86.

25 Vgl. ebd.

26 Benjamin 1996, S. 90.

27 Bernd Witte. „Allegorien des Schreibens, eine Lektüre von Walter Benjamins Trauerspielbuch". *Merkur* 46 (1992): 125–36, S. 134.

ven Erfahrung vom „Erhabnen des sprachlichen Ausdrucks", wie es im obigen Zitat heißt.

Rosenzweig hingegen thematisiert eine archaischere Form des Schweigens als „Sprache vor der Sprache, Sprache des Unausgesprochenen, Unaussprechlichen".[28] Er hebt hervor, dass das Selbst „im Menschen zum Schweigen verurteilt" sei, jedoch im Medium der Tragödie zur Anschauung kommen könne. Bereits in Aristoteles' Katharsistheorie werde impliziert, was es im „Beschauer" – deutlich unterschieden vom „Helden" – auszulösen vermag: „Das Selbst ist das, was im Menschen zum Schweigen verurteilt ist und dennoch überall sofort verstanden wird. Es braucht bloß sichtbar gemacht, bloß ‚dargestellt' zu werden, um in jedem andern gleichfalls das Selbst zu erwecken. Es selber verspürt dabei nichts, es bleibt gebannt in die tragische Lautlosigkeit, es starrt unverwandt in sein Inneres; wer es aber sieht, in dem erwachen, wie es wiederum schon Aristoteles voll ahnenden Tiefsinns formulierte, ‚Furcht und Mitleid'. Im Beschauer werden sie wach und richten sich sofort in sein eigenes Innere, machen ihn zum Selbst. Würden sie im Helden selber wach, so hörte er auf, stummes Selbst zu sein; ‚Phobus' und ‚Eleos' würden sich als ‚Ehrfurcht und Liebe' enthüllen, die Seele Sprache gewinnen und das neugeschenkte Wort von Seele zu Seele ziehen. Nichts von solchem Zueinanderkommen hier. Alles bleibt stumm. Der Held, der Furcht und Mitleid in anderen erweckt, bleibt selber unbewegtes starres Selbst."[29]

Nach Rosenzweig überträgt der Zuschauer die tragische Stummheit des Helden mimetisch auf sich. Das Tragische lege „in dem beredten Schweigen des Selbst den Grund des wortlosen Verstehens, auf dem die Kunst erst eine Wirklichkeit werden kann."[30] Demgegenüber generiere das Verstummen des Helden nach Benjamin in den Zuschauern Sprache, indem das auf der Bühne gestaltete Schweigen in das einende ‚Wort' der Gemeinschaft überführt werde. Diese Transformation des Stummen in Bedeutung lässt sich mit Benjamins Konzeption der Allegorie begreifen, wonach das Schweigen des Helden quasi seine ‚Bildwerdung' bedingt – und damit die Möglichkeit seiner Lesbarmachung.[31] So wird die ‚Stummheit' zum Grund dafür, dass etwas allegorisch zu deuten ist.[32]

---

28 Rosenzweig 1996, S. 87.

29 Ebd., S. 88.

30 Ebd., S. 87.

31 Vgl. Lindner 2000, S. 50–94; Arabatzis 1998; Harald Steinhagen. „Zu Walter Benjamins Begriff der Allegorie". *Formen und Funktionen der Allegorie.* Hrsg. von Walter Haug. Stuttgart: 1979. 666–85.

32 Dies sagt Benjamin in anderem Zusammenhang explizit: „Weil sie stumm ist, trauert die gefallene Natur. Doch noch tiefer führt in das Wesen der Natur die Umkehrung dieses Satzes ein: ihre Traurigkeit macht sie verstummen. Es ist in aller Trauer der Hang zur Sprachlosigkeit und das ist unendlich viel mehr als Unfähigkeit oder Unlust zur Mitteilung. Das Traurige fühlt sich so durch und durch erkannt vom Unerkennbaren. Benannt zu sein [... ] bleibt vielleicht immer eine Ahnung von Trauer. Wie viel mehr aber, nicht benannt, sondern nur gelesen, unsicher durch den Allegoriker gelesen und hochbedeutend nur durch ihn geworden zu sein." Benjamin 1996, S. 200.

### *Das innere Verstummen: Martyrium und Wahn*

Im Trauerspiel findet sich ein tragisches Schweigen als faktisches Verstummen eines Protagonisten – im Unterschied zu den vielfach verwendeten rhetorischen Schweige-Figuren – äußerst selten. In einer Gattung, die wie alle barocke Kunst eher durch Überfülle und Opulenz besticht, als dass sie deutlich hervortretende Leerstellen gestattet, in der der Redeabbruch nur außerhalb des gleichmäßig strukturierten alexandrinischen Gefüges der Repliken geschehen kann, ist dies auch wenig verwunderlich. Als tragisch in obiger Perspektive könnte man lediglich das finale Verstummen der Helden im Sterben verstehen, oder aber den Tod und das tiefe Leid anderer – auf einige solcher Beispiele wird das folgende Kapitel eingehen. Doch der Todesmoment gilt der barocken Teleologie zufolge, die ja nicht heidnisch, sondern originär christlich geprägt ist, nicht als tragisch, sondern eher als ersehnter Moment der Einswerdung mit Gott. „Das christliche Heilsversprechen widerspricht grundsätzlich jeder tragischen Perspektive im antiken Sinn“[33], wie Borgstedt vielleicht etwas zu apodiktisch formuliert. Zwar ist der Tote für die Hinterbliebenen – für die anderen Figuren wie auch für das Publikum der Trauerspiele – verstummt und seine sprachliche Absenz wird in der Immanenz als bedrohliche Leere erfahrbar. Dies sollen die Gläubigen im Sinne des lutherischen *sola fide* aber nicht als Unsicherheit verstehen, denn der Eingang in die Transzendenz ist nicht faktisch oder durch Wunder zu bezeugen wie im Katholizismus, sondern individuell zu glauben. „Die Heilserwartung findet ausschließlich auf einer geistigen Ebene statt“ , auf einem „visionären Horizont“[34], während auf der Ebene des Innerweltlich-Realen in der Regel die ungläubigen Protagonisten und die Tyrannen triumphieren.

Gleichwohl gibt es im Trauerspiel Ansätze eines Schweigens, die sich auf Rosenzweigs Konzept der ‚tragischen Lautlosigkeit‘ und ‚schweigenden Verselbstung‘ beziehen lassen. Wie ausgeführt, unterscheidet er zwei Formen von Schweigen, wovon nur eine als tragisch zu bezeichnen ist. Sie siedelt sich außerhalb der Parameter menschlicher Kommunikation an und ist ein irreversibler innerer Rückzug des Selbst. Es lassen sich zwei Ebenen benennen, in denen ein solcher Rückzug im Trauerspiel zu finden ist: zum einen die ‚innere Emigration‘ von Märtyrerfiguren vor und während ihrer Tortur, zum anderen das Phänomen der Dissoziation von Sprache und Sinn bei Figuren, die dem Wahnsinn verfallen.

In den protestantischen Märtyrerstücken, besonders bei Gryphius und Hallmann, geht dem Tod des Märtyrers ein innerer Rückzug aus der Welt voraus, der bewirkt, dass die Figur bereits ‚leblos‘ (d. h. affektlos) ist, bevor sie ihren physischen Tod erleidet. Während aber das Heroische in der antiken Tragödie nach Rosenzweig mit einer Auflehnung gegen die Götter einher geht, mit einem ausgeprägten, individuierenden Trotz, der zur Isolation und schließlich zum Tod führt, fügen sich

33 Borgstedt 2000, S. 54.
34 Ebd., S. 48 f.

die Märtyrer *per definitionem* passiv in ihr als gottgewollt angesehenes Schicksal, sie lehnen sich keineswegs dagegen auf. Benjamin nennt das Märtyrerdrama daher an einer Stelle eine „Parodie der Tragödie“[35] – wenn nämlich der „christliche Glaubensheld“ ohne den geringsten Widerstand stirbt. Er gleicht darin dem antiken ‚Modell‘ Sokrates‘, der „freiwillig, in namenloser Überlegenheit und ohne Trotz verstummt [...], wo er schweigt“, wohingegen der Tragödienheld „vor der Gewalt des Todes zurückschauert“.[36]

Eine derartige Polarisierung von antiker Tragödie und barockem Trauerspiel aber ist unhaltbar, wenn man etwa an die existenziellen Angstbeschreibungen in Gryphius‘ *Catharina von Georgien* denkt, das als eines der mustergültigsten protestantischen Märtyrerstücke gilt. Catharina artikuliert zu Beginn des Stückes in einem langen Monolog ihre Gefühle der Einsamkeit und der kreatürlichen Angst:

> Jst jmand auff der Welt der meine Noth beklag!
> Der/ ob ich lebend sey/ ob ich verschiden/ frag!
> Jch weiß es selber nicht. Mein Leben ist beschlossen;
> Doch schnaub' ich in der Angst. Mein Blutt ist nicht vergossen;
> Doch bin ich mehr denn Todt die Erde deckt mich nicht;
> Doch schleust deß Kerckers Grufft mein trübes Angesicht. (I, 291–96)

Wie Hans-Jürgen Schings betont hat, haben fast alle Monologe Catharinas die Form eines Gebets[37], so auch dieser erste, in dem sie sich mit einem Appell direkt an Gott wendet: „Beherrscher diser Welt [...] wie lange sol ich leiden? | Wenn heissest du die Seel' aus diesen Glidern scheiden?“ (I, 227–30). Deutlich wird hier zweierlei: Catharina leidet am Leben, das für sie aufgrund des erfahrenen Unglücks nur noch eine Qual ist, doch zugleich hat sie zumindest zu Beginn des Stücks eine existenzielle Furcht vor dem Sterben. An einer Stelle spricht sie sogar davon, dass die „Angst“ ihr inneres Freiheitsgefühl unwiderruflich „versehrt“ habe.[38]

Diese Gemütsregungen passen „so gar nicht in das Bild einer unangreifbaren stoischen Heroine“[39]; es sind Erfahrungen „menschlicher Hinfälligkeit“, von denen auch die Märtyrer nicht frei sind, ja die zum „christlich-kreatürlichen ‚Realismus‘“[40] notwendig hinzugehören: einerseits, da sie der *imitatio Christi* dienen, der ja im Garten von Gethsemane auch Angst und Todestraurigkeit empfunden hat; andererseits, da sie dem Zustand der Welt nach dem Sündenfall entsprechen. „Catharina fühlt die Angst der leidenden Kreatur in einer heillosen Welt. Aber sie

35 Benjamin 1988, S. 94.
36 Ebd., S. 95.
37 Vgl. Hans-Jürgen Schings. „Catharina von Georgien oder Bewehrete Beständigkeit“. *Die Dramen des Andreas Gryphius*. Hrsg. von Gerhard Kaiser. Stuttgart 1968. 35–72, S. 64.
38 „[A]ls wir frey/ als die noch zarte Brust | Nicht durch die Angst versehrt“ (IV, 151 f.).
39 Schings 1968, S. 61.
40 Ebd., S. 63.

überwindet diese Angst vermöge der Constantia."[41] Es ist diese Bewährung im Angesicht des Leids, die auf die Zuschauer konsolatorische Wirkung ausüben soll.[42] Der innere Wandel vollzieht sich, als Catharina von der Befreiung ihres Sohnes hört, was sie als innergeschichtliches Zeichen göttlichen Beistands interpretiert: „Nun acht ich keiner Schmertzen | Der Sturm der Angst vergeht! die Last von meinem Hertzen | Verfällt auff dise Stund! Ach / Ketten/ Noth und Stein | sind mir ein Kinderspil" (I, 365 ff.). Auch die Ankunft der Gesandten und die von Salome initiierte Intrige zu ihrer eigenen Befreiung erlebt sie als solches.

Catharina von Georgien ist eine paradigmatische ‚Heldenfigur', wie sie die zeitgenössische Poetik, etwa Harsdörffers *Poetischer Trichter*, definiert.[43] Auch Catharina selbst artikuliert diese Konzeption ihrem Wiedersacher Chach Abas gegenüber explizit, wenn sie sagt: „Der ist der höchste Fürst der selbst sich überwindet." (I, 820) und so sein Unterworfensein unter das sinnliche Begehren mit ihrer sich herausbildenden Standhaftigkeit kontrastiert. Zu erwägen ist, ob sich Catharinas affektiver Wandel und die stoische Akzeptanz ihres Untergangs ungeachtet der oben genannten Einwände als tragisches Schweigen verstehen lassen. Dagegen spricht offensichtlich, dass sie ihr Schicksal willentlich auf sich nimmt, dass sie ohne „Trotz" (von dem gleichwohl mehrmals die Rede ist[44]) aus dem Leben scheidet und dass ihr Untergang in keiner direkten Relation zum Willen und Walten göttlicher Macht steht. Auch Günter Ott argumentiert dagegen, insofern seines Erachtens bei Gryphius streng genommen allein die Frage der „richtigen Erkenntnis der Heilsordnung" behandelt wird, so dass es allein als tragisch zu bezeichnen wäre, „wenn der Mensch diese Ordnung nicht erkennen würde und dadurch sein Seelenheil verscherzte. Wenn im Barock von ‚Tragik' gesprochen werden kann, dann nur in diesem Sinne."[45] Diese Einschränkung greift aber zu kurz. So spricht etwa der Umstand, dass Catharina selbst den Weg des Todes wählt und sich nicht durch Chachs verführerischen Heiratsantrag kompromittieren lässt, für die Existenz tragischer Elemente in dieser Figur. Auch die Beschreibung ihres inneren Rückzugs vor und während der mortalen Folter erinnert an die von Rosenzweig dargestellte tragische ‚Verselbstung'. Catharina lässt die entsetzlichsten Qualen klaglos über sich ergehen; ihr zuletzt eintretender Tod ist ein wil-

---

41 Ebd.; vgl im Gegensatz dazu: Borgstedt 2000, der den Umschlag nicht der *constantia*, sondern der Erfahrung göttlicher Gnade zuschreibt.

42 Vgl. Schings 1980, S. 36 f.

43 „Der Held/ welchen der Poet in dem Trauerspiel auffführet/ soll ein Exempel seyn aller vollkommenden Tugenden/ und von der Untreue seiner Freunde/ und Feinde betrübet werden; jedoch dergestalt/ daß er sich in allen Begebenheiten großmütig erweise und den Schmerzten welche mit Seufftzen/ Erheben der Stimm/ und vielen Klageworten hervorbricht/ mit Tapferkeit überwinde." Georg Philipp Harsdörffer. *Poetischer Trichter. Die Teutsche Dicht- und Reimkunst/ ohne Behuf der Lateinischen Sprache/ in VI. Stunden einzugiessen*. Nachdruck der Ausgabe Nürnberg 1648–53. Hildesheim und New York 1971, T. 2, S. 84.

44 Z. B.: I, 829 und II, 118.

45 Ott 1985, S. 271.

lentliches Verstummen, in dem Augenblick, als sie sich ganz mit Jesu fühlt (V, 123). Als sie dann dem im Wahnsinn verfallenen Chach nach ihrem Tod als Vision erscheint, ist es eben ihre Stummheit, die ihm unheimlich ist, und die er in einer langen Anrede abzuwehren sucht (V, 345–430).

Schließlich ist auch die im Stück mehrfach sich vollziehende Peripetie als tragisch zu bezeichnen: der misslingende politische Befreiungsversuch durch die georgischen und reussischen Gesandten, die Entscheidung Chachs, sie freizulassen und die Übermittlung dieser Nachricht durch den Gesandten zu einem Zeitpunkt, als der Tyrann sie bereits wieder revidiert hatte.[46] Das Stück enthält somit zwar tragische Elemente – teilweise in direkter Korrespondenz zur antiken Tragödienkonzeption –, die christliche Heilsthematik im engeren Sinne lässt sich jedoch kaum mit der Gattungskonzeption vereinbaren. Andere Autoren, so etwa Clemens Heselhaus, haben die Abfolge unterschiedlicher Tragödienmodelle innerhalb der *Catharina von Georgien* konstatiert: von der Staatstragödie, zur Tugendtragödie zur Märtyrertragödie.[47] Das tragische Element ist in Bezug auf die ,Heldenfigur' eingeschränkt durch die Martyrologie – was bei den tragischen Figuren Lohensteins, zum Beispiel Cleopatra oder Sophonisbe, anders ist. In der Märtyrertragödie wird das Tragische oft in den weltlichen Teilbereich verwiesen.[48] So besteht etwa die tragische Funktion des reussischen Gesandten in *Catharina von Georgien* darin, durch seinen Rettungsversuch den Untergang der Königin eigentlich erst herbeizuführen, was er auch selbst erkennt: „Armselige! muß ich/ weil ich dich wil befreyen/ | Zum Werckzeug deinen Qual mich selbst vnwissend leihen?" (V, 205 f.). Ähnlich ist es auch in *Leo Armenius*, wo Theodosia den Kaiser anfleht, die Hinrichtung des Michael Balbus aufgrund der Christnacht zu verschieben, was dazu führt, dass der Kaiser getötet wird.

Diese „Tragik des Menschen, dessen Rede sich gegen ihn selbst wenden kann"[49], wie Peter Szondi über eben dieses Trauerspiel schreibt, besteht u. a. darin, dass Theodosia sich ihrer Verantwortung, ihrem unwissentlichen Schuldigwerden, bewusst wird, wie sie es in den Versen „Der ist/ es ist nicht ohn/ der Grausamst auff der Erden/ | Der durch Mitleiden muß sein eig'ner Hencker werden" (V, 367 f.) formuliert. In *Papinianus* ist es die Figur der trauernden Plautia, die als Kontrastfigur zum stoischen Papinianus und seinem Sohn dem Stück ein Element des Tragischen gibt. Dieses zeigt sich beispielhaft in ihrer stummen Gebärdensprache, dem pathischen Verstummen vor der finalen, möglicherweise im Tod endenden Ohnmacht.[50]

---

46 Vgl. zur tragischen Verlaufskurve im Scheitern des Rettungsversuchs in *Catharina von Georgien* wie auch in *Carolus Stuardus*: Borgstedt 2000, S. 54–57.

47 Vgl. Clemens Heselhaus. „Gryphius' ,Catharina von Georgien'". *Das deutsche Drama* 1. Hrsg. von Benno von Wiese. Düsseldorf 1958. 25–60, S. 39.

48 Vgl. Borgstedt 2000, S. 54.

49 Peter Szondi. *Versuch über das Tragische*. Frankfurt a. M. 1961, S. 82.

50 Auf diese Szene geht das anschließende Kapitel ausführlich ein.

Als zweite Ebene einer ‚tragischen Unmündigkeit' im Sinne Rosenzweigs lässt sich der Wahnsinn interpretieren, als eine irreversible sprachliche Regression des Selbst aus der Gemeinschaft, wie sie mehrere Hauptfiguren ereilt. Beispielhaft sei Theodosia erwähnt, die im Angesicht des zerstückelten Leichnams ihres Mannes den Verstand verliert. Theodosia erfährt den Schicksalsschlag – wie viele Figuren in den Tragödien des 17. Jahrhunderts – durch eine Vision: Ein „herber Traum" (V, 6), in dem ihr ihre verstorbene Mutter erschien, habe sie erschreckt, teilt sie zu Beginn der fünften Abhandlung dem Oberen Priester mit. Diese habe ihr prophezeit: „[D]ein herrschen laufft zu ende. | Auff! wo es nicht zu späht (wo man noch retten kann | Nach dem der Todt schon greifft) und rette Sohn vnd Mann. | Die heil'ge Nacht bedeckt die höchsten Missethaten | Die sicher Kirche; Mord!" (V, 28–32).

Sobald Theodosia den Traum berichtet hat, erscheinen dann tatsächlich ein Priester, der bei der Weihnachtsmesse anwesend war, und ein Bote. Beide berichten vom Mord an Leo Armenius, der von den Tätern fast wie ein Ritualmord vollzogen wurde und in aller Ausführlichkeit und Grausamkeit beschrieben wird. Die Kaiserin reagiert auf diese Nachricht mit der folgenden, ‚entäußerten' Rede:

Wer weinen mag der weine!
Der Augen Qvell erstarrt. Wie ists! wird unser Hertz
Jn harten Stahl verkehrt? rückt uns der grimme Schmertz/
Das fühlen auß der Brust? Wird unser Leib zur Leichen?
Komm wo der Wetterstrahl/ das Haupt nicht wil erreichen:
Wo fern die Erde taub: kom du/ gewünschter Tod!
Du Ende schwartzer Angst/ du Port der wilden Noth!
Wir ruffen den umbsonst/ der die Betrübten meidet:
Vnd nur den Geist anfällt der keine Drangsal leidet.
Komm't ihr! ihr Mörder komm't. Vnd kühlt den heissen Mutt
Die hell-entbrandte Rach'/ in dieser Adern Blutt.
Der Fürst ist noch nicht hin. Weil wir die Glieder regen;
Er lebt in dieser Brust. Komm't an/ und stost den Degen
Durch diß/ das in mir kloppft. Ein schnelles untergehn
Jst ein gewisser Trost/ wenn man nicht mehr kan stehn. (V, 176–90)

Theodosia bittet um einen schnellen und instanziellen Tod. Sie glaubt, dass Gott ihr nicht helfen wird, da er in Momenten des Leids nicht präsent ist („Wir ruffen den umbsonst/ der die Betrübten meidet: | Vnd nur den Geist anfällt der keine Drangsal leidet"). Sie fleht daher die – nicht anwesenden – Mörder Leos an, sie ebenfalls zu erstechen. Der barocken Teleologie zufolge ist dies ein erstes Anzeichen ihres Verzweiflungswahns (und nicht etwa ihres Abfalls vom Glauben): Sie verliert das Vertrauen in Gott.

Als sie auf die Verschwörer trifft, bittet sie sie inständig um den Tod, der ihr aber auch von Michael Balbus, den sie durch ihre Intervention zuvor schonen wollte nicht gewährt wird. Von seiner Seite ist diese Ablehnung durchaus strategisch, wie er ihr unumwunden ins Gesicht sagt, als sei sie bereits eine *persona non grata*: „Mir nutzt dein sterben nicht/ dein Leben kan nicht schaden | Mir kan dein leben ruhm/ dein sterben Haß auffladen".[51] Am Leichnam Leos schließlich, der gänzlich entstellt ist – „Was können wir erkennen/ | Das nicht zuschlagen sey? ist hier ein Glied zu nennen/ | Das nicht das Schwert zustückt?" (V, 424 f.) – nehmen ihre Visionen überhand, indem sie ihre Affekte auf ein ‚Sprechen' des stummen Leichnams überträgt:

> Weh' uns/ wo ist er selbst? schaut/ sein nicht schuldig Blutt
> Gereitzt durch unser Angst/ sprützt eine neue Flutt
> Durch alle Wunden vor! sein Blutt rufft embsig Rache!
> Ob seine Lippe stum. (V, 429–32)

Michael fordert nach dieser Rede der Trauernden, dass der Leichnam weggeschafft werde, woraufhin Theodosia sich auf Leos Körper niederwirft: „Wir wündschen (last uns hir) wir wündschen zu entschlaffen | Auff dem erblasten Mund'/ auff der gelibten Brust" (V, 436 f.). Auf dem Leichnam ihres Mannes liegend, hat sie weitere Visionen, darunter die, dass er ihr die Tränen „mit linder Hand" (V, 441) abwischt und „Schwert und Brand" auf „der Verrähter Haupt" schüttet (V, 442 f.), woraufhin einer der Verschworenen, scheinbar teilnahmsvoll äußert: „Der Schmertz hat sie bezwungen! | Sie raast vor höchster Angst" (V, 443 f.) und sie von Michaels Verbündeten beiseite geschafft wird.

Die Reaktion Theodosias ist kein pathisches Verstummen im Sinne eines Redeabbruchs. Dennoch kann sie als Form einer tragischen Erlangung von ‚Unmündigkeit' verstanden werden. Diese besteht primär darin, dass sich ihre Rede immer weniger an ein faktisches Gegenüber wendet; sie spricht stattdessen mit dem Geist ihrer Mutter, mit den nicht anwesenden Mördern und mit einem Leichnam. Dargestellt wird eine irreversible Abkehr von sozialer Kommunikationsfähigkeit und somit, im Sinne Rosenzweigs, eine sukzessive Isolation und Einkehr des Selbst. Wie Rosenzweig anhand der Figur des Gilgamesch ausführt, entsteht dieses ‚innere Schweigen' in Konfrontation mit dem Tod. Theodosias Totenklage führt nicht zum sprachlichen Entzug, wie es der Pathosformel der Trauer entspräche, sondern zum Redeexzess, was aber einen vergleichbaren Effekt hat. Sie spricht mit dem verstummten Körper ihres Mannes, bringt ihn zum ‚sprechen' und löscht so die eigene Rede aus. Derart gleicht sie sich dem Modus des Stummen – als Kennzeichen des Todes – mimetisch an und wird so zu einer tragischen Heldin, die ihr Schweigen ‚in die Grenzen ihres physischen Selbst förmlich einschließen muss', wie Benjamin formliert hat. Ihr Schweigen wird also nicht dargestellt, sondern verschlossen – man könnte auch sagen, verschwiegen.

---

51 Diese Verse finden sich nur in der Erstausgabe von 1650, in der Werkausgabe 1657, die Gryphius selbst betreut hat, sind sie verkürzt. Die Ausgabe von 1650 liegt der Reclam-Ausgabe sowie dem Band von Schöne 1963 zugrunde, die von 1657 der Ausgabe des Klassiker-Verlags. Vgl. Gryphius 1991, S. 109 (V, 403 f.); Schöne 1963, S. 533. Andreas Gryphius. *Leo Armenius. Trauerspiel.* Hrsg. von Peter Rusterholz. Stuttgart 1971, S. 105 (V 403 f.).

## 2. Affektdarstellung und pathisches Schweigen

### *‚Unaussprechlichkeit' als verweisender Affektausdruck*

Schweigen als faktischer Redeabbruch ist im Drama des Barock, im Gegensatz zur späteren Dramatik, etwa der Empfindsamkeit oder des Sturm- und Drang, unüblich. Die Figuren setzen ihre elaborierte, syntaktisch abgerundete, dem Versmaß gemäße und von zahlreichen Stilfiguren gezierte Rede auch im höchsten Affekt fort, ja es ist in solchen Momenten geradezu eine sprachliche Hypertrophie zu beobachten. Erika Geisenhof zufolge sucht die Figurenrede, zumindest bei Gryphius, weniger die Leidenschaften mimetisch nachzuahmen, als dass eine „Umsetzung der seelischen Bewegung in eine gesteigerte Sprachbewegung" stattfindet. Die Emotionalität wird ausgedrückt, indem „die Spannung in das sprachliche Gefüge selbst aufgenommen wird".[52] Während ein affektives Schweigen als Innehalten und sprachliche Zäsur, nicht nur bei Gryphius, sondern in der deutschsprachigen Dramatik des 17. Jahrhunderts insgesamt, äußerst selten ist – auf einige wenige Ausnahmen wird im Verlauf dieses Kapitels eingegangen –, ist die sprachlich artikulierte Pathosformel der ‚Unsagbarkeit' häufig zu finden, wie einige Beispiele veranschaulichen mögen. Schweigen wird hier nicht vollzogen, sondern als rhetorische Formel aufgerufen.

Diese Formel findet sich in den schlesischen Trauerspielen immer wieder. Sie ist im Prinzip auf alle intensiven Emotionen und Befindlichkeiten applizierbar – so etwa auf Schmerz („O Schmertz! der unaußsprechlich beist und reist"[53]), Unglück („Ach nein! das Unglück ist unmöglich auszusprechen"[54]), Elend („wo find Jch Wort, ein Elend außzusprechen/ | Das unaußsprechlich ist?"[55]), Qual („Itzt sehe ich der Heyrath schönes Ende/ | Das mich unaussprechlich quählt"[56]), Kummer („Ein Kummer/ welchen kaum die Zunge melden kan"[57]), Entsetzen („Die Zunge starret mir/ daß Jch kaum sprechen kan!"[58]), Scham („Verzeihe/ grosser Fürst. Ich darf mein Laster kaum | Eröfnen. [...] | Die Zunge stammelt mir/ wenn ich es aus

52 Erika Geisenhof. *Die Darstellung der Leidenschaften in den Trauerspielen des Andreas Gryphius*. Heidelberg 1958, S. 155.
53 Reyen der Frauenzimmer in Gryphius' *Papinianus* (II, 304).
54 Himilco in Lohensteins *Sophonisbe* (I, 259).
55 Plautia in Gryphius' *Papinianus* (IV, 199 f.).
56 Catharina in Hallmanns *Catharina* (IV, 7 f.).
57 Fatima in Lohensteins *Ibrahim Sultan* (III, 138).
58 Der Bischoff von Rochester in Hallmanns *Catharina* (II, 36).
59 Sophonisbe in Lohensteins *Sophonisbe* (II, 334–36).
60 Papias in Gryphius' *Leo Armenius* (III, 301 f.).

wil sprechen.“[59]), Erschrecken („Die Zunge stammelt mir | Für schrecken“[60]), Wut und Furcht („Die Zungen waren uns vor Grimm und Furcht gebunden“[61]) oder Liebe („Die Zunge wird durchs Band der Liebe mir gehemmt“[62]).

Affekte derart über Schweigen zu figurieren, macht ‚Unaussprechlichkeit‘ zu einer Pathosformel mit hohem Gebrauchswert. Auffällig ist nicht nur, dass die Figuren das Versagen der Sprache konstant verbalisieren – anstatt tatsächlich zu verstummen – sondern darüber hinaus, dass sie in ihrer Rede über die sie überwältigenden Gefühle oft den Affekt benennen, von dem sie ergriffen sind und der die beklagte Sprachnot hervorruft. Es ist, als sei Schweigen zwar als Ausdruck intensivster Affekte dramaturgisch erforderlich[63], seine Ambivalenz und Uneindeutigkeit jedoch durch Reintegration in das System der Affekte – *ira, timor, horror, miseria, felix* usw. – zu reduzieren.[64] Geisenhof zufolge liegt diese Notwendigkeit der begrifflichen Benennung der Affekte in der zeitgenössischen Psychologie begründet, welche seelische Vorgänge grundsätzlich als affektive Bewegungen fasst.[65] Die Leidenschaften werden unter Bezugnahme auf die Rhetorik Julius Caesar Scaligers als *forma*, als die formgebende Substanz aller Handlungen aufgefasst.[66] Indem etwa Gryphius die Affekte, „die ihre Figuren bewegen, nicht nur darstellt, sondern auch beim Namen nennt“, erfüllt er diesen Anspruch als ein „konsequentes, wenn auch naives, Motivationsprinzip“.[67]

Die Figuren handeln sich mit der begrifflichen Benennung ihres Gefühls und dem gleichzeitigen Verweis auf den Unsagbarkeitstopos Probleme ein: Zum einen wirkt die Glaubwürdigkeit der Affektivität gebrochen, sobald sie sich als eine fundamental nicht-artikulierbare ausgibt, sich aber gleichwohl ausspricht. Zum anderen ist ihre metafigürliche Rede über das Nicht-Reden-Können sowohl ein Eingeständnis der Überwältigung durch den Affekt als auch, mittels Benennung, der Versuch der sprachlichen Ermächtigung über denselben – die Figurenrede drückt paradoxerweise beides zugleich aus. Zudem steht die Austauschbarkeit der verbal-affektiven Reaktion, wie sie in der obigen Zitatfolge deutlich wird – der immer

---

61 Cardenio in Gryphius' *Cardenio und Celinde* (I, 458).

62 Masanissa in Lohensteins *Sophonisbe* (III, 67).

63 Vgl. Schings 1980, S. 22.

64 Zur Systematik der Affekte vgl.: Erwin Rothermund. „Der Affekt als literarischer Gegenstand: Zur Theorie und Darstellung der Passiones im 17. Jahrhundert“. *Die nicht mehr schönen Künste. Grenzphänomene des Ästhetischen.* Hrsg. von Hans Robert Jauß. München 1968. 238–69, S. 245–48; Reinhart Meyer-Kalkus. *Wollust und Grausamkeit. Affektenlehre und Affektdarstellung in Lohensteins Dramatik.* Göttingen 1986, S. 46–51; Claus-Michael Ort. „Affektenlehre“. *Die Literatur des 17. Jahrhunderts.* Hrsg. von Albert Meier. München 1999. 124–39, S. 129–34.

65 Vgl. Geisenhof 1958, S. 104.

66 Vgl. Jean-Louis Raffy. „Leidenschaft und Gnade in Gryphius' Trauerspielen“. *Die Affekte und ihre Repräsentation in der deutschen Literatur der frühen Neuzeit.* Hrsg. von Jean-Daniel Krebs. Bern 1996. 189–206, S. 191.

67 Ebd.

gleichartige Verweis auf die Unaussprechlichkeit des Gefühls, ganz unabhängig von der Art des Affekts –, im Widerspruch zur Auffassung der semiotischen Unterschiedlichkeit der Leidenschaften und ihrer Pathognomien.[68]

In den bisher diskutierten Textstellen ging es primär darum, dass eine Figur ihre Sprachohnmacht artikuliert. Zumeist verläuft ihre Rede nach dem Schema ‚ich kann vor [Nennung des Affekts] nicht sprechen'. Demgegenüber steht eine weitere Form des Verstummens im Drama, bei der nicht die Figur selbst es ‚äußert' und deutet, sondern diese Aufgabe einer anderen Figur zukommt, was dann zu dem Schema ‚er/sie kann vor [Nennung des Affekts] nicht sprechen', führt. Auch hier wird nicht das pathische Verstummen an sich bemerkt und verbalisiert, sondern der vermeintlich zugrundeliegende Affekt wird begrifflich benannt. Die Protagonisten werden jeweils von einem bestimmten Affekt – und nicht von problematischeren ‚Mischtypen' – überwältigt.

So ruft zum Beispiel Salome, eine der Jungfrauen Catharina von Georgiens, nachdem sie der Königin berichtete, dass ihr Sohn, Prinz Tamaras, sie aus ihrer Gefangenschaft zu befreien sucht: „O GOtt! sie kan vor Lust nichts sprechen! | Sie zittert! sie bestirbt!" (I, 362 f.). Oder in Lohensteins *Sophonisbe* beobachtet und (miss-)deutet Scipio Masanissas pathisches Verstummen, auf die Nachricht hin, dass Sophonisbe gefangen nach Rom geführt werden muss:

> SCIPIO. Jedoch halt! Masaniß! Es fällt uns noch was ein:
> Wo bleibet Sophonisb'? Auch diese muß noch sein
> Die Beute der Stadt Rom. Er schweiget! er erblasset!
> Er zittert! was für Angst/ was für Erschrecknüs fasset
> Dir Hertz und Antlitz an? MASANISS. Ach! Scipio! SCIPIO. Sag an.
> MASAN. Ach! Sophonisbe! SCIPIO. Nun/ was ist es? MASAN. Ach! ich kan
> Nicht sprechen! SCIP. Träumet dir? ermunter Hertz und Sinnen!
> MASAN. Ach! Sophonisbe sol – SCIP. was sol sie? MASAN. nicht entrinnen?
> SCIPIO. Ja recht/ sie sol nach Rom noch heute sein geschickt.
> MASAN. So wird mein Lebens-Drat/ mein Glücks-Compas verrückt.
> (IV, 203–12)

Scipio erkennt die emotionale Veränderung in seinem Gegenüber, kann diese jedoch zunächst nicht verstehen – was sich daran zeigt, dass er Schweigen, Erblassen und Zittern als Zeichen der Angst oder des Erschreckens deutet. Der affektiv überwältigte Masanissa artikuliert zunächst nur Klagelaute, dann formuliert er ein Nicht-Sprechen-Können, schließlich versucht er, das für ihn Entsetzliche zu artikulieren, bricht aber mitten im Satz wieder ab. Es folgt ein Gedankenstrich, der den Redeabbruch kennzeichnet, und Scipio setzt den Alexandrinervers mit einer weiteren Nachfrage fort. Im weiteren Verlauf des Dialogs sucht Masanissa seine Liebe zu Sophonisbe zunächst durch Fragen und metaphorische Andeutungen aus-

68 Vgl. Rothermund 1968, S. 245.

zudrücken, bis Scipio ihn ganz direkt fragt: „Hat Masanissa sich vielleicht in sie verliebet?“ (IV, 217), und sich die Situation auflöst.

In Lohensteins *Epicharis* spricht der kaisertreue Flavius Scevinus, als er dem Freigelassenen Milichus im Angesicht Neros mit Folter droht: „Schaut wie das Hertze bebt dem schlimmsten Ubelthäter! | Er zittert/ er verstummt! Sein Angstschweiß gibt an Tag: | Daß kein Verläumbdungs-Pfeil der Unschuld schaden mag.“ (III, 376–78). Das Verstummen wird als Angstausdruck interpretiert, dies wird durch die beschriebenen körpersprachlichen Zeichen noch verstärkt. Der „Angstschweiß“ gilt als authentisch und beredt, er wird als Beweismittel instrumentalisiert. Milichus’ unwillkürliche körperliche Reaktionen werden in Worte gefasst – vielleicht werden sie in diesen auch erst kreiert –, um ihn als Lügner zu entlarven.

Ähnlich wird auch in *Leo Armenius* das Schweigen einer Figur von einer anderen strategisch ausgedeutet, indem sie es als affektives, beredtes Verstummen interpretiert. So dringt Michael Balbus auf den kaiserlichen Geheimen Rat Exabolius ein, weil dieser auf die Frage nach seinem Verhältnis zum Kaiser nur wortkarg geantwortet hatte:

Wie so bestürtzt? so still? so einsam! so betrübet!
Wo geht der Seuffzer hin? hat Er den du gelibet;
Hat Leo/ der nunmehr auch keiner Freunde schont/
Mit Vngunst/ wie er pflegt/ den langen Dienst belohnt?
Er schweigt/ er kehrt sich umb! was gilts ich hab es troffen!
Hat einer denn nicht mehr als solchen Danck zu hoffen? (I, 255–60)

Michael interpretiert Exabolius’ knappe Antwort als Enttäuschung und Traurigkeit. Als er dessen Gefühle – an seiner statt – in Worte fasst, beobachtet er die körpersprachliche Reaktion des Geheimrats genau, und als dieser weiterhin stumm bleibt und sich überdies von ihm abwendet, fasst er dies als nonverbale Bestätigung seiner Vermutung auf. Im Verlauf seiner langen Replik artikuliert Michael dann Verständnis für diese Gefühle. Doch er täuscht sein Mitgefühl nur vor, um Exabolius für sich und die gegen den Kaiser gerichtete Verschwörung zu gewinnen. Wortreich beschreibt er die Fehler und moralischen Defizite des Kaisers, während Exabolius ihm schweigend zuhört. Schließlich wirft er ein: „Mein Freund! der freye Mund bringt dich in höchste Noth. | Wo fern uns jemand hört/ so bist du lebend todt“ (I, 281 f.), worauf Michael in eine vorgespielte Klage darüber ausbricht, „daß nicht mehr erlaubet auszusprechen; | Was leider mehr denn wahr.“ (I, 283 f.). Im Gegensatz zu den bisher untersuchten Textstellen, die Schweigen beziehungsweise Verstummen als unwillkürlichen und daher umso authentischeren Affektausdruck deuten, wird das affektive Nicht-Sprechen des Gegenübers hier sowie in dem vorangegangenen Zitat funktionalisiert. Es wird als untrügliches Zeichen fixiert, was der interpretierenden Person Spielraum für eigene manipulierende Deutungen des verstummten – also depotenzierten – Gegenübers gibt.

Als beredt gelten insbesondere die Augen, die dem Nicht-Ausdruck des Mundes unwillkürlich entgegenwirken. Mehrfach wird diese doppelte Botschaft aus verstummtem Mund und ‚sprechenden' Augen in die antithetische Struktur der zwei Alexandrinerhälften überführt, so etwa in der Selbstbeschreibung der Catharina von Georgien bei Gryphius: „Diß Auge stelt euch vor/ ob schon die Lippen schweig't" (III, 56), wo sie ihr stoisches Verstummen mit der Beredtsamkeit ihres leidenden Antlitzes kontrastiert[69], oder in einer Replik Papinians, die Gryphius in Klammern gesetzt hat: „Sein Aug' entdeckt mir was/ ob wol die Lippe schweiget!" (I, 204): Papinian spricht hier mit dem Kämmerer der Kaiserwitwe Julia über die Neigung des amtierenden Kaisers Bassian, ihrem Stiefsohn, ihm selbst gegenüber. Dessen Aufrichtigkeit erkennt er, auch wenn sie nicht verbal artikuliert wird. So ist der Vers in Klammern eine Art Einschub, in dem Papinian heimlich eine Beobachtung artikuliert, während er davor und danach auf rationaler Ebene argumentiert.

Bassian wiederum fordert seinen Bedienten Cleander an einer Stelle auf, ihm seine Beobachtung der Audienz bei der Stiefmutter Julia mitzuteilen:

> Meld'/ und verhöl uns nichts wie Sie dich hab empfangen.
> Ob Sie: wie und wie fern/ mit Worten sich vergangen/
> Mit kurtzem: Jhr Geberd'. Ein schweigend' Aug' entdeckt
> Offt mehr/ denn Furcht und Zwang und stummer Mund versteckt. (III, 67–70)

Hier wird an die höfische Kunst der heimlichen Observation des Gegenübers appelliert, die jenseits der Worte die wahre, verborgene Botschaft zu erkennen sucht. Im Unterschied zu den beiden zitierten antithetischen Versen ist das dem „stumme[n] Mund" gegenübergestellte „Auge" hier nicht sprechend, sondern erhält ebenfalls das Attribut „schweigend", was aber wohl nicht auf eine mangelnde Expressivität zielt, sondern darauf, dass es – ähnlich dem zeitgenössischen ästhetischen Diskurs über die bildende Kunst – als eine Art nonverbales ‚Bildmedium' verstanden wird, das visuell wahrzunehmen ist.

Nach Reinhart Meyer-Kalkus stellt „die Theatralik der Affekte ganz generell ein Charakteristikum des Affektverständnisses im Barockzeitalter"[70] dar. Diese These beinhaltet zwei Dimensionen. Einerseits besagt sie, dass Affekte dem zeitgenössischen Denken zufolge überhaupt nur ‚da' sind, insofern sie sich zeigen, d. h. sich als äußere Regungen am Körper manifestieren (ein Gefühlsverständnis, das etwa

69 Die gesamte Passage lautet: „Was ihr anitzt begehret | Jst wenig für die Gunst die uns eur Fürst erzeigt! | Diß Auge stelt euch vor/ ob schon die Lippe schweig't | Daß nichts als lauter Weh/ als Ach und grimme Schmertzen | Als Mord/ Verläumbdung/ Haß/ Verräther-tolles Schertzen/ | Vnd eine Flut von Blut/ und höchster Tyranney/ | Vnd Hencker/ Brand und Pfahl euch vorzustellen sey!" (III, 54–60).

70 Meyer-Kalkus 1986, S. 64; siehe auch: Erika Fischer-Lichte. *Semiotik des Theaters. Eine Einführung* 2: Vom ‚künstlichen' zum ‚natürlichen' Zeichen – Theater des Barock und der Aufklärung. 2. Aufl. Tübingen 1989, S. 45–56.

dem des 18. Jahrhunderts, welches von Gefühlen als innerpsychischen Regungen, die sich erst sekundär äußerlich manifestieren, ausgeht, konträr ist[71]). Andererseits aber eröffnet der theatrale und zeichenhafte Charakter der Affekte die prinzipielle Möglichkeit, diese zu simulieren und zu dissimulieren, was im Hinblick auf die Pathosformel der Unsagbarkeit relativ einfach ist und insbesondere in der Liebesrhetorik seinen Platz hat (vgl. dazu Kapitel IV.3). Während die Barockforschung im Hinblick auf die Affekte ihren Schwerpunkt bisher einerseits auf die Thematik der Affektbeherrschung (seitens der Protagonisten) legte, andererseits auf die Frage der Affektbeurteilung (seitens der Autoren[72]), soll hier die Frage der Affektdarstellung im Mittelpunkt stehen, und zwar konkret, wie sie sich in der paradoxen Form der ‚Unsagbarkeit' äußert.

## *Sprachloses Leid*

In den oben zitierten Repliken geht es immer darum, dass eine Figur sich affektiv überwältigt fühlt und dieses Erleiden durch den Verweis auf ein Schweigen artikuliert. Es handelt sich also im Wesentlichen um die rhetorische (Meta-)Figur der Aposiopese, die im Barock als Affektfigur vielfach verwendet wurde. Christian Weise führt in seinem *Gelehrte[n] Redner* (1692) unter der Überschrift „Ich kan vor Betrübnüß nicht reden" eine eindrucksvolle Liste von Redewendungen über das affektive Schweigen an, allerdings ohne auf die Figur der Aposiopese hinzuweisen:

> Das Bekümmernüs hat mir den Mund verschlossen.
> Der Schmertz raubt mir die Worte von der Zunge weg.
> Das Betrübnüs schämet sich der vielfältigen Worte.
> Die Angst hat auch über meine Rede zu gebieten.
> Meine Traurigkeit wird mein blödes Stillschweigen *excusiren* müssen.
> Die Hertzens=Angst hat mir ein Schloß vor die Lippen gelegt.
> Das Leidwesen hat mir auch die Sprache verboten.
> Die Noth hat sich als eine Last auff meine Zunge gelegt.
> Die Traurigkeit ist reich an Thränen/ allein trefflich arm an Worten.
> Das Bekümmernüs hat auch den Schlüssel zur Rede verlohren.[73]

Diese Aufzählung entstammt dem Kapitel „Von der zierlichen *Expression*", was besonders fragile Fragen und Aspekte der Rhetorik behandelt. Dass Weise hier kei-

71 Vgl. Hartmut Böhme. „Gefühl". *Vom Menschen. Handbuch Historische Anthropologie.* Hrsg. von Christoph Wulf. Weinheim u. a. 1997. 525–48; Claudia Benthien u. a. „Einleitung". *Emotionalität. Zur Geschichte der Gefühle.* Hrsg. von dens. Köln und Weimar 2000, S. 11 f.

72 So hält etwa Borgstedt, im Anschluss an Meyer-Kalkus und andere fest, dass Lohensteins Anthropologie den Affekten im Vergleich mit Gryphius, eine positivere Bedeutung beimisst. Borgstedt 1992, S. 82–93. Auch Rothermund spricht unter Bezugnahme auf Wilhelm Dilthey vom „Lebenswert" der Affekte im 17. Jahrhundert. Rothermund 1968, S. 241.

73 Weise 1692, S. 1020.

ne Systematik aller Affekte anstrebt, ist sofort ersichtlich, schließlich werden drei Affekte zweifach genannt, zahlreiche andere Leitaffekte dafür überhaupt nicht. Erwähnung finden ausschließlich Gefühle der Niedergeschlagenheit, der Melancholie, der Trauer oder des Leidens. Ihren Gehalt findet die Aufzählung daher weniger in der Ausdifferenzierung aller Affekte als vielmehr in einem umfassenden Register von Redewendungen und Metaphern, die Unsagbarkeit codieren. Impliziert wird, nicht zuletzt durch die Überschrift, dass die Art und Weise, wie diese ausgedrückt wird, einen poetischen Überschuss beinhaltet.

Die Bildhaftigkeit der Sprache orientiert sich erstens an der Semantik und Topik des oralen Raums und entwirft Bilder unterschiedlicher physischer ‚Beschränkungen' – eine Last auf der Zunge, ein Schloss vor den Lippen, aus dem Mund geraubte Worte usw. Diese poetischen Bilder stehen im Einklang mit leitenden Körperbildern der Emblematik und Klugheitslehren des ‚Stillschweigens' (wie in den Kapiteln II.1 und III.1 dargelegt). Ferner billigen die Redewendungen den Affekten Subjektstatus zu, indem sie als diejenigen bezeichnet werden, die selbst etwas empfinden oder ausführen, etwa wenn es heißt, dass die „Betrübnüs" sich schäme, dass das „Leidwesen" ein Verbot ausspreche. Eine solche Personifikation der Affekte findet sich häufig in den Reyen der Trauerspiele, wo unterschiedliche Leidenschaften auftreten, sich selbst beschreiben und miteinander über ihren Wert für den Menschen debattieren.[74] In Weises Liste haben die Affekte die explizite Aufgabe, etwas zu verhindern, nämlich den verbalen Ausdruck ihrer Selbst.

Die Affekte stehen seit der Antike in einer engen Beziehung zur Problematik der Repräsentation, was traditionell besonders für die hier angesprochene Gruppe der Niedergeschlagenheit und des Klagens galt. Ralf Konersmann zufolge wird hinsichtlich des antiken Topos der ‚Darstellbarkeit des Undarstellbaren' oft auf das Beispiel des griechischen Malers Timanthes von Kythnos verwiesen, der sich die Opferung der Iphigenie als Motiv gewählt hatte.[75] Der Legende nach stellt der Maler die intensiven Emotionen in den Gesichtern der umstehenden Personen dar, erkennt dann aber, dass ihm die Mittel versagen, auch die Trauer des Vaters Agamemnon abzubilden. Denn neben dem Schmerz über den Verlust der Tochter hatte er sich dem Mythos zufolge auch die Schuld an ihrem Tod anzurechnen, da er selbst es war, der sie auf der Fahrt nach Troja opferte, um den von Artemis gesandten Gegenwind zu stoppen. Timanthes setzt bei der Darstellung Agamemnons daher einen Kunstgriff ein: Er verhüllt das Gesicht des Vaters mit einem Schleier. Das Sichtbare wird so nicht abbildhaft, sondern als ein verweisen-

---

74 So etwa im ersten und dritten Reyen in Lohensteins *Sophonisbe*. Vgl. dazu auch; Pierre Béhar. „Leidenschaften ‚in vitro' bei Lohenstein". *Die Affekte und ihre Repräsentation in der deutschen Literatur der frühen Neuzeit*. Hrsg. von Jean-Daniel Krebs. Bern 1996. 223–30, S. 225 f.

75 Ralf Konersmann. *Der Schleier des Timanthes. Perspektiven der historischen Semantik*. Frankfurt a. M. 1994, S. 13.

des Zeichen verstanden, als „uneigentliche Darstellung des eigentlich Undarstellbaren“.[76]

Heinrich Mühlpfort beschreibt das *aptum* eines solchen uneigentlichen Repräsentationsmodus von Trauer in dem Begräbnislied *Auff eine Leiche* (1687). Es beklagt die Trauer um eine verstorbene Frau und richtet sich an den Witwer:

Ich kan nicht weiter sprechen/
Da doch Beredsamkeit bey diesem tieffen Leid
Das beste solte thun: ich sag/ ich fließ in Thränen/
Und bring an Trostes statt ein Schmertzensreiches Sehnen.
Ach ewiger Verlust! die Feder wird wie Bley/
Und die Vernunfft erligt das Unglück anzusagen/
Ein Hochgebohrne Frau wird Heute hingetragen/
Und unter tausend Ach! der Grufft gesetztet bey. | [...]
Welch Mahler bildet mir die Liebe hier recht ab?
Nimm Künstler ein Gemähl/ mach ein verdeckt Gesichte/
Von schwartzem Trauer=Flor/ der Leib häng im Gewichte/
Die Füsse faß ein Meer/ das seine Fluth herab
Mit ungestüme geust/ und mitten in dem Hertze
Brenn in zertheilter Loh ein angeflammte Kertze/
Die Kertze/ mahl hernach/ wie Sie alsbald verlescht/
Und Aschen von sich wirfft/ die alles überdecken/
Setz etwas näher zu/ Bestürtzung/ Angst und Schrecken/
Wie sich ein gantzes Volck in Jammer=Wellen wäscht/
Dann reg auch ein Geschrey/ ein Heulen und ein Wimmern/
Ein warmes Thränen=Bad und häuffiges Bekümmern/
So fehlt dein Pinsel doch/ und ist gar nichts gethan.
Es macht der Kinder Tod die Niobe zu Steinen/
Erlauchter/ sein Gemahl erweckt nicht nur ein Weinen/
Sie greifft das Hertze selbst und Seel und Geister an. | [...]
Welch Redner gibt an Tag/ und sagt beweglich an/
Wie Hochgebohrner Herr die Liebst' ihn hat gesegnet/
Mit was vor Freundlichkeit sie ihm zuletzt begegnet/
Wie war sein hoher Sinn bey ihrem Abschied dran?
Obschon die Wörter schwach von ihrem Munde sprungen/
So sind sie Pfeilen gleich doch in die Seel gedrungen/ | [...]
Die Wunde will noch nicht/ daß man ihr Pflaster bring/
Je neuer etwas ist/ je minder läst sichs rühren/
Sonst würd ich meinen Trost in langen Reimen führen.[77]

---

76 Ebd.

77 Heinrich Mühlpfort. „Auff eine Leiche“. *Poetischer Gedichte Ander Theil.* Breslau 1687, S. 26–30 (SPK Yi 8301–2). Das sehr lange Gedicht wird hier nur auszugshaft zitiert.

Mühlpfort macht deutlich, dass auch der stärkste Affektausdruck empathischer Trauer misslingen muss. Maler und Rhetor müssen trotz – oder wegen – ihrer künstlerischen Ausdruckskompetenzen versagen, es bleibt ihnen nichts als der andeutende, aber verhüllende Darstellungsmodus. Selbst der von Konersmann referierte Topos des verhüllten Gesichts („Nimm Künstler ein Gemähl/ mach ein verdeckt Gesichte/ | Von schwartzem Trauer=Flor") kann als ikonisches Zeichen nicht akzeptiert werden, sondern muss als ‚Fehlen' des Pinsels beurteilt werden. Der Dichter selbst steht in gewissem Sinne über diesem Misslingen, insofern er zu Beginn des Zitats von einem affektiven Verstummen spricht, das ihn ereilt. Was er dann doch dichtet, findet unter diesen Vorzeichen der Negation statt. Einzig akzeptabler Ausdruck der Trauer ist das Erstarren zu Stein, wofür das Exempel der trauernden Niobe steht.

Gisela Ecker hat ebenfalls betont, dass es gerade Affekte der Trauer und der Klage sind, die ein fundamentales Darstellungsproblem bergen. Ihr zufolge geht dieses besonders mit einem Entzug der Sprache und einer Aufwertung von Gebärden einher: „Mit dem Topos der ‚Unsagbarkeit' und ‚Unaussprechlichkeit' des Schmerzes begründet sich bereits der Vorrang der Gesten beim Trauern; der Schriftsprache wird die Körpersprache vorangestellt, die ‚Beredsamkeit des Leibes' muss für den Mangel in der Sprache einstehen."[78] In Gryphius' Trauerspiel *Papinianus* findet sich eine eindringliche Beschreibung der Kaiserwitwe Julia, die ihren ermordeten Sohn Geta beklagt und dabei von den Höflingen ihres Stiefsohnes Bassian, der den Halbbruder ermorden ließ, beobachtet wird. Ihr Auftreten wird vom Diener Cleander folgendermaßen beschrieben:

> Biß die Princesse selbst sich in das Zimmer fand/
> Die/ das noch nicht in Eil/ verwechselte Gewand
> Vom Haupte biß auff den Fuß mit schwartzer Seid umbhüllet:
> Da sich der gantze Saal bloß auff jhr wincken stillet.
> Sie saß/ doch war jhr Haupt Mir seitwertes abgewand.
> Und die betrübte Stirn lehnt auff der rechten Hand.
> So bald Jch/ was der Fürst Jhr durch mich an-liß sagen/
> Der ernsten schweigenden umbständlich vorgetragen;
> Strich Sie das schwartze Tuch von Jhrem Antlitz hin/
> Das durch die Finsternüß deß traurens heller schin/
> Wie wenn *Dian* bey Nacht auffgeht mit vollem Lichte;
> [...]. (III, 85–95)

Die Beschreibung der gänzlich schwarz verhüllten, „ernsten schweigenden" entspricht der Ikonographie der Trauernden, insbesondere der trauernden Mutter, wie

78 Vgl. Gisela Ecker. „Trauer zeigen: Inszenierung und die Sorge um den Anderen". *Trauer tragen – Trauer zeigen. Inszenierungen der Geschlechter.* Hrsg. von ders. München 1999. 9–25, S. 17.

sie sich seit dem Mittelalter etabliert hat. Auch der Reyen der jüdischen Priester in Hallmanns *Mariamne* wäre zu nennen, dessen „zweyter Zusatz" mit den Versen endet: „Der grosse Schmertz wil uns zur Erde neigen/ | Und macht/ daß wir erzitternd müssen schweigen!" (III, 415 f.). Das Schweigen und das Senken des Kopfes sind dabei analoge Gebärden der Inexpressivität und der affektiven Schwere.

Wie bereits erwähnt, gibt es eine Affinität zwischen Schweigen und der frühneuzeitlichen Philosophie der Melancholie.[79] Die Figur des Melancholikers kennzeichnet in der Emblematik oft eine Gebärde der Verhüllung und des körperlichen Nicht-Ausdrucks – so etwa die dunkel gekleidete und eine Binde vor dem Mund tragende Figur des *Malenconico* in Cesare Ripas *Iconologia*, einem Emblembuch, dass für die Lohensteinschen Personifizierungen der Affekte in den Reyen von besonderer Bedeutung war.[80]

In Weises Aufzählung wird die Aposiopese nur für bestimmte, nämlich tragische und melancholische Affekte angeführt. Es sind Gefühle der Klage und des Leids, die er auflistet. So findet die Figur in zahllosen Leichpredigten, Todesmeditationen und Gedichten auf Verstorbene Verwendung. Topisch wird sie durch Johannes Bugenhagens berühmte Leichpredigt auf Martin Luther, worin es heißt:

> LIeben freunde/ Ich sol itzt/ vnd wil gern bey dem begrebnis/ vnsers hertz lieben vaters/ D. Martini seligen/ eine Predigt thun/ Was aber/ oder wie sol ich reden/ so ich fur weinen nicht wohl kan ein wort machen: Vnd wer sol euch trösten/ so ich ewr Pfarrher vnd Prediger nicht reden kan: Wo hin kan ich mich von euch wenden: Ich werde on zweiuel mit meiner rede mehr heulens vnd trawrens machen/ Denn wie solten wir nicht alle hertzlich trawren/ so Gott vns dis betrübnis zugeschickt/ vnd den hohen tewren Man/ den Ehrwirdigen D. Martinum Luther/ von vns weg genomen/ durch welcher er vns allen/ vnd allen Kirchen Christi/ inn Deudschen Landen/ auch vielen inn frembden Nationen/ vnaussprechliche gaben vnd gnade erzeiget hat/ durch welchen er auch herrlich obgesieget hat/ wider

---

79 Nach Ecker gibt es eine leitende kulturelle Unterscheidung zwischen dem Ausdruck der Melancholie und dem der Trauer. Erstere ist äußerst beredt und eher dem männlichen Geschlecht zugeordnet, während letztere „ihren kreativen Ausdruck in der nichtsprachlichen Geste sucht" (ebd.) und dem weiblichen Geschlecht attribuiert wird. In den von mir untersuchten frühneuzeitlichen Quellen wird eine solche geschlechterdichotome Aufgabenteilung zuweilen bestätigt – vgl. z. B. den im Kapitel II.1 besprochenen Holzschnitt *D. Martini Luthers nachgelassene Witfraun/ in ihrer Traurung* von Lucas Cranach (Abb. Nr. 18) –, zuweilen widerlegt, z. B. in den hier zitierten Passagen aus den Trauerspielen. Daher wird an dieser Stelle nicht zwischen Trauer und Melancholie unterschieden, obwohl dies in anderen Zusammenhängen durchaus sinnvoll ist und bereits verschiedentlich getan wurde; so u. a. in Sigmund Freuds gleichnamiger Schrift und – darauf bezugnehmend – bei: Werner Röcke. „Die Faszination der Traurigkeit. Inszenierung und Reglementierung von Trauer und Melancholie in der Literatur des Spätmittelalters". *Emotionalität. Zur Geschichte der Gefühle.* Hrsg. von Claudia Benthien u. a. Köln u. a. 2000. 100–18.

80 Vgl. Béhar 1996, S. 228; siehe die Abb. in Ripa 1603/1984, S. 79.

> das Reich des Satans/ wider so mancherley schendliche Abgötterey/ vnd menschen satzung [...].[81]

Noch im Spätbarock wird die Aposiopese als Trauerfigur in ganz ähnlicher Weise verwendet, so etwa in einer Leichpredigt Valentin Ernst Löschers, der mit einer eloquenten „Bescheidenheitsformel"[82] ausdrückt, dass er sich als Sprecher für zu gering hält, seine Schmerzen adäquat zu formulieren und an des Toten Stelle zu sprechen:

> Höchst betrübter! O Jammer=voller Tag! O höchst mühseliges, o Kummer=volles Amt! Solte ich nicht mit Ach und Weh von dieser Trauer=Predigt den Anfang machen, da alles, wo ich mich hinwende, in Thränen ganz zerfließen will. Ich selbst bin einer Presse ähnlich, welche von allen Seiten zugeschraubet wird, da ich nun binnen 4. Monathen zum andern mahle einem treuen Knechte JEsu Christi, den der HERR den Seinen weggerissen, diesen Schmertzens=vollen Dienst erweisen muß, Ihnen aber Worte des Lebens predigen soll. [...] | Ich achte mich zu geringe, daß ich, Seligster, anietzo vor dich reden soll. [...] Was soll ich nur thun! [...] Die Noth möchte Stein harte Herzen redend machen, doch möchte ich lieber schweigen, als reden. O höchst=mühseliges, o Kummervolles Amt! Ich rede hier nicht, wie Redner zu reden pflegen, ich rede nur, weil ich fast selbst nicht weiß, was ich reden soll, daher laßt zu Euch, M. L. den Knecht des HErrn selbst noch einmahl an meiner Stelle reden.[83]

Auf die Beschreibung der eigenen Beklemmung folgt ein Zitat aus dem Buch Hiob in der Übertragung Luthers, das den beklagten Sprachmangel des Redners kompensieren soll.

Auch in den schlesischen Trauerspielen findet sich Unsagbarkeit als Affektformel insbesondere bei Affekten des Leids und der Trauer. So fehlen dem zum Tode verurteilten König Carolus Stuardus in Gryphius' Trauerspiel beim Abschied von seinen Kindern die Worte, seine Gefühle zu artikulieren: „was kan die Zunge sprechen | Die über euch verstumm't?" (II, 370 f.). Carls rhetorische Frage ist mehrdeutig, denn das Verstummen, von dem er spricht, ist nicht nur ein affektives Versagen der Sprache aus Rührung, die er empfindet, als er im Anlitz seines Sohnes die Züge seiner abwesenden Frau erkennt, sondern die Frage drückt auch die Trauer über den tragischen Abschied von seinen beiden jüngsten Kindern aus. Schließlich nimmt sie auch jenen Moment des finalen Sprachverlusts vorweg, der den König im Tode unweigerlich ereilen wird – Carl verbalisiert mit diesem Satz sein eigenes

---

81 Johannes Bugenhagen. *Eine Christliche Predigt, ueber der Leich und begrebnis/ des Ehrwirdigen D. Martini Luthers [...]*. Wittenberg 1546, S. A2v (HAB A: 257.12 Theol. (19)).

82 Ernst Robert Curtius. *Europäische Literatur und lateinisches Mittelalter*. 7. Aufl. Bern und München 1969, S. 93.

83 Valentin Ernst Löscher. *Das Wohl=redende Blut eines unschuldig=getödteten Abels [...]*. Frankfurt a. M. und Leipzig 1726, S. 4 (HAB Ts 89.1 (3)).

Verstummen. Am Ende der Szene formuliert er erneut die Unaussprechlichkeit seines Fühlens:

> Geht! liben Kinder geht! der Vater steht allein!
> Sein Purpur ist entzwey! ihn hült ein Traurkleid ein!
> Doch schreyt sein weinend Hertz! ob gleich die Lippe schweiget
> Zu dem der ewig herrscht und ew'ge Cronen zeiget!
> Auch sein vergossen Blut wird mahlen auff den Sand
> Das Vnrecht das er lidt. (II, 491–96)

Mit dem Oxymoron des ‚stummes Schreiens' seines Herzens beschreibt der König einen Appell an Gott, den nur dieser hören kann. Sein Schweigen ist eine Pathosformel der Demut, eine Akzeptanz des Schicksals in Postfiguration Christi. Doch auch diese stoisch-gefasste Haltung entbehrt nicht der Tragik, wenn der entmachtete König betont, dass er nunmehr ‚allein stehe', gehüllt in nichts als ein – die Sprache substituierendes – „Traurkleid".

Ganz ähnlich ist eine Abschiedsszene in Hallmanns *Theodoricus* gestaltet, wenn Symmachus seiner Tochter vor seiner Hinrichtung ein Armband übergibt, das seine Frau, ihre verstorbene Mutter, ihm schenkte: „Ach Abschied! Ach Geschenk! das unaussprechlich quäl't" (IV, 736), ist ihre Antwort. Im gleichen Stück bittet der im Kerker leidende Agapetus II., kurz bevor er zusammen mit anderen unschuldigen Gefangenen auf Geheiß des Tyrannen „aller Speise und Trancks beraubet/ höchst=jämmerlich verschmachtet"[84], die Gefängniswächter: „Erzehl't/ wenn wir von hinnen scheiden/ | Unser unaussprechlich Leiden" (II, 344 f.). Auch die gefangene Königin Catharina von Georgien rekurriert auf die Unaussprechlichkeit des Leids, wenn sie zu einem Gesandten aus ihrer Heimat über das Schicksal der unterjochten Landsleute sagt:

> Jhr/ die ihr euer Land mit mir schaut gantz verheeren/
> Die ihr mit Angst und Ach und jammerreichen Zehren
> Altar und Herd beweint/ und unaußsprechlich klagt
> Ob der gehäufften Last/ die eure Seele nagt;
> Glaubt/ daß ich eure Qual nicht unbewegt ansehe/
> Daß ich mit euch das Joch an dem ihr ziht/ verschmehe/
> [...]. (I, 593–98)

Mit der *amplificatio* von ‚jammerreichen Zehren', Beweinen und schließlich ‚unaussprechlicher' Klage wird eine Steigerungsformel gewählt, die von der affektiven Expressivität zur sprachlosen Überwältigung führt.

In seinem berühmten Sonett *Threnen des Vaterlandes/ Anno 1636* hat Gryphius im Zusammenhang mit kriegerischer Verwüstung ebenfalls ein pathisches Schweigen als verweisende Darstellungskonvention gewählt:

---

84 Hallmann 1975, S. 8 (aus dem „Jnhalt des Trauer=Spiels").

Doch schweig ich von dem was ärger als der todt.
Was grimmer den die pest/ undt glutt undt hungers noth
Das auch der Selen schatz/ so vielen abgezwungen.[85]

Während in den beiden Dramenzitaten ‚Unsagbarkeit' als Aposiopese für das Leiden steht, verwendet Gryphius die Rhetorik des Schweigens in diesen Versen des Sonetts als *Occupatio (Paralipse)*, als jene rhetorische Figur, die ein bestimmtes Thema ausdrücklich nicht behandelt, wodurch dieses dann besonders betont wird.[86] Der Sprecher schweigt von dem „was ärger als der todt" ist, nämlich von der erzwungenen Konversion, und macht sie daher zu etwas, das über das Sag- und Vorstellbare hinausgeht.

Alles in allem zeigt sich, dass die Dichter sich wiederkehrender ‚Pathosformeln' bedienen, um Affekte, insbesondere solche der Trauer und des Leids, zu gestalten. Die emotionale Ergriffenheit der Figuren führt einerseits zu einer sprachlichen Steigerung, andererseits aber zur Pathosformel des sprachlichen Entzugs und der verbalen ‚Verhüllung', die verweisend auf die Unaussprechlichkeit des Fühlens Bezug nimmt.

### *Exkurs: Die ‚Pathosformel' und das Darstellungsproblem*

Der Begriff der Pathosformel rekurriert auf ein zentrales Konzept des Kunsthistorikers und Kulturwissenschaftlers Aby Warburg. Pathosformeln manifestieren sich nach Warburg in bestimmten, „emotional aufgeladenen Ausdrucksgebärden der Kunst" und werden, indem sie epochenübergreifend wiederkehren, zu „Bildspeichern des kulturellen Gedächtnisses".[87] Warburg entwickelt sein Konzept ikonischer Affektdarstellung anhand der bildenden Kunst der italienischen Renaissance, indem er nachzuweisen sucht, dass die Künstler zur Darstellung leidenschaftlicher Ergriffenheit – zuweilen unbewusst – auf antike Gebärden referieren. Diesem „im Geiste und nach den Worten der heidnischen Vorzeit leidenschaftlich und verständnisvoll nachgefühlte[n] Erlebnis"[88] stellt er einen „barocken antikischen Bewegungsmanierismus"[89] gegenüber, den er zeitgleich in der italienischen Kunst vorfindet und vehement ablehnt. ‚Barock' ist für Warburg weniger die der Renaissance stilgeschichtlich nachfolgende Epoche als vielmehr die Bezeichung für eine überhöhte Expressivität, die er im Manierismus verkörpert sah (er bezieht sich in dem Zitat etwa auf Arbeiten Andrea Mantegnas und des Kreises um Antonio Pollaiuolo).

---

85 Gryphius 1963, Bd. 1, S. 48.

86 Vgl. Ottmers 1996, S. 187.

87 Gabriele Brandstetter. *Tanz-Lektüren. Körperbilder und Raumfiguren der Avantgarde*. Frankfurt a. M. 1995, S. 44 f.

88 Aby Warburg. „Dürer und die italienische Antike". *Die Erneuerung der heidnischen Antike. Kulturwissenschaftliche Beiträge zur Geschichte der europäischen Renaissance*. Nachdruck der Ausgabe 1932. Hrsg. von Horst Bredekamp und Michael Diers. Berlin 1998. 443–450, S. 446.

89 Ebd., S. 448.

Warburg konzipiert den Begriff der Pathosformel als ambivalent. Er steht sowohl für positiv beurteilte Phänomene, in denen es den Künstlern gelingt, „die echt antiken Formeln gesteigerten körperlichen oder seelischen Ausdrucks in den Renaissancestil bewegter Lebensschilderung einzugliedern“[90], als auch für negativ beurteilte, in denen sich die Künstler einer bereits „ausgehöhlten antikischen Pathosformel“ bedienen, wie sie nach und nach „die europäischen Superlative der Gebärdensprache beherrscht“.[91] Diese bezeichnet er als ‚barockes Pathos‘, dessen überhöhter Theatralität und inhaltsleerer Dekorativität seine emphatische Ablehnung gilt. Man kann daher bereits bei Warburg selbst von einem „instrumentellen Charakter der Pathosformel“ sprechen, insofern er „verschiedene Niveaus ihrer Verwendung [kennt]“.[92] Wie Salvatore Settis zurecht betont, ist diese unterschiedliche Wertigkeit bereits in den beiden Bestandteilen des Kompositums enthalten: während ‚Pathos‘ „mit Merkmalen wie Unbeständigkeit, Bewegung, Unmittelbarkeit verbunden ist“, beinhaltet ‚Formel‘ „im Gegensatz dazu Erstarrung, Wiederholung von Stereotypen“.[93] Beide Bestandteile stehen also in einem produktiven Widerspruch.

Settis weist auf den Gebrauch des neutraleren Begriffs der ‚Bildformel‘ hin, der in der klassischen Archäologie zu Beginn des 20. Jahrhunderts für spezielle ikonographische Schemata eingeführt wurde. Während der ikonographische Ausdruck einer Bildformel oftmals über längere Zeiträume gleich bleibt, kann seine Semantik stark variieren – so bezeichnet etwa das antike Figurenschema des ‚gebeugten Knies‘ sowohl das Pathos des Besiegten als auch das des Siegers.[94] Im Unterschied zum eher neutralen, deskriptiven Terminus der ‚Bildformel‘ ist ‚Pathosformel‘ Settis zufolge „ein Wort mit innerer ‚Sprengkraft‘; es schließt in sich sowohl die Starrheit der Formel wie auch den Impetus des Pathos ein: in diesem inneren Spannungsfeld liegen sein Reichtum und seine Fruchtbarkeit.“[95] Es ist diese Dialektik, die das Konzept der Pathosformel auch für den vorliegenden Kontext als hilfreich erscheinen lässt. Dazu ist es freilich notwendig, folgende ‚Umwidmungen‘ zu begründen: erstens die Übertragung des Begriffs auf eine andere Epoche (Barock statt Renaissance), zweitens die Frage nach der Bedeutung des ‚Nachlebens‘ der Antike für das hier untersuchte Quellenkorpus und drittens die Transferierung des Begriffs aus dem Bereich der bildenden Kunst in den der Literatur und des Theaters.

---

90 Ebd., S. 447.

91 Aby Warburg. „Italienische Antike im Zeitalter Rembrandts“, Vortrag gehalten im Mai 1926 in Hamburg. Zitiert nach: Ernst H. Gombrich. *Aby Warburg. Eine intellektuelle Biographie.* Übers. von Matthias Fienbork. Frankfurt a. M. 1981, S. 312.

92 Martin Warnke. „Pathosformel“. *Die Menschenrechte des Auges. Über Aby Warburg.* Werner Hofmann, Georg Syamken und ders. Frankfurt a. M. 1980. 61–69, S. 66.

93 Salvatore Settis. „Pathos und Ethos, Morphologie und Funktion“. *Vorträge aus dem Warburg-Haus* 1. Berlin 1997. 31–73, S. 39.

94 Vgl. ebd., S. 40.

95 Ebd., S. 41.

Der Begriff wurde von Warburg selbst unter Rückgriff auf sprachgeschichtliche Phänomene überhaupt entwickelt. Er bezieht sich auf die Theorie der ‚Suppletivformen' im Bereich der Komparative und Superlative in den indogermanischen Sprachen.[96] Zudem fand er bereits früh produktive Verwendung in der Literaturwissenschaft. Den Anfang bildete Ernst Robert Curtius, der den Begriff der Pathosformel in seiner Studie *Europäische Literatur und lateinisches Mittelalter* (1948) aufgreift, allerdings unter Infragestellung des Primats der Renaissance.[97] Der Begriff wurde auch auf die Literatur der Spätantike appliziert. Dabei wurde jedoch nicht reflektiert, inwiefern das von Warburg deutlich als ‚Nachleben der Antike' in der Renaissance (und ihren Folgeepochen) entwickelte Konzept bereits im ersten Jahrhundert vor Christi wirksam sein kann.[98] Gabriele Brandstetter überträgt den Begriff der Pathosformel auf Phänomene des modernen Tanzes und der Ästhetik zu Beginn des 20. Jahrhunderts und verwendet ihn kontrastiv und korrespondierend zu dem von Curtius adaptierten Begriff der Toposformel. Die leitende Funktion der Pathosformel versteht sie als „Leseformel von gesteigertem Ausdrucksverhalten des Subjekts und von ikonischen Topoi der Affektdarstellung".[99] Der Toposformel hingegen schreibt sie einerseits eine konkrete räumliche Bedeutung zu (als topographische ‚Verortung' der Tanzbewegung), andererseits eine sprachliche, die an die Verwendung in der Rhetorik gemahnt. In allen diesen Adaptionen und Weiterentwicklungen des Pathosformel-Begriffs geht es darum, das Formelhafte und Wiederkehrende am künstlerischen Affektausdruck zu analysieren und es in Bezug zu historisch Vorgängigem zu setzen.

Zwar hat Martin Warnke grundsätzlich recht, wenn er bereits 1980 konstatiert, dass in der breit gefächerten Wirkung der Begriff selbst „zur Formel geronnen"[100] sei, dennoch erscheint er mir für die Deutung der Schweige-Repräsentationen in der Frühen Neuzeit hilfreich. Festzuhalten ist allerdings, dass es sich dabei streng genommen nicht um ein Nachleben der Antike handelt, was insofern evident ist, als im Barockdrama eine grundsätzliche Abwesenheit mythologischer Themen festzustellen ist. In den in dieser Studie untersuchten Bildquellen aus dem 16. und 17. Jahrhundert findet zwar ein umfassender Rückgriff auf antike Figuren und Mythen statt, der Aspekt der pathischen Ergriffenheit spielt aber eine nebensächliche Rolle.

96 Vgl. Gombrich 1970, S. 178.

97 Vgl. Curtius 1969, S. 148 und 209; Ders. „Antike Pathosformeln in der Literatur des Mittelalters". *Gesammelte Aufsätze zur romanischen Philologie.* Bern und München 1960. 23–27.

98 Vgl. Otto Weinrich. „Catull c. 60". *Hermes. Zeitschrift für klassische Philologie* 87 (1959): 75–90. Settis weist darauf hin, dass im Bereich der klassischen Philologie Eduard Fraenke in den 1920er Jahren im Warburg-Haus in Hamburg einen Vortrag hielt, in dem er versuchsweise Warburgs Pathos-Begriff auf die Literatur überträgt. Dieser wurde 1927 in den *Vorträgen der Bibliothek Warburg veröffentlicht.* Vgl. Settis 1997, S. 39.

99 Brandstetter 1995, S. 29.

100 Warnke 1980, S. 62.

Nur auf sehr wenigen Schweige-Bildern ist diese überhaupt ein Thema, während andere Motivierungen überwiegen, insbesondere moralische und prudentistische. In der Barockliteratur – speziell in den Dramen – wird Schweigen demgegenüber sehr wohl als ‚Pathosformel' eingesetzt, allerdings bleibt oft unbestimmt, ob sich dabei Bezüge zur antiken Rhetorik auftun. In Einzelfällen, zum Beispiel in der Verwendung der Aposiopese oder der Occupatio als Affektfiguren liegen solche Bezüge vor, in anderen hingegen, etwa in einigen der in diesem Kapitel angeführten Zitate, sind sie nicht nachzuweisen.

Es erscheint mir dennoch gerechtfertigt, im übergreifenden Sinne von Pathosformeln zu sprechen. Settis hat zu Recht betont, dass bereits Warburg mit diesem Begriff zwei ganz unterschiedliche Phänomene bezeichnete: Einerseits beschreibt der Begriff ein „Repertoire der Ausdrucksformen für Bewegung und leidenschaftliche Erregungen" die von den Künstlern der Antike „deutlich umrissen" werden, dann überliefert und in der Renaissance wiederbelebt werden; andererseits aber wird er als „Klassifizierung der in der figurativen europäischen Tradition verwendeten Formeln" eingesetzt, die „*von den Kunsthistorikern* (insbesondere von Warburg) vorgenommen wurde mit dem Ziel, den Mechanismus dieser Tradition zu begreifen".[101] Es handelt sich also um eine Verwendung, die sowohl die Ebene der Produktion als auch die der Rezeption betrifft. Andreas Haus hat die provokante These aufgestellt, dass Warburgs kunstwissenschaftliches Theorem der Pathosformel „zu einem gewissen Teil den Traditionsfaden der akademischen Kunstlehre des 17. Jahrhunderts weiterführt, obwohl er die barocke Kunst selbst konsequent gemieden"[102] habe. Seines Erachtens sucht Warburg durch seinen systematischen Anspruch an die barocke Affektenlehre anzuknüpfen, allerdings unter Umgehung des künstlerischen Ausdrucks dieser Lehren im Barock, das er als „Synonym für inflationäre Entwertung menschlichen Leidenschaftsausdrucks und für alle Erzeugnisse leerer Rhetorik"[103] verstand.

‚Schweigen' lässt sich mit dem Begriff der Pathosformel beschreiben, wenn es als affektive Leitgebärde wiederholt und formelhaft zum Einsatz kommt. Dass es in der Literatur des 17. Jahrhunderts besondere Verwendung im Affektbereich des Klagens und der Trauer findet, gilt ähnlich für die antiken griechischen Darstellungen, die Warburg in seinem Bilderatlas kontextualisiert. Dort sind es primär weibliche Figuren, welche Leiden (sowie Raserei) verkörpern.[104] Die in den Trau-

101 Settis 1997, S. 41.

102 Andreas Haus. „Leidenschaft und Pathosformel. Auf der Suche nach Bezügen Aby Warburgs zur barocken Affektenlehre". *Europäische Barock-Rezeption.* Hrsg. von Klaus Garber u. a. Wiesbaden 1991. 1319–40, S. 1321.

103 Ebd., S. 1325.

104 U. a. handelt es sich um die folgenden Typen: die verschlingende Magna Mater Kybele, die beraubte Mutter (Niobe), die beleidigte Frau (Medea), die rasende Mänade sowie weibliche Trauergebärden verschiedenster Art. „Der römische Militarismus verwandelt das griechische (weibliche) Leidenspathos in die (männliche) ‚jubelnde Leidenschaft' von Krieg und Triumph". Vgl. Ilsebill Barta-Fliedl. „Vom Triumph zum Seelendrama. Suchen und Finden

erspielen eingesetzte Rhetorik des Schweigens ist erstens als Pathosformel zu bezeichnen, insofern sie die von Settis betonte Dialektik aus formaler Erstarrung und Redundanz einerseits und inhaltlicher Neubelebung und Innovation andererseits zum Ausdruck bringt und zweitens, da sie ganz grundsätzlich ein Grenzphänomen bezeichnet: Schweigen ist eine Pathosformel der Verhüllung, die sich im „Entzug der Darstellung“[105] offenbart. Sie ist eine im Wortsinn ‚erlittene Form‘: Der Nicht-Ausdruck, das Erstarren im Schweigen und die Verweigerung oder Unfähigkeit einer expressiven Manifestation des Affekts selbst ist das, was an ihr pathisch ist.

Möglicherweise ist das Schweigen und Verstummen der Figuren – bzw. die entsprechende Rede darüber – zudem als immanente Kritik am Exzess „barocke[r] Gebärdensprache“[106] zu verstehen, wie er ja auch die Trauerspiele prägt (vgl. dazu die Ausführungen Geisenbergs zu Beginn dieses Kapitels). Schweigen ist ein minimalistischer Expressionsmodus, der verweisend für höchsten Ausdruck einsteht. Dabei lässt sich eine ähnliche Ambivalenz festhalten, wie Warburg sie für die Affektgebärden in der bildenden Kunst Italiens im 16. Jahrhundert diagnostiziert hat: es kann sowohl ein echter, gelingender Ausdruck sein als auch eine hohle, redundante, inauthentische Formel. Wenn hier vom hohen Gebrauchswert der Pathosformel gesprochen wurde, so war damit auch ein solches Moment der Kritik impliziert, das auf den Universalismus ihrer Verwendung – und damit einhergehend auf einen notwendigen Verlust an Prägnanz – zielt.

Es gibt einen letzten Aspekt, den verschiedene Autor/innen betonen und der für diesen Untersuchungszusammenhang interessant ist. Gemeint ist die These von Pathosformeln als „ritualisierte[r] Form der Gefühlskontrolle“[107], und zwar sowohl auf Seiten der Künstler als auch der Kunsthistoriker. In der Kunst wie auch in der Wissenschaft findet durch die Etablierung eines Ausdrucksrepertoires und Gebärdenkanons eine „Bewältigung der triebhaften Handlung“[108] statt, wobei hervorzuheben ist, dass die Pathosformel den Akt dieser Bewältigung selbst noch sichtbar erhält: „Die Pathosformel ist mithin eine symbolische Distanzierung und eine Körper-Bild-Form der Integration des angsterzeugenden Chaos des Triebeinbruchs; und doch werden die Ängste und Leidenschaften in der Bild-Bannung, in der teilweisen Löschung ihrer bedrohlichen Elemente, immer noch ins Gedächtnis gebracht.“[109] Dieser Akt der Besänftigung und „Bild-Bannung“ bleibt in den Pathos-

oder die Abentheuer eines Denklustigen. Anmerkungen zu den gebärdensprachlichen Bilderreihen Aby Warburgs“. *Rhetorik der Leidenschaft. Zur Bildsprache der Kunst im Abendland.* Hrsg. von ders. u. a. Hamburg und München 1999. 179–214, S. 190 und 192.

105 Lehmann 1991.

106 Warburg 1998, S. 448.

107 Settis 1997, S. 41.

108 Brandstetter 1995, S. 44.

109 Ebd.

formeln aber symbolisch eingezeichnet: Sie sind ungestümer Affektausdruck und zugleich kulturell geformte „Engramme leidenschaftlicher Erfahrung".[110] Eben diese Gleichzeitigkeit von Absenz und Präsenz des Affekts lässt sich auf die hier untersuchten Schweige-Gebärden übertragen, insofern auch sie ein Zugleich von Zeigen und Verhüllen, von Ausdruck und Konservierung sind. Wie bereits im Kapitel II.4 ausgeführt, ist die affektive metafigürliche Rede über Unsagbarkeit und Unaussprechlichkeit zugleich eine Überwältigung durch einen Affekt und dessen sprachliche Beherrschung.

### *„Ich schweige!": Formale Lösungsversuche des (tragischen) Verstummens*

Schweigen berührt im Drama ein spezifisches Darstellungsproblem, das sich nicht erst auf die theatrale Bühnendarstellung bezieht, sondern aufgrund des gattungsbedingten Primats mündlicher Rede schon im Textsubstrat vorliegt. In der Moderne werden für die Frage, wie Schweigen in einem dramatischen Text zu repräsentieren sei, unterschiedliche Lösungswege gesucht.[111] Bereits im 17. Jahrhundert aber, das formalen Experimenten gegenüber sehr offen war, gab es unterschiedliche Versuche, das Schweigen bereits auf der Ebene der Schrift bzw. Typographie im Text zu repräsentieren (im Kapitel V.2 zur Mystik wird diese formale Gestaltung anhand ausgewählter Gedichte diskutiert). In den Trauerspielen finden sich vereinzelte Versuche, das inhärente Darstellungsproblem zu lösen.

So sucht etwa Lohenstein das Stammeln der Sprache an einer Stelle in *Ibrahim Bassa* formal abzubilden: „O Vrtheil herbster Rach; o un-aus-sprächlichs wütten; | O stränger Aus-spruch; ach; kan wol der Bluthund schütten | Mehr Elend über uns?" (I, 349–51). Diese Worte spricht Isabelle zu ihrem Mann, dem türkischen Großvisier Ibrahim, als sie erfährt, dass er durch den Kaiser Soliman zu Kerkerhaft und Tod verurteilt wurde. Das Leiden wird hier in die Formel der Unaussprechlichkeit gekleidet, was durch die Bindestriche auch einen Niederschlag im Schriftbild findet. Die Striche zwischen den Silben bilden Isabelles Stammeln ab, die Unaussprechlichkeit wird so selbst „un-aus-sprächlic[h]".[112] Dabei steht die sprachliche ‚Zersetzung' in engem Zusammenhang mit der darzustellenden inneren

---

110 Aby Warburg. „Mnemosyne. Einleitung". *Der Bilderatlas Mnemosyne.* Hrsg. von Martin Warnke u. a. Berlin 2000. 3–6, S. 3.

111 Für einen Abriss der Entwicklungsgeschichte des Schweigens im Dramentext vom 17. bis 20. Jahrhundert vgl.: Benthien/*Präsenz* 2002, S. 197–204.

112 Natürlich wird hier nicht in Abrede gestellt, dass „in barocken Drucken nirgends eine scharfe Grenze zwischen Autorenabsicht, Setzerwillen und Druckfehlern gezogen werden kann", wie Klaus Günther Just in der bibliographischen Einleitung zu eben diesem Stück bemerkt hat. Daniel Casper von Lohenstein. *Türkische Trauerspiele.* Hrsg. von Klaus Günther Just. Stuttgart 1953, S. 8. An der entsprechenden Stelle im Text findet sich jedoch keine Erläuterung für diese ungewöhnliche Schreibweise, daher wird davon ausgegangen, dass es sich um eine intentionale Setzung handelt.

Aufruhr, wie Fischer-Lichte ausführt: „So wie die kunstvoll getürmte Periode in antithetisch strukturierten Versen als Zeichen eines bedeutenden, beständigen Ich zu begreifen ist, so der zerstückelte, in kleinste Teile zerfallene Vers als Zeichen eines von Affekten bestürmten schwachen Ich, beziehungsweise als Zeichen des vollkommenen Ich-Verlusts der sprechenden Figur.“[113]

Hallmann sucht etwa in seinem *Catharina*-Drama die Sprachlosigkeit des Entsetzens abzubilden, die den „auffm Bette schlummernde[n] König“[114] Henricus VIII ereilt, nachdem ihm im Schlaf der Geist seines Bruders Arturus erschien. Als Mittel werden parataktische Ausrufe verwendet:

Ach Liebsten Ach! Wir können kaum erzehlen/
Was unsre Seele drückt!
Ach ach! Was haben wir erblickt!
Ach ach! Was haben wir gesehen!
Ach ach! Es ist umb uns geschehen! (III, 26–30)

Ähnlich wie in Gryphius' *Threnen des Vaterlandes* wird hier die Occupatio eingesetzt, die zusammen mit der parataktisch eingesetzten Exclamatio dem Unaussprechlichen eine Form der Verweisung verleiht.

Hallmann wählt noch einen anderen Weg, um Unaussprechlichkeit darzustellen, nämlich den Einsatz von Klammern innerhalb der Figurenrede, die der Konvention des ‚Beiseite‘ analog, dem ‚Aussprechlichen‘ ein ‚Unaussprechliches‘ gegenüberstellen.[115] In seinem Spätwerk *Liberata* (1700) findet sich dies in jenem skandalösen Augenblick, als der portugiesische König Alphonsus seiner eigenen Tochter Liberata die Liebe gesteht: „Prinzeß! mein Hertze kan Jhr länger nicht verschweigen | Die Flammen unsrer Brunst!“ (III, 109 f.). Anschließend, als sie entsetzt reagiert, führt er eine Folge von historischen Exempeln inszestuöser Liebesbeziehungen an, um sein Begehren zu legitimieren; er nennt u. a. das Beispiel des Königs Antiochus und seiner Mutter, worauf sie antwortet:

LIBERATA. Dort war ein Stif=Sohn nur/ hier aber (ich erzitter!)
ALPHONSUS. Sie melde frey herauß was ihre Sinnen qvählt!
LIBERATA. Hir sol das wahre Kind dem Vater seyn vermählt! (III, 130–32)

Liberatas „ich erzitter!“ steht in Klammern, um anzudeuten, dass sich der Ausruf auf einer anderen expressiven Ebene befindet, als der übrige Vers. Sie richtet ihn an sich selbst, er ist Ausdruck ihrer Scham und ihrer Tugend. Zugleich signifiziert er ein Innehalten ihres Sprechens, wie ihre syntaktisch unvollendete Rede und die anschließende Aufforderung des Vaters, „frey herauß“ zu melden „was ihre Sinnen qvählt“, zeigen.

---

113 Fischer-Lichte 1989, S. 38.
114 Szenenanweisung in: Hallmann 1980, S. 204.
115 Die Funktion der Konvention der Klammer als Beiseite zeigte sich bereits im Kapitel II.2, bei der Diskussion des Librettos des *Croesus*-Singspiels.

Ähnlich verwendet Hallmann das Mittel der ‚eingeklammerten Rede' in *Theodoricus* an zwei Stellen. In einem Dialog zwischen der Prinzessin Amalosuntha und dem Reichskanzler Cassiodorus heißt es:

> CASSIODORUS. [...] Printzeßin/ ach! mir ahnt! mir ahnt! (der Himmel jage
> Was meine Seele drückt/ tief in *Charybdens* Grund!)
> Jedoch der WehmuthsStrahl versiegelt meinen Mund;
> Daß ich –
> AMALOSUNTHA. Wie so bestürtzt? Was peinigt seine Sinnen?
> CASSIODORUS. Mir preß't die Seufzer aus ein künftiges Beginnen. (IV, 266–70)

Im Verlauf des gesamten Gesprächs, das aus nahezu hundert weiteren Versen besteht, in denen ausschließlich Cassiodorus' Plan, sich dem Hof zu entsagen und in ein Kloster zu gehen, behandelt wird, wird nicht deutlich, was er mit diesen eingeklammerten Worten zu verbergen sucht. Möglicherweise handelt es sich um seine zuvor angedeutete Furcht, dass der tyrannische König Theodoricus sich auch an ihm, dem einstigen engen Vertrauten, vergreifen werde (IV, 258–65). Die Funktion der Klammer innerhalb der Replik ist hier eine andere als zuvor. Sie besteht darin, einen Schweige-Appell auszudrücken, den der Sprecher ausschließlich an sich selbst richtet, im Sinne der Theaterkonvention des ‚Beiseite'. Die Rede vor und nach der Klammer bildet eine inhaltliche Einheit: Cassiodorus deutet seine schlimmen Ahnungen an, doch das ihn überwältigende Gefühl der Trauer – der „WehmuthsStrahl" – verschließt seinen Mund. Die von Hallmann gewählte formale Lösung der Klammer ermöglicht eine mehrdimensionale Rede. Man erfährt, dass der Protagonist etwas aus Klugheit verschweigt und zugleich wird vermittelt, dass er dies mit einer affektiven Unsagbarkeits-Rhetorik verbirgt: Schweigen wird hier durch Schweigen verhüllt. In dieser Dialogpassage findet sich auch ein tatsächlicher Redeabbruch, wie er in den Dramen des Barock äußerst selten ist: Cassiodorus' Replik endet mitten im Vers, nach nur zwei Silben, mit einem Gedankenstrich. Amalosuntha komplettiert den Alexandriner zwar durch ihre beiden Fragen, aber es ist deutlich, dass sie Cassiodorus nicht unterbricht, sondern vielmehr inhaltlich auf die Zäsur, auf sein Verstummen, zu reagieren sucht.

Demgegenüber steht ein weiteres Beispiel aus *Theodoricus*, in welchem Flavius, der Diener der beiden durch den König verbannten, „berühmten und hochgelahrten Römer"[116], Symmachus und Boëtius, diesen übermitteln muss, dass Theodoricus sie hinrichten lassen will. Auf Boëtius' bange Frage „[w]ie stehts?" (IV, 513) antwortet Flavius: „Ach/ ach! Es stehet/ | Es stehet! Ja es steh't! (die Sprach' entgehet! | Jch muß vor Wehmuth mich verscharren in die Grufft.)" (IV, 513–15). Erneut wird die Klage über den Verlust der Sprache in Klammern gesetzt, um anzudeuten, dass sich diese Rede primär an den Sprecher selbst richtet, der sich

116 Personenverzeichnis in: Hallmann 1975, S. 13.

unfähig fühlt, mehr als ein Stammeln zu artikulieren. Und auch hier wird das existenzielle Gefühl der „Wehmuth" mit dem Wunsch nach Verbergen, ja nach einem Zustand des Todes gleichgesetzt. Diese Pathosformel des Sprachverlusts, die zugleich eine Gebärde der Schamhaftigkeit und Devotion gegenüber den beiden Dienstherren ist, wird aber von Symmachus nicht akzeptiert, der darauf beharrt, dass der Diener seinen „Schmertz" bezwinge, sich „aus der Klufft | Unnöth'ger Raserei" entreiße (IV, 516 f.) und Bericht erstatte – was er schließlich auch tut.

Ein weiteres Mittel des ‚Schweigens im Text' zeigt sich in einer Dialogpassage in Lohensteins *Ibrahim Bassa*. Es ist jener Moment, in dem Isabelle durch den Bassa Achmat erfährt, dass ihr Mann hingerichtet wurde; der Übermittler muss ihr sogar das abgetrennte Haupt Ibrahims bringen:

> ACHM. Wahr ists zwar; aber ach!
> Ach! das ich schweigen möcht! ISAB. Sein schmertz lehrt das die Rach
> Auf uns noch wilder haußt als furch und arg-wohn meinte.
> ACHM. Ich schweige! dieses Haupt ist Vhrsach das ich weinte.
> ISAB. Ach Gott! ach weh! ach weh! wo bin ich? wie ist mir?
> Ach! wie geschicht mir? ach! (V, 269–74)

Achmats Klage beginnt mit dem verbalisierten Wunsch, schweigen zu können – was Isabelle als Ausdruck des Entsetzlichen deutet. Mit dem Ausruf „[i]ch schweige!" verwickelt er sich aufgrund der gewählten Tempusform des Präsens in einen performativen Selbstwiderspruch, denn er behauptet das Gegenteil dessen, was er mit seinem Sprechen vollzieht. Zwar ließe sich das Präsens auch futuristisch lesen, aber dann müsste er im Anschluss schweigen, was er nicht tut. Es ist dies eine ‚antiperformative' Äußerung, die sich selbst im Vollzug unweigerlich wiederlegt. Doch als Achmat das blutige Haupt Ibrahims vorzeigt, gelingt es ihm tatsächlich ‚schweigend zu sprechen', indem er es an seiner statt reden lässt. Dieser Anblick löst bei Isabelle eine Folge unartikulierter Klagerufe aus – es ist eine sprachliche „Pathographie"[117], die ihren Schock deutlich zeigt.

Gryphius wiederum lässt in einer Szene tatsächlich eine Figur in ihrer Totenklage verstummen – gemeint ist die diesbezüglich bereits mehrfach analysierte[118] und auch hier schon erwähnte pantomimische Szene aus der fünften Abhandlung des *Papinianus*, in der Plautia den Tod ihres Mannes und ihres Sohnes betrauert. Die von Gryphius eingefügte Regieanweisung lautet:

> Beyde Leichen werden auff zweyen Traur-Betten von Papiniani Dinern auf den Schaw-Platz getragen/ und einander gegenüber gestellet. Plautia redet nichts ferner/ sondern gehet höchst-traurig von einer Leichen zu der andern/ küsset zuweilen die Häubter und Hände biß Sie zuletzt auff Papiniani Leichnam ohnmächtig sincket/ und durch jhre Stadt-Jungfern den Leichen nachgetragen wird.[119]

117 Rothermund 1968, S. 257.
118 Vgl. u. a. Geisenhof 1958, S. 148.
119 Gryphius 1991, S. 417.

Plautias Klage, die sich zunächst verbal äußert („O Sohn! O Vater! O gestürtztes Vaterland!“ (V, 413)), findet ihren wahren Ausdruck im Verstummen und schließlich in der Ohnmacht. Dieses Verstummen ist final, sie wird in diesem Stück nicht wieder das Wort ergreifen. Es ist dies einer der seltenen Momente, in dem das Primat der Sprache vom Dramatiker bewusst gebrochen wird. Der „Reyen der Frauen“ (bei dem es sich nicht um einen den Akt beschließenden Reyen handelt, sondern um eine Figurengruppe innerhalb der Abhandlung) kommentiert diese Szene, in der auch die Eltern des Papinian, Eugenia und Hostilius, anwesend sind:

> Der arme Vater kan der überhaufften Zehren/
> Sich/ was Er Sich auch sucht zu zwingen/ nicht erwehren
> Das pfnutzen dringt hervor! nur *Plautien* gebricht
> Das weinen mit der Red‘: Jtzt schlägt sie das Gesicht
> Auff Jhres Libsten Leich/ und starrt ob seiner Wangen/
> Und küst sein bluttig Haubt. Jtzt eilt Sie zu umbfangen/
> Deß Sohns enthalsten Leib/ Jhr zweifelnd Geist erschrickt:
> Und streitet wo die Lib ein grösser Leid erblickt. (V, 451–58)

Es hat den Anschein, als bedürfe die – für das Trauerspiel ungewöhnliche – stumme Szene, in der einer Figur „mit der Red“ sogar das Weinen „gebricht“, eines Kommentars, der das, was sich den Zuschauern visuell darbietet, verbal dupliziert.

Wenn Erwin Rothermund zugespitzt formuliert hat, „daß das 17. Jahrhundert die Passionen dargestellt, das 18. aber ihre ästhetische Problematik reflektiert habe“[120], so ist dies also, zumindest im Hinblick auf die ästhetische Repräsentation des Schweigens und Verstummens, zu relativieren. Natürlich handelt es sich bei den zitierten Passagen um Einzelfälle, gleichwohl zeigen sie deutlich, dass die Barockdichtung durchaus innovativ darin ist, ästhetische Lösungsversuche für die Darstellung des Undarstellbaren anzubieten. Das Schweigen stellt ein Grenzphänomen des Affektiven dar – es ist eine Form der Verhüllung des Affekts und zugleich dessen ultimativer Ausdruck.

---

120 Rothermund 1968, S. 239.

## 3. Liebesdiskurs und Unsagbarkeitstopos in der Lyrik

### *Sprachlose Beredsamkeit der Liebe*

„Erato erstarrete und erblaßte zugleich über diesem Worte. Diese Unbeweglichkeit aber gab genung zu verstehen: daß das Stillschweigen nicht weniger in Schmertzen/ als in der Liebe eine grosse Beredtsamkeit wäre."[121] Dieses Zitat aus Lohensteins *Arminius*-Roman verdeutlicht exemplarisch, inwieweit es im Denken des 17. Jahrhunderts neben Leid und Trauer einen zweiten Affektbereich gibt, der für das Verstummen und die Eloquenz des Körpers von herausragender Bedeutung ist, den der Liebe. Mehr noch als in den Feldern der politischen Klugheit, der Intrigen und des höfischen Sozialverhaltens ist das Sprachlose im Bereich der erotischen Liebe beheimatet, da es hier nicht allein um das Erkennen der aufrichtigen Gefühle des Gegenübers hinter dessen sozialen Masken und möglicherweise inauthentischer Rede geht, sondern weil die Sprachlosigkeit bereits ein zentraler Teil des Liebescodes selbst ist, wie er sich bereits im Mittelalter etablierte.[122] Nach Niklas Luhmann gehört die „Inkommunikabilität von Echtheit"[123] untrennbar zur Semantik des *amour passion*, der sich – nicht zuletzt mit Hilfe der Literatur – im 17. Jahrhundert ausdifferenzierte.

Otho Vaenius zeigt in seinen *Amorum Emblemata* (1608) einen Amor, der einer unter einem Baum sitzenden Dame ein Blatt mit einem von zwei Pfeilen durchbohrten Herzen entgegenhält (Abb. 48). Während Amor seinen Blick zu Boden senkt, schaut die Dame mit pathetischem Gesichtsausdruck intensiv auf das Blatt, so als würde sich eben dort ihr Geliebter befinden. Dem von Cornelius Boel angefertigten Kupferstich gegenüber findet sich ein Epigramm, das mit leichten Varianten dreifach (in Latein, Italienisch und Französisch) abgedruckt ist. Zu Beginn wird eine Seneca-Sentenz zitiert, *Quid sentiam ostendere malim qvam loqui* (‚was ich fühle, kann nichts so schlecht wie die Sprache ausdrücken'). Das französische Epigramm mit der Überschrift *Plustost monstrer que dire* stellt dar, warum die ‚wahren Liebenden' oft stumm sind; sie vermeiden es, ‚vergoldete Worte' und einen ‚höflichen Diskurs' zum Ausdruck ihres Gefühls einzusetzen – und ihn damit prinzipiell zu verfälschen.[124]

---

121 Lohenstein 1689/1973, Bd. 2, S. 451.

122 Vgl. Katharina Wallmann. *Minnebedingtes Schweigen. Minnesang, Lied und Minnerede des 12. bis 16. Jahrhunderts.* Bern u. a. 1985.

123 Niklas Luhmann. *Liebe als Passion. Zur Codierung von Intimität.* 5. Aufl. Frankfurt a. M. 1990, S. 54.

124 „[I]'Aime mieux par effect descouurir mon courage, | Que par des mots dorez & vn gentil discours: | Aussi voit on souuvent muëts les vrays amours, | Aux quels nous sert l'effect de plus seur tesmoignage." Vaenius 1608/1970, S. 46.

Abb. 48: *Plustost monstrer que dire*, Kupferstich aus: Otho Vaenius. *Amorum Emblemata*. Antwerpen 1608, entworfen von Vaenius, gestochen von Cornelius Boel

Insbesondere die ‚Augensprache' ist es, die das Vermeiden oder auch Versagen der Worte zu kompensieren vermag. So lauten die ersten beiden Strophen von Georg Rodolf Weckherlins Ode *Stumme red der Lieb*:

WAn (Myrta) reden vnd stillzuschweigen
Zumahl verhindert vnser glick/
So laß vns vnser hertz bezeugen
Durch sich besprachende anblick;
  Dan Amor/ den wir allzeit ehren/
  Wirt solche stumme sprach vns lehren.
Laß die anblick hin vnd her fliegen/
Getreuwe botten deiner gunst/
Der Neyder torheit zu betriegen/
Die doll vnd dölpisch zu der kunst;
  Dan Amor/ welchen sie nicht ehren/
  Wirt sie die stumme sprach nicht lehren!

Es sei der Liebesgott, der den Verliebten, wenn ihnen vor Glück die Sprache ermangele, die „stumme sprach" der Augen lehre. Einer solchen intimen und zugleich diskreten Kommunikation der Blicke wird in der vierten Strophe die unsinnliche Sprache der von Liebe nicht ergriffenen „schwetzer" gegenüber gestellt:

> Vnd also wöllen wir betriegen
> Der falschen schwetzer müh und layd/
> Vnd doppelt vns nach lust vernüegen
> In jhrem Neyd vnd vnsrer Frewd:
>     Weil sie (torrecht) Amorn nicht ehren/
>     Wirt Er sie dise sprach nicht lehren.[125]

Ganz ähnlich heißt es in Paul Flemings Gedicht *Er redet der Liebsten Augen an/ die er umbfinge*: „Ihr beyde thut mir kundt/ | Ihr stummen Redner ihr/ worvon ich itzt noch sunge: | Verschweigets gleich ihr Mund/ und sagts nicht die Zunge/ | Ihr sagt es ohne Zung'/ und redets ohne Mund."[126] Die Augensprache widerspricht der Wortsprache, sie spricht stumm aus, was der Mund nicht sagen kann.

Dass das Gefühl der Liebe in der Frühen Neuzeit als unkommunizierbar gilt, hat drei unterschiedliche Auswirkungen. Zum einen folgt daraus, dass sie nicht durch Sprache bewiesen werden kann, sondern primär durch den dem Liebescode nach Luhmann zugeordneten „symbiotischen Mechanismus"[127], der ‚sprachlosen Sprache' der Sexualität. Diese wird zum unhintergehbaren Referenzpunkt des Gefühls, zu dessen einzig legitimen Beweis. Die Inkommunikabilität ist mit dem Liebesdiskurs zweitens eng verbunden, insofern sie darin selbst zum leitenden Thema wird: Man spricht darüber, nicht sprechen zu können, ganz ähnlich, wie dies bereits unter dem Stichwort einer sprachlichen Pathosformel der Unsagbarkeit diskutiert wurde. Im Unterschied dazu wird die Sprachlosigkeit hier aber nicht nur momentan erlitten, um sie möglichst wieder zu überwinden, sondern sie ist essenzieller Teil des Codes und somit (behaupteter) Dauerzustand. Drittens – und darauf geht Luhmann in seiner Studie über *Liebe als Passion* aus evidenten Gründen nicht näher ein[128] – gibt es in der Liebes-Interaktion eine eklatante Aufwertung der Ebene des Nonverbalen und der körperlichen Expressivität, die der verbalen Inkommunikabilität entgegenwirken.

Besonders wichtig ist hierbei die (attribuierte) Unmöglichkeit, den Affekt zu verbergen. So spricht etwa die Prinzessin Erato im *Arminius*-Roman über ihr Gefühl zu Zeno, welches sich mit „stummer Zunge" unweigerlich artikuliere:

---

125 Georg-Rodolf Weckherlin. *Weltliche Gedichte, Oden und Gesänge*. Amsterdam 1648, S. 394 f. (SPK Yh 8785).

126 Fleming 1642/1969, S. 636 f.

127 Vgl. Luhmann 1990, S. 31 f.

128 Dies würde seine starke, aber auch schematisierende These von den „symbolisch generalisierten Kommunikationsmedien", denen jeweils ein „symbiotischer Mechanismus" zugeordnet wird, der den für die menschliche Kommunikation unerlässlichen Körperbezug bildet, in Frage stellen. Vgl. ebd., S. 22 und 31.

> Wahrlich! ich kan meine Liebe für dem nicht verbergen/ dessen scharffsinniger Geist aller Menschen Heimlichkeit ergründet/ die er nur anschaut. Was mühe ich mich aber/ meine Liebe auf den Teppicht zu breiten? sie selbst legt sich an den Tag/ und ist schwerer zu verstecken/ als das Tage=Licht. Sie redet mit stummer Zunge/ und verräthet sich mit jedem Blicke.[129]

Ähnlich offenbart Chach Abas in *Catharina von Georgien* seinem Geheimsten Rat, dass die Liebe zur Königin Catharina ihm am Gesicht und an seinen physischen Reaktionen ablesbar sei:

> O Blinder! du verstehst nicht was die Libe kan!
> Kom her bethörter Mensch; schau deinen Fürsten an!
> Gib acht auff sein Gesicht/ auff sein stets-heisses Sehnen/
> Auff den erblasten Mund/ und immer-neue Tränen [...]. (II, 67–70)

In beiden Fällen werden die körperlichen ‚Symptome' von der Person, die die Liebespassion erleidet, selbst artikuliert – sie spürt, dass sich das mit dem Verstummen einhergehende Gefühl auch körperlich manifestiert. Vielleicht ist dies bereits eine erste Stufe der Selbstermächtigung – nicht vom Gegenüber ‚gelesen' und unwillkürlich durchschaut zu werden, sondern den körperlichen Ausdruck selbst zu verbalisieren.

Auch Hans Jacob Christoffel von Grimmelshausens Romanfigur Courasche spricht an mehreren Stellen von einem Verstummen, das ihre Liebhaber ereilt. Insbesondere ein junger Musketier, der ihr im Kampf zur Hilfe kommt, wird ironisch als affektiver, passionierter Liebender geschildert: „Als nun der Reuter seines Wegs war/ und wir uns allein beysammen befanden/ erstummte dieser junge Mußquetierer gleichsam über meine Schönheit [...]."[130] Wenige Seiten später heißt es über ihn, „seine traurige Blick und seine sehnliche Seuffzer waren seine beste Sprach/ die er mit mir redet [...] und darauf schwiege er wider stockstill."[131] Die Ich-Erzählerin beschreibt die Verliebtheit des Musketiers, ohne selbst Gefühle zu investieren. Daher kann sie sich – und mit ihr der Leser – über den unbeholfenen, seinen Affekten ausgelieferten jungen Mann amüsieren.

Die in diesen Beispielen aufscheinende Kontrolle des über sich selbst sprechenden oder sein Gegenüber beobachtenden Subjekts über das vermeintlich unkontrollierte, affektive Verstummen und den Ausdruck des Liebens findet sich auch in Liebesgedichten des Barock. Die Kommunikationssituation der Lyrik ist jedoch vom Ausschluss einer solchen distanzierten und kontrollierten Beobachterposition gekennzeichnet, zumindest in den häufigen Fällen, in denen ein lyrisches Ich seine Liebe zu einem lyrischen Du thematisiert. Aber auch hier, bedingt durch die sprachliche Form und den unbedingten Willen (des Dichters), diese auch im

---

129 Lohenstein 1689/1973, Bd. 2, S. 464 f.

130 Hans Jacob Christoffel von Grimmelshausen. *Werke* I.2. Hrsg. von Dieter Breuer. Frankfurt a. M. 1992, S. 81.

131 Ebd., S. 84 f.

Augenblick der Artikulationsnot vollends zu beherrschen, ist eine sprachliche Kontrolle des Sprachlosen zu beobachten.

Die leitenden Themen, die in der Liebeslyrik mit einem pathischen Schweigen verknüpft werden, sind das affektive Verstummen vor der Schönheit der Geliebten, die Unmöglichkeit, diese Schönheit zu verbalisieren, die Unsagbarkeit des eigenen Gefühls, das Verschweigen der Liebe – aus Leidenschaft oder aus erzwungener Heimlichkeit, sei es der Welt, sei es der Geliebten gegenüber –, die Verschwiegenheit der Natur, die mit den Liebenden einen Bund eingeht sowie der stumme Dialog der Augen.

### *Fehlende Worte: ‚Correctio'-Gedichte auf die Schönheit*

Kaspar Stielers Ode *Nacht-Glükke* beschreibt in fünf Strophen die nächtliche Vorfreude eines männlichen Ich, das seine Geliebte erwartet. Nachdem die ersten drei Strophen des Lieds sich der Naturbeschreibung und der antizipierenden Kommunikation mit ihr widmen, imaginiert der Sprecher in der vierten Strophe die Ankunft und Begrüßung seiner Liebsten:

Was werd' ich wenn sie kömmt gegangen/
an= doch erstlichst =fangen/
  Küß' ich die Hand/ den Brust/ den Mund
  zur selben Stund'?
Ich werd' (ich weiß) kein Wort nicht machen/
so viel Sachen/
  die an Zier
  den Göttern gehen für
und auff diß Schönchen seyn gewendet an/
erstaunen mich/ daß ich nicht reden kan.[132]

Der Sprecher fragt sich, welche Körperpartie er zuerst küssen soll, wenn die Geliebte zu ihm kommt. In ferner Reminiszenz an den petrarkistischen Schönheitskatalog werden die Partialobjekte Hand, Brust und Mund angeführt, allerdings in keiner Weise näher beschrieben oder gar in ihrer Einzigartigkeit gepriesen. Die knappe Aufreihung drückt die emotionale Verwirrung eines Sprechers aus, welcher sich erstens nicht entscheiden kann und zweitens bereits durch Nennung dieser Körper-Stichworte derart in Aufregung gerät, dass er schon jetzt weiß, „kein Wort nicht machen" zu können, da die Schönheit dieser „Sachen" unbeschreiblich ist. Die vorgestellte Geliebte versetzt das sprechende Ich in solches Staunen, dass es „nicht re-

132 Kaspar Stieler. *Die Geharnschte Venus oder Liebes-Lieder im Kriege gedichtet mit neuen Gesang-Weisen zu singen und zu spielen gesezzet nebenst ettlichen Sinnreden der Liebe Verfertigt und Lustigen Gemüthern zu Gefallen heraus gegeben von Filidor dem Dorfferer.* Nachdruck der Ausgabe Hamburg 1660. Hrsg. von Herbert Zeman und Kathi Meyer-Baer. München 1968, S. 203.

den kan". Die unregelmäßig langen und unterschiedlich rhythmisierten Verse tragen in dieser Strophe zur Darstellung der Verwirrung bei. Auch die verwendeten syntaktischen Mittel, Gleichzeitigkeit des Ungleichzeitigen zu erzeugen – die Gedankenstriche im zweiten Vers und die Klammer im fünften – haben diese Wirkung. Auf der Ebene der Syntax wird das evoziert, was der Sprecher durch seine (imaginierten) simultanen Küsse an mehreren Körperpartien zu erreichen sucht.

Die affektive Sprachlosigkeit, die das Ich bei der Ankunft des „Schönchen[s]" erleben wird – oder vielleicht besser: erleben möchte –, ist hier bereits vorweggenommen und damit in sich brüchig und tendenziell unglaubwürdig. Diese angedeutete Inauthentizität wird dadurch verstärkt, dass das Tempus im letzten Vers ins Präsens wechselt, und so zu der selbstwidersprüchlichen Formel „ich [kan] nicht reden" führt. Es ist dies ein antiperformatives Schweigen; das Ich vollzieht das Gegenteil seiner Sprechhandlung. Die Ode endet am Schluss der fünften und letzten Strophe mit einem Appell an die Stille – womit die verborgene Aktivität des vermeintlich aufgrund der Liebespassion erfolgten Verstummens evident wird: „Still! Lauten=klang/ mein Liebchen ist schon dar."[133] Dass dies die letzten Worte sind, ist kein Einzelfall; immer wieder lässt sich in der Liebeslyrik beobachten, dass die erotische Umarmung, die im Sprechen bereits evoziert und imaginiert wird, faktisch im ‚Außerhalb' des Gedichts stattfindet, an seinen formalen Rändern, davor oder danach, im Raum des Schweigens. Sexualität ist hier das Andere der Sprache – sie hat ihren Platz, wo jene den ihren eben nicht hat.

Durch Opitz wurde in die deutsche Lyrik der Gedichttypus von *correctio* und antithetischer Steigerung eingeführt, in dem die hyperbolische Liebessprache sich selbst korrigiert, immer weiter steigert und damit auch ironisiert.[134] Besonders einschlägig für den vorliegenden Zusammenhang ist Christian Hoffmann von Hoffmannswaldaus bekanntes Sonett *Auff ihre schultern*. Das erstmalig im zweiten Teil von Benjamin Neukirchs Anthologie *Herrn von Hoffmannswaldau und andrer Deutschen auserlesener und bißher ungedruckter Gedichte* erschienene Sonett ist paradigmatisch für eine Reihe weiterer Gedichte, in denen das lyrische Ich sein Scheitern, die angemessenen Worte zur Beschreibung der Schönheit der Geliebten zu finden, zum virtuos durchgespielten, metatextuellen Sujet macht:

ISt dieses schnee? nein/ nein/ schnee kan nicht flammen führen.
Ist dieses helffenbein? bein weiß nicht weis zu seyn.
Ist hier ein glatter schwan? mehr als der schwanen schein/
Ist weiche woll allhier? wie kan sich wolle rühren?
Ist alerbaster hie? er wächst nicht bey saphiren/
Ist hier ein liljen=feld? der acker ist zu rein.
Was bist du endlich doch? weil schnee und helffenbein/
Weil alabaster/ schwan und liljen sich verlieren.

133 Ebd., S. 204.
134 Vgl. Meid 2000, S. 120.

Du schaust nun/ Lesbie/ wie mein geringer mund
Vor deine schultern weiß kein rechtes wort zu finden/
Doch daß ich nicht zu sehr darf häufen meine sünden/
So macht ein kurtzer reim dir mein gemüthe kund:
Muß Atlas und sein hals sich vor dem himmel biegen/
So müssen götter nur auf deinen schultern liegen.[135]

Im Mittel des eher starren Formgerüsts des Sonetts wird äußerst kunstvoll gezeigt, (vermeintlich) nicht kunstvoll zu sein. Die ersten sechs Verse haben eine identische auf Parataxe und Anapher aufbauende Struktur: der Sprecher wählt jeweils einen in Frageform vorgebrachten, die erste Hälfte des Alexandriners umfassenden poetischen Vergleich für die Schönheit von Lesbies Schultern.[136] In der je zweitenVershälfte negiert der Sprecher diese Vergleiche, stellt die Unangemessenheit der visuellen und taktilen Metaphern aus dem Natur- und Tierreich heraus, um gleich darauf neue Bilder zu erproben. Die Adressierung der Fragen bleibt zunächst unbestimmt, jedenfalls ist sie nicht konkret an die Schultern gerichtet, die ja – im Unterschied zu ähnlichen Gedichten, etwa Hoffmannswaldaus *Auff den mund*[137] – nicht als lyrisches Du angesprochen, sondern in der dritten Person Singular beschrieben werden. Erst im siebten Vers wird die Angebetete dann mit einem „du" adressiert und im neunten schließlich erfahren wir ihren Namen. Somit richten sich die Fragen der ersten sechs Verse auch an den Leser bzw. Hörer des Gedichts, der als Urteilsinstanz apostrophiert und gleichsam in die intime Situation hineingezogen wird.

Der Sprecher verdeutlicht, dass er zwar das galante Arsenal preziöser Metaphern virtuos beherrscht, diese aber in der konkreten Beschreibung der Schönheit seines weiblichen Gegenübers versagen, was er in Vers sieben und acht konstatiert. Inwieweit es ihm um eine präsentische, deiktische Angleichung von Sprachbildern und faktischem Körper geht, wird besonders daran ersichtlich, dass jeder der Verse eins bis sechs ein Demonstrativpronomen („dieses", „hier", „allhier") enthält. Im siebten Vers spricht er das lyrische Du konkret an, mit einer mehrdeutigen Frage, die sowohl eine konkrete Bitte um verbale Hilfestellung als auch das von Sigmund Freud so benannte ‚Rätsel der Weiblichkeit' umfasst: „was bist du endlich doch?", fragt der Sprecher die sphinxartige Frau – und erwartet doch keine Antwort von ihr, denn die wird er, in paradoxer Form, sogleich selbst geben. Zudem ist seine Frage genau genommen nicht die Frau adressiert, sondern lediglich an ihre Schul-

135 Benjamin Neukirch (Hrsg.). *Herrn von Hoffmannswaldau und andrer Deutschen auserlesener und bißher ungedruckter Gedichte anderer theil.* Nachdruck der Ausgabe Leipzig 1697. Hrsg. von Angelo George de Capua und Ernst Alfred Philippson. Tübingen 1965, S. 15.

136 Im ersten Vers ist diese Struktur noch gebrochen, die beiden ‚Nein' gehören inhaltlich zum zweiten Teil, der Antwort, formal aber zum ersten, der Frage.

137 Hoffmannswaldau/Neukirch 1697/1961, Bd. 1, S. 74.

ter, was einmal mehr die strukturelle Ungleichheit zwischen sprachmächtigem Subjekt und sprachohnmächtigem Objekt verdeutlicht.

„Du schaust nun/ Lesbie/ wie mein geringer mund | Vor deine schultern weiß kein rechtes wort zu finden" – der galante Dichter spricht nunmehr die ‚ganze' Frau an; er artikuliert das Ermangeln seiner Sprache und ‚erhöht' gleichsam die Schultern der Angebeteten, indem er sie in einer versübergreifenden Figur mit der ‚Niedrigkeit' seines Mundes semantisch verschränkt. Dies wird auch dadurch betont, dass sich hier das einzige Enjambement des Gedichts findet. Doch selbstverständlich ist der konstatierte Sprachverlust des ‚geringen Mundes' nur ein rhetorischer Kunstgriff, denn das Schweigen, das struktuell seinen Ort exakt im Übergang der Quartette zu den Terzetten hat, wird sogleich durch ein gänzlich unbedarftes, sich arglos gebendes Reden vertrieben: Eben noch artikulierte sich eine pathetische Sprachlosigkeit, nun schlägt der Sprecher kurzerhand und recht munter vor, statt einem „wort" einen „reim" auf die Schultern zu bilden, um so sein „gemüthe kund" zu tun.

Das abschließende Couplet vergleicht die Geliebte mit dem himmelstragenden Titan Atlas. Es erhöht und erniedrigt sie zugleich in eklatanter Weise. Denn Atlas trägt die Last des gesamten Himmels als Strafe, u. a. weil er zu vorsichtig war und aus Angst vor einem Diebstahl der goldenen Äpfel im Garten der Hesperiden dem Zeussohn Perseus den Aufenthalt verwehrte – was man als eine intertextuelle Drohgebärde verstehen kann, dem männlichen Sprecher des Liebessonetts nur ja die gewünschte Intimität zu gewähren. Dass nun Lesbie in Analogie zu Atlas nicht den Himmel, sondern „götter" auf ihren Schultern trägt, ist eine ambivalente Ehrung, die Last und Lust zugleich ist. Man kann dieses *concetto* als eine Art ‚Supermetapher' verstehen, die die preziösen Naturvergleiche durch überirdische Attribute zu übertrumpfen sucht – nicht der Himmel liegt ihr wie Atlas auf den Schultern, sondern die Götter selbst: eine beinahe parodistische Hypertrophie.[138] Überdies kann man das „müssen" als ein ‚dürfen' deuten, was dann im Klartext hieße: ‚Wer auf dir liegt, der ist ein Gott'.[139]

Das Gedicht wechselt am Schluss zweifach die Ebene: erstens wird die präpositionale Bestimmung des Titels nun nicht mehr attributiv, sondern lokalisierend verwendet, indem es nicht mehr im abstrakten Sinn ‚über' ihre Schultern, sondern im ganz physischen Sinn *Auff ihre schultern* geht – die übertragene Rede wird als *concetto* unversehens wörtlich genommen. Zweitens bürdet das sprechende Ich der Angebeteten nicht nur die Last der Sprache auf, sondern auch die Schuld für seine

138 Rüdiger Zymner hat demgegenüber eine antipetrakistische Lesart vorgeschlagen, wonach die argute Pointe des Sonetts darin bestehe, dass „die vermeintlich angebetete Lesbie" in Wahrheit „einen gebogenen oder gekrümmten Hals – sagen wir allgemein: einen Haltungsfehler hat". Vgl. Rüdiger Zymner. „‚Liebliche Artistik' bei Hoffmann von Hoffmannswaldau". *Der galante Diskurs. Kommunikationsideal und Epochenschwelle.* Hrsg. von Thomas Borgstedt und Andreas Solbach. Dresden 2001. 347–54, S. 350.

139 Diese Lesart verdanke ich Ernst Osterkamp.

„sünden", die nicht allein Fehler des fortwährenden Falsch-Sprechens sind, sondern vielleicht auch durch ihre Schönheit ausgelöste erotische Übertretungen. Das männliche Begehren lastet hier wortwörtlich auf den Schultern der Angesprochenen; ganz im Sinne der ‚Liebespassion' ist dies unausweichlich.[140]

Hoffmannswaldaus Sonett bezieht sich auf einen Typus, der durch Petrarcas berühmtes Sonett *S'amor non è*[141] – übersetzt von Martin Opitz (*Ist Liebe lauter nichts/ wie daß sie mich entzündet?*[142]) – initiiert wurde.[143] Eine derartige spielerische ‚Selbstkorrektur' im Medium des Gedichts wurde von verschiedenen Dichtern fortgeführt, so etwa in Opitz' *Über die Augen der Astree*[144], Flemings *Wie ist die Liebe nichts*[145], Sibylla Schwarz' *Ist Lieb ein Feur*[146] oder Philipp von Zesens *Auf di Augen seiner Liben.*[147] In diesen Gedichten inszeniert das lyrische Ich im konstanten Dialog mit sich selbst seine Unfähigkeit, die Schönheit des weiblichen Körpers oder auch das Wesen der Liebe angemessen zu preisen. Der Affekt der Liebe führt so zu einer „Verdichtung der Sprache"[148], die sich im Zustand konstanter Selbstreflexion befindet: „Die Liebe als Prüfung ist ein Prüfstein der Sprache: ihrer Eindeutigkeit, ihres referentiellen und kommunikativen Vermögens"[149], wie Julia Kristeva schreibt.

### *Die Lust der Heimlichkeit*

Bis heute ist das Motiv des Fingers auf den Lippen ein erotisches Signal. Es findet sich in pornographischen Kontexten zumeist in Form der Darstellung einer sinnlichen, auffordernden Frau, die den Finger verschwörerisch an ihre Lippen legt.

---

140 Vgl. Luhmann 1990, S. 30.

141 Francesco Petrarca. *Canzoniere.* Kritische Ausgabe. Hrsg. von Marco Santagata. Mailand 1996, S. 132.

142 Opitz 1644/1975, Bd. 2, S. 371.

143 Vgl. Ulrich Schulz-Buschhaus. „Emphase und Geometrie. Notizen zu Opitz' Sonnetistik im Kontext des europäischen ‚Petrarkismus'". *Martin Opitz (1597–1639). Nachahmungspoetik und Lebenswelt.* Hrsg. von Thomas Borgstedt und Walter Schmitz. Tübingen 2002, 73–87, S. 78–82.

144 Opitz 1644/1975, Bd. 2, S. 456.

145 Paul Fleming. *Deutsche Gedichte.* Hrsg. von Johann Martin Lappenberg. Stuttgart 1865, S. 92.

146 Sibylla Schwarz. *Sibyllen Schwarzin Vohn Greiffswald aus Pommern/ Ander Teil Deutscher Poëtischer Gedichten/ Nuhn zuhm ersten mahl Auß jhren eignen Handschriften heraußgegeben und verleget/ Vohn M. Samuel Verlachen.* Danzig 1650, S. O3r (HAB 229.2 Quod (5)). Verfasst wurde das Gedicht vor 1638.

147 Philipp von Zesen. *Ritterholds von Blauen Adriatische Rosemund [...].* Amsterdam 1645, S. 241 f. (HAB 135.5. Ethica (2)).

148 Julia Kristeva. *Geschichten von der Liebe.* Übers. von Dieter Hornig und Wolfram Bayer. Frankfurt a. M. 1989, S. 11.

149 Ebd., S. 10.

Abb. 49: *Nocet esse locutum*, Kupferstich aus: Otho Vaenius. *Amorum Emblemata*. Antwerpen 1608, entworfen von Vaenius, gestochen von Cornelius Boel

Wie dargestellt, hat die Geste ihren Ursprung in der Ikonographie des Harpokrates, die allerdings bereits in der Frühen Neuzeit in den erotischen Diskurs überführt wurde. So findet sich in Vaenius' *Amorum Emblemata* ein zweites mit dem Schweige-Motiv verknüpftes Emblem (Abb. 49). Es ist die *pictura* des geflügelten Amor als Harpokrates, der sich mit dem Finger den Mund verschließt, mit entsprechenden Attributen – dem Pfirsichzweig und der Gans mit einem Stein im Mund – ausgestattet ist und die Liebenden zum Stillschweigen auffordert. Die dreisprachigen *subscriptiones* haben unterschiedliche Überschriften; während die lateinische „Nocet esse locvtvm" lautet, also auf die Schädlichkeit einer Redseligkeit in Liebesdingen hinweist, beschreiben die französische und italienische schlicht die beiden positiven Eigenschaften, die der Liebe dienlich sind, nämlich „Leale, e secreto" bzw. „Loyal & secret" zu sein.[150] Im lateinischen Epigramm wird gesagt, dass Amor, der mit dem Finger seine Lippen versiegelt, demjenigen zu lieben verbietet, der ein redseliges Herz hat. Daran schließen sich zwei Verse

150 Vaenius 1608/1970, S. 70.

aus Ovids *Ars amatoria* an, in denen es heißt, dass Venus gebietet, über ihre Geheimnisse stillzuschweigen. Entsprechend warnt sie diejenigen, die geschwätzig sind, sich ihr zu nähern:

> Labra premens digitis Amor, interdicit amare
> Hunc, qui rimosum pectus habere volet.
> Praecipuè Cytherea iubet sua sacra taceri:
> Admoneo, veniat ne quis ad illa loquax.[151]

In den italienischen und französischen Versionen des Epigramms kommen weitere Aspekte zum Tragen, die in der Ikonographie des *silentium* tradiert sind[152] und die auf die Liebesthematik übertragen werden; alles mündet in einem Lob der Verschwiegenheit in Herzensangelegenheiten.

In der Lyrik findet sich diese Thematik in unterschiedlicher Ausprägung. Zuweilen trägt die Verschwiegenheit zur Intimität und erotischen Spannung der Liebenden bei, etwa wenn es um das Verheimlichen von Zweisamkeit geht, zuweilen besteht das Geheimnis aber auch in einem angstbedingten Verschweigen von Gefühlen, die die sprechende Instanz nicht mit einem Gegenüber, sondern höchstens mit seinem eigenen Herzen ‚teilt'. Ein titelloses, sechs Strophen umfassendes Gedicht von Hoffmannswaldau aus dem ersten Band der *Neukirchschen Sammlung* thematisiert zudem die Schwierigkeit, das Begehren vor der Welt zu verbergen. Die erste Strophe lautet:

> NIemand weiß wie schwer mirs fällt/
> Flammen in der brust zu hegen;
> Und sie dennoch für der welt/
> Nicht ans freye licht zu legen.
> Feuer lässt sich nicht verhelen;
> Denn sein glantz ist allzuklar/
> Und die glut verliebter seelen
> Macht sich selber offenbar.[153]

Dargestellt wird, wie diffizil es für den Sprecher ist, die „Flammen" der Liebe zu verschweigen, ein Thema das auch Johann Christian Günther in dem Gedicht *Als*

---

151 Ebd. Vgl. Ovid. *Liebeskunst.* Lateinisch und deutsch. Übers. und hrsg. von Niklas Herzberg. München und Zürich 1985, S. 104 (II, 607 f.). Cytherea ist ein Beiname der Venus.

152 „Del silentio d'Amor quest' è figura; | Dolce è il silentio, e la sonora voce | Genera inuidia amara, che ci noce. | Chi sa tacer, d'Inuidia non si cura."; „Par la pesche ou l'oison silence on signifie, | Le taire au fait d'Amour est bien le plus requis; | Le caquet au contraire engendre force ennuis. | Qui se tait en Amour n'est troublé de l'enuie." Vaenius 1608/1970, S. 70.

153 Hoffmannswaldau/Neukirch 1697/1961, Bd. 1, S. 389.

*er seine Liebe nicht sagen durfte* behandelt.[154] Die Affektformel vom Nicht-Schweigen-Können vor Liebe entstammt der Dichtung Petrarcas; in dessen Kanzone *Tacer non posso* beschreibt das Ich überdies, welche Qualen es empfindet, über seine Liebe allein mit ‚sterblichen Worten' („parole mortali") sprechen zu können, was als Entweihung empfunden wird.[155]

Demgegenüber ist für den Sprecher Hoffmannswaldaus das Verheimlichen nicht aus emotionalen Gründen problematisch, er sieht es vielmehr als ein physiologisches Problem an. Zwar erwähnt er in der zweiten Strophe „schmertzen", die er verbirgt, aber es wird auch sehr deutlich gesagt, dass es die „Hundert augen" sind, „die vor neid | Und vor lauter argwohn brennen"[156], welche er durch seine Selbstkontrolle zu täuschen versucht. Es geht also primär um soziale Klugheit und strategische Selbstdisziplinierung. Daher ist das Ich auch in der Lage, die Vor- und Nachteile der Geheimhaltung von Liebesangelegenheiten in schlichter Klarheit zu artikulieren, so in Strophe drei und vier:

> Dieses ist der Liebe kunst/
> Amor suchet finsternissen/
> Und von seiner stillen brunst/
> Muß der helle tag nichts wissen.
> Venus bricht mit ihrem sterne
> Erst bey dunckler nacht herein/
> Daß die zarte jugend lerne
> In der liebe heymlich seyn.
> Drum gewehne dich mein muth/
> Deine flammen zu verschweigen;
> Laß von der verborgnen glut
> Weder mund noch auge zeugen.
> Must du dich gleich etwas zwingen/
> Ist gleich die verstellung schwer;
> Aus den allerschwersten dingen
> Kommt die gröste lust offt her.[157]

Verschwiegenheit wird als essenzieller Teil der *ars amandi* eingeführt; sie zu lernen und darüber hinaus mit Lustgefühlen zu besetzen, gehört zur Sozialkompetenz des frühneuzeitlichen Liebhabers. Der Liebe und ihren Gottheiten Amor und Venus ist der Raum der Dunkelheit zugeordnet und diese wiederum ist emblematisch eng

---

154 Johann Christian Günter. *Sämtliche Werke* 1: Liebesgedichte und Studentenlieder in zeitlicher Folge. Hrsg. von Wilhelm Krämer. Leipzig 1930, S. 19. Das Thema findet sich auch in Lohensteins *Sophonisbe*: „Und Masanissa darf nicht sagen: daß er glimme; | Mus legen/ wenn er dich/ o Sonne/ betet an/ | Den Finger auf den Mund." (II, 208–10).

155 Petrarca 1996, S. 1247, Canzoniere 325, V. 6.

156 Hoffmannswaldau/Neukirch 1697/1961, Bd. 1, S. 389.

157 Ebd., S. 389 f.

mit dem ‚Stillschweigen' verbunden. In der vierten Strophe wird der positive Effekt der „verstellung" benannt: das Anwachsen der Lust durch die aufgewandte Mühe.

Die Steigerung der Lust und des Begehrens durch die Selbstdisziplinierung im Schweigen ist auch Thema eines titellosen, an eine Sylvia gerichteten Gedichts von Hoffmannswaldau, das mit folgender Strophe beginnt:

> MEin hertze schmeltzte in einer stummen glut/
> Kein funcke soll aus meinen adern steigen/
> Dem rauche selbst verbeugt man sich zu zeigen/
> Und schweigen meistert mein erhitztes blut.
> Es heißt mich die natur ein schönes auge suchen/
> Und das gesetze will auff meine regung fluchen.[158]

Der hier verwendete *Vers commun* sieht bereits nach der zweiten Hebung eine Zäsur vor. Hoffmannswaldau überspielt diese Zäsur in seinen Gedichten oft[159], wie hier u. a. im vierten Vers deutlich wird: es ist das Wort „meistert", welches ein Innehalten in sich selbst aufzunehmen scheint – so als würde das Schweigen, das die Herrschaft über das „erhitzte blut" bringen soll, mittels der Assonanz formal abgebildet. Die Strophe ist so aufgebaut, dass immer ein Vers die Überwältigung beschreibt und der nächste dann die Beherrschung dieses Affekts. Das Motiv des Verschweigens des Gefühls, das im Verlauf des Gedichts den Ton einer petrarkistischen Klage annimmt – „Ich armer darff nicht meine kranckheit nennen"[160] – erfährt am epigrammatischen Schluss eine unerwartete, spielerisch-scherzhafte Wendung: „Ich weiß/ die liebe wird zu lachen hier beginnen/ | Indem zwey zungen nicht vor liebe reden können."[161]

Die abschließende Formulierung von den ‚sprachlosen Zungen' ist mehrdeutig: einerseits nimmt sie Bezug auf den Topos des Verstummens vor gegenseitiger Liebe, andererseits beschreibt sie aber auch eine ganz konkrete sinnliche Tätigkeit, die das Sprechen verhindert, den Akt des Küssens – was durch die Wahl des Wortes ‚Zungen' anstelle von ‚Mündern' eine zusätzliche erotische Komponente erhält. Dass die Kuss-Semantik der Zeit auch die Variante des intimen Zungenkusses umfasst, zeigt sich plastisch in Flemings berühmtem Lied *Wie Er wolle geküsset seyn*[162] sowie bereits in der früheren italienischen und neulateinischen Tradition.[163]

---

158 Ebd., S. 450 f.

159 Vgl. Dieter Burdorf. *Einführung in die Gedichtanalyse*. Stuttgart 1994, S. 87.

160 Hoffmannswaldau/Neukirch 1697/1961, Bd. 1, S. 451.

161 Ebd.

162 Fleming 1642/1969, S. 535. Vgl. Wilhelm Kühlmann. „Ausgeklammerte Askese. Zur Tradition heiterer erotischer Dichtung in Paul Flemings Kußgedicht". *Gedichte und Interpretationen* 1: Renaissance und Barock. Hrsg. von Volker Meid. Stuttgart 1982. 177–86.

163 Vgl. Thomas Borgstedt. „Kuß, Schoß und Altar. Zur Dialogizität und Geschichtlichkeit erotischer Dichtung (Giovanni Pontano, Joannes Secundus, Giambattista Marino und Christian Hoffmann von Hoffmannswaldau)". *Germanisch-Romanische Monatsschrift* NF 44.3 (1994): 288–323.

Ein Ausspielen des Zusammenhangs von ‚Küssen' und ‚Schweigen' findet sich besonders in der italienischen Tradition, wo sich durch den Reim der Verben *bacere* und *tacere* vielzählige Möglichkeiten anbieten[164] – so etwa in dem (titellosen) Gedicht *Taci, bocca, taci*[165] von Giambattista Marino oder die ambivalenten Schlussverse in dessen Kussgedicht *Baci*:

Deh taci, o lingua sciocca;
senti la dolce bocca,
che ti rappella e dice: – Or godi, e taci! –
e, per farti tacer, raddoppia i baci.[166]

Das Sprecher-Ich formuliert in diesen Versen, dass Küssen besser sei, als ein ‚dummes Gerede'. Es fordert sein Gegenüber auf, zu genießen und zu schweigen, ja die Küsse werden explizit als Mittel des Stumm-Machens beschrieben. Sie fungieren in diesem Sinne erstens als Mittel der ‚Entmündigung' des weiblichen Gegenübers – wie sie auch indirekt das Sprecher-Ich zum Schweigen bringen, was durch die Endstellung der zitierten Verse als Schluss eines Gedichts von 102 Versen noch betont wird. Zweitens stellt der Zusammenhang von Kuss und Schweigen einen imagologischen Bezug zum Geheimnis her, denn so wie die Liebe durch einen Kuss ‚besiegelt' wird, wird sie durch das Stillschweigen über das Gefühl ‚versiegelt'.

Ähnlich wie Hoffmannswaldau in den zitierten (und anderen) Gedichten ein Lob der Heimlichkeit und der Selbstdisziplinierung ausspricht, wird die Lust am erotischen Geheimnis und dessen maskierter Enthüllung in raffinierter Weise in Finckelthaus' Gedicht *Dorilis* inhaltlich wie auch formal durchgespielt:

ICh wil etwas heimlichs sagen/
  Von der schönen Dorilis/
Was sich newlich zugetragen.
  Gläubet mir/ es ist gewiß.
  Gläubet jhr es oder nicht?
  Dorilis es selber spricht.[167]

---

164 Vgl. ebd., S. 302.

165 „Taci, bocca, taci | dall' amante bellezze | le rapice dolcezze! | Tace, che, s'egli ..., che s'oda Amore, | la pena avrà di tue rapine il cuore: | Nè minor, fora, indire | il parlar, che'l rapire. | Ma sè taciti, siam, quanto rapaci, | avrem' mill' altri e più soavi, ah, taci!" (‚Schweige, Mund, o schweige | Mir von Schönheit, Lieb' und Glaube, | Deren Süße liegt im Raube! | Schweig' davon, daß, wer sich gibt der Liebe, | Wird bestraft und läßt sein Herz dem Diebe. | Sieh, wir können nicht verhehlen: | Reden ist soviel wie Stehlen. | Wenn wir schweigen, wie dem Raubtier eigen, | Wird uns Süße tausendfach im Schweigen!'). Giambattista Marino. *Sonette und Madrigale.* Übers. und hrsg. von Edward Jaime. Berlin 1964, S. 30 f.

166 Giambattista Marino. *Marino e i marinisti.* Hrsg. von Giuseppe Guido Ferrero. Mailand und Neapel 1954, S. 355. Die Hinweise auf Marino entnehme ich: Borgstedt 1994, S. 302, Anm. 59.

167 Gottfriedt Finckelthaus. *Dreyssig Teutsche Gesänge/ Zum dritten mahl übersehen vnd auffgelegt.* Hamburg 1642, o.S. (Nr. XIV) (SPK Yi2071).

Die erste Strophe des Liedes weiht in ein erotisches Geheimnis ein; sie ist nicht nur an einen Zuhörer adressiert, sondern gleich an eine ganze Gruppe – eine Art *peer group* der männlichen Sprecherinstanz. Diese betont die Wahrhaftigkeit des frivolen Berichts, der tendenziell unglaubwürdig ist, da er von der erotischen Aktivität einer Frau berichtet. Die unter den Angesprochenen wohlbekannte Dame mit Namen Dorilis verspricht dem Mann, ihm unter der Bedingung, dass alles, was zwischen beiden geschieht, „geheim und still" bleibt, seine intimsten Wünsche zu erfüllen. Durch die stetige Wiederkehr der als Refrain fungierenden Verse fünf und sechs wird das fortwährende Staunen des Mannes betont, der anscheinend, wie er ähnlich auch seinen Zuhörern unterstellt, nur schwer glauben kann, dass eine Frau in der Liebe so aktiv ist und überdies die Tugend der Verschwiegenheit preist:

Laß vns/ sagte sie doch schertzen.
  Alles ist geheim vnd still.
Alles/ was du hast im Hertzen
  Ich mit dir begehren wil.
  Gläubet jhr es oder nicht?
  Dorilis es selber spricht.

Drauff so legten wir geschwinde
Mund auff Mund/ vnd Brust an Brust.
Warlich/ warlich ich empfinde
  Noch bey mir die süsse Lust:
  Gläubet jhr es oder nicht?
  Dorilis es selber spricht.

Als wir lange diß getrieben/
  Sprach die Dorilis zu mir:
Dieses wolvergnügte Lieben
  Ja verschwiegen sey bey dir.
  Gläubet jhr es oder nicht?
  Dorilis es selber spricht.[168]

Die Emphase auf das aktive Sprechen der Dorilis steht im wirkungsvollen Kontrast zur expliziten Aufforderung der Verschwiegenheit, die an symbolischer Stelle – in der vierten Zeile der vierten Strophe – erfolgt. Dort macht sie auch deutlich, dass das „vergnügte Lieben" keine Konsequenzen zeitigt, sofern es nur geheim bleibt. In Strophe drei wird der erotische Kontakt umschrieben: es liegt „Mund auff Mund" und „Brust an Brust". Letzteres kann relativ unumwunden als Metonymie (oder Euphemismus) für den Koitus selbst gelesen werden.

In der zweiten Strophe heißt es nicht, Dorilis möchte alles, was ihr Liebhaber „im Hertzen" hat, mit ihm ‚begehen', sondern vielmehr ‚begehren'. Die vom

168 Ebd.

männlichen Sprecher referierte Rede der Dorilis artikuliert hier ein Begehren, das nicht den Mann, sondern vielmehr das sexuelle Ziel des männlichen Begehrens selbst mit begehrt. Verhüllt in der Maske aktiver Weiblichkeit, scheint hier eine Männerphantasie auf, die in der Aktivität der Frau ihr ein eigenes Begehren gespiegelt sieht, es ihr mittels einer ihr in den Mund gelegten, vermeintlich scherzhaft-spielerischen Rede attribuiert, und ihr so kein wirklich eigenes Begehren zuspricht.

Mehrfach betont Dorilis die Notwendigkeit des Verschweigens der erotischen Intimität, was das männliche Ich augenzwinkernd verspricht („sol nicht einer wissen"), nicht ohne aber bereits die Geschlechtsgenossen im Kopf zu haben, denen er die unglaubliche Geschichte erzählen möchte:

Vnser beyder süsses Küssen/
Meine schöne Dorilis/
Sagt ich / sol nicht einer wissen/
Sey versichert vnd gewiß.
Gläubet jhr es oder nicht?
Dorilis es selber spricht.

Also will ich stille schweigen/
Weil es keinem wissend ist.
Niemand sol mich vberzeugen/
Daß sie sey von mir geküsst.
Vnd daß sie drum wisse nicht/
Dorilis es selber spricht.[169]

Am Schluss von Finckelthaus' Lied entwickelt der monotone Refrain eine Variante: Dorilis ‚spricht' nun nicht mehr in dem Sinne, dass sie dem lyrischen Ich erotische Nähe und Verschweigen vorschlägt, sondern sie selbst hat nun Wissen zu dissimulieren. Das vermeintlich geheime Band zwischen dem Ich und seiner Liebhaberin ist in Wahrheit ein offenes Buch, wovon allein die zwar als prudentistisch eingeführte, in Wahrheit aber naive Frau nichts weiß. Das scherzhafte Gedicht enthält durch den ‚Liebesverrat' des Ich unvermittelt eine ernsthafte Note.

### *Verschwiegenes Liebesleid und die Macht der Phantasie*

Johann Christian Günther gilt in der Germanistik als Autor zwischen zwei Epochen und ist insofern auch für diese Arbeit ein Grenzfall – nicht nur in stilgeschichtlicher sondern auch in historischer Hinsicht (die hier zu untersuchenden Gedichte sind zwischen 1714 und 1715 datiert).[170] Insbesondere Günthers Liebes-

169 Ebd.

170 Vgl. Ernst Osterkamp. „Scherz und Tugend. Zum historischen Ort von Johann Christian Günthers erotischer Lyrik". *Text und Kritik* 74/75: Johann Christian Günther (1982): 42–60; Jens Stüben. „Zu diesem Band". *Johann Christian Günther (1695–1723). Oldenburger Symposion zum 300. Geburtstag des Dichters.* Hrsg. von dems. München 1997. 7–19, S. 12.

gedichte werden in der Forschung nicht allein mit dem barocken Formenarsenal verbunden, sondern bereits mit der Empfindsamkeit – oder einer Vorform derselben – konnotiert.[171] Gleichwohl beruht Günthers Lyrik noch „auf einer im Kern ungebrochenen rhetorischen und *imitatio*-geleiteten Poetik“[172], die sich an der Barocklyrik orientiert. Die Motivik des Schweigens ist in seinen Liebesgedichten zentral; gleichwohl ist sie noch nicht systematisch untersucht worden.[173] An dieser Stelle können ihre Dimensionen nur umrissen werden, und zwar mit Blick auf den bisher nicht behandelten Aspekt des ‚stummen Leidens‘, des erzwungenen Stillschweigens des Liebenden über seine Gefühle und der damit einhergehenden produktiven Rolle der Phantasie und der Schrift. Im Mittelpunkt dieser kleinen Analyse stehen die Aria *Der verliebte Kummer*, die *Abschieds-Aria* sowie die beiden Lieder *Als er insgeheim liebte* und *Als er sich endlich wagte Jhr seine Liebe zu entdecken.*[174]

Die Aria *Der verliebte Kummer* besteht aus acht Strophen, sie thematisiert den nahenden Abschied des lyrischen Ich von seiner Geliebten. Der Sprecher beschreibt, wie er morgens erwacht und bereits im Halbschlaf von Trauer und Schmerz erfasst wird. Die vierte Strophe lautet:

Die Zähren mühn sich meine Klagen
Mit stummer Sprache nach zu sagen,
  Allein die Angst vertrocknet sie.
Ach! wem vertrau ich diesen Jammer?
Der freyen Lufft, der tauben Kammer?
  Und beydes ist vergebne Müh.[175]

---

171 Vgl. zur historischen Verortung des Liebesdiskurses und der ambivalenten Rolle der Frau zwischen (barocker) Hierarchie und (empfindsamer) Gleichstellung bei Günther: Helga Brandes. „‚Dein Lächeln, schönes Kind‘. Zum Liebesdiskurs in Johann Christian Günthers Lyrik zwischen Spätbarock und Frühaufklärung“. *Johann Christian Günther (1695–1723). Oldenburger Symposion zum 300. Geburtstag des Dichters.* Hrsg. von Jens Stüben. München 1997. 197–211; allgemein zur Zwischenstellung Günthers siehe: Jörg-Ulrich Fechner. „‚Witz‘ und ‚Wahrheit‘ an einem literarhistorischen Wendepunkt: Johann Christian Günthers Lobgedicht auf Ernst Rudolph von Nickisch und Roseneck (1721)“. *Chloe* 2 (1984): 385–408, bes. S. 407 f.

172 Thomas Borgstedt. „Petrarkismus und Präsenz in Johann Christian Günthers Liebesdichtung“. *Johann Christian Günther (1695–1723). Oldenburger Symposion zum 300. Geburtstag des Dichters.* Hrsg. von Jens Stüben. München 1997. 173–96, S. 174.

173 Ursula Regener wendet sich unter der Überschrift „Stumme Lieder, leere Zeilen“ den poetologischen Implikationen in Günthers Lyrik zu und kommt dabei u. a. auch auf die Thematik des Stummen und des Schweigens zu sprechen, allerdings nicht unter der hier gewählten Perspektive, dem Zusammenhang von Affektivität und Schweigen. Vgl. Ursula Regener. *Stumme Lieder? Zur motiv- und gattungsgeschichtlichen Situierung von Johann Christian Günthers ‚Verliebten Gedichten‘.* Berlin und New York 1989, S. 157–76.

174 Reiner Böllhoff zählt alle vier Gedichte zu den so genannten ‚Frühen Leonoren-Gedichten‘, die für Leonore Jachmann geschrieben wurden. Vgl. den Kommentar: Johann Christian Günther. *Werke.* Hrsg. von Reiner Bölhoff. Frankfurt a. M. 1998, S. 1503.

175 Ebd., S. 860, V. 19–24.

Die „Zähren" sprechen die Traurigkeit mit „stummer Sprache" nach, sie suchen sie vergeblich zu imitieren. Im Bild der Angst, die sie „vertrocknet", fasst Günther das Überwiegen dieses Affekts vor ersterem, den trauernden „Klagen". Im vierten Vers, der mit dem arhythmischen Seufzer „Ach!" beginnt, fragt der Sprecher vergeblich nach einem Ausweg aus diesem Leid, das stumm ist, weil er sich mit ihm allein wähnt. Anschließend wendet sich die Aria dem lyrischen Du zu, dass zuvor nicht adressiert wurde, dienen doch die ersten vier Strophen allein der Beschreibung des subjektiven Empfindens. Die Hinwendung zum Du wird als Weg aus der Stummheit gestaltet. Das Ich spricht von der „Redligkeit" des Herzens seiner Geliebten, die hier aber ambivalent konnotiert ist: einerseits birgt sie eine Gefahr für den Sprecher, da sie „[s]einen Schmerzen | Die Heimligkeit der schweren Noth [bringt]"[176], andererseits eröffnet sie die Möglichkeit zur intimen Aussprache. Er möchte mit ihr – und nicht etwa mit der sprachlosen Natur – seinen Kummer teilen, damit „die Last wird halb so leichte"[177], und argumentiert daher:

Von dir weiß ich, verschwiegne Seele!
Daß deine Zunge stets verheele,
  Was dir ein guter Freund vertraut:
Jch suche Trost, laß mein Begehren
Der Unschuld diesen Wunsch gewähren,
  Der jetzt auf deine Großmuth baut.[178]

Es geht um einen Treuebeweis, der in einer zugleich be- und versprochenen Verschwiegenheit besteht. Der unschuldige Wunsch des Liebenden besteht allein in diesem Trost. Das Gedicht wendet sich exakt in der Mitte, nach der Klage des Fehlens eines Zuhörers, der Geliebten zu. Dabei handelt es sich wohl nur um einen imaginären Dialog: Der Sprecher formuliert in Vers 13 „denk ich" und im Anschluss ist von einem Wechsel der Situation, weg aus dem abgeschlossenen Zimmer, nicht die Rede. Hier zeigt sich eine Form der symbolischen Spaltung des Anderen. Roland Barthes beschreibt in seinen *Fragmenten einer Sprache der Liebe* die Dialektik eines solchen ‚monologisch-dialogischen' Sprechens: „Ich halte dem Abwesenden unaufhörlich den Diskurs seiner Abwesenheit – eine ganz und gar unerhörte Situation; der Andere ist abwesend als Bezugsperson, anwesend als Angesprochener. Aus dieser eigentümlichen Verzerrung erwächst eine Art unerträgliches Präsens; ich bin zwischen zwei Zeitformen eingekeilt, die der Referenz und die der Anrede: du bist fort (und darüber klage ich), du bist da (weil ich mich an dich wende). Ich weiß also, was das Präsens, diese schwierige Zeitform ist: ein unverfälschtes Stück Angst."[179] Die Fragilität des von Barthes beschriebenen Prä-

176 Ebd., S. 861, V. 25–27.
177 Ebd., V. 28.
178 Ebd., V. 37–42.
179 Roland Barthes. *Fragmente einer Sprache der Liebe.* Übers. von Hans-Horst Henschen. Frankfurt a. M. 1988, S. 29 f.

sens besteht darin, sich sofort wieder in Absenz zu wandeln. Günthers melancholisches Gedicht thematisiert beide Zeitformen des Liebesdiskurses, die der Referenz und die der Anrede, und verdeutlicht doch, dass beide dem Liebenden, der sich allein wähnt, nur wenig Trost geben.

In der *Abschieds-Aria* richtet das lyrische Ich einen Schweige-Appell zugleich an sich selbst und an ein ungenanntes Gegenüber. Das Gedicht beginnt – wie eine ganze Reihe von Günthers Werken[180] – mit seiner eigenen Kontrafaktur, dem Appell an das Schweigen:

SChweig doch nur, du Helffte meiner Brust!
Denn was du weinst, ist Blut aus meinem Hertzen:
Jch taumle so und hab an nichts mehr Lust,
Als an der Angst und den getreuen Schmertzen,
Womit der Stern, der unsere Leiber trennt,
Die Augen brennt.[181]

Der erste Vers bezieht sich auf eine Formulierung Horaz', der seinen scheidenden Freund Vergil als *animae dimidium meae* bezeichnet, der zweite hingegen auf Ovid.[182] Demnach fordert das Ich sein Gegenüber auf, nicht zu leiden beziehungsweise das Leiden nicht verbal auszudrücken, da diese Schmerzen vom Ich innigst miterlebt werden. Die Liebenden werden als gemeinsamer Körper imaginiert – so wie Günther dies in einem Briefgedicht explizit sagt[183] –, der identische Schmerzen fühlt und dessen Trennung nur eine gewaltsame sein kann, die beide gleichermaßen verwundet.

Nachdem das Ich in der ersten Strophe einen Schweigeappell an seine Geliebte richtet, drückt es in der zweiten, komplementär dazu, den eigenen affektiven Sprachverlust aus:

---

180 Zum Beispiel beginnt die Aria *Schweigen und Hoffen* mit dem Vers: „JCh will schweigen", oder das Gedicht *Auf ein Mägdchen so er einstmahls bey einem guten Freunde in der Nachbarschafft Zum Fenster sahe heraus sehen* setzt ein mit den Versen: „SChweigt doch nur, ihr höhnschen Thoren". Und der Prolog von Günthers Schultheater-Stück *Die von Theodosio bereute Eifersucht* beginnt mit den folgenden Worten: „Stille! Stille! | Daß kein Thon die Luft erfülle". Günther 1998, S. 229, 840 und 18.

181 Ebd., S. 862, V. 1–6.

182 Ebd., Kommentar, S. 1503. Regener weist darauf hin, dass der Vers bei Ovid ambivalent ist, denn der Liebhaber klagt sich dort an, seine Geliebte im Jähzorn geschlagen zu haben. Ihrer stummen Anklage fühlt er sich nicht gewachsen und er fordert sie daher auf, ihn ebenso zu schlagen. Insofern ist das thematisierte Weinen von Blut keineswegs nur romantisierende Metapher. Vgl. Regener 1989, S. 40 f.

183 *Schreiben An seine Leonore Von Breßlau Anno 1710. den 22. Decembris*: „Wir spielen unverstöhrt mit Redlichkeit und Küssen; | Wir haben gleichen Sinn, wir wünschen einerley; | Sind Sclaven süsser Macht, und niemand lebt so frey; | Wir schwatzen, daß uns auch die Worte mangeln müssen; | Wir schenken uns an uns, und nähmen, könt' es seyn, | Als Seelen wahrer Treu nur einen Cörper ein." Günther 1998, S. 885, V. 7–12.

Die Zärtligkeit der innerlichen Quaal
Erlaubt mir kaum, ein gantzes Wort zu machen:
Was dem geschieht, um welchen Keil und Strahl
Bey heißer Lufft in weitem Felde krachen,
Geschieht auch mir durch dieses Donner-Wort:
Nun muß ich fort. (V. 7–12)

Der tradierte Unsagbarkeitstopos wird hier als Affektformel eingesetzt. Andererseits dient er dazu, die nachfolgenden, teilweise hyperbolischen Vergleiche zu relativieren oder gar zu kritisieren.[184] Kontrastiv wird dem Sprachverlust, der „innerlichen Quaal", die es dem Sprecher verunmöglicht, auch nur ein „gantzes Wort" zu artikulieren, das „Donner-Wort" des Abschieds gegenübergestellt. In einer späteren Strophe wird dieses Wort gar zur „Marter-Glocke", die den Liebenden zur Folter abruft:

Genung! ich muß; die Marter-Glocke schlägt,
Hier liegt mein Hertz, da nimm es aus dem Munde,
Und heb es auf, die Früchte, so es trägt,
Sind Ruh und Trost bey mancher bösen Stunde,
Und ließ, so offt dein Gram die Leute flieht,
Mein Abschieds-Lied. (V. 37–42)

Der Sprecher ‚trägt sein Herz im Munde' – was hier zugleich als Aufrichtigkeitstopos und als Dichtungsmetapher gemeint ist. Die Geliebte, die es diesem Munde entnehmen soll, nimmt durch diese erotische Handlung quasi einen Medienwechsel vor, sie transformiert die vergängliche Sprache des Abschieds(-kusses) in die Beständigkeit der Schrift. Wenn sie sein derart transportiertes „Hertz" gut aufhebt, kann es Früchte tragen, die sie in Form dieses sich selbst bezeichnenden Gedichts („Hier liegt mein Hertz") zum „Trost bey mancher bösen Stunde" lesen kann. Wie Ursula Regener betont hat, ist das Sprechen in Günthers Abschiedsgedichten bestrebt, „die Fiktion der Abschiedssituation, mit der das Gedicht beginnt, am Gedichtschluß, wo – der Logik der anfänglichen Fiktion zufolge – die Trennung eintritt, in eine Fiktion zu überführen, die diese Trennung wirksam aufhebt."[185] Das vorliegende Gedicht ist dafür ein gutes Beispiel.

Beide Abschiedsgedichte thematisieren das Schweigen als Pathosformel der Trennung, wie sie sich bei Günther immer wieder findet – so etwa in dem Gedicht *Als er von seiner Phyllis Abschied nahm*, wo es heißt: „Zung und Sprache stockt im Munde, | Da des Abschieds schwere Stunde | Wie ein Schlag vom Donner klingt, | Und mich mit Verdruß umringt."[186] Es ist eine paradoxe Weise des Sagens und Verweisens, die in sich die Problematik von Präsenz und Absenz aufnimmt, von jetzigem Miteinander und späterer Trennung – in der dann auch das dem Zwiege-

184 Vgl. Regener 1989, S. 42.
185 Ebd., S. 158.
186 Günther 1998, S. 834, V. 17–20.

spräch gegenüberstehende, in der Absenz erfahrene Schweigen ertragen werden muss.

Andernorts thematisiert Günthers Liebeslyrik eine Form des Schweigens, das kein gemeinsames, geteiltes Pathos ausdrückt, sondern die erlittene Einsamkeit vor dem Liebesgeständnis. In der Liebesdramaturgie wären diese zeitlich vorher angesiedelt. Paradigmatisch ist das Gedicht *Als er insgeheim liebte*, das nicht nur das Leid an der Verschwiegenheit, sondern zugleich – wie im Gedicht von Finckelthaus – dessen lustvollen Aspekt beschreibt:

WAs ich in Gedancken küsse,
Macht mir Müh und Leben süsse,
Und vertreibt so Gram als Zeit;
Niemand soll es auch erfahren,
Niemand will ichs offenbaren,
Als der stummen Einsamkeit.[187]

Der Sprecher bedarf der „stummen Einsamkeit", um den verliebten Phantasien Raum geben zu können. Die Pflege des süßen Geheimnisses – betont durch die anaphorische Selbstbeschwörung mittels des Wortes „Niemand" – ist nicht nur Zeitvertreib, sondern *movens* empfundener Lust. Diese produktive Rolle der verschwiegenen Phantasien kommt in der Lyrik mehrfach zur Sprache[188], sie bildet den Gegenpol zum erlittenen Schweigen.

Das Ich sehnt sich jedoch nach nichts anderem, als danach, dass die Geliebte seine Herzenssprache errät, dass sie „aus Wort und Blicken" die vielen „Sehnsuchts-Zeichen" herausliest, die sich stumm als Körpersprache der Liebe manifestieren:

Ob ich gleich nun, schöne Seele!
Namen, Brand und Schmerz verheele;
Würd' es doch mein Glücke seyn,
Wenn du selbst errathen soltest,
Und nur einmal forschen woltest,
Wem sich meine Flammen weihn.
Merckst du nichts aus Wort und Blicken,
Die viel Sehnsuchts-Zeichen schicken?
Siehst du mir kein Feuer an,
Wenn mein zärtliches Gemüthe
Bey der Wallung im Geblüte
Diesen Trieb nicht bergen kan?
Freylich mach' ich öfters Grillen
Aber alles doch im Stillen,

187 Ebd., V. 1–6.

188 So z. B. auch in Hoffmannswaldaus Versepistel *An Flavien*, die im nächsten Abschnitt besprochen wird.

Und dabey nicht ohne Lust,
Weil du allzeit meine Sinnen
Durch dein artiges Beginnen
Auch entfernt ergötzen must. (V. 7–24)

Der Liebende ersehnt ein sprachloses, umfassendes Erkanntwerden durch das lyrische Du, das er in seiner Imagination anredet, an das er geradezu einen dringlichen Appell der Beachtung richtet. In der zweiten und dritten Strophe finden sich verdeckte Vorwürfe, die dem Gegenüber unterstellen, es schenke nicht genügend Aufmerksamkeit. Diese Haltung wird in der vierten Strophe wieder zurückgenommen, wenn das lyrische Ich erneut die Lust betont, die es bei den „im Stillen" vollzogenen „Grillen" empfinde. Die Absenz der Angebeteten kann das Ich nicht davon abhalten „allzeit" dessen Sinne zu „ergötzen" – die Macht der erotischen Phantasie setzt sich über die faktische Separation und bleibende Ungewissheit hinweg.

In der fünften bis siebten Strophe beschreibt das Ich dann doch sein „ungemeines Leiden" (V. 37) an der Heimlichkeit und Unerfülltheit seiner Liebe. Er vergleicht sich mit einem Kranken, der immerhin die Möglichkeit hat, sein Leid zu klagen; aber sein Herz „gar nichts sagen [soll], | Ob es noch so hefftig glüt." (V. 35 f.). Die Aria *Als er insgeheim liebte* sucht eben diesen beständigen Wechsel zu beschreiben: zwischen Leid und Lust des Geheimnisses, zwischen Macht und Ohnmacht der Phantasie. In der neunten Strophe nimmt das lyrische Ich schließlich die Haltung des „ehrerbietig[en]" Schweigens an, das zum Zeichen von Gelassenheit und zum Mittel stoischer Selbstdisziplinierung werden soll:

Durch ein ehrerbietig Schweigen
Will ich mich gelassen zeigen,
Bis vielleicht ein Tag erscheint,
Da die Flammen heller brennen,
Und der Welt entdecken können:
Wie ich es so treu gemeynt. (V. 49–54)

Doch erneut nimmt die Aria eine innere Wendung vor, indem sich in der zehnten und letzten Strophe die Kehrseite des hier noch artikulierten frommen Wunsches nach späterer Offenbarung zeigt; diese wird als Selbstbetrug offenbar:

Solt' auch dieser Wunsch betriegen,
Find ich dennoch mein Vergnügen,
Und die gröste Lust daran,
Daß ich nach der klugen Lehre
Dieses Bild geheim verehre,
Was ich nicht besitzen kan. (V. 55–60)

Der Sprecher bezieht sich in der Pointe des Gedichts auf die Tugend der Verschwiegenheit als Teil der *ars amandi*, die darin besteht, das, was man „nicht besitzen kan", kompensatorisch in der Phantasie zu verehren, als substitutives „Vergnügen" und „gröste Lust".

In der Aria *Als er sich endlich wagte Jhr seine Liebe zu entdecken* geht es hingegen um den Eros des Aussprechens, um das ersehnte, trotzdem aber suspendierte Brechen des sehnsüchtigen Schweigens:

Drum wohlan, mein Geist, entdecke
Dies was deine Sehnsucht quält;
Frisch gewagt kommt bald zum Zwecke,
Den die Furchtsamkeit verfehlt.
Nein, mein Hertz, ach schweig und glaube,
Dein Entdecken hilft dich nicht,
Weil bereits die schöne Taube
Einem andern sich verspricht.

Schweig mein Hertz und halt die Plagen
Deiner Leidenschafft geheim,
Lerne dein Verhängniß tragen,
Koch aus Wermuth Honigseim!
Hat die Schickung deinem Fieber
Diesen schönen Artzt versagt,
Ey so stirb doch zehn mahl lieber,
Eh dein Mund die Kühnheit wagt.

Doch getrost! mein Hertz, und wage
Noch den allerletzten Streich!
Doch getrost! Versuch und schlage
Felsen durch die Thränen weich!
*Kluge Schönheit!* meine Funcken
Überreicht dir dieses Blat,
Das mehr nasses Salz getruncken,
Als dein Mund jetzt Zucker hat.[189]

Zitiert werden die zweite bis vierte des insgesamt sieben Strophen umfassenden Gedichts. In den je ersten beiden Versen richtet das Ich einen Appell an sich selbst – in der zweiten Strophe zum Aussprechen, in der dritten zum Schweigen, in der

---

189 Günther 1998, S. 845 f., V. 9–32. In der Böllhoff-Ausgabe findet sich für Vers 16 – „Einem andern sich verspricht" – die mit einer verbindenden Klammer vor und nach beiden Versen gesetzte Variante: „Anderwärts den Kuß verspricht". Der Herausgeber gibt jedoch keinen Kommentar für diese Doppelung. Vermutlich hat Günther in der (inzwischen verloren gegangenen) Handschrift des Gedichts, das er selbst nicht mehr druckfertig gemacht hat, eine Alternativvariante angeboten, die in der ersten Günther-Ausgabe durch Gottfried Fessel (1735) mit in den Druck aufgenommen wurde, nachfolgend aber als Variante betrachtet wurde. Vgl. die mir plausibler erscheinende Fassung ohne den doppelten Vers: Johann Christian Günther. *Sämtliche Werke* 1: Liebesgedichte und Studentenlieder in zeitlicher Folge. Hrsg. von Wilhelm Krämer. Leipzig 1930, S. 22 f.

vierten erneut zum Aussprechen. Diese Wechsel beschreiben das innere Wanken des lyrischen Ich, welches sich nicht zu einer kontinuierlichen Handlungsstrategie durchringen kann. Die Aria lässt mehrere Stimmen ertönen, die in dem innerlich gespaltenen Ich simultan zu hören sind und ein Streitgespräch führen. Schließlich siegt die Stimme des Muts, mit dem Entschluss, der Geliebten, die nun als „[k]luge Schönheit“ direkt angeredet wird, ein „Blat“ auszuhändigen.

Das Gedicht wird hier selbstreferenziell, es entwirft sich selbst als Schriftform der Liebesrede: eine Sprache, die ‚stumm spricht‘. Eine solche „tatsächliche, kommunikative Kontaktaufnahme“ mittels eines Gedichts ist „ein bekanntes argutes Stilmittel, das bei Günther häufig eingesetzt wird, um die Texte als Ausweis der Aufrichtigkeit zu beglaubigen: Das Lied selbst kommuniziert die Treue des Dichters erfolgreich der Geliebten.“[190] Doch zugleich ist es ein Medium, das im Unterschied zur *face-to-face*-Kommunikation eine schützende Distanz ermöglicht – und auf Seiten der Angebeteten zudem Zeit zum Abwägen von Handlungsanschlüssen bietet.

## *„Die stumme redens-art“ der erotischen Versepistel*

Hoffmannswaldau hat mit der in der galanten Lyrik beliebten Untergattung der Versepistel die Thematik des affektiven Schweigens auch auf ‚medialer‘ Ebene verhandelt. In seinem Briefgedicht *An Algerthen* wird nicht nur der Schriftcharakter der Liebesbotschaft selbst thematisiert, sondern auch die Unmöglichkeit, sich mittels dieses Mediums adäquat auszudrücken – was zu einer Rhetorik des ‚schriftlichen Verstummens‘ führt:

So bleibt mein schwacher geist in seinen liebes=schrancken/
　Und kommt/ wie dieser brieff/ Algertha/ nicht zu dir/
Verschluckt die hoffnungs=kost/ und tränckt sich in gedancken/
　Was ich nicht melden kan/ verdolmetscht das papier:
Wer offtmahls wenig sagt/ thut allzu viel zu wissen/
　Nimm meiner liebe pfand/ die schlechte reimen/ an:
Du wirst das leben mir ie mehr und mehr versüssen/
　Wenn ich in deiner gunst seyn und auch sterben kan.[191]

Papier und Schrift kommen die Rolle von Dolmetschern zu. Sie drücken stumm aus, was das schreibende Ich, das sich in Hoffnung und Sehnen verliert, verbal „nicht melden kan“. Der Absender der Versepistel beschreibt sich als sprachlich ungewandt und der Worte nicht mächtig. Doch er bezieht dies anscheinend weniger auf seine mündliche Rede, denn auf die Tätigkeit des Schreibens, denn er bezeichnet die „schlechte reimen“ als „pfand“, das beim nächsten Treffen gegen Liebe eingelöst werden kann.

---

190 Borgstedt 1997, S. 191.

191 Hoffmannswaldau/Neukirch 1697/1961, Bd. 1, S. 80, V. 13–20. Die Epistel wird im Folgenden mit Versangaben zitiert.

Besonderes Kennzeichen der Versepisteln ist es, dass in ihnen auch Briefe der Liebhaberinnen thematisiert, allerdings – im Unterschied zu Hoffmannswaldaus *Heldenbriefen* – nicht abgedruckt werden, dass also die Kommunikation als vermeintlich wechselseitig verstanden wird und keine stummbleibende Partnerin voraussetzt, wie sie für die petrarkistische Liebessituation konstitutiv war. Dies führt dazu, das Medium Brief als eine Art versendbaren ‚Körper' zu konzipieren, welcher Eigenschaften der Physis der schreibenden Person in sich aufnimmt. So steht in Hoffmannswaldaus Briefgedicht der Mangel an adäquaten Worten und die attestierte Bescheidenheit der männlichen Rhetorik eine Opulenz der weiblichen gegenüber, die sich insbesondere in der schmucken äußeren Gestalt des Briefes manifestiert:

Du schickt mir einen brieff/ geziert mit weisser seide/
  Mit Gold der zierligkeit und perlen ausgeschmückt.
Und meiner der ist schwartz und geht wie ich im leide/
  Daraus die traurigkeit an allen orten blickt.
Algerthe/ wo soll ich doch endlich worte finden?
  Ach! was gewähr ich dir für deine freundlichkeit?
Es will mich deine faust mit solchen seilen binden/
  Die nicht zernagen kan der scharffe zahn der zeit.
Du weist der seelen selbst die fässel anzulegen:
  O süsse dienstbarkeit/ so nach der freyheit schmeckt!
Du kannst mehr lieblichkeit durch deine hand erregen/
  Als nicht in Indien das zucker=rohr verdeckt.
Wie ist dein schöner brieff doch mit zibet bestrichen/
  Und wie verschwenderisch ist deiner worte pracht:
Ein iede sylbe will nach mosc und ambra riechen/
  So dich zur herrscherin und mich zum sklaven macht. (V. 21–36)

Der Schreiber stilisiert seine eigene Tätigkeit im Vergleich mit der der Geliebten als minderwertig, was sich unter anderem an der ‚Gewandung' der beiden Briefe offenbart: Während der ihre prunkt, ist der seine unscheinbar schwarz – er trägt, wie sein Verfasser, ein Kleid der Melancholie. Die verschwenderische Pracht der Worte und des Briefes der Geliebten hingegen werden zwar als verführerisch und fesselnd, aber auch tendenziell als falsch beschrieben.[192] Die gewählte Formulierung, dass sie durch ihre Hand „mehr lieblichkeit [...] erregen" kann, ist dabei zweideutig; sie ‚kontaminiert' den Vorgang des Schreibens mit dem der Masturba-

---

192 Die Argumentation dieser Passage gleicht der die *Neukirchsche Sammlung* eröffnenden Epistel *An Flavien*, die Borgstedt zum Ausgangspunkt einer Analyse genommen hat. Hoffmannswaldau/Neukirch 1697/1961, Bd. 1, S. 31–33. Vgl. Thomas Borgstedt. „‚Du schickst mir einen brieff/ und greiffst mir nach dem hertzen'. Hoffmannswaldau, die erotische Versepistel und der galante Diskurs". *Der galante Diskurs. Kommunikationsideal und Epochenschwelle.* Hrsg. von dems. und Andreas Solbach. Dresden 2001. 13–39, S. 16.

tion. Der männliche Leser gibt sich dieser Hand als sklavisch unterworfen; er ist durch die „faust“ in „seilen“ gebunden, nicht aber ohne kurz darauf ihre verführerische Aktivität zu rügen. Das Argument, das er vorträgt, mündet in einer Kritik an ihrem allzugroßen „feuer“ und der Art, wie sie ihm „unverstellt die reinen liebesflammen [zeigt]“ (V. 41). Dies mindere sein Begehren, denn nur „verbot und zwang brennt zunder zu der liebe“ (V. 53). So zeigt sich hier deutlich, dass der Autor eher eine schweigsame Geliebte bevorzugen würde, als eine, die derart mit ihrer Sprache Verschwendung treibt.

Wie Borgstedt anhand der ersten Versepistel *An Flavien* dargestellt hat, bedienen sich Hoffmannswaldaus Briefgedichte ungeachtet des eher schwerfälligen Alexandriners vielzähliger Aspekte und Stilmittel der Nahkommunikation. Unter Bezugnahme auf einen Beitrag Peter Kochs und Wulf Oesterreichers[193] führt er aus, dass die basale Unterscheidung in Mündlichkeit und Schriftlichkeit hier nicht greift, insofern das Briefgedicht in vieler Hinsicht die „Emotionalität und Spontaneität der Rede [simuliert]“.[194] Ein anderes Charakteristikum des „Epistolartopos“[195] ist die durchgängige Verwendung des Präsens, was den Akt des Schreibens tendenziell zu einem Akt des Sprechens werden lässt. In einem zweiten *An Flavien* betitelten Briefgedicht von Hoffmannswaldau wird das Schreiben sogar als gemeinsame Handlung stilisiert, die ungeachtet der physischen Distanz der Liebenden wie von ‚einer Hand‘ ausgeführt wird:

Ich werde sonder zwang dir doch bekennen müssen/
  Die liebste Flavia die schreibt hier mehr als ich.
Doch bist du meisterin von meinen treuen sinnen/
  So schaue diesen brieff mit holden augen an.
Du wirst die feder ja mit recht nicht tadeln können/
  Die ohne deinen zug kein wort mehr schreiben kan.[196]

Der hier benannte „zug“ Flaviens ist dabei – wie viele Schrift-Metaphern Hoffmannswaldaus – ambivalent, denn es kann damit erneut nicht allein die schriftliche, sondern auch eine sexuelle Aktivität der Hand gemeint sein.[197] Die Anzüglichkeit der Hoffmannswaldauschen Rhetorik, die Hartmut Böhme anhand dieser Epistel analysiert und unter den Begriff der „Schrifterotik“[198] gefasst hat, bedient

193 Vgl. Peter Koch und Wulf Oesterreicher. „Sprache der Nähe – Sprache der Distanz. Mündlichkeit und Schriftlichkeit im Spannungsfeld von Sprachtheorie und Sprachgeschichte“. *Romanistisches Jahrbuch* (1985): 16–43.

194 Borgstedt 2001, S. 15.

195 Vgl. ebd., S. 20–25.

196 Hoffmannswaldau/Neukirch 1697/1961, Bd. 1, S. 77–80, V. 7–12. Die Epistel wird im Folgenden mit Versangaben zitiert.

197 Vgl. Hartmut Böhme. „Erotische Anatomie. Körperfragmentierung als ästhetisches Verfahren in Renaissance und Barock“. *Körperteile. Eine kulturelle Anatomie.* Hrsg. von Claudia Benthien und Christoph Wulf. Reinbek 2001. 228–53, S. 246 f.

198 Ebd., S. 245.

sich in herausragender Weise den Mitteln der erotischen Phantasie und der masturbatorischen Imagination. Die Epistel schreibt sich selbst ein Loblied auf ihre eigenen kreativen Möglichkeiten:

Ach! liebste Flavia/ die schrifft und die gedancken
  Sind ja ein wunderwerck und kleinod dieser welt;
Was spielen wir doch nicht in des gemüthes schrancken?
  Was haben wir da nicht verwegen fürgestellt?
Was uns verboten wird/ das kann man hier erfüllen/
  Man lachet/ schertzt und küßt/ thut was uns wohlgefällt.
Kein scharff gesetze stört allhier den freyen willen/
  Und nichts ist starck genug/ das uns zurücke hält.
Man mag die schönste brust hier ohne scheu berühren/
  Und schauen/ was man sonst nicht wohl befühlen darff.
Man kan die heisse lust biß auff den gipffel führen:
  Dann den gedancken ist kein richter allzuscharff. (V. 17–28)

Auffällig ist auch hier der Gebrauch des Plurals, wonach das sprechende Ich für die Wünsche und Phantasien seiner Partnerin mitschreibt. Hoffmannswaldaus Briefautor setzt hier Schrift und Gedanken gleich – als wäre Schreiben eine weniger manifeste Ausdrucksform als Sprechen. Er tut dies, weil er der Schrift den Charakter der Stummheit attribuiert. Diese versteht er zugleich als ihre Stärke und ihren Schutz. Die Schrift als „stumme redens=art" wird, in einer paradoxen Wendung, dem Mentalen und Innerlichen näher gestellt als die Rede. Ihre Wirkung ist, entsprechend des Epistolartopos', zugleich dauerhafter und intensiver – und doch stiller und heimlicher:

Die schrifften/ die man sonst verdolmetscht durchs gemüthe/
  Die stumme redens=art/ so aus der feder qvillt/
Hat eine solche krafft/ und ist von solcher güte/
  Daß offt ein schreiben mehr als ein gespräche gillt.
Fällt gleich ein süsser schall uns in die dünnen ohren/
  So prägt die feder uns doch dessen meynung ein.
Es hat des menschen witz die littern ihm erkohren/
  Daß sie der sterbligkeit geschwärzte boten seyn.| [...]
Sie pressen tränen aus/ sie regen unsre hertzen/
  Sie blasen feuer auff/ sie stärcken die gedult.
Sie sagen reichlich zu/ sie wissen wohl zu schertzen/
  Un ein geschmeider brieff zahlt offt die gröste schuld.
Schrifft und gedancken sind der trost entfernter seelen/
  Damit bestillen sie die regung heisser pein/
Und was man vor der welt aus wohlstand muß verhölen/
  Das kan im sinn gespielt/ im brieff geschrieben sein.
(V. 37–44 und 47–55)

Der Modus der Stummheit, so wird hier deutlich, kann gesellschaftliche Sanktionen, Tabus und Sprachregulierungen umgehen. Es ist eine Ausdrucksform, die spricht, indem sie faktisch ‚nicht spricht'. Zugleich kann die einprägende Wirkung der „feder" Zeit und Tod überdauern – Hoffmannswaldaus hier geäußerte emphatische Konzeption der Schrift ist diametral entgegengesetzt zu der von Melancholie und *vanitas* geprägten Auffassung Gryphius', wie sie im Kapitel II.3 dargestellt wurde.

Bereits Fleming nutzt in seinem Sonett *An Baltien* das Bild der Schrift als einer stummen Sprache, die in der Lage ist, zugleich zu verbergen und zu enthüllen:

Darff/ Edle Balthie/ ich mich schon hier nicht nennen/
weil dieser kleine Brieff sehr weit zu reisen hat/
da List zu Felde liegt mit Neide früh' und spat/
da Vorwitz und Betrug den schmalen Paß berennen.
So wirst du aus der Hand doch meinen Nahmen kennen/
die du/ wie deine kennst; Sie/ meines Hertzens Rath/
und stumme Rednerinn/ bezeugt dirs in der That/
wie ich vor deiner Brunst nicht lasse nach zu brennen.[199]

Die Schrift fingiert als „stumme Rednerinn", die die physische Distanz zwischen Schreiber und Adressatin zu überwinden helfen kann. Dabei gilt sie als zuverlässiger als die transportierte Rede; sie ist authentischer und kann von der Empfängerin aufgrund der Individualität der Handschrift für echt befunden werden.

An dieser Stelle wird eine Gattungsdifferenz zwischen Lyrik und Drama offenbar: In der Lyrik, die sich zwar ebenfalls als mündliche Rede gibt, und entsprechend ein affektives Verstummen als Sprachversagen beschreibt, besteht überdies immer die Möglichkeit, auf die Stummheit respektive das Sprechen des Schriftmediums selbst hinzuweisen. Die Schrift kann dann möglicherweise substituieren oder kommunizieren, was der Rede ermangelt (oder auch umgekehrt). Die Figuren der Dramen haben diese Möglichkeit nicht. Als ein das Sprachversagen ergänzendes Medium tritt hier vielmehr der Körper auf, der sich als umso beredter erweist, desto stummer der Mund wird. Während die Pathosformel der Unsagbarkeit im Trauerspiel einen gegenwärtigen und instanziellen Sprachverlust markiert, beschreibt der Rückgriff auf das Schweigen in der Liebeslyrik eher einen anhaltenden Zustand – sei es in affektiver Hinsicht, sei es aufgrund von äußeren Ursachen, die zum Beispiel Verschwiegenheit erfordern, sei es einfach in der Sache selbst begründet, da Lieben und Inkommunikabilität vermeintlich konvergieren.

Da das Verstummen im Drama so plötzlich auftritt, bedarf es der Deutung, entweder durch die verstummende Figur selbst oder durch ihr Gegenüber. In der Lyrik hat diese Deutung und Auseinandersetzung mit dem Schweigen in der Regel be-

199 Fleming 1642/1969, S. 622 f.

reits ‚im Stillen' stattgefunden, daher wird es in die Sprachstruktur integriert. Derart können Uneindeutigkeiten oder Mehrstimmigkeiten hergestellt werden, indem die Dichter etwa Wege suchen, zugleich zu schweigen und zu sprechen, beides reflexiv aufeinander zu beziehen oder auch die Variante wählen, das Schweigen formal im Außerhalb des Gedichts anzusiedeln und es dann etwa mit erotischen Handlungen wie dem Küssen zu verbinden, die sich in dieser Sprachlosigkeit vollziehen. Ganz ähnlich verhält sich der Rekurs auf die Stille vor oder nach dem Gedicht in der Mystik, wo auf diese Weise auf die stumme *unio* mit Gott hingewiesen wird.

Unsagbarkeit fungiert als Pathosformel, insofern sie ein Leiden an der Unausdrückbarkeit des Fühlens thematisiert. Sie wird nur dann glaubhaft, wenn ihr die von Settis benannte Gleichzeitigkeit des Starren und Formelhaften und des Pathisch-Ungebändigten eignet. Wie sich zeigte, wird diese Möglichkeit in der Frühen Neuzeit insbesondere tragischen Affekten oder solchen des Leids eingeräumt. Der Ausdruck des Liebesaffekts zeichnet sich demgegenüber weniger durch Formelhaftigkeit aus als durch einen spielerischen, scherzhaft-reflektierten Umgang mit der eigenen Sprachlosigkeit.

# V. Mystische Stille

## 1. Heiliges Schweigen als religiöse Praxis

„Die *heilge* Majestät (willtu ihr Ehr erzeigen)/ | Wird allermeist geehrt mit heilgem stilleschweigen."[1] Mit diesem Epigramm deutet Angelus Silesius (Johannes Scheffler) an, dass die höchste Religiosität den Bereich der Sprache transzendiert: Das beste Gotteslob sei der Verzicht auf dasselbe. Auch sein Distichon ist somit lediglich Verweis auf eine Praktik, die ihren eigentlichen Ort im Jenseits der Sprache hat. Das heilige Schweigen, das Scheffler im Medium der Sprache so ausdrücklich lobt, hat zwei zu differenzierende Dimensionen: zum einen das vorbereitende Schweigen des Individuums oder der Gemeinschaft als rituelle Praktik der Liturgie oder der Kontemplation, das den Umgang mit Gott ermöglichen soll, zum anderen das mystische Schweigen des Gläubigen nach der Gotteserfahrung, das auf die Unaussprechlichkeit dieses Erlebnisses verweist.[2]

Überträgt man diese beiden Dimensionen auf die Begrifflichkeit der vorliegenden Arbeit, so betrifft das vorbereitende Schweigen – als Handlung oder auch als Haltung – eher den Bereich des Performativen, insofern es darum geht, Gottes Erscheinen zu ermöglichen. Das Schweigen nach der Gotteserfahrung hingegen betrifft eher den Bereich der Rhetorik, insofern es nach Worten und Formeln der Unsagbarkeit ringt, um die Dankbarkeit und Überwältigung auszudrücken. Es soll hier zunächst um den ersten Bereich gehen, um Schweigen als religiöse ‚Tätigkeit' sowie um ihre theologische Reflexion und Legitimation. Das mystische Schweigen in der geistlichen Lyrik und Passionsbetrachtung ist Thema des zweiten Kapitels. Und das abschließende Kapitel V.3 beschäftigt sich mit der Topik und Hermeneutik des Schweigens Gottes in der Frühen Neuzeit anhand von ausgewählten Predigten sowie dem Buch Hiob und seiner Exegese.

### *Hermetismus, Arkandisziplin und sakramentales Verschweigen*

In der hermetischen Philosophie wird Schweigen seit der Antike als Form elitärer Religiosität verstanden und praktiziert. Der komplexe Zusammenhang zwischen Hermetismus, Arkandisziplin und sakramentalem Schweigen kann hier nicht aus-

---

1 Johannes Scheffler. *Johannis Angeli Silesi Geistreicher Sinn= und Schlussrime.* Wien 1657, S. 121 (V, 11) (HAB Xb 6680 Rara).

2 Vgl. McCumsey 1987.

führlich dargestellt werden (zumal es meines Wissens bisher keine dezidierte Studie dazu gibt[3]). Es soll nur darum gehen, den philophischen und theologischen Hintergrund religiöser Schweigegebote kurz zu umreißen.

In der Frühen Neuzeit finden sich immer wieder Bezugnahmen auf zwei antike Referenzen: zum einen auf das hermetische Schrifttum (auf das im Anschluss rekurriert wird), zum anderen auf die so genannte Arkandisziplin. Sie geht auf ein religionsgeschichtliches Tabu zurück und ist vermutlich ursprünglich durch den Wunsch motiviert, die Riten eines Stammes Fremden nicht bekannt werden zu lassen. Insbesondere im römischen Altertum hatte die Geheimhaltung von Lehre und Kult Bedeutung. Sie wurde durch verschiedene Götter figuriert, darunter Angerona sowie – dies zumindest in der späteren Deutung – die Figur des den Finger an den Mund legenden Harpokrates. Die Mysterienterminologie der Arkandisziplin, ihre Regularien der Geheimhaltung sowie die Differenz zwischen Eingeweihten und Nichteingeweihten hatte großen Einfluss auf die Kirche.[4] Auch wenn der Gedanke, der göttliche Segen sei nur Eingeweihten vorbehalten und dürfe nicht auf Außenstehende übergehen, dem Christentum eigentlich fremd ist, entstand doch unter dem Einfluss der antiken Mysterienreligionen seit dem dritten Jahrhundert auch hier eine Art Arkandisziplin, in der Taufe und Eucharistie der Charakter einer Initiation zukam.[5] Allerdings enthalten die frühchristlichen Schriften im Gegensatz zu der heidnischen Arkanpraxis „nicht den geringsten Hinweis auf einen Verschwiegenheitseid“[6], was darauf hindeutet, dass dieser als problematisch galt.

Kurt Flasch weist auf zwei philosophische Zusammenhänge hin, in denen das ‚unsagbare Eine‘ in Anknüpfung an Platons *Parmenides* thematisiert wurde: auf die Pythagoräer der Spätantike, die sich als Kultgemeinschaft der im Schweigen zu verehrenden Gottheit verstand, und auf die Philosophie Plotins, die das göttliche ‚Eine‘ als bestimmungslos und demnach nur im Schweigen findbar begriff.[7] Bedeutsam für das theologische und neuplatonische Denken des Arkanen ist darüber hinaus das hermetische Schrifttum, das im 15. Jahrhundert von Marsilio Ficino ins Lateinische übersetzt, großen Einfluss auf das humanistische Denken ausübte,

---

3 Die frühe religionswissenschaftliche Studie von Odo Casel widmet sich dem mystischen Schweigen in der griechischen Philosophie; die Arbeit ist aber umstritten. Vgl. Odo Casel. *De philosophorum Graecorum silentio mystico*. Gießen 1919; siehe die ausführliche kritische Rezension des Buches von Richard Reitzenstein in der Zeitschrift *Göttingische gelehrte Anzeigen* 1–6 (1924): 38–48.

4 Vgl. Gustav Anrich. *Das antike Mysterienwesen und sein Einfluß auf das Christentum*. Nachdruck der Ausgabe Göttingen 1894. Göttingen 1990, S. 154–79.

5 Vgl. Kurt Flasch. „‚Sagt es niemand, nur...‘. Stichworte zu philosophisch-theologischen Motivierungen für Schweigegebote“. *Das Öffentliche und das Private in der Vormoderne*. Hrsg. von Gert Melville und Peter von Moos. Köln u. a. 1998. 87–96, S. 92.

6 Vgl. *Theologische Realenzyklopädie* 4. Hrsg. von Gerhard Krause und Gerhard Müller. Berlin und New York 1979, S. 2.

7 Vgl. Flasch 1998, S. 88 f.

nicht zuletzt auf die theologische Terminologie der Frühen Neuzeit. Das so genannte *Corpus Hermeticum* besteht aus 28 gnostisch-mystischen Schriften und Fragmenten, deren Verfasserschaft dem griechischen Gott Hermes zugeschrieben wurde und „durch welche man glaubte, der göttlichen Ur-Offenbarung noch näher gekommen zu sein als durch die Schriften von Moses, dem Gewährsmann der Kabbala."[8] Man nahm an, es sei in verschlüsselter Form abgefasst, da es jene Weisheiten enthalte, die Gott Adam im Paradies anvertraut hatte.

Im 13. Traktat spricht Hermes Trismegistos zu seinem Schüler über den Zusammenhang von geistiger Wiedergeburt und Schweigen. Motive aus den hellenistischen Mysterien werden in metaphysischem Sinn eingesetzt, um die Selbst- und Gotteserkenntnis darzustellen. Hermes beschreibt eine Vision, in der das Ich den Körper verlässt und in einen unsterblichen Körper eingeht. Durch diese Erkenntnis entstehe ein ‚neues Ich': der Wiedergeborene, der mit dem sterblichen Menschen nichts mehr gemein habe. Die geistige Weisheit des Schweigens mündet in ein Erkennen des göttlichen Geistes, die nicht in Worte fassbar sei.[9] Der Akt der Initiation wird durch ein mystisches Schweigen charakterisiert[10], die Geheimhaltung wird von allen Eingeweihten verlangt.[11] Es ist insbesondere dieser Aspekt des mystischen Schweigegebots, den die frühneuzeitlichen Texte aufgreifen.

So findet sich unter den 50 Sonetten der *Himmlische[n] Libes=küsse* (1671), dem wichtigsten prophetischen Frühwerk Quirinus Kuhlmanns ein Sonett auf *Di H. Dreieinikeit*, dem das Motto „Merkur. Trismegistos Poemandr. cap.I." vorangestellt wird:

> Di Weißheit war bemüht durch feurigen Bedacht
> Des Höchsten Maiestät und Wesen zuerfinden:

8 Vgl. Hans-Georg Kemper. *Deutsche Lyrik der Frühen Neuzeit* 3: Barock-Mystik. Tübingen 1988, S. 74. Faktisch entstanden die hermetischen Schriften aber, wie man seit Beginn des 17. Jahrhunderts weiß, in der nachchristlichen Zeit der Patristik in Ägypten. Isaak Casaubon wies 1614 nach, dass es sich nicht um besonders alte, sondern vielmehr um spätantike Texte handelt. Allerdings musste er sich in manchem korrigieren lassen und die Faszination, die das hermetische *Corpus* auf die Intellektuellen und Geistlichen ausübte, wurde durch seine Entdeckung nicht gebrochen. Vgl. die Einleitung des Herausgebers: *Das Corpus Hermeticum einschließlich der Fragmente des Stobaeus*. Übers. von Karl-Gottfried Eckhard. Hrsg. von Folker Siegert. Siegen und Münster 1999, S. 20.

9 Vgl. auch zu den vorangegangenen Ausführungen den Kommentar: *Das Corpus Hermeticum Deutsch* 1. Übers. von Jens Holzhausen. Hrsg. von Carsten Colpe und dems. Stuttgart 1997, S. 161.

10 Vgl. u. a. den 16. Paragraphen, in dem es heißt: „Gib Ruhe, mein Sohn, und höre jetzt den entsprechenden Lobpreis, die Hymne der Wiedergeburt [...]. Denn das (alles) ist keine Sache lehrhafter Unterweisung, sondern wird in Schweigen verborgen. So stelle dich denn, mein Sohn, an einen Ort unter dem freien Himmel, blicke in südliche Richtung beim Untergang der sinkenden Sonne und bete kniefällig. Verhalte dich so in gleicher Weise, wenn die Sonne aufgeht, gen Osten. Wahre Schweigen, mein Sohn." Ebd., S. 183 (VIII, 16).

11 Vgl. den Kommentar: Ebd., S. 171.

Jhr scharffes Auge schin nur (leider!) zu erblinden
Der Sinnen Sonnen=strahl verkehrte sich in Nacht.
Als nun di Göttin hoch bethränet alte Pracht/
Verspürte si ein Kind des Meeres tiffe Gründen;
Es rif: durch meine Hand wird alles Wasser schwinden!
Diss ist/ mein Engel/ nicht (sprach si) in deiner Macht.
Der holde Knabe rif: diss sol ein Kind beginnen/
Wann Weissheit Gottes Nahm und Wesen würd ersinnen/
Das selbst kein Cherubin/ kein Saraphin versteht!
Di Heldin stund beschämt/ und liss di Stimme hören:
‚Mit schweigen müssen wir den HErrn der Herren ehren;
Wann Weissheit GOtt bestürmt/ so fällt sie und vergeht.‘[12]

Das enigmatische, anspielungsreiche Sonett bedient sich einer neuplatonisch-hermetischen Lichtmetaphorik, die Überhelle und finsterste Dunkelheit kontrastiert, ebenso wie dem antithetischen Bild der Höhe des Himmels des „Meeres tiffe Gründen“ gegenübergestellt werden. Die Figuren des Gedichts – eine Göttin als Allegorie der Weisheit und ein engelhafter Knabe, der sich in selbstbewusster Christusmimesis übt (er möchte das Wasser schwinden lassen) – zeichnen sich durch einen unterschiedlichen Umgang mit dem Göttlichen aus. Während die Weisheit seine Existenz im Licht sucht (und dabei zu erblinden droht, wie der ansonsten distanzierte Sprecher mit dem im Klammer stehenden Ausruf „leider!“ betont), ist der Engel dem Irdischen zugewandt und sucht „Gottes Nahm und Wesen“. Diese Vermessenheit beschämt die „Heldin“ und im abschließenden epigrammatischen Couplet verkündet sie, dass der ‚Herr der Herren‘ nur mit Schweigen zu ehren sei; „bestürmt“ die (sprachlich verstandene) Weisheit hingegen Gott, „so fällt sie und vergeht“. In paradoxer Weise lässt die Allegorie der Weisheit hier „di Stimme hören“, allein um auf ihre Absenz, das Schweigen hinzuweisen. Hermetisches und christliches Denken findet in dieser ‚Figur‘ zusammen.

Wichtig für die theologische Terminologie des Stillschweigens sowie für die Synthese antiker und mittelalterlicher arkaner Lehren ist auch das Werk *De occulta philosophia libri tres* (1531) von Agrippa von Nettelsheim, in dessen drittem Buch sich ein Kapitel über arkane Formen des Schweigens und Verschweigens findet („De silentio et occultatione eorum quae secreta in religione sunt“[13]). Auch im 17. Jahrhundert erscheinen mehrere theologische Traktate, die das mystische Schweigen im

12 Quirinus Kuhlmann. *Himmlische Libes=küsse/ über di fürnemsten Örter Der Hochgeheiligten Schrifft/ vornemlich des Salomonischen Hohenlides wi auch Anderer dergleichen Himmelschmekkende Theologische Bücher poetisch abgefasset.* Nachdruck der Ausgabe Jena 1671. Hrsg. von Birgit Biehl-Werner. Tübingen 1971, S. 2. Vgl. zu diesem Werk auch: Birgit Biehl-Werner. *‚Himmlische Libes=Küsse‘ (1671). Untersuchungen zur Sprache und Bildlichkeit im Jugendwerk Quirin Kuhlmanns.* Hamburg 1973.

13 Cornelius Agrippa. *De occulta philosophia libri tres.* Hrsg. von Perrone Campagni. Leiden u.a. 1992, S. 402–08.

Titel erwähnen oder im Rahmen eines Kapitels behandeln. Drei von Ihnen sollen an dieser Stelle kurz erwähnt werden.

Michael Maier publiziert 1617 die lateinische und die deutsche Ausgabe eines apologetischen Traktats mit dem Titel *Silentium post clamores*. Nachruhm erlangten insbesondere die literarisch ambitionierten alchemistischen Schriften des Autors, in denen er die Auffassung vertritt, die Mythen der Antike seien in Wahrheit allegorisch verschlüsseltes, naturkundliches Geheimwissen einer hermetischen *prisca sapientia*. In *Silentium post clamores* beschreibt Maier das Rosenkreuzertum als Geheimbruderschaft von Naturforschern. Im elften Kapitel, dem in der deutschen Ausgabe ein Kupferstich mit allegorischen Schweige-Figuren beigegeben ist (Abb. 34[14]), bezieht er die Notwendigkeit der Geheimhaltung der Lehren der Rosenkreuzer auf die antiken Schweigegottheiten – u. a. auf Angerona, Harpokrates und die Sphinx. Schließlich nimmt er Bezug auf die antike Gemeinschaft der Pythagoräer und führt sie als Exempel an:

> Wie verborgen aber und heimlich die *Collegia* vnd Gesellschaften der Philosophen in vorigen Zeiten sich verhalten/ ist offenbar/ wie auch die *Pythagorei* mit so grossem Fleiß/ Ernst vnnd Verschwiegenheit sich zu jhrer Lehr vorbereytet/ ist auß obgesetztem zuersehen/ vnd hat solch *Silentium* vnd Sillschweigen keiner vnder zweyen Jahren/ gehalten/ auch etliche zum offtermal fünff Jahr/ also hoch haben sie jhre Lehr geachtet/ vnd so standhafft sind diese Jünger vnd Discipuln gewesen/ welche wegen Erkantnus der Geheimnussen berühmet worden. [...] Dannenher nun haben diese Gesellschafft vielmehr solchen Exempeln der Verschwiegenheit/ vnnd dem *Pythagoricis* in demselben nachfolgen wollen/ dann auch nach dem sie gewisse Vrsachen/ warumb sie zu reden/ vnd sich zu offenbaren angefangen/ gehabt/ vnd in acht genommen/ also wissen sie die rechte vnd bequeme Zeit stillzuschweigen/ oder mit sonderem Bedacht/ sich zu offenbaren/ wiedann auch gewisse Zeit zu reden/ zu sehen/ vnd zu hören/ ja auch zuschweigen/ damit man sich nicht mit grossem Geschrey vergeblich bemühe: Vnd ist hierinnen nicht dem vnbesonnenen Schwätzen/ so jhres Redens kein Vrsache/ Zwecke oder Nutzen wissen/ sondern vielmehr deß *Pythagorae* Ordnung im Stillschweigen/ nützlich nachzufolgen.[15]

Auch der Rosenkreuzer und Mediziner Heinrich Nolle veröffentlicht, ebenfalls im Jahr 1617, eine *Theoria philosophiae hermeticae* in sieben Traktaten, dessen dritter den Titel „Silentium hermeticum“ trägt.[16] Er wird mit dem folgenden Satz eröffnet:

---

14 In der lateinischen Ausgabe findet sich dieser Stich auf dem Titelblatt.

15 Maier/*Silentium* dt. 1617, S. 115–18.

16 Heinrich Nolle. *Theoria philosophiae hermeticae, Septem tractatibus*. Hanau 1617, S. 49–56 (HAB 82.4 Phys (1)).

> Diesen Traktat, verehrtester Leser, nenne ich Hermetisches Stillschweigen, weil ja das, was in ihm vorgestellt wird, unter tiefem Schweigen von den Philosophen behandelt wird, und in Rätsel, Gleichnisse und Figuren verhüllt wird, damit es nicht Unwürdigen offenbar wird, sondern allein denen bekannt wird, die sich aufrichtig um Wahrheit bemühen, sowie den frommen Seelen, die ihre Muße in der Beschäftigung suchen, den Söhnen freilich aufrichtiger Gelehrsamkeit.[17]

Im Folgenden schweigt Nolle allerdings über das Schweigen. Es wird nicht selbst zum Thema, sondern bildet allein, wie auch im Zitat deutlich wird, den enigmatisierenden Rahmen für das zu Verhandelnde, zentrale Fragen der hermetischen Schriften wie die mystische Weisheitslehre, das Verhältnis von Materie und Geist oder die Frage der Wiedergeburt. Das Wort ‚silentium' taucht im Traktat nur ein weiteres Mal auf, und zwar signifikanterweise in dem formal abgesetzten pointierten Schlusssatz „Silentii Hermetici Silentium."[18] Der Autor kennzeichnet so das ‚Schweigen des hermetischen Schweigens': das Ende seines Traktats.

Des Weiteren findet sich ein Buch des lutherischen Theologen Christian Korthold, das dieser mit seinem Mitarbeiter Johannes Dethlevus 1689 unter dem Titel *Silentium sacrum, sive De Occultatione Mysteriosum Apud Veteres Christianos* publiziert hat.[19] Es geht hier um die Bedeutung des Schweigens und des Geheimnisses bei den Urchristen, wobei das konkrete Thema des heiligen Schweigens auch hier im Text nicht besprochen wird, vielmehr wird die Geheimhaltung des Glaubens und der Mysterien behandelt, wie sie für die Urchristen überliefert ist. Heute weiß man allerdings, dass dieses ‚Verschweigen' nicht aufgrund einer Anlehnung an antike Mysterien, sondern primär aus Gründen des Selbstschutzes geschah. Explizit findet hier der Begriff der Arkandisziplin (*disciplina arcani*) Verwendung, der der nachreformatorischen Kontroverstheologie entstammt und erst im Jahr 1686 von Jean Daillé eingeführt wurde.[20]

Die religiösen, spiritistisch-prophetischen Werke, die hier angeführt wurden, bedienen sich einer Terminologie des Arkanen und des Spekulativen. Sie greifen auf das Stillschweigen als Praktik und als Gebärde zurück und verdeutlichen so seinen hohen symbolischen Wert im 17. Jahrhundert, der nicht nur mit Klugheit, wie im Kapitel III.1 ausgeführt, sondern darüber hinaus mit Geheimnis, Wissen, Weisheit, Sakralität und Auserwähltheit konnotiert war. Die allenthalben zu beobachtende terminologische Vermischung heidnischer und christlicher Aspekte befördert

---

17 „Hvnc tractatvm, suauissime Lector, Silentium voco Hermeticum, quia id, quod in eo proponitur, sub alto silentio à philosophis tractatur, & variis aenigmatibus, parabolis, & figuris velatur, ne indignis reueletur, sed solius veritatis studiosis, & piis animis otium per negotium quaerentibus, nimirum sincerioris doctrinae filiis innotescat." Ebd., S. 49.

18 Ebd., S. 56.

19 Christian Korthold und Johannes Dethlevus. *Silentium sacrum, sive De Occultatione Mysteriosum Apud Veteres Christianos [...]*. Kiel 1689 (HAB Yx 299.8° Helmst.).

20 Vgl. *Die Religion in Geschichte und Gegenwart. Handwörterbuch für Theologie und Religionswissenschaft* 1. Hrsg. von Kurt Galling u. a. 4. Aufl. Tübingen 1998, Sp. 743.

diese Aufwertung noch. Zudem kann sich die Begriffsverwendung an der negativen Semantik von Lärm und Geschrei orientieren, die seit Augustinus mit dem Sündenfall verknüpft ist, bei dem die Menschen ihren ursprünglichen Zustand der Stille verloren.[21] Dementsprechend wird die halbstündige Stille in der *Offenbarung* (Of 8,1) angeführt, um auf den verlorenen und zugleich zu antizipierenden Zustand diviner Seligkeit hinzuweisen.[22]

### *Christliches Mysterium und Schweigegebot in der Renaissancemalerei*

Schweigen als Ausdruck mystischer Kontemplation und gläubiger Demut wird auch in der bildenden Kunst zum Thema. Ein Lünettenfresko Fra Angelicos aus dem Dominikanerkloster San Marco in Florenz (Abb. 50) besitzt eine ähnliche topische Funktion, wie einige der im Kapitel II.1 besprochenen bildlichen Darstellungen des *silentium.* Das zwischen 1438 und 1450 entstandene Fresko befindet sich im ersten Kreuzgang des Klosters oberhalb des Portals zur Sakristei. Es zeigt Petrus Veronensis, einen italienischen Märtyrer, der 1252 mit einem Beil erschlagen und im darauf folgenden Jahr heilig gesprochen wurde. Petrus Martyr, einer der Hauptheiligen des Klosters, den man in San Marco auch auf anderen Werken Fra Angelicos abgebildet findet, mahnt zum Stillschweigen. Er blickt gerade aus dem streng symmetrisch aufgebauten Halbrund des Bildes. Sein rechter Zeigefinger liegt auf den Lippen, in der linken Hand hält er – ähnlich wie später die humanistischen Gelehrten in den Renaissance-Emblemen – ein Buch und eine Feder. Diese Attribute weisen den Heiligen als Prediger aus, der Zeigefinger auf den Lippen indiziert das Schweigegebot.[23] Aus zwei Wunden, am Kopf und an der rechten Schulter, tropft Blut; diese Wunden kennzeichnen ihn als christlichen Märtyrer.

---

21 Vgl. Joseph A. Mazzeo. „St. Augustine's Rhetoric of Silence." *Journal in the History of Ideas* 23 (1962): 175–96, S. 193.

22 „Und sie [deß hohen Himmels Innwohnern] rufften mit lauter Stimm/ Heyl sey unserem Gott/ der auff dem Thron sitzt/ und dem Lamb Lob/ Klarheit und Weißheit/ und Dancksagung/ Ehr und Krafft und Stärcke/ sey unserm Gott von Ewigkeit zu Ewigkeit. Und sihe/ gleich hernach meldet der H. Text/ underliessen die himmlische Geister dise so lobreiche Freuden=Geschrey: *Factum est silentium*: Dann es ware ein grosse Stille in dem Himmel/ ungefehr einer halben Stund lang. Dieses aber so unverhofften Stillschweigens Ursach wird hieneben gemeldet; „Dann es kam ein anderer Engel und stund für den Altar/ und hatte ein guldenes Rauchfaß/ und ihm war vil Rauchwercks gegeben/ daß er vor dem Gebett aller Heiligen auff den guldenen Altar leget/ der für den Thron Gottes ist. O gütiger Gott/ wann zu der Zeit als die Gebett etlicher frommen Heiligen/ gleich einem lieblichen Geruch von dem Angesicht Gottes auffgeopfert worden/ die Engel verstummen/ auch die gesambte himmlische Burgerschafft ihren Mund von dem fröhlichen Lobgesang Gottes/ damit sie das H. Gebetts=Opfer nit beunruhigen/ sorgfältig bewahren?" Mayr 1693, S. 83 f. Auch der Traktat *Harpocrates divinvs* von Remaclus de Vaulx spielt im Untertitel auf ‚die erhabenste Stille beim Weltenende' an („altissimvm de fine mvndi silentium"). De Vaulx 1617.

23 Vgl. *Lexikon der christlichen Ikonographie* 7. Hrsg. von Wolfgang Braunfels. Rom u. a. 1974, S. 186.

Abb. 50: Fra Angelico: *St. Petrus als Märtyer*, Fresko, ca. 1438–50, Florenz, S. Marco Klostergang

Der Legende nach hat Petrus sein Glaubensbekenntnis mit dem eigenen Blut in den Sand geschrieben, noch während er niedergeschlagen wurde.[24]

Der Schweigegestus ist in der italienischen Kunst des 15. Jahrhunderts äußerst selten, möglicherweise stellt diese Figur sogar eine der ersten Übernahmen des antiken Gestus in den christlichen Kontext dar. Im so genannten Fremdenzimmertrakt des Klosters befindet sich über einer Tür ein zweites Fresko, vermutlich von Fra Bartolomeo, das den spanischen Heiligen und Ordensgründer Dominikus zeigt, der ebenfalls den Schweigegestus ausführt. In der anderen Hand trägt er eine Lilie, Symbol des Lichtes, der Reinheit und der Keuschheit. Die Platzierung des Freskos über einer Tür ist besonders im Fall der Darstellung des Petrus Veronensis signifikant. Der Durchgang zur Sakristei markiert den Übergang zu einem heiligen Ort, der von dem Vorraum symbolisch abgetrennt ist. Der Kirchenraum wird als Ort der Stille, der äußeren Kommunikationslosigkeit und der Innerlichkeit bestimmt. Der die Dominikaner zum Schweigen ermahnende Heilige verweist mit seinem sakralen Gestus auf die *ineffabilitas* des christlichen Mysteriums, ein Topos mit ei-

24 Alle genannten Attribute – Buch und Feder, die Wunde und die Schweigegebärde – gehören zur Ikonographie dieses Heiligen. Vgl. Anselm Hertz. *Fra Angelico*. Freiburg u. a. 1981, S. 131.

ner langen rhetorischen Tradition innerhalb des theologischen Schrifttums.[25] Was in der sprachlichen Rhetorik des Sakralen ein unlösliches Problem darstellt – die Verbalisierung des Unaussprechlichen – ist im Bildmedium transzendiert, zumal bei einer derart ins Bildprogramm integrierten räumlichen Platzierung.

Ein zweites christliches Bildmotiv, das insbesondere im Barock gebräuchlich ist, sind männliche Heiligenfiguren, die Stillschweigen anzeigen – so eben jener Dominikus auf einem Gemälde des römischen Malers Oratio Borgiani (Abb. 51). Der mit einer Mönchskutte gekleidete Heilige trägt in der linken Hand ein Kruzifix und einen Totenschädel. Vor ihm auf dem Boden liegen ein zweiter Schädel sowie weitere *vanitas*-Symbole. Der Zeigefinger der rechten Hand liegt auf den Lippen. Die hochformatige, stehende Figur blickt den Betrachter mahnend an, ihn an seine Sterblichkeit und an das Martyrium Christi zugleich erinnernd. Der Legende nach wurde Dominikus, als er nachts in Bologna in einer Kirche Wache hielt, vom Teufel in Gestalt eines Ordensbruders provoziert, angesprochen und anschließend gefragt, warum er das Gebot des Schweigens gebrochen habe.[26] Als Heiliger steht er daher für das Stillschweigen, welches der von ihm gegründete Orden dann praktizierte.

In einigen Renaissance- und Barockkirchen finden sich Engel des Beichtgeheimnisses oder andere Figuren, die Stillschweigen indizieren – so etwa der aus der Werkstatt Josef Christians stammende *Schweigeengel* des Nepomuk-Altars in der Benediktiner-Klosterkirche von Zwiefalten (Abb. 52). Solche Figuren richten einen Appell an die Gläubigen, sich der Rede und des Lärms zu enthalten und sich auf die heilige Stille des Kirchenraums einzulassen. Bereits im *Cinquecento* wird der Zusammenhang von Schweigen und dem Mysterium auf einer ganzen Reihe von Gemälden dargestellt, die in unterschiedlicher Figurenkonstellation die Heilige Familie zeigen, wo jeweils eine Figur die Geste des Stillschweigens ausführt. Sie ist einerseits Zeichen des Friedens und der behüteten Ruhe, gleichzeitig aber deutet sie durch ergänzende Attribute bereits eine Vorahnung des Martyriums an. Dieser Bildtypus wurde durch eine berühmte Zeichnung Michelangelo Buonarottis initiert, die den Titel *Madonna del Silentio* erhielt (Abb. 40) und im 16. Jahrhundert eine Vielzahl von Nachdrucken und Varianten erfuhr.[27] Michelangelos Darstellung zeigt die Heilige Familie mit dem kindlichen Johannes dem Täufer. Der Jesusknabe liegt schlafend in Marias Schoß. Joseph wird als Greis dargestellt. In der Pose des Melancholikers befindet er sich, den Kopf aufgestützt, etwas schemenhaft rechts hinter Maria, während sich Johannes der Täufer links von ihr nach vorn beugt, mit

---

25 Vgl. Johann Anselm Steiger. „Rhetorica sacra seu biblica. Johann Matthäus Meyfart (1590–1642) und die Defizite der heutigen rhetorischen Homiletik". *Zeitschrift für Theologie und Kirche* 92.4 (1995): 517–58, S. 543–56.

26 Vgl. Jacobus de Voragine. *Die Legenda Aurea*. Übers. von Richard Benz. 13. Aufl. Gütersloh 1999, S. 424.

27 Vgl. Luitpold Dussler. *Die Zeichnungen des Michelangelo. Kritischer Katalog*. Berlin 1959, S. 182.

Abb. 51: Orazio Borgiani: *Santo Domingo*, Ölgemälde, 1615, Madrid Privatsammlung

der linken Hand die Gebärde ausführt und mit der rechten einen Zeigegestus als Indiz für das Zeugnis Christi vollzieht. Er trägt ein Tierfell über Kopf und Schultern, möglicherweise ein Wolfsfell als Schweige-Attribut. Maria ist ebenfalls mit einem Kopfschmuck bekleidet. Es handelt sich um ein geknotetes Tuch, auf dem sich eine Art Engelsmedaillon mit Flügeln befindet (dessen Bedeutung ungeklärt ist).

In der Michelangelo-Forschung ist betont worden, dass die Darstellung des Jesusknaben weniger der eines Schlafenden als der eines Toten entspricht; seine Körperhaltung und die Position im Schoß Marias präfigurieren die Pietà.[28] Die Körperlichkeit der Darstellung zeigt zugleich ein kleines Kind und einen Athleten: Alle Zeitebenen sind, einem Ideal Michelangelos entsprechend, synchron im Bild. Das Stundenglas deutet auf die Passion Christi; im Buch des Lebens, das Maria aus der Hand legt, ist sein Schicksal bereits vorgezeichnet. Die Figur des Täufers ermahnt somit nicht nur zur Ruhe, die notwendig ist, um den Schlaf des Kindes zu bewahren, sondern ordnet auch ehrfürchtiges und demutsvolles Schweigen im Hinblick auf das heilige Opfer an. Marias Finger berührt den Kopf ihres Kindes

28 Vgl. Enriqueta Harris Frankfort. „El Greco's Holy Family with the Sleeping Christ and the Infant Baptist: an Image of Silence and Mystery". *Hortus Imaginium. Essays in Western Art.* Hrsg. von Robert Enggass und Marilyn Storkstad. Lawrence 1974. 103–11, S. 104 f.

Abb. 52: Josef Christian (Werkstatt): *Schweigeengel*, Holzfigur, 1. Hälfte 18. Jh., Benediktiner-Klosterkirche Zwiefalten, Nepumuk-Altar

nur beinahe. Es wirkt, als zögere sie, den Jungen, welcher so hingegeben und ahnungslos in ihrem Schoß liegt, überhaupt anzufassen. Sein Körper wird dadurch heilig und einer Hauptreliquie analog, einem jener höchsten Heiligtümer, die im katholischen Kult einem Berührungsverbot unterliegen.[29]

Von den vielen Ölgemälden, die in Italien und Spanien im Verlauf des 16. Jahrhunderts zu diesem Thema entstanden sind, seien nur einige erwähnt. Die Bologneser Malerin Lavinia Fontana fertigte mehrere Variationen eines Altarbildes an (Abb. 53), auf dem der kleine Christus dargestellt ist, wie er friedlich auf einem edlen, weichen Ruhebett schläft, während Maria einen transparenten Schleier über ihn hält. Die mehrdeutige Geste kann sowohl ausdrücken, dass sie seinen Körper gerade zudecken möchte als auch, dass sie ihn, um ihn zu betrachten, enthüllt. Die schützende Gebärde Josephs ebenso wie der zärtliche Gesichtsausdruck Marias verstärken den intimen und häuslichen Charakter dieser Darstellung in einem Schlafgemach. Der den Betrachter anblickende Johannes der Täufer appelliert an dessen Schweigen. Der Kreuzstab und die kleine Inschrift *Cor meum vigiliat* vorn auf dem Laken verweisen auf das Sakrifizium: Der dem Hohelied entnommene Vers „ego dormio et cor meum vigilat" (‚ich schlafe, aber mein Herz ist wach', Hld 5,2) wurde von Theologen und Mystikern immer wieder zitiert, um auf die kontemplative

29 Für Unterstützung bei der Ausdeutung der Zeichnung danke ich Horst Bredekamp.

Abb. 53: Lavinia Fontana:
*Sacra Famiglia col Bambino dormiente e san Giovannino*, Ölgemälde, 1591, Rom, Galleria Borghese

Abb. 54: El Greco: *Heilige Familie mit dem schlafenden Christusknaben und Johannes dem Täufer (Silenzio)*, Ölgemälde, 16./frühes 17. Jh., Toledo, Museum of San Vincence

Stille, den mystischen Schlaf und die Ekstase hinzuweisen.[30] Die religiöse Botschaft des Bildes besagt, dass Wahrheit nur im Schweigen betrachtet werden kann. Die neuplatonische Strenge Michelangelos wird hier in eine Darstellung des Mitgefühls transformiert, wie es den Grundsätzen der Gegenreformation entsprach.[31]

In der christlichen Ikonographie des Mittelalters wird der Evangelist Johannes als ‚Johannes im Schweigen' tradiert. Er wird als alter Mann gezeigt, der den Zeige- oder Mittelfinger vor den Lippen hält. Ihn kennzeichnen ein inwärts gewandter Blick, dessen Sehachsen sich hinter den Augen kreuzen, als Ausdruck der Meditation[32], sowie manchmal ein Buch.[33] Demgegenüber wird sein Namensvetter Johannes der Täufer als Schweigender immer als Kind abgebildet. Seine Darstellung ist zudem an die Präsenz des schlafenden Christusknaben gebunden. Die zum Schweigen auffordernde Gebärde ist daher kein autonomes Attribut des Täufers, sondern steht vielmehr im Kontext zu dieser spezifischen Szene.

El Greco hat mehrere Varianten des Themas angefertigt (Abb. 54). Johannes erhält von ihm ein weiteres Harpokrates-Attribut: eine Schale mit Pfirsichen, die er in der rechten Hand trägt. Das Tuch, mit dem Maria Christus bedeckt (der hier nicht schläft, sondern sie aufmerksam betrachtet) ist nicht nur als Schleier oder als Nährtuch zu deuten, sondern präfiguriert bereits das Leichentuch der Passion.[34] Anstelle Josephs wird hier die Heilige Anna abgebildet wie sie, selbst in dicke Gewänder gehüllt, die stark verhüllte Maria umarmt. Die Szene fungiert daher möglicherweise ebenfalls als Prolepse der *Pietà*. Das Bild zeichnet sich, auch durch den für El Greco typischen, dynamisch-atopischen Hintergrund, als eine Thematisierung von Ver- und Enthüllungen aus. Dies deutet auf einer Metaebene auf die Ebenen des Verstehens des Mysteriums, auf seine Tiefen und Grade der Wahrheit.

Schließlich soll eine letzte Darstellung zu diesem Thema erwähnt werden, auf der nicht der Johannesknabe den Schweige-Gestus ausführt, sondern Maria selbst (Abb. 41). Annibale Carraccis manieristisches Ölgemälde ist auf die Figurentrias beschränkt. Der Jesusknabe schläft in Marias Armen, auf einem Kissen ruhend, während Johannes als blondgelockter Knabe mit der rechten Hand sein Bein berührt. Maria appelliert an ihn, still zu sein. Die Darstellung verzichtet auf Figurenattribute und auf Hinweise zur Passion. Sie erscheint wie eine häusliche Szene, in der eine Mutter besorgt über den Schlaf ihres Kindes wacht. Es ist die Berührung durch Johannes, welche den Gestus der Mutter auslöst, was auf die Reliquien-Thematik bei Michelangelo zurückweist, aber auch den Tastsinn mit der auditiven Ebene korreliert. So wird vielleicht auf die biblische Legende des Ungläubigen Thomas (Joh 20, 24–31) angespielt, der an die leibhaftige Auferstehung nicht glau-

---

30 Vgl. Frankfort 1974, S. 106.

31 Vgl. Vera Fortunati. *Lavinia Fontana of Bologna 1552–1614*. Mailand 1998, S. 21.

32 Vgl. *Lexikon der christlichen Ikonographie* 8. Hrsg. von Wolfgang Braunfels. Rom u.a. 1976; siehe auch die Abb. auf S. 118.

33 Vgl. die Abb. in: Langedijk 1962, S. 5.

34 Vgl. Frankfort 1974, S. 104.

ben mag und in die Seitenwunde zu fassen verlangt. Das *noli me tangere* ist bei Carracci (unter grundlegender Veränderung der Szene und der Figurenkonstellation) impliziert. Es geht darum, das Mysterium zu glauben, seinen Ohren zu vertrauen und ihm nicht zweifelnd nachzuforschen.

Die hier diskutierten Bilder richten einen Schweige-Appell an den Betrachter. Sie sind narrativ, indem sie die Gründe für ein mystisches Schweigen ‚erläutern' und sie situativ in Szene setzen. Gleichzeitig stellen die Gemälde das Heilige auch visuell dar. Sie sind Objekte, die selbst angebetet werden können – insbesondere wenn sie, wie es oft der Fall ist, im Kirchenraum hängen. Demgegenüber thematisiert die mystische Dichtung im sprachlichen Medium primär das affektive Schweigen selbst. Das Martyrium spielt hier eine herausragende Rolle, nicht zuletzt, da Christus selbst sich am Ende seines Lebenswegs als Schweigender bewährt.

### *„Still ist der beste Stylus".*[35] *Zur Theologie sprachlicher Askese*

Gustav Mensching trifft in seiner religionswissenschaftlichen Arbeit die basale Unterscheidung zwischen einem „inwendigen" und einem „äußeren Schweigen", wobei er ersteres noch einmal in das „Schweigen im Gottesumgang des Einzelnen" und in dasjenige „im Gottesumgang der religiösen Gemeinschaft" unterteilt.[36] Mensching bezeichnet das inwendige Schweigen als „innere Haltung" und „Selbstbereitung", welche die „Stillegung" der sinnlichen Wünsche und Absichten zum Ziel habe.[37] Das äußere Schweigen umfasse demgegenüber alle religiösen Praktiken und Vollzüge einer „Aufhebung des Wortes" – wie zum Beispiel stille Gebetsformen, die sprachliche Askese im mönchischen Leben oder auch die Schweigegebote über den Kultus und das Heilige.

Im Barock fungiert das sakrale Schweigen „gleichsam als Eintrittsbillet in die arkane Welt des Heiligen"[38], nicht viel anderes als bereits im Mittelalter. Was sich jedoch ändert ist, dass die *oratione silentii* zu einer wichtigen religiösen Praktik in den zahlreichen neu entstehenden katholischen Orden wird, zum Beispiel bei dem reformierten Zisterzienserorden, den 1664 in Frankreich gegründeten Trappisten.[39] In christlichen Mönchsregeln hat das Schweigegebot schon seit Benedikt von Nursia (6. Jh.) seinen Platz, in dessen *Regula benedicti* das sechste Kapitel „De taci-

---

35 Registereintrag zu einer langen Passage über das Stillschweigen in: Abraham a Santa Clara 1725, Bd. 1.

36 Mensching 1926. An diese Unterscheidung knüpfen weitere Religionswissenschaftler an, vgl. etwa: Alice Borchard Greene. *The Religious Uses of Silence*. New York 1938.

37 Mensching 1926, S. 13–16.

38 Ingrid Kasten. „Jenseits der Sprache. Aspekte einer historischen Semantik des Schweigens". *Paragrana. Zeitschrift für Historische Anthropologie* 7.2: Jenseits (1998): 61–80, S. 66.

39 Zu den bedeutenden mittelalterlichen Schweigeorden, den Zisterziensern und Kartäusern, vgl.: Roloff 1973, S. 34 f.

turnitate“ handelt.[40] Bisweilen wurde die „Stillschweigung“ gar als wichtigste Grundlage eines funktionierenden Klosterlebens definiert.[41] Es wurde als mehr oder weniger radikal durchgeführte Selbstdisziplinierung verstanden, um der alleinigen Konzentration auf das religiöse Leben willen.[42]

Ziel der Apotaxis (Weltflucht) der Mönche ist es, sich dem menschlichen Lärm und der Gesellschaft, und somit der Entscheidung, aktiv schweigen zu müssen, zu entziehen und große Teile des Tages gänzlich *in silentio* leben zu können. Peter Fuchs hat die sich daraus ergebende paradoxe Logik wie folgt formuliert: „Apotaxis erscheint (von der Gesellschaft her beobachtet) als Gesellschaftsflucht, irrational, Lebensuntüchtigen vorbehalten, ein Devianzphänomen. Dabei unterstellt der Beobachter, daß seine Welt die einzig reale und damit relevante sei; aus der Perspektive des beobachteten Systems erobert der Anachoret, der Mönch, der Ordensmann die eigentliche Welt, und damit kommt es zu der raffinierten Inversion, daß der Weltflüchtige dem Weltmenschen Weltflucht unterstellt, und das heißt Flucht vor Gott.“[43] Nach Fuchs funktioniert Schweigen als Praxis des Entzugs nur dann, wenn ihr eine mundane Gegenwelt des Lärms kontrastiert wird, bei der es sich nicht selten um ein Konstrukt handelt.

Im katholischen Gottesdienst der Frühen Neuzeit nehmen Stillephasen und Stillgebete einen zentralen Raum ein. So wird etwa die *missa lecta* (‚Stillmesse‘) fast gänzlich im Schweigen zugebracht. Schon seit den Frühchristen gibt es die so genannte Kanonstille.[44] Und im Karfreitagsgottesdienst wird am Beginn der Liturgie sowie während der Verlesung der Passionsgeschichte nach dem ‚Es ist vollbracht‘ geschwiegen. Auf katholischer Seite ist besonders im 17. Jahrhundert der Versuch erkennbar, die Grenzen zwischen dem Heiligen und dem Profanen strenger zu ziehen, u. a. um die Gläubigen zu mehr Ehrfurcht in der Kirche zu erziehen. Die Aufwertung des geistlichen Schweigens gilt als Teil dieser Bemühungen.[45]

---

40 *Die Benediktsregel. Eine Anleitung zum christlichen Leben.* Lateinisch und deutsch. Übers. und hrsg. von Georg Holzherr. 2. Aufl. Zürich u. a. 1982, S. 104–09. Vgl. Ambrose Wathen. *Silence. The Meaning of Silence in the Rule of St. Benedict.* Washington 1973.

41 „Es pflegte auch ein berühmter und gelehrter Mann zu sagen/ daß zu Reformirung eines Klosters oder Ordens nichts ander erfordert werde/ als daß die Stillschweigung wiederumb hinein gepflanzet werde. Dieses bekräfftiget ebenfals der H. Ignatius Loyola; so dieses zum gewissen und unfelbahren Zeichen hatte/ daß in einem Kloster ein gute Disciplin grünete; wann nemblich die Clausur oder Beschliessung wohl gehalten wurde.“ Abraham a Santa Clara 1705, S. 205.

42 Vgl. *Die Religion in Geschichte und Gegenwart. Handwörterbuch für Theologie und Religionswissenschaft* 5. Hrsg. von Kurt Galling u. a. Tübingen 1986, S. 1606; Paul F. Gehl. „Competens silentium: Varieties of Monastic Silence in the Medieval West“. *Viator* 18 (1987): 125–60.

43 Peter Fuchs. „Die Weltflucht der Mönche. Anmerkungen zur Funktion des monastisch-aszetischen Schweigens“. Ders. und Niklas Luhmann. *Reden und Schweigen.* 2. Aufl. Frankfurt a. M. 1992. 21–45, S. 29.

44 Vgl. Archdale A. King. „Silent Canon“. *Liturgy of the Roman Church.* London 1952, S. 429–32.

45 Vgl. Burke 1993, S. 78.

Bei der überkonfessionellen Haltung des Quietismus, die im 17. Jahrhundert erstarkt und innerhalb der katholischen Orthodoxie in der zweiten Jahrhunderthälfte gewalttätige Dispute und Prozesse auslöst, spielt das Schweigen ebenfalls eine herausragende Rolle. Ziel des quietistischen Schweigens ist es, einen Zustand innerer Ruhe und Willenlosigkeit zu erreichen und die Aktivitäten des Selbst zu reduzieren, wenn möglich gänzlich auszuschalten. Gefährlich ist diese Haltung aus der Sicht der Orthodoxie, insofern sie den Gläubigen vermeintlich zum Müßiggang ermuntert und die Einhaltung von Exerzitien – allgemeiner: des aszetischen Lebenswandels – gefährdet.[46] Aus diesem Grund sind die quietistischen Strömungen höchst umstritten, gleichwohl aber in weiten Teilen der Frömmigkeit anzutreffen. Ihr Gedankengut findet sich in religiösen Schriften unterschiedlichster Provenienz.

Der Protestant Pierre Jurieu beschreibt in einem Traktat über Mystik und Quietismus, was unter dem *état passif* zu verstehen sei:

> *Etat,* parce que cette situation de l'ame est habituelle. C'est *un état fixe & qui demeure,* & non une action ou *un acte qui passe.* [...] Il est appellé *passif,* non au sens qu'on appelle *passif* ce qui souffre ou fait souffrir. Mais comme l'a fort bien remarqué l'Evèque de Meaux, ici la *passivité* n'est opposée qu'a l'action & a l'activité. C'est à dire que quand un Contemplatif est arrivé à cet état, il n'a plus besoin d'agir; il ne lui faut plus des mouvements inquiets; il ne doit plus s'inciter au bien. Il n'agit plus; seulement il reçoit les graces que Dieu lui envoye, & il fuit l'attrait de sa grace sans rien faire autre chose que se laisser pousser par l'Esprit Divin qui est devenu son ame, & *son moi.*[47]

Unter Bezugnahme auf nicht namentlich genannte quietistische Mystiker fass Jurieu den ‚passiven Zustand' als eine aktiv-rezeptive innere Haltung, die in körperlichem und seelischem Stillsein mündet. Sie ist nicht allein während des Gebets einzunehmen, sondern zu einer kontinuierlichen Einstellung des spirituellen Menschen zu machen.

Um die umstrittene religiöse Bedeutung der Stille zu legitimieren – vielleicht auch, um ‚richtige' Schweigepraktiken von den ‚falschen' zu separieren –, beruft sich die frühneuzeitliche Theologie auf zahlreiche Bibelstellen. Diese Bezugnahme auf und Absicherung durch die Heilige Schrift ist besonders für die sich als konsequente Schrifttheologie verstehende lutherische Theologie von Bedeutung. So führt etwa der lutherisch-orthodoxe Prediger Valentin Ernst Löscher in seiner Pre-

---

46 Vgl. auch zu den vorangegangenen Ausführungen: Viktor Conzemius. „Quietismus". *Sacramentum mundi. Theologisches Lexikon für die Praxis* 3. Hrsg. von Karl Rahner und Aldolf Dorlap. Freiburg u. a. 1696, Sp. 1426–32.

47 Pierre Jurieu. *Traité historique contenant le jugement d'un protestant, sur la Theologie Mystique, sur le Quietisme, & sur les démêlez de l'Evêque de Meaux avec l'Arechevêque de Cambray; jusqu'a la Bulle d'Innocent XII: & l'Assemblée Provinciale de Paris, du 13. de May 1699 [...].* Paris 1649, S. 20–22 (HAB Tm 342).

digtsammlung *Edle Andachts=Früchte* (1719) aus, wie oft und in welch verschiedener Bedeutung Stille in der Heiligen Schrift erwähnt wird:

> Stille seyn wird in der H. Schrifft auf vielerley Art gebrauchet/ und fast immer im guten Verstande. Als wenn David saget: Meine Seele ist stille zu GOtt/ der mir hilft/ Ps. 62,2. Ja die Stillen im Lande werden von dem H. Geist hin und wieder gelobet/ sonderlich aber wird es von der Andacht oft gebrauchet, dass stille seyn so viel heisset/ als andächtig hören und betrachten. In diesem Verstand ermahnet Nehemias seine Zuhörer: Seyd stille/ denn der Tag ist heilig/ Nehem. 8/ 11. Allerdings muß ein andächtiger Christ stille seyn/ wenn er bedencket/ daß er vor dessen Augen stehe/ vor welchen alle Welt stille seyn muß/ vor demjenigen/ dem Himmel und Erden zuhören muß/ wenn Er redet. Wenn von heiligen Sachen gehandelt wird/ stehet es am besten/ daß alles stille sey: daher auch die Heyden bei ihrem Gottesdienst auf die Stille sehr viel hielten/ und sonderlich zu Rom durch einen Herold ausrufen liessen: Favete linguis. Seyd still.[48]

Als Motive für das Stillsein des Christen führt Löscher an, es sei ein Zeichen geistlicher Andacht und Betrachtung, es ermögliche das Hören von Gottes Stimme und sei Kennzeichen des Heiligen.

Der katholische Prediger Gunter Mayr begründet das „nothwendig[e] Stillschweigen" im Gebet mittels einer kuriosen Etymologie, wenn er schreibt, „*Adoratio* heißt Anbettung/ dises Wort wird zusammen gesetzt von dem Wörtern *Ad*, so da heisset zu/ und *os*, ein Mund: wormit gesagt werden will/ zu dem Mund muß gehalten werden die Hand/ wann man betten will."[49] An anderer Stelle spricht er davon, dass zur „Ehrentbietung" Gottes insbesondere „Zucht und Stillschweigendes auffmercken" erforderlich seien.[50] Dieses Verhalten soll in Maßen sogar für die Prediger selbst gelten, denen in einigen homiletischen Schriften ebenfalls eine *eloquentia tacens* nahegelegt wird.[51]

Verschiedene Grade und Intensitäten des Stillschweigens werden ausdifferenziert. So beschreibt der als Hauptvertreter des Quietismus im 17. Jahrhundert geltende Mystiker Miguel de Molinos (der für seine radikale Haltung in Rom als Häretiker angeklagt und zu lebenslanger Haft verurteilt wurde) in seiner *Guía espiritual* (1675, dt. 1712) im Kapitel „Von dem innern und geheimen Stillschweigen" drei unterschiedliche Stufen, wie sie bereits die Kirchenväter benannt haben:

> Es ist dreyerley Stillschweigen: Das erste ist ein Stillschweigen der Worte, das andere der Begierden, und das dritte der Gedanken. Das erste ist vollkommen/ das andere noch vollkommener, und das dritte das vollkommenste. Das Still-

48 Löscher 1719, S. 81 f.
49 Mayr 1693, S. 76.
50 Ebd., S. 75.
51 Vgl. Urs Herzog. *Geistliche Wohlredenheit. Die katholische Barockpredigt.* München 1991, S. 193, 298 und 328.

> schweigen der Worte dienet/ die Tugend zu erlangen, das andere, welches ist der Begierden, die Ruhe zu finden und das lezte, da man die Gedanken schweigen läßt, setzt die Seele in die innerliche Einkehrung. Wenn man nicht redet, nichts begehret, und an nichts gedenket, so kömmt man zu dem rechten wahren geheimen oder geistlichen Stillschweigen, in welchem GOtt zu der Seele redet/ sich ihr mittheilet, und sie in ihrem innersten Grunde die höchste und vollkommenste Weißheit lehret. | Zu dieser innern Einsamkeit und geistlichem Stillschweigen beruffet und leitet GOtt die Seele, wenn er zu ihr saget, daß er mit ihr allein, in dem verborgensten und innigsten Grunde ihres Herzens reden wolle. In dieses geheime Stillschweigen must du eingehen, wenn du die inwendige süsse und liebliche Stimme der GOttheit hören wilt. Diesen Schatz zu erlangen, ist nicht genug, daß du die Welt fliehest, deinen Begierden absagest, und deine Liebe von allen Creaturen abzeuchst; sondern du must dich gänzlich aller Begierden und Gedanken entschlagen, und also in diesem geheimen Stillschweigen ruhen, und GOtt die Thür deines Herzens aufthun, auf daß er sich dir mittheile/ sich mit dir vereinige, und dich in ihm transformire, oder zu seinem Bilde erneuere.[52]

Das Stillschweigen stellt sich hier als eine Stufenfolge der Vorbereitung vom äußeren zum inwendigen Schweigen dar. Jeder der drei Stufen des mystischen Schweigens werden unterschiedliche Funktionen zugewiesen. Molinos benennt die drei zum Verstummen zu bringenden Bereiche Worte, Begierden und Gedanken in der Reihenfolge ihres Grades an bewusstem Unterworfensein unter die Selbstkontrolle. Auch Begierden und Gedanken werden dabei als sprachanalog gedacht, als unwillkürliche und unfreiwillige Selbst-Artikulationen. Erst im Erreichen der vollkommensten, schwierigsten und finalen Stufe, der Stille der Gedanken, wird es möglich, dass „GOtt zu der Seele redet" und sie die „höchste und vollkommenste Weisheit lehret". Ein solches „geheime[s] Stillschweigen" berührt den Bereich des Arkanen. Es ist nicht lediglich eine einfach zu vollziehende Praktik des verbalen Verstummens, sondern hängt mit der inneren Entleerung und Befriedung, primär aber mit einer selbstlosen Hingabe an Gott zusammen. Molinos spricht von einer Gottesliebe, die „erlanget [wird] durch die vollkommene Verleugnung und das innere Stillschweigen".[53] Besonders signifikant ist dabei die obige Formulierung, dass man in dem „geheimen Stillschweigen" selbst „ruhen" solle.

Auch Löscher erwähnt unter Bezugnahme auf „die Mystici" das von Molinos genannte „dreyerley Stillschweigen, nemlich des Mundes/ der Gedancken/ und des Verlangens"[54], womit sich zeigt, inwieweit die mystische Trias überkonfessionelle Relevanz besaß. Statt die Unterschiede des Glaubens im Hinblick auf die ausgeübten Schweigepraktiken zu betonen, finden sich bei Lutheranern und Katholiken immer wieder ähnliche Motive, Argumente sowie antike, altchristliche, patristische und mystische Referenzen. Löscher betont sogar, dass das heilige Schweigen origi-

---

52 Molinos 1712, S. 283 f.
53 Ebd., S. 285.
54 Löscher 1719, S. 84.

när christlich sei und sich vom heidnischen Kult wesentlich unterscheide: „Die Heyden mögen immerhin von ihrem erdichteten Götzen des Stillschweigens/ Harpokrate/ viel rühmen/ welchen sie abbilden/ daß er die Finger auf den Mund lege: wir haben einen warhaftigen GOtt/ der in der Stille will gelobet seyn.“[55] Während also die Heiden einen schweigenden Götzen anbeten, hat der Christ die Aufgabe, sich selbst in diesem Schweigen zu üben. Das Stillsein wird als ‚Tätigkeit‘ beschrieben, die Gebet und Gotteslob in einem ist.

Abraham a Santa Clara erwähnt in der 17. „Lection“ seiner *Grammatica religiosa* (1699, dt. 1705) mit der Überschrift „Von dem Stillschweigen“ ebenfalls die Schriften der Kirchenväter, die ein stufenweises Erlernen der „Gott=gefälligen Stillschweigung“ beschreiben. Abraham bezeichnet diese asketische Stufenfolge als drei „Staffeln“:

> Dieses aber ist dir nöthig zu wissen/ daß du nach Regul der H. H. Vättern/ zu anfangs in der *ersten Staffel* dich übest/ nemblich daß keine unzulässige und eitele Wort redest: und wan du durch Menschliche Schwachheit darwider sündigest/ dir alsdann selbst eine Buß auferlegest/ damit du also hinführo kluger und behutsamer werdest. Nach dieser folgt die *andere Staffel*/ daß du nebmlich auch von dem zulässigen und vernünfftigen Reden auß Lieb der Gott=gefälligen Stillschweigung dich enthaltest; auff daß du durch die Verschwiegenheit die andere Tugenden unterdessen ernährest/ und also hernacher zu gelegener Zeit dieselbe mit gezimmerter Weißheit hervorbringen mögest. In der *dritten Staffel* lehren dich die H. H. Vätter/ daß du auch öffters die nöthige Reden umb der Ruhe und Tugenden willen gern quittirest/ und sonderlich/ wann du durch solche Reden deine eigene Wohlfahrt und Verthätigung befördern könntest.[56]

Im Unterschied zu Molinos und Löscher, die das Stillschweigen der Worte, der Begierden und der Gedanken differenzieren, besteht die von Abraham beschriebene Stufenfolge nur in einem sukzessiven Verzicht auf sündiges Sprechen, über die Enthaltsamkeit bei „zulässigen und vernüfftigen Reden“, bis hin zum ‚Quittieren‘ auch der „nötigen Reden umb der Ruhe und Tugenden willen“. In einer anderen Passage beschreibt er ausführlich den Nutzen der „einmahl geschmeckten Süssigkeit/ welche das Stillschweigen verursachet“ und führt kirchengeschichtliche Exempla an:

> Glaube den Heiligen und grossen dieneren GOttes/ so wegen der einmahl geschmeckten Süssigkeit/ welche das Stillschweigen verursachet/ nichts so eifferig verlanget zu haben/ als von den Menschen abgesöndert zu werden/ und in dieser Tugend sich zu üben. Der H. Romualdus/ ein alter greisser Mann/ hat sich in eine unflätige Höhle eingesperret/ und sieben Jahr lang das Stillschweigen unstrafflich gehalten. Mir ist nicht wunder/ dass die heilige Catharina Senensis zu solcher

55 Ebd., S. 90.
56 Abraham a Santa Clara 1705, S. 214.

> grossen Heiligkeit gelanget/ indem ich lese/ daß selbige drey gantze Jahr/ gleichsamb ohne Sprach/ mit niemand/ als mit ihrem Beichts=Vatter in der Beicht/ ein eintziges Wort geredet. Auch hat der H. Thomas von Aquin so dapffer geschwiegen/ daß er von seinem Mit=Schülern ein stummer Ochs genennet worden. Er aber hat aus diesem Stillschweigen so grosse Wissenschaft und Heiligkeit geschöpffet; dass er nachmahlen auß dem stummen Ochsen ist worden ein Englischer Doctor.[57]

Die angeführten Exempla – der italienische Ordensstifter Romualdus, die Mystikerin Catharina von Siena und der Heilige Thomas von Aquin – zeichnen sich durch eine exzessive, eremitische Schweige-Praxis aus. Abraham setzt dieses „dapffer[e]", jahrelange Schweigen mit ihrer „Heiligkeit" gleich. Insbesondere das Beispiel von Thomas zeigt, inwieweit der Autor es als eine Askesepraxis versteht, die zu Erleuchtung und Weisheit führt.

Löscher bezieht sich auf die Heilige Schrift und legt den vielzitierten Bibelvers „Seid stille und erkennet, dass ich Gott bin!" (Ps 46,11) folgendermaßen aus: „Stille seyn heist wol allhier nicht anders, als vor GOtt sich demüthigen, seine sündliche Ungeschicklichkeit erkennen/ sich ganz und gar GOTT ergeben."[58] Er betont, wie wichtig die Unbedingtheit dieser Hingabe sei: „Entweder gar mein/ sagt GOtt/ oder laß es gar seyn. Daß man mit seinen Affecten indessen/ weil die Andacht währet/ herum vagiren will/ gehet gleichfalls nicht an/ sondern dieselben müssen stille/ und zu GOtt gerichtet seyn."[59] Er beschreibt dieses ‚geheime Stillschweigen' ähnlich wie Molinos als eine Form des Ruhens „in einem lauter nichts", in dem nur Gott Raum habe:

> So saget Esaias: Wenn ihr stille bliebet/ so würde euch geholffen. Durch stille seyn und hoffen würdet ihr starck seyn/ Es. 30/ 15. So wird demnach allhier gehandelt von der *oratione silentii*, oder der stillen Andacht/ nicht wie sie die Mystici beschreiben/ da man gar nichts dencket/ will/ weiß/ verstehet oder verlanget/ sondern in einem lauter nichts ruhet; sondern da unsre Gedancken/ und Affecten nichts als mit GOtt zu thun haben/ und wenn der Mund gleich schweiget/ dennoch das Hertz zu GOtt rufet. Wie wir von Mose lesen/ Exod. 14/14. Die vortreflichsten Redner haben zuweilen verstummen müssen/ wie von Francisco Robortello/ Carolo Sigonio und andern bekandt ist/ wenn sie vor grossen Herren haben reden sollen. Warum sollten wir uns denn schämen/ wenn wir in unserer Unterredung mit GOtt müssen stille werden?[60]

Als Analogie des guten Christen werden die „vortreflichsten Redner" und Geistlichen der italienischen Renaissance gewählt, denen es geschehen kann, dass Sie pathisch verstummen, wenn Sie vor großen Herren zu sprechen haben. Ähnlich sei

57 Ebd., S. 206 f.
58 Löscher 1719, S. 83.
59 Ebd., S. 87.
60 Ebd., S. 89.

die Demut des bescheidenen Stillseins nichts, wofür sich der Gläubige schämen müsse. Sein Verstummen wird hier zugleich als Praktik der Entleerung und als Pathosformel der Erfahrung eigener Nichtigkeit im Angesicht unermesslicher Größe verstanden. Löscher begreift es aber nicht als gänzliche Leere – „wie sie die Mystici beschreiben" – sondern vielmehr als eine Form der „Unterredung", in der sich der Gläubige ganz und gar mit Gott ‚anfüllt'.

Scheffler formuliert in einem Epigramm mit dem Titel *Mit Schweigen lernet man* ebenfalls die mystische Weisheit, dass zur Begegnung mit Gott ein vollständiges inneres Schweigen notwendig ist:

> Schweig allerliebster Schweig: kanstu nur gäntzlich schweigen:
> So wird dir GOtt mehr gutts/ als du begehrst/ erzeigen.[61]

Durch die Formulierung des ‚gänzlichen' Schweigens wird angedeutet, dass es auch eine unvollständige Form gibt, die aber nicht ausreicht. Die rezeptive Situation der *communio* mit Gott beschreibt Scheffler in einem Epigramm mit dem Titel *Mit schweigen höret man*:

> Daß Wort schallt mehr in dir/ als in deß andern Munde.
> So du jhm schweigen kanst/ so hörstu es zur Stunde.[62]

Effektvoll werden akustische Leere und klangliche Fülle kontrastiert, das Schweigen des Gläubigen mit dem ‚Schallen' von Gottes Wort.

Ambivalent bleibt, ob die in diesem wie auch in den Zitaten von Molinos und Löscher beschriebene ‚Rede' Gottes sprachförmig – im Sinne des Austausches von verbalisierten Zeichen – ist. Wie Roland Krusche dargestellt hat, gibt es in der Mystik die leitende Vorstellung, dass die Kommunikation zwischen Gott und Mensch nicht im Modus der Sprache, sondern in dem des Schweigens stattfindet.[63] Unter Bezugnahme auf ein Zitat des in der Frühen Neuzeit viel rezipierten mittelalterlichen Mystikers Johannes Tauler schreibt Krusche: „Dabei schweigt nicht nur einer (in diesem Fall der Mensch), während der andere (Gott) redet, sondern beide schweigen und vereinen sich darin. Schweigen ist also nicht nur Voraussetzung für die Kommunikation oder ein Aspekt davon, sondern es ist die Form, in der diese Kommunikation geschieht."[64] Zwar ist die Zeit des Barock von der eminenten Bedeutung der Sprache erfasst, so dass es in den theologischen Zitaten der Zeit immer wieder heißt, Gott würde ‚reden', aber eher selten wird gesagt, dass diese Art der Expression der menschlichen Sprache tatsächlich gleichkommt. Im Zitat von Molinos wird das, was man hört, als „inwendige süsse und liebliche Stimme der Gottheit" beschrieben, also als etwas, das zugleich akustisch und ‚innerlich' ist.

---

61 Scheffler 1657, S. 59 (II, 8).
62 Ebd., S. 57 (I, 299).
63 Vgl. Krusche 1996, S. 83.
64 Ebd.

Nach Ignatius von Loyola ist das Schweigen ein primäres Charakteristikum Gottes und der Gläubige hat sich ihm mimetisch anzugleichen; insbesondere aber die Bischöfe sollen durch ihr würdiges Schweigen Ehrfurcht gebieten und an Gott erinnern.[65]

### *Topik der Stille, Orte der Ruhe (in der geistlichen Lyrik)*

Abraham a Santa Clara bezeichnet die „Stillschweigung" als „unterstützte Säul" des „Geistlichen Lebens" und beschreibt ihren Wert in einer appellativen Ansprache des Lesers:

> WAnn du/mein liebe Christliche Seel/ die kostbahre und unschätzbahre Perl der wahren Demuth dir zu erwerben verlangest; so da ist [...] ein rechtes und unbetriegliches Pfand der Heiligkeit; wann du selbige Tugend in Warheit zu besitzen trachtest, so ist dir nichts so hoch nöthig/ als daß du einer gar genauen und schier Eremitischen Stillschweigung dich befleissest: zumahlen die Stillschweigung eine unterstützte Säul ist deß Geistlichen Lebens/ ohne welche gar leichtlich die Clösterliche Disciplin und Ordens=Satzungen zu Bodem fallen: sie ist auch eine Erhalterin und vermehrerin der innerlichen Andacht; weilen diese ihren Liebhaber zur Liebe Gottes entzündet/ und den Eyffer des Hertzens ernähret und vergrösseret [...]. In keinem Orden wird Fried und ordentliches Leben bestehen/ wann die Auffsicht deß Stillschweigens/ eine Freundin der Ruhe/ und eine Nahrung der Andacht daselbsten feyret.[66]

Die „schier Eremitisch[e] Stillschweigung" im Kloster oder der weltlichen Abgeschiedenheit, von der Abraham spricht, ist dabei nur ein Ziel, insofern das Schweigen hier als „reine (und logische) Form der Apotaxis in der Sozialdimension"[67] erkennbar wird. Darüber hinaus aber geht es darum, auch im Alltag Zonen der Befriedung und der Meditation zu errichten – „Insulationsphänomen[e]"[68] herzustellen, wie Peter Fuchs sie nennt. Ein derartiges, passivierendes Ruhigwerden ist von den Dichtern immer wieder als Ziel religiöser *contemplatio* beschrieben worden.

So lautet etwa eine Strophe aus dem Gedicht *Auf die ruhige Nacht=Zeit* der protestantischen Mystikerin Catharina Regina von Greiffenberg:

> Stillheit/ der Gedanken Grab!
> stelle Sorg' und Grämen ab.

---

65 Vgl. Henry Chadwick. „The Silence of Bishops in Ignatius". *The Harvard Theological Review* 43.2 (1950): 169–72, S. 171.

66 Abraham a Santa Clara 1705, S. 204.

67 Fuchs/*Weltflucht* 1992, S. 35.

68 Ebd., S. 31.

Stille/ stille/ still' in mir
alle Herzbewegungs=Gier![69]

Das Ich spricht aus der meditativen Situation des Abends heraus, in der es zur Ruhe kommen möchte, das Denken ausschalten, alle Gedanken in Stille ‚beerdigen' („Stillheit/ der Gedanken Grab") ebenso wie Sorgen, Gram und jegliche Affektbewegungen. Es spricht die „Stillheit" wie ein konkretes Gegenüber an und fordert sie auf – unter Zuhilfenahme von rhetorischen Stilmitteln wie Alliteration und *figura etymologica* –, „Sorg' und Grämen" abzustellen, sie zu „stille[n]", aber nicht, um lediglich friedlich einschlafen zu können, sondern um sich vorzubereiten, die Süße von „GOttes-Gnaden-Safft" zu empfangen, „der auch schlaffend Glück verschafft"[70], wie es in der vierten Strophe heißt. In der fünften Strophe wird die Nacht erneut als Zeit der Stille gepriesen: „Schatten/ Freund der Ruhigkeit! | Nacht/ du Müh=Ergetzungs=Zeit!"[71] Dunkelheit und Stille werden semantisch verschränkt und als friedvoll beschrieben.

Greiffenbergs Gedicht *Lob der zu Zeiten angenehmen Einsamkeit* benennt Stille und Ruhe in den ersten drei Strophen als basale Qualitäten der inneren Einkehr:

ACh Einsamkeit/ mein einigs Leben/
du vielbeliebte Sinnen=Ruh!
wie spricht der Geist so lieblich zu!
es kan sich ungescheuet erheben
zu ihme die verlangens=Krafft/
und nehmen seinen edlen Safft!
O Herz=erlesne liebe Stille!
man hört in dir des Himmels Wort;
die Seuffzer gehen richtig fort;
man siht des Höchsten Ziel und Wille/
du ungetrübter klarer Bach/
zeigst mir die reine GOttes=Sach.
Du bist der rechte Wunder=Schatten/
wann Weißheit=Sonn' in uns eingeht.
In dir der geistig Geist versteht
die unerforschbarn GOttes=Thaten.
In deinem Dunkel/ komt herfür
die Strahlenreiche Sternen=Zier![72]

Die Dichterin stellt das Stillsein als Voraussetzung für das Hören des „Himmels Wort" dar. Das Ich spricht die personifizierte „Herz=erlesne liebe Stille" wieder als konkrete ‚Gesprächspartnerin' an und beschreibt sie mittels einer Naturmetapher

---

69 Catharina Regina von Greiffenberg. „Geistliche Sonette, Lieder und Gedichte". *Sämtliche Werke*. 1. Hrsg. von Martin Bircher und Friedhelm Kemp. New York 1983, S. 381.

70 Ebd.

71 Ebd.

72 Ebd., S. 352.

als klaren Bach, in dem die „reine GOttes=Sach" zu erkennen sei. In der dritten Strophe ist sodann unklar, ob die Rede an die im Titel angesprochene „Einsamkeit" adressiert ist oder weiterhin an die „Stille" – beide werden in eins gesetzt. Das Ich bezeichnet Stille bzw. Einsamkeit als „Wunder=Schatten" und „Dunkel", aus dem die „Weißheit=Sonn'" – verstanden als Sprache? – hervorgehen kann. Weiterhin wird die Einsamkeit als Absenz von ‚akustischem Müll' charakterisiert, als die „einig=eigne Zeit", in der „der Welt Gerümpel nicht | die süss' Ergetzung unterbricht".[73]

Wichtig ist dabei eine Unterscheidung, auf die Löscher hinweist, wenn er betont, dass es „zweyerlei Einsamkeit" gäbe: „Die H. Schrifft berichtet uns sonst von zweyerlei Einsamkeit/ deren eine den elenden Zustand eines verlassenen Menschen/ die andere den H. Zustand einer andächtigen Seele anzeiget."[74] Erstere ist als Verlassenheit empfundene psychische Einsamkeit, zweite hingegen ein physisches Alleinsein, das nicht negativ erfahren wird. Die hier diskutierten Autoren, so auch Greiffenberg, berufen sich durchweg auf die zweite Form des gewollten und als Fülle erlebten Alleinseins. Eine Einsamkeit als Leere wird ausgeblendet, weil es in den meditativen Kontext der Schweigepraktiken, um die es geht, nicht passt. (In anderen theologischen Zusammenhängen findet es sich sehr wohl, vgl. Kapitel V.3 dieser Arbeit). Auch Molinos meint Alleinsein und nicht Einsamkeit, wenn er die mystische stumme Kommunikation mit Gott beschreibt: „Jemehr die Seele sich aller Dinge entblösset, und in diese innerliche Einsamkeit versenket/ je mehr sie sich mit GOtt gleichsam bekleidet und angethan wird mit Heil und Gerechtigkeit, und je mehr sie einsam und ledig bleibet, auch so gar von ihr selbst, je mehr der Heil. Geist sie erfüllet."[75] Es geht ihm um die Erlangung einer bereiteten Leere, die auch eine affektive Neutralität beinhaltet, weswegen Gefühle der Einsamkeit hinderlich wären.

Greiffenberg behandelt in dem Gedicht *Gemütes=Beruhigung* darüber hinaus eine Form der Stille, die zu stoischer Selbstbefriedung führen soll:

MEine Seel! sey still in GOtt/
laß dich keine Sach bewegen/
sey ein starker Felß in Noht.

---

73 Ebd., S. 353.

74 Löscher führt diese Unterscheidung anhand von Beispielen weiter aus: „Von der ersten redet David Ps. 102/7.8. Ich bin wie ein Rohrdommel in der Wüsten/ und bin gleich wie ein Räutzlein in den verstöreten Städten. Ich wache/ und bin wie ein einsamer Vogel auf dem Dache. Von der andern/ da fromme Christen sich eine Zeitlang allein halten/ GOtt zu dienen/ redet Paulus/ wenn er von denen Wittwen spricht: Das ist aber eine rechte Wittwe/ die einsam ist/ die ihre Hoffnung auf GOtt stellet/ 1. Tim. 5/5. Solche Einsamkeit war im dritten und vierdten Hundert Jahr nach Christi Geburt vornemlich im Gebrauch/ daß sich viel 1000. Christen wegen der blutigen Verfolgungen/ sonderlich unter dem Käyser *Decio*, in die Einöde begaben, und in einer Höhle mit Beten/ Singen und Arbeiten ihre Zeit zubrachten/ auch deswegen Eremiten und *Anachoretae* genennet wurden." Löscher 1719, S. 405 f.

75 Molinos 1712, S. 480 f.

Ob sich Heere um dich legen:
biete du/ in GOttes Namen/
allen deinen feinden Trutz!
stürmen/ Strahlen/ Wellen/ Flammen
sag: mein Trutz ist GOttes Schutz!
Stille/ stille/ Angst und Schmerz!
Sorg und furcht/ laß mich mit frieden!
daß mein Gott=besessen Herz
bleib' in seiner Ruh hieniden.
Stille Brunnen nur/ sind Spiegel
des erhellten Himmels=Liecht:
man erschwingt die Andacht=Flügel
durch traur=trübe Wolken nicht.[76]

Erneut wendet sich das Ich an die „Stille" und bittet sie, „Angst und Schmerz", „Sorg und furcht" zu „stille[n]". Neben der *figura etymologica* von ‚Stille' und ‚stillen' setzt das Gedicht auch den zentralen Binnenreim von „Trutz" und „Schutz" ein, welcher an das im Kapitel III.3 diskutierte Verharren in „trotzem" Schweigen als Merkmal stoischer Affektindifferenz erinnert. Das Gedicht führt als Analogie der Stille die Tiefe eines ‚stillen Wassers' an – des Brunnens, der als Spiegel des Himmelslichts fungiert. Ähnlich wie im zuvor zitierten Greiffenberg-Gedicht wird die Semantik der Stille und des ‚Stillens' genutzt, um sie als eine Art ‚Grund' oder ‚Schatten' zu etablieren, der der Erscheinung des Göttlichen die Bühne liefert.

Czepko hingegen beschreibt die „Ruh" selbst als Form der Erscheinung und Präsenz Gottes, so in seinem Gedicht *Ohne die Ruh keine Seeligkeit*:

Ruh ist das höchste Werck, das iemals Gott bedacht,
Da, als er schuff, hat er sich selbst zur Ruh gemacht,
Ein iedes Ding schreyt: Ruh. Und wo die Ruh entbricht,
Ist alle Seeligkeit, ist Gott, ist Tag und Licht:
O Mensch, hier zeig ich dir, schau in dich, diese Ruh:
Doch wiltu sie recht sehn, so schleuß beyd' Augen zu.[77]

Wie Hans-Georg Kemper dargestellt hat, könnte man diesen Sechszeiler von Form und Inhalt her in drei Monodisticha zerlegen und hätte dann eine Epigrammkette, wie sie für Czepkos Hauptwerk, die *Sexcenta monodisticha sapientium* (1655[78]), charakteristisch ist.[79] Die Antithetik vom Schaffen und Ruhen Gottes, die im zweiten Vers beschrieben wird, ist für das Gedicht leitmotivisch. Im dritten Vers heißt

76 Greiffenberg 1983, Bd. 1, S. 322.

77 Daniel Czepko. *Sämtliche Werke* 1.1: Lyrik in Zyklen. Hrsg. von Hans-Gert Roloff und Marian Szyrocki. Berlin und New York 1989, S. 63.

78 Czepko verfasste die Epigrammsammlung 1655, sie blieb aber im 17. Jahrhundert ungedruckt. Vgl. Meid 1986, S. 109.

79 Vgl. Kemper 1988, S. 189.

es paradox, „iedes Ding schreyt: Ruh" – was einerseits als Oxymoron fungiert (nach Ruhe schreien), andererseits aber pantheistisch darauf hinweist, dass in jedem Gegenstand Gott verborgen ist, denn dieser hat sich ja, wie es im zweiten Vers heißt, „selbst zur Ruh gemacht".[80] Auch dass ein Zustand der Passivität wie die ‚Ruhe' herein- oder hervorbrechen kann, wie Czepko in der zweiten Hälfte des dritten Verses formuliert, ist paradox, deutet aber zugleich auf die Plötzlichkeit und Intensität der damit einhergehenden Gotteserkenntnis. Das abschließende Epigramm fordert den Leser sodann auf, in sich selbst diese Ruhe zu suchen – sie zu ‚sehen', indem man die Augen schließt.

Ähnlich antithetisch argumentiert Czepko auch in den Monodistichen *Ohne Gott nirgends Ruh. An den Ruh Suchenden*, in welchem er das Erlernen von „Ruh" als höchstes und zugleich schwerstes Ziel beschreibt:

Ist wohl, so lang' ein Mensch der Welt noch ist ergeben,
In allem was er thut, im Tod und auch im Leben,
  Er schläffet oder wacht, in Wollust oder Pein,
  Er hoffet oder wünscht Ruh anzutreffen? Nein.
Iedoch begehret er nicht einen Tritt zu schreiten,
Er sieht sich keinmal umb, wendt sich zu keiner Seiten,
  Kein Eßen stillet ihn, kein Auge macht er zu,
  Streckt keine Hand nicht aus, sucht er nicht drinnen Ruh.
Ruh schreyt ein iedes Ding. Ruh ist ein Ziel der Sachen,
Und was das gröste; Gott will selbst zur Ruh sich machen.
  Ja sprichst du, welcher ist, der Gott erforschen kan?
  O Mensch, du triffst ihn ja in allen Dingen an.
Ich sehe, du wilt fort, bleib wilt du Ruh ergründen,
In dir ist Gott allein, in Gott ist sie zu finden.[81]

Zu Beginn der Verse wird die Hoffnung negiert, im weltlichen Bereich, „im Tod und auch im Leben", die ersehnte „Ruh" anzutreffen, wobei die formale Umkehrung von Leben und Tod letzteren als Nicht-Ort der Ruhe betont. Am Ende der langen rhetorischen Frage, die die ersten vier Verse umfasst, steht ein formal separiertes, radikales „Nein". *Ex negativo* heißt dies, dass nur Weltentsagung zur Ruhe führt – wobei der Begriff des ‚Entsagens' mehrdeutig zu verstehen ist, so dass er auch die Dimension des Entzugs von Rede umfasst. Die folgenden vier Verse beschreiben die Rastlosigkeit eines Menschen, der es versäumt, „drinnen" Ruhe zu suchen. Die nächsten Disticha variieren den schon aus dem zuvor diskutierten Gedicht bekannten Vers „Ruh schreyt ein iedes Ding"; auch wird die Formel „Gott

---

80 Darauf weist auch Löscher hin, wenn er schreibt: „Bedencke recht ernstlich/ daß die unaussprechliche Majestät überall gegenwärtig sey/ und daß gleich wie die Vögel überall/ wohin sie fliegen/ Lufft antreffen/ also auch du an allen Orten bey GOtt seyst/ und/ so zu reden/ gantz von ihm umgeben seyst." Löscher 1719, S. 93.

81 Czepko 1989, Bd. I.1, S. 93.

will selbst zur Ruh sich machen“ erneut aufgegriffen. In den Schlussversen spricht das Ich den Leser an, so als würde es ihn beim heimlichen Forteilen erwischen. Es fordert dazu auf, zu bleiben und so „Ruh ergründen“ zu können. Das Fazit besteht in der bereits bekannten Formel: „In dir ist Gott allein, in Gott ist sie zu finden“. „Ruh“, so das verschachtelte Argument, ist nur in Gott und dieser wiederum hat seinen Ort nirgends als im Inneren des gänzlich in sich ruhenden Gläubigen.

## 2. *Ineffabilitas*. Barockmystik und das Problem der Darstellung

Wie bereits im Kapitel IV. dargestellt, werden die Affekte in der Literatur- und Kulturgeschichte des 17. Jahrhunderts ambivalent bewertet. Insbesondere die affektive Überwältigung, das gänzliche Unterworfensein unter Leidenschaften, Emotionen, Empfindungen wird verurteilt – was sich paradigmatisch bei den negativen Figuren der schlesischen Trauerspiele zeigt, die systematisch durch ihr leidenschaftliches Fühlen zugrunde gehen. Gilt es für den weltlichen Bereich als Tugend und *prudentia*, seiner Affekte Herr zu sein, so gibt es einen Bereich, wo nachgerade das Gegenteil, der Exzess des Gefühls, gefragt ist – gemeint ist der Bereich des Glaubens, der Liebe zu Gott und des Nachvollzugs der Passion Christi. Hier gilt es genau umgekehrt, ein Höchstmaß an Affektivität nicht allein zu empfinden, sondern es überdies auch ausdrücken zu können. Ziel ist es, die Echtheit des Gefühls und die Authentizität der Gotteserfahrung zu vermitteln – um die eigenen mystischen Erlebnisse als aufrichtig zu codieren, aber auch (und damit einhergehend), um andere in ihrem Glauben zu festigen.

Unter Mystik soll im Folgenden mit Hans Georg Kemper „die von persönlichem Bekenntnis und von Begründung begleitete Suche nach und Erfahrung von dem Einswerden des Menschen mit dem Numinosen (‚unio‘)“ verstanden werden, eine Suche, die „die Übung der Gottesliebe im Dienst an der Welt [...] (‚contemplatio et actio‘)“[82] mit einschließt. Der Begriff Mystik geht etymologisch auf den griechischen Wortstamm ‚myo‘ zurück, was ‚schließen‘ und ‚verschweigen‘ bedeutet.[83] Der Entzug der Sprache ist also eng mit dem Konzept des Mystischen verbunden. Die poetische Rede ist daher oft an die Figur der *ineffabilitas* gebunden, mittels derer die christlichen Dichter die Unsagbarkeit der Gottesliebe in Worte zu fassen suchen. In der geistlichen Lyrik findet sich immer wieder die Pathosformel des Verstummens, womit eine poetologische Selbstreflexion einhergeht. Dieses Ringen um sprachliche Angemessenheit beschäftigt die christliche Poetik und Rhetorik von Anbeginn.[84]

82 Kemper 1988, S. 4.

83 Vgl. *Wörterbuch der Mystik*. Hrsg. von Peter Dinzelbacher. Stuttgart 1998, S. 367.

84 Vgl. Hildegard Elisabeth Keller. „Vom beredten Bekenntnis Verstummender. Kommunikationstheoretische und sprachtheologische Überlegungen menschlicher Sprachnot in deutschsprachiger Literatur“. *Zeitschrift für Literaturwissenschaft und Linguistik* 126 (2002): 48–78, S. 61.

Die Problematisierung des Affektausdrucks hat in der Mystik nicht allein eine sprachkritische Dimension, sondern es geht auch um die verbale Annäherung an ein Tabu, an dasjenige, was mit menschlichen Mitteln nicht nur nicht zu erfassen ist, sondern auch nicht erfassbar sein darf. ‚Aufrichtigkeit' wird zu einer Darstellungsproblematik, die sich selbst zum Thema hat. Dabei lassen sich drei leitende Strategien ausmachen, sich dem ‚Höchsten' mimetisch anzunähern, die im Folgenden untersucht werden: Erstens gibt es die Tendenz zur Verausgabung und sprachlichen Hypertrophie, zweitens die der Verknappung, der arguten oder hermetischen Andeutung, und drittens den konstanten Hinweis auf das *aptum* des Schweigens.

### *‚Verzücktes' Stillschweigen: Die Unaussprechlichkeit mystischer Liebe*

Das Schreiben über die mystische Liebe zu Gott wird eigentlich als ein ‚Sprechen' verstanden – als ein mündlicher Ausdruck, der sich in einer präsentischen Jetztzeit vollzieht. Leitender Begriff für das Problem der Darstellung ist daher die ‚Unaussprechlichkeit', welche vor den Akt der lautlichen Verbalisierung des Gefühls eine Art affektive Schwelle setzt, die inhaltlich mit dem Bereich des Tabus, formal mit dem Problem der Überfülle zu kämpfen hat. Die Barockmystik nimmt dabei Topoi auf, wie sie bereits die mittelalterliche Mystik (Johannes Tauler, Meister Eckhart, Mechthild von Magdeburg usw.) entwickelt hat.[85] Die Spezifika dieser „Neumystik"[86] liegen u. a. in ihren überkonfessionellen Zügen und einer parallelen Bezugnahme auf das Menschenbild der Renaissance und das der christlichen Tradition, was zu Entsprechungen zwischen mystischer und weltlich-humanistischer Dichtung führt.[87] Eine weitere Besonderheit ist die Individualität und das Primat des eigenen Erlebens: „Mit ihrem Insistieren auf persönlicher Erfahrung und Subjektivität opponieren die Barock-Mystiker – ohnehin zumeist theologische Laien – gegen die scholastischen Systembildungen sowohl orthodox-theologischer wie frühmodern-philosophischer Provenienz".[88] Ein weiterer Aspekt, den Kemper hervorhebt, ist die Ästhetisierung der Frömmigkeit und, damit einhergehend, die

---

85 Vgl. Kasten 1998, S. 66–73; Alois Maria Haas. *Nim din selbes war. Studien zur Lehre von der Selbsterkenntnis bei Meister Eckhart, Johannes Tauler und Heinrich Seuse.* Fribourg 1971; Gösta Wrede. *Unio mystica. Probleme der Erfahrung bei Johannes Tauler.* Uppsala 1974.

86 Friedrich-Wilhelm Wentzlaff-Eggebert. „Zur Mystik-Rezeption bei Andreas Gryphius und in seinem Freundeskreis". *Belehrung und Verkündigung. Schriften zur deutschen Literatur vom Mittelalter bis zur Neuzeit.* Hrsg. von Manfred Dick und Gerhard Kaiser. Berlin und New York 1975. 152–64, S. 152.

87 Vgl. Bettina Gruber. „Das ‚Ich' und Gott in der Mystik des Barock. Zur literaturhistorischen Verortung vormoderner Individualisierungsstrategien". *Text und Kritik* 154: Barock (2002): 66–82, S. 67.

88 Kemper 1988, S. X.

'Heiligung' der Poesie – was er als einen wichtigen Schritt hinsichtlich ihrer Autonomisierung ansieht.[89]

Greiffenberg ist die herausragendste Dichterin für den Zusammenhang von Mystik, Schweigen und Dichtung; sie soll daher in diesem Kapitel im Mittelpunkt stehen.[90] Andere zeitgenössische Autoren, die sich der Pathosformel der Unaussprechlichkeit in vergleichbarer Form bedienen, werden ergänzend angeführt. In unzähligen Gedichten arbeitet sich Greiffenberg daran ab, dass Gott ihr Schweigen auferlegt, wenn sie sprechen (also schreiben) möchte, sie aber umgekehrt eine fortwährende Pflicht spürt, ihn lyrisch zu preisen – und dabei immer wieder an die Grenze sprachlicher Repräsentation gerät. Ein manifestes Verstummen als Abbruch der Verse gibt es zwar nirgends, doch permanent ist die Rede von der ontologischen Undarstellbarkeit Gottes: „Hätt ich aller Engel Sprachen: | deines Lobes minsten theil/ ich doch nicht aussprechen kund".[91] Die Nichtfassbarkeit der Größe und Güte Gottes in der lyrischen Rede ist das leitende Motiv des unentwegten Schreibens.

Greiffenbergs *Morgen=Gedanken* stellen das Dichten als „Opffer=Gab" dar, als eine mühselige Tätigkeit des Preisens, die trotz größter Anstrengung niemals zufriedenstellend erfüllt werden kann:

> Auf/ auf! heb dich aus den Pflaumen: Nimm die Feder in die Hand.
> Schwing dich von der Eitelkeit / GOTT dein' Opffer=Gab zu bringen.
> GOtt preiß=loben/ ehren/ danken/ ist ja dein Beruff und Stand.
> Laß die lebend' Harpf/ dein Herz/ schön von GOttes Wundern klingen/
> GOtt/ mein Schöffer/ Heiland/ Tröster/ höchste Drey und Einigkeit!
> sey gepreist vor alle Gnaden/ mir erzeiget Lebens=Zeit.
> Könt' ich allen Meeres=Sand/ alle Stern/ zu Zungen machen/
> aller Wälder Haar das Laub/ alle Zahl befreyte Sachen;
> wann mir Mensch=und Engel hülffen: könt ich deines Lobes Preiß
> nicht den ringsten Theil aussprechen. Dieses nur allein ich weiß/
> daß die Vnaussprechlichkeit/ dessen Allgröß etwas zeiget.
> Dieses lobt dich auf das höchst/ das in Lieb verzuckt still schweiget.[92]

Das sprechende Ich benennt das Gotteslob hier als seinen „Beruff und Stand", den es als heiligste Pflicht tagtäglich zu erfüllen habe. In den ersten vier Versen wird die-

---

89 Vgl. ebd., S. XI: „So hat die Barock-Mystik zentrale Tendenzen der Lyrik des 18. Jahrhunderts – von der Naturpoesie der Frühaufklärung [...] bis zur ästhetisierten Religiosität Klopstocks und der mythopoeitschen Feier der Selbstermächtigung des Subjekts beim jungen Goethe [...] – mit vorbereitet.".

90 Zur Einordnung Greiffenbergs als Mystikerin vgl.: Bernard Gorceix. „Natur und Mystik im 17. Jahrhundert. Daniel Czepko und Catharina Regina von Greiffenberg". *Epochen der Naturmystik*. Hrsg. von Antoine Faivre und Rolf Christian Zimmermann. Berlin 1979. 212–26, S. 213 f.

91 Greiffenberg 1983, Bd. 1, S. 96.

92 Ebd., S. 380.

se Tätigkeit ganz konkret als Beruf und Berufung beschrieben. Die Verse fünf und sechs, in denen ein Wechsel der Adressierung – vom Selbst zu Gott – vollzogen wird, stellen eine Art textuelle ‚Probe' dieses poetischen Preises vor. Doch schon der kritische siebte Vers und dann die gesamte zweite Hälfte des Gedichts zeigen das notwendige Scheitern des Versuchs auf: Selbst unter Aufbietung aller erdenklichen, auch nur hypothetischen Mittel – dem Sprechendmachen der gesamten Natur, der verbalen Unterstützung durch Menschen und sogar durch die Engel – könnte das Ich „nicht den ringsten Theil" des erforderlichen Lobes „aussprechen".[93] Das Gedicht kulminiert, nach einem durch ein finales Satzzeichen mitten im zehnten Vers angedeuteten Innehalten, im Wissen um die verweisende Figur der Unaussprechlichkeit, die Gottes „Allgröß" zumindest „etwas zeiget". Mit dem abschließenden epigrammatischen Vers „Dieses lobt dich auf das höchst/ das in Lieb verzuckt still schweiget" wird paradoxerweise zugleich das Scheitern und das Gelingen des Gedichtes angekündigt. Durch das Demonstrativpronomen wird der Text selbstreferenziell, er weist auf sein Scheitern als eigentliche Form des Gelingens. Und das ‚letzte Wort' hat das verzückte Stillschweigen.

In ihrem Sonett *Auf die Allerheiligste Menschgeburt meines Erlösers* stellt Greiffenberg dem rühmenden Schreiben eine sprachlose Bewunderung gegenüber:

> O heilig hohes Werk! wie solt' ich dich recht ehren?
> soll ich/ vor tieffer Furcht und Ehrerbietigkeit/
> mit stiller Wunderung erzeigen meine Freud?
> Ach! oder darff mein' Hand dein Lob mit Ruhm vermehren?
> wann dieses: Ewigs Wort/ so wollst mir Wort bescheren/
> dein Wunder=Menschgeburt zu rühmen in der Zeit![94]

Das sprechende Ich beschreibt die dichterische Aufgabe als Gnade, als ein ‚Dürfen', das mehr ist, als ein stummes, ehrfürchtiges Preisen es je wäre. Ganz ähnlich beschreibt das Ich bei Gryphius das Dichten als Gottesgeschenk, als etwas, was ihn besonders macht und das ihm doch allein durch göttliche Hilfe gelingen kann: „WIe kan ich HErr/ dein Lob vermehren/ | Weil mir die Zunge Sprachloß liegt?/ | [...] Ach führe mich weg von der Schaar | Rühr an die Zunge/ die so gar | Dein

93 Dieses Motiv findet sich auch in einem Sonett mit dem Titel *Auf die unverhofft=wunderliche Vorsehung GOttes* sowie in Greiffenbergs Passionsbetrachtungen: „Wan iedes Körnlein Sand/ hätt Weißheit/ Kunst und Sprachen/ | wie Salomon/ Virgil und Cicero gehabt; | Ja wann sie mit der Stimm der Engel selbst begabt: | noch köntens GOttes Lob nit gnug erklingen machen/ | das Lob/ das er erwirbt/ mit seinen Wundersachen: | in dem Er/ wen sein' Hand gedrucket/ wider labt." Ebd., S. 18; „O ewiges Gnaden=wort! wer kan dir genugsam/ vor dieses über dich ergangene Wort danken? Wann man die dankwörter aus allen Sprachen und Bibliothecken zusammenbrächte/ ja alle laub= und gräßlein/ alle stäublein und tröpflein zu preis=wörtern machte/ würde es doch alles nicht erklecken/ nur den kleinesten teil deines lob=verdienstes auszusprechen." Ebd., Bd. 9, S. 510.

94 Ebd., Bd. 1, S. 101.

Feind/ mein Schöpffer/ hat gebunden!"[95] Ein Nicht-Dichten ist Sünde, ist eine teuflische Verhinderung der gottgewollten Aufgabe. Doch diese ist nur in Isolation, in schweigender Askese angemessen zu erfüllen.

Das Verhältnis von Sprechen und Schweigen bedarf der konstanten literarischen Reflexion; die Entscheidung für das Sprechen erfordert nicht nur eine bewusste und artikulierte Legitimation, sondern immer wieder auch den Verweis auf sein ‚verschwiegenes' Gegenteil:

> Mensch so du wilt daß seyn der Ewigkeit außsprechen/
> So mußtu dich zuvor deß Redens gantz entbrechen.[96]

Scheffler formuliert in diesem Epigramm mit dem Titel *Mit Schweigen wirds gesprochen* die grundlegende Paradoxie, der alles Sprechen über Gott unterworfen ist. Das eigentliche Aussprechen ist ein „Entsagen" – im mehrfachen Wortsinn. Mit diesem Begriff referiere ich auf Martin Heidegger, der ihn in seinem Vortrag *Das Wesen der Sprache* an zwei Stellen verwendet. Pointiert formuliert er, dass die Wendung des Dichters gegen das Wort eine spezifische Form der Askese sei, eine „Absage", die ein Versprechen in sich berge. „Der Verzicht ist ein Entsagen" schreibt Heidegger und meint damit, dass der Dichter, wenn er seinem „vormaligen Verhältnis zum Wort ab[sage]", eine originäre „Erfahrung mit der Sprache" macht, „die Gelegenheit, jenen Verzicht zu erfahren, in dessen Entsagung sich ihm das Verhältnis von Wort und Ding zusagt."[97] Es ist dieses neue, existenzielle Verhältnis zur Sprache, das auch die mystische Rede zu erlangen sucht.

In einem Epigramm mit dem Titel *Das seelige Stilleschweigen* bedient sich Scheffler folgender verweisender Manier:

> Wie seelig ist der Mensch/ der weder wil noch weiß!
> *Der GOtt (versteh mich recht) nicht gibet Lob noch Preiß.
>
> * Denotatur hic Oratio silentij, de qua vide Maximil.
> Sandae Theol. mystic. lib.2. comment.3.[98]

95 Gryphius 1963, Bd. 1, S. 214. Der Titel des Sonetts lautet *Auff den Sontag deß Gutthätigen Wundermans/ oder XII. Sontag nach dem Fest der H. Dreyeinigkeit. Marc. 7.*

96 Scheffler 1657, S. 66 (II, 68).

97 „Das Wort ‚Verzicht' gehört zum Zeitwort verzeihen; eine alte Wendung lautet: ‚sich eines Dinges verzeihen', etwas aufgeben, darauf verzichten. Zeihen ist das selbe Wort wie das lateinische dicere, sagen [...]. Der Verzicht ist ein Entsagen. In seinem Verzicht sagt der Dichter seinem vormaligen Verhältnis zum Wort ab. Nur dies? Nein, in der Absage ist ihm schon etwas zugesagt, ein Geheiß, dem er sich nicht mehr versagt."; „Der Dichter [Hölderlin] schweigt über das Kleinod, das nicht zum Schatz seines Landes werden konnte, ihm aber gleichwohl eine Erfahrung mit der Sprache schenkte, die Gelegenheit, jenen Verzicht zu erfahren, in dessen Entsagung sich ihm das Verhältnis von Wort und Ding zusagt." Heidegger 1959, S. 168 und 172.

98 Scheffler 1657, S. 25 (I, 19).

In der Klammer richtet der Sprecher einen Appell an den Leser, die argute Pointe richtig zu verstehen: die Aussage ist mehrdeutig. Einerseits decouvriert sich sein Autor als ‚nicht-selig' (da er ja nicht stillschweigt, sondern dichtet), andererseits aber artikuliert er in seinem als ‚Stillschweigen' betitelten Epigramm in der Tat weder „Lob noch Preiß" Gottes, das heißt er geht letztlich doch konform mit seiner eigenen Forderung. Durch die Fußnote, einen Hinweis auf die im *Clavis pro theologia mystica* (1623) des Jesuiten Maximilian Sandaeus beschriebene Stille-Meditation[99], gibt es eine weitere Ebene der Verweisung, die auf das, worüber man nicht sprechen kann, indirekt deutet. Schefflers epigrammatische Zuspitzung alter mystischer Sätze sucht die provokante Darstellung mit den Mitteln der Paradoxie und des Selbstwiderspruchs.[100] Drei weitere Beispiele aus Schefflers *Geistreichen Sinn- und Schlussrimen*[101] verdeutlichen, wie der Autor versucht, pointiert Weisheiten über die Adäquatheit eines Modus des Schweigens im Medium des Wortes sprachlich zu vermitteln:

Was du von Gott verjahst/ dasselb ist mehr erlogen/
Als wahr: weil du Ihn nur nach dem geschöpff erwogen.[102]

Scheffler thematisiert das Schweigen nur indirekt, indem er sagt, dass es unmöglich sei, Gott zu beschreiben, da als *tertium comparationis* immer nur der Mensch diene – und dieses sei vollends unangemessen. In einem weiteren Epigramm wird nicht die Unvergleichlichkeit Gottes angeführt, sondern der anthropologische Mangel, was als indirekte Schweige-Aufforderung gemeint ist:

Meinstu O armer Mensch/ daß deines Munds geschrey.
Der rechte Lobgesang der stillen Gottheit sey?[103]

Scheffler spottet hier über die Armseligkeit der menschlichen Rede, die als unschönes „geschrey" der stillen – und eben darin heiligen – „Gottheit" keineswegs gemäß sei. Einzig der Gesang der Engel, so das Argument eines weiteren Epigramms, könne sich die Beschreibung des „Höchsten" anmaßen:

Die Engel singen schön: Ich weiß, daß dein Gesinge/
So du nur gäntzlich Schwigst/ dem höchsten besser klinge.[104]

99 Scheffler griff häufig auf dieses Werk zurück. Vgl. Hildburgis Gies. *Eine lateinische Quelle zum ‚Cherubinischen Wandersmann' des Angelus Silesius. Untersuchung der Beziehungen zwischen der mystischen Dichtung Schefflers und dem ‚Clavis pro theologia mystica' des Maximilian Sandäus*. Breslau 1929.

100 Vgl. Alois Maria Haas. *Sermo mysticus. Studien zu Theologie und Sprache der deutschen Mystik*. Fribourg 1979, S. 386 f.

101 Das 1657 erschienene Werk ist bekannter unter dem Titel *Cherubinischer Wandersmann* der erweiterten Neuauflage von 1675.

102 Scheffler 1657, S. 163 (V, 124).

103 Ebd., S. 50 (I, 239).

104 Ebd., S. 61 (II, 32).

Das Schweigen wird hier nicht als pathischer Affektausdruck interpretiert, sondern als bescheidene Zurücknahme der Artikulation. Erst das vollendete Schweigen aber sei das klangvollste „Gesinge", sogar noch schöner als der Gesang der Engel.

Gleich zwei Epigramme Schefflers tragen den Titel *Daß Unaußsprechliche*, was möglicherweise programmatisch intendiert ist, insofern sich beide gegenseitig kommentieren:

> Denkstu den Namen GOtts zu sprechen in der Zeit/
> Man spricht ihn auch nicht auß in einer Ewigkeit.
>
> Daß Unaußsprechliche daß man pflegt Gott zunennen/
> Giebt sich in *einem Wort* zusprechen und zukennen.[105]

Schefflers Verse artikulieren den Namen Gottes, um im gleichen Atemzug zu konstatieren, dass eben dies unmöglich ist. Trotzdem solle der Mensch nicht aufhören, Gott zu loben, denn dieser habe größtes Verständnis für das menschliche Ungenügen, das Kuhlmann als eine Art sprachliche Unreife fasst: „Doch läst Gott ein Kindlich lallen | Väterlich ihm wohlgefallen: *Unsre Schwachheit heist er stärk, | Weil wir seiner Hände werk*."[106] Auch Czepko verweist in mehreren Epigrammen auf die christliche Prudentia des Stillseins, wobei bereits in den Überschriften argute Weisheiten zu finden sind. So lautet das Epigramm *Recht schweigen, kan viel zeigen*: „Bedenckt doch, was mein Reden sey, | Ich schweig und werd erhört dabey."[107]

In Greiffenbergs Schlusscouplet des Sonetts *An die allübertreffende/ von keinem Lob nie erreichete Gottes Güte* ist die Gegenüberstellung von Schrift und Schweigen eine mehrfache: „Guter GOtt und Gottes Güte! meine Schrifft erreicht dich nicht: | mit von lieb verzuckten schweigen deinen Ruhm man mehr ausspricht".[108] Sowohl Sprechen und Schreiben als auch Sprechen und Schweigen werden kontrastiert. Auf einer dritten Ebene konstatieren die Verse, dass man mit „vom lieb verzuckten schweigen" das Lob Gottes ohnehin „mehr ausspricht" – Schweigen ist hier invertierte Rede. Durch die Adressierung des Sonetts an die „von keinem Lob nie erreichete" Güte Gottes ist das tendenzielle Misslingen bereits im Titel antizipiert und wissend in Kauf genommen. Das im Schweigen endende Couplet bestätigt lediglich, was bereits zu Beginn formuliert wurde. Somit hat das mystische Schweigen in der Leere und Stille nach dem Gedicht seinen eigentlichen Ort, was die Schlussstellung der Verse impliziert.

Eine solche syntaktische Randstellung des Schweigens – entweder ganz am Anfang oder am Ende eines Gedichts – ist bei Greiffenberg immer wieder zu finden. Sie ist Geste ihrer *humilitas*, die ihre Berufung als Dichterin betrifft, und gehört als

---

105 Ebd., S. 64 (II, 51) und S. 121 (V, 9); beim ersten Epigramm hat das Substantiv der Überschrift, entgegen der obigen Schreibweise, einen kleinen Anfangsbuchstaben.

106 Quirinus Kuhlmann. *Der Kühlpsalter* 2. Nachdruck der Ausgabe Amsterdam 1684–86. Hrsg. von Robert L. Beare. Tübingen 1971, S. 17.

107 Czepko 1989, Bd. I.1, S. 132.

108 Greiffenberg 1983, Bd. 1, S. 130.

solche tendenziell zum ‚Außerhalb' des Textes, im Sinne einer auktorialen Vor- oder Nachrede. Überdies ist es auf formaler Ebene signifikant, wenn Schweigen und Anfang bzw. Ende eines Gedichtes konvergieren. Denn das Nicht-Reden, die schattenhafte Stille, bildet unweigerlich den „Grund und Abgrund"[109] dichterischer Rede, es ist das Element, woraus sie kommt und worin sie immer wieder entschwindet. Mit der Formulierung von ‚Grund und Abgrund' soll auf die im Schweigen liegende Ambivalenz von ‚festem Grund' einerseits und ‚Bodenlosigkeit' andererseits verweisen werden. Das Schweigen ist sowohl der Grund der Sprache – im Sinne ihres schattenhaften Hintergrunds (oder auch des Bildgrundes, wie in der Malerei) – als auch ihr Abgrund, ihr maßloses Andere, dass unaufhörlich droht, sie zu ‚verschlingen'.[110]

Um weitere Belege für die These der häufigen Randstellung anzuführen: Das Sonett *Gemüts=Stillung* beginnt mit dem Vers „SEy still/ gib GOtt die Ehr! Er weiß die zeit zu finden"[111] und das daran anschließende Sonett *Auf Gottes seltsame Geist=Regirung* setzt mit den folgenden stoizistisch akzentuierten Versen ein: „Still und stark im hohen hoffen/ heimlich und verborgen seyn; | sich nit rühren/ wann der grund aller Erden wird beweget".[112] Demgegenüber endet Greiffenbergs Lied *Auf GOttes Wunder=Beglückung* mit einem selbstgewählten, erwartungsvollen antizipierten Stillsein: „Biß die Glaubens= Früchte reiffen/ | bin ich frölich hoffend=still".[113] Oder das Gedicht *Andachts=Bereitung/ zur Betrachtung des H. Leidens Christi* (mit dem bezeichnenden Untertitel *Als ich die französische Astree beyseit gelegt*) schließt mit der folgenden Strophe:

> Nun komm/ mein Schatz!
> du hast schon Platz:
> mein Herz gehört dir eigen.
> In mir muß jetzund die Welt/
> dich zu hören/ schweigen.[114]

Christus wird im Sinne der Brautmystik als „mein Schatz" angesprochen und aufgefordert, mit dem Ich nach dem Verklingen seiner Worte in stumme Kommunikation zu treten. Die Randstellung des Schweige-Themas hat hier wie auch in den zuvor zitierten drei Beispielen eine doppelte Funktion: einerseits verweist sie –

109 Reichert 1997, o.S.

110 Die Formulierung von Schweigen als ‚Schatten der Rede' entstammt Hart Nibbrig 1981.

111 Greiffenberg 1983, Bd. 1, S. 64.

112 Ebd., S. 65. Vgl. zu Greiffenbergs christlichem Stoizismus Xaver Stalders Aussage: „An Stelle der Selbsterhaltung tritt die völlige Selbsthingabe an eine von Gott auferlegte Sendung", wie er u. a. an diesem Sonett darstellt. Xaver Stalder. *Formen des barocken Stoizismus. Der Einfluss der Stoa auf die deutsche Barockdichtung – Martin Opitz, Andreas Gryphius und Catharina Regina von Greiffenberg*. Bonn 1976, S. 126 f. Siehe auch: Peter M. Daly. *Dichtung und Emblematik bei Catharina Regina von Greiffenberg*. Bonn 1976, S. 98 f.

113 Greiffenberg 1983, Bd. 1, S. 369.

114 Ebd., S. 267.

akzentuiert durch die liminale Positionierung – im Medium der Schrift auf das ihr Jenseitige; andererseits ist diese Rede über Schweigen aber auch als performativ, respektive antiperformativ zu betrachten, insofern sie entweder Schweigen ‚bricht' (als Anfangsstellung) oder Schweigen herstellt (als Endstellung). Nicht zufällig ist also „still" bzw. „schweigen" auch faktisch das letzte Wort.

Die Zweifel an der Macht der verbalen Kompetenz gehen mit der Aufwertung des ‚verzückten' Schweigens, als eigentlicher Form mystischer Kommunikation, einher: „O Liebe! ich verstumm! O Lieb! ich stirb vor Liebe/ | dich recht zu sprechen aus."[115] Das Artikulieren des Gefühls führt zu einem pathischen, todesähnlichen Verstummen – was paradoxerweise durch den Akt des Verbalisierens initiiert wird. Die *unio mystica* bedeutet einer klassischen Formulierung des Pseudo-Dionysos zufolge ‚Gott-Erleiden'[116], was besagen soll, dass die Einigung mit Gott den aktiven Willen überschreitet und daher auch eine Form der Selbstauslöschung ist. Der von Greiffenberg beschriebene todesähnliche Zustand lässt sich in diesem Sinne verstehen. Den geistlichen Dichtern ist eine Aufgabe gestellt, die sie zwar nie zufriedenstellend erfüllen können, deren Herausforderung darum aber nicht schwindet. Es stellen sich zwei Alternativen des Gotteslobes: entweder eine sprachliche Askese, in der das zu Sagende andeutungshaft, verweisend und indirekt formuliert wird, oder aber eine hyperbolische, besonders metaphernreiche und von semantischen Steigerungen begleitete Sprache, die dazu dient, sich dem ‚Höchsten' mimetisch anzunähern. Der Topologie des Schweigens kommt in beiden Varianten eine wichtige, wenn auch divergierende Funktion zu.

## *Hypertrophie als Demut*

Quirinus Kuhlmann sucht in seinem prophetischen Hauptwerk, dem sich als nichts geringerem als dem dritten Teil der Bibel verstehenden *Kühlpsalter* (1684–86), die Unbeschreiblichkeit Gottes mit Versen zu fassen, die die Übergröße durch Hyperbolik evozieren:

> Gott ist grösser als wir sinnen,
> Über menschliches Beginnen,
> Über der Geschöpff verstand:
> Unbegreifflichst aller wegen,
> Unerforschbar, ni zuregen,
> Mehr als etwas noch empfand
> *Ein allmächtigst Allerhand:*
> Über alle seine gaben

115 Dieses Gedicht entstammt nicht den Sonettzyklen, sondern den Passionsbetrachtungen Greiffenbergs. Catharina Regina von Greiffenberg. „Des Allerheiligst- und Allerheilsamsten Leidens und Sterbens Jesu Christi. Zwölf andächtige Betrachtungen". *Sämtliche Werke* 9. Hrsg. von Martin Bircher und Friedhelm Kemp. New York 1983, S. 90.

116 Vgl. *Wörterbuch der Mystik* 1998, S. 503.

Weitunendlichst hocherhaben.
[...]

Gott ist über zeit und Orte,
Denken, reden, schreiben, worte;
Höher als ein lob i geht:
Über aller hertz und zungen,
Unbelobet, unbesungen;
Nach den würden ni verhöht,
Würdiger als man versteht:
Ihm ergriffen, ihm erkennbar,
Den Geschöpffen nimals nennbar.[117]

Kuhlmann bezeichnet Gott hier als „ein allmächtigst Allerhand", das weit über alle Vorstellungskraft hinausgehe. Aus diesem Grund ist er auch – bis auf weiteres und dem vorliegenden Gedicht zum Trotz – gänzlich „[u]nbelobet, unbesungen", denn die Preisung mit menschlichen Mitteln kann ihn schlichtweg nicht erreichen. Im zitierten letzten Vers klingt die Unnennbarkeit Gottes als apodiktische Formel der Negativen Theologie an, wenn es dort heißt, er sei „[d]en Geschöpffen nimals nennbar".

Als ultimative Form des stummen Preisens müsste Schweigen jeglicher Sprache vorgängig sein, es hätte eine archaische ‚Stummheit vor der Stummheit' zu sein, ursprünglicher und reiner noch als die von Gott gegebene adamitische Sprache. So heißt es in Greiffenbergs Sonett *Auf unsers Heilandes Allmachtsdurchstrahlten Wunder=Wandel auf dieser Erden* über die „Wunder" Jesu, sie würden das sprechende Ich so sehr affektiv berühren, „das ich/ stummer als der Stumm'/ eh du ihm die Sprach gegeben/ | steh' im zweiffel/ welches ich zu erheben an=soll heben".[118] Das Ich konstatiert, es kenne noch keine Sprache (oder keine Sprache mehr), die ihm zur Verfügung stünde, um seine Überwältigung auszudrücken. Das Sonett *Die im Gemüt entfundene/ unbeschreibliche Süssigeit der Güte Gottes* beginnt mit den Zeilen:

O Uberschwänglichs Gut! O Unausdenklichkeit!
Begierigs Wunder=wol/ an uns dich zu bezeigen!
je mehr dein Werk in mir sich preiset/ muß ich schweigen.[119]

Es wird eine inverse Logik beschrieben: mit der Höhe des Wunders korrespondiert die Selbsterniedrigung, mit der Größe des Gefühls das Schwinden der Artikulation. Das Sonett beschreibt die Fülle der Liebe Gottes in antithetischer Rhetorik,

117 Die Verse entstammen dem ersten Gegensatz des dritten Kühlpsalms. Kuhlmann 1971, Bd. 2, S. 16 f.

118 Greiffenberg 1983, Bd. 1, S. 129.

119 Ebd., S. 99.

120 Vgl. Jörg Villwock. *Die Sprache – ein ‚Gespräch der Seele mit Gott'. Zur Geschichte der abendländischen Gebets- und Offenbarungsrhetorik*. Frankfurt a. M. 1996, S. 549.

wie sie für die Mystik spezifisch ist.[120] Das Ich hat diese Opulenz zugleich zu empfangen und auszudrücken, worin es unweigerlich scheitern muss. Zentraler Begriff ist dabei die „Unausdenklichkeit", eine Formulierung in der Tradition der Negativen Theologie. Das Gedicht mündet in dem Couplet „dem Ewig=wohlen wohl ist schier zusagen weh / | biß sein Lieb=überfluß auf uns Lust=übergeh."[121] Ausgedrückt wird hier erneut, was sich bereits im vierten Vers ankündigte: dass sich synchrones Fühlen und Sprechen ausschließen. „Die Freud=Geniessung lässt der Rühmung keine Zeit"[122], heißt es dort. Das Argument der affektiven und sinnlichen Überfülle wird hier in die einer Zeit enthobenen, jenseits der Sprache erlebten *Jouissance* überführt.

Im Sonett *Demütige Dienstaufopferung/ zu Gottes Ehren* richtet das Ich einen Hilfeappell an Christus, er möge ihm bei der unendlich schwierigen Aufgabe des Dichtens zur Seite stehen:

> Ach allerfüller! füll die Wunder=Ehr=Begier!
> dein' Herrschungs Kron alsdann erlangt mehr Strahlen Zier/
> wann durch der Stummen Mund du machst die Redner schweigen.[123]

In der hier gewählten Wendung des ‚Schweigen-Machens der Redner durch den Mund der Stummen' erlangt die Sprachohnmacht Macht über die Sprache. Schweigen wird zur höchsten Zierde Gottes und Leere zur größten ‚Fülle', die Gott, den „allerfüller", am Treffendsten trifft – ich bediene mich hier mit Bedacht Pleonasmen und anderer Sprachspiele Greiffenbergscher Manier. Die Paronomasie von ‚Stille' und ‚Fülle', die die Autorin an anderer Stelle auch bewusst einsetzt („Weißheit=Stille/ | bringt die Fülle"[124]), wird hier nur assoziativ genutzt. Sie bringt das antonymische Verhältnis von *plenum* und *vacuum*, von Opulenz und Leere, zum Ausdruck.

In den zitierten Versen klingt eine Rhetorikkritik an, die sich an anderer Stelle deutlicher artikuliert, so etwa in Greiffenbergs Passionssonett *Uber das allerheiligste Leiden meines Heilandes*:

> O JEsu/ Gottes Sohn! wie soll ich recht aussprechen
> die unaussprechlich Treu/ so du an mir gethan?
> vor lauter Lieb' und Gier/ und Wunder/ ich nicht kan
> die starken Geistes trieb/ den Schall der Wörter/ brechen.
> Die Geistesregungen/ die grossen Wallfisch/ stechen

---

121 Greiffenberg 1983, Bd. 1, S. 99.

122 Ebd.

123 Ebd., S. 116.

124 Die komplette Strophe aus dem Gedicht *Auf die unglückseelige Tugend* lautet: „Wort entzünden/ Wort erhitzen/ | sind des Zornes Zunderfleck: | Auf sie folgen Unglücks=Blitzen/ | nehmen doch kein Trübsal wegk. | Weißheit=Stille/ | bringt die Fülle | susser Freud'/ erwartt das Ziel/ | das der Himmel helfen will." Ebd., S. 307.

die Hirnes=Dämme durch/ und lassen keine Bahn
der Würckung/ daß sie sich kan schwingen Himmel an.
Doch treue Herz=Andacht sol ihren Mangel rächen.
Was darf es auch viel Wort/ wo Herz und Thaten reden.
ein jeder Striem lehrt mehr/ als Platons ganze Witz.
So ist auch nur das Herz der Dank=erkäntnuß Sitz;
daß will zwar/ wie die Zung/ vor überfluß erblöden.
Weil deines Leidens Zweck/ mich neu und Herrlich machen:
gieb neues Herz und Mund/ zu preisen deine Sachen![125]

Das Sonett setzt mit dem Konstatieren der eigenen sprachlichen Inadäquatheit ein, der Infragestellung des rechten Aussprechens der „unaussprechlich treu" Christi, was mittels einer *figura etymologica* veranschaulicht wird. Das Ich kann aufgrund widerstreitender Affekte den „Schall der Wörter" nicht brechen: es wird sprachlos – eine Inversion der noch heute gängigen Wendung vom ‚Brechen des Schweigens', die ja ebenfalls eine Übertretung bezeichnet. Im zehnten Vers findet sich aus der Perspektive der Mystik eine Kritik des ‚Logozentrismus', für die die Figur Platons exemplarisch steht: Jede von Christi Wunden kann mehr lehren, als der „ganze Witz" des großen Philosophen. Der Realität der Wunden steht die Scheinhaftigkeit der Zeichensysteme gegenüber. Das ebenfalls anklingende Primat des Gefühls und der Tat gegenüber dem Denken und dem Wort entnimmt Greiffenberg einer Argumentation, die sich immer wieder im Neuen Testament finden lässt.[126]

In der zweiten Hälfte des Sonetts stellt Greiffenberg das „Herz" und die „Thaten" den Worten gegenüber: während letztere mangelhaft sind, und die „unaussprechlich Treu" nicht „recht aussprechen" können, sind das Fühlen und Tun aufrichtig. Allerdings ist diese Aussage widersprüchlich, denn trotz dieser Abwertung des Logos wird das Herz – *ex negativo* – mit dessen Parametern der Affektivität gemessen. Das Verstummen wird auch hier als Zeichen des besonderen Gefühls interpretiert, denn dass das Ich nicht sprechen kann, liegt allein an „lauter Lieb' und Gier/ und Wunder". Im zwölften Vers findet sich dann die hyperbolische Wendung, wonach dass Herz „vor überfluß erblöden" will. Obwohl es dem Mund vorzuziehen ist, wird es doch an dessen Maß an Aufrichtigkeit gemessen: Auch das Herz muss vor Liebe ‚verstummen'! Daher bittet das Ich Christus nicht nur um einen neuen Mund, um ihn besser preisen zu können, sondern gleichfalls um ein neues Herz.

Deutlich ist, dass ‚Unaussprechlichkeit' in der Mystik insgesamt weniger auf die Schwierigkeit einer Kommunikation mit Gott trifft, als auf die der authentischen

125 Ebd., S. 132.

126 So heißt es etwa im ersten Brief des Johannes: „Daran haben wir die Liebe erkannt, dass er sein Leben für uns gelassen hat; und wir sollen auch das Leben für die Brüder lassen. [...] Meine Kinder, lasset uns nicht lieben mit Worten noch mit der Zunge, sondern mit der Tat und mit der Wahrheit. | Daran erkennen wir, dass wir aus der Wahrheit sind, und können unser Herz vor ihm damit zum Schweigen bringen, dass, wenn uns unser Herz verdammt, Gott größer ist als unser Herz und erkennt alle Dinge." (1. Joh 3,16–20).

Ermöglichung des subjektiven Affektausdrucks. Insofern sind die von den Autoren mitthematisierten Artikulationsprobleme ähnlich jenen, wie die im Kapitel IV. dieser Arbeit analysierten. Im Gegensatz zur weltlichen Repräsentationsproblematik geht es hier aber nicht nur um eine literarische Sprachkritik, um ein Aufzeigen ihres Mangels, sondern auch um die Annäherung an ein Tabu, das mit menschlichen Mitteln nicht nur nicht zu erfassen ist, sondern *per definitionem* auch nicht erfassbar sein darf.

### *Exkurs: Paradoxien (und Lösungen) der Inkommunikabilität*

In diesem Abschnitt werden einige theoretische Positionen diskutiert. Dabei geht es insbesondere um die Frage, welche Lösungen das sprechende Ich wählen und auf welche theologischen oder weltlichen Argumente es potenziell zurückgreifen kann, um seine mystische Sprachkrise und die Erfahrung der Inkommunikabilität zu beheben. Alois Haas beschreibt die Grundsituation, der sich mystisches Sprechen (und Schreiben) ausgesetzt sieht: „Wenn Gott als der ganz andere definiert wird, wie soll er im Medium der doch bloß menschlichen Sprache genannt werden können? Der Mystiker setzt sich über diese Vorbehalte unter Berufung auf die Gnadenerfahrung hinweg: er weiß, wovon er spricht, wenn er in beredten Worten von der Unaussprechlichkeit, seiner Erfahrung des Einswerdens mit Gott Kunde gibt. Aber ist diese Kundgabe damit schon kommunikabel? Kommt sie beim Angesprochenen an dadurch, daß sie ausgesprochen wird? Man wird – um die Kommunikationsmöglichkeit im Bereich der mystischen Theologie zu begründen – Rekurs nehmen müssen auf den Glauben. [...] Das Mystische ist im Bereich des Glaubens als dessen Ziel und Horizont aussprechbar. Außerhalb dieses Bereichs aber ist es das Unaussprechliche.“[127] Nach Haas spricht Mystik zwar, wenn sie die Beziehung von Gott und Mensch zu beschreiben sucht, vom ‚Unaussprechlichen', und dieses bleibt außerhalb der Glaubensgemeinschaft auch inkommunikabel. Doch im Kreis der Gläubigen ist es sehr wohl, und zudem auf sehr spezifische Weise, aussprechbar. Notwendig ist der Aufbau einer religiösen ‚Sonderwelt' – um einen Begriff der Systemtheorie zu wählen –, die vom Versprechen getragen ist, dass dort eine Kommunikation der mystischen Erfahrung möglich ist. Entsprechend schreibt etwa Kuhlmann gleich zu Beginn der Vorrede seines *Kühlpsalters*, diese Schriften „werden nimals mit blossem lesen oder betrachten, sondern alleine in dem stande völlig verstanden werden, darinnen si geschriben“.[128] Das heißt, man kann ihren Sinn allein durch Empathie und gläubigen Nachvollzug begreifen.

Betrachtet man unter dieser Perspektive die diskutierten Gedichte Greiffenbergs – die als Autorin exemplarisch ist – so fällt auf, dass eine explizite Adressierung an andere Gläubige wesentlich fehlt. Auch in der Vorrede ist eine solche nicht vorhan-

127 Haas 1971, S. 115.
128 Kuhlmann 1971, Bd. 1, S. 3.

den. Die Kommunikationssituation besteht vielmehr darin, dass sich das sprechende Ich in seiner Meditation an Gott wendet, ihn anruft und nur ihm sein Empfinden mitzuteilen sucht, wobei es an die Grenzen sprachlicher Repräsentation stößt. Allein die Tatsache, dass die Gedichtzyklen publiziert wurden, lässt sich als implizite Kommunikationsaufforderung an Leserinnen und Leser verstehen. Die Wahl einer solchen Ich-Perspektive, die als Gegenüber nur Gott hat, ist für das mystische Sprechen jedoch konstitutiv und hängt mit der Authentizitätsbekundung des mystischen Fühlens zusammen. Durch die Fokussierung auf Gott wird das kontinuierlich benannte Sprachproblem minimiert, denn Gott als „Allgröß"[129] und „Allheit"[130] ist natürlich jederzeit in der Lage, das Unaussprechliche, das nurmehr Angedeutete und durch eine Rhetorik der Aposiopese oder der Occupatio verweisend Beschriebene zu verstehen. Das Nicht-Verstehen ereignet sich also auf der Ebene der Immanenz und hat auf die Kommunikation zwischen Gott und Mystikerin keinen Einfluss.

Es lässt sich ein weiteres Argument für das Funktionieren dieser besonderen Sprechsituation anführen. Wie Johann Anselm Steiger ausgeführt hat, ist es der barocken *rhetorica sacra* eigen, „daß sie nicht trotz, sondern gerade wegen der Unaussprechbarkeit (ineffabilitas) Gottes und der göttlichen Dinge eine kunstvolle und beredte Wohlredenheit"[131] ausbildet. Steiger greift für diese These einen Gedanken Luthers auf, wonach Gott sich von vornherein erniedrigt habe, indem er sich „der stammelnden und stotternden Sprache des Menschen" bediene, „um sein Wort kundzutun".[132] Demnach wäre jedes Reden über Gott unzulänglich, insofern es nur mit menschlichen, mithin also begrenzten und mangelhaften Mitteln geschehen könne. Am Beispiel der Rhetoriken von Johann Matthäus Meyfart zeigt Steiger, inwiefern sich dieses Argument aber auch umkehren lässt: gerade die „Knechtsgestalt" der menschlichen Rede, ihre „rhetorische Defizitarität"[133] sei angemessen, insofern sich ja Gott selbst ihrer bedient habe: „Darum ist gerade in der Vergeblichkeit aller rhetorischen Bemühungen sub contrario die Prolepse der endgültigen Offenbarung der neuen Sprache am Jüngsten Tag zu erkennen, die dann keine ineffabilitas mehr kennen wird."[134] Die Sprachmängel des Menschen sind also nicht nur gottgewollt, sie haben auch eine prophetische Funktion. Die Unaussprechlichkeit kündet somit eine zukünftige, divine ‚Aussprechlichkeit' an.

Peter Fuchs kommt in seinem systemtheoretischen Beitrag über Mystik zu dem Urteil, dass jeglicher Entzug von Kommunikation, insofern er thematisiert wird, Kommunikation bleibt – ja, dass er den religiösen Diskurs sogar in vieler Hinsicht

129 Greiffenberg 1983, Bd. 1, S. 380.
130 Ebd., S. 103.
131 Steiger 1995, S. 543.
132 Ebd., S. 527.
133 Ebd., S. 544.
134 Ebd.

intensiviert. Sagt Fuchs zwar deutlich, dass „Mystik als Hybris gefaßt [wird], da sie Gottesnähe durch sich selbst, also immanent, herstellen will“[135], so konstatiert er gleichwohl, dass diese Herstellung gelingen kann und muss, und zwar wesentlich durch die Mittel der Paradoxie und der Negation. Letztere zeichnen sich unter anderem durch „Ungrundbegriffe“[136] und apophatische Attributionen[137] aus, wie sie für die Negative Theologie kennzeichnend sind (bei Greiffenberg z. B. hyperbolische Worte wie ‚Unausdenklichkeit‘ oder ‚Allgröße‘).[138] „Die Schwierigkeit, die Unmöglichkeit gar, mystische Erfahrung im Medium Sprache abzubilden, wird typisch als Inkommensurabilität von immanenter Sprache und transzendentem Erleben behandelt.“[139] In systemtheoretischer Polarität wird der Immanenz eine Transzendenz gegenübergestellt, die, als ‚Umwelt‘ des ‚Systems‘ verstanden, zugleich verortet und ‚entortet‘ wird. Nicht nur Gott, sondern auch das mystische Fühlen wird in der Transzendenz angesiedelt. Fortwährend wird die Jenseitigkeit des Fühlens thematisiert, die die sprachliche Grenze zugleich konstituiert und wesentlich überschreitet. Gesprochen wird nicht mehr von der Erfahrung selbst, sondern von deren Liminalität.

Gleichwohl ist jede Thematisierung von religiöser Inkommunikabilität auch Kommunikation, ja selbst das vollendete mystische Schweigen wäre, wie Jacques Derrida betont hat, „eine Modalität des Sprechens“[140], denn die Möglichkeit des Schweigens ergibt sich erst sekundär aus dem primären Wissen um das Sprechen, um das Vorhandensein von Sprachkompetenz und Sprechen: „In dem Moment, wo die Frage ‚wie nicht sprechen?‘ (*how to avoid speaking?*) sich stellt [...], ist es bereits, wenn man das sagen kann, *zu spät*. Es stellt sich gar nicht mehr die Frage, nicht zu sagen. Selbst wenn man spricht, um nichts zu sagen, selbst wenn eine apophatische Rede sich des Sinns oder des Gegenstands benimmt, findet sie statt.“[141] Derrida verweist hier nicht nur auf die verbalisierte Rede, sondern bereits auf die im psychischen System des Einzelnen schon vorhandene Dialogizität. Das Zu-Spät-Kommen des Schweigens bedeutet, dass es immer eine Reaktion auf etwas ist, das bereits vorliegt, das ein Versprechen birgt, artikuliert zu werden. Darüber hinaus „ist davon auszugehen, daß der christliche Mystiker sein Sprechen als ein Ant-

---

135 Peter Fuchs. „Von der Beobachtung des Unbeobachtbaren: Ist Mystik ein Fall von Inkommunikabilität?“ Ders. und Niklas Luhmann. *Reden und Schweigen*. 2. Aufl. Frankfurt a. M. 1992. 70–100, S. 75.

136 Ebd., S. 95.

137 Vgl. Jacques Derrida. *Wie nicht sprechen. Verneinungen*. Übers. von Hans-Dieter Gondek. Wien 1989, S. 10.

138 Vgl. Josef Hochstaffl. *Negative Theologie. Ein Versuch zur Vermittlung des patristischen Begriffs*. München 1976.

139 Fuchs/*Mystik* 1992, S. 92.

140 Derrida 1989, S. 29.

141 Ebd., S. 52.

worten auf ein immer schon vorausliegendes Sprechen Gottes versteht“[142], es also auch in dieser Hinsicht sekundär ist.

Die spezifische Rhetorik der Mystik lebt nach Fuchs – im Unterschied zu anderen Versuchen, „Vorgänge in psychischen Systemen in sozialen Systemen, also kommunikativ abzubilden“[143] – gerade davon, dass sie den prinzipiellen Glauben an die Möglichkeit der sprachlichen Erfassung nicht aufgibt. Im Gegenteil, die Erfahrung des Ungenügens ist, wie bereits angedeutet, Auslöser des fortwährenden Sprechens bzw. Schreibens, wie Fuchs darlegt: „Der Sonderfall der Mystik ist demnach nicht, daß sie es mit Unabbildbarkeit psychischer Vorgänge im Medium der Kommunikation zu tun hat, sondern der, daß sie sich davon überraschen läßt und so verfährt, als käme es auf die richtige Repräsentation ihrer Erfahrungsbestände an. Sie wird, könnte man sagen, in einem fort enttäuscht durch das Erwartbare. Fasziniert durch Dauerenttäuschung, die ihrerseits als Dauerkriterium für die Tatsächlichkeit, für die Echtheit mystischer Erfahrungen dient, *spricht* sie unentwegt, füttert seit Jahrtausenden Kommunikation und schweigt gerade nicht. *Mystik ist mit Kommunikation und nicht mit Schweigen beschäftigt.*“[144] Die zitierte Schlusspointe ist nicht sehr originell, da sie von mystischen Autoren selbst artikuliert wird, die sich ja unter der Prämisse ihres göttlichen Auftrags und des affektiven Nicht-Schweigen-Könnens als Autoren oft überhaupt erst legitimieren.

Interessant ist aber die These von der „Dauerenttäuschung“, die sich in der mystischen Theologie immer wieder finden lässt, ja die nach Roland Krusche sogar integraler Bestandteil der Gotteserfahrung ist[145], denn es entzieht sich ja nicht nur die Sprache, sondern damit auch Gott. Die Erkenntnis des sprachlichen Ungenügens hat unterschiedliche Folgen, die bereits angesprochen wurden. „Aus dem Axiom der begrifflichen Unfassbarkeit Gottes wurde der Schluß gezogen, daß im Modus der Unbegrifflichkeit gleichwohl etwas über ihn ausgesagt werden könne, vor allem in der Negation, aber auch in sprachlichen Figuren der Übersteigung und des Widerspruchs.“[146] Das Ungenügen der Sprache führt zu unablässiger Rede, zum kontinuierlichen Neuansetzen, mit dem Ziel, die Redeweise zu optimieren. Neben dem quantitativen Aspekt literarischer Produktion hat die Frustrationserfahrung auch Auswirkungen auf die Art des Sprechens, etwa in der Kreation hyperbolischer Wortschöpfungen, dem Entstehen von ‚Paradoxieeffekten‘ und dem Suchen nach formalen Experimenten, mit den Mitteln der Sprache zu schweigen.

---

142 Walter Haug. „Zur Grundlegung einer Theorie des mystischen Sprechens“. *Abendländische Mystik im Mittelalter. Symposion Kloster Engelberg 1984.* Hrsg. von Kurt Ruh. Stuttgart 1986. 494–508, S. 495.
143 Fuchs/*Mystik* 1992, S. 92.
144 Ebd., S. 93.
145 Vgl. Krusche 1996, S. 109.
146 Kasten 1998, S. 68.

### *Das Schweigen Christi vor den Anklägern*

Greiffenbergs Aufwertung des Schweigens als Demutsgebärde steht in engem Bezug zu zwei konkreten Szenen des Neuen Testaments: zu Christi Schweigen vor dem Hohen Rat und vor Pontius Pilatus. In ihrem 1672 erschienenen Werk *Des Allerheiligst= und Allerheilsamsten Leidens und Sterbens Jesu Christi* meditiert Greiffenberg extensiv über die Anklageszenen und verknüpft sie mit der Darstellungsproblematik: Das Schweigen Christi führt zu einer emphatischen Reaktion der Infragestellung der eigenen Sprache und zu einem mimetischen Verstummen aus Liebe und Bewunderung für die „Himmel=heroische freymütigkeit“[147] seiner Selbstaufopferung.

Dass Christus vor seinen Anklägern stumm bleibt, ist Teil seines von Gott erhaltenen Auftrags, der von ihm verlangt, sich nicht zu verteidigen und seine Identität als Messias nicht preiszugeben, ein Schweigegebot, das in den Evangelien mehrfach erwähnt wird und Teil seines messianischen Auftrags ist. Der Messias birgt ein Geheimnis und sagt seine Botschaft nicht allen; von Anfang an verborgen, teilt er sich nur wenigen mit, und zwar primär Unmündigen, Unweisen und Armen.[148] Darüber hinaus fordert er die Menschen auf, die von ihm vollbrachten Wunder und Heilungen nicht verbal preiszugeben. Seine wahre Identität soll nicht vorzeitig – vor Kreuz und Auferstehung – verkündet werden.[149] Christi Schweigen vor den Richtern ist Teil dieses ‚antipropagandistischen‘[150], von Gott entwickelten Programms einer ‚stillen Erwartung des Gerechten‘.[151] Es ist ein Schweigen, das mehrere Dimensionen umfasst: „das Schweigen eines Wissenden, das Schweigen eines Erbarmenden und das Schweigen Gottes“.[152]

In ihren Passionsbetrachtungen kommentiert Greiffenberg die auf das Matthäus- bzw. Markusevangelium bezogenen Verse: „Und der Hohepriester stund auf unter sie/ und fraget JESUM/ und sprach: antwortest du nichts zu dem/ daß diese wider dich zeugen? Jesus aber schwieg stille und antwortete nichts.“[153] Ihre Ausdeutung seines Stillschweigens lautet:

> Die bosheit will/ unter dem billigkeits=hütlein/ die ärgste unbilligkeit spielen. Sie will/ die geglaubte einfalt/ mit schlangen=hafter gut=meinung teuschen/ und sie in den apfel der verredung beissen machen. Aber diese Eva/ Mutter aller lebendi-

147 Greiffenberg 1983, Bd. 9, S. 216.
148 Vgl. Flasch 1998, S. 93.
149 Zum Schweigegebot in den Evangelien vgl.: Michael Welker. *Gottes Geist. Theologie des Heiligen Geistes*. 2. Aufl. Neukirchen-Vluyn 1993, S. 191–95.
150 Vgl. ebd., S. 195.
151 Vgl. Krusche 1996, S. 199.
152 Alfred Bellebaum. *Schweigen und Verschweigen. Bedeutungen und Erscheinungsvielfalt einer Kommunikationsform*. Opladen 1992, S. 41.
153 Greiffenberg 1983, Bd. 9, S. 215 f. Vgl. Mt 26, 62–63 bzw. Mk 14, 60–61.

> gen/ das ewige/ wort war viel zu klug dazu/ daß es sich durch seine worte solte verfänglich machen. Er wolte/ nicht durch unachtsame verredung/ sondern durch Himmel=heroische freymütigkeit/ sich heraus lassen. Es solte/ nicht durch unachtsames red=verstossen/ sondern durch vorsetzliche bekentnus geschehen: darum schwiege er hierzu stille/ und schätzte die verleumbdung nicht würdig/ sein heiliges wort dargegen zu setzen. Die lügen/ werden oftmals am besten mit stillschweigen verantwortet: dann worte sind überflüssig/ wo die werke mit der zeit reden werden. Sie bekommen nur mehr häupter/ wenn man gar zu hitzig ist/ eines abzuhauen.[154]

Greiffenberg stellt dem Stillschweigen Christi vor dem Hohen Rat das sündhafte Wort gegenüber. Die Weisheit besteht darin, sich nicht durch „unachtsame verredung" verführen zu lassen, sondern Schweigen zu bewahren, die falsche Anklage widerspruchslos auf sich zu nehmen, und dies, obwohl Gott doch selbst das ‚ewige Wort' ist. Die Neologismen „verredung" und „red=verstossen" attribuieren jeglicher Artikulation den Charakter einer Falsch-Rede. Das Stillschweigen ist demgegenüber ein „[V]erantworte[n]": die klügste, aber auch schwierigste Form der passiven Replik.

Greiffenbergs Meditation über Christi Schweigen fährt mit ihn preisenden und an sich selbst appellierenden Sätzen fort. Sie fordert von sich eine Mimesis dieser Tat, eine geduldige, widerspruchsfreie Aufsichnahme von Leid:

> Ach! lerne hier schweigen/ meine Seele! von deinen himmlischen Pythagoras. Gehe in die fünfjährige Schule seiner heiligen fünf Wunden/ und lerne/ um dieser Schmerzen willen/ alles verschmerzen und verschweigen/ was die welt zu leid thut. Nimm das Wasser aus seiner heiligen seite/ oder die standhaftigkeits=steinlein aus diesem klaren bach/ in den mund/ und fliege damit über den berg der verleumdung und lügen: so wird dir ruhe und friede folgen. Schweige/ zur verantwortung der lügen/ wie dein JEsus geschwiegen: so wird er an jenem tag/ vor dich antworten. Schweige aber nicht/ zur vertheidigung der himmlischen warheit. Wann man deine eigene ehre anfechten will/ so schweige/ wie hier JEsus. Wann es aber deines JEsu Ehre betrifft/ da rede mit hundert zungen/ wie die Fama/ und bitte den Heiligen Geist/ daß er dir einen goldenen mund/ wie jenem heiligen Lehrer eine Engel=zunge/ und feurige lippen/ wie dem Esaia/ geben wolle; ja/ daß er deine worte zu beredungs=pfeilen mache/ die mitten in die herzen treffen; daß er sie mache zu donnerstralen/ die in der höhe herum runden/ und biß in den punkt der Erden/ nichts unberührt lassen.[155]

Greiffenbergs Wundenmeditation verknüpft das Stillschweigen Christi mit heidnischen Kontexten. Das fünfjährige Schweigegebot, das der antike Weisheitslehrer Pythagoras seinen Schülern auferlegte, wird antizipierend auf die fünf Kreuzeswunden übertragen. Die Mystikerin appelliert an sich selbst, durch die „Schule" dieser

---

154 Greiffenberg 1983, Bd. 9, S. 216 f.
155 Ebd., S. 217 f.

heiligen Wunden zu gehen, um so das stoische Stillschweigen und das Überwinden von Schmerzen zu lernen. Das Schweigen aus Demut wird positiv berurteilt, das Stummbleiben in Gottesangelegenheiten lehnt sie hingegen vehement ab. Auch in ihrem Gedicht *Auf die unglückselige Tugend* geht sie auf das pythagoräische Stillschweigen im Kontext einer christlichen Klugheitslehre ein. „Ube dich nur in dem Schweigen/ | in Pythargors Nutzen=Kunst. | Durch die Wort sein Recht bezeigen/ | ist höchst schädlich/ auch umsonst“[156], heißt es dort über den antiken Weisheitslehrer.

Im weiteren Verlauf der Passage finden zwei Humanisten-Embleme Verwendung, darunter das bereits erwähnte, von Plutarch stammende Klugheits-Motiv einer Gans, die beim Flug über die Berge einen Stein in den Mund nimmt, um sich vor der Gefahr durch die dort lebenden Adler zu schützen. Das Tier bewahrt sich durch diese Selbstdisziplinierung vor seinem eigenen, verderbenbringenden Geschrei.[157] Greiffenberg entwickelt in der zitierten Passage des Weiteren eine mystische Mund-Allegorie, in welcher die Seele das Wundwasser aus der Seitenwunde Christi aufnimmt und in sich bewahrt – also stillschweigt –, um den Mund einzig zur „vertheidigung der himmlischen warheit“ wieder zu öffnen, in der Hoffnung, dass ihre Worte durch den Heiligen Geist dann zu prophetischen „beredungs=pfeilen“ gemacht würden, „die mitten in die herzen treffen“. Die Dichterin ersehnt, Gefäß der göttlichen Rede zu sein – Sprachrohr, das das unschuldige Stummbleiben Christi empathisch nachvollzieht und die Wahrheit dann an seiner statt zum Tönen bringt: „Weisester JEsu! Laß mir/ aus diesem deinen schweigen/ die glücklichste beredsamkeit zu fliessen/ dich zu preisen.“[158] Unentwegt hebt sie auf die unsäglichen Wunder ab, die Christus auszeichnen und die sie notwendig zum Sprechen bringen: „Ich will nicht verschweigen/ was du mir/ durch schweigen/ für gutes gethan/ sondern von deinen wundern reden/ weil ein lebendiger Geist meine zunge reget.“[159] Es ist ihr nicht nur unmöglich, über ihre unmäßige Liebe zu Gott zu schweigen – wie sie es in ihren Gedichten thematisiert –, sie kann vielmehr sein Schweigen nicht verschweigen!

Noch mehr als einhundert Buchseiten später beschäftigt sich Greiffenbergs Meditation mit der Szene vor dem Hohen Rat, die sie erneut paraphrasiert, um sie dann mit einem alttestamentarischen Kontext zu verbinden:

> Und da er verklaget ward/ von den Hohenpriestern und ältesten/ antwortet er nichts. | Hier gibt sich zu erkennen/ das unschuldige Lamm GOttes/ das seinen mund nicht aufthäte/ sondern erstummete vor seinem scherer. Er ist wie ein stummer/ der seinen mund nicht aufthut/ u. der keine widerrede in seinen munde hat. Hier sihet man/ was gar welt=seltsam ist/ nämlich die herz=gründlichste

156 Ebd., Bd. 1, S. 307.

157 Vgl. die *picturae* in folgenden Emblembüchern: Covarrubias 1610/1978, III.41; Soto 1599, S. 22. Etwas abgewandelt findet es sich auch bei: Vaenius 1608/1970, S. 71.

158 Greiffenberg 1983, Bd. 9, S. 218.

159 Ebd., S. 272.

unschuld u. aufrichtigkeit/ mit der klügsten verschwiegenheit/ versieglet/ die bescheidenheit mit lauterkeit wett=streiten/ die Gerechtigkeit mit dem mantel der frömkeit verhüllet/ und die unschuld mit den mandeln der gedult sich abspeisen.[160]

Das unschuldige Lamm, das den Mund bei seiner Tötung nicht auftut, ist ein bedeutendes christologisches Bild, das Greiffenberg den so genannten prophetischen Gottesknechttexten des Deuterojesaja entnimmt. In der dort beschriebenen willkürlichen Opferung des unschuldigen ‚Knechts Gottes' wird das Martyrium Christi in visionären Bildern präfiguriert.[161] Die stumme Annahme des Leidens und Sterbens ist Kennzeichen der Gottestreue und der Demut. In Greiffenbergs Worten „versieglet" die Verschwiegenheit die Wahrheit – ein Faktum, das sie als „welt=seltsam" bezeichnet, wohl weil die Tugend der Aufrichtigkeit eigentlich mit dem Reden assoziiert wird. Hier aber ist das Schweigen aufrichtig, denn es spricht von der Unschuld des Gepeinigten, doch diese indirekte Sprache ist allein den Gläubigen ersichtlich.[162]

In ihren Passionsbetrachtungen geht Greiffenberg sodann auf das zweite signifikante Schweigen Christi ein, als dieser vom Hohen Rat zum römischen Statthalter Pontius Pilatus gebracht wird, der ihn zum Tode verurteilen soll.[163] Sie paraphra-

---

160 Ebd., S. 349 f. Es handelt sich hier nicht um ein erneutes Zitat aus den Evangelien, sondern um eine Paraphrase der bereits zitierten Verse.

161 „Fürwahr, er trug unsre Krankheit und lud auf sich unsre Schmerzen. Wir aber hielten ihn für den, der geplagt und von Gott geschlagen und gemartert wäre. Aber er ist um unsere Missetat willen verwundet und um unserer Sünde willen zerschlagen. Die Strafe liegt auf ihm, auf dass wir Frieden hätten, und durch seine Wunden sind wir geheilt. | Wir gingen alle in die Irre wie Schafe, ein jeder sah auf seinen Weg. Aber der HERR warf unser aller Sünde auf ihn. Als er gemartert ward, litt er doch willig und tat seinen Mund nicht auf wie ein Lamm, das zur Schlachtbank geführt wird; und wie ein Schaf, das verstummt vor seinem Scherer, tat er seinen Mund nicht auf." (Jes 53, 4–7).

162 Löscher geht in einer Predigt ebenfalls auf das Stillschweigen Christi ein; er deutet es als Postfiguration des beim Propheten Jesaja (Jes 53,7) beschriebenen Opfers: „Wenn dieses geschehen/ so opffere und bringe GOTT das Verdienst seines allerliebsten Sohnes/ Sprich: mein Gott/ damit ich mit etwas schliessen möge/ daß dir angenehm seyn muß/ so bringe ich dir in kindlichem Vertrauen das allerheiligste Stillschweigen deines geliebten Sohnes/ der für uns verstummet ist/ und seinen Mund nicht aufthat/ wie ein Lamm/ das zur Schlachtbank geführet wird/ Es. 53/7. Kan ich bey meiner Andacht nicht allerdings so stille für den HErrn seyn/ wie er es verlanget; so habe ich hier den Mittler zwischen GOtt und denen Menschen/ JEsum/ an dessen stille seyn niemand etwa auszusetzen hat." Löscher 1719, S. 97.

163 Zitiert werden die Verse aus Matthäus 27, da Greiffenbergs Paraphrase dieser Version am nähesten ist: „Jesus aber stand vor dem Statthalter; und der Statthalter fragte ihn und sprach: bist du der König der Juden? Jesus aber sprach: Du sagst es. Und als er von den Hohenpriestern und Ältesten verklagt wurde, antwortete er nichts. Da sprach Pilatus zu ihm: Hörst du nicht, wie hart sie dich verklagen? Und er antwortete ihm nicht auf ein einziges Wort, sodass sich der Statthalter sehr verwunderte." (Mt 27 11–14).

siert die Frage, die der Statthalter nach der Anklage durch die Hohepriester und Ältesten an Christus stellt und fügt affektive Worte des Staunens und Nichtverstehens ein. Anschließend kommentiert sie das Mysterium seines Verharrens in Schweigen. Leitthese dabei ist, dass der „himmlische Redner" den Gläubigen „das wort/ durch schweigen/ reden [muß]":

> Wie ist möglich/ daß du/ bey deiner unschuld also schweigen kanst? wie kanst du alle diese giftige schlang=anklagen vertragen? Könte doch der neid selbst nichts vergalters aufbringen. Wie kanst du dieses unverantwortet lassen/ was deine Ehre und leben antrift? Antwortest du nicht/ auf so ehrenruhrige beschuldigungen? Bist du vielleicht unempfindlich? oder hörest du etwann nicht/ was sie grausames wider dich vorbringen? Es ist mir/ in meinem ganzen Regir=amt/ nie vorgekommen/ hab es auch nie gelesen/ das einer/ bey so grosser unschuld/ also still geschwiegen hätte. Ich weiß nicht/ was ich mir hierüber denken oder einbilden solle? | *Und JEsus antwortete nicht auf ein wort: also/ dass sich auch der Landpfleger sehr verwunderte.* | Hier sihet man die vollkommenste/ ja überschwenglichste tugend. Bey unschuld verschwiegen/ und bey verschwiegenheit ohne innere verbitterung seyn/ ist die höchste Tugend=Prob: höher kan die Gütigkeit=seine nicht getrieben werden. O wehrteste verschwiegenheit/ die du der Eva schlangen=geschwätze gebüsset hast! O wunder über alle wunder! das ewige Wort muß schweigen/ damit wir unmündige in der hölle nicht ewig geschweiget werden. Der himmlische Redner muß uns das wort/ durch schweigen/ reden. Indem er auf kein Wort mehr antwortet/ verantwortet er die unnütze worte/ von denen er hätte müssen rechenschaft geben am Jüngsten Tage. Er schweiget in seinem Leiden: damit wir reden und rühmen können/ wann GOtt den neuen Himmel und die neue Erde voll freude machen wird. Ja/ er schweiget/ zu seiner schmach: dass wir zu seiner ehre nimmermehr schweigen/ sondern dieselbe rühmen und erzehlen sollen/ all unser lebenlang. Seine verschwiegenheit/ verbindet und eröfnet unsern mund/ zu ewigem lobe=schalen. Ich will nicht verschweigen/ was er mir gutes gethan hat/ und deine güte will ich nicht verheelen in meinem herzen/ ich will reden von deinen wundern.[164]

In ihrer Ausdeutung des Stillschweigens Christi lassen sich (mindestens) sechs Aspekte und Bedeutungsdimensionen seines Nicht-Redens ausdifferenzieren: Erstens betrachtet sie sein schuldloses Schweigen als höchste Tugend. Zweitens hebt sie hervor, dass Christus trotz des Schweigens keine negativen Gefühle habe, sondern gänzlich „ohne innere verbitterung" sei. Drittens stellt sie dar, dass er mit seinem Schweigen Buße für eine Schuld übernimmt, die nicht die seine ist: für die Falschrede der Menschen – oder konkreter, der Frau Eva, deren verführende Worte den Sündenfall auslösten. Wie in dem bereits eingangs erörterten Zitat aus den Pas-

164 Greiffenberg 1983, Bd. 9, S. 350–52.

sionsbetrachtungen[165] interpretiert Greiffenberg den menschlichen Sündenfall als Sündenfall der Sprache, den nur ein göttliches Schweigen ungeschehen machen kann. Viertens bewahrt das Stummbleiben Christi – als Schweigen des ‚ewigen Wortes' – die Gläubigen vor der grausamen Stille (oder dem immensen Lärm) der Hölle, als der immerwährenden Absenz von Gottes Wort. Fünftens ist sein Nicht-Antworten ein paradoxes ‚Verantworten' als ein Nicht-Verantwortlich-Werden: „Indem er auf kein Wort mehr antwortet/ verantwortet er die unnütze worte/ von denen er hätte müssen rechenschaft geben am Jüngsten Tage".[166] Mit dem Begriff des ‚Verantwortens' umschreibt sie die lutherische Gewissheit, dass der Sohn Gottes in seiner Passion das Jüngste Gericht an Stelle der Menschen erleidet. Christus lädt sich alle menschlichen Sünden auf, darunter auch die der Zunge. Er gibt „rechenschaft" über ihre „unnütze[n] worte" – und zwar paradoxerweise, indem er schweigt. Das sühnende Leiden wird im sühnenden Schweigen gespiegelt. Dieselbe Bedeutung des Begriffs ‚Verantworten' nutzt auch Abraham a Santa Clara, wenn er in seiner *Grammatica religiosa* über diese Szene schreibt:

> Wie hat uns nicht unser Heyland mit seinen herrlichen Exempel vorgeleuchtet/ da er von den hohen Priestern in Gegenwart Pilati über viele Sachen angeklagt worden/ und gleichwohl ohne Verwunderung deß Richters sich nicht verantwortet/ der da nicht auß Noth/ sondern auß einer Tugend/ und uns allen zu heylsamen Lehr geschwiegen hat.[167]

Der Begriff des ‚Verantwortens' bezieht sich wortwörtlich auf die Performativität von Sprache, denn wenn Reden Handeln bedeutet, so lässt sich dies allein durch Nichtreden verhindern. Antworten ist ein Verantworten. Das Schweigen ist hier performativ, indem es eine bewusste Vermeidung von sprachlicher Performativität darstellt. Als sechstes Argument führt Greiffenberg in der obigen Argumentation an, dass das Stillschweigen Christi der Auslöser für die Lobrede der Gläubigen sei. Es heißt in dem Zitat aber nicht, dass diese an seiner statt reden ‚müssen', sondern vielmehr, dass sie „reden und rühmen können". Insofern handelt es sich dabei nicht um eine Pflicht des Preisens, sondern erneut um eine Gnade. Das ‚ewige Wort' tritt hier demütig und bescheiden hinter die Menschenrede zurück. Diese nun hat sich im Bewusstsein ihrer konstanten Unzulänglichkeit zu bewähren. „Was sich aussprechen lässt/ ist zu wenig vor dich. Unaussprechlich/ ja unausdenklich muß es seyn/ was deine Gnaden rühmen soll"[168], hält Greiffenberg fest und legiti-

---

165 „Die bosheit will/ unter dem billigkeits=hütlein/ die ärgste unbilligkeit spielen. Sie will/ die geglaubte einfalt/ mit schlangen=hafter gut=meinung teuschen/ und sie in den apfel der verredung beißen machen." Ebd., S. 216.

166 Greiffenberg bezieht sich hier auf das Matthäus-Evangelium: „Ich sage euch aber, dass die Menschen Rechenschaft geben müssen am Tage des Gerichts von jedem nichtsnutzigen Wort, das sie geredet haben." (Mt 12, 36).

167 Abraham a Santa Clara 1705, S. 206.

168 Greiffenberg 1983, Bd. 9, S. 356 f.

miert so das ‚Versagen' der Sprache und zugleich deren fortwährende Thematisierung als einzig angemessene Ausdrucksform des Undarstellbaren.

Den Bibelvers, der unter den mystischen Autoren von je her die größte pathische Sprachnot hervorgerufen hat – „Und sie kreutzigten ihn/ an der Städte Golgatha"[169] – kommentiert Greiffenberg mit Worten, die ihre Sprachlosigkeit ins Zentrum rücken:

> Es thun sich mir ganze Bestürzung= und Preis=abgründe auf/ daß ich nicht weiß/ zu welchem ich schreiten/ an welchem ich anheben/ oder welchen ich zum höchsten und äussersten treiben soll. Ich werde arm vor Reichthum/ stumm vor Preiß=begier/ und matt vor überflüßigen Gedanken=schwall/ sie auszusinnen. Wie kan ich die Bestürzung aussprechen/ die ich fühle über das Leiden des mit göttlicher Majestät vereinigten/ über die Erniedrigung der Allerhöchsten/ über das würm=elend der selbsten Himmels=Herrlichkeit?[170]

In dieser Passage wird erkennbar, was oben unter dem Schlagwort einer ‚Hypertrophie als Demut' zu fassen versucht wurde: die Tendenz, die pathisch empfundene sprachliche Leere und eigene Nichtigkeit mittels einer semantischen Fülle und insbesondere durch Verwendung von Hyperbolik, Komposita, Oxymora und Paradoxien zu füllen.

Gryphius hat dieses affektive Dilemma der Wortwahl in Anbetracht des unermesslichen, unschuldigen Leidens demgegenüber durch eine Bescheidenheitsformel zu lösen versucht: „Vor disen offnen Wunden | Verfällt der Worte Pracht".[171] Und eine entsprechende Strophe seiner Ode *Tibi sacrificabo hostiam laudis* lautet:

> Wo find' ich wortt? ach Gott! wo fang' ich an/
> Zu zehlen was die allzuwachen sinnen/
> Ja keine zeit gantz werden zehlen können?
> Wie sprech' ich aus was du an mir gethan?
> Kein Mensch versteht die wunder deiner wercke:
> Den weißen raht/ der grossen armen stärcke.[172]

Hier wird das Mysterium der Passion in der Pathosformel der Wortlosigkeit gefasst; Gryphius begründet sie damit, dass die Liebe Gottes nicht zu „zehlen" – also zu ‚erzählen' – ist. Kein Mensch sei in der Lage, die göttlichen „wunder" und „wercke" zu begreifen.

Greiffenberg hingegen verbindet das Schweigen Christi mit der Problematik seiner Darstellung. Derart macht sie diese in sich selbst spiegelbar und sucht trotz

---

169 Ebd., Bd. 10, S. 549.

170 Ebd., S. 556 f.

171 „XXIX. Auff den Sontag der bewehreten Aufferstehung des HErrn/ oder Quasimodogeniti. *Joh. 20*". Gryphius 1963, Bd. 1, S. 203.

172 Gryphius 1964, Bd. 2, S. 23. Die Ode ist in der Erstausgabe titellos, in den nachfolgenden Ausgaben hat sie den genannten lateinischen Titel.

(oder gerade wegen) der Referenz auf Undarstellbarkeit einen originären Ausdruck des mystischen Empfindens zu formulieren. Das formal offene und textuell entgrenzte Medium der Passionsbetrachtungen, in dem Bibelzitate, eigene Verse und Prosaabschnitte sich abwechseln, bietet sich für ein solches suchendes, sich selbst steigerndes und reflektierendes Schreiben besonders an. Getragen wird Greiffenbergs Rede, je affektiver sie ist, von zahlreichen logischen und performativen Selbstwidersprüchen. Doch gerade diese sind es, die ihre mystische Christusmeditation einzigartig machen – wenn es zum Beispiel heißt: „[A]ller Mund muß erstummen. Diese Unaussprechlichkeit bleibt wohl unausgesprochen. Doch soll man nicht schweigen/ sondern Gottes Lob verkünden.“[173]

In diesem Kapitel ging es um die spezifische Nachträglichkeit mystischer Rede, die nicht wirklich vor die Alternative von Sprechen und Schweigen gestellt ist, sondern stattdessen Mittel und Wege sucht, beide zu synthetisieren: im Reden zu schweigen, aufrichtig zu sein, indem sich das Sprechen als Nichtsprechen inszeniert oder indem es temporale, rhetorische oder deiktische Mittel einsetzt, um auf sein Anderes zu verweisen. Die vielschichtigen Dimensionen und rhetorischen Funktionen, die das Schweigen in der mystischen Dichtung übernimmt, unterscheiden sich wesentlich von denen der weltlichen Liebeslyrik. Erstens aufgrund des vollständigen Fehlens von Ironie, die für die profane Liebeslyrik prägend, für die Mystik aber aufgrund ihres Aufrichtigkeitspostulats irrelevant ist, zweitens aufgrund der theologischen Einbindung der Negation als Aussagemodus, den es im weltlichen Diskurs nicht in gleichem Maße geben kann, wie im religiösen.

## 3. Exegese und Hermeneutik des Schweigens Gottes

Für das 17. Jahrhundert ist das Schweigen Gottes ein bedeutsamer Topos, der in gewisser Hinsicht die metaphysischen Zweifel der Moderne vorwegnimmt. Neben dem schon diskutierten Stummbleiben Christi vor den Richtern findet er sich in theologischen und literarischen Bezugnahmen auf verschiedene alt- wie neutestamentarische Texte. Gottes Schweigen, erfahren als Absenz, Verweigerung und persönliche Isolation, kann Strafe oder auch Gnade sein, die zeitgenössische Exegese bietet beides an. Im Unterschied zum zuvor behandelten mystischen Schweigen, wo es eher um die Bewältigung eines Artikulationsproblems ging, handelt es sich beim numinosen Schweigen Gottes um ein Deutungsproblem: Es ist nicht die vom Menschen geäußerte pathische Notwendigkeit, über eine Gotteserfahrung zu schweigen, sondern Gott entzieht sich und der Mensch sucht das Aussetzen des Dialogs zu interpretieren und es als fortgesetzte, allerdings paradoxe, Form der Kommunikation zu verstehen.

Komplementär zum Schweigen Gottes wird das Nichtgehörtwerden durch ihn zum Thema: Wenn Gott absent ist, was sich durch sein Schweigen möglicherweise

173 Greiffenberg 1983, Bd. 9, S. 54.

anzeigt, kann der Appell, den der Leidende an ihn richtet, auch nicht vernommen werden. Dies ist die Situation, in der Gott etwa in verschiedenen Psalmen angerufen wird.[174] Der drängende Wunsch nach einem Erhörtwerden von Gott setzt Schweigen mit Missachtung gleich. Die Nicht-Antwort Gottes ist zugleich die Verweigerung von Kommunikation und doch eine Form derselben. Es ist eine Situation, in der der Mensch seine Nichtigkeit erfahren muss. Als Reaktionsmöglichkeit bietet sich ihm zweierlei: die resignative Annahme der Gottesferne und der Trostlosigkeit oder aber das insistierende Gebet, bisweilen auch fordernde Appellieren, in der Hoffnung, doch noch Gehör zu finden, Gottes Schweigen zu brechen.

### *Hiob: Sprechen, um Schweigen nicht zu hören*

Im Alten Testament findet sich diese Thematik am prägnantesten im *Buch Hiob*, wo der Gepeinigte Gott immer wieder anruft und um Erklärung für sein Leiden bittet, doch dieser stumm bleibt. In dem hier untersuchten Zeitraum werden Dutzende von monographischen Kommentaren und Paraphrasen des biblischen Buches gedruckt was auf die Relevanz des Themas verweist.[175] Geschildert wird, wie Hiob durch eine Intrige des Satans von Gott auf die Probe gestellt wird. Zunächst nimmt er das Leid stumm hin, hält an seinem Glauben fest und klagt nicht („In diesem allen versündigte sich Hiob nicht mit seinen Lippen" (Hiob 2,10)). Erst als drei Freunde erscheinen, wird ihm durch ihr Entsetzen und die stummen Gebär-

174 Z. B.: „Wenn ich rufe zu dir, HERR, mein Fels, so schweige doch nicht, dass ich nicht, wenn du schweigst, gleich werde denen, die in die Grube fahren. Höre die Stimme meines Flehens, wenn ich zu dir schreie, wenn ich meine Hände aufhebe zu deinem heiligen Tempel." (Ps 28, 1–2); „Höre mein Gebet, HERR, und vernimm mein Schreien, schweige nicht zu meinen Tränen; denn ich bin ein Gast bei dir, ein Fremdling wie alle meine Väter. Lass ab von mir, dass ich mich erquicke, ehe ich dahinfahre und nicht mehr bin." (Ps 39, 13–14).

175 Bibliographiert werden hier nur eine Auswahl von Werken, die eingesehen wurden, aber in den folgenden Fußnoten nicht einzeln zitiert werden: Ludwig Lavater. *Job. Das Buch Job außgelegt vnnd erkläret inn CXLI. Predigten [...]. Zur sterckung vnnd zum trost aller bekümberten vnnd angefochtnen hertzen/ damit sy in diesen gefaarlichen/ widerwertigen vnd letsten zeyten/ alle trübsalen vnd veruolgungen duldtigklich tragen vn überwinden mögind.* Leiden 1582 (SPK E 7410); Juan de Pineda. *Commentariorum in Iob libri tredecim tomis duobus distincti. Adiungitur sua singulis Captibus Paraphrasis.* Antwerpen 1612 (HAB A: 406 Theol. 2°); Johannes Coccejus. *Commentarius in librum Ijobi, synopticam rerum ac textus dispositionem, et expositionem verborum ac sententiarum ex Hebraiism proprietate ac emphasi usuque & analogia Scripturae contiens [...].* Franeker 1644; Friedrich Spanghemius. *Historia Iobi. Sive De obscuris Historiae Commentario.* Leiden 1644 (SPK Bn 801); Hélie Le Cordier. *L'illustre Souffrant: ou Iob. Poëme.* Paris 1667 (HAB A: 169.1 Poet.); Sebastian Schmidt. *In librum Jobi Comentarius.* 2 Bde. Straßburg 1670 (SPK Bn 795); Julien Gatien de Morillon. *Paraphrase sur le livre de Iob en vers françois.* Paris 1668 (HAB A:80.1 Poet.).

den ihrer Klage sein eigenes Leid wie in einem Spiegel reflektiert, so dass er nicht länger schweigt, sondern zu klagen beginnt und „seinen Tag [verfluchte]“.[176]

Eine Ode von Gryphius nimmt den Vers *Dimitte me! ut plangam paulum dolorem meum* („Ich will meiner Klage ihren Lauf lassen und reden in der Betrübnis meiner Seele“ (Hiob 10, 1)[177]) zum Ausgangspunkt der lyrischen Reflexion über den sprachlichen Ausdruck des Leidens. Die Ode beginnt mit den folgenden Strophen:

Bißher/ hab ich mein Weh’ vnd überhäufftes Leid
Vnd Trauren=volle Schmertzen/
Vnd die gehäuffte Noth
Die dem gekränckten Hertzen
Verspricht den schnellen Tod/
Verhüllt mit lindem Ach vnd stiller Traurigkeit!

Bißher war Halß vnd Mund/ vnd Lipp vnd Zung erstarrt!
Ich wolte meine Plagen
Und meiner Seelen Pein
Nicht so vor allen Klagen/
Nun fällt mein Abend ein!
Nun seh’ ich/ daß ich hab’ vmbsonst auff Trost geharrt.[178]

Mit dem lateinischen Motto wählt Gryphius einen Vers aus der ersten Antwort Hiobs auf die Rede des zweiten Freunds. Nichtsdestoweniger stilisiert er die Rede des sprechenden Ich als Beginn seiner Artikulation nach einem zuvor persistierenden, stoischen Stillschweigen („mit lindem Ach vnd stiller Traurigkeit“), er gibt also die erwähnte frühere Situation im Buch Hiob wieder. Das Ich identifiziert sich mit dem Leiden Hiobs und begreift dieses als ein finales, das ohne göttlichen Trost zum einsamen Tod führen wird. Doch in der vierten Strophe bezeichnet es sein bisheriges Dasein als „Lebenlose[s] Leben“, das nun „als ein Traum entweicht“.[179] Gryphius’ Ode beschreibt damit einen Erkenntnisprozess, der von der Sinnlosigkeit des Leidens zur Infragestellung der nur scheinhaften weltlichen Existenz des Menschen führt. Dem verschwiegenen Schmerz, den der Sprecher in der ersten Strophe und den ersten vier Versen der zweiten beschreibt, steht die rückhaltlose Expression desselben im weiteren Verlauf des Gedichts gegenüber. Das klagende Sprechen über

---

176 „Und als sie ihre Augen aufhoben von ferne, erkannten sie ihn nicht und erhoben ihre Stimme und weinten, und ein jeder zerriss sein Kleid und sie warfen Staub gen Himmel auf ihr Haupt und saßen mit ihm auf der Erde sieben Tage und sieben Nächte und redeten nichts mit ihm; denn sie sahen, dass der Schmerz sehr groß war. | Danach tat Hiob seinen Mund auf und verfluchte seinen Tag.“ (Hiob 2, 12–3, 1).

177 So die Lutherbibel. Wörtlich übersetzt lautet der lateinische Vers allerdings: ‚Lass mich fahren, damit ich ein wenig meinen Schmerz beweine.‘

178 Gryphius 1964, Bd. 2, S. 82 f.

179 Ebd., S. 83.

die *vanitas* wird als Akt der Befreiung beschrieben, zugleich aber als Akzeptanz der eigenen Hinfälligkeit und Trostlosigkeit.

Die biblische Erzählung interpretiert dies anders. Hiobs verbaler Ausbruch führt zu endlosen Diskursen mit seinen Freunden; es gibt zahlreiche lange Wechselreden, in denen Hiob mit Gott rechtet, während die Dialogpartner systematisch seine Argumente zu widerlegen suchen (Hiob 4–27). Wortreich erklärt Hiob seine Unschuld und konstatiert, erst dann schweigen zu wollen, wenn er überzeugt sei, zu Unrecht das Wort erhoben zu haben. Die tragische Verkennung seines Schicksals aber besteht darin, dass er eben durch diese fortgesetzte Rede schuldig wird, denn er begeht viele Sünden der Zunge und Anmaßungen gegen Gott. Jean François Senault schreibt daher in seiner *Paraphrase sur Iob* (1639): „LA grandeur de Dieu auait imposé le silence à Job, sa bonté le fit parler, & le regret qu'il auoit de s'estre pleint, luy mit ces excuses en la bouche."[180]

Auch der Theologe Jacob Boulduc weist in seinen *Commentaria in librum Iob* (1619) darauf hin, dass Hiob von seinen Freunden *garrulitas* vorgeworfen wird[181] und führt antike Autoren wie Plautus und Seneca an, die sich explizit gegen eine derartige Geschwätzigkeit wenden. Sodann bemerkt er, dass es Ausdruck der besonderen Gottesfürchtigkeit sei, in dessen Gegenwart zu schweigen: „Die Heilige Schrift nämlich pflegt durch Worte der Stille und des Schweigens Ehrfurcht auszudrücken: tief und gottesfürchtig, wenn die Rede von Gott ist, wie bei Sophonia gesagt wird, *Schweigen vor dem Angesicht Gottes, des Herrn*'."[182] Hiob geht eben diese Erkenntnis ab, er verkennt die Präsenz Gottes, da dieser sich nicht mit Worten zeigt.

Hiob wendet sich wieder und wieder an Gott und wirft ihm vor, im Stich gelassen worden zu sein: „Ich schreie zu dir, aber du antwortest mir nicht; ich stehe da, aber du achtest nicht auf mich. Du hast dich mir verwandelt in einen Grausamen und streitest gegen mich mit der Stärke deiner Hand" (Hiob 30, 20–21). Er klagt: „O hätte ich einen, der mich anhört" und wendet sich fordernd an Gott: „Der Allmächtige antworte mir!" (Hiob 31, 35). In einer Hiob-Auslegung von Paul Egardus wird auf die hier artikulierte existenzielle Frage, „[w]arum Gott eine Zeitlang schweiget" und die „angefochtene und Nothleidende Seele" nicht beruhigt[183], Bezug genommen:

> Es geschicht aber/ daß GOtt ihr nicht antwortet/ weder durch innern Trost/ noch durch äussere Hülfe. Denn ist GOTT aus hochwichtigen Ursachen entzeucht

180 Jean François Senault. *Paraphrase svr Iob*. 2. Aufl. Paris 1639, S. 368 (HAB A: 1222.79 Theol.).

181 Jacob Boulduc. *Commentaria in librum Iob* 1. Paris 1619, S. 470 (SPK Bn 680).

182 „Solet enim scriptura per verba silendi, & tacendi reuerentiae plenum timorem exprimere: imò et religiosum, si de Deo sermo est, vt aput Sophoniam dicitur, *Silere à facie Domini Dei* [...]." Ebd.

183 So der Registereintrag und die entsprechende Marginalie. Paul Egardus. *Eines weyland geistreichen Lehrers zu Nordorf in Holstein/ Erläuterung des Buches Hiob/ Oder Die Schule der leiblichen und Geistigen Anfechtungen Welche Denen Gläubigen nach dem Willen GOttes in dem Lauf des Christenthums begegnen/ im Bilde Hiobs gezeiget [...]*. Halle 1716, S. 283 (SPK Bn 875).

> und verbirgt den Trost seines Geistes/ er ist zwar im Grunde der Seelen gegenwärtig/ gibt aber sich nicht durch gnädige Wirckung in der Seelen Kräfte zu erkennen. Darnach hält er seine äußere Hülfe zurück und lässtet die Noth bleiben. Uber dieses ängstet sich die Seele/ daß sie schreyet/ und GOtt nicht antwortet; daß sie herfür tritt/ und GOtt ihrer nicht achtet. [...] | Daß aber GOtt der Seelen/ die in der Noth schreyet/ nicht antwortet/ ist die Ursache/ daß diß ist die Stunde der Versuchung/ darinn sie eine zeitlang ohne Trost stehen muß/ daß sie geprüfet/ geläutert und gereinigt werde [...]. Ob aber GOtt nicht antwortet auf der Seelen Geschrey/ durch empfindliche Hülfe/ so antwortet er doch mit seinem Beschluß von der Hülfe zu seiner Zeit. Hie wird nichts versaget/ sondern aufgeschoben. Darum/ wenn GOtt nicht antwortet/ so antwortet er; wenn er nicht erhöret/ so erhöret er; denn das Geschrey der Nothleidenden Seelen ist nicht umsonst. Was aber nicht offenbar ist/ das wird zu seiner Zeit offenbar; denn Schweigen hat seine Zeit/ und Antworten hat seine Zeit? GOtt schweiget eine Zeitlang auf unser Gebet/ daß er darnach desto tröstlicher antworte. Darum sollen wir Geduld haben/ wenn GOtt uns schweiget/ und gewiß dafür halten/ er werde zu seiner Zeit uns reden.[184]

Aufschlussreich ist hier die Wortwahl: Egardus spricht davon, dass „nichts versaget/ sondern aufgeschoben [wird]" und betont damit die Unterscheidung von Schweigen als erfolgter Nicht-Antwort und einer Suspension der Antwort in der Zeit. Zur Erläuterung zitiert er den antiken Spruch *tempus tacendi, tempus loquendi*[185] und weist auf die notwendige Geduld und Beharrlichkeit des Gläubigen hin. Mit der Formel „wenn GOtt nicht antwortet/ so antwortet er" konstatiert er darüber hinaus, dass es theologisch gesehen überhaupt kein Schweigen Gottes gibt, sondern der Mensch es nur fälschlich als solches interpretiere.

Im *Buch Hiob* kommt es schließlich zu dem Moment, dass Hiobs Freunde auf seine fortwährende Anrufung Gottes hin schweigen, da sie die Fortführung der Argumentation als sinnlos erachten. Aber Elihu, ein vierter Freund, ergreift das Wort, denn er „ward zornig über Hiob, weil er sich selber für gerechter hielt als Gott. Auch ward er zornig über seine drei Freunde, weil sie keine Antwort fanden und doch Hiob verdammten." (Hiob 32, 2–3). Elihu betont, dass Gott eben „mehr als ein Mensch" sei und fragt: „Warum willst du mit ihm hadern, weil er auf Menschenworte keine Antwort gibt?" (Hiob 33, 12–13). Er fordert Hiob auf: „[H]öre mir zu und schweige, damit ich reden kann!" (Hiob 33, 31). Mit diesem Satz wird eine entscheidende indirekte Erklärung für das Schweigen Gottes gegeben, denn

184 Egardus 1716, S. 283 f.

185 Es handelt sich dabei um eine gängige antike Redewendung, auf die etwa Harsdörffer in seinen *Artis apophthegmaticae continuatio* unter der polaren Überschrift „Reden : Schweigen" hinweist, zusammen mit je einer in Worten beschriebenen *pictura*: „1. Ein Kindlein/ welches eine Schlaguhr aufziehet: | Schweigen hat seine Zeit. | *Tempus tacendi* | 2. Ein Kindlein/ welches mit einem erhobnen Finger aufmercket/ wieviel es schlage: | Reden hat seine Zeit. | *Tempus loquendi.*" Harsdörffer 1656/1990, Bd. 2, S. 608.

auch dieser könnte überhaupt nur reden, sofern ihm Raum dafür gegeben würde – was faktisch aber, durch die unausgesetzte Folge der Wechselreden, nicht der Fall ist. Betont wird, dass Hiob den Reden dieses vierten Freundes schweigend und ohne jegliche Widerrede zuhört. Dabei handelt es sich nicht um einen langen Monolog, sondern insgesamt um vier Reden, was jeweils durch den Eingangsatz ‚Und Elihu hub an und sprach' indiziert wird. Hiobs Schweigen – in Form des Zuhörens – ist textuell zwischen diesen Reden angesiedelt.

Schließlich erhält Hiob, der im Dialog mit dem vierten Freund endlich zum Verstummen kommt, von Gott eine Antwort:

> Und der HERR antwortete Hiob und sprach: Wer mit dem Allmächtigen rechtet, kann der ihm etwas vorschreiben? Wer Gott zurechtweist, der antworte! | Hiob aber antwortete dem HERRN und sprach: Siehe, ich bin zu gering, was soll ich antworten? Ich will meine Hand auf den Mund legen. Einmal hab ich geredet und will nicht mehr antworten, ein zweites Mal geredet und will's nicht wieder tun. (Hiob 40, 1–5).

Hiob erkennt die Unwürdigkeit seiner Rede und die Anmaßung des Anspruchs auf Recht. Er antwortet, indem er ausdrückt, dass er nicht zu antworten vermag. Sein Schweigen ist Ausdruck von Demut und in seiner letzten Rede zu Gott sagt er entsprechend: „Ich erkenne, dass du alles vermagst, und nichts, dass du dir vorgenommen, ist dir zu schwer. ‚Wer ist der, der den Ratschluss verhüllt mit Worten ohne Verstand?' Darum hab ich unweise geredet, was mir zu hoch ist und ich nicht verstehe." (Hiob 42, 3). Hiob zitiert hier einen entscheidenden an ihn gerichteten Satz Gottes, in dem die Rede von falschen Worten ist, die dazu führen, den „Ratschluss" zu verhüllen.

Das Sprechen wird als Mittel der Wahrheitsverschleierung decouvriert. Es ist aber noch mehr, denn es verhindert grundsätzlich das Vernehmen der heilbringenden Antwort. Solange noch Worte zu hören sind, insbesondere wenn sie vom Leidenden selbst artikuliert werden, ist die schmerzliche Absenz Gottes nicht wahrnehmbar. Reden erfüllt die Funktion des Aufschubs der Isolationserfahrung. Aber solange noch gesprochen wird, ist auch keine Antwort möglich – und sei es eine schweigende. Das *Buch Hiob* thematisiert den Erkenntnismangel des Menschen in der Konfrontation mit dem *deus absconditus*; es zeigt die Hilflosigkeit einer Rede, die sich an einen vermeintlich Abwesenden adressiert. Die menschliche Sprache wird als sündhaft entlarvt, insbesondere dann, wenn sie versucht, Schuldlosigkeit und Recht zu konstatieren, indem sie sich also eine Macht zubilligt, die ihr nicht zusteht.

Das theologische Dilemma, dass sich durch das Stummbleiben Gottes für Hiob – und *eo ipso* für seine Leser – ergibt, besteht in der Ambiguität, die in einem Schweigen liegt, dessen ‚Akteur' sich verhüllt. Denn es gibt hier nicht nur eine Absenz der Worte, sondern auch eine Absenz des Schweigenden.[186] So ist es möglich,

---

186 Auch darin liegt die fortwährende Bedeutung des *Buches Hiob* für das Denken der Moderne. Vgl. Arnold Künzli. *Gotteskrise. Fragen zu Hiob – Lob des Agnostizismus.* Reinbek 1998.

dass es sich gar nicht um Gottes Schweigen handelt, sondern um das jenes Dämons, der zu Beginn des Buches in Erscheinung tritt: „C'est la question à laquelle fatalement Job – et ses lecteurs – sont acculés, non point tellement par l'éclipse [= die Abwesenheit Gottes] elle-même, mais par les circonstances qui l'ont déclenchée. Cette ambiguïté d'un silence traître, plaqué sur les grandes orgues de la Parole, elle a de quoi effrayer et dérouter. Dans le prologue du Livre de Job, le silence de Dieu met en cause Dieu lui-même: ce silence ne serait-il pas, comme le suggère la complicité de Dieu et de Satan dans ce même prologue, le *silence* du *Démon*?"[187] In der Frühen Neuzeit wird auch der Satan als schweigende Figur verstanden – ja seine Unheimlichkeit besteht gerade darin, dass er selbst nicht spricht, während der Besessene dazu verpflichtet ist, die dämonischen Worte zu äußern und Sprachrohr des Bösen zu sein.[188] Auch aus diesem Grund ist das Schweigen im *Buch Hiob* so bedrohlich und das Reden zugleich so fatal.

### *Das Exempel der kanaanäischen Frau*

Auch das dem Matthäus-Evangelium entnommene Exempel der kanaanäischen Frau (Mt 15,20–28), welche Christus anfleht, er möge ihrer vom Teufel besessenen Tochter helfen, wird für die Exegese göttlichen Schweigens in der Frühen Neuzeit immer wieder angeführt. In der Perikope ist nur an einer Stelle die Rede davon, dass Christus faktisch schweigt, wenn es heißt: „Und er antwortete ihr kein Wort" (Mt 12,23). Als die Jünger ihn auffordern, der Frau zu helfen[189], reagiert Christus indirekt mit der Gleichnisrede von den verlorenen Schafen, die aussagt, er werde auf ihre Bitte nicht eingehen. Darauf antwortet die Frau mit einer Gebärde, sie wirft sich vor ihm nieder. Christus nimmt diese Gebärde zum Anlass, ihr mittels eines zweiten, sie zu einem Hund degradierenden Gleichnisses zu verdeutlichen, dass er ihr nicht antworten könne, da dies seinem messianischen Auftrag widerspreche. Nach dieser zweifachen Kommunikation in Form des Nicht-Redens lässt sich die Frau auf den Metadiskurs ein, indem sie sein Gleichnis auf ihre Situation und den Status als Heidin appliziert und damit die ihr attribuierte Niedrigkeit und Unwürdigkeit annimmt. Dieses rhetorisch geschickte Eingehen auf seine Argumentation versteht Christus als Ausdruck ihrer Demut und ihres Glaubens und so erfüllt er ihr schließlich die Bitte. Dass diese tiefe Liebe es sogar schafft, sein Herz zu erweichen, formuliert Greiffenberg in den letzten Versen eines Sonetts: „[W]ann auf das

187 André Neher. *L'exil de la parole. Du silence biblique au silence d'Auschwitz*. Paris 1970, S. 34.

188 Vgl. Armando Maggi. *Satan's Rhetoric. A Study of Renaissance Demonology*. Chicago 2001, S. 11–19.

189 Vers 23, „Lass sie doch gehen", kann auch übersetzt werden mit „Stell sie zufrieden" (so die Anmerkung in der Lutherbibel); in der katholischen Bibel wird der Vers als „Befrei sie (von ihrer Sorge)" übertragen. Auch in der Barockpredigt, um die es im Folgenden geht, versteht der Autor den Vers in diesem Sinne.

äusserst auch die Sachen sich verlieren: | kan Glaub und Demut doch/ wie jenes arme Weib/ | uns über GOttes Herz selbst machen triumphieren."[190]

In Cyriacus Spangenbergs 1589 erschienenem Theaterstück *Eine christliche Comödia von dem Canaeischen Weiblein* erhält die Frau aus Kanaan den Namen Syrophoenissa. Im dritten Akt tritt sie vor Christus und spricht zu ihm:

Ach HErr Jesu/ du Son Dauid/
Erbarm dich mein/ Erhör mein bitt/
Mein Tochter wird vom Teuffel sehr
Geplagt/ hilff ir durch deine ehr/
Des jammers wird von tag je mehr/
Drümb hilff du fromer trewer HErr.
*Christus schweiget: drumb redet sie mit jhr selbs.*
Ach Gott, wie sol ich das verstehn/
Wil mich der Man doch nicht ansehn/
Geht stracks für sich/ als hört er nicht/
Ach Gott/ mein Hertz im Leib zerbricht.
[...]
Hilff Gott das er mich hören wolt.
Ich wil noch schreyen weil ich kan/
Biß er mir hülffe hab gethan.
*Nun kert sie sich zu Christo.*
Ach HErr Jesu/ du Son Dauid/
Erbarm dich mein/ verstoß mich nit:
Mein Tochter wird vom Teuffel sehr
Geplagt/ hilff jr durch deine ehr.
*Christus schweiget noch/ derwegen redet sie weiter.*
Ach Gott wie hart ist doch der Man/
Das ich jn nicht erbitten kan/
Doch wil ich weiter halten an/
Mit meiner bitt nicht abelan.
*Nun kert sie sich wider zu Christo.*
O Jesu/ Du Sohn David fein/
Erbarm dich HErr der Tocher mein/
Erbarm dich jhr/ O lieber HErr/
Denn sie der Teuffel quelet sehr.
Ach HErr sie leidet grosse not/
Erbarm dich jr/ bitt ich durch Gott.
*Christus schweiget noch/ spricht Syrophoenissa.*
Ach lieber Gott wie geht das zu/

190 Greiffenberg 1983, Bd. 1, S. 42.

Das er so gar mir schweiget nu/
Und geht für mir stillschweigend hin/ [...].[191]

Der Dramatiker verwendet an dieser Stelle einen radikal asymmetrischen Dialog, indem er die Frau fortwährend sprechen lässt und das Schweigen Christi gegenüber dem Bibeltext vervielfältigt und es als nonverbalen, in Regieanweisungen beschriebenen Dialogpart einfügt. Nachdem Christus auf ihr Flehen und die Bitte um Erbarmen nicht antwortet, bitten die Jünger für sie bis er die Gleichnisse formuliert. Sie antwortet ihm mit der Rede über die Brotkrumen, woraufhin er sie erstmalig direkt adressiert:

O Weib/ o Weib dein glaub ist gros/
Das ich mich drob verwundern mus/
Darumb mein hülff verbarg auch ich
Ein kleine zeit/ zu prüfen dich/
Und hab mein antwort wöllen sparn/
das all Welt solt zuuor erfahrn/
Was rechter warer glaub vermag
Drumb mus dein glaub komen an den tag/
Zuuor doch erst geübet sein/ [...].[192]

Die Prüfung des Glaubens, wie sie Christus hier mit eher unbiblischer Direktheit formuliert, ist auch das Motiv einer Exegese der Perikope durch Petrus Tuckermann. In seiner 1619 gedruckten Predigt führt er unterschiedliche Begründungen dafür an, warum Christus „stockstille" schweigt. Gleich zu Beginn macht er deutlich, dass es sich dabei um eine bewusste Probe handelt, denn er formuliert, Christus habe sich „im anfang etwas raw und hart gestellet"[193], womit er es als willkürlichen sprachlichen Entzug deutet. Vor Beginn der eigentlichen Auslegung konstatiert er die Standhaftigkeit der Frau:

> Sie stehet vier schwere versuchungen aus/ vnd vberwindet sie. 1. Schlecht GOtt auff sie zu als ein Feindt [...]. 2. Betet sie/ vnnd Christus schweigt still [...]. 3. Die Apostel thun eine fürbitte für sie/ aber Christus gibt ihnen eine harte antwort [...]. 4. Helt sie an mit dem Gebet/ vnnd wird von Christo für einen Hund gescholten.[194]

Ausführlich stellt Tuckermann dann diese vier Anfechtungen des Glaubens dar und beschreibt, wie die Frau aus Kanaan sie überwindet. Zur für den vorliegenden Kontext entscheidenden zweiten Anfechtung, dem Stillschweigen Christi, führt er mit

191 Cyriacus Spangenberg. *Eine christliche Comödia von dem Canaeischen Weiblein, Matthei am 15. Cappitel.* Schmalkalden 1589, 3. Akt, o.S. (HAB M: Lo 7242.1).

192 Ebd., 4. Akt, o.S.

193 Petrus Tuckerman. *Eine Predigt vom Cananeischen Weiblein.* Wolfenbüttel 1619, S. A3v (HAB C 349 (1)). Den Hinweis auf diese Quelle verdanke ich Alexander Bitzel.

194 Ebd., S. A4r.

Joseph und David alttestamentarische Exempla für ein lange ertragenes Schweigen an und nennt dann Gründe, die es ermöglichen sollen, „GOttes Art und Weise" zu verstehen:

> Aber im Evangelio stehet: Vnd er antwortete jhr kein Wort. Christus geht für jhr fürvber/ vnd thut als wenn er sie weder sähe noch hörete/ vnd schweiget stockstille. [...] | Bey dem stillschweigen Christi aber sollen wir vns in GOttes Art vnd Weise recht lernen schicken. GOtt hat die Art an sich/ daß er offt ein zeitlang still schweiget/ das Geschicht/ wenn er vns nicht fluchs auff vnser Gebet aus Nöten hilfft/ sondern vns eine zeitlang in Nöten stecken lest. [...] Sondern Gott hat seine vrsachen/ warumb er kein Wort antwortet/ still schweiget vnd mit der hülff vns nicht alßbald auffwischet/ als erstlich schweiget er offt darumb still/ denn die Leute die da beten/ beten nicht in wahrer Bußfertigkeit/ sondern leben in Sünden wieder jhr Gewissen/ da macht mans mit der Vnbußfertigkeit selbst/ daß GOtt schweigen muß vnd nicht hilfft [...]. Fürs ander/ schweigt auch GOtt offt still/ denn wir beten mang mahl wieder vns selbst: Manger bittet vmb Gesundheit/ Gelt vnnd Gut/ Herrligkeit vnd dergleichen/ vnd wenn ers bekehme/ so würde es jhm schetlich seyn/ er würde dadurch fallen in Versuchung vnd Stricke/ vnd viel thöriger vnd schädlicher Lüste/ welche versencken die Menschen ins verderben vnd verdamnis [...]. Zu letzt schweiget auch Gott offt still/ daß er vns auff die Prob setze/ vnd auffmundere mit dem Gebet anzuhalten/ vnd spielet mit den seinen gleich wie Eltern mit jhren Kindern: Die verstecken sich bißweilen vnd lassen die Kinder suchen/ oder stellen sich als wenn sie schlieffen oder Todt wehren/ vnnd lassen die Kinder ein wenig ruffen/ schreyen/ vnd sich von jhnen rütteln vnd schütteln/ vnd wenn sie den sehen/ daß die Kinder fortfahren vnd nicht ablassen wollen/ so wischen sie mit Frewden herfür/ vnd thun was sie begehren. So machts GOtt auch.[195]

Das Stillschweigen, das sich aus der Sicht der Gläubigen zunächst als Missachtung oder gar Strafe darstellt, zeigt in Wahrheit Gottes Güte. Der Prediger begründet diese Pointe mit drei Argumenten: Erstens kann Schweigen die angemessene Antwort auf ein inauthentisches Gebet sein; Gott sieht dann hinter die Maske der Worte, greift bewusst nicht ein und erfüllt die Forderung des Bittenden nicht. Zweitens ist es möglich, dass der Betende zwar aufrichtig und in angemessener Form um etwas fragt, erhielte er es, so würde es ihm hingegen moralisch oder seelisch schaden – was er selbst nicht, Gott aber sehr wohl erkennt. Das Schweigen ist hier eine Form des edlen Übergehens und der väterlichen Fürsorge. Schließlich ist Gottes Schweigen drittens, wie im *Buch Hiob*, als Probe zu verstehen, das sich auf die *constantia* des Gläubigen richtet.

Im Vergleich Gottes mit Eltern, die sich „bißweilen" verstecken, schlafend oder gar tot stellen, um die Liebe und Treue ihrer Kinder zu erproben, artikuliert sich

195 Ebd., B3v-C1v.

die Macht Gottes, der weiß, dass die Menschen ohne ihn nicht lebensfähig sind. Das Bestehen darauf, dass diese „fortfahren vnd nicht ablassen wollen" mit ihrem Rufen und Schreien verdeutlicht die Einseitigkeit dieser Abhängigkeit. Je stiller Gott sich stellt, desto inständiger und lauter muss man an ihn appellieren. So ist auch die Formulierung des ‚Nachschreiens' in der Matthäusperikope gemeint: Es ist kein hysterisches Schreien der Frau, sondern ein vom Glauben bewegtes verbales Insistieren.

Auch bei Gryphius findet sich dieser Topos des absenten Gottes als elterliche Erziehungsmaßnahme – die übrigens bis ins 20. Jahrhundert ihre Befürworter hat[196] – wenn etwa in *Catharina von Georgien* die bedrängte Königin auf die provozierende Frage Iman Culis, „Traut sie so sehr auff den der sie bißher verlassen?", auf der Liebe des als abwesend erfahrenen Gottes beharrt: „Kein Vater pflegt sein Kind/ ob gleich er strafft/ zu hassen." (IV, 196 f.). Auf die Replik ihres „Frauenzimmers" („Jch glaube Gott verstopfft für uns sein gnädig Ohr") antwortet sie entsprechend: „Geduldig Salome! Schreib nicht dem Höchsten vor" (IV, 343 f.). Auch in einer ‚Leich-Abdankung' beschreibt Gryphius den Umgang mit einem als fern und verborgen erfahrenen Gott: „Nicht selten bilden wir uns ein/ GOtt habe sein Angesicht vor uns verborgen/ sein Zorn sey über uns entbrant/ ja er gedencke an Ephraim seinen theuren Sohn nicht mehr/ und er habe sich verstellet in einen Grausamen: Da er doch mit liebreichester Vater=Treu uns anblicket".[197] Es ist Teil der lutherischen *sola fide*, einem Gott, der sich nicht fortwährend zeigt, von dem einzig ein Stillschweigen ‚zu erkennen' ist, das Vertrauen nicht aufzukündigen. In diesem Sinne ist auch das offene Ende von Gryphius' Trauerspiel *Leo Armenius* interpretiert worden: Dass es kein Eingreifen Gottes und damit keine eindeutige moralische Privilegierung eines der Kontrahenten gibt, hat unzählige Deutungen angeregt, die die Ungewissheit des Heils als Aufforderung an die Eigenständigkeit des Glaubens (und des Vertrauens in ein Wissen um Recht und Unrecht) interpretieren.[198]

Einer solchen grundsätzlichen Absenzerfahrung Gottes steht das Motiv seiner kurzzeitigen Verweigerung einer Antwort in einer konkreten Kommunikationssituation gegenüber, wie es sich in der Erzählung von der kanaanäischen Frau findet und die als Probe des Glaubens zu verstehen ist – „Dem höchsten GOtt beliebt/ die Seinen zu probiren/ | mit Schweigen und Verzug/ ja auch mit Zornes Blick"[199], wie

196 Vgl. Hermann Oblinger. *Schweigen und Stille in der Erziehung*. München 1968.

197 Andreas Gryphius. *Dissertationes funebres, Oder Leich=Abdankungen/ Bey Unterschiedlichen hoch= und ansehnlichen Leich=Begängnüssen gehalten [...]*. Leipzig 1667, S. 237 (HAB 1019.1 Theol.).

198 Vgl. u. a. Kaminski 1998, S. 81–97; Heinz J. Drügh. „‚Was mag wol klärer seyn?' – Zur Ambivalenz des Allegorischen in Andreas Gryphius' Trauerspiel ‚Leo Armenius'". *Künste und Natur in Diskursen der frühen Neuzeit*. Hrsg. von Hartmut Laufhütte u. a. Wiesbaden 2000. 1019–32.

199 Greiffenberg 1983, Bd. 10, S. 42.

auch Greiffenberg schreibt. Tuckermann fährt in seiner Predigt mit eben diesem Argument fort:

> Derwegen sollen wir diese andere Anfechtung vnd Versuchung vom stillschweigen GOttes darzu gebrauchen: daß wenn GOtt zu vnserm Gebet lang stillschweiget vnd vns nicht fluchs aus den Nöthen hilfft/ wir vns alßdann prüffen/ ob wir auch in Vnbußfertigkeit beten/ vnd da wir das befinden vnd von vnserm Hertzen vnd Gewissen vberzeuget werden/ sollen wir Buß thun/ wie wir Es:1 vermahnet werden [...].[200]

Der Gläubige soll die durch Stillschweigen exerzierte Prüfung internalisieren und an sich selbst vornehmen, um so zu eruieren, aus welchem Grund er keine sofortige Antwort erhält. Tuckermann betont erneut, „GOtt setze vns mit seinem stillschweigen nur wie ein Vater sein Kind auff der Probe", daher sei es nötig, „mit gedult seiner gnedigen erhöhrung und hülff erwarten".[201] Zu dieser demutsvollen Geduld kann es auch gehören, ebenso still zu schweigen wie Gott, denn nicht zufällig wählt der Prediger bei der Beschreibung der Reaktion der kanaanäischen Frau auf die Rede Christi erneut das Adjektiv „stockstille", das neben der Konnotation des bewussten Stillseins auch die des Stoischen hat:

> Sie ist eine Heydin/ ich aber bin umb der Jüden willen gesand vnd kommen. [...] Zu dieser schweren anfechtung schweigt das arme Weiblein stockstille/ weil sie jhr zu hoch/ so lest sie dieselbe für uber rauschen/ vnd erinnert sich ohn allen zweiffel/ daß er ja andern Heyden wol ehe geholffen/ derwegen werde diß also nicht zuverstehen seyn/ wie es in jhren Ohren klinge [...]. | Das Hertz/ wie wir reden/ ist jhr so beklummen/ daß sie nicht viel Wort kan machen/ ist auch im Gebet eben vmb viel Wort nicht zu thun doch zeiget sie gleichwol jhres Hertzens meynung an/ jhr begehr sey/ daß jhr Christus helffe/ vnd aus der grossen Angst vnd Not darinnen sie stecke errette.[202]

Tuckermanns Predigt formuliert eine Lehre der Selbstprüfung, die sich gerade in Zeiten, in denen der Gläubige sich von Gott verlassen fühlt, zu bewähren hat. Eine Beharrlichkeit und Insistenz ist von Nöten, um sich bei Gott Gehör zu verschaffen. Dem Autor zufolge solle man sich gerade dann ein ‚Herz fassen', wenn man sich der Sprache nicht eben mächtig fühle.

### *Sprachentzug als Strafe, Schweigen als göttliche Gnade*

In einer spätbarocken Predigt wird noch ein anderes Argument für Gottes Schweigen angeführt: Es kann auch Ausdruck von Gnade sein, insofern es die Fehler der

---

200 Tuckermann 1619, S. C1v. Die Textstelle bezieht sich auf: Jes 1,15–17.
201 Tuckermann 1619, S. C1v.
202 Ebd., S. C2r und C4r-D1r.

Menschen gütig übersieht. So stellt es August Hermann Francke in einer seiner *Buß=Predigten* dar, die einen Vers des 50. Psalms zum Ausgang nimmt: „Das tust du und ich schweige; | da meinst du, ich sei so wie du. | Aber ich will dich zurechtweisen | und es dir vor Augen stellen.“ (Ps 50, 21). Francke wählt in seiner Argumentation die Perspektive Gottes, in der dieser die Fehler der Menschen auflistet und dann wiederkehrend den Beginn des Verses spricht:

> Woher doch die fleischliche Sicherheit bey den Menschen entstehe/ was dieselbe veranlasse/ oder verursache; so stehet in unserm Text also: Das thust du/ und ich schweige/ da meynest du/ ich werde seyn/ gleichwie du. Es redet diese Worte GOtt der HErr selbst/ wie im Anfang dieses Psalms gar nachdrücklich stehet: GOtt der HErr/ der Mächtige redet/ und rufft der Welt vom Auffgang biß zum Niedergang. Und abermals: Er ruffet Himmel und Erden/ daß Er sein Volck richte. Und dann spricht Er: Höre mein Volck/ laß mich reden/ Israel/ laß mich unter dir zeugen; Ich GOtt bin Dein GOtt. Derselbige ist es/ Andächtige/ der große Jehovah/ der grosse und lebendige GOtt Himmels und der Erden/ der da spricht: Das thust du/ und ich schweige.[203]

Die stete Iteration des mahnenden Verses wird zu einer Art ‚angedrohter Güte‘: Der Mensch sündigt fortwährend, doch Gott spricht nur davon, dass er schweigt. Der Mensch soll aber nicht den Irrtum begehen, zu glauben, Gott sei schwach oder gar so wie er selbst, der Fehler bei anderen unentwegt übersieht, nur damit er selbst weiterhin sündigen kann. Gott schweigt aus Gnade, aus gütiger Toleranz, in der Hoffnung, dass der Mensch sich erkennt und den Antrieb entwickelt, sich aus eigener Kraft zu bessern. Aber, und das wird auch im Zitat deutlich, es kommt vor, dass er plötzlich und unerwartet sein Wort erhebt.

Auf den anschließenden Seiten listet Francke Sünden über Sünden des Menschen auf, zum Beispiel den Betrug, das verbotene Glücksspiel, die Gemeinschaft mit Ehebrechern oder die Falschrede. Schließlich heißt es, das Thema resümierend:

> Wenn die Menschen vor Augen sähen/ daß/ so bald einer sündigte/ er mit der bösen Rotte Chorá/ Dathans und Abirams verschlungen würde von der Erden: Wann sie sähen/ daß/ so bald einer Böses thäte/ Feuer und Schwefel vom Himmel fiele/ und verzehrete solchen Menschen; gleichwie die Leute zu Sodom umbgebracht worden: so möchte mancher noch wol in sich schlagen/ und aus Furcht der Straffe die Sünden unterlassen. Aber das thut GOtt der HErr nicht. Er spricht: Ich schweige. Wie schweiget denn GOtt? Ist das dann etwa die Meynung/ daß Er schweige/ und diese Gewohnheit und Frechheit zu sündigen zugebe? Nein/ das ist nicht die Meynung: Dann Er hat es nimmer an Warnungen feh-

203 August Hermann Francke. *Buß=Predigten über verschiedene Texte der Heil. Schrifft von einigen wichtigen und Zur Erbauung des wahren Christenthums nöthigen Materien gehalten In der St. Georgen Kirche zu Glauche an Halle [...].* Halle 1699, S. 195 (HAB H: Q 119.4o Helmst (1)).

> len lassen/ sondern hat immer Zeugen der Wahrheit erwecket; Ja Er hat denen Gottlosen einen Zeugen in ihr Hertz gegeben/ ihr eigenes Gewissen/ welches auch so gar die Heyden gehabt haben zum Zeugniß über sie/ damit sie keine Entschuldigung haben am Tage des Gerichts. Also schweiget GOtt der HErr nicht/ daß Er ihnen ihre Sünde/ ihre Boßheit/ und derselben Straffe nicht solle vorhalten: sondern Er schweigt in seiner Gedult/ in seiner Langmuth/ in seiner Barmherzigkeit über die Menschen.[204]

Schweigen wird hier als „Barmherzigkeit“ und „Langmuth“ bezeichnet. Es sei Zeichen der Gnade Gottes, welcher sich nicht durch die Androhung von schrecklichen Strafen Autorität verschaffen wolle, sondern durch Toleranz und Güte. Er will die Gläubigen statt durch Angst durch Liebe an sich binden: „Die Vermittlung von Heil besteht gerade darin, daß Gott *nicht* eingreift, daß er also schweigt.“[205] Es ist eine Form des Sprechens, die sich bündig in der von Francke gewählten paradoxen Formel „[e]r spricht: Ich schweige“ fassen lässt.

Gottes Schweigen, interpretiert mit den Parametern des Neuen Testaments, fungiert als Spiegel, der den Gläubigen auf sich selbst zurückwirft, in der Hoffnung, dass er seine Sünden selbst erkennt und ablegt, ohne dass der Mächtige das strafende Wort ergreifen muss. Es ist eine internalisierte Gewissensprüfung, die dem Menschen die Pflicht der Urteilsbildung nicht abnimmt. Der performative Selbstwiderspruch, auszusprechen, man schweige, macht deutlich, inwieweit Schweigen hier keine Form der Absenz ist, sondern ganz im Gegenteil, eine Handlung, die gerade in ihrer Negation umso wirkungsvoller ist.

### *Der ‚deus absconditus‘ und die grausame Stille*

Die theologische Exegese des Schweigen Gottes findet letztlich immer einen Grund für dessen Stummbleiben. Sie deutet es zwar als strafenden Entzug oder suspendierendes Aussetzen der Kommunikation von Seiten Gottes, nicht aber als grundlegende Kommunikationslosigkeit. Parallel dazu kommt es seit dem 16. Jahrhundert aber auch zu einer Verunsicherung und einer Entfremdung von Gott. Die wieder erstarkende Religiosität im Zeitalter der Konfessionalisierung gilt als Ausdruck dieses Zweifels. Zunehmend wird mit Hiob nicht nur die leidende Kreatur, sondern auch das Problem der Antwortlosigkeit Gottes assoziiert und sein Schweigen als Absenz oder Mangel interpretiert.

Ein Motiv dieser Erfahrung von Abwesenheit und Leere besteht in der durch die kopernikanische Wende ausgelösten Dezentrierung der Welt im Kosmos – ein komplexer Zusammenhang, der an dieser Stelle nur kurz angedeutet werden kann. Zwar setzt die Akzeptanz des heliozentrischen Weltbilds keineswegs bereits im 16. Jahrhundert mit Nikolaus Copernikus' bahnbrechender Schrift *De Revolutionibus orbium coelestium* (1543) ein, doch im 17. Jahrhundert übernehmen insbesondere

---

204 Ebd., S. 198 f.
205 Krusche 1996, S. 205.

im Anschluss an die Schriften Johannes Keplers immer mehr Wissenschaftler und Theologen die Auffassung, dass die Erde keine Zentralstellung besitzt.[206] Zahlreiche Spekulationen, Versuche und Entdeckungen beschäftigen sich überdies mit der Unermesslichkeit des Alls, mit der Unergründbarkeit fremder Sphären sowie mit der physikalischen Leere des Weltraums.[207]

Auch die sich im 17. Jahrhundert als eigenständige Disziplin entwickelnde Physik ist von Interesse für die anwachsenden negativen Bedeutungsdimensionen von Leere und Unendlichkeit, die zunehmend auch mit Stille und Schweigen assoziiert werden – gemeint ist zum Beispiel die Entdeckung des Vakuums durch Otto von Guericke.[208] Dessen pneumatische Versuche hatten zum Ziel, den physikalisch leeren Raum experimentell zu erkunden, um die kosmischen Gefilde außerhalb der atmosphärischen Lufthülle zu simulieren.[209] Guericke selbst bezieht sich in seinen Schriften unter anderem auf die zeitgenössische Paradoxiedichtung, die dem *nihil* einige Aufmerksamkeit geschenkt hat.[210] Allerdings ist das Denken des Nichts für Guericke nicht primär angstbesetzt, sondern übt eher eine Faszination aus: „Der Raum ist ohne Dimensionen, er ist imaginär. Die Gleichsetzung dieses unendlichen, unerschaffenen, leeren Raumes mit dem Nichts hinterlässt keinen Schrecken – es ist Gott selbst."[211] Guerickes Gottesbegriff rückt damit „zwangsläufig in die Nähe der Brunoischen Unendlichkeitsszenarien".[212] Die Leere des kosmischen Raums kann durch Guerickes Experimente auf das basale Faktum des physikalischen Luftdrucks zurückgeführt werden, womit alte Dogmen wie die antike Vorstellung des *horror vacui* widerlegt werden.[213]

Die Diskussion um das Unendlichkeitsproblem schlägt sich in der Frühen Neuzeit in Philosophie und Künsten vielfach nieder. Sie löst gegensätzliche Reaktionen

---

206 Kepler veröffentlicht das entscheidende Werk, die *Epitome astronomiae Copernicanea*, im Jahr 1626. Vgl. Menso Folkers u. a. (Hrsg.). *Maß, Zahl und Gewicht. Mathematik als Schlüssel zum Verständnis und zur Beherrschung der Welt.* Berlin 1989, S. 265 und 272 f.

207 Vgl. Henning Genz. *Die Entdeckung des Nichts. Leere und Fülle im Universum.* München 1994.

208 Vgl. Friedrich Vollhardt. „Otto von Guerickes Magdeburger Versuche über den leeren Raum. Untersuchungen zum Verhältnis von Naturerkenntnis und Literatur im 17. und 18. Jahrhundert". *Prolegomena zur Kultur- und Literaturgeschichte des Magdeburger Raums.* Hrsg. von Gunter Schandera und Michael Schilling. Magdeburg 1999. 165–85.

209 Vgl. Fritz Krafft. „Die Schwere der Luft in der Diskussion des 17. Jahrhunderts: Otto von Guericke". *Die Schwere der Luft in der Diskussion des 17. Jahrhunderts.* Hrsg. von Wim Klever. Wiesbaden 1997. 135–70, S. 157.

210 Vgl. Friedrich Vollhardt. „Eine Kultur? Zeitgenössische Darstellung und wissenschaftshistorische Deutung frühneuzeitlicher Vakuumexperimente". *Monumenta Guerckiana* 52.6 (1999): 30–40, S. 34 f.

211 Ebd., S. 34.

212 Ebd., S. 37.

213 Vgl. Vollhardt/*Versuche* 1999, S. 168.

aus, einerseits eine Phantasmagorie der Weite und ekstatische Selbstauflösungsphantasie (am prägnantesten bei Giordano Bruno[214]), andererseits eine Art Auflösungsangst und Orientierungslosigkeit. Auch das Schweigen Gottes wird nun mit Absenz, mit der unheimlichen Leere des Weltalls kontextualisiert. Pascal formuliert in dem eingangs zitierten Fragment seiner *Pensées*, dass die kosmische Unendlichkeit einer ewigen, furchterregenden Stille gleiche („Le silence éternel de ces espaces infinis m'effraie"[215]). Uneindeutig bleibt, von welcher Subjektposition aus dieser isolierte Satz artikuliert wird, ob es sich dabei um den Autor oder den Leser handelt, ob es ein Gläubiger oder Ungläubiger ist: „The fragment presents a me that is ‚silent', or secretive, about its own origin".[216] Trotz (oder wegen) dieser Unbestimmtheit des Sprecherstandorts, die wohl im Zusammenhang mit der konstatierten räumlichen Orientierungslosigkeit steht, ist der *deus absconditus* hier mehr als ein theologischer Topos. Er wird zum bildhaften Gegenüber des Menschen, der keine Antwort aus dem Jenseits erhält.[217] Dabei ist das französische Wort *silence* mehrdeutig, insofern es sowohl auf die Absenz von Sprache verweist als auch auf die Abwesenheit von nichtanthropomorphen Geräuschen, etwa aus dem Bereich der Natur. In der Theologie wird die ewige Stille seit alters als Weltende verstanden und im Begriff des *silentium mundi* gefasst. Die vollständige Abwesenheit von Stimmen und Geräuschen wird mit einem Zustand der Aufhebung jeglicher Existenz gleichgesetzt – oder, konträr dazu, mit der Hölle.[218]

Wenn Pascal in einem anderen Fragment seiner *Pensées* fragt, „Qu'est-ce qu'un homme, dans l'infini?", so thematisiert er eine der beiden ‚Unendlichkeiten', zu de-

---

214 Das einschlägigste Gedicht ist Brunos Zwölfzeiler *Giordano von Nola an die Prinzipien des Universums* aus dem Einleitungsschreiben seines Dialogs *De la causa, principio et uno* (1584), worin es heißt: „Wandelnde Sterne, o seht den Kreislauf mich auch betreten, | Jenem gesellt, wenn ihr frei nur eröffnet die Bahn. | Gönne mir eure Huld, dass des Schlafes doppelte Pforte | Weit aufstehe, wenn ich eile durchs Leere [*vacuum*] empor". Giordano Bruno. *Von der Ursache, dem Prinzip und dem Einen*. Übers. von Adolf Lasson. Hrsg. von Paul Richard Blum. Hamburg 1977, S. XIX.

215 Pascal 2000, S. 172, Fr. 233; Blaise Pascal. *Gedanken*. Übers. von Wolfgang Rüttenauer. Stuttgart 1964, S. 150, Fr. 314. An anderer Stelle der *Pensées* spricht Pascal erneut von der Stummheit des Weltalls. Vgl. Pascal 1964, S. 183, Fr. 354.

216 Loevlie 2003, S. 100.

217 Wobei Pascals Glaube, der in der Forschung als unbestritten gilt, auch hier nicht in Frage gestellt werden soll. Vgl. Rudolf Behrens u. a. (Hrsg.). *Croisements d'anthropologies. Pascals ‚Pensees' im Geflecht der Anthropologien*. Heidelberg 2005. Ich verstehe das vorliegende Zitat eher als Ausdruck der Suche, denn als Gotteszweifel. Vgl. diesbezüglich den Kommentar Helmar Schramms: „Bei Pascal wird der Zweifel durch den Glauben nicht eliminiert, er wächst sich, im Lichte seiner mathematischen Kenntnisse um das Nichts (als leerer Raum) und um die Unendlichkeit von Zeit und Raum, als wissender Zweifel allmählich aus zum hellen Entsetzen." Helmar Schramm. *Karneval des Denkens. Theatralität im Spiegel philosophischer Texte des 16. und 17. Jahrhunderts*. Berlin 1996, S. 170.

218 Vgl. Ps 115, 17: „Die Toten werden dich, HERR nicht loben, keiner, der herunterfährt in die Stille [...]."

nen sich der Mensch angemessen nur mit Schweigen verhalten kann – neben der unermesslichen Größe ist dies für ihn das unermesslich Kleine, das Nichts (*néant*):

> Wer sich so betrachtet, wird vor sich selbst erschrecken, und wenn er bedenkt, wie er in der Stoffmasse, welche die Natur ihm gegeben hat, zwischen diesen beiden Abgründen des Unendlichen und des Nichts existiert, wird er beim Anblick solcher Wunder erzittern; denn wenn seine Neugierde sich in Bewunderung verwandelt, wird er, glaube ich, geneigter sein, diese Wunder schweigend zu betrachten, als ihnen mit Anmaßung nachzuspüren. | Was ist denn schließlich der Mensch in der Natur? Ein Nichts im Hinblick auf das Unendliche, ein All im Hinblick auf das Nichts, eine Mitte zwischen dem Nichts und dem All, unendlich weit davon entfernt, die Extreme zu begreifen. Das Ende der Dinge und ihr Anfang sind in einem undurchdringlichen Geheimnis unüberwindlich für ihn verborgen. Er ist ebenso unfähig, das Nichts zu sehen, aus dem er gezogen ist, wie die Unendlichkeit, von der er verschlungen ist.[219]

Fasst Pascal im ersten Zitat die physikalische Unendlichkeit des Alls selbst als eine Form des Schweigens oder der Stille, so beschreibt er hier das überwältigt-demütige Schweigen des Menschen dem Kosmos gegenüber, die stille Kontemplation als einzig angemessene Reaktion auf diesen ‚Abgrund' (*abîme*) der unermesslichen Größe und Weite.

Johann Arndt verweist im Zusammenhang mit der Unermesslichkeit des Himmels ebenfalls auf ein sprachloses Staunen ob der göttlichen Wunderwerke, wenn er in dem Abschnitt „Vom andern Tagewerck Gottes/ dem Himmel" in seinem *Vierten Buch vom wahren Christentumb* (1610) schreibt: „Was bedeutet die vnaußsprechliche grosse *rotunditet* des Himmels anders dann die Allgegenwart Gottes? Dann so der Himmel alles beschleust/ vnd mit vnermeßlicher Weite alles helt/ hebt vnnd trägt/ wie solte GOtt nicht alles beschliessen/ halten/ heben vnd tragen?"[220] Die Weite des Himmels, die dem Charakter Gottes gleicht, ist hier selbst unaussprechlich, sie löst Bewunderung, aber eben auch Furcht und Schauder aus – was im 18. Jahrhundert dann zur Theorie und Ästhetik des Erhabenen führen wird. Schon in Barthold Hinrich Brockes Gedicht *Die himmlische Schrift* heißt es etwa: „Mein denckend Wesen breitet sich | In's ungemessne Sternen=Haus | Vor Ehrfurcht stumm, vor Lust erstaunet, aus".[221] Während die Freude nur Staunen hervorruft, führt die Ehrfurcht über die Unermesslichkeit zur Pathosformel des Verstummens.

---

219 Pascal 1964, S. 149 f. (Fr. 313).

220 Johann Arndt. „Das vierte Buch vom wahren Christhumb". *Vier Bücher/ Vom wahren Christentumb/ Heylsamer Busse/ Hertzlicher Rew vnd Leyd vber die Sünde vnd wahrem Glauben: Auch heilgem Leben vnd Wandel der rechten wahren Christen [...]* 4. Magdeburg 1620, S. 15 (HAB 148.30 Theol. (4)).

221 Barthold Hinrich Brockes. *Auszug der vornehmsten Gedichte aus dem Irdischen Vergnügen in Gott.* Nachdruck der Ausgabe Hamburg 1738. Stuttgart 1965, S. 115.

Pascal hingegen beschreibt in seiner *Apologie der christlichen Religion* den Zustand eines Menschen, der Gott fern ist in Bildern, die die erschreckende Sphäre des Alls evozieren:

> Ich sehe diese furchtbaren Räume des Weltalls, die mich umschließen, und ich finde mich an einen Winkel dieser unermesslichen Ausdehnung gebunden, ohne zu wissen, warum ich gerade an diesen Ort gestellt bin und nicht an einen anderen, noch warum mir die kleine Zeitspanne, die mir zum Leben gegeben ist, gerade an diesem und nicht an einem anderen Punkt der ganzen Ewigkeit zugeordnet ist: der Ewigkeit, die mir voraufgegangen ist, und jener, die mir folgt. Ich sehe auf allen Seiten nur Unendlichkeiten, die mich umschließen wie ein Atom und wie einen Schatten, der nur einen Augenblick dauert und nicht wiederkehrt. Alles, was ich weiß, ist, daß ich bald sterben muß, aber was ich am allerwenigsten kenne, ist dieser Tod selbst, dem ich nicht entgehen kann.[222]

Die kosmische Unendlichkeit wird hier nicht nur räumlich, sondern auch zeitlich gedacht. Als Analogie der menschlichen Gottesferne, Verlorenheit und Endlichkeit, die Pascal negativ fasst, wird sie in nachfolgenden Epochen zu einem Leitmotiv von Philosophie und Literatur: „Vom Tode, von der Furcht des Todes, hebt alles Erkennen des All an“[223], lautet beispielhaft der erste Satz in Rosenzweigs *Der Stern der Erlösung*. Der Religionsphilosoph André Neher schreibt über den Zusammenhang von Schweigen, Unendlichkeit und Tod: „Le *silence de l'homme* ne peut, évidemment, s'inscrire dans l'infini sans renier la condition finie de l'homme. Souvent, l'homme se tait, non parce qu'il ne possède pas de meilleure clé d'accès à l'infini que le silence, mais parce que le silence lui offre une prodigieuse variété de clés d'accès à sa propre finitude humaine.“[224] Neher zufolge sei es unmöglich, das Schweigen mit der räumlichen Unendlichkeit zu korrelieren, ohne dabei Bezug auf die eigene, physische Endlichkeit zu nehmen, sie entweder abzuleugnen oder sich ihr zu stellen.

Phänomene der Leere oder des Nichts werden semantisch über Schweigen bzw. Stille codiert, so dass sich neben der rhetorischen Tradition der Fülle – Schweigen als Eloquenz oder göttliche Präsenz – eine andere Entwicklungslinie abzuzeichnen beginnt, in der es sich zu einer bedrohlichen Absenz und Leere entwickelt. Ein frühes Beispiel dafür sind die Eingangsverse von Gryphius' Gedicht *Mitternacht*: „SChrecken/ vnd stille/ vnd dunckeles grausen/ finstere kälte bedecket das Land/ | Itzt schläfft was arbeit und schmertzen ermüdet/ diß sind der trawrigen einsamkeit stunden“.[225] Das Gedicht assoziiert den Zusammenhang von Schrecken, Stille und

222 Pascal 1964, S. 5 (Fr. 1). Hinzuzufügen ist, dass Pascal zu den Denkern gehörte, die die kopernikanische Wende ablehnten. Vgl. ebd., S. 14 (Fr. 8), wo er schreibt: „Ich halte es für gut, daß man die Meinung des Kopernikus nicht weiter untersuche.“

223 Rosenzweig 1988, S. 3.

224 Neher 1970, S. 16.

225 Gryphius 1963, Bd. 1, S. 66.

Einsamkeit allerdings mit einer spezifischen Tageszeit, der Nacht, und ist Teil eines Zyklus', in dem die anderen Tageszeiten mit positiveren Stimmungen verbunden werden. Bei den anderen drei Gedichten handelt es sich um Alexandrinersonette, während *Mitternacht* aus langen achthebigen Daktylen besteht, die dem Gedicht eine schwere und bedrohliche Stimmung verleihen. Stille und Dunkelheit sind ihre Charakteristika.

Eine Absenzerfahrung Gottes als Begegnung mit der Stille, die sich im 17. Jahrhundert noch zögerlich artikuliert, wird in den Jahrhunderten danach zur geläufigen Formel einer unerträglichen, ‚schreienden' Stille, beispielhaft in dem berühmten Oxymoron aus Georg Büchners *Lenz*-Novelle über die „entsetzliche Stimme, die um den ganzen Horizont schreit, und die man gewöhnlich die Stille heißt".[226]

Seit dem 18. Jahrhundert gewinnen besonders jene Formen des Sprachlosen an Bedeutung, die außerhalb des Menschlichen verortet sind. Dies zeigt sich beispielhaft daran, dass der Artikel ‚still' in Grimms *Deutschem Wörterbuch* ganze 49 Spalten umfasst, der Artikel ‚Stille' noch 19 Spalten und der Artikel ‚Schweigen' demgegenüber nur auf elf Spalten kommt.[227] Im Unterschied dazu wird noch in Zedlers *Universallexikon* aus dem frühen 18. Jahrhundert beim Wort ‚still' nichts vermerkt, sondern nur auf den Artikel ‚Ruhe' verwiesen, während ‚Schweigen' und ‚Stillschweigen' eigene Artikel erhalten, ebenso wie ‚Stille', die hier aber aber – auch das ist signifikant – primär als Schweigen verstanden wird.[228] Die anwachsenden Bedeutungsdimensionen der Stille im Sinne der als Lautlosigkeit und Abwesenheit von Geräuschen bezeichnen einerseits einen Zustand friedlicher Ruhe, andererseits aber auch eine unheilvolle oder isolierende Leere. Stille als Atmosophäre ist zunächst eher positiv konnotiert, was etwa in der Naturlyrik des 18. Jahrhunderts zum Ausdruck kommt. Aber schon in der Romantik wird sie als ‚grause' Stille"[229] auch mit Attributen des Unheimlichen und Bedrohlichen belegt. Diese negativen Dimensionen finden eine Fortsetzung bis ins 20. Jahrhundert, etwa in den unzähligen Bühnenanweisungen „Stille", die die Theaterstücke Ödön von Horváths oder Samuel Becketts perforieren.[230]

Schon in der Ästhetik des 18. Jahrhunderts erhält das Schweigen eine wichtige, die Stille hingegen eine ambivalente Rolle. Johann Georg Sulzer spricht in seiner

226 Georg Büchner. *Werke und Briefe*. Hrsg. von Karl Pörnbacher u. a. München 1988, S. 157.

227 Jacob Grimm und Wilhelm Grimm. „Still". *Deutsches Wörterbuch* 18. Nachdruck der Ausgabe Leipzig 1941. München 1984. 2939–87; dies. „Stille". Ebd., 2989–3006; Jacob Grimm und Wilhelm Grimm. „Schweigen". *Deutsches Wörterbuch* 15. Nachdruck der Ausgabe Leipzig 1899. München 1984. 2423–33.

228 Zedler 1743/1962, Bd. 36, 244 f.; Zedler 1744/1963, Bd. 40, 89 f. und 97–105.

229 Thomas Macho. „Sieben Variationen über die Stille". *Logik und Leidenschaft. Erträge Historischer Anthropologie.* Hrsg. von Dietmar Kamper und Christoph Wulf. Berlin 2002. 1020–31, S. 1022.

230 Vgl. Benthien/*Präsenz* 2002.

*Allgemeine[n] Theorie der Schönen Künste* 1777 von einer „Furcht vor dem Stillschweigen".[231] Er formuliert dies im Zusammenhang mit dem „stumme[n] Spiel", der nonverbalen Bühnendarstellung, womit angedeutet wird, dass es nicht nur die Semantik der Leere, sondern auch die physische Erfahrung von Absenz ist, die als problematisch erachtet werden.

Die ästhetischen Erfahrungen der Moderne mit dem Phänomen des Schweigens und der Stille haben nur in begrenztem Maße mit dem Schweigen Gottes zu tun und die hier angeführten frühneuzeitlichen Denker wie Bruno oder Pascal werden auch deswegen in den Geisteswissenschaften so viel zitiert, weil ihrer Thematisierung von Leere und Unendlichkeit eine spezifische Modernität zugeschrieben werden kann. Es erscheint aber notwendig, im Zusammenhang dieser Untersuchung auf diese negativen Bedeutungsdimensionen und ihre Entstehung am Ende der Frühen Neuzeit hinzuweisen. Die in diesem Kapitel diskutierten Stille-Praktiken und mystischen Bezugnahmen auf das Schweigen erhalten so eine gegensätzliche Perspektivierung, die sichtbar werden lässt, inwieweit das von göttlicher Präsenz erfüllte Schweigen und Verstummen bereits im 17. Jahrhundert von der Gefahr bedroht ist, zur sinnlosen Leere zu werden.

231 Johann Georg Sulzer. „Stumme[s] Spiel". *Allgemeine Theorie der Schönen Künste* II.2. Biel 1777, S. 720 (HAB Ua 96).

# VI. Resümee: Das Sprachlose im Zeitalter der Eloquenz

Es ist nicht leicht, die in diesem Buch untersuchten Facetten und Dimensionen des Schweigens im 17. Jahrhundert zu resümieren. Im Zeitalter der Eloquenz handelt es sich um ein Grenzphänomen, das oft nur auf Umwegen überhaupt zu analysieren ist. Seine ästhetische und ethische Relevanz sowie seine kulturelle Signifikanz ergaben sich nur durch Rückgriff auf eine Vielzahl unterschiedlicher, zum Teil disparater Quellen und durch beständige Blickwechsel. So unterschiedliche Felder wie Literatur, Emblematik, Bildende Kunst, Theater, Oper, Philosophie, Theologie, Mystik, Moralistik, Enzyklopädik und Naturwissenschaft wurden aus diesem Grund berücksichtigt. Den Schwerpunkt bildete die deutschsprachige Literatur des 17. Jahrhunderts, insbesondere die Bereiche des Dramas und der Lyrik, die beide der Mündlichkeit konstitutiv näher stehen als etwa die Prosa.

Das nun folgende Resümee ist in drei Abschnitte gegliedert, die alle den Fokus auf Fragen der Medialität des *Barocken Schweigens* legen und somit den Bogen zum einführenden Kapitel II.1 spannen. Im ersten Abschnitt werden anhand einer Botenszene aus Gryphius' *Leo Armenius* Verhältnisse von Mündlichkeit und Schriftlichkeit im Barock reflektiert. Ausgehend von einem Harsdörffer-Zitat widmet sich der zweite Abschnitt der ‚barocken Medienanthropologie'. Der dritte Abschnitt stellt die Rhetorik, Semantik und Motivik des Sprachlosen im 17. Jahrhundert überblickshaft dar. Ziel des Resümees ist es, die in dieser Arbeit untersuchten Gegenstände kontrastiv aufeinander zu beziehen und mittels einer medientheoretischen Perspektivierung übergreifende Ergebnisse zu formulieren.

## *„Schrifft" im Mund. Die Schwelle von Oralität und Skripturalität*

Leo Armenius kommt durch eine Intrige zu Fall, die ein verborgener Brief initiiert. Sein Widersacher Michael Balbus, der wegen Aufruf zum Herrschermord zum Tode verurteilt ist und sich im Kerker der Burg befindet, entwickelt in der Nacht vor seiner Hinrichtung gemeinsam mit dem Verräter Papias einen Plan, wie er selbst zu befreien und Leo zu ermorden sei. Dazu sei es notwendig, dass eine Botschaft aus der schwer bewachten Burg herausgelangt, um die Verbündeten zu informieren:

> Mich. Der unversehne Fall ermuntert meine Seel.
> Vnd schlägt mir Mittel vor! ach! könt' ich jemand finden
> Der sich umb höchsten Lohn/ so vil wolt' unterwinden;
> Daß er/ und zwar alsbald/ zwey Wort trüg' in die Stadt.
> Es leben/ die noch gehn umb meine Noth zu Rath!

Die umb mein Heil bemüht; sie würden alles wagen:
Möcht ihnen meine Schrifft ein treuer Freund vortragen.
PAP. Ein Freund! der ist! nicht fern! MICH. Wer? PAP. unser Theoctist.
MICH. Recht. PAP. wie eröffnet man das Thor der Burg? MICH. durch List.
Gib mir Papir und Dint/ in so bewandten Sachen/
Muß uns die Angst behertzt/ Gefahr verständig machen;
PAP. Diß ist ein kurtzer Briff! MICH. Jch schreibe zwar nicht vil/
Doch der es lesen sol/ versteht schon was ich wil.
Wir wollen das Papir nun gantz mit Wachs bedecken.
PAP. So kan es/ der es trägt/ in seinen mund verstecken. (III, 358–72)

Michaels Idee ist es, um den Priester zu bitten, der ihn vor seinem Tod mit Gott aussöhnt. Würde ihm dies gewährt, so solle der erwähnte Theoctist zu diesem Zweck mit dem Brief im Mund die Burg verlassen, anschließend „klopffe [er] sicher an | An des von Cramben Hauß/ und stell ihm wie er kan | Den Briff/ ohn Argwohn zu!" (III, 385–87). Alles geschieht wie geplant. Als der Bote am Haus des von Crambe klopft, findet dort gerade eine Versammlung der Verschwörer statt. Als ein „Frembder an der Tühren" (IV, 227) steht, sind sie zunächst erschrocken, doch dann erkennt man Theoctist und entschlüsselt Michaels Plan:

CRAMB. Durch ihn läst Michael uns seine Meynung wissen:
II. VERSCH. Wie! Mündlich? CRAMB. Nein, durch Schrifft/ I. VERSCHW. last uns den Brieff entschlissen.
CRAMB. Es ist ein klein Papir mit Wachs gantz überdeckt.
III. VERSCHW. gemach! es geht schon ab. Hir ist die Schrifft versteckt.
IV. VERSCH. Jst diß sein Petschafft. CRAMB. Ja: VI. VERSCHW. Was mag ihn doch beschweren?
CRAMB. Jst diß wol fragens wehrt? VI. VERSCH. kom liß uns sein Begehren:
CRAMB. Durch euch komm' ich/ und ihr durch mich/ in höchste Noth:
Siht mich der Morgen hir: so schaut ihr Pein und Tod. (IV, 263–70)

Auf den ersten Blick ist diese Botschaft nicht sehr aufschlussreich: Die Verschwörer erfahren in den zwei Zeilen nichts, was sie nicht zuvor bereits wussten oder sich denken konnten, dass nämlich Michaels Fall auch sie als seine Verbündeten treffen würde. Doch dann entschlüsseln sie gemeinsam die verborgene, in gewissem Sinne performative Dimension der Nachricht. Sie verstehen, dass es gar nicht um den Inhalt des Briefes geht; vielmehr übermittelt die physische Präsenz des Boten eine leibhaftige Botschaft: „Hat er zu wegen bracht | Daß Theoctist den Weg durch Thor und Schloß gefunden" (IV, 274 f.), so müssten sie ebenfalls dazu in der Lage sein. Die in den zwei Zeilen herausgestellte Interdependenz der Schicksale – hier Michael, dort die Gruppe der Verschwörer – soll eine räumliche Dynamik verdeutlichen, welche in zwei Richtungen verläuft. Schließlich erhellt sich auch die Bedeutung der besonderen medialen Form des Briefes. Glaubt man zunächst an die von Michael erwähnte Notwendigkeit des Schutzes des im Mund getragenen Papiers, so ist es eigentlich der Akt der Verhüllung selbst, der auf diese Weise als signifikant gekennzeichnet wird. Michael Balbus zeigt seinen Verbündeten durch das Wachs, in welchem sich die „Schrifft versteckt", an, dass sie selbst sich zu verhüllen haben, und zwar dem Vorabend der Heiligen Nacht entsprechend in Priesterkutten. Das Wachs als Rohstoff der Kerzen für den christlichen Ritus wird erneut bedeutsam, als ein Verschwörer vorschlägt: „das Schwerdt verbergt in ausgehöl'te Kertzen" (IV, 307). Es ist, als habe Balbus auch diesen Einfall mit seiner Botschaft vorgezeichnet.

Dass es ausgerechnet Schrift und Schwert – also Worte und Waffen – sind, welche in diesem Schauspiel mit Wachs umhüllt werden, macht auf ihre Interdependenz und damit auf einen zentralen Aspekt ihrer historischen Semantik aufmerksam, der in dieser Arbeit vielfach zur Sprache kam: Es sind immer wieder ‚Zunge' und ‚Schwert', die in der Frühen Neuzeit kontrastiert werden; oftmals ist gar die Rede davon, dass die Zunge die gefährlichere Waffe sei. Balbus, der zu Beginn des Stückes vor den Richtern noch sagt, „eine Zunge schlegt | Den/ den kein grimmes Schwerdt/ kein scharffer Pfeil erlegt" (II, 145 f.), macht sich diese ‚Waffe' zu eigen und wendet sie spiegelbildlich gegen den Feind.

Das Aufnehmen einer Botschaft in den Mund erinnert an mittelalterliche Vorstellungen der Einverleibung der Heiligen Schrift, des Wort Gottes. Darüber hinaus ist im 17. Jahrhundert die antike Praktik des Schreibens auf Wachstafeln noch gegenwärtig, als einer Form von Schriftlichkeit, die ambivalent zwischen Verewigung und Vergänglichkeit steht. René Descartes nimmt in einem berühmten Gleichnis aus seinen *Meditationes de prima philosophia* (1641) das Schmelzen von Wachs und die dabei wahrnehmbare Veränderung seiner physischen Eigenschaften zum Ausgangspunkt für die These, dass die Erkenntnis der Materie (*res extensa*) nicht durch die Sinne oder die Einbildungskraft erfolgt, da sie täuschbar sind, sondern einzig durch den Verstand und das Denken.[1] Gryphius' Verwendung des Wachses in dieser Szene spielt somit auf die menschliche Erkenntnisproblematik an und korreliert sie mit der Thematik sprachlicher Täuschung. Schon in antiken Seelenlehren galt das Wachs überdies als Bild, um das komplexe Verhältnis von Seele und Körper anschaulich zu machen. So verwendet es Aristoteles in *De Anima* (II, 412 b, 5–8) als Beispiel für die Wirkungsweise der Seele, indem er es auf das Verhältnis von Materie und Figur bezieht.[2]

Der Mund des Boten, der Schrift aufnimmt, um sie an einen anderen Ort zu transportieren, ist ein eingängiges Sinnbild, um die Schwelle zwischen Oralität und Skripturalität zu bezeichnen. Das Theater als Ort der Rede und der Aufführung von Schrift nimmt hier eine besondere Stellung ein. Warum überbringt der Bote die zwei Zeilen nicht verbal? Geht es wirklich darum, die Nachricht durch Michaels Siegel („Petschafft") zu authentizifieren? Artikuliert sich so ein zeitgenössisches

---

1 Vgl. René Descartes. *Meditationen über die Grundlagen der Philosophie*. Übers. von Artur Buchenau. Hrsg. von Lüder Gäbe. Hamburg 1960, S. 26–30 (II, 11–16).

2 Vgl. Christine Göttler. „Wachs und Interdisziplinarität. Giovanni Bernardo Azzolinos ‚vier letzte Dinge'". *Zwischen den Disziplinen? Perspektiven der Frühneuzeitforschung*. Hrsg. von Helmut Puff und Christopher J. Wild. Göttingen 2003. 103–48, S. 142.

Misstrauen gegenüber der mündlichen Rede, insofern sie unaufrichtig, täuschend und intrigant sein kann? Der szenische Vorgang des oralen Aufnehmens von Schrift bildet den historischen Medienwechsel ab. Er visualisiert, inwiefern Mündlichkeit in dieser Zeit von Schriftlichkeit penetriert wird. Als Allegorie barocker Mündlichkeit weist der Vorgang darauf hin, wie weit das Reden von Schriften durchdrungen ist, etwa den Lehrbüchern der Rhetorik, der Heiligen Schrift oder den antiken Werken. Entsprechend wird sogar das Schweigen, eigentlich konstitutiv ein Phänomen der Mündlichkeit, in vielerlei Hinsicht schriftanalog, selbst wenn es sich als Teil der mündlichen Kommunikation ereignet. Es wird zumeist als diskursiver Modus verstanden, weniger als irritierendes Aussetzen von Sinn, denn als verweisendes, verstehbares Zeichen.

Mit Blick auf die Semantik des Trauerspiels ist die Interpretation der Szene auf einer noch basaler Ebene möglich, denn die schriftliche Botschaft, die übermittelt wird, beruht auf der im szenischen Geschehen zuvor hörbaren Rede Michaels. Das Primat des Wortes wird somit nicht in Zweifel gezogen, ja man kann die im Mund verborgene Schrift originär als ein verborgenes Wort verstehen. Wie im Kapitel III.3 dargestellt, führt Leos Gewähren des ‚einen Wortes' nach dem Richtspruch letztlich zum Aufschieben von Michaels Hinrichtung und damit zur Intrige und Ermordung des Kaisers. Diese Macht von Michaels Zunge ist es, die in die Wachsbotschaft inseriert wird und die, in einer konsequent durchgeführten Analogie, in die kaiserliche Burg als Schwert zurückkehrt.

Theoctist sollte Michaels Plan zufolge dessen „Schrifft [...] vortragen", was ihm aber durch den Anführer der Verschwörer vorenthalten wird, der selbst die Botschaft aus dem Wachs herauslöst und vorliest. Im Stück wird Theoctist nur an den zwei Stellen erwähnt, er erscheint nie leibhaftig auf der Bühne und im Personenverzeichnis wird er anonym als „Ein Bothe"[3] aufgelistet. Es handelt sich also, obgleich die Figur mit der Formel „ein treuer Freund" eingeführt wird, um eine Nebenfigur, eine *persona muta*. Somit könnte man die These der Allegorisierung von verdeckter Schriftlichkeit auch auf das Theater insgesamt übertragen, insofern der Bote der Schrift nicht auf dem Schauplatz auftritt, sondern nur hinter den Kulissen agiert.

Als Ort des gesprochenen Worts wird das Theater oft direkt mit den Medien der Schrift und dem Vorgang der stillen Lektüre kontrastiert. So gibt es viele Szenen, in denen Briefe oder andere Dokumente auf der Bühne kursieren und laut oder leise gelesen werden. Beispielsweise treten in Lohensteins *Epicharis* mehrfach Schriftstücke in Konkurrenz zur mündlichen Rede, auch Gryphius' Königin Catharina von Georgien erhält ihr Todesurteil in Schriftform. Sie liest es leise und kommentiert es anschließend verbal mit Entsetzen (IV, 245). Die Stummheit der Lektüre und die Artikuliertheit der Rede werden so selbst zum Thema. Das stille Lesen wird, wie im

3 Gryphius 1991, S. 15.

Kapitel II.1 dargestellt, mit Innerlichkeit und Subjektivität assoziiert, ein Zusammenhang, der bekanntlich im 18. Jahrhundert Bedeutsamkeit erlangt.[4]

Schon in der Literatur des 17. Jahrhunderts werden Schriftstücke wie Bücher oder Briefe als stille oder stumme Kommunikationsmittel oder auch als Gesprächspartner beschrieben. So bezeichnet Hoffmannswaldau in einem seiner Gedichte *An Flavien* „schrifften" als „stumme redens=art"[5], Haugwitz nennt im Anmerkungsapparat zur *Maria Stuarda* die historischen Quellen seine „Stummen Rathgeber"[6] und Abraham a Santa Clara weist lobend auf den Kirchenvater Gregorius hin, der von sich sagt, er ziehe es vor, in der Stille des Zimmers mit seinen Büchern zu kommunizieren:

> Also/ sagt der H. Gregorius/ kanst du mein lieber *Celensi*, mit den Schwalben so lang schwätzen und plaudern/ als dirs gefällig ist; ich aber als ein Schwaan in seinem Wasser rede mit meinen Büchern in meinem Zimmer/ und bin in dieser Stille sehr wohl vergnüget: dieß ist die Antwort/ so der Heil. Mann seinem Tadler dem *Celensio* mitgetheilet.[7]

Ist die stille Lektüre in der Spätantike und im Mittelalter noch Teil einer Anfeindungen und Unverständnis ausgesetzten Eremitage, so wird sie in der Frühen Neuzeit zu einer nicht nur legitimen, sondern sogar befürworteten Praktik, nicht nur im Kloster.

Mehrere der in dieser Arbeit diskutierten Traktate setzen eine Schweige-Figur auf das Titelblatt, die programmatisch und selbstreferenziell am Anfang des Buches die antizipierte Stille des Lektürevorgangs bezeichnet (vgl. die Kupfer von Cuper, Kircher, Collibus, Maier, Vossius und Scholtzenberg; Abb. 7, 13, 27, 34, 37 und 39). Lesen ist einerseits eine Kulturtechnik, die Innerlichkeit, Individualität und Subjektivität erzeugt, insofern das Gelesene nicht notwendig verbal kommuniziert und so mit anderen geteilt wird. Andererseits trägt die stille Lektüre durch die sowohl zeitliche als auch materielle Trennung von Informationserlangung und -artikulation dazu bei, strategisches Handeln zu ermöglichen. Wie sich zeigte, ist das Schweigen für beide Prozesse – für die Herausbildung von Innerlichkeit wie für die Ermöglichung von potenziellen Handlungsvollzügen – von zentraler Relevanz.

---

4 Vgl. u. a. Uwe Japp. „Lesen und Schreiben im Drama des Sturm und Drang, insbesondere bei Goethe und Lenz". *Lesen und Schreiben im 17. und 18. Jahrhundert. Studien zu ihrer Bewertung in Deutschland, England, Frankreich.* Hrsg. von Paul Goetsch. Tübingen 1994. 265–76; Albrecht Koschorke. *Körperströme und Schriftverkehr. Mediologie des 18. Jahrhunderts.* München 1999.

5 Hoffmannswaldau/Neukirch 1697/1961, Bd. 1, S. 79.

6 Haugwitz 1974, S. 78.

7 Abraham a Santa Clara 1705, S. 209.

### *Barocke Medienanthropologie des Schweigens*

Harsdörffer differenziert in einem Dialog über die „Geberden“ in den *Frauenzimmer Gesprächsspielen* vier Kategorien der menschlichen Verständigung. Diese lassen sich *grosso modo* auf das hier untersuchte Phänomen des Schweigens übertragen:

> Es sind viererley Arten und Weise/ durch welche man sich kan verstehen machen. Die erste ist die *Rede*/ bestehend in vernemlichen/ und verständigen Worten der jenigen/ die fragen und darauf antworten. Die andre Weise ist die *Schrift*/ welche gleichsam eine stumme Rede ist/ und vermittelst der von alters her beliebten und bekanten Buchstaben unsre Wort ausbildet. Die dritte Weise sind die *Geberden* und *Werke* von welchen in vorgehendem Spiele gehandelt worden/ und setze ich noch darzu die Geschichte von Joas welcher auf Elisa Befehl gegen Morgen mit dem Bogen geschossen/ und auf die Erde geschlagen/ zu bedeuten/ daß er die Syrer/ als Morgenvölker/ dreymals überwinden werde. Viertens ist das *Gemähl*/ welches sowol seinen Verstand und artige/ Sinndeutung/ als vorbesagter Rede Schrift und Geberden. | [...] Wie nun zwischen dem Gemähl und den Geberden eine solche Verwandschaft ist/ als zwischen der Schrift und der Rede; (massen jene beharret/ diese dahinfahren) also ist auch zwischen den Werken/ und natürlichen Gemählen eine grosse Gleichheit.[8]

Harsdörffer unterscheidet Mündlichkeit und Schriftlichkeit hinsichtlich der möglichen Hörbarkeit des Artikulierten, in das „vernemliche“ Wort einerseits und die „stumme“ Rede andererseits. Besonders betont wird das dialogische Element der Mündlichkeit, die Wechselseitigkeit von Hören und Sprechen. Als weitere Modi der Kommunikation benennt er die „*Geberden* und *Werke*“, womit körpersprachliche Handlungen bezeichnet sind, und die „Gemähl“, welches die visuellen Künste meint. Für diese beiden Kategorien gibt Harsdörffer aber keine Definition, sondern führt stattdessen den Gedanken an, dass die Verwandtschaft von Schrift und Rede mit der von Bild und Gebärden vergleichbar sei. Das je gemeinsame Kriterium bestehe darin, dass die Schrift oder das Bild „beharret“, also dauerhaft sei, während Rede und Gebärden „dahinfahren“, also durch Flüchtigkeit charakterisiert seien. Schrift und Bild besitzen daher nach Harsdörffer den Charakter von Monumenten, während er Rede und Gebärden zum Bereich des Performativen zählt, zu jenen Formen der Verständigung, die sich nur in der *face-to-face*-Kommunikation finden.

Teil der barocken Medienanthropologie ist die Selbstreflexivität der unterschiedlichen Artikulationsmittel wie auch der Repräsentation von Kommunikation. Für das Schweigen als in dieser Zeit wesentlich sprachlich verstandenem Phänomen gilt Ähnliches. In der mündlichen Kommunikation des 17. Jahrhunderts – soweit sich diese aus den überlieferten Quellen rekonstruieren lässt –, wird es

8 Harsdörffer 1649/1969, Bd. 8, S. 118 f.

hauptsächlich in zwei Formen manifest: zum einen als faktisches Verstummen und somit als sprachliche Zäsur, zum anderen als Pathosformel der Unsagbarkeit und rhetorische ‚Schweigfigur' (Aposiopese), wie sie in den Kapiteln II.4 und IV.2 diskutiert worden sind. Hier ist das Schweigen keine akustisch wahrnehmbare Zäsur, sondern es wird versprachlicht, benannt und auf diese Art zu einem Teil der Rede.

In der schriftlichen Kommunikation findet sich diese zweite Form von Schweigen ebenfalls. Entsprechend heißt es in der Vorrede von Du Rosels *Conduite pour se taire et pour parler*: „[C]omme il y a deux voyes de s'expliquer, l'une par la parole, & l'autre par les Ecrits & par les Livres; il y a aussi comme remarque l'Auteur de cette *Conduite*, deux manieres de se taire, l'une en retenant sa langue, & l'autre en retenant sa plume."[9] Die zwei Arten zu schweigen – das Zurückhalten der Zunge und der Feder – werden von Du Rosel gleichgesetzt, was ungenau ist und die mediale Differenz ignoriert. Ein Unterschied zwischen ‚mündlichem' und ‚schriftlichem' Schweigen besteht nämlich darin, dass Schweigen im Rahmen von mündlicher Kommunikation performative oder auch antiperformative Wirkungen zeitigt, was dem Schweigen im Text nur in eingeschränkter Form möglich ist. Auch die literaturwissenschaftliche Auseinandersetzung mit dem Thema hat dieser Differenz bislang keine Aufmerksamkeit geschenkt.

Über das sprachlich artikulierte Schweigen hinaus finden sich in Schriftmedien der Frühen Neuzeit unterschiedliche Varianten, textuell zu schweigen, etwa durch die Verwendung orthographischer und phonetischer Zeichen (Gedanken- oder Bindestriche, Klammern, Pausenzeichen) sowie graphischer Leerstellen (z. B. eine leere Seite[10]) oder den sprachlichen Verweis auf die Peripherie des Textes, wie es hier anhand der weltlichen Liebeslyrik und der mystischen Dichtung diskutiert wurde.

Nimmt man mit Harsdörffers Kategorie der Bildlichkeit die dritte in dieser Arbeit berücksichtigte Ebene des barocken Schweigens hinzu, so bedeutet dies zunächst eine Akzentverlagerung. Die bildende Kunst wird in der ästhetischen Theorie seit der Antike unter dem Stichwort der *muta poesia* diskutiert und mit der Dichtung als *pictura loquans* kontrastiert, was die Kunstdiskurse von der Renaissance bis zur Aufklärung aufgreifen. Insofern Bilder als stumm gelten, stellt sich ihnen auf andere Art die Frage, wie sie Schweigen kommunizieren können. Sie bleiben dafür auf Gesten, Attribute und Inschriften angewiesen oder auf einen explizierenden Textkommentar. Die vielen Darstellungen des Schweigens gerade in der Emblematik sind daher auch als Versuch zu werten, die bildliche Stummheit durch die ergänzenden *subscriptiones* zu kompensieren, was aber evidenterweise nur bedingt gelingen kann.

---

9 Du Rosel 1696, o.S. [Vorrede].

10 So berichtet Cardenio in Gryphius' *Cardenio und Celinde* seinem Freund Pamphilius über die harsche Zurückweisung durch Olympia: „Jch sucht ihr meine Treu durch Schrifften vorzutragen. | Sie nam kein Schreiben mehr/ und schickt auffs letzte mir/ | Stat Antwort/ ein verwahrt/ doch ledig Blat Papir." (I, 310–12).

Auffällig ist, dass in der Frühen Neuzeit neben Bildern auch Schriftmedien wie Briefe und Bücher mit dem Attribut der Stummheit belegt werden, womit sich die traditionelle Text-Bild-Unterscheidung relativiert. Schriftlichem wie bildlichem Schweigen fehlt nach Einschätzung der Autoren die Möglichkeit der lautlichen Artikulation, die sie eint. Stummheit und damit Bildähnlichkeit als Charakteristikum der Schrift hat auch Benjamin für das 17. Jahrhundert hervorgehoben, wenn er von der „Kluft zwischen bedeutendem Schriftbild und berauschendem Sprachlaut"[11] spricht. Er betont den Mangel an ‚Verlautbarung' als Kennzeichen der Schrift und verbindet sie im Kompositum des ‚Sprachbildes' mit Pikturalität. Mit Blick auf das vorliegende Thema besteht ein wesentlicher Unterschied der zeitgenössischen Verwendung von Schrift und Bild aber darin, dass im Schriftmedium Schweigen benannt, beschrieben und dadurch in gewissem Sinne auch vollzogen werden kann.

Als vierte mediale Dimension des barocken Schweigens ist – etwas anders akzentuiert, aber doch in Korrespondenz zu Harsdörffers Kategorie der „*Geberden* und *Wercke*" – die der Theatralität zu nennen. Damit ist weniger das in den letzten Jahren systematisierte theater- und literaturwissenschaftliche Konzept gemeint[12], vielmehr soll schlicht auf das Medium Theater und auf theatrale Arrangements in den Künsten angespielt werden. Als theatral in diesem Sinne sind alle jene Figuren des Stillschweigens zu bezeichnen, die sich auf einer Bühne befinden und durch ihre ausgestellte Schweigsamkeit sowie durch ergänzende Gebärden nicht nur auf sich selbst referieren, sondern in dieser Verweisung zugleich eine symbolische Trennung herstellen – sei es zwischen Räumen, Zeiten, Realitätsebenen, Rezeptionsmodi oder auch zwischen Gruppen von Menschen. Allegorische Figuren wie der bei Harsdörffer beschriebene „ohnhändige Terminus" oder der „Termes" der *Harpocrates*-Oper sind hier anzuführen, die zum Schweigen auffordern, um so den Beginn einer Aufführung zu markieren. Aber auch Figuren der Malerei und Druckgrafik sind zu nennen, die zwar nicht auf einer Bühne agieren, jedoch innerhalb eines theatralen Settings zwei Ebenen von einander separieren (z. B. das Selbstporträt Rosas oder der Stich von Vaenius, vgl. Abb. 25 und 28). Diese Figuren signifizieren nicht allein Stillschweigen, sondern verkörpern überdies Liminalität, indem sie auf einer Schwelle stehen oder diese durch ihr Schweigen herstellen.

Wenn Benjamin formuliert, „[d]ie Macht der Gegenwart in deren Medium zu erschauen, war dem Barock gegeben"[13], so ist eine solche Erfahrbarkeit von Präsenz besonders auf die performative Dimension des Schweigens zu beziehen. Diese findet in der Frühen Neuzeit in Oper und Theater noch wenig Berücksichtigung. Erst

11 Benjamin 1992, S. 178.

12 Vgl. u. a. Erika Fischer-Lichte (Hrsg.). *Theatralität und die Krisen der Repräsentation*. Stuttgart und Weimar 2001; Gerhard Neumann u. a. (Hrsg.). *Szenographien. Theatralität als Kategorie der Literaturwissenschaft*. Freiburg 2000.

13 Benjamin 1996, S. 80.

im 18. Jahrhundert und in der Folge wird sie ausgebaut. Die um 1600 entstehende Gattung der Oper orientiert sich, wie dargelegt, zunächst auf inhaltlicher Ebene an der Thematik des Schweigens und der Stummheit. Nach und nach wird das Verklingen oder Aussetzen von Stimme und Instrumenten dann auch dramaturgisch genutzt. Ein Beispiel dafür ist die erwähnte Kennzeichung von Schweige-Pausen im Libretto der *Harpokrates*-Oper von Draghi und Minato. Die musikalischen Figurenlehren des Barock unterscheidet etwa zwischen *Aposiopesis, Dubitatio, Ellipsis, Pausa, Suspiratio* u. ä.[14] Ebenfalls im 17. Jahrhundert wird auch die Generalpause in den Figurenlehren konsolidiert.[15] Ästhetische Signifikanz erlangt des Weiteren der Augenblick des gemeinsamen Schweigens von Darstellern und Publikum am Ende eines Konzerts oder einer Aufführung, als stiller Nachhall der Töne und mystisch-meditativer Moment zugleich. Kündigen sich diese Bedeutungsdimensionen eines performativen Schweigen und einer Atmosphäre der Stille in den darstellenden Künsten im Barock erst vorsichtig an, so erlangen sie in der nachfolgenden Ästhetik mehr und mehr an Gewicht, bis schließlich das Schweigen und die Stille in der Moderne als nicht mehr semiotisierbar gelten, sondern leer bleiben. Diese Leere unterscheidet sich wesentlich vom barocken Schweigen, das noch konstitutiv gehaltvoll ist.

### *Rhetorik, Semantik und Motivik des Sprachlosen im 17. Jahrhundert*

Das Schweigen hat sich in dieser Arbeit in mehrfacher Hinsicht als ein Grenzphänomen der Rhetorik erwiesen. Erstens, da es traditionell als das Andere der Rede verstanden wurde und daher im 17. Jahrhundert als ein Mittel der Rhetorikkritik fungierte. Zweitens lässt es sich aufgrund seiner phänomenalen Uneindeutigkeit nur schwer und nur mittels willentlicher Fixierungen auf bestimmte Sinnzusammenhänge festlegen. Dass dies aber nur bedingt gelingen kann, zeigt sich etwa daran, dass die Bedeutungszuschreibungen je nach Kontext variieren. Drittens ist das Schweigen ein Grenzphänomen der Rhetorik, weil es die Kategorie des Performativen berührt – einerseits auf der Ebene der Performanz als ‚Schweigakt', der rechtliche oder zumindest soziale Wirkungen zeitigt, andererseits auf der Ebene außersprachlicher ‚Präsenz', die ebenfalls als performatives Element zum Tragen kommt.

Es sollen nun abschließend die wichtigsten Formen und Ebenen des Schweigens im 17. Jahrhundert aufgefächert werden, wie sie in der Arbeit analysiert wurden. Bei den eher summarischen Beschreibungen dieser Schweige-Formen geht es weni-

14 Vgl. Dietrich Bartel. *Handbuch der musikalischen Figurenlehre*. Laaber 1985, S. 104–07, 149–56, 236–38 und 259 f.

15 Häufig finden sich diese Mittel der lautlichen Zäsuierung in den großen Passionen des Barock, etwa in Heinrich Schütz' *Matthäus-Passion* (1666), wo bei der Kreuzbetrachtung in der Partitur eine Generalpause und ein *curia* stehen oder in der *Matthäus-Passion* (1729) von Johann Sebastian Bach wo das Schweigen Christi mittels einer *staccato* spielenden Viola da Gamba dargestellt wird. Diese Hinweise verdanke ich Isabella van Elferen.

ger um die in den Kapiteln im Einzelnen erörterten Semantiken, Sinnzusammenhänge und Funktionen, als vielmehr um den Versuch, übergreifende Strukturen zu destillieren. So lässt sich etwa festhalten, dass einerseits aktive von passiven Ausprägungen unterschieden werden können, andererseits dauerhafte Zustände von momentanen Ereignissen oder Handlungen.

Zunächst ist die Eigenschaft der Verschwiegenheit (*taciturnitas*) anzuführen, die in der Frühen Neuzeit durchweg positiv bewertet wurde. Die Autoren belegen sie mit so unterschiedlichen Attributen wie Klugheit, Weisheit, Keuschheit, Größe, Macht und Willenstärke und stellen ihr das Gegenbild der tendenziell feminisierten Geschwätzigkeit (*loquacitas, garrulitas*) gegenüber. Zahlreiche Verhaltens- und Klugheitslehren widmen sich der Tugend der Verschwiegenheit und suchen sie den Lesern zu vermitteln. Im Rahmen der politisch-ethischen Debatte um *simulatio* und *dissimulatio* wird das Verschweigen, im Unterschied zum aktiven Vortäuschen von Fakten, als leichte und daher tolerierbare Form der Verstellung bewertet. Neben der allgemeinen Charaktereigenschaft der Verschwiegenheit wird auch das punktuelle Verschweigen von konkreten Sachverhalten diskutiert. Lohensteins Figur der Epicharis etwa zeichnet sich nicht durchweg durch Verschwiegenheit aus – ist sie doch sogar besonders wortgewandt –, aber sie verschweigt bis in den Tod etwas Bestimmtes, nämlich die Namen ihrer Verbündeten.

Im Kontrast zur Eigenschaft der Verschwiegenheit sowie der konkreten Handlung des Verschweigens, die als Formen der Selbstdisziplinierung und Willensakte in der Regel positiv beurteilt werden, ist Stummheit im 17. Jahrhundert eher negativ konnotiert. Sie wird als Mangel verstanden, der kompensiert werden muss, oder als ein Erleiden, dem das Subjekt hilflos unterworfen ist. So handelt das *Croesus*-Singspiel im Grunde weniger von Atis' Stummheit als vom Wunder seiner Spracherlangung und von der Maskierung seiner Sprachunfähigkeit. Überdies fungiert Stummheit, wie besonders in den Kapiteln II.2 und II.3 deutlich wurde, als Leitmetapher des Sterbens und des Todes. Der personifizierte Tod tritt in der Figur des Stumm-Machers auf den Schauplatz und das gewaltsame Sterben von Protagonisten wird als finales Verstummen gestaltet. Wenn Shakespeares Hamlet am Schluss seiner Abschiedsrede sagt, „the rest is silence“[16], gefolgt nur noch von der Regieanweisung ‚stirbt‘, ist eben diese Irreversibilität des Sprachverlusts gemeint.[17]

Tendenziell positiv erscheint die Eigenschaft der Stummheit hingegen im Kontext der Debatten um die *eloquentia corporis* und der Rhetorikkritik. Gestik und Mimik gelten in diesen Zusammenhängen oft als authentischer als die Wortsprache, beispielhaft im Topos des Dialogs der Augen als ‚stummer Sprache der Liebe‘, wie er sich in der weltlichen Lyrik findet. Auch die Stummheit der Tiere wird angeführt, um auf den paradiesischen, noch sprachlosen Zustand des Menschen vor

16 Allerdings nicht ohne auf die Geheimnisse zwischen sich und seinem Freund Horatio hinzuweisen, die er mit ins Grab nehmen wird. William Shakespeare. *Hamlet*. Hrsg. von Harold Jenkins. New York und London 1990, S. 416 (V, 363).

17 Vgl. zu dieser negativen Deutung des Todes als finaler Stummheit: Robert N. Watson. *The Rest is Silence. Death as Annihilation in the English Renaissance*. Berkeley 1994.

dem Sündenfall zu verweisen. Darüber hinaus wird das Attribut der Stummheit in der Medienanthropologie des 17. Jahrhunderts verwendet, um einzelne Medien zu kennzeichnen: einerseits das des Bildes, wie es schon seit der Antike topisch war, andererseits aber das der Schrift bzw. des Buches. Letzteres erweist sich als spezifisch für die Frühe Neuzeit und hat mit dem sich vollziehenden medialen Wandel zu tun. Diese Stummheit von Bild wie von Schrift wird als Manko gedacht, dem durch je andere Medien oder aber durch die Intensivierung der eigenen Mittel beizukommen ist.

Von Stummheit als Zustand sind wiederum Verstummen und temporäre Sprachlosigkeit als Formen des punktuellen Redeabbruchs zu unterscheiden. Sie fungieren im Barock zumeist als Affektformeln und dienen dem Ausdruck seelischer Überwältigung. Wie sich in Kapitel IV.2 zeigte, wird ein solches Verstummen in der Literatur des 17. Jahrhunderts selten faktisch vollzogen. Viel eher wird es als Pathosformel der Unsagbarkeit oder Aposiopese eingesetzt, indem die Figuren mit verbalen Mitteln auf das Nichtsprechen verweisen. Besondere Aufwertung erhält die Formel eben durch ihren Verweisungscharakter, der durch Gebärden wie etwa die Verhüllung des Gesichts noch verstärkt wird. Auf Sprachlosigkeit und Verstummen wird in der Literatur des Barock insbesondere bei zwei Affektbereichen verwiesen: dem der Trauer bzw. des Leids einerseits, dem der Liebe andererseits. Hier findet sich eine Konvergenz zwischen weltlicher und geistlicher Rhetorik, insofern beide die Intensität und Größe der Liebe mittels Sprachlosigkeit darzustellen suchen. Unterschieden sind beide Rhetoriken hingegen durch die Wortwahl. Während es im weltlichen Bereich zumeist um Unsagbarkeit geht, ist das sakrale, insbesondere mystische Konzept das der Unaussprechlichkeit. Unsagbarkeit bedeutet, dass es für etwas keine Worte gibt, Unaussprechlichkeit hingegen heißt, dass es zwar möglicherweise Worte für das zu Umschreibende gibt, diese aber ohnehin zu groß und erhaben sind, um sie zu verbalisieren. Bei ersterem handelt es sich um ein Problem der Signifikation, bei letzterem um eines der Artikulation.

Leitender theologischer Begriff ist aber nicht das Schweigen, sondern die Stille. Das mystische Stillsein wird als ein Zustand verstanden, in dem Kommunikation und Kommunion mit Gott möglich sind. Als systematischer Gegenbegriff zum Schweigen fungiert Stille im 17. Jahrhundert aber noch nicht, vielmehr wird auf beide oft gemeinsam mittels des Kompositums ‚Stillschweigen' verwiesen. Ein davon differentes, nicht auf Sprache bezogenes Konzept der Stille, wie es die Moderne ausbilden wird, findet sich im Barock hauptsächlich im sakralen Bereich. So ist Stille im Sinne von Ruhe ein leitender Begriff der Mystik und der geistlichen Meditation, er bezeichnet die innere Entleerung und die Rezeptivität des Gläubigen. Vielfach finden sich Ausdifferenzierungen unterschiedlicher Formen und Grade der Stille, etwa in ein Stillschweigen der Worte, der Begierden und der Gedanken – wobei anhand der Wortwahl deutlich wird, dass die Stille letztlich doch als eine Form von Schweigen gedacht wird. Erst im 18. Jahrhundert tritt eine deutliche semantische Unterscheidung zwischen Schweigen und Stille in Kraft. Schweigen wird fortan als Abwesenheit von Rede verstanden, Stille als Abwesenheit von Lärm und Geräuschen.

Im 17. Jahrhundert wurde das Sprachlose mit zahlreichen Attributen und Funktionen belegt. Schweigen konnte für Macht wie für Machtlosigkeit stehen, für Präsenz wie für Absenz, für Fülle wie für Leere. Es konnte ein passiver Zustand sein und auch eine aktive Handlung. Es konnte erlitten oder mit allen Sinnen erlebt werden. Seine Ambivalenz und Vieldeutigkeit machen das Schweigen zu einem Gegenstand, der unausgesetzter kultureller Verhandlungen und Interpretationen bedarf und nicht auf eine einfache Bedeutung hin festgelegt werden kann. Doch im Vergleich zur Moderne erweisen sich selbst diese pluralen Dimensionen wesentlich definiter. In den auf das Barock folgenden Epochen wird hingegen gerade die Unentscheidbarkeit seiner Bedeutung mehr und mehr zum eigentlichen Gegenstand ästhetischer Reflexion.

# VII. Danksagung

Die vorliegende Untersuchung wurde im Sommersemester 2004 von der Philosophischen Fakultät II der Humboldt-Universität zu Berlin als Habilitationsschrift angenommen. Den Gutachern Inge Stephan, Ernst Osterkamp und Erika Fischer-Lichte möchte ich für ihre engagierte Betreuung der Arbeit, für Anregungen und Kritik herzlich danken.

Die Forschungsarbeiten zum *Barocken Schweigen* wurden durch vier Stipendien ermöglicht. Ein Postdoc-Stipendium am DFG-Graduiertenkolleg „Körper-Inszenierungen" an der Freien Universität Berlin von Herbst 1998 bis Frühjahr 2000 half mir, die theoretischen und methodischen Prämissen des Projekts zu klären. Das Nord LB/Warburg-Wolfenbüttel Research Fellowship 2000/2001 ermöglichte einen Forschungsaufenthalt an der Herzog August Bibliothek in Wolfenbüttel und am Warburg Institute in London, bei dem die Idee reifte, mich nur dem 17. Jahrhundert zu widmen. Die Herzog August Bibliothek bewilligte mir im Anschluss ein Forschungsstipendium, durch das 2002 zwei weitere Bibliotheksaufenthalte realisiert werden konnten. Ohne diese Forschungen in Wolfenbüttel und die kompetente Unterstützung durch die Mitarbeiterinnen und Mitarbeiter der Bibliothek hätte das Buch in der vorliegenden Form nicht entstehen können. Ein Kurzstipendium der Maison des Sciences de l'Homme im Sommer 2003 erlaubte es, die Bestände der Pariser Bibliothèque Nationale de France für die Fragestellung ergänzend zu sichten. Inge Stephan und dem Direktorium des Instituts für deutsche Literatur der Humboldt-Universität sei für ihre Befürwortung dieser Forschungsaufenthalte gedankt. Die Drucklegung des Buches wurde durch den Förderungs- und Beihilfefonds Wissenschaft der VG Wort ermöglicht.

Mein Dank gilt überdies den Wissenschaftlerinnen und Wissenschaftlern, die diese Arbeit in der einen oder anderen Form unterstützt haben – durch konzeptionelle Anregungen oder kritische Nachfragen, durch Literatur- und Quellenhinweise sowie durch Hilfe bei den Übersetzungen. Ich danke namentlich Stephanie Arend, Jill Bepler, Alexander Bitzel, Hartmut Böhme, Thomas Borgstedt, Horst Bredekamp, Charles Burnett, H. Erik Butler, Walter Cupperi, Robin Curtis, Mirosława Czarnecka, Birgit Dahlke, Judit Ecsedy, Isabella van Elferen, Maria Pia Fantini, Petra Feuerstein-Herz, Julia Freytag, Markus Friedrich, Mariacarla Gadebusch Bondio, Martin van Gelderen, Susanne Gödde, Valentin Groebner, Randolph C. Head, Philine Helas, Andreas Herz, Christian Hogrefe, Joseph Imorde, Piotr Korduba, Albrecht Koschorke, Stephan Kraft, Ursula Kundert, Stefan Leonards, Verena Lobsien, Steffen Martus, Dieter Merzbacher, Annette Meyer, Jennifer Montague, Marie-Thérèse Mourey, Helmut Müller-Sievers, Cornelia Niekus-

Moore, Friedrich Niewöhner (†), Patrice Pavis, Dietmar Peil, Ann Marie Rasmussen, Ulrich Raulff, Thomas Robisheaux, Antonella Sannino, Helmar Schramm, Erhard Schütz, Manuela K. Schulz, Oliver Simons, Joachim Śliva, Johann Anselm Steiger, Alexandra Tacke, Nicole A. Thesz, Hans Rudolf Velten, Liliane Weissberg, Horst Wenzel, Bethany Wiggin, Stephanie Wodianka und Helmut Zedelmaier. Schließlich möchte ich Judith Huber, Anton Orlt, Falko Schnicke, Maria Schönhofer und Britta Stender für Ihre Hilfe bei der Korrektur und Einrichtung des Buchmanuskripts danken.

# VIII. Literatur- und Abbildungsverzeichnis

## 8.1 Quellen

*Bibliotheks-Siglen:*

*BNF = Bibliothèque Nationale de France, Paris // FBG = Forschungsbibliothek Gotha // HAB = Herzog August Bibliothek, Wolfenbüttel // SPK = Staatsbibliothek Preußischer Kulturbesitz, Berlin // WI = Warburg Institute, London*


Abraham a Santa Clara. *Grammatica religiosa, Pié docet declinare à malo, & facere bonum amplecti Perfectum in Preasenti, & respuere Imperfecutm, ad obtinendum Futurum Infinitum, cum Participio Salutis*. Salzburg 1699 (HAB Xb 5649).

– *Gemisch-Gemasch/ Das ist: Allerley seltsame und verwunderliche Geschichten/ Mit vielen Concepten und sittlichen Lehren unterspickt/ Wie auch mit Kupfern vermengt [...].* Würzburg 1704 (HAB Lo 15).

– *Grammatica religiosa/ oder/ Geistliche Tugend=Schul: in welcher jeder [...] zur geistlichen Vollkommenheit unterwiesen wird [...].* Köln 1705 (HAB Microfilm 1: 320).

– *Geistlicher Kramer-Laden Voller Apostolischen Wahren, Und Wahrheiten. Das ist: ein reicher Vorrath allerley Predigten, Welche an vielen Orten, istens aber zu Wienn in Oesterreich gehalten worden [...].* 2 Bde. Würzburg 1725 (HAB Lo 20).

Agrippa, Cornelius [Agrippa von Nettesheim]. *De occulta Philosophia libri tres*. Hrsg. von Perrone Compagni. Leiden u. a. 1992 (HAB F8° 2680:48).

Albertinus, Aegidius. *Der Hirenschleifer*. München 1618 (HAB 73 Ethica).

– *Emblemata Hieropolitica Versibus et Prosa illus trabant Ioannes Melitanus à Corylo. Eiusdem Mvsae Errantes.* München 1647.

– *Hirnschleiffer*. Kritische Ausgabe. Hrsg. von Lawrence S. Larsen. Stuttgart 1977.

Albertinus, Aegidius und Zamoriensis, Laurentius [gen. Laurentius]. *Nosce te ipsum, Oder Kenn dich selbst: Auss Geistlichen Hieroglyphen, weltlichen Symbolis, oder Zeichen, Gleichnissen, Gemälden, und verborgnen Rätherischen Sprüchen anfangs/ Durch Laurentium Zamoriensem [...] Und an jetzo Durch Aegidium Albertinum [...] verteutscht*. München 1607.

Alciato, Andrea. *[...] Emblematum liber*. o.O. 1531 (HAB P 859.8° Helmst. (3)).

– *Emblematum libellus*. Paris 1542 (HAB Microfiche 207.380).

– *Liber emblematvm D. Andreae Alciati [...] verteutscht vnd an Tag geben durch Jeremiam Held von Nördlingen*. Frankfurt a. M. 1567 (P 1911 Helmst. 8° (1)).

– *Emblemata, cum commentariis amplissimis*. Padua 1661 (HAB WA 6394).

– *Emblems in Translation*. Hrsg. von Peter M. Daly. Toronto u. a. 1985.

– *The Latin Emblems. Index Emblematicus.* Hrsg. von Peter M. Daly. Toronto u. a. 1985.

Alsted, Johann Heinrich. *Encyclopaedia septem tomis distincta.* 4 Bde. Nachdruck der Ausgabe Herborn 1630. Hrsg. von Wilhelm Schmidt-Biggemann. Stuttgart 1990.

Amantius, Bartholomaeus, Dominicus Nanus Mirabellus und Franciscus Tortius. *Polyanthea [nova, hoc est,] Opus suauissimus floribus [celebriorum sententiarum tam Graecarum quam Latinarum][...].* Frankfurt a. M. 1612 (HAB H:P 371.a Helmst.).

Anonym. *Ein schöner Spruch von Kynder zucht vnnd gutten sitten/ in reden vnnd schweygen [...].* Nürnberg ca. 1545 (HAB H: S 252b.8° Helmst. (6a)).

– *Eine sehr klägliche Tragödia von Tito Andronico vnd der hoffertigen/ Käyserin/ darinnen denckwürdige actiones zu befinden.* o.O. 1620 (HAB 105 Ethica).

– *Extract eines Schreibens auß Braunschweig/ wegen eines Stumm-geborenen Mägdleins bey 18 Jahren alt/ in dem Stifft Halberstatt bürtig/ welche den 23. Augusti 1630 redent/ und was sie Propheceyet vnd außgesagt hat.* Wolfenbüttel 1630 (HAB 202 79–Qu (37)).

– *Kurtzweiliger Zeitvertreiber/ Welcher außgebutzt mit allerhand lustigen Hofreden/ lächerlichen Schwäncken/ artigen Schnacken/ nachdenklichen wolgerissenen Possen/ kurtzweiligen Begebnüssen/ merkwürdigen Geschichten/ nützlichen Erzehlungen/ und wohlgegebenen Poetischen Ergötzlichkeiten [...].* Hrsg. von C. A. M. von W. o.O. 1668 (HAB A. 137.39 Eth (1)).

– „Eine sehr klägliche Tragödia von Tito Andronico vnd der hoffertigen/ Käyserin/ darinnnen denckwürdige actiones zu befinden“. Nachdruck der Ausgabe o.O. 1620. *Spieltexte der Wanderbühne* 1: Engelische Comedien und Tragedien. Hrsg. von Manfred Brauneck. Berlin 1970. 461–522.

– [nach Niccolò Minato]. „Der Hochmüthige/ Gestürtzte/ und Wider=Erhobene Croesus, In einem Sing=Spiel Vorgestellet“. *Spieltexte der Wanderbühne* 5.1: Italienische Spieltexte aus unveröffentlichten Handschriften. Hrsg. von Alfred Noe. Berlin 1999. 113–90.

– „Der stumme Prinz Atis“. *Spieltexte der Wanderbühne* 5.1: Italienische Spieltexte aus unveröffentlichten Handschriften. Hrsg. von Alfred Noe. Berlin 1999. 191–252.

Arndt, Johann. *Vier Bücher/ Vom wahren Christentumb/ Heylsamer Busse/ Hertzlicher Rew vnd Leyd vber die Sünde vnd wahrem Glauben: Auch heilgem Leben vnd Wandel der rechten wahren Christen [...]* 4. Magdeburg 1620 (HAB 148.30 Theol. (4)).

Azpilcueta, Martin de. *Commentarius de silentio in divinis officiis, praesertim in choro servando super cap. In loco benedictionis. s.q.4. Martini ab Azilcueta Doctoris Nauarri ab ipsomet desumptus ex Enchiridio, siue Manuali de oratione, & horis canonicis.* Rom 1580 (BNF D-13792 (4)).

Bacon, Francis. *Staats= Vernunft= und Sitten-Lehrschriften.* Nürnberg 1654 (HAB Xb 100).

– *The Essays: or Counsels, Civil and Moral: and The Wisdom of The Ancients*. 9. Aufl. Boston 1873.
– *The Essayes or Counsels, Civill and Moral*. Hrsg. von Michael Kiernan. Oxford 2000.
Balduinus, Balthasar. *Harpocrates proscriptus. Sive, De justo zelo, adversus modernos haereticos, turpiter errantes in doctrina, et epicuraeos, malitiose agentis in vita, diatribe [...]*. Zwickau 1640 (HAB 420.8 Th (5)).
Baudoin, Jean. *Emblèmes divers, représentez dans cent qvarante figvres en taille-dovce. Enrichis de discours Moraux, Philosophiques, Politiques, & Hystoriques [...]*. Nachdruck der Ausgabe Paris 1614. Paris 1987.
Bessel, Christian Georg. *Schmiede Des Politischen Glücks, Darinnen Viele heilsahme Lehren enthalten [...]*. Hamburg 1666 (HAB Qu N 764 (2)).
– *Neuer Politischer Glücks=Schmied/ Mit allerhand zum Hof= und Welt=Leben dienenden/ und auff gegenwärtige Zeiten absonderlich gerichteten heylsamen und höchstnöthigen Lehren [...]*. Frankfurt a. M. 1681 (HAB Sf 661 (1)).
Birken, Siegmund von. *Teutsche Rede- bind- und Dichtkunst*. Nachdruck der Ausgabe Nürnberg 1976. Hildesheim und New York 1973.
Bisaccioni, Maiolino. *Historia vniversale dell'origine, gverre, et imperio de Tvrchi [...]*. Venedig 1654 (HAB 89.3 Hist.).
Bocchi, Achille. *Symbolicarvm Qvaestionvm de vniverso genere qvas serio lvdebat/ libri qvinqve [...]*. Bologna 1555 (HAB Uk 83).
Boecler, Johann Heinrich. *Kurzte Anweisung/ Wie man die Authores Classicos bey und mit der Jugend tractiren soll*. Strassburg 1679 (HAB M: Pb 32 (1)).
Böhme, Jacob. *Werke*. Hrsg. von Ferdinand van Ingen. Frankfurt a. M. 1997.
Böhmer, Justus Christoph. *Prolvsiones III. Pvblicarvm lectionvm avspiciis in academia ivlia praemissae*. Helmstedt 1709 (HAB Li Sammelbd 76 (8)).
Bornitius; Jacob. *Emblemata ethco-politica Ingenuam atque erutiam interpreatatione nunc primùm illustrada Per M. Nicolaum Meerfeldt*. Mainz 1669.
Boulduc, Jacob. *Commentaria in librum Iob*. Paris 1619 (SPK BN 680).
Brixiensi, Albertanus. *Compendiosus tractatus d'arte loquendi et tacendi multum utilis*. Köln ca. 1480 (HAB 127.5 Th. (10)).
Bruno, Giordano. *Von der Ursache, dem Prinzip und dem Einen*. Hrsg. von Paul Richard Blum. Übers. von Adolf Lasson. Hamburg 1977.
Büchner, Georg. *Werke und Briefe*. Hrsg. von Karl Pörnbacher u. a. München 1988.
Bugenhagen Pomer, Johan. *Eine Christliche Predigt, über der Leich und begrebnis/ des Ehrwirdigen D. Martini Luthers [...]*. Wittenberg 1546 (HAB A: 257.12 Theol. (19)).
Busbequius, Augerius Gislenius. *D. legationis Tvrciae epistolae iv*. Hannover 1629 (HAB P 1991.8° Helmst. (2)).

Camarius, Ioachim. *Vier Hundert Wahl=Sprüche und Sinnen=Bilder/ Durch welche beygebracht und aussgelegt werden die angeborne Eigenschafften/ Wie auch Lustige Historien/ und Hochgelährter Männer Weisse Sitten=Sprüch [...]*. Mainz 1677 (HAB H: P 1932.8o Helmst.).

Cartari, Vincenzo. *Le imagini De gli dei de gli Antichi [...]*. Venedig 1624 (HAB 202.5 Qu.).

– *Imagini delli dei de gl'antichi*. Nachdruck der Ausgabe Venedig 1647. Graz 1963.

– *Imagini delli dei de gl'antichi*. Venedig 1667 (HAB 17.9 Quod.).

Cicero. „De oratore". *M. Tvllii Ciceronis Opera. Cum optimis exemplaribus accurate collata* 1. Leiden 1642. 266–517 (HAB M. Lh 334).

– *Orator*. Lateinisch und deutsch. Übers. und hrsg. von Bernhard Kytzler. 4. Aufl. Zürich 1998.

Coccejus, Johannes. *Commentarius in librum Ijobi, synopticam rerum ac textus dispositionem, et expositionem verborum ac sententiarum ex Hebraiism proprietate ac emphasi usuque & analogia Scripturae contiens [...]*. Franeker 1644. (HAB 422.13 Theol. 2°).

Collibus, Hippolytus a [Hippolyt von Colle]. *Harpocrates Sive de recta Silendi ratione*. Leiden 1603 (HAB A: 1028.20 Theol. (2)).

Conermann, Klaus u. a. (Hrsg.). *Briefe der Fruchtbringenden Gesellschaft und Beilagen* 3: Die Zeit Fürst Ludwigs von Anhalt-Köthen 1617–1650. Tübingen 2003.

Contzen, Adam. *Daniel. Avlae Speculum sive De Statv, Vita, Virtute, Avlicorvm atque Magnatum auctore [...]*. Köln 1630 (HAB 58.2).

Coustau, Pierre [Petrus Costalius]. *Pegna cum narrationibus philosophicis*. Lyon 1555 (HAB Microfiche 207:0–587).

Covarrubias, Sebastian de. *Emblemas morales*. Hrsg. von Carmen Bravo-Villasante. Nachdruck der Ausgabe Madrid 1610. Madrid 1978.

Cramer, Daniel. *Emblemata sacra, Das ist: Fünffzig Geistliche in Kupffer gestochene Emblemata; oder Deutungsbilder/ aus der Heiligen Schrifft/ von dem süssen Namen und Creutz JEsu CHristi [...]*. Frankfurt a. M. 1622 (HAB Th 469).

– *Emblemata moralia nova, Das ist: Achtzig Sinnreiche Nachdenckckliche Figuren auß heyliger Schrifft in Kupfferstücken fürgestellet/ worinnen schöne Anweisungen zu wahrer Gottesforcht begrieffen [...]*. Frankfurt a. M. 1630 (HAB Xb 6083).

– *Octaginta emblemata moralia nova, e sacris literis petita, formandis ad veram pietatem accommodata & elegantibus picturis aeri incisis repraesentata [...]*. Frankfurt a. M. 1630 (HAB Li 1576).

Cundisius, Gottfried. *Harpocrates sacer. Das ist: Biblisches Bildnüß/ und wahres Contrafect eines gläubigen Christen/ der im Creutze mit stilleschweigen seine Gedult bezeigen soll/ Aus den Worten Davids [...] Ich wil schweigen/ und meinen Mund nicht auffthun [...]*. Leipzig 1640 (FLB Gotha 39:107881T (38)).

Cuper, Gisbert. *Harpocrates seu Explicatio imagunculae argenteae antiquissimae sub harpocratis figura ex AEgyptiorum instituto Solem repraesentantis: Qua varii Auctorum loci, Hieroglyphicae notae, Numismata, Basilidianorum gemmae, nec non narmora nova luce perfunduntur*. Amsterdam 1676 (HAB Ud 96).

– *Harpocrates, Sive Explicatio imagunculae argenteae per antiquae; quae in figuram Harpocratis formata representat solem. Ejusdem monumenta antiqua inedita. Multi Auctorum loci, multae Inscriptiones, Marmora, Nummi, Gemmae, varii ritus, & Antiquitates in utroque Opusculo emendantur & illustrantur*. Utrecht 1687 (HAB Ud 95).

Czepko, Daniel. *Sämtliche Werke* 1.1: Lyrik in Zyklen. Hrsg. von Hans-Gert Roloff und Marian Szyrocki. Berlin und New York 1989.

*Das Corpus Hermeticum Deutsch* 1. Übers. von Jens Holzhausen. Hrsg. von Carsten Colpe und dems. Stuttgart 1997.

*Das Corpus Hermeticum einschließlich der Fragmente des Stobaeus.* Übers. von Karl-Gottfried Eckhard. Hrsg. von Folker Siegert. Siegen und Münster 1999.

Descartes, René. *Meditationen über die Grundlagen der Philosophie* II.5. Übers. von Artur Buchenau. Hrsg. von Lüder Gäbe. Hamburg 1960.

– *Von der Methode.* Übers. und hrsg. von Ludger Gäbe. Hamburg 1969.

– *Die Leidenschaften der Seele.* Französisch und deutsch. Übers. und hrsg. von Klaus Hammacher. Hamburg 1984.

Detry, Peter Friedrich. *Betrachtung des Menschen, nach Geist/ Seel und Leib. Zweyte vermehrete und erläuterte Auflage mit Kupffern.* o.O. 1732.

*Deutsche Encyklopädie oder allgemeines Realwörterbuch aller Künste und Wissenschaften* 10. Frankfurt a. M. 1789.

*Die Benediktsregel. Eine Anleitung zum christlichen Leben.* Lateinisch und deutsch. Übers. und hrsg. von Georg Holzherr. 2. Aufl. Zürich u. a. 1982.

*Die Bibel. Altes und Neues Testament. Einheitsübersetzung.* Hrsg. im Auftrag der Bischöfe Deutschlands, Österrreichs u. a. Freiburg 1991.

*Die Bibel. Nach der Übersetzung Martin Luthers.* Mit Wortkonkordanz. Hrsg. von der evangelischen Kirche in Deutschland. Stuttgart 2000.

*Die Verschwigene, Von nichts Wißende.* Imprese für Gräfin Magdalena von Schwarzburg-Rudolstadt aus dem ungedruckten Gesellschaftsbuch der ‚Tugendlichen Gesellschaft' (FBG Chart B 831ba (2), Bl. 62r-63v).

Johann Michael Dilherr. *Betrachtung des Todes/ und des Gerichts fürgestellet in etlichen kurtzen Wochenpredigten.* Nürnberg 1650 (HAB: Th 545 (2)).

Dilherr, Johann Michael. *Tod, Gericht und Hölle zu betrachten fürgestellet in etlichen Wochen- und Sonntags-Predigten [...].* Nürnberg 1658 (HAB J 87.8° Helmst.).

Dinouart, Joseph Antoine Touissaint [Abbé Dinouart]. *L'art de se taire: principalement en matière de religion.* Hrsg. von Jean-Jacques Courtine und Claudine Haroche. Paris 1987.

Du Bosc, Jacques. *L'honneste femme. Divisée en trois parties [...].* Paris 1647 (HAB 39.5 Ethica (1)).

Du Laurens, André. *Discovrs de la conservation de la veve: Des maladies melancholiques, des catharres, & de la vieillesse.* Rouen 1608 (HAB Me 23a).

Du Rosel, Jacques. *Conduite pour se taire et pour parler, principalement en matière de religion.* Paris 1696 (HAB M: Lm 1293).

Egardus, Paul. *Eines weyland geistreichen Lehrers zu Nordorf in Holstein/ Erläuterung des Buches Hiob/ Oder Die Schule der leiblichen und Geistigen Anfechtungen Welche Denen Gläubigen nach dem Willen GOttes in dem Lauf des Christenthums begegnen/ im Bilde Hiobs gezeiget [...].* Halle 1716 (SPK Bn 875).

Erasmus, Desiderius [Erasmus von Rotterdam]. *Adiagorum. Epitome. Ex novissima chiliadvm recognotione excerpta & quod diligens Lector facilè videbit, multis in locis iam quàm antè, diligentiùs emendata [...].* Wittenberg 1599 (HAB P 1159 Helmst. 8°).

– *Opera Omnia* 4. Leiden 1703 (HAB Li 2047).

– „Adagiorum chilidades [Adagia Selecta]. Mehrere tausend Sprichwörter und sprichwörtliche Redensarten (Auswahl)". *Ausgewählte Schriften* 7. Lateinisch und deutsch. Übers. von Theresia Payr. Hrsg. von Werner Weltzig. Darmstadt 1972. 358–633.

– „On the Use and Abuse of the Tongue". *Collected Works of Erasmus* 29. Hrsg. von Elaine Fantham und Erika Rummel. Toronto u. a. 1989. 249–412.

Ersch, Johann Samuel und Johann Gottfried Gruber (Hrsg.) *Allgemeine Encyklopädie der Wissenschaften und Künste*: I.44. Leipzig 1846.

Euripides. *Griechische Tragödien.* Hrsg. von Hans Jürgen Meinerts. Gütersloh o.J.

Faret, Nicolas. *L'honeste homme; ov, L'art de plaire a la covr.* Paris 1637 (HAB 51.9 Eth. (2)).

Finckelthaus, Gottfriedt. *Dreyssig Teutsche Gesänge/ Zum dritten mahl übersehen vnd auffgelegt.* Leipzig 1642 (SPK Yi 2076).

Fleming, Paul. *Teütsche Poemata.* Nachdruck der Ausgabe Lübeck 1642. Hildesheim 1969.

– *Deutsche Gedichte.* Hrsg. von Johann Martin Lappenberg. Stuttgart 1865.

Franciscus, Erasmus. *Die Neu=Auffgerichtete Liebs=Kammer/ Darinnen Allerhand höfflich=verliebte Send=Schreiben/ an das löbliche und anmuhtige Frauenzimmer/ auch andere Personen abgefasset/ und beantwortet sind [...].* Frankfurt a. M. 1662 (HAB 149.4 Rhet.).

Franck, Sebastian. *Sprichwörter/ Schöne/ Weise/ Herrliche Clugreden/ und Hoffsprüch [...].* Nachdruck der Ausgabe Frankfurt a. M. 1541. Hrsg. von Wolfgang Mieder. Hildesheim u. a. 1987.

Francke, August Hermann. *Buß=Predigten über verschiedene Texte der Heil. Schrifft von einigen wichtigen und Zur Erbauung des wahren Christenthums nöthigen Materien gehalten In der St. Georgen Kirche zu Glauche an Halle [...].* Halle 1699 (HAB H:Q 119.4o Helmst (1)).

Friedrichen, Andreas. *Emblemata nova. Das ist New Bilderbuch. Darinnen durch sonderliche Figuren der jetzigen Welt Lauff und Wesen [...] abgemalet, und mit zugehörigen Reymen erkläret wird [...].* Frankfurt a. M. 1644 (HAB A: 19.3 Eth. (4)).

Gigas, Peter. „Die Zunge/ die manch Ohr mit güldnen Ketten band". *Last= und Ehren= auch Daher immerbleibende Danck= und Denck=Seule/ Bey volbracher Leichbestattung Des weiland Wol=Edlen/ Gross=Achtbahren und Hoch/=gelehrten Herrn Andreae Gryphii [...].* Hrsg. von Baltzer Siegmund von Stosch. Breslau 1667. 108 (HAB M: Th 1074 (3)).

Goethe, Johann Wolfgang von. *Goethes Werke. Weimarer Ausgabe* 47. Nachdruck des Bandes von 1896. München 1987.

Gomberville, Marin LeRoy de. *La Doctrine des Moeurs tirée de la Philosophie des Stoïques: représentée en cent tableaux et expliquée en cent discours pour l'instruction de la ieunesse.* Nachdruck der Ausgabe Paris 1646. Hrsg. von Walter Brauer. Wiesbaden 1963.

Gracián, Baltasar. „El criticon". *Obras* 1. Madrid 1663. 1–449 (HAB Ll 108).

– *L'Homme de cour/ Traduit de l'Espagnol de Balthasar Gracian/ par le sieur Amelot de La Houssaie/ Avec des notes.* Paris 1684 (BNF R-7577).

– *L'homme de cour Oder Baltasar Gracians Vollkommener Staats= und Welt=Weise.* Übers. von Leonhard Sauter. Leipzig 1686 (HAB Alv. S.: Km 298).

– *Des berühmten Spanischen Jesuiten Balthasar Gracians CRITICON Von den allgemeinen Lastern des Menschen/ Welche demselben so wol in der Jugend als in dem männlichen und hohen Alter insonderheit ankleben/ und wie weit dieselbe durch das Licht der Vernunfft können verbessert werden. Aus dem Frantzösischen ins Teutsche übersetzet* 1. Frankfurt a. M. und Leipzig 1698 (HAB Ll 111).

– *Des Berühmten Spanischen Jesuiten Balthasaris Graciani Criticon über die Allgemeinen Laster des Menschen [...] Welches aus der Frantzösischen Sprache in die Teutsche übersetzet worden ist.* Übers. von Caspar Gottschling. Frankfurt a. M. und Leipzig 1710 (HAB Ll 112).

– „Oráculo manual y arte de prudencia". *Obras completas* 2. Hrsg. von Manuel Arroyo Stephens. Madrid 1993. 187–304.

Greiffenberg, Catharina Regina von. „Geistliche Sonette, Lieder und Gedichte". *Sämtliche Werke in 10 Bänden* 1. Hrsg. von Martin Bircher und Friedhelm Kemp. New York 1983.

– „Des Allerheiligst- und Allerheilsamsten Leidens und Sterbens Jesu Christi. Zwölf andächtige Betrachtungen". *Sämtliche Werke in 10 Bänden* 9 und 10. Hrsg. von Martin Bircher und Friedhelm Kemp. New York 1983.

Grimmelshausen, Hans Jacob Christoffel von. *Werke* I.1. Hrsg. von Dieter Breuer. Frankfurt a. M. 1989.

– *Werke* I.2. Hrsg. von Dieter Breuer. Frankfurt a. M. 1992.

Grützmacher, Curt (Hrsg.). *Liebeslyrik des deutschen Barock.* München 1965.

Gryphius, Andreas. *Freuden und Trauer=Spiele auch Oden und Sonnette sampt Herr Peter Squenz Schimpf=Spiel.* Breslau 1658 (HAB A: 459.9 Quod).

– *Dissertationes funebres, Oder Leich=Abdankungen/ Bey Unterschiedlichen hoch= und ansehnlichen Leich=Begängnüssen gehalten [...].* Leipzig 1667 (HAB 1019.1 Theol.).

– „Oden und Epigramme". *Gesamtausgabe der deutschsprachigen Werke* 2. Hrsg. von Marian Szyrocki. Tübingen 1964.

– „Sonette". *Gesamtausgabe der deutschsprachigen Werke* 1. Hrsg. von Marian Szyrocki. Tübingen 1963.

– „Vermischte Gedichte". *Gesamtausgabe der deutschsprachigen Werke* 3. Hrsg. von Marian Szyrocki. Tübingen 1964.

– *Leo Armenius. Trauerspiel.* Hrsg. von Peter Rusterholz. Stuttgart 1971.

– *Dramen.* Hrsg. von Eberhard Mannack. Frankfurt a. M. 1991.

– *Gedichte*. Hrsg. von Adalbert Elschenbroich. Stuttgart 1996.
Guazzo, Stefano. *De civili conversatione. Das ist/ Von dem Bürgerlichen Wandel vnd zierlichen Sitten: Ein gantz nützliches/ sinnreiches vnd liebreiches Gespräch/ welches in vier Bücher aufgetheilet [...]*. Frankfurt a. M. 1599 (HAB O 207.4° Helmst. (5)).
– *La civil conversazione*. Venedig 1611 (BNF Z-50030).
– *Sieben außerlesende und lustige politische Dialogi oder Gespräche [...]*. Breslau 1623 (HAB 32.1 Pol. (5)).
Günther, Johann Christian. *Sämtliche Werke* 1: Liebesgedichte und Studentenlieder in zeitlicher Folge. Hrsg. von Wilhelm Krämer. Leipzig 1930.
– *Werke*. Hrsg. von Reiner Bölhoff. Frankfurt a. M. 1998.

Hallmann, Johann Christian. *Sämtliche Werke* 1. Hrsg. von Gerhard Spellerberg. Berlin und New York 1975.
– *Sämtliche Werke* 2. Hrsg. von Gerhard Spellerberg. Berlin und New York 1980.
Harms, Wolfgang u. a. (Hrsg.). *Illustrierte Flugblätter des Barock*. Tübingen 1983.
Harsdörffer, Georg Philipp. *Frauenzimmer Gesprächsspiele*. 8. Bde. Nachdruck der Ausgabe Nürnberg 1644–49. Hrsg. von Irmgard Böttcher. Tübingen 1968–69.
– *Poetischer Trichter. Die Teutsche Dicht- und Reimkunst/ ohne Behuf der Lateinischen Sprache/ in VI. Stunden einzugiessen* 1–3. Nachdruck der Ausgabe Nürnberg 1648–53. Hildesheim und New York 1971.
– *Delitiae Philosophicae et Mathematicae/ Der Philosophischen und Mathematischen Erquickstunden Dritter Teil*. Nachdruck der Ausgabe Nürnberg 1653. Hrsg. von Jörg Jochen Berns. Frankfurt a. M. 1990.
– *Mr. Du Refuge/ Kluger Hofmann: Das ist/ Nachsinnige Vorstellung dess untadelichen Hoflebens/ mit vielen lehrreichen Sprüchen und denkwürdigen Exempeln gezieret [...]*. Frankfurt a. M. und Hamburg 1655 (HAB 46.3 Ethica).
– *Artis apophthegmaticae continuatio/ Fortgeleitete Kunstquellen denkwürdiger Lehrsprüche und Erfreulicher Hofreden*. 2 Bde. Nachdruck der Ausgabe Nürnberg 1656. Hrsg. von Georg Braungart. Frankfurt a. M. 1990.
– *Der Grosse Schauplatz Lust- und Lehrreicher Geschichte*. Nachdruck der Ausgabe Hamburg 1664. Hildesheim und New York 1978.
Haugwitz, August Adolph von. *Schuldige Unschuld oder Maria Stuarda*. Nachdruck der Ausgabe Dresden 1683. Hrsg. von Robert R. Heitner. Bern und Frankfurt a. M. 1974.
– *Prodromus poeticus, oder: Poetischer Vortrab*. Nachdruck der Ausgabe Dresden 1684. Hrsg. von Pierre Béhar. Tübingen 1984.
Hauptmann, Johann Gottfried. *Silentium poeticum/ contemplatvs/ ad/ Memoriam Schvisslerianam/grata pietate recolendam*. Gera 1777 (HAB M: La Kapsel 1).
Heider, Wolfgang. *Philosophiae moralis Systema seu Commentationes in universam Aristotelis ethicen [...]*. Jena 1629 (HAB LG 330).
Henkel, Arthur und Albrecht Schöne (Hrsg.). *Emblemata. Handbuch zur Sinnbildkunst des 16. und 17. Jahrhunderts*. Stuttgart 1967.

Herodot. *Historien* 1. Griechisch und deutsch. Übers. und hrsg. von Josef Feix. München 1963.

Hobbes, Thomas. *Leviathan.* Hrsg. von Hermann Klenner. Übers. von Jutta Schlösser. Hamburg 1996.

Hoffmann von Hoffmannswaldau, Christian. *Gedichte.* Stuttgart 1964.

– *Deutsche Vbersetzungen Und Gedichte. Mit bewilligung des Autoris.* Breslau 1979.

– *Deutsche Übersetzungen und Getichte.* 2 Bde. Hrsg. von Franz Heiduk. Hildesheim u. a. 1984.

Horaz. *Sämtliche Werke.* Lateinisch und deutsch. Übers. von Wilhelm Schöne. Hrsg. von Hans Färber. München 1979.

Hudemann, Heinrich. *Hirrnschleiffer. Das ist: Außerlesene teutsche Emblemata/ oder Sinnenbilder/ welche zu schärfung des Verstands/ besserung des sündlichen Lebens/ unnd Erlustigung des gantzen Menschen mit Verssen gezieret/ unnd in dieser Sprach hiebevor nicht außkommen seynd.* o.O. 1626 (HAB 67.10 Ethica).

Ignatius von Loyola. *Exercitia spiritualia/ Das ist Geistliche Vbungen Dess heiligen Ignatii Loiolae/ Stifter der Societet Jesu/ Nach aussthellung in die vier Wochen [...].* Innsbruck 1649 (HAB Xb 2407).

Jonson, Ben. *Epicoene Or The Silent Woman.* Hrsg. von Roger Victor Holdsworth. London 1993.

Junius, Hadrian [Adrian de Jonghe]. *Emblemata, ad D. Arnoldvm Cobelivm. Eivsdem aenigmatvm libellvs, ad D. Arnoldvm Rosenbergvm.* Antwerpen 1565 (HAB 136.7 Poetica).

Jurieu, Pierre. *Traité historique contenant le jugement d'un protestant, sur la Theologie Mystique, sur le Quietisme, & sur les démêlez de l'Evêque de Meaux avec l'Archevêque de Cambray; jusqu'a la Bulle d'Innocent XII: & l'Assemblée Provinciale de Paris, du 13. de May 1699 [...].* Paris 1649 (HAB Tm 342).

Keckermann, Bartholomäus. *Systema ethicae tribus adornatum et publicis praelectionibus traditum, in gymnasio dantiscano [...].* Hannover 1610 (BNF R-39967).

– *Systema Systematvm [...]* 2. Hannover 1613 (SPK Mikrofiche St. Pal. III. 73).

Keiser, Reinhard. *Der hochmüthige/ gestürzte und wieder erhabene Croesus.* Nachdruck der Ausgabe 1730. Hrsg. von Max Schneider. Leipzig 1912.

Kindermann, Balthasar. *Der Deutsche Redner. Text und Untersuchung.* Nachdruck der Ausgabe Wittenberg 1665. Hrsg. von Heimo Haupt. Frankfurt a. M. 1981.

– *Teutscher Wolredner auf allerhand Begebenheiten im Stats= und Hauswesen gerichtet/ Baltasar Kindermann. Nach heutiger politscher Redart gebessert, und [...] gemehret von dem Spaten [d.i. Caspar von Stieler].* Wittenberg 1680 (HAB M: Kc 53).

Kircher, Athanasius. *Oedipvs aegyptiacvs. Hoc est Vniuersalis Hieroglyphicae Veterum Doctrinae temporum iniuria abolitae instauratio [...].* 3 Bde. Rom 1652–54 (HAB 25.2 Quod. 2° & 25.3 Quod. 2°).

– *Principis Christiani Archetypon politicum sive Sapientia Regnatrix [...].* Amsterdam 1672 (HAB 9.6 Pol.).

Kirchmann, Johannes. *Rudimenta Rhetoricae, Pro Captu Scholae Lubecensis*. Braunschweig 1646 (HAB P 902 Helmst. 8° (6)).

Knorr, Caspar. *Signaculum Dei, Das ist Der hochschätzbare Pitschafft=Ring Gottes [...] Bey des Wol Edlen/ Gross Achtbaren und Hochgelahrten Hn. Andreae Gryphii, JCti und des Grossglogauischen Fürstenthumes wolmeritiereten Land=Syndici, Beerdigung [...]*. Breslau 1665 (HAB Th 1074 (2)).

Korthold, Christian und Johannes Dethlevus. *Silentium sacrum, sive De Occultatione Mysteriosum Apud Veteres Christianos [...]*. Kiel 1689 (HAB Yx 299.8° Helmst.).

Kozak, Johann Sophron. *Sabbatum Domini, Oder Eine Christliche Bekäntniß Von der Ruhe des Herren/ und von dem Zustande aller Creaturen dieser Welt nach ihrem Ableben [...]*. Amsterdam 1643 (HAB K 148.8° Helmst.).

Kreihing, Johann. *Emblemata ethico-politica*. Nachdruck der Ausgabe Antwerpen 1661. Hrsg. von Richard Dimler. Brepols 1999.

Kuhlmann, Quirinus. *Himmlische Libes=küsse/ über di fürnemsten Örter Der Hochgeheiligten Schrifft/ vornemlich des Salomonischen Hohenlides wi auch Anderer dergleichen Himmelschmekkende Theologische Bücher poetisch abgefasset*. Nachdruck der Ausgabe Jena 1671. Hrsg. von Birgit Biehl-Werner. Tübingen 1971.

– *Der Kühlpsalter*. 2 Bde. Nachdruck der Ausgabe Amsterdam 1684–86. Hrsg. von Robert L. Beare. Tübingen 1971.

La Chambre, Marin Cureau de. *Les characters des passions*. Amsterdam 1658 (HAB 139.24 Eth.).

La Perrière, Guillaume de. *La morosophie de Guillaume de la Perriere Tolosain*. Lyon 1553 (HAB Microfiche 207:171).

La Rochefoucauld, François de. *Reflexions ou Sentences et maximes morales*. Paris 1679 (HAB 366.4 Ethica).

Lavater, Ludwig. *Job. Das Buch Job außgelegt vnnd erkläret inn CXLI. Predigten [...]. Zur sterckung vnnd zum trost aller bekümberten vnnd angefochtnen hertzen/ damit sy in diesen gefaarlichen/ widerwertigen vnd letsten zeyten/ alle trübsalen vnd veruolgungen duldtigklich tragen vn überwinden mögind*. Leiden 1582 (SPK E 7410).

Le Cordier, Hélie. *L'illustre Souffrant: ou Iob. Poëme*. Paris 1667 (HAB A: 169.1 Poet.).

Le Moine, Pierre. *Les Peintures morales. De la doctrine des passions*. Paris 1645 (HAB B.1. Eth. 4°).

Lehmann, Christoph. *Florilegium Policitum: Politischer Blumen Garten/ Darinn Auszerlesene Sentenz/ Lehren/ Regulen vnd Sprüchwörter Auß Theologis, Jursiconsultis, Politicis, Historicis, Philosophis, Poeten, vnd eigener Erfahrung [...]*. Lübeck 1639 (HAB 107.10 Pol. (2)).

Leon, Johann. *Leichpredigt: Uber dem Tödtlichen/ Abgang/ der edlen und Vielthugendthafftigen/ Frau von Margrethen/ Geborne von Sonthausen daselbs./ Des Edlen/ Gestrengen und Ehrnvheften/ Eckhardt Gansen/ geliebten Ehegemahlß [...]*. Erfurt 1582 (HAB 230.4 Theol. (2)).

Lipenius, Martin. *Bibliotheca realis theologica omnivm materiarvm, rerum et titolorum [...]*. Frankfurt a. M. 1685 (HAB 129.6 Th 2°).

Lipsius, Justus. *Von der Bestendtigkeit/ Zwey Bücher. Darinnen das höchste Stück Menschlicher weisheit gehandelt wird. Jetzt aussm Latein ins Teutsche bracht/ Durch Andream Vititivm [...]*. Nachdruck der Ausgabe Leipzig ca. 1601. Hrsg. von Leonard Forster. Stuttgart 1965.

– *Politicorvm [sive civilis doctrinae] libri sex/ Cvm indice adcvrato/ Ex Institutu Matthiae Bergnerggeri [...]*. Antwerpen 1604 (BNF E-2638).

Logau, Friedrich von [Salomon von Golaw]. *Deutscher Sinn=Getichte Drey Tausend*. Breslau 1654 (HAB Lo 5136).

– *Die tapfere Wahrheit. Sinngedichte*. Leipzig 1978.

Lohenstein, Daniel Casper von. *Agrippina. Trauerspiel*. Breslau 1665 (HAB Xb 5230).

– *Lob=Rede Bey des Weiland Hoch Edelgebohrnen/ Gestrengen und Hochbenambten Herrn Christians von Hofmanswaldau [...] Leichbegängnüsse*. Breslau 1679 (HAB Lo 3164 (9)).

– *Grossmüthiger Feldherr Arminius*. 2. Bde. Nachdruck der Ausgabe Leipzig 1689. Hildesheim und New York 1973.

– *Türkische Trauerspiele*. Hrsg. von Klaus Günther Just. Stuttgart 1953.

– *Römische Trauerspiele*. Hrsg. von Klaus Günther Just. Stuttgart 1955.

– *Afrikanische Trauerspiele*. Hrsg. von Klaus Günther Just. Stuttgart 1957.

– „Agrippina". *Das Zeitalter des Barock. Texte und Zeugnisse*. Hrsg. von Albrecht Schöne. München 1963. 537–643.

Lophus, Petrus. *Eine christliche Leich=predigt/ von betrachtung diß sterblichen Lebens/ bey dem Begräbnuß der Wolgebornen Frawen/ Frawen Magdalene von Lobkowitz/ Gebornen Frawen von Starhembergk [...]*. Nürnberg 1574 (HAB 127.17 Th. (17)).

Löscher, Valentin Ernst. *Edle Andachts=Früchte oder 68. Auserlesene Oerter der Heil. Schrifft/ so von der Andacht handeln/ zur Ermunterung des Geistes/ in so vielen Predigten/ nach XXV. unterschiedenen Methodis ausgeführet, Darinnen die Theologia Mystica Orthodoxa in VI. Theilen vorgetragen wird [...]*. Coburg 1719 (HAB Th 1637).

– *Das Wohl=redende Blut eines unschuldig=getödteten Abels [...]*. Frankfurt und Leipzig 1726 (HAB Ts 89.1 (3)).

Lünig, Johann Christian. *Theatrum ceremoniale historico-politicum, Oder Historisch= und Politischer Schau=Platz aller Ceremonien, Welche so wohl an Europäischen Höfen/ als auch sonsten bey vielen Illustren Fällen beobachtet worden*. 2 Bde. Leipzig 1719–20 (HAB Ge 2° 5).

Macrobius, Antonius Theodosius. *Saturnalia*. Hrsg. von Jakob Willis. 2. Aufl. Leipzig 1970.

Maché, Ulrich und Volker Meid. *Gedichte des Barock*. Stuttgart 1980.

Maier, Michael. *Silentium post Clamores/ Das ist/ Apologi vnd Verantwortung/ wieder etlicher vngestümmer Clamanten (so sich in die Fraternität R. C. auffzunehmen/ begehret/ aber jhres Gefallens keine Antwort erlanget) Verlästerungen/ vnd Schmach-*

*reden/ welche sie wider dieselbige außgegossen [...].* Frankfurt a. M. 1617 (SPK Nb 9425).
– *Silentium post clamores, hoc est, tractatvs apologeticvs, qvo causae non solùm clamorum seu Reuelationum Fraterniatatis Germanicae de R.C. sed & Silentii, seu non rediitae ad singulorum vota responsionis, vnà cum malevolorum refutatione, traduntur & demonstrantur.* Frankfurt a. M. 1617 (HAB 464 Quod. (2)).
Maier, Michael und Matthäus Merian. *Atlanta fugiens, hoc est, Emblemata nova de secretis naturae chymica [...].* Oppenheim 1618 (HAB 196 A: Quod. (1)).
Marino, Giambattista. *Marino e i marinisti.* Hrsg. von Giuseppe Guido Ferrero. Mailand und Neapel 1954.
– *Sonette und Madrigale.* Übers. und hrsg. von Edward Jaime. Berlin 1964.
Marvan, Jean Baptiste [Abbé de Bellegarde]. *Reflexions sur l'elegance et la politesse du stile.* Amsterdam 1706 (HAB Kc 122).
Masen, Jacob. *Specvlvm Imaginvm veritatis occultae, exhibens symbola, emblemata, hieroglyphica, aenigmata, omni tam materiae, qvam formae varietate, exemplis simvl, ac preaceptis illvstratvm.* Köln 1650 (HAB A:48.11 Eth.).
– *Speculum imaginvm veritatis occvltae, exhibens symbola, emblemata, hieroglyphica, aenigmata, omni tam materiae, quam formae varietate; exemplis simul, ac preaceptis illustratum [....].* Köln 1664 (HAB 45.41 Eth.).
Matthias, Christian. *Systema Ethicum In tres libros distributum, et sub forma theorematum, disquisitiunum et regularum vitae per tractatum, atque; exemplis Historicis, ad civilem vitam accomodatis illustratum.* Marburg 1626 (HAB O 248 Helmst 8°).
Mayr, Gunther. *Himmlischen Protocolls=Extract. Das ist/ Sechszehen Kirchweyh=Predigten/ In welchen auss Göttlicher H. Schrifft/ HH. Vätern und Concilien/ Exemplen und Historien sehr nachtrucklich erwisen wird/ Wie schweres Vrtheil Gottes jenen bevorstehe/ welche denen Gotts=Diensten/ und Geistlichen Verrichtungen liederlich oder verächtlich abwartten [...].* Kempten 1693 (HAB Xb 5731 (2)).
Méré, Chevalier de. *De la conversation.* Paris 1677 (HAB Lm 2502).
Meyfart, Johann Matthäus. *Tuba Novissima. Das ist Von den vier letzten Dingen des Menschen.* Nachdruck der Ausgabe Coburg 1626. Hrsg. von Erich Trunz. Tübingen 1980.
– *Das Jüngste Gericht in zweyen Büchern/ Auff Historische weise auß den inbrünstigen und andächtigsten Contemplationen, so wol Alter als Newer/ doch gelehrter Vätter und Männer beschrieben [...].* 2 Bde. Nürnberg 1632 (HAB 917.46 Theol.).
– *Mellificii oratorii, Tomus secundus, In quo Tituli, qui videbantur desiderari, supplentur, priores verò augentur, magnô labore è florentissimis Authoribus collectus, & summa diligentia editus [...].* Leipzig 1633 (HAB 82.3 Rhet.).
– *Teutsche Rhetorica oder Redekunst.* Nachdruck der Ausgabe Coburg 1634. Hrsg. von Erich Trunz. Tübingen 1977.
Meyfart, Johann Matthäus und Melchior Steinbrück. *Mellificium oratorium, In quo Eloqventiae Flores è variis oratorum viridarus defracti, & suas in areolas antebac sunt digesti [...].* Leipzig 1628 (HAB 82.2 Rhet.).

Minato, Niccolò. *Il silentio di Harpocrate. Drama per Musica, Da Rappresentarsi Alla S. C. R. Maesta Dell' Imperatore Leopoldo Nel Carnavale Dell'Anno M.DC.LXXVII.* Wien 1677 (HAB Textb. 144).

– *Il Silentio d'Arpocrate. Dramma per musica [...]. Rappresentato in Roma nel Famoso Teatro Dell. Ecc. Sig. Gran Contestabile Colonna [...].* Rom 1686 (BNF YD-5043).

– *Il silenzio di Harpocrate.* Wolfenbüttel ca. 1690 (HAB Textb. 61).

– „Creso. Drama per musica". *Spieltexte der Wanderbühne* 5.1: Italienische Spieltexte aus unveröffentlichten Handschriften. Hrsg. von Alfred Noe. Berlin 1999. 1–111.

Mirtill [Laurentius von Schnüfflis]. *Philothevs. Oder deß Miranten Durch die Welt/ vund Hofe wunderlicher Weeg nach der Ruh=seligen Einsamkeit [...].* Wien 1678 (HAB Xb 3301).

Molinos, Miguel de. *[...] Geistlicher Weg=Weiser/ Die Seele von den sinnlichen Dingen abzuziehen, und durch den innerlichen Weg zur völligen Beschauung und innern Ruhe zu führen: Aus fremden Sprachen in die Hochteutsche übersetzt [...] von Gottfried Arnold [...].* Frankfurt a. M. 1712 (HAB M: Li 6299).

Morhof, Daniel Georg. „Dissertatio de eloquentia in tacendo". *Dissertationes Academicae & Epistolicae, quibus rariora quaedam argumenta eruditè tractantur, omnes in unum Volumen collatae, & Consensu Filiorum editae.* Hamburg 1699. 446–70 (SPK AH 7236).

Morillon, Julien Gatien de. *Paraphrase sur le livre de Iob en vers françois.* Paris 1668 (HAB A:80.1 Poet.).

Mozart, Wolfgang Amadeus. *Die Zauberflöte. Eine große Oper in zwei Aufzügen.* Hrsg. von Hans-Albrecht Koch. Stuttgart 2003.

Mühlpfohrt, Heinrich. „Uber seine Redligkeit". *Last= und Ehren= auch Daher immerbleibende Danck= und Denck=Seule/ Bey volbracher Leichbestattung Des weiland Wol=Edlen/ Gross=Achtbahren und Hoch/=gelehrten Herrn Andreae Gryphii [...].* Hrsg. von Baltzer Siegmund von Stosch. Breslau 1667. 96 (HAB M: Th 1074 (3)).

– *Teutsche Gedichte. Poetischer Gedichte ander Theil.* Nachdruck der Ausgabe Breslau und Frankfurt a. M. 1686/87. Hrsg. von Heinz Entner. Frankfurt a. M. 1991.

– *Poetischer Gedichte Ander Theil.* Breslau 1687 (HAB Xb 5193).

Mylius, Baldasar. *Leichpredigt/ Bey der Begrebnis der durchleuchtigten und Hochgebornen Fürstin vnd Frawen/ Frawen Catharina/ Burggreffin zu Meissen/ Greffin zum Hartenstein/ Frawen zu Plauen und Geraw/ etc. [...].* Schmalkalden 1566 (HAB 230.4 Theol.).

Neukirch, Benjamin (Hrsg.). *Herrn von Hoffmannswaldau und andrer Deutschen auserlesener und bißher ungedruckter Gedichte erster theil.* Nachdruck der Ausgabe Leipzig 1697. Hrsg. von Angelo George de Capua und Ernst Alfred Philippson. Tübingen 1961.

– *Herrn von Hoffmannswaldau und andrer Deutschen auserlesener und bißher ungedruckter Gedichte anderer theil.* Nachdruck der Ausgabe Leipzig 1697.

Hrsg. von Angelo George de Capua und Ernst Alfred Philippson. Tübingen 1965.
Neuwaldt, Herrmann. *Vnaussprechliche Gottesliebe/ Aus den Centner Worten Christi/ Iohan.3.v.16.17. Also hat Gott die Welt geliebet/ dass er rc. [...]*. Helmstadt 1614 (HAB A: 307.1 Theol. (16)).
Nolle, Heinrich. *Theoria philosophiae hermeticae, Septem tractatibus*. Hanau 1617 (HAB 82.4 Phys (1)).

Opitz, Martin. *Deütscher Poëmatum Anderer Theil. Züvor nie beysammen, theils aus noch nie herauß gegeben*. Breslau 1629 (HAB Mikrofilm 1:50).
– *Weltliche Poemata* 1. Nachdruck der Ausgabe O.o. 1644. Hrsg. von Christine Eisner und Erich Trunz u. a. 2. Aufl. Tübingen 1975.
– *Weltliche Poemata* 2. Nachdruck der Ausgabe Frankfurt a. M. 1644. Hrsg. von Erich Trunz u. a. Tübingen 1975.
Ovid. *Liebeskunst.* Lateinisch und deutsch. Übers. und hrsg. von Niklas Herzberg. München und Zürich 1985.
– *Metamorphosen*. Übers. und hrsg. von Erich Rösch. München und Zürich 1990.

Pascal, Blaise. *Gedanken*. Übers. von Wolfgang Rüttenauer. Stuttgart 1964.
– „La place de l'homme dans la nature. Les deux infinis". *Oeuvres complètes*. Hrsg. von Louis Lafuma und Henri Gouhier. Paris 1980.
– *Pensées*. Hrsg. von Philippe Sellier. Paris 2000.
Petrarca, Francesco. *Canzoniere*. Kritische Ausgabe. Hrsg. von Marco Santagata. Mailand 1996.
Picinello, Philippo. *Mundus symbolicus, in emblematum universitate formatus, explicatus, et tam sacris, quàm profanis Eruditionibus ac Sententiis illustratus [...]*. 2 Bde. Köln 1687 (HAB M: Uk 2° 12).
Pineda, Juan de. *Commentariorum in Iob libri tredecim tomis duobus distincti. Adiungitur sua singulis Captibus Paraphrasis*. Antwerpen 1612 (HAB A: 406 Theol. 2°).
Plutarch. „Densprüche von Königen und Feldherrn". *Moralische Schriften* 5. Werke 24. Übers. von Johann Christian Felix Baehr. Stuttgart 1830. 527–78.
– *Über Isis und Osiris. Text, Übersetzung und Kommentar*. Übers. und hrsg. von Theodor Hopfner. Prag 1940.
– „Von der Geschwätzigkeit". *Moralia*. Übers. und hrsg. von Wilhelm Ax. Leipzig 1942. 139–71 (HAB Wa 8549).
– *Oeuvres* morales V.1. Übers. und hrsg. von Françoise Frazier und Christan Froidefond. Paris 1990.

Racine, Jean. *Théâtre complet*. 2 Bde. Hrsg. von Jean-Pierre Collinet. Paris 1982.
Reis, Michael. *Dissertatio Theologico-Historica Josephi silentium evangelicae historiae non noxium esse*. Altdorf 1730 (HAB M: Lg Sammelbd. 7 (4)).
Renaudot, Théophraste. *Conférences pvbliques ou qvestions academiques, svr les sciences par les plus Beaux Esprits de ce Temps* 2. Paris 1679 (HAB Lm 4259).

Ricaud, Paul. *Histoire de l'etat present de l'empire Ottoman [...]*. Amsterdam 1672 (HAB Gv 964.2).

Richelet, Pierre. *Dictionaire François, Tiré de l'usage et des meilleurs auteurs de la langue*. Nachdruck der Ausgabe Genf 1680. Genf 1970.

Richter, Daniel. *Thesaurus oratorius novus. Oder Ein neuer Vorschlag/ wie man zu der Rednerkunst/ nach dem Ingenio dieses Seculi, gelangen/ und zugleich eine Rede auf unzehlich vielen Arten verändern könne*. Nürnberg 1660 (HAB A. 104.1 Rhet. (6)).

Riemer, Johannes. *Standes=Rhetorica Oder Vollkommener Hoff= und Regenten=Redner/ Darinnen durch lebendige Exempel Hoher und gelehrter Leute in gewissen Kunst=Regulen gewiesen wird [...]*. Leipzig 1685 (HAB M: Um 137).

– *Werke* 2: Dramen. Hrsg. von Helmut Krause. Berlin 1984.

Ripa, Cesare. *Iconologia overo descrittione di diverse imagini cauate dall'antichità, & di propria inuentione [...]*. Nachdruck der Ausgabe Rom 1603. Hrsg. von Erna Mandowski. Hildesheim u. a. 1984.

– *Iconologie où les principales choses qui peuvent tomber dans la penseé touchant les vices sont représenté soubs diuerses figures*. Nachdruck der Ausgabe Paris 1643. Übers. von Jean Baudoin. Lille 1989.

– *Zwo hundert Außbildungen von Tugenden/ Lastern/ Menschlichen Begierden/ Künsten/ Lehren/ und vielen andern Arten. Aus der Iconologia oder Bilder=Sprache des hochberühmten Caesaris Ripa [...] gezogen/ und verhochdeutscht vom Georg Greslinger/ Käyserl. gekrönten Poeten und Notario*. Hamburg 1659 (HAB 138.21 Eth. (4)).

– *Erneuerte Iconologia oder Bilder=Sprach. Anderer Theil. [...] Anfangs vom besagten Urheber Italiänisch beschrieben [...] nunmehr aber in unsere hochdeutsche Mutter=Sprach übersetzt von L. S. D*. Frankfurt a. M. 1669 (HAB Ug 57).

Rist, Johann. „Perseus". Nachdruck der Ausgabe Hamburg 1634. *Sämtliche Werke* 1. Hrsg. von Eberhard Mannack. Berlin 1967. 115–282.

Rollenhagen, Gabriel. *Sinn-Bilder. Ein Tugendspiegel [= Nucleus emblematum selectissimorum, quae itali vulgo impresas vocant [...]]*. Nachdruck der Ausgabe Arnheim 1611. Übers. und hrsg. von Carsten-Peter Warncke. Dortmund 1983.

Rosa, Salvator. *Il teatro della politica. Sentenziosi afforismi della prudenza*. Hrsg. von Giorgio Baroni. Bologna 1991.

Rosset, François. *Les histoires tragiques de nostre temps. Où sont contenues les morts, funestres & lamentables des plusieurs personennes, arriuees par leurs ambitions, amours desreglees, sortileges, vols, rapines [...]*. Lyon 1619 (HAB QuN 754).

Ruscelli, Jeronimo. *Le imprese illvstri del S. Ieronimo Rvscelli Aggivntovi novam il qvarto libro da Vincenzo Rvscelli da Viterbo*. Venedig 1584 (HAB A: 4.3 Eth.).

Saavedra Fajardo, Diego de. *Ein Abriss Eines Christlich-Politischen Prinzens/ In CI. Sinn-bildern vnd mercklichen Symbolischen Sprüchen [...]*. Amsterdam 1655 (HAB 148.14 Politica).

Scaliger, Julius Caesar. *Flores sive Mellificium sententiarum selctissimarum, ex utilissimis & propè divinis quibusdam ejus operibus confectum*. Jena 1625 (HAB P 207 Helmst. 12°).

Scheffler, Johannes [Angelus Silesius]. *Johannis Angeli Silesi Geistreicher Sinn= und Schlussrime*. Wien 1657 (HAB Xb 6680 Rara).

– *Cherubinischer Wandersmann oder Geist=Reiche Sinn= und Schluß=Reime zur Göttlichen beschauligkeit anleitende [...] den Liebhabern der geheimen Theologie und beschaulichen Lebens zur Geistlichen Ergötzlichkeit [...] herauß gegeben*. Nachdruck der Ausgabe Glatz 1675. Hrsg. von Louise Gnädiger. Stuttgart 1984.

– *Sämtliche Poetische Werke in drei Bänden*. Hrsg. von Hans Ludwig Held. München 1949.

Schiebel, Johann Georg. *Zweytes Historisches Lust=Hausz/ Darinnen abermahls/ Ein annehmlicher Vorrath Außerlesener Geschichte/ Sinnreicher Wahl=Sprüche/ Artiger Gleichnüsse/ Merckwürdiger Sinnbilder/ Zu des Lesers Nutz und Lust eröffnet wird*. Leipzig und Frankfurt a. M. 1682 (HAB Xb 6039 (2)).

– *Neu-erbautes erbauliches Historisches Lust=Hauß: Darinnen Ein ansehnlicher und Hertz=vergnügender Vorrath Auserlesener Geschichten/ Merckwürdiger Reden/ Artiger Sinnbilder/ Nachsinnlicher Wahl=Sprüche [...]*. Leipzig 1685 (HAB Xb 6039 (1)).

Schmidt, Sebastian. *In librum Jobi Comentarius*. 2 Bde. Straßburg 1670 (SPK Bn 795).

Schnabel, Johann Gottfried. *Der im Irrgarten der Liebe herumtaumelnde Kavalier*. Nachdruck der Ausgabe 1764. München 1968.

Scholz von Scholtzenberg, Johann Friedrich. *Gründtliche Vrsachen/ Eines vernünfftigen/ Stillschweigens [...]*. Wien 1668 (HAB Xb 6708).

Schöne, Albrecht (Hrsg.). *Das Zeitalter des Barock. Texte und Zeugnisse*. München 1963.

Schottel, Justus Georg. *Ethica. Die Sittenkunst oder Wollebenskunst [In Teutscher Sprache vernemlich beschrieben in dreyen Bücheren [...]]*. Nachdruck der Ausgabe Wolfenbüttel 1669. Hrsg. von Jörg Jochen Berns. Bern und München 1980.

Schwarz, Sibylla. *Sibyllen Schwarzin Vohn Greiffswald aus Pommern/ Ander Teil Deutscher Poëtischer Gedichten/ Nuhn zuhm ersten mahl Auß jhren eignen Handschriften heraußgegeben und verleget/ Vohn M. Samuel Verlachen*. Danzig 1650 (HAB 229.2 Quod (5)).

Sculterius, Abraham. *Ethicorvm libri dvo*. 2. Aufl. Oberursel 1603 (HAB 51.1 Eth (2)).

Senault, Jean François. *Paraphrase svr Iob*. 2. Aufl. Paris 1639 (HAB A: 1222.79 Theol.).

– *De l'usage des passions*. 7. Aufl. Lyon 1652 (HAB Lm 3392).

Shakespeare, William. *As you like it/Wie es euch gefällt*. Englisch und deutsch. Übers. und hrsg. von Herbert Geisen und Dieter Wessels. Stuttgart 1981.

– *Titus Andronicus*. Englisch und deutsch. Übers. und hrsg. von Dieter Wessels. Stuttgart 1988.

– *Hamlet*. Hrsg. von Harold Jenkins. New York und London 1990.

Soarius, Cyprianus. *De Arte Rhetorica libri tres. Ex Aristotele, Cicerone & Quintiliano praecipuè deprompti [...]*. Köln 1628 (HAB P 902 Helmst. 8° (5)).

Sophokles. *Tragödien*. Hrsg. von Siegfried Müller. Wiesbaden und Berlin o.J.

Soto, Hernando de. *Emblemas moralizades [...]*. Madrid 1599.

Spangenberg, Cyriacus. *Eine christliche Comödia von dem Canaeischen Weiblein, Matthei am 15. Cappitel*. Schmalkalden 1589 (HAB M: Lo 7242.1).

Spanghemius, Friedrich. *Historia Iobi. Sive De obscuris Historiae Commentario*. Leiden 1644 (SPK Bn 801).

Stieler, Kaspar. *Die Geharnschte Venus oder Liebes-Lieder im Kriege gedichtet mit neuen Gesang-Weisen zu singen und zu spielen gesezzet nebenst ettlichen Sinnreden der Liebe Verfertigt und Lustigen Gemüthern zu Gefallen heraus gegeben von Filidor dem Dorfferer*. Nachdruck der Ausgabe Hamburg 1660. Hrsg. von Herbert Zeman. München 1968.

Stosch, Baltzer Siegmund von. *Last= und Ehren= auch Daher immerbleibende Danck= und Denck=Seule/ Bey volbracher Leichbestattung Des weiland Wol= Edlen/ Gross=Achtbahren und Hochl=gelehrten Herrn Andreae Gryphii [...]*. Breslau 1667 (HAB M: Th 1074 (3)).

Sulzer, Johann Georg. „Stumme[s] Spiel". *Allgemeine Theorie der Schönen Künste* II.2. Biel 1777. 720–21 (HAB Ua 96).

Szarota, Elida Maria. *Das Jesuitendrama im deutschen Sprachraum. Eine Periochen-Edition. Texte und Kommentare*. München 1979.

Tacitus, P. Cornelius. *Annalen*. Lateinisch und deutsch. Übers. und hrsg. von Erich Heller. München und Zürich 1982.

Tesauro, Emmanuele. *Inscriptiones Quotquot reperiri potuerunt Opera & diligentiâ [...]*. Turin 1670 (HAB P8).

Thomasius, Christian. *Kurtzer Entwurf der Politischen KLugheit/ sich selbst und andern in allen Menschlichen Gesellschaften wohl zu rathen [...]*. Frankfurt a. M. und Leipzig 1713 (HAB Hm 100).

Tuckerman, Petrus. *Eine Predigt vom Cananeischen Weiblein*. Wolfenbüttel 1619 (HAB C 349 (1)).

Vaenius, Otho [Otto van Veen]. *Amorvm Emblemata. Figvris Aeneis Incisa*. Nachdruck der Ausgabe Antwerpen 1608. Hrsg. von Ernst Benz und Dmitrij Tschižewskij. Hildesheim und New York 1970.

– *Quinti Horatii flacci emblemata, imaginibus in aes incisis, notisque illustrata*. Nachdruck der Ausgabe Antwerpen 1607. Hrsg. von Ernst Benz und Dimitrij Tschižewskij. Hildesheim und New York 1972.

– *Quinti Horatii flacci emblemata, imaginibus in aes incisis, notisque illustrata, studio othonis vaeni*. Brüssel 1683 (HAB Lh 4° 71).

Valeriano, Ioannis Pierio. *Hieroglyphica/ sive de sacris Aegyptiorum, aliarumque Gentium/ literis commentarii [...]*. Basel 1567 (HAB P 516.2 Helmst.).

Vaulx, Ramaclus de. *Harpocrates divinvs, Seu altissimvm de fine mvndi silentium, quo falsa vaticinatio/ Annum 1666. Esse mundo futurum vltimum, redarguitu*. Köln 1617 (HAB A: 347.16 Quod (2)).

Veraldo, Domenico. *Tacere per fino l'occasione. Opera reggia [...]*. Bologna 1694 (BNF YD-3961).

Vesalius, Andreas. *De humani corporis fabrica libri septem*. Basel 1543 (HAB: 3 Phys. 2°).
Voragine, Jacobus de. *Die Legenda Aurea*. Übers. von Richard Benz. 13. Aufl. Gütersloh 1999.
Vossius, Gerhard Johannes. *Commentariorvm rhetoricvm, sive Oratorivm Institvtionvm, pars altera*. Leiden 1630 (HAB M: Li 9382).
– *Elementa rhetorica, Oratoriis ejusdem Partionibus accomodatea; Inque usum Scholarum Hollandiae; & West-Frisiae, emendatius edita*. Amsterdam 1646 (HAB P 902 Helmst. 8°).
– *Rhetorices contractae, Sive partitionvm oratorium Libri Qvinque [...]*. Braunschweig 1665 (HAB 82.6 Rhet.).

Weckherlin, Georg Rodolf. *Gaistliche vnd Weltliche Gedichte*. Amsterdam 1641 (SPK Yh 8783).
– *Weltliche Gedichte, Oden und Gesänge*. Amsterdam 1648 (SPK Yh 8785).
– *Gedichte*. Hrsg. von Hermann Fischer. Stuttgart 1894.
Weihe, Eberhard von. *Avlicvs Politicvs. Diversis Regvlis vel, vt iavolens loqvitur, definitionibus selectis, proborum voto probè instructus [...]*. Frankfurt a. M. 1615 (HAB 63.1 Pol.).
Weise, Christian. *Gelehrter Redner/ Das ist: Ausführliche und und getreue Nachricht/ Wie sich ein junger Mensch In seinen Reden klug und complaisant aufführen soll [...]*. Leipzig 1692 (HAB Xb 2530 (1)).
– „Der Küster zu Plumpe beschreibt seinen zukünfftigen Ehestand". *Das Zeitalter des Barock. Texte und Zeugnisse*. Hrsg. von Albrecht Schöne. München 1963. 889–91.
– *Masaniello*. Hrsg. von Fritz Martini. Stuttgart 1972.
– *Politscher Redner, Das ist: Kurtze und eigentliche Nachricht/ Wie ein sorgfältiger Hofmeister seine Untergebene zu der Wohlredenheit anführen soll [...]*. Leipzig 1679 (HAB Xb 5546 (1)).
Wernicke, Christian. *Überschriffte Oder Epigrammata In acht Büchern Nebst einem Anhang von etlichen Schäfergedichten/ Theils aus Liebe zur Poësie, theils aus Haſs des Müssiggangs geschrieben*. Hamburg 1701 (HAB Xb 5192).
Wülffer, Daniel. *Zwölf Andachten/ über Etliche hertzbewegliche Wort unsers vor seinem blutigen Leiden bekümmerten HErrn JEsu/ mit welchen er von seinen/ biſs dahin verharrenden/ lieben Jüngern den Abschied genommen [...]*. Nürnberg 1648 (HAB Th 2870).

Zedler, Johann Heinrich. *Großes vollständiges Universal-Lexikon* 64 Bde. Nachdruck der Ausgabe Halle und Leipzig 1732–1754. Graz 1961–1964.
Zesen, Philipp von. *Ritterholds von Blauen Adriatische Rosemund [...]*. Amsterdam 1645 (HAB 135.5. Ethica (2)).
– *Moralia Horatiana/ Das ist Die Horazsche Sitten-Lehre/ Aus der Ernst-sittigen Geselschaft der alten Weise-meister gezogen [...]*. Nachdruck der Ausgabe Amsterdam 1656. Hrsg. von Walter Brauer. Wiesbaden 1963.

## 8.2 Forschungsliteratur


Adorno, Theodor. „Der mißbrauchte Barock". *Gesammelte Schriften* 10.1. Hrsg. von Rolf Tiedemann. Frankfurt a. M. 1977. 401–22.

Alewyn, Richard. *Das große Welttheater. Die Epoche der höfischen Feste*. Nachdruck der 2. Aufl. München 1989.

Allerkamp, Andrea. „Unhörbare Stimmen – Zur Figur des Anrufs. Ingeborg Bachmanns Hörspiel ‚Der gute Gott von Manhattan'". *De figura. Rhetorik – Bewegung – Gestalt*. Hrsg. von Gabriele Brandstetter und Sibylle Peters. München 2002. 177–94.

Alt, Peter-André. *Der Tod der Königin. Frauenopfer und politische Souveränität im Trauerspiel des 17. Jahrhunderts*. Berlin und New York 2004.

Althaus, Thomas. *Epigrammatisches Barock*. Berlin und New York 1996.

Anrich, Gustav. *Das antike Mysterienwesen und sein Einfluß auf das Christentum*. Nachdruck der Ausgabe Göttingen 1894. Göttingen 1990.

Arabatzis, Stavros. *Allegorie und Symbol. Untersuchung zu Walter Benjamins Auffassung des Allegorischen und ihrer Bedeutung für das Verständnis von Werken in der Bildenden Kunst und Literatur*. Regensburg 1998.

Arend, Stefanie. *Rastlose Weltgestaltung. Senecaische Kulturkritik in den Tragödien Gryphius' und Lohensteins*. Tübingen 2003.

Auerbach, Erich. „Figura". *Gesammelte Aufsätze zur romanischen Philologie*. Bern und München 1967. 55–92.

Austin, John L. *Zur Theorie der Sprechakte (How to do things with Words)*. Übers. von Eike Savigny. 2. Aufl. Stuttgart 1979.

Aynesworth, Donald Danelle. *Silence, Solitude and Language. Chateaubriand to Camus*. Texas 1975.

Bächtold-Stäubli, Hans. „Schweigen". *Handwörterbuch des deutschen Aberglaubens* 7. Berlin und Leipzig 1935. 1460–70.

Baldini, Massimo. *Le dimensioni del silenzio, nella poesia, nella filosofia, nella linguistica, nella psicanalisi, nelle pedagogia e nella mistica*. Rom 1988.

Balogh, Joseph. „‚Voces Paginarum'. Beiträge zur Geschichte des lauten Lesens und Schreibens". *Philologus* 82 (1925): 84–109 und 202–240.

Barner, Wilfried. „Gryphius und die Macht der Rede. Zum ersten Reyen des Trauerspiels ‚Leo Armenius'". *Deutsche Vierteljahrsschrift für Literaturwissenschaft und Geistesgeschichte* 42 (1968): 325–58.

– „Stilbegriffe und ihre Grenzen. Am Beispiel ‚Barock'". *Deutsche Vierteljahrsschrift für Literaturwissenschaft und Geistesgeschichte* 45.2 (1971): 302–25.

– „Der Jurist als Märtyrer. Andreas Gryphius' ‚Papinianus'". *Literatur und Recht. Literarische Rechtsfälle von der Antike bis in die Gegenwart*. Hrsg. von Ulrich Mölk. Göttingen 1996. 229–42.

– *Barockrhetorik. Untersuchungen zu ihren geschichtlichen Grundlagen*. 2. Aufl. Tübingen 2002.

Barta-Fliedl, Ilsebill. „Vom Triumph zum Seelendrama. Suchen und Finden oder die Abentheuer eines Denklustigen. Anmerkungen zu den gebärdensprachlichen Bilderreihen Aby Warburgs“. *Rhetorik der Leidenschaft. Zur Bildsprache der Kunst im Abendland.* Hrsg. von ders. u. a. Hamburg und München 1999. 179–214.

Bartel, Dietrich. *Handbuch der musikalischen Figurenlehre.* Laaber 1985.

Barthes, Roland. „Die alte Rhetorik“. *Das semiologische Abenteuer.* Frankfurt a. M. 1988. 15–101.

– *Fragmente einer Sprache der Liebe.* Übers. von Hans-Horst Henschen. Frankfurt a. M. 1988.

Battafarano, Italo Michele. „Grabschriften für sich selbst oder die Transzendenz durch die Literatur. Giuseppe Aratale und Paul Fleming“. *Glanz des Barock. Forschungen zur deutschen als europäischer Literatur.* Bern u. a. 1994. 413–28.

Bauer, Gerhard. „Wortohnmächtigkeit und ohnmächtiges Schweigen in einem faschistisch regierten Volk“. *Osnabrücker Beiträge zur Sprachtheorie* 16 (1990): 155–67.

Beck, Herbert und Peter C. Bol (Hrsg.). *Natur und Antike in der Renaissance.* Kat. Liebighaus Frankfurt. Frankfurt a. M. 1986.

Beetz, Manfred. „Disputation und Argumentation in Andreas Gryphius' Trauerspiel ‚Leo Armenius‘“. *Zeitschrift für Literaturwissenschaft und Linguistik* 10.38/39 (1980): 178–203.

– *Frühmoderne Höflichkeit. Komplimentierkunst und Gesellschaftsrituale im altdeutschen Sprachraum.* Stuttgart 1990.

Béhar, Pierre. „Leidenschaften ‚in vitro‘ bei Lohenstein“. *Die Affekte und ihre Repräsentation in der deutschen Literatur der frühen Neuzeit.* Hrsg. von Jean-Daniel Krebs. Bern 1996. 223–30.

Behrens, Rudolf u. a. (Hrsg.). *Croisements d'anthropologies. Pascals ‚Pensees‘ im Geflecht der Anthropologien.* Heidelberg 2005.

Beil-Schickler, Gudrun. *Von Gryphius bis Hofmannswaldau. Untersuchungen zur Sprache der deutschen Literatur im Zeitalter des Barock.* Tübingen 1995.

Bellebaum, Alfred. *Schweigen und Verschweigen. Bedeutungen und Erscheinungsvielfalt einer Kommunikationsform.* Opladen 1992.

Benjamin, Walter. „Über Sprache überhaupt und über die Sprache des Menschen“. *Gesammelte Schriften* II.1. Hrsg. von Rolf Tiedemann und Hermann Schweppenhäuser. 2. Aufl. Frankfurt a. M. 1989. 140–57.

– *Ursprung des deutschen Trauerspiels.* Hrsg. von Rolf Tiedemann. 7. Aufl. Frankfurt a. M. 1996.

Benninghoff-Lühl, Sibylle. *‚Figuren des Zitats‘. Eine Untersuchung zur Funktionsweise übertragener Rede.* Stuttgart 1998.

Benthien, Claudia. „Zwiespältige Zungen. Der Kampf um Lust und Macht im oralen Raum“. *Körperteile. Eine kulturelle Anatomie.* Hrsg. von ders. und Christoph Wulf. Reinbek 2001. 104–32.

– „Die Absenz der Stimme im Bild. Personifikationen des ‚Stillschweigens‘ in der Frühen Neuzeit“. *Quel corps? Eine Frage der Repräsentation.* Hrsg. von Hans Belting u. a. München 2002. 325–48.

– „Historische Anthropologie: Neuere deutsche Literatur". *Germanistik als Kulturwissenschaft. Eine Einführung in neue Theoriekonzepte*. Hrsg. von ders. und Hans Rudolf Velten. Reinbek 2002. 56–82.

– „Die Performanz der schweigenden Masse. Zur Kollektivität der Zuschauenden in Theatersituationen". *Kollektivkörper. Kunst und Politik von Verbindung*. Hrsg. von Sylvia Sasse und Stefanie Wenner. Bielefeld 2002. 171–90.

– „Die stumme Präsenz. Zur ‚Figur' des Schweigens bei Ödön von Horváth". *De figura. Rhetorik – Bewegung – Gestalt*. Hrsg. von Gabriele Brandstetter und Sibylle Peters. München 2002. 195–222.

– „‚Itzt nun die Zunge fault'. Der Tod als ‚Stumm-Macher' in Andreas Gryphius' Lyrik und Trauerspielen". *Memoriae Silesiae. Leben und Tod in Barock. Zum Gedenken an Marian Szyrocki (1928–1992)*. Hrsg. von Mirosława Czarnecka u. a. Breslau 2003. 218–31.

– „Lenz und die *eloquentia corporis* des Sturm und Drang. Der ‚Neue Menoza' als ‚Fallstudie'". *Die Wunde Lenz. J. M. R. Lenz. Leben, Werk und Rezeption*. Hrsg. von Inge Stephan und Hans-Gerd Winter. Publikationen zur Zeitschrift für Germanistik NF 7. Bern u. a. 2003. 355–72.

– „Eisiges Schweigen, stummes Gedenken. Zur medialen Repräsentation und kulturellen Erfahrung ausgesetzter Rede in Werken von Ingmar Bergman, Christoph Marthaler und Jonty Semper". *Hörstürze. Akustik und Gewalt im 20. Jahrhundert*. Hrsg. von Nicola Gess u. a. Würzburg 2005. 147–63.

– „Hypertrophie als Demut. Paradoxien der Codierung von Aufrichtigkeit in der Barockmystik". *Die Kunst der Aufrichtigkeit im 17. Jahrhundert*. Hrsg. von ders. und Steffen Martus. Tübingen 2006. 93–108.

– „Schweigen als Pathosformel in der Frühen Neuzeit". *Passion, Affekt und Leidenschaft in der Frühen Neuzeit*. Wolfenbütteler Arbeiten zur Barockforschung. Hrsg. von Johann Anselm Steiger u. a. Wiesbaden 2006. 109–44.

Benthien, Claudia und Steffen Martus (Hrsg.). *Die Kunst der Aufrichtigkeit im 17. Jahrhundert*. Tübingen 2006.

Bepler, Jill. *Ferdinand Albrecht. Duke of Braunschweig-Lüneburg (1636–1687). A Traveller and his Travelogue*. Wiesbaden 1988.

Berns, Jörg Jochen. (Hrsg.). *Zeremoniell als höfische Ästhetik in Spätmittelalter und früher Neuzeit*. Tübingen 1995.

– *Film vor dem Film. Bewegende und bewegte Bilder als Mittel der Imaginationssteuerung in Spätmittelalter und früher Neuzeit*. Marburg 2000.

Besslich, Siegfried. *Schweigen – Verschweigen – Übergehen. Die Darstellung des Unausgesprochenen in der Odyssee*. Heidelberg 1966.

Bexte, Peter. *Blinde Seher. Die Wahrnehmung von Wahrnehmung in der Kunst des 17. Jahrhunderts*. Dresden 1999.

Biaudet, Jean-Charles. „Le ‚Silence' de l'Hôtel de Ville de Lausanne". *Revue Swisse d'Art et d'Archeologie* 13.4 (1952): 242–47.

Biehl-Werner, Birgit. *‚Himmlische Libes=Küsse' (1671). Untersuchungen zur Sprache und Bildlichkeit im Jugendwerk Quirin Kuhlmanns*. Hamburg 1973.

Bindeman, Steven L. *Heidegger and Wittgenstein. The Poetics of Silence*. Lanham 1981.

Bircher, Martin (Hrsg.). *Inszenierung und Regie barocker Dramen.* Stuttgart 1976.
Birkenhauer, Theresia. „‚Der Vorhang senkt sich langsam'. – Zu Tschechows ‚Onkel Vanja'. Zeitstrukturen dramatischer und szenischer Narration". *Zeitlichkeiten – zur Realität der Künste: Theater, Film, Photographie, Malerei, Literatur.* Hrsg. von ders. und Annette Storr. Berlin 1993. 50–84.
Bischoff, Doerte. „Die schöne Stimme und der versehrte Körper. Ovids Philomela und die *eloquentia corporis* im Diskurs der Empfindsamkeit". *Weibliche Rede – Rhetorik der Weiblichkeit.* Hrsg. von ders. und Martina Wagner-Egelhaaf. Freiburg 2003. 249–81.
Blau, Herbert. *The Audience.* Baltimore 1990.
Blodgett, Edward D. *Silence. The Word and the Sacred.* Waterloo 1989.
Blumenberg, Hans. *Die Lesbarkeit der Welt.* 3. Aufl. Frankfurt a. M. 1993.
Boesch, Paul. „‚Die Verschwiegenheit' von Hans Ulrich II. Fisch". *Zeitschrift für schweizerische Archäologie und Kunstgeschichte* 13.4 (1952): 50–51.
Bogner, Ralf Georg. *Die Bezähmung der Zunge. Literatur und Disziplinierung der Alltagskommunikation in der frühen Neuzeit.* Tübingen 1997.
Bohle, Ulrike und Ekkehard König. „Zum Begriff des Performativen in der Sprachwissenschaft". *Paragrana. Internationale Zeitschrift für historische Anthropologie* 10.1: Theorien des Performativen (2002): 13–34.
Böhme, Gernot. *Atmosphäre. Essays zur neuen Ästhetik.* Frankfurt a. M. 1995.
Böhme, Hartmut. „Das Steinerne. Anmerkungen zur Theorie des Erhabenen aus dem Blick des ‚Menschenfremdesten'. *Das Erhabene. Zwischen Grenzerfahrung und Größenwahn.* Hrsg. von Christine Pries. Weinheim 1989. 119–41.
– „Die Enthauptung der heiligen Katharina und der heiligen Barbara". *Glaube Hoffnung Liebe Tod.* Hrsg. von Christoph Geissmar-Brandi und Eleonora Louis. Kat. Kunsthalle Wien. Klagenfurt 1995. 384–87.
– „Die Enthauptung von Johannes dem Täufer". *Glaube Hoffnung Liebe Tod.* Hrsg. von Christoph Geissmar-Brandi und Eleonora Louis. Kat. Kunsthalle Wien. Klagenfurt 1995. 379–83.
– „Gefühl". *Vom Menschen. Handbuch Historische Anthropologie.* Hrsg. von Christoph Wulf. Weinheim u. a. 1997. 525–48.
– „Erotische Anatomie. Körperfragmentierung als ästhetisches Verfahren in Renaissance und Barock". *Körperteile. Eine kulturelle Anatomie.* Hrsg. von Claudia Benthien und Christoph Wulf. Reinbek 2001. 228–53.
Bohrer, Karl-Heinz. *Plötzlichkeit. Zum Augenblick des ästhetischen Scheins.* Frankfurt a. M. 1981.
Boose, Lynda E. „Scolding Bridges and Bridling Scolds. Taming the Woman's Unruly Member". *Materialist Shakespeare.* Hrsg. von Ivo Kamps. London und New York 1995. 239–79.
Borgstedt, Thomas. *Reichsidee und Liebesethik. Eine Rekonstruktion des Lohensteinschen Arminiusromans.* Tübingen 1992.
– „Kuß, Schoß und Altar. Zur Dialogizität und Geschichtlichkeit erotischer Dichtung (Giovanni Pontano, Joannes Secundus, Giambattista Marino und Christi-

an Hoffmann von Hoffmanswaldau)". *Germanisch-Romanische Monatsschrift* NF 44.3 (1994): 288–323.

– „Petrarkismus und Präsenz in Johann Christian Günthers Liebesdichtung". *Johann Christian Günther (1695–1723). Oldenburger Symposion zum 300. Geburtstag des Dichters.* Hrsg. von Jens Stüben. München 1997. 173–96.

– „Andreas Gryphius: ‚Catharina von Georgien'. Poetische Sakralisierung und Horror des Politischen". *Dramen vom Barock bis zur Aufklärung.* Stuttgart 2000. 37–66.

– „‚Du schickst mir einen brieff/ und greiffst mir nach dem hertzen'. Hoffmannswaldau, die erotische Versepistel und der galante Diskurs". *Der galante Diskurs. Kommunikationsideal und Epochenschwelle.* Hrsg. von dems. und Andreas Solbach. Dresden 2001. 13–39.

– „Paul Flemings stoizistische Liebesdichtung und die Latenz des Subjekts in der Frühen Neuzeit". *Die Kunst der Aufrichtigkeit im 17. Jahrhundert.* Tübingen 2006. 279–96.

Borinski, Karl. *Die Antike in Poetik und Kunsttheorie vom Ausgang des klassischen Altertums bis auf Goethe und Wilhelm von Humboldt* 1. Nachdruck der Ausgabe Leipzig 1924. Darmstadt 1965

Bornscheuer, Lothar. „Zur Gattungsproblematik, Affektgestaltung und politischen Theologie in Gryphs historisch-politischen Trauerspielen". *Die Affekte und ihre Repräsentation in der deutschen Literatur der frühen Neuzeit.* Hrsg. von Jean-Daniel Krebs. Bern 1996. 207–22.

Brandes, Helga. „‚Dein Lächeln, schönes Kind'. Zum Liebesdiskurs in Johann Christian Günthers Lyrik zwischen Spätbarock und Frühaufklärung". *Johann Christian Günther (1695–1723). Oldenburger Symposion zum 300. Geburtstag des Dichters.* Hrsg. von Jens Stüben. München 1997. 197–211.

Brandstetter, Gabriele. *Tanz-Lektüren. Körperbilder und Raumfiguren der Avantgarde.* Frankfurt a. M. 1995.

– „Figur und Inversion. Kartographie als Dispositiv von Bewegung". *De figura. Rhetorik – Bewegung – Gestalt.* Hrsg. von ders. und Sibylle Peters. München 2002. 247–64.

Brandstetter, Gabriele und Sibylle Peters (Hrsg.). *De figura. Rhetorik – Bewegung – Gestalt.* München 2002.

Brauneck, Manfred. *Die Welt als Bühne. Geschichte des europäischen Theaters* 2. Stuttgart und Weimar 1996.

Braungart, Georg. „Höfische Rede im zeremoniellen Ablauf: Fremdkörper oder Kern?" *Zeremoniell als höfische Ästhetik in Spätmittelalter und früher Neuzeit.* Hrsg. von Jörg Jochen Berns und Thomas Rahn. Tübingen 1995. 198–208.

Braungart, Georg. *Hofberedsamkeit. Studien zur Praxis höfisch-politischer Rede im deutschen Territorialabsolutismus.* Tübingen 1998.

Bremmer, Jan und Hermann Roodenburg (Hrsg.). *A Cultural History of Gesture.* Cambridge 1991.

Breuer, Dieter u. a. „Rhetorische Figur. Eingrenzungsversuch und Erkenntnisgewinn eines literaturwissenschaftlichen Begriffs". *Zur Terminologie der Literaturwissenschaft.* Hrsg. von Christian Wagenknecht. Stuttgart 1988. 223–38.

– (Hrsg.). *Religion und Religiosität im Zeitalter des Barock.* Wiesbaden 1995.

Breuer, Dieter und Günther Kopsch. „Rhetoriklehrbücher 1500–1750". *Rhetorik. Beiträge zu ihrer Geschichte in Deutschland vom 16. bis zum 20. Jahrhundert.* Hrsg. von Helmut Schanze. Frankfurt a. M. 1974. 221–92.

Bricout, Bernadette. „L'aiguille et l'epingle. Oralité et écriture au XVIIe siècle". *La bibliotheque bleu.* Bari 1981. 45–58.

Briganti, Giuliano. „Barocco. Storia della parola e fortuna critica del concetto". *Enciclopedia universale dell'Arte* 2 (1958): 346–59.

Brinker-Von der Heide, Claudia. „Freundschaft und grimmer Haß Oder: Die Macht des Wortes im *Leo Armenius* von Andreas Gryphius". *Chloe* 28: Ars et amicitia. Beiträge zum Thema Freundschaft in Geschichte, Kunst und Literatur. Hrsg. von Ferdinand von Ingen und Christian Juranek. Amsterdam und Atlanta 1998. 253–69.

*Brockhaus – Die Enzyklopädie in 24 Bänden* 2. Leipzig und Mannheim 1996.

Budick, Sanford und Wolfgang Iser (Hrsg.). *Languages of the Unsayable. The Play oj Negativity in Literature and Literary Theory.* New York 1989.

Burda-Stengel, Felix. *Andrea Pozzo und die Videokunst. Neue Überlegungen zum barocken Illusionismus.* Berlin 2002.

Burdorf, Dieter. *Einführung in die Gedichtanalyse.* Stuttgart 1994.

Burgard, Peter J. (Hrsg.). *Barock. Neue Sichtweisen auf eine Epoche.* Köln und Weimar 2001.

Burghartz, Susanna. „Rechte Jungfrauen oder unverschämte Töchter? Zur weiblichen Ehre im 16. Jahrhundert". *Frauengeschichte – Geschlechtergeschichte.* Hrsg. von Karin Hausen und Heike Wunder. Frankfurt a. M. und New York 1992. 173–83.

Burke, Peter. „Randbemerkungen zu einer Sozialgeschichte des Schweigens". *Reden und Schweigen. Zur Geschichte sprachlicher Identität.* Berlin 1993. 63–91.

Burkert, Walter. *Weisheit und Wissenschaft. Studien zu Pythagoras, Philolaos und Platon.* Nürnberg 1962.

Butler, Judith. *Haß spricht. Zur Politik des Performativen.* Berlin 1998.

Cage, John. „Lecture on Nothing". *Silence. Lectures and Writings.* Middletown 1973. 109–27.

Cantaro, Maria Teresa. *Lavinia Fontana bolgonese, „pittora singolare". 1552–1614.* Mailand und Rom 1989.

Casagrande, Carla und Silvana Veccio. *I peccatori della lingua. Disciplina ed etica della parole nella cultura medievale.* Rom 1987.

Casel, Odo. *De philosophorum Graecorum silentio mystico.* Gießen 1919.

Cavallo, Sandra und Lyndan Warner (Hrsg.). *Widowhood in Medieval and Early Modern Europe.* Harlow u. a. 1999.

Cecchetti, Igino. „Tibi silentium laus“. *Miscellanea liturgica in honorem L. Cuniberti Mohlberg* 2. Rom 1949. 521–70.

Chadwick, Henry. „The Silence of Bishops in Ignatius“. *The Harvard Theological Review* 43.2 (1950): 169–72.

Chartier, Roger und Guglielmo Cavallo (Hrsg.). *Die Welt des Lesens. Von der Schriftrolle zum Bildschirm*. Frankfurt a. M. 1999.

Ciani, Maria Grazia. *The Regions of Silence*. Amsterdam 1987.

Conermann, Klaus. „Hippolytus a Collibus. Zur Ars politica et aulica im Heidelberger Gelehrtenkreis“. *Europäische Hofkultur im 16. und 17. Jahrhundert*. Hrsg. von August Buck u. a. Stuttgart 1981. 693–700.

– „Der Stil des Hofmanns. Zur Genese sprachlicher und literarischer Formen aus der höfisch-politischen Verhaltenskunst“. *Europäische Hofkultur im 16. und 17. Jahrhundert*. Hrsg. von August Buck u. a. Stuttgart 1981. 45–57.

Conzemius, Viktor. „Quietismus“. *Sacramentum mundi. Theologisches Lexikon für die Praxis* 3. Hrsg. von Karl Rahner und Aldolf Dorlap. Freiburg u. a. 1996. 1426–32.

Corbacho Cortés, Carolina. *Literatura y arte. El tópico „Ut pictura poesis“*. Cáceres 1998.

Cornell, Regine Reynolds. „Silence as a Rhetorical Divice in Marguerite de Navarre's ‚Theatre Profane‘“. *The Sixteenth Century Journal* 17.1 (1986): 17–31.

Costanzo, Mario. „I segni del silenzio. ‚Empresas y jeroglificos ejectutados‘ e altre acutezze non-verbali nella ‚imagerie‘ manieristica e barocca.“ *I segni del silenzio e altri studi sulle poetiche e l'iconografia letteraria del Manierismo e del Barocco*. Rom 1983. 35–63.

Courtine, Jean-Jacques und Claudine Haroche. *Histoire du visage. Exprimer et taire ses émotions XVI^e^-début XIX^e^ siècle*. Paris 1988.

Curtius, Ernst Robert. „Antike Pathosformeln in der Literatur des Mittelalters“. *Gesammelte Aufsätze zur romanischen Philologie*. Bern und München 1960. 23–27.

– *Europäische Literatur und lateinisches Mittelalter*. 7. Aufl. Bern und München 1969.

Daemmrich, Horst S. und Ingrid Daemmrich. „Dialog – Schweigen“. *Themen und Motive der Literatur. Ein Handbuch*. Tübingen 1987. 88–95.

Daly, Peter M. *Dichtung und Emblematik bei Catharina Regina von Greiffenberg*. Bonn 1976.

Danziger, Claudie (Hrsg.). *Le silence. La force du vide*. Paris 1999.

Dashian, P. Jacobus. „Das Leben und die Sentenzen des Philosophen Secundus des Schweigsamen“. *Denkschriften der Kaiserlichen Akademie der Wissenschaften in Wien* 44 (1895): 1–56.

Dauenhauer, Bernhard P. *Silence. The Phenomenon and its Ontological Significance*. Bloomington 1980.

Déonna, Waldemar. „Le silence, gardien du secret“. *Zeitschrift für schweizerische Archäologie und Kunstgeschichte* 12 (1951): 28–41.

Derrida, Jacques. *Wie nicht sprechen. Verneinungen.* Übers. von Hans-Dieter Gondek. Wien 1989.

Desai-Breun, Kiran. *Das Schweigen und die Gabe. Analytische Studien zu Ambivalenzen in Heinrich von Kleists ‚Penthesilea' und ‚Das Käthchen von Heilbronn'.* Bern u. a. 1999.

Detmer-Goebel, Emily. „The Need for Lavinia's Voice. Titus Andronicus and the Telling of Rape". *Shakespeare Studies* 29 (2001): 75–92.

Deufert, Kattrin. „Askese der Bedeutungen – John Cages stille Musik". *Paragrana. Internationale Zeitschrift für Historische Anthropologie* 8.1: Askese (1999): 150–68.

Didi-Huberman, Georges. *Fra Angelico. Dissemblage et figuration.* Paris 1990.

*Die Religion in Geschichte und Gegenwart. Handwörterbuch für Theologie und Religionswissenschaft.* 8 Bde. Hrsg. von Kurt Galling u. a. 4. Aufl. Tübingen 1998–2005.

Dinzelbacher, Peter (Hrsg.). *Wörterbuch der Mystik.* Stuttgart 1998.

Disselkamp, Martin. *Barockheroismus. Konzeptionen ‚politischer Größe' in Literatur und Traktatistik des 17. Jahrhunderts.* Tübingen 2002.

Drews, Lydia. „Aposiopese". *Historisches Wörterbuch der Rhetorik* 1. Hrsg. von Gert Ueding. Tübingen 1992. 828–30.

Drügh, Heinz J. „‚Was mag wol klärer seyn?' – Zur Ambivalenz des Allegorischen in Andreas Gryphius' Trauerspiel ‚Leo Armenius'". *Künste und Natur in Diskursen der frühen Neuzeit.* Hrsg. von Hartmut Laufhütte u. a. Wiesbaden 2000. 1019–32.

Drux, Rudolf. „‚In dieser Einsamkeit'. Ort und Art poetologischer Reflexion bei schlesischen Barockdichtern". *Weltgeschick und Lebenszeit. Andreas Gryphius, ein schlesischer Barockdichter aus deutscher und polnischer Sicht.* Hrsg. von der Stiftung Gerhard-Hauptmann-Haus. Düsseldorf 1993. 33–52.

Dülmen, Richard van. *Historische Anthropologie. Entwicklung, Probleme, Aufgaben.* 2. Aufl. Köln u. a. 2001.

Dumonceaux, Pierre. „La lecture à haute voix des oeuvres littéraires au XVII$^{e}$ siècle. Modalités et valeurs". *Lecteurs et letures. Actes du colloque Nantes-Düsseldorf.* Nantes 1980. 77–86.

Dussler, Luitpold. *Die Zeichnungen des Michelangelo. Kritischer Katalog.* Berlin 1959.

Ecker, Gisela (Hrsg.). *Trauer tragen – Trauer zeigen. Inszenierungen der Geschlechter.* München 1999.

Edgar, Andrew. „Music and Silence". *Silence. Interdisciplinary Perspectives.* Hrsg. von Adam Jaworski. Berlin und New York 1997. 311–28.

Eggert, Hartmut und Janusz Golec (Hrsg.). *‚...wortlos der Sprache mächtig'. Schweigen und Sprechen in der Literatur und sprachlicher Kommunikation.* Stuttgart 1999.

Eisenstein, Elisabeth. *The Printing Press as an Agent of Change. Communications and Cultural Transformations in Early Modern Europe.* 2 Bde. Cambridge 1979.

Elzenheimer, Regine. „Silence – The Development of a New Musical-Theatrical Category“. *Performance Research* 4.3: On Silence (1999): 25–34.

Fechner, Jörg-Ulrich. „‚Witz‘ und ‚Wahrheit‘ an einem literarhistorischen Wendepunkt. Johann Christian Günthers Lobgedicht auf Ernst Rudolph von Nickisch und Roseneck (1721)“. *Chloe* 2 (1984): 385–408.

Fehrenbach, Frank. „Verspiegelung der Künste. Jagd machen auf die Wahrheit, das scheue Wild: Zur Revision des Barockbegriffs“. *Frankfurter Allgemeine Zeitung* 67 (20.3.2002): N3.

Fiechter, Ernst. *Zwiefalten*. Augsburg 1927.

Fischer-Lichte, Erika. *Semiotik des Theaters. Eine Einführung* 2: Vom ‚künstlichen‘ zum ‚natürlichen‘ Zeichen – Theater des Barock und der Aufklärung. 2. Aufl. Tübingen 1989.

– „Auf dem Wege zu einer performativen Kultur“. *Paragrana. Internationale Zeitschrift für Historische Anthropologie* 7.1: Kulturen des Performativen (1998): 13–32.

– „Grenzgänge und Tauschhandel. Auf dem Wege zu einer performativen Kultur“. *Performanz. Zwischen Sprachphilosophie und Kulturwissenschaften*. Hrsg. von Uwe Wirth. Frankfurt a. M. 2002. 277–300.

– (Hrsg.). *Theatralität und die Krisen der Repräsentation*. Stuttgart und Weimar 2001.

– *Ästhetik des Performativen*. Frankfurt a. M. 2004.

Flasch, Kurt. „‚Sagt es niemand, nur...‘. Stichworte zu philosophisch-theologischen Motivierungen für Schweigegebote“. *Das Öffentliche und das Private in der Vormoderne*. Hrsg. von Gert Melville und Peter von Moos. Köln u. a. 1998. 87–96.

Flügel, John Carl. „A Note on the Phallic Significance of the Tongue and of Speech“. *The International Journal of Psycho-Analysis* 6.2 (1975): 209–215.

Fly, Richard D. „Revelations of Darkness. The Language of Silence in ‚King Lear‘. *Bucknell Rewiew* 20.3 (1972): 73–92.

Folkers, Menso u. a. (Hrsg.). *Maß, Zahl und Gewicht. Mathematik als Schlüssel zum Verständnis und zur Beherrschung der Welt*. Berlin 1989.

Fónagy, Ivan. „Die Redepausen in der Dichtung“. *Phonetica* 5 (1960): 169–203.

Fontenau, Françoise. *L'étique du silence*. Paris 1993.

Forster, Leonard. „Europäischer Petrarkismus als Vorschule der Dichtung“. *Das eiskalte Feuer. Sechs Studien zum europäischen Petrarkismus*. Kronberg/Ts. 1976. 49–64.

– „Die Emblemata Horatiana des Otho Vaenius“. *Geschichte des Textverständnisses am Beispiel von Pindar und Horaz*. Hrsg. von Walther Killy. München 1981. 117–28.

Fortunati, Vera. *Lavinia Fontana 1552–1614*. Mailand 1994.

Frank, Manfred. *Das Sagbare und das Unsagbare. Studien zur neuesten französischen Hermeneutik und Texttheorie*. Frankfurt a. M. 1980.

Frank, Thomas u. a. *Des Kaisers neue Kleider. Über das Imaginäre politischer Herrschaft. Texte – Bilder – Lektüren*. Frankfurt a. M. 2002.

Frankfort, Enriqueta Harris. „El Greco's Holy Family with the Sleeping Christ and the Infant Baptist: an Image of Silence and Mystery“. *Hortus Imaginium. Essays in Western Art.* Hrsg. von Robert Enggass und Marilyn Storkstad. Lawrence 1974. 103–11.

Fuchs, Peter. „Von der Beobachtung des Unbeobachtbaren: Ist Mystik ein Fall von Inkommunikabilität?“. Ders. und Niklas Luhmann. *Reden und Schweigen.* 2. Aufl. Frankfurt a. M. 1992. 70–100.

– „Die Weltflucht der Mönche. Anmerkungen zur Funktion des monastisch-aszetischen Schweigens“. Ders. und Niklas Luhmann. *Reden und Schweigen.* 2. Aufl. Frankfurt a. M. 1992. 21–45.

Fuchs, Peter und Niklas Luhmann. *Reden und Schweigen.* 2. Aufl. Frankfurt a. M. 1992.

Fumaroli, Marc. *L'école du silence. Le sentiment des images au XVII<sup>e</sup> siècle.* Paris 1994.

Gadamer, Hans-Georg. „Vom Verstummen des Bildes“. *Gesammelte Werke* 8. Tübingen 1993. 315–22.

Garber, Klaus. „Europäisches Barock und deutsche Literatur des 17. Jahrhunderts. Zur Epochen-Problematik in der internationalen Diskussion“. *Europäische Barock-Rezeption* 1. Hrsg. von dems. u. a. Wiesbaden 1991. 3–44.

Gardt, Andreas. *Sprachreflexion in Barock und Frühaufklärung. Entwürfe von Böhme bis Leibnitz.* Berlin 1994.

Gehl, Paul F. „Competens silentium: Varieties of Monastic Silence in the Medieval West“. *Viator* 18 (1987): 125–60.

Geisenhof, Erika. *Die Darstellung der Leidenschaften in den Trauerspielen des Andreas Gryphius.* Heidelberg 1958.

Geitner, Ursula. *Die Sprache der Verstellung. Studien zum rhetorischen und anthropologischen Wissen im 17. und 18. Jahrhundert.* Tübingen 1992.

Genz, Henning. *Die Entdeckung des Nichts. Leere und Fülle im Universum.* München 1994.

Geyer-Ryan, Helga. „Kassandra in Sizilien“. *Schweigen. Unterbrechung und Grenze der menschlichen Wirklichkeit.* Hrsg. von Dietmar Kamper und Christoph Wulf. Berlin 1992. 117–27.

Giammusso, Salvatore. „Sprache der Macht und Macht der Sprache. Politik und Rhetorik in Baltasar Graciáns ‚Oráculo Manual'“. *Germanisch-romanische Monatsschrift* NF 43 (1993): 302–14.

Gies, Hildburgis. *Eine lateinische Quelle zum ‚Cherubinischen Wandersmann' des Angelus Silesius. Untersuchung der Beziehungen zwischen der mystischen Dichtung Schefflers und dem ‚Clavis pro theologia mystica' des Maximilian Sandäus.* Breslau 1929.

Giesecke, Michael. *Der Buchdruck in der frühen Neuzeit. Eine historische Fallstudie über die Durchsetzung neuer Informations- und Kommunikationstechnologien.* Frankfurt a. M. 1991.

Glicksberg, Charles I. „The Literature of Silence“. *Centennial Review* 14 (1970): 166–76.

Gombrich, Ernst H. *Aby Warburg. Eine intellektuelle Biographie*. Übers. von Matthias Fienbork. Frankfurt a. M. 1981.

Goody, Jack u. a. *Entstehung und Folgen der Schriftkultur.* Frankfurt a. M. 1986.

Gorceix, Bernard. „Natur und Mystik im 17. Jahrhundert. Daniel Czepko und Catharina Regina von Greiffenberg". *Epochen der Naturmystik*. Hrsg. von Antoine Faivre und Rolf Christian Zimmermann. Berlin 1979. 212–26.

Göttler, Christine. „Wachs und Interdisziplinarität. Giovanni Bernardo Azzolinos ‚vier letzte Dinge'". *Zwischen den Disziplinen? Perspektiven der Frühneuzeitforschung*. Hrsg. von Helmut Puff und Christopher J. Wild. Göttingen 2003. 103–48.

Göttsche, Dirk. *Die Produktivität der Sprachkrise in der modernen Prosa*. Frankfurt a. M. 1987.

Grabar, André. „Une fresque visigothique et l'iconographie du silence". *Cahiers archéologiques* 1 (1945): 124–28.

Grabker, Gudrun und Ulrike Jessner (Hrsg.). *Semantics of Silence in Linguistics and Literature*. Heidelberg 1996.

Greber, Erika. „Petrarkismus als Geschlechtercamouflage? Die Liebeslyrik der Barockdichterin Sibylla Schwarz". *Bündnis und Begehren. Ein Symposium über die Liebe*. Hrsg. von Andreas Kraß und Alexandra Tischel. Berlin 2002. 142–68.

Green, Douglas E. „Interpreting ‚Her Martyr'd Signs'. Gender and Tragedy in ‚Titus Andronicus'". *Shakespeare Quarterly* 40.3 (1989): 317–26.

Greene, Alice Borchard. *The Religious Uses of Silence*. New York 1938.

Grimm, Jacob und Wilhelm Grimm *Deutsches Wörterbuch*. 32 Bde. Nachdruck der Ausgabe Leipzig 1854–1971. München 1984.

Gruber, Bettina. „Das ‚Ich' und Gott in der Mystik des Barock. Zur literaturhistorischen Verortung vormoderner Individualisierungsstrategien". *Text und Kritik* 154: Barock (2002): 66–82.

Gumbrecht, Hans Ulrich und K. Ludwig Pfeiffer (Hrsg.). *Materialität der Kommunikation*. 2. Aufl. Frankfurt a. M. 1995.

Haas, Alois Maria. *Nim din selbes war. Studien zur Lehre von der Selbsterkenntnis bei Meister Eckhart, Johannes Tauler und Heinrich Seuse*. Fribourg 1971.

– *Sermo mysticus. Studien zu Theologie und Sprache der deutschen Mystik*. Fribourg 1979.

– „‚Christförmig sein'. Die Christusmystik des Angelus Silesius". *Zu Dir Hin. Über mystische Lebenserfahrungen von Meister Eckhard bis Paul Celan*. Frankfurt a. M. 1987. 178–206.

– *Mystik als Aussage. Erfahrungs-, Denk- und Redeformen christlicher Mystik*. Frankfurt a. M. 1996.

Habicht, Werner. „Der Dialog und das Schweigen im Theater des Absurden". *Die Neueren Sprachen* NF 16 (1967): 53–65.

Hahn, Alois. „Soziologische Aspekte von Geheimnissen und ihren Äquivalenten". *Schleier und Schwelle. Geheimnis und Öffentlichkeit*. Hrsg. von Aleida Assmann und Jan Assmann. München 1997. 23–39.

– „Reden und Schweigen". *Paragrana. Internationale Zeitschrift für Historische Anthropologie* 8.1: Askese (1999): 204–130.

Hale, David George. *The Body Politic. A Political Metaphor in Renaissance English Literature.* Den Haag und Paris 1971.

Hamacher, Werner. „Unlesbarkeit". Paul de Man. *Allegorien des Lesens.* Frankfurt a. M. 1988. 7–26.

Hankamer, Paul. *Die Sprache. Ihr Begriff und ihre Deutung im sechzehnten und siebzehnten Jahrhundert. Ein Beitrag zur Frage der literaturhistorischen Gliederung des Zeitraums.* Nachdruck der Ausgabe Bonn 1927. Hildesheim 1965.

Hart Nibbrig, Christiaan L. (Hrsg.). *Was heißt ‚Darstellen'?* Frankfurt a. M. 1994.

– *Rhetorik des Schweigens. Versuch über den Schatten literarischer Rede.* Frankfurt a. M. 1981.

Härter, Andreas. *Der Anstand des Schweigens. Bedingungen des Redens in Hofmannsthals ‚Brief'.* Bonn 1989.

Haug, Walter. *Zum Begriff des Tragischen. Versuch einer Deutung barocker Theatralik, ausgehend vom Drama des Andreas Gryphius.* München 1952.

– „Zur Grundlegung einer Theorie des mystischen Sprechens". *Abendländische Mystik im Mittelalter. Symposion Kloster Engelberg 1984.* Hrsg. von Kurt Ruh. Stuttgart 1986. 494–508.

Haus, Andreas. „Leidenschaft und Pathosformel. Auf der Suche nach Bezügen Aby Warburgs zur barocken Affektenlehre". *Europäische Barock-Rezeption.* Hrsg. von Klaus Garber u. a. Wiesbaden 1991. 1319–40.

Hédrich, Dorothee. „Didaskalien und didaskalienwertige Notierungen bei Gryphius (Catharina von Georgien)". *Études allemandes* 6 (1993): 67–85.

Hedges, Elaine und Shelley Fisher Fishkin (Hrsg.). *Listening to Silences. New Essays in Feminist Criticism.* New York und Oxford 1994.

Heidegger, Martin. *Unterwegs zur Sprache.* 8. Aufl. Pfullingen 1959.

Heinemann, Wolfgang. „Das Schweigen als linguistisches Phänomen". *‚...wortlos der Sprache mächtig'. Schweigen und Sprechen in der Literatur und sprachlicher Kommunikation.* Hrsg. von Hartmut Eggert und Janusz Golec. Stuttgart 1999. 301–14.

Hense, Carl Conrad. *Das Schweigen und Verschweigen in Dichtungen.* Parchim 1972.

Hertz, Anselm. *Fra Angelico.* Freiburg u. a. 1981.

Herzog, Urs. *Geistliche Wohlredenheit. Die katholische Barockpredigt.* München 1991.

Heselhaus, Clemens. „Gryphius' ‚Catharina von Georgien'". *Das deutsche Drama. Vom Barock bis zur Gegenwart. Interpretationen* 1. Hrsg. von Benno von Wiese. Düsseldorf 1958. 35–60.

Hess-Lüttich, Ernest W. B. „Dramaturgie des Schweigens. Zur Semiologie des Sprachversagens im Drama". *Folia Linguistica* 12 (1978): 31–64.

Hinz, Manfred. „Mit der Wahrheit lügen. Baltasar Gracián und Juan Manuel". *Diskurse des Barock. Dezentrierte oder rezentrierte Welt?* Hrsg. von Joachim Küpper und Friedrich Wolfzettel. München 2000. 15–46.

Hochstaffl, Josef. *Negative Theologie. Ein Versuch zur Vermittlung des patristischen Begriffs.* München 1976.

Hocke, Gustav René. *Die Welt als Labyrinth. Manier und Manie in der europäischen Kunst*. Hamburg 1957.

Hoffmeister, Gerhart. „Barocker Petrarkismus. Wandlungen und Möglichkeiten der Liebessprache in der Lyrik des 17. Jahrhunderts". *Europäische Tradition und deutscher Literaturbarock. Überlieferung und Umgestaltung*. Hrsg. von dems. Bern 1973. 37–53.

Hoffmeister, Gerhart. *Deutsche und europäische Barockliteratur*. Stuttgart 1987.

Hull, Suzanne. *Chaste, Silent and Obedient. English Books for Women 1475–1640*. San Marino 1982.

Hundt, Markus. *‚Spracharbeit' im 17. Jahrhundert. Studien zu Georg Philipp Harsdörffer, Justus Georg Schottelius und Christian Gueintz*. Berlin 2000.

Iser, Wolfgang. *Der implizite Leser. Kommunikationsformen des Romans von Bunyan bis Beckett*. München 1972.

Iwanoyko, Eugeniusz. *Sala Czerwana. Ratusa gdańskiego*. Wroclaw u. a. 1986.

Jankélévitch, Vladimir. *La musique et l'ineffable*. Paris 1983.

Japp, Uwe. „Lesen und Schreiben im Drama des Sturm und Drang, insbesondere bei Goethe und Lenz". *Lesen und Schreiben im 17. und 18. Jahrhundert. Studien zu ihrer Bewertung in Deutschland, England, Frankreich*. Hrsg. von Paul Goetsch. Tübingen 1994. 265–76.

Jardine, Lisa. *Erasmus, Man of Letters. The Construction of Charisma in Print*. Princeton 1993.

Jaworski, Adam (Hrsg.). *The Power of Silence. Social and Pragmatic Perspectives*. Newbury 1993.

– *Silence. Interdisciplinary Perspectives*. Berlin und New York 1997.

Kaminski, Nicola. *Andreas Gryphius*. Stuttgart 1998.

Kamper, Dietmar und Christoph Wulf (Hrsg.). *Schweigen. Unterbrechung und Grenze der menschlichen Wirklichkeit*. Berlin 1992.

Kantorowicz, Ernst H. *Die zwei Körper des Königs. Eine Studie zur politischen Theologie des Mittelalters*. 2. Aufl. München 1994.

Kasten, Ingrid. „Jenseits der Sprache. Aspekte einer historischen Semantik des Schweigens". *Paragrana. Internationale Zeitschrift für Historische Anthropologie* 7.2: Jenseits (1998): 61–80.

– „Die doppelte Autorschaft. Zum Verhältnis Sprache des Menschen und Sprache Gottes in mystischen Texten des Mittelalters". *‚...wortlos der Sprache mächtig'. Schweigen und Sprechen in der Literatur und sprachlicher Kommunikation*. Hrsg. von Hartmut Eggert und Janusz Golec. Stuttgart 1999. 9–30.

Katholisches Münsterpfarramt Zwiefalten (Hg.). *Münster Zwiefalten*. Passau 2003.

Keller, Hildegard Elisabeth. „Vom beredten Bekenntnis Verstummender. Kommunikationstheoretische und sprachtheologische Überlegungen menschlicher Sprachnot in deutschsprachiger Literatur". *Zeitschrift für Literaturwissenschaft und Linguistik* 126 (2002): 48–78.

Kemp, Wolfgang. „Verständlichkeit und Spannung. Über Leerstellen in der Malerei des 19. Jahrhunderts". *Der Betrachter ist im Bild.* Hrsg. von dems. Berlin 1992. 307–32.

Kemper, Hans-Georg. *Deutsche Literatur der Frühen Neuzeit* 3: Barock-Mystik. Tübingen 1988.

Keppler, Angela und Thomas Luckmann. „Beredtes Verschweigen. Kommunikative Formen familiärer Geheimnisse". *Schleier und Schwelle.* Hrsg. von Aleida Assmann und Jan Assmann. München 1997. 205–20.

King, Archdale A. *Liturgy of the Roman Church.* London 1952.

Kittler, Friedrich A. „Rhetorik der Macht und Macht der Rhetorik – Lohensteins ‚Agrippina'". *Johann Christian Günther (mit einem Beitrag zu Lohensteins ‚Agrippina').* Hrsg. von Hans-Georg Pott. Paderborn u. a. 1998. 39–52.

Kittler, Friedrich A. u. a. (Hrsg.) *Zwischen Rauschen und Offenbarung. Zur Kultur- und Mediengeschichte der Stimme.* Berlin 2002.

Knüsel, Heidi. *Reden und Schweigen in Märchen und Sagen.* Zürich 1980.

Koch, Peter und Wulf Oesterreicher. „Sprache der Nähe – Sprache der Distanz. Mündlichkeit und Schriftlichkeit im Spannungsfeld von Sprachtheorie und Sprachgeschichte". *Romanistisches Jahrbuch* (1985): 16–43.

Kolesch, Doris. „Ästhetik der Präsenz – Theater-Stimmen". *Ästhetik der Inszenierung. Dimensionen eines künstlerischen, kulturellen und gesellschaftlichen Phänomens.* Hrsg. von Josef Früchtl und Jörg Zimmermann. Frankfurt a. M. 2001. 260–75.

Kommerell, Max. „Die Sprache und das Unaussprechliche. Eine Betrachtung über Heinrich von Kleist". *Geist und Buchstabe der Dichtung. Goethe – Kleist – Hölderlin.* Frankfurt a. M. 1940. 243–317.

Konersmann, Ralf. *Der Schleier des Timanthes. Perspektiven der historischen Semantik.* Frankfurt a. M. 1994.

König, Ekkehard. „‚Performativ' und ‚Performanz'. Zu neueren Entwicklungen in der Sprechakttheorie". *Paragrana. Internationale Zeitschrift für historische Anthropologie* 7.1: Kulturen des Performativen (1998): 59–70.

Koschorke, Albrecht. *Körperströme und Schriftverkehr. Mediologie des 18. Jahrhunderts.* München 1999.

Košenina, Alexander. *Anthropologie und Schauspielkunst. Studien zur ‚eloquentia corporis' im 18. Jahrhundert.* Tübingen 1995.

Köves-Zulauf, Thomas. *Reden und Schweigen. Römische Religion bei Plinius Maior.* München 1971.

Koyré, Alexandre. *Von der geschlossenen Welt zum unendlichen Universum.* Frankfurt a. M. 1980.

Krafft, Fritz. „Die Schwere der Luft in der Diskussion des 17. Jahrhunderts: Otto von Guericke". *Die Schwere der Luft in der Diskussion des 17. Jahrhunderts.* Hrsg. von Wim Klever. Wiesbaden 1997. 135–170.

Kraft, Stephan. *Geschlossenheit und Offenheit in der ‚Römischen Octavia' von Herzog Anton Ulrich – ‚der roman macht ahn die ewigkeit gedencken, denn er nimbt kein endt'.* Würzburg 2004.

Krämer, Sybille. „Sprache – Stimme – Schrift. Sieben Thesen über Performativität als Medialität“. *Paragrana. Internationale Zeitschrift für historische Anthropologie* 7.1: Kulturen des Performativen (1998): 33–58.

Krämer, Sybille und Marco Stahlhut. „Das ‚Performative‘ als Thema der Sprach- und Kulturphilosophie“. *Paragrana. Internationale Zeitschrift für historische Anthropologie* 10.1: Theorien des Performativen (2002): 35–64.

Krammer, Stefan. *„redet nicht vom Schweigen...“. Zu einer Semiotik des Schweigens im dramatischen Werk Thomas Bernhards*. Würzburg 2003.

Kristeva, Julia. *Geschichten von der Liebe*. Übers. von Dieter Hornig und Wolfram Bayer. Frankfurt a. M. 1989.

Krug-Richter, Barbara. „‚Weibergeschwätz‘? Zur Geschlechtsspezifik des Geredes in der Frühen Neuzeit“. *Weibliche Rede – Rhetorik der Weiblichkeit*. Hrsg. von Doerte Bischoff und Martina Wagner-Egelhaaf. Freiburg 2003. 301–19.

Krusche, Roland. *Die Übung des Schweigens in der Mystik. Überlegungen zur Hermeneutik des Schweigens*. Frankfurt a. M. u. a. 1996.

Küchler, Max. *Schweigen, Schmuck und Schleier. Drei neutestamentliche Vorschriften zur Verdrängung der Frauen auf dem Hintergrund einer frauenfeindlichen Exegese des Alten Testaments im Judentum*. Göttingen 1986.

Kühlmann, Wilhelm. „Ausgeklammerte Askese. Zur Tradition heiterer erotischer Dichtung in Paul Flemings Kußgedicht“. *Gedichte und Interpretationen* 1: Renaissance und Barock. Hrsg. von Volker Meid. Stuttgart 1982. 177–86.

– *Gelehrtenrepublik und Fürstenstaat. Entwicklung und Kritik des deutschen Späthumanismus in der Literatur des Barockzeitalters*. Tübingen 1982.

– „Geschichte als Gegenwart. Formen der politischen Reflexion im deutschen ‚Tacitismus‘ des 17. Jahrhunderts“. *Res Publica Litteraria* 1: Die Institutionen der Gelehrsamkeit in der Frühen Neuzeit. Hrsg. von Sebastian Neumeister und Conrad Wiedemann. Wiesbaden 1987. 325–48.

Kugeler, Heidrun. „Ehrenhafte Spione“. Geheimnis, Verstellung und Offenheit in der Diplomatie des 17. Jahrhunderts. *Die Kunst der Aufrichtigkeit im 17. Jahrhundert*. Hrsg. von Claudia Benthien und Steffen Martus. Tübingen 2006. 127–48.

Kundert, Ursula. *Konfliktverläufe. Normen der Geschlechterbeziehungen in Texten des 17. Jahrhunderts*. Berlin und New York 2004.

Künzli, Arnold. *Gotteskrise. Fragen zu Hiob – Lob des Agnostizismus*. Reinbek 1998.

Küpper, Joachim. *Petrarca. Das Schweigen der Veritas und die Worte des Dichters*. Berlin u. a. 2002.

Küpper, Joachim und Friedrich Wolfzettel (Hrsg.). *Diskurse des Barock. Dezentrierte oder rezentrierte Welt?* München 2000.

Laermans, Rudi. „Performing Silence“. *Performance Research* 4.3: On Silence (1999): 1–6.

Langedijk, Karla. „Silentium“. *Het Nederlands Kunsthistorisch Jaarboek* (1962): 3–18.

Lausberg, Heinrich. *Handbuch der literarischen Rhetorik. Eine Grundlegung der Literaturwissenschaft*. 3. Aufl. Stuttgart 1990.

Lehmann, Hans-Thies. „Das Welttheater der Scham. Dreißig Annäherungen an den Entzug der Darstellung". *Merkur* 45.9/10 (1991): 824–38.

Leuschner, Eckhard. „The Phythagorean Inscription on Rosa's London Self-Portrait". *Journal of the Warburg and Courtauld Institutes* 57 (1994): 278–83.

*Lexikon der Ägyptologie* 4. Wiesbaden 1982.

*Lexikon der christlichen Ikonographie.* 8 Bde. Hrsg. von Wolfgang Braunfels u. a. Rom u. a. 1968–1976.

*Lexikon für Theologie und Kirche.* 11 Bde. Hrsg. von Walter Kasper. 3. Aufl. Freiburg u. a. 1993–2001.

Lindner, Burkhard. „Allegorie". *Benjamins Begriffe.* Hrsg. von Michael Opitz und Erdmut Wizisla. Frankfurt a. M. 2000. 50–94.

Loevlie, Elisabeth Marie. *Literary Silences in Pascal, Rousseau, and Beckett.* Oxford 2003.

Loos, Helmut. „‚Catharina von Georgien'. ‚Unio Mystica' und ‚virtus heroica' – Leitbegriffe einer Interpretation". *Daphnis* 28 (1999): 691–727.

Lorenz, Otto. *Schweigen in der Dichtung. Hölderlin – Rilke – Celan. Studien zur Poetik deiktisch-elliptischer Schreibweisen.* Göttingen 1989.

Luhmann, Niklas. *Liebe als Passion. Zur Codierung von Intimität.* 5. Aufl. Frankfurt a. M. 1990.

Lutterbie, John. „Performance in the Proximity of Silence" *Performance Research* 4.3: On Silence (1999): 12–16.

– „Subjects of Silence". *Theatre Journal* 40 (1988): 468–81.

Lyotard, Jean-François. „Mehrfache Stille/vielfaches Schweigen". *Essays zu einer affirmativen Ästhetik.* Berlin 1982. 95–122.

Maassen, Irmgard. „Text und/als/in der Performanz der frühen Neuzeit. Thesen und Überlegungen". *Paragrana. Internationale Zeitschrift für historische Anthropologie* 10.1: Theorien des Performativen (2002): 285–301.

Macho, Thomas. *Todesmetaphern. Zur Logik der Grenzerfahrung.* Frankfurt a. M. 1987.

– „Sieben Variationen über die Stille". *Logik und Leidenschaft. Erträge Historischer Anthropologie.* Hrsg. von Dietmar Kamper und Christoph Wulf. Berlin 2002. 1020–31.

MacWilliam, Shirley. „Acoustic Shadows. Cast behind the curtain". *Performance Research* 4.3: On Silence (1999): 40–46.

Maggi, Armando. *Satan's Rhetoric. A Study of Renaissance Demonology.* Chicago 2001.

Major, Emil. „Das ‚Symbolum phythagoricum' des Conrad Lycostenes". *Basler Zeitschrift für Geschichte und Altertumskunde* 42 (1943): 103–12.

Man, Paul de. *Allegorien des Lesens.* Frankfurt a. M. 1988.

Mann Philipps, Margaret. „Erasmus on the Tongue". *Erasmus of Rotterdam Society Yearbook* 1 (1981): 113–25.

Marder, Elissa. „Disarticulated Voices. Feminism and Philomela". *Hypathia* 7.2 (1992): 148–166.

Martus, Steffen. „Sprachtheorien". *Die Literatur des 17. Jahrhunderts.* Hrsg. von Albert Meier. München 1999. 140–55.

Masini, Celide (Hrsg.). *Gli splendori delle vergogna. La collezione dei dipinti dell'opera Pia dei Poveri Vergognosi.* Bologna 1995.

Massari, Stefania. *Giulio Bonasone.* 2 Bde. Rom 1983.

Mauser, Wolfram. *Dichtung, Religion und Gesellschaft im 17. Jahrhundert. Die ‚Sonette' des Andreas Gryphius.* München 1976.

Mayer, Hans. *Das Geschehen und das Schweigen. Aspekte der Literatur.* Frankfurt a. M. 1969.

Mazzeo, Joseph A. „St. Augustine's Rhetoric of Silence." *Journal in the History of Ideas* 23 (1962): 175–96.

Mazzio, Carla. „Sins of the Tongue". *The Body in Parts. Fantasies of Corporeality in Early Modern Europe.* Hrsg. von David Hillman und ders. London und New York 1997. 53–80.

– „Staging the Vernacular. Language and Nation in Thomas Kyd's ‚The Spanish Tragedy'". *Studies in English Literature 1500–1900* 38.2 (1998): 207–232.

McCumsey, Elisabeth. „Silence". *The Encyclopedia of Religion* 13. Hrsg. von Mircea Eliade u. a. New York 1987. 321–24.

Meid, Volker. *Barocklyrik.* Stuttgart 1986.

Meise, Katrin. *‚Une forte absence'. Schweigen in alltagsweltlicher und literarischer Kommunikation.* Tübingen 1996.

Menke, Bettine. *Prosopopoiia. Stimme und Text bei Brentano, Hoffmann, Kleist und Kafka.* München 2000.

– *Sprachfiguren. Name – Allegorie – Bild nach Walter Benjamin.* München 1991.

Menninghaus, Winfried. *Walter Benjamins Theorie der Sprachmagie.* Frankfurt a. M. 1995.

– „Lärm und Schweigen. Religion, moderne Kunst und das Zeitalter des Computers". *Merkur* 50.6 (1996): 469–79.

Mensching, Gustav. *Das heilige Schweigen. Eine religionsgeschichtliche Untersuchung.* Gießen 1926.

Merleau-Ponty, Maurice. *Phénomenologie de la perception.* Paris 1945.

– „Das mittelbare Sprechen und die Stimme des Schweigens". *Das Sichtbare und das Unsichtbare.* München 1984. 69–114.

Mersch, Dieter. *Ereignis und Aura. Untersuchungen zu einer performativen Ästhetik.* Frankfurt a. M. 2002.

Meyer-Kalkus, Reinhart. *Wollust und Grausamkeit. Affektenlehre und Affektdarstellung in Lohensteins Dramatik.* Göttingen 1986.

Migliorini, Bruno. „Etimologia e stora del termine ‚barocco'". *Manierismo, Barocco, Rococò. Convegno internazionale, Roma 1960.* Rom 1962. 39–49.

Montiglio, Sylvia. *Silence in the Land of Logos.* Princeton 2000.

Morachiello, Paulo. *Fra Angelico. The San Marco Frescos.* London und New York 1996.

Mourey, Marie-Thérèse. *Poésie et étique au XVII^e siècle. Les traductions et poèmes allemands de Christian Hoffmann von Hoffmannswaldau.* Wiesbaden 1998.

Mulagk, Karl-Heinz. *Phänomene des politischen Menschen. Propädeutische Studien zum Werk Lohensteins unter besonderer Berücksichtigung Diego Saavedra Fajardos und Baltasar Graciáns*. Berlin 1973.

Müller, Bodo. „Der Verlust der Sprache. Zur linguistischen Krise in der Literatur". *Germanisch-Romanische Monatsschrift* 47 (1966): 225–43.

Müller, Cornelia und Ingwer Paul. „Gestikulieren in Sprechpausen. Eine konversationssyntaktische Fallstudie". *‚...wortlos der Sprache mächtig'. Schweigen und Sprechen in der Literatur und sprachlicher Kommunikation*. Hrsg. von Hartmut Eggert und Janusz Golec. Stuttgart 1999. 265–82.

Müller-Seidel, Walter. „Das stumme Drama der Luise Millerin". *Jahrbuch der Goethe-Gesellschaft* NF 17 (1955): 91–103.

Müsch, Bettina. *Der politische Mensch im Welttheater des Daniel Casper von Lohenstein*. Frankfurt a. M. 1992.

Museo del Prado (Hrsg.). *Los Cinco Sentidos y el Arte*. Madrid 1997.

Neher, André. *L'exil de la parole. Du silence biblique au silence d'Auschwitz*. Paris 1970.

Neuber, Wolfgang. „Ökonomien des Verstehens. Markt, Buch und Erkenntnis im technischen Medienwandel der Frühen Neuzeit". *Die Verschriftlichung der Welt. Bild, Text und Zahl in der Kultur des Mittelalters und der Frühen Neuzeit*. Hrsg. von Horst Wenzel u. a. Wien 2000. 180–211.

Neumann, Gerhard u. a. (Hrsg.). *Szenographien. Theatralität als Kategorie der Literaturwissenschaft*. Freiburg 2000.

Neumeister, Sebastian. „Höfische Pragmatik. Zu Baltasar Graciáns Ideal des ‚Discreto'". *Wolfenbütteler Arbeiten zur Barockforschung* 9 (1981): 51–60.

Niefanger, Dirk. *Barock. Lehrbuch Germanistik*. Stuttgart und Weimar 2000.

Nietzsche, Friedrich. „Vom Barockstile". *Nietzsches Werke* 3. Stuttgart 1921. 76–78.

– *Die Geburt der Tragödie aus dem Geiste der Musik*. Frankfurt a. M. 1987.

Noni, Claire. „Phèdre, tragédie du silence". *Présence de Racine. Actes du Colloque (22 octobre 1999)*. Hrsg. von Jean-Pierre Landry und Olivier Leplatre. Paris 2000. 177–84.

Oblinger, Hermann. *Schweigen und Stille in der Erziehung*. München 1968.

Oestreich, Gerhard. „Justus Lipsius als Theoretiker des neuzeitlichen Machtstaates". *Historische Zeitschrift* 181 (1956): 31–78.

– *Strukturprobleme der frühen Neuzeit. Ausgewählte Aufsätze*. Hrsg. von Brigitta Oestreich. Berlin 1980.

Orlandi, Eni Pulcinelli. *Les formes du silence. Dans le mouvement du sens*. Paris 1996.

Ort, Claus-Michael. „Affektenlehre". *Die Literatur des 17. Jahrhunderts*. Hrsg. von Albert Meier. München 1999. 124–39.

Osterkamp, Ernst. „Scherz und Tugend. Zum historischen Ort von Johann Christian Günthers erotischer Lyrik". *Text und Kritik* 74/75: Johann Christian Günther (1982): 42–60.

„Die Sprache des Schweigens bei Hofmannsthal". *Hofmannsthal-Jahrbuch.* Hrsg. von Gerhard Neumann u. a. Freiburg 1994. 111–37.

– „Emblematik". *Die Literatur des 17. Jahrhunderts.* Hrsg. von Albert Meier. München 1999. 233–54.

Ott, Günter. *Die ‚Vier letzten Dinge' in der Lyrik des Andreas Gryphius. Untersuchungen zur Todesauffassung des Dichters und zur Tradition des eschatologischen Zyklus.* Frankfurt a. M. 1985.

Ottmers, Clemens. *Rhetorik.* Stuttgart und Weimar 1996.

Otto, August. „tacere". *Die Sprichwörter und sprichwörtlichen Redensarten der Römer.* Nachdruck der Ausgabe Leipzig 1890. Hildesheim 1962. 338–39.

Otto, Eberhard. *Das ägyptische Mundöffnungsritual.* Wiesbaden 1960.

Paniklear, Raimundo. *The Silence of God. The Answer of the Buddha.* Maryknoll 1989.

Park, Katherine. „The Rediscovery of the Clitoris. French Medicine and the Tribade 1570–1620". *The Body in Parts.* Hrsg. von David Hillman und Carla Mazzio. London und New York 1997. 171–194.

Parker, Patricia. „On the Tongue. Cross Gendering, Effeminacy, and the Art of Words". *Style. Texts and Pretexts in the English Renaissance* 23.3 (1989): 445–465.

*Paulys Real-Enzyklopädie der classischen Alterthumswissenschaft* II.2. Stuttgart 1894.

– II.4,2. Stuttgart 1932.

Pavis, Patrice. „Problems of a Semiology of Theatrical Gesture". *Poetics Today* 2.3 (1981): 65–93.

– „Du silence dans les structures. Sur quelques écritures dramatiques contemporaines". *Protée* 28.2 (2000): 25–34.

Pelegrín, Benito. *Éthique et esthétique du Baroque. L'espace jésuite de Balthasar Gracián.* Arles 1985.

Peterkiewicz, Jerzy. *The Other Side of Silence. Poets at the Limits of Language.* London 1970.

Pfeffer, Wendy. *The change of Philomel. The Nightingale in Medieval Literature.* New York u. a. 1985.

Picard, Max. *Die Welt des Schweigens.* Zürich 1977.

Pigler, Andor. *Barockthemen. Eine Auswahl von Verzeichnissen zur Ikonographie des 17. und 18. Jahrhunderts.* 2 Bde. 2. Aufl. Budapest 1974.

Piltz, Wolfgang. *Die Philosophie des Schweigens – Das Schweigen in der Philosophie.* Langenberg 1987.

Pinkus, Karen. *Picturing Silence. Emblem, Language, Counter-Reformation, Materiality.* Ann Arbor 1996.

*Pintura italiana del siglo XVII.* Kat. Museo del Prado. Madrid 1970.

Plessner, Helmut. „Zur Hermeneutik nichtsprachlichen Ausdrucks". *Das Problem der Sprache.* Hrsg. von Hans-Georg Gadamer. München 1967. 555–66.

Plume, Cornelia. *Heroinen der Geschlechterordnung. Wirklichkeitsprojektion bei Daniel Casper von Lohenstein und die ‚Querelle des Femmes'.* Stuttgart und Weimar 1996.

Puff, Helmut und Christopher Wild (Hrsg.). *Zwischen den Disziplinen? Perspektiven der Frühneuzeitforschung.* Göttingen 2003.

Pyritz, Hans. *Paul Flemings deutsche Liebeslyrik.* 2. Aufl. Göttingen 1963.

Raffy, Jean-Louis. „Leidenschaft und Gnade in Gryphius' Trauerspielen". *Die Affekte und ihre Repräsentation in der deutschen Literatur der frühen Neuzeit.* Hrsg. von Jean-Daniel Krebs. Bern 1996. 189–206.

Regener, Ursula. *Stumme Lieder? Zur motiv- und gattungsgeschichtlichen Situierung von Johann Christian Günthers ‚Verliebten Gedichten'.* Berlin und New York 1989.

Reichert, Klaus. „Geschriebene Sprachlosigkeit. Von Augustinus bis Beckett: Nur wer etwas zu sagen hat, darf schweigen". *Frankfurter Allgemeine Zeitung* 39 (15.2.1997): Bilder und Zeiten, o.S.

Reitzenstein, Richard. „Odo Casel: De philosophorum Graecorum silentio mystico". *Göttingische gelehrte Anzeigen* 1–6 (1924): 38–48.

Reventlow, Henning. *Epochen der Bibelauslegung* 3. München 1997.

Rieger, Stefan. *Speichern / Merken. Die künstlichen Intelligenzen des Barock.* München 1997.

Ritter, Henning. „Pathosformel". *Historisches Wörterbuch der Philosophie* 7. Hrsg. von dems. Darmstadt 1989. 201–03.

Ritter, Michael. *‚Man sieht der Sternenkönig glantzen'. Der Kaiserhof im barocken Wien als Zentrum deutsch-italienischer Literaturbestrebungen (1653–1718) am besonderen Beispiel der Libretto-Dichtung.* Wien 1999.

Riviere, Joan. „Weiblichkeit als Maskerade". *Weiblichkeit als Maskerade.* Hrsg. von Liliane Weissberg. Frankfurt a. M. 1994. 34–47.

Röcke, Werner. „Die Faszination der Traurigkeit. Inszenierung und Reglementierung von Trauer und Melancholie in der Literatur des Spätmittelalters". *Emotionalität. Zur Geschichte der Gefühle.* Hrsg. von Claudia Benthien u. a. Köln und Weimar 2000. 100–18.

Roloff, Volker. *Reden und Schweigen. Zur Tradition und Gestaltung eines mittelalterlichen Themas in der französischen Literatur.* München 1973.

Romanis, Roberto de. „Le ultime, ultissime parole de Carlo I d'Inghilterra". *Il regicidio. La storia, il mito, la scrittura.* Hrsg. von Monique Streiff Moretti. Perugia 1994.

Rosenzweig, Franz. *Der Stern der Erlösung.* Frankfurt a. M. 1988.

Rothermund, Erwin. „Der Affekt als literarischer Gegenstand: Zur Theorie und Darstellung der Passiones im 17. Jahrhundert". *Die nicht mehr schönen Künste. Grenzphänomene des Ästhetischen.* Hrsg. von Hans Robert Jauß. München 1968. 238–69.

– *Affekt und Artistik. Studien zur Leidenschaftsdarstellung und zum Argumentationsverfahren bei Hofmann von Hofmannswaldau.* München 1972.

Roworth, Wendy Wassyng. „The Consolations of Friendship. Salvator Rosa's Self-Portrait for Giovanni Battista Ricciardi". *Metropolitan Museum Journal* 23 (1988): 103–24.

Roy, Alain. *Gérard de Lairesse (1640–1711)*. Paris 1992.

Ruberg, Uwe. *Beredtes Schweigen in lehrhafter und erzählender deutscher Literatur des Mittelalters. Mit kommentierter Erstedition spätmittelalterlicher Lehrtexte über das Schweigen*. München 1978.

Rumpf, Michael. *Spekulative Literaturtheorie. Zu Walter Benjamins Trauerspielbuch*. Frankfurt a. M. 1980.

Rusterholz, Sibylle. *Rostra, Sarg und Predigtstuhl. Studien zu Form und Funktion der Totenrede bei Andreas Gryphius*. Bonn 1974.

Saenger, Paul. *Space between Words. The Origins of Silent Reading*. Stanford 1997.

Sartre, Jean-Paul. *Das Sein und das Nichts. Versuch einer phänomenologischen Ontologie*. Übers. und hrsg. von Justus Streller. Hamburg 1952.

Sasse, Sylvia. „Performativität: Neuere deutsche Literatur". *Germanistik als Kulturwissenschaft. Eine Einführung in neue Theoriekonzepte*. Hrsg. von Claudia Benthien und Hans Rudolf Velten. Reinbek 2002. 243–65.

Saville-Troike, Muriel und Dorothea Tannen (Hrsg.). *Perspectives on Silence*. Norwood 1985.

Schabert, Ina (Hrsg.). *Shakespeare-Handbuch*. 2. Aufl. Stuttgart 1978.

Schade, Sigrid u. a. (Hrsg.). *Allegorien und Geschlechterdifferenz*. Köln u. a. 1994.

Schaefer, Jean Owens. „A Note on the Iconography of a Medal of Lavinia Fontana". *Journal of the Warburg and Courtauld Institutes* 47 (1984): 232–34.

Schafer, Murray. *Klang und Krach*. Frankfurt a. M. 1977.

Schäublin, Peter. „Andreas Gryphius' erstes Trauerspiel ‚Leo Armenius' und die Bibel". *Daphnis* 3.1 (1974): 1–40.

Schenda, Rudolf. „Gefährliche und gefährdete Zunge". *Gut bei Leibe. Hundert wahre Geschichten vom menschlichen Körper*. München 1989.

Schick, Erich. *Heiliges Schweigen*. Stuttgart und Basel 1939.

Schiff, Gert. *Johann Heinrich Füssli. Text und Oeuvrekatalog*. Zürich und München 1973.

Schild, Wolfgang. *Alte Gerichtsbarkeit. Vom Gottesurteil bis zur modernen Rechtsprechung*. München 1980.

Schings, Hans-Jürgen. „Catharina von Georgien oder Bewehrete Beständigkeit". *Die Dramen des Andreas Gryphius*. Hrsg. von Gerhard Kaiser. Stuttgart 1968. 35–72.

– „Consolatio tragoediae. Zur Theorie des barocken Trauerspiels". *Deutsche Dramentheorien. Beiträge zu einer historischen Poetik des Dramas in Deutschland*. Hrsg. von Reinhold Grimm. 3. Aufl. Frankfurt a. M. 1980. 19–55.

Schlant, Ernestine. *The Language of Silence. West German Literature and the Holocaust*. New York und London 1999.

Schmidt-Biggemann, Wilhelm. „Das Geheimnis des Anfangs. Einige spekulative Betrachtungen im Hinblick auf Böhme". *Gott, Natur, Mensch in der Sicht Jacob*

*Böhmes und seiner Rezeption*. Hrsg. von Jan Garewicz und Alois M. Haas. Wiesbaden 1994. 113–28.

Schmitz, Ulrich. „Beredtes Schweigen – Zur sprachlichen Fülle der Leere. Über Grenzen der Sprachwissenschaft". *Osnabrücker Beiträge zur Sprachtheorie* 16 (1990): 5–58.

Schneider, Klaus. *Die schweigenden Götter. Eine Studie zur Gottesvorstellung des religiösen Platonismus*. Hildesheim 1966.

Schneiders, Werner. „Thomasius politicus. Einige Bemerkungen über Staatskunst und Privatpolitik in der aufklärerischen Klugheitslehre". *Wolfenbütteler Studien zur Aufklärung* 15 (1989): 91–110.

Schnyder, Mireille. *Topographie des Schweigens. Formen und Gesten des Schweigens im deutschen höfischen Roman um 1200*. Göttingen 2003.

Schöne, Albrecht. *Emblematik und Drama im Zeitalter des Barock*. 3. Aufl. München 1993.

Scholz, Leander. *Das Archiv der Klugheit. Strategien des Wissens um 1700*. Tübingen 2002.

Schramm, Helmar. „Das offene Buch der Alchemie und die stumme Sprache des Theaters. ‚Theatralität' als ein Schlüssel gegenwärtiger Theaterforschung". *Wahrnehmung von Geschichte. Markierungen zur Aisthesis materialis*. Hrsg. von Bernhard J. Dotzler und Ernst Müller. Berlin 1995. 103–18.

– *Karneval des Denkens. Theatralität im Spiegel philosophischer Texte des 16. und 17. Jahrhunderts*. Berlin 1996.

Schulz-Buschhaus, Ulrich. „Emphase und Geometrie. Notizen zu Opitz' Sonnetistik im Kontext des europäischen ‚Petrarkismus'". *Martin Opitz (1597–1639). Nachahmungspoetik und Lebenswelt*. Hrsg. von Thomas Borgstedt und Walter Schmitz 2002. 73–87.

Schumacher, Eckhard. „Performativität und Performance". *Performanz. Zwischen Sprachphilosophie und Kulturwissenschaften*. Hrsg. von Uwe Wirth. Frankfurt a. M. 2002. 383–402.

Schüttpelz, Erhard. *Figuren der Rede. Zur Theorie der rhetorischen Figur*. München 1996.

Schwindt, Peter. *Schwulst-Stil. Historische Grundlagen von Produktion und Rezeption manieristischer Sprachformen in Deutschland, 1624–1738*. Bonn 1977.

Scott, Jonathan. *Salvator Rosa. His Life and Times*. New Haven und London 1995.

Searle, John. *Sprechakte. Ein sprachphilosophischer Essay*. Frankfurt a. M. 1971.

– „Indirekte Sprechakte". *Ausdruck und Bedeutung. Untersuchungen zur Sprechakttheorie*. Frankfurt a. M. 1982. 51–97.

– „How Performatives Work". *Linguistics and Philosophy* 12 (1989): 535–58.

Seel, Otto. *Quintilian oder Die Kunst des Redens und Schweigens*. Stuttgart 1977.

Seidlin, Oskar. „The Shroud of Silence". *The Germanic Review* 28 (1953): 254–61.

Sells, Michael A. *Mystical Languages of Unsaying*. Chicago und London 1994.

Sesterhenn, Raimund (Hrsg.). *Das Schweigen und die Religionen*. München und Zürich 1983.

Settis, Salvatore. „Pathos und Ethos, Morphologie und Funktion“. *Vorträge aus dem Warburg-Haus* 1. Berlin 1997. 31–73.

Simon-Muscheid, Katharina. „Reden und Schweigen vor Gericht. Klientelverhältnisse und Beziehungsgeflechte im Prozeßverlauf“. *Devianz, Widerstand und Herrschaftspraxis in der Vormoderne*. Hrsg. von Mark Häberlein. Konstanz 1999. 35–52.

Sittl, Carl. *Die Gebärden der Griechen und Römer*. Nachdruck der Ausgabe Leipzig 1890. Hildesheim und New York 1970.

Śliva, Joachim. „Andreas Gryphius und die Breslauer Mumien. Ein Beitrag zur Kulturgeschichte Schlesiens im 17. Jahrhundert“. *Memoriae Silesiae. Leben und Tod in Barock. Zum Gedenken an Marian Szyrocki (1928–1992)*. Hrsg. von Mirosława Czarnecka u. a. Breslau 2003. 241–44.

Solbach, Andreas. „Der Sinn einer Eremitenexistenz in Johann Beers Willehag-Trilogie“. *Religion und Religiosität im Zeitalter des Barock*. Hrsg. von Dieter Breuer u. a. Wiesbaden 1995. 711–19.

Sontag, Susan. „The Aesthetics of Silence“. *Styles of Radical Will*. New York 1970. 3–34.

Spitznagel, Albert und Lothar Schmitz-Atzert (Hrsg.). *Sprechen und Schweigen. Zur Psychologie der Selbstenthüllung*. Bern u. a. 1986.

Stalder, Xaver. *Formen des barocken Stoizismus. Der Einfluss der Stoa auf die deutsche Barockdichtung – Martin Opitz, Andreas Gryphius und Catharina Regina von Greiffenberg*. Bonn 1976.

Stamm, Rudolf. „The Alphabet of Speechless Complaint. A Study of the Mangled Daughter in ‚Titus Andronicus‘“. *English Studies* 55 (1974): 325–39.

Stedje, Astrid. „‚Brechen Sie dies rätselhafte Schweigen‘ – über kulturbedingtes, kommunikatives und strategisches Schweigen“. *Sprache und Pragmatik. Lunder Symposium 1982*. Hrsg. von Inger Rosengren. Stockholm 1983. 7–35.

Stegbauer, Kathrin u. a. (Hrsg.). *Kulturwissenschaftliche Frühneuzeitforschung. Beiträge zur Identität der Germanistik*. Berlin 2004.

Steiger, Johann Anselm. „Die poetische Christologie des Andreas Gryphius als Zugang zur lutherisch-orthodoxen Theologie“. *Daphnis* 26 (1997): 85–112.

– „Rhetorica sacra seu biblica. Johann Matthäus Meyfart (1590–1642) und die Defizite der heutigen rhetorischen Homiletik“. *Zeitschrift für Theologie und Kirche* 92.4 (1995): 517–58.

Steinbrink, Bernd und Gerd Ueding. *Grundriss der Rhetorik. Geschichte – Technik – Methode*. 3. Aufl. Stuttgart und Weimar 1994.

Steiner, George. *Sprache und Schweigen. Essays über Sprache, Literatur und das Unmenschliche*. Frankfurt a. M. 1969.

Steiner, Marion J. *Sprechen und Schweigen aus entwicklungspsychologischer und psychoanalytischer Sicht*. Zürich 1983.

Steinhagen, Harald. „Zu Walter Benjamins Begriff der Allegorie“. *Formen und Funktionen der Allegorie*. Hrsg. von Walter Haug. Stuttgart 1979. 666–85.

Stern, Fritz. „Das feine Schweigen und seine Folgen“. *Das feine Schweigen. Historische Essays*. München 1999. 158–73.

Stöckmann, Ingo. „Entäußerungen. Über Schrift und Körper im Barock". *Text und Kritik* 154: Barock (2002): 5–21.

Strasser, Gerhard. F. *Emblematik und Mnemotechnik im Zusammenspiel. Johannes Bruno und Johann Justus Winckelmann*. Wiesbaden 2000.

Strelis, Joachim. *Die verschwiegene Dichtung. Reden, Schweigen, Verstummen im Werk Robert Walsers*. Frankfurt a. M. 1991.

Strong, Roy. *The Cult of Elisabeth. Elisabethan Poetry and Pageantry*. London 1999.

Sulzer, Dieter. *Traktate zur Emblematik. Studien zu einer Geschichte der Emblemtheorien*. St. Ingbert 1992.

Szondi, Peter. *Versuch über das Tragische*. Frankfurt a. M. 1961.

Szuchewycz, Bohdan. „Silence in Ritual Communication". *Silence. Interdisciplinary Perspectives*. Hrsg. von Adam Jaworski. Berlin und New York 1997. 239–59.

Thaler, Alwin. *Shakespeare's Silences*. Cambridge 1929.

*Theologische Realenzyklopädie* 4. Hrsg. von Gerhard Krause und Gerhard Müller. Berlin und New York 1979.

Thielemann, Andreas und Henning Wrede. „Bildnisstatuen stoischer Philosophen". *Mitteilungen des deutschen Archäologischen Instituts. Athenische Abteilung* 104 (1989): 109–55.

Tietze, Hans. *Der verschwiegene Dialog*. Prag 1938.

Titzmann, Michael. „‚Verstellung'. Semiotische, anthropologische, ideologische Implikationen im Drama des deutschen Barock". *Geselligkeit und Gesellschaft im Barockzeitalter*. Hrsg. von Wolfgang Adam u. a. Wiesbaden 1997. 543–57.

Toman, Rolf (Hrsg.). *Die Kunst der italienischen Renaissance. Architektur – Skulptur – Malerei – Zeichnung*. Köln 1994.

Treppmann, Egon. *Besuche aus dem Jenseits. Geistererscheinungen auf dem deutschen Theater im Barock*. Konstanz 1999.

Trettin, Käthe. *Die Logik und das Schweigen. Zur antiken und modernen Epistemo-Technik*. Weinheim 1991.

Trömel-Plötz, Senta (Hrsg.). *Gewalt durch Sprache. Die Vergewaltigung der Frauen in Gesprächen*. Frankfurt a. M. 1984.

Tyler, Stephan A. *Das Unaussprechliche. Ethnographie, Diskurs und Rhetorik in der postmodernen Welt*. Übers. von Thomas Seibert. Frankfurt a. M. 1991.

Valentin, Jean-Marie. „Von der neuscholastischen Affektenlehre zur ‚tragoedia christiana'. Zur Entstehung des barock-katholischen Trauerspiels". *Die Affekte und ihre Repräsentation in der deutschen Literatur der frühen Neuzeit*. Hrsg. von Jean-Daniel Krebs. Bern 1996. 175–88.

Velten, Hans Rudolf. „Performativität: Ältere deutsche Literatur". *Germanistik als Kulturwissenschaft. Eine Einführung in neue Theoriekonzepte*. Hrsg. von Claudia Benthien und dems. Reinbek 2002. 217–42.

Villari, Rosario (Hrsg.). *Der Mensch des Barock*. Frankfurt a. M. 1999

Villwock, Jörg. *Die Sprache – ein ‚Gespräch der Seele mit Gott'. Zur Geschichte der abendländischen Gebets- und Offenbarungsrhetorik*. Frankfurt a. M. 1996.

Vollhardt, Friedrich. „Eine Kultur? Zeitgenössische Darstellung und wissenschaftshistorische Deutung frühneuzeitlicher Vakuumexperimente". *Monumenta Guerckiana* 52.6 (1999): 30–40.

– „Otto von Guerickes Magdeburger Versuche über den leeren Raum. Untersuchungen zum Verhältnis von Naturerkenntnis und Literatur im 17. und 18. Jahrhundert". *Prolegomena zur Kultur- und Literaturgeschichte des Magdeburger Raums*. Hrsg. von Gunter Schandera und Michael Schilling. Magdeburg 1999. 165–85.

Vries, M. de. „Twee minuten lang stilstaan bij de doden". *Feestelijke Vernieuwing in Nederland?* Hrsg. von Jeremy Boissevain. Amsterdam 1991. 15–26.

Waddington, Raymond B. „The Iconography of Silence and Chapman's Hercules". *Journal of the Warburg and Courtauld Institutes* 33 (1970): 248–63.

Wallmann, Katharina. *Minnebedingtes Schweigen. Minnesang, Lied und Minnerede des 12. bis 16. Jahrhunderts*. Bern u. a. 1985.

Warburg, Aby. „Dürer und die italienische Antike". *Die Erneuerung der heidnischen Antike. Kulturwissenschaftliche Beiträge zur Geschichte der europäischen Renaissance*. Hrsg. von Horst Bredekamp und Michael Diers. Berlin 1998. 443–450.

– *Der Bilderatlas Mnemosyne*. Hrsg. von Martin Warnke u. a. Berlin 2000.

Warnke, Martin. „Pathosformel". *Die Menschenrechte des Auges. Über Aby Warburg*. Werner Hofmann, Georg Syamken und ders. Frankfurt a. M. 1980. 61–69.

Wathen, Ambrose G. *Silence. The Meaning of Silence in the Rule of St. Benedict*. Washington 1973.

Watson, Robert N. *The Rest is Silence. Death as Annihilation in the English Renaissance*. Berkeley 1994.

Watzlawik, Paul u. a. *Menschliche Kommunikation. Formen, Störungen, Paradoxien*. 4. Aufl. Bern u. a. 1974.

Weigel, Sigrid. *Entstellte Ähnlichkeit. Walter Benjamins theoretische Schreibweise*. Frankfurt a. M. 1997.

Weinrich, Otto. „Catull c. 60". *Hermes. Zeitschrift für klassische Philologie* 87 (1959): 75–79.

Welker, Michael. *Gottes Geist. Theologie des Heiligen Geistes*. 2. Aufl. Neukirchen-Vluyn 1993.

Wellbery, David E. „Das Gesetz der Schönheit. Lessings Ästhetik der Repräsentation". *Was heißt ‚Darstellen'?* Hrsg. von Christiaan L. Hart Nibbrig. Frankfurt a. M. 1994. 175–204.

Wellek, René. „Der Barockbegriff in der Literaturwissenschaft". *Grundbegriffe der Literaturkritik*. Übers. von Edgar und Marlene Lohner. Stuttgart u. a. 1965. 57–94.

Wentzlaff-Eggebert, Friedrich-Wilhelm. „Zur Mystik-Rezeption bei Andreas Gryphius und in seinem Freundeskreis". *Belehrung und Verkündigung. Schriften zur deutschen Literatur vom Mittelalter bis zur Neuzeit*. Hrsg. von Manfred Dick und Gerhard Kaiser. Berlin und New York 1975. 152–64.

Wenzel, Horst. *Hören und Sehen, Schrift und Bild. Kultur und Gedächtnis im Mittelalter.* München 1995.
– „Die Schrift und das Heilige". *Die Verschriftlichung der Welt. Bild, Text und Zahl in der Kultur des Mittelalters und der Frühen Neuzeit.* Hrsg. von dems. u. a. Wien 2000. 14–57.
– „Medien- und Kommunikationstheorie: Ältere deutsche Literatur". *Germanistik als Kulturwissenschaft. Eine Einführung in neue Theoriekonzepte.* Hrsg. von Claudia Benthien und Hans Rudolf Velten. Reinbek 2002. S. 125–51.
Wichert, Adalbert. *Literatur, Rhetorik und Jurisprudenz im 17. Jahrhundert. Daniel Casper von Lohenstein und sein Werk.* Tübingen 1991.
Wiedemann, Conrad. „Barocksprache, Systemdenken, Staatsmentalität. Perspektiven der Forschung nach Barners ‚Barockrhetorik'". *Internationaler Arbeitskreis für deutsche Barockliteratur.* Hamburg 1976. 21–51.
Wild, Christopher J. *Theater der Keuschheit – Keuschheit des Theaters. Zu einer Geschichte der (Anti-)Theatralität von Gryphius bis Kleist.* Würzburg 2003.
Williams, Gweno. „No ‚Silent Women': The Plays of Margaret Cavendish, Duchess of Newcastle". *Women and Dramatic Production 1550–1700.* Hrsg. von Alison Findlay u. a. London u. a. 2000. 95–122.
Wilpert, Gero von. *Sachwörterbuch der Literatur.* 7. Aufl. Stuttgart 1989.
Wind, Edgar. *Heidnische Mysterien in der Renaissance.* Übers. von Christa Münstermann u. a. Frankfurt a. M. 1987.
Winniczuk, Lidia. „Il silenzio come elemento teatrale". *Studi classici in onore di Quintino Cataudella* 2 (1972): 105–35.
Wirth, Uwe (Hrsg.). *Performanz. Zwischen Sprachphilosophie und Kulturwissenschaften.* Frankfurt a. M. 2002.
Witte, Bernd. „Allegorien des Schreibens, eine Lektüre von Walter Benjamins Trauerspielbuch". *Merkur* 46 (1992): 125–36.
Wittgenstein, Ludwig. *Tractatus logico-philosophicus. Logisch-philosophische Abhandlung.* Frankfurt a. M. 1968.
Wodianka, Stephanie. *Betrachtungen des Todes. Formen und Funktionen der ‚meditatio mortis' in der europäischen Literatur des 17. Jahrhunderts.* Tübingen 2004.
Wölfflin, Heinrich. *Kunstgeschichtliche Grundbegriffe. Das Problem der Stilentwicklung in der Neueren Kunst.* 4. Aufl. München 1920.
– *Renaissance und Barock. Eine Untersuchung über Wesen und Entstehung des Barockstils in Italien.* 4. Aufl. München 1926.
Wrede, Gösta. *Unio mystica. Probleme der Erfahrung bei Johannes Tauler.* Uppsala 1974.
Wulf, Christoph. „Präsenz des Schweigens". *Schweigen. Unterbrechung und Grenze der menschlichen Wirklichkeit.* Hrsg. von Dietmar Kamper und dems. Berlin 1992. 7–16.

Yates, Frances Amelia. *Gedächtnis und Erinnern. Mnemotechnik von Aristoteles bis Shakespeare.* 2. Aufl. Weinheim 1991.

Yon, Bernard (Hrsg.). *La peinture des passions de la Renaissance à l'Âge classique.* Saint-Étienne 1995.

Zedelmaier, Helmut. „Lesetechniken. Die Praktiken der Lektüre in der Neuzeit". *Die Praktiken der Gelehrsamkeit in der Frühen Neuzeit.* Hrsg. von Martin Mulsow und dems. Tübingen 2001. 11–30.

Zeller, Rosemarie. „Adamitische Sprache, Natursprache und Kabbala. Überlegungen zur Sprachtheorie und Poesie im 17. Jahrhundert". *Morgen-Glanz* 6 (1996): 133–54.

Zielske, Harald. „Andreas Gryphius' ‚Catharina von Georgien' auf der Bühne. Zur Aufführungspraxis des schlesischen Kunstdramas". *Maske und Kothurn* 17 (1971): 1–17.

Zimmermann, Klaus. „Überlegungen zu einer Theorie des Schweigens". *Sprache und Pragmatik. Lunder Symposium 1982.* Hrsg. von Inger Rosengren. Stockholm 1983. 37–45.

Zumthor, Paul. „Körper und Performanz". *Materialität der Kommunikation.* Hrsg. von Hans Ulrich Gumbrecht und K. Ludwig Pfeiffer. Frankfurt a. M. 1988. 703–14.

Zymner, Rüdiger. „‚Liebliche Artistik' bei Hoffmann von Hoffmannswaldau". *Der galante Diskurs. Kommunikationsideal und Epochenschwelle.* Hrsg. von Thomas Borgstedt und Andreas Solbach. Dresden 2001. 347–54.

## 8.3 Abbildungsnachweise

1. Gert Schiff. *Johann Heinrich Füssli. Text und Oeuvrekatalog.* Zürich und München 1973, S. 257.
2. Waldema Déonna. „Le silence, gardien du secret". *Zeitschrift für schweizerische Archäologie und Kunstgeschichte* 12 (1951): 28–41, S. 31.
3. Arthur Henkel u. Albrecht Schöne (Hg.). *Emblemata. Handbuch zur Sinnbildkunst des 16. und 17. Jahrhunderts.* Stuttgart 1967, Sp. 1823.
4. Andrea Alciato. *Emblemata, cum commentariis amplissimis.* Padua 1661, S. 65 (HAB WA 6394).
5. Warburg Institute, London; Photographic Collection.
6. Ebd.
7. Gisbert Cuper. *Harpocrates, Sive Explicatio imagunculae argenteae per antiquae; quae in figuram Harpocratis formata representat solem. Ejusdem momnumenta antiqua inedita [...].* Utrecht 1687, Titelblatt (HAB Ud 95).
8. Ebd., S. 160.
9. Ebd., S. 158.
10. Ebd., S. 7.
11. Ebd., S. 165.
12. Ebd., S. 35.

13. Athanasius Kircher. *Oedipvs aegyptiacvs. Hoc est Vniuersalis Hieroglyphicae Veterum Doctrinae temporum iniuria abolitae instauratio [...]*. 2. Rom 1653, Widmungsvorrede, o.S. (HAB 25.2 Quod. 2°).
14. Ebd., S. 463.
15. Athanasius Kircher. *Principis Christiani Archetypon politicum sive Sapientia Regnatrix [...]*. Amsterdam 1672, S. 79. (HAB 9.6 Pol.).
16. Vincenzo Cartari. *Le imagini De gli dei de gli Antichi [...]*. Venedig 1624, S. 276 (HAB 202.5 Qu.).
17. Warburg Institute, London; Photographic Collection.
18. Sandra Cavallo u. Lyndan Warner (Hg.). *Widowhood in Medieval and Early Modern Europe*. Harlow u. a. 1999, S. 178.
19. Warburg Institute, London; Photographic Collection.
20. Gert Schiff. *Johann Heinrich Füssli. Text und Oeuvrekatalog*. Zürich und München 1973, S. 225.
21. Louvre, Paris; Postkarte.
22. Waldemar Déonna. „Le silence, gardien du secret". *Zeitschrift für schweizerische Archäologie und Kunstgeschichte* 12 (1951): 28–41, S. 31.
23. Gabriel Rollenhagen. *Sinn-Bilder. Ein Tugendspiegel [= Nucleus emblematum selectissimorum, quae itali vulgo impresas vocant [...]]*. Nachdruck der Ausgabe Arnheim 1611. Hrsg. von Carsten-Peter Warncke. Dortmund 1983, S. 61.
24. Emil Major. „Das ‚Symbolum phythagoricum' des Conrad Lycostenes". *Basler Zeitschrift für Geschichte und Altertumskunde* 42 (1943): 103–12, S. 109.
25. Jonathan Scott. *Salvator Rosa. His Life and Times*. New Haven und London 1995, Abb. 77.
26. Karla Langedijk. „Silentium". *Het Nederlands Kunsthistorisch Jaarboek* (1962): 3–18, S. 14.
27. Hippolytus a Collibus. *Harpocrates Sive de recta Silendi ratione*. Leiden 1603, Titelblatt (HAB A: 1028.20 Theol. (2)).
28. Otho Vaenius. *Quinti Horatii flacci emblemata, imaginibus in aes incisis, notisque illustrata, studio othonis vaeni*. Brüssel 1683, S. 53 (HAB Lh 4° 71).
29. Jeronimo Ruscelli. *Le imprese illvstri del S. Ieronimo Rvscelli Aggivntovi novam il qvarto libro da Vincenzo Rvscelli da Viterbo*. Venedig 1584, S.383 (HAB 5.3 Eth.).
30. Eugeniusz Iwanoyko. *Sala Czerwana. Ratusa gdańskiego*. Wroclaw u. a. 1986, Abb. 12.
31. Achille Bocchi. *Symbolicarum Quaestionum de uniuerso genere quas serio ludeba libri quinque [...]*. Bologna 1555, S. CXXXII (HAB Uk 83).
32. Hadrian Junius. *Emblemata, ad D. Arnoldvm Cobelivm. Eivsdem aenigmatvm libellvs, ad D. Arnoldvm Rosenbergvm*. Antwerpen 1565, S. 47 (HAB 136.7 Poetica).
33. Karen Pinkus. *Picturing Silence. Emblem, Language, Counter-Reformation, Materiality*. Ann Arbor 1996, S. 16.
34. Michael Maier. *Silentium post clamores, hoc est, tractatvs apologeticvs, qvo causae non solùm clamorum seu Reuelationum Fraterniatatis Germanicae de R.C. sed &*

*Silentii, seu non rediitae ad singulorum vota responsionis [...]*. Frankfurt a. M. 1617, Titelblatt (HAB 464 Quod. (2)).
35. Warburg Institute, London; Photographic Collection.
36. Paul Ricaud. *Histoire de l'etat present de l'empire Ottoman [...]*. Amsterdam 1672, zwischen S. 114 und 115 (HAB Gv 964.2).
37. Gerhard Johannes Vossius. *Elementa rhetorica, Oratoriis ejusdem Partionibus accomodatea; Inque usum Scholarum Hollandiae; & West-Frisiae, emendatius edita*. Amsterdam 1646, Titelblatt (HAB P 902 Helmst. 8°).
38. Georg Philipp Harsdörffer. *Frauenzimmer Gesprächsspiele* 5. Nachdruck der Ausgabe Nürnberg 1645. Hrsg. von Irmgard Böttcher. Tübingen 1969, S. 458.
39. Johann Friedrich Scholz von Scholtzenberg. *Gründtliche Vrsachen Eines vernünfftigen Stillschweigens [...]*. Wien 1668, Titelblatt (HAB Xb 6708).
40. Warburg Institute, London; Photographic Collection.
41. Ebd.
42. Forschungsbibliothek Gotha; ungedrucktes Gesellschaftsbuch der ‚Tugendlichen Gesellschaft', Blatt 62r (FBG Chart B 831ba (2)).
43. Alain Roy. *Gérard de Lairesse (1640–1711)*. Paris 1992, S. 448.
44. Warburg Institute, London; Photographic Collection.
45. Aegidius Albertinus. *Hirrnschleifer*. München 1618, S. 1 (HAB 73 Ethica).
46. Aegidius Albertinus. *Emblemata Hieropolitica Versibus et Prosa illus trabant Ioannes Meleitanus à Corylo. Eiusdem Mvsae Errantes*. München 1647, S. 6.
47. Johann Kreihing. *Emblemata ethico-politica*. Nachdruck der Ausgabe Antwerpen 1661. Hrsg. von Richard Dimler. Brepols 1999, S. 53.
48. Otho Vaenius. *Amorvm Emblemata. Figvris Aeneis Incisa*. Nachdruck der Ausgabe Antwerpen 1608. Hrsg. Dmitrij Tschižewskij. Hildesheim und New York 1970, S. 47.
49. Ebd., S. 71.
50. Karla Langedijk. „Silentium". *Het Nederlands Kunsthistorisch Jaarboek* (1962): 3–18, S. 7.
51. *Pintura italiana del siglo XVII*. Kat. Museo del Prado. Madrid 1970, S. 87.
52. Katholisches Münsterpfarramt Zwiefalten (Hg.). *Münster Zwiefalten*. Passau 2003, S. 20.
53. Vera Fortunati. *Lavinia Fontana 1552–1614*. Mailand 1994, S. 113.
54. Warburg Institute, London; Photographic Collection.

# IX. Register

## 1. Personenregister

## 2. Register biblischer und mythologischer Figuren